CHENGDU HI-TECH DEVELOPMENT ZONE YEARBOOK

成都高新技术产业

开发区年鉴

2007

成都高新技术产业开发区管理委员会 主办
成都高新区地方志编纂委员会办公室　编

方　志　出　版　社

图书在版编目（CIP）数据

成都高新技术产业开发区年鉴. 2007/成都高新区地方志编纂委员会办公室编.—北京：方志出版社，2007.12
ISBN 978-7-80238-287-9

Ⅰ.成… Ⅱ.成… Ⅲ.高技术产业—经济开发区—成都市—2007 Ⅳ.F127.711

中国版本图书馆CIP数据核字（2007）第044607号

成都高新技术产业开发区年鉴（2007）

编　　者： 成都高新区地方志编纂委员会办公室
责任编辑： 颜伦琴
出 版 者： 方 志 出 版 社
（北京市建国门内大街5号中国社会科学院科研大楼12层）
邮编　100732
网址　http://www.fzph.org
发　　行： 方志出版社出版发行部
（010）85195814　85196281
经　　销： 新华书店总店北京发行所
法律顾问： 北京市大禹律师事务所
设计制作： 四川远近文化有限公司
印　　刷： 成都市新都华兴印务有限公司
开　　本： 880×1230　1/16
印　　张： 23
字　　数： 741千
版　　次： 2007年12月第1版　2007年12月第1次印刷
印　　数： 0001—1200册

ISBN 978-7-80238-287-9/K·25　定价：208.00元

發展高科技
實現產業化

鄧小平題

图照

题词/江泽民题词

成都高科技开发区

江泽民

一九九一年四月廿日

图照

图片 / 成都高新区南部园区简图

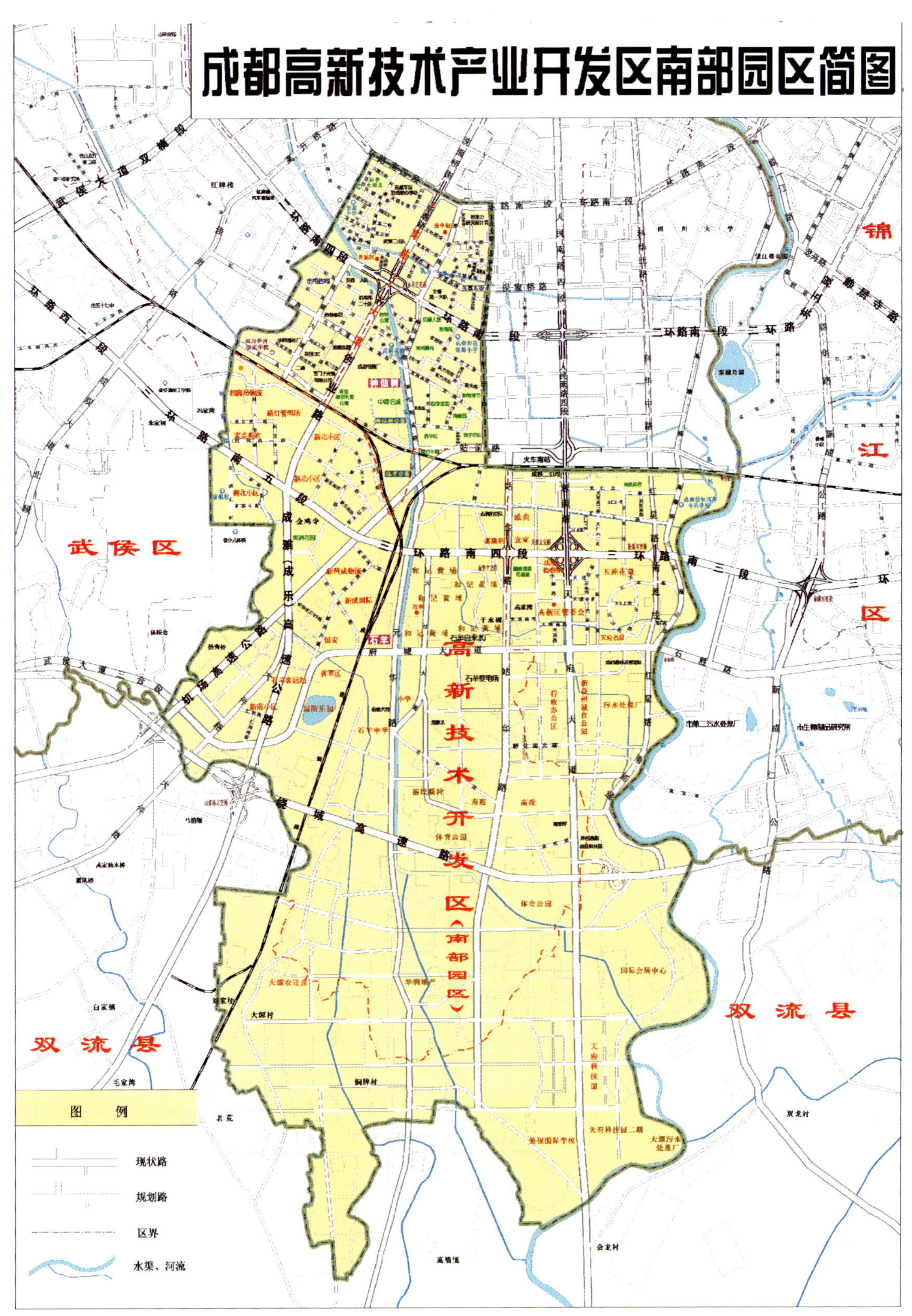

图照

图片／成都高新区西部园区简图

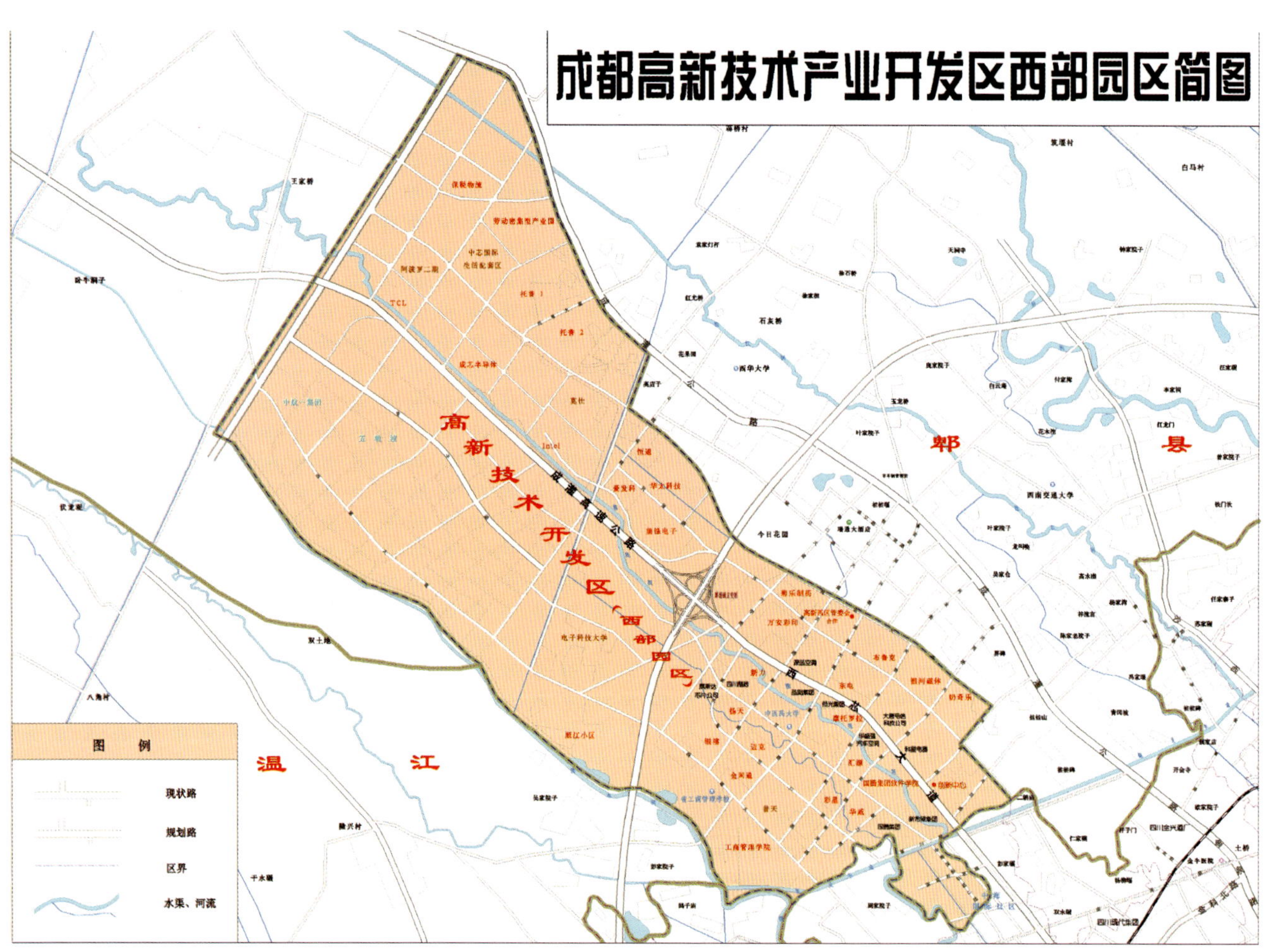

2006年12月6日，全国人大常委会副委员长李铁映（前左三）视察成都高新区

图照

领导关怀

2006年3月30日，中共四川省委书记、省人大常务委员会主任张学忠（左三）率四川省工业强省工作会议代表团到成都高新区视察

2006年3月30日，中共四川省委副书记、省长张中伟（前右三）率四川省工业强省工作会议代表团到成都高新区视察

2006年10月25日，中共四川省省委常委、成都市市委书记李春城（前右）到成都高新区参加英特尔产品（成都）有限公司二期工程竣工仪式

2006年7月24日，商务部副部长马秀红（前右）到成都高新区视察，图为参观国家软件基地（成都）公共技术平台

图照

领导关怀

2006年9月20日，中共四川省委常委、四川省总工会主席李登菊（中）到成都高新区调研

2006年2月6日，中共成都市委副书记、成都市市长葛红林（中）在成都高新区工作汇报会上讲话

2006年6月1日，成都市人大常委会主任骆隆森（右三）到成都高新区调研

2006年12月12日，四川省人大常委会原常务副主任黄寅逵（左二）视察成都高新区

图照

2006年1月20日，成都高新区召开党工委管委会工作会议

中共成都市市委常委、成都高新区党工委书记李昆学（中）检查成都高新区西部园区项目促建工作

成都市市长助理、成都高新区党工委副书记、管委会主任敬刚（中）在芳草街街道调研

成都高新区党工委委员、管委会副主任韩春林（右）
在欧尚超市检查消防工作

成都高新区党工委副书记、管委会副主任冯亚曦（右）
在桂溪敬老院看望老人

成都高新区党工委委员、管委会副主任刘勇向企业介绍
成都高新区情况

成都高新区党工委委员、管委会副主任王琳在上海天诚集团
成都中衡网络有限公司奠基仪式上讲话

图照

成都高新区党工委委员、纪工委书记高峰（中）在桂溪街道和平社区慰问贫困家庭

成都高新区党工委委员、管委会副主任杜必强（中）检查工地施工情况

成都高新区党工委委员、组织部部长、人事劳动和社会保障局局长李岷雪（中）在桂溪街道办事处检查指导社区建设

成都高新区党工委委员、管委会副主任陆超英（中）在肖家河街道办事处检查指导工作

照片 / 亲临指导

成都高新区党工委委员、管委会副主任傅学坤（中）在国际集成电路研讨会上和与会代表交流

成都高新区党工委委员、党工委管委会办公室主任宋辉在肖家河街道办事处调研

成都高新区党工委委员、经贸发展局局长袁宗勇为职工颁发聘书

成都高新区党工委委员、成都市武侯区人武部政委罗放检查征兵体检工作

图照

1 2006年11月8日，欧盟委员会、欧盟代表团及欧盟25国驻华大使、参赞、领事一行30人参观考察成都高新孵化园

2 2006年5月23日，俄罗斯联邦利佩茨克州副州长玻石科率经贸代表团考察成都高新区投资环境

3 2006年9月19日，意大利皮埃蒙特大区议员，文教、发展部部长贝拉蒂先生一行考察成都高新区，探讨国际交流与合作

4 2006年10月24日，法国文化部代表团在成都高新区考察

5

6

7

8

5 2006年8月23日，新加坡国家发展部长马宝山及新加坡经贸代表团一行40余人考察成都高新区

6 2006年7月5日，中国成都高新区与韩国釜山高新区结为友好园区

7 2006年7月18日，海南省政协主席王广宪率海南省政协考察团一行考察成都高新区

8 2006年8月3日，江苏省镇江市市长许津荣率政府代表团考察成都高新区

图照

1

1 高新国际广场
2 永丰立交桥
3 四川成都出口加工区西区
4 成都高新区西区政务中心
5 天府软件园
6 成都高新孵化园

2

四川成都出口加工区西区

3

成都高新区

4

5

成都高新孵化园
CHENGDU HI-TECH INCUBATION PARK

6

图照

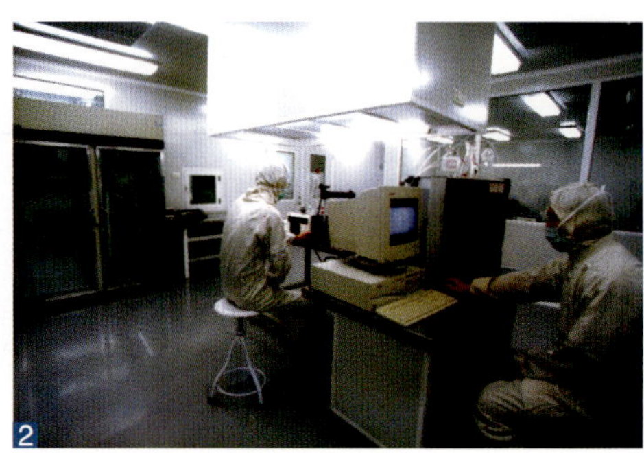

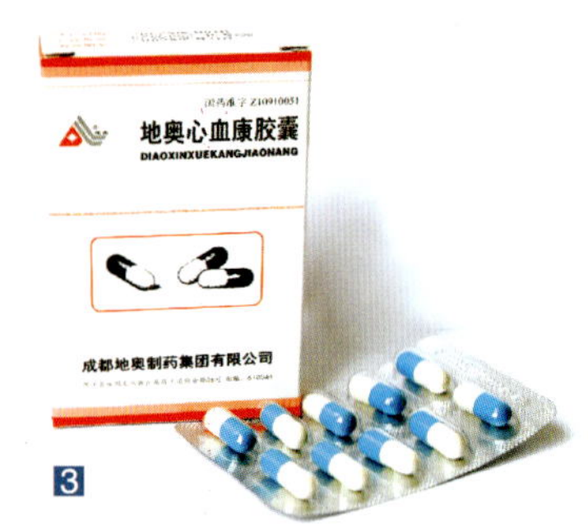

成都地奥制药集团有限公司

1 地奥集团大楼外景

2 基因药物生产线

3 地奥心血康胶囊

成都国腾实业集团有限公司

4 国腾集团生产线

5 IC卡公用多媒体电话机

6 北斗卫星导航定位用户机

7 国腾集团大楼外景

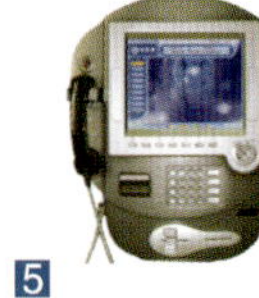

成都三零盛安信息系统有限公司

1 三零集团领导班子精心筹划三零集团的发展前景

2 2006年7月21日，中电科技IPTV产业发展中心授牌仪式隆重举行

3 三零集团办公大楼外景

国电大渡河流域水电开发有限公司

4 铜站220KV旁路母线及290开关年检圆满结束

5 大渡河深溪沟水电站工程施工现场

6 中国国电办公大楼外景

图照

TCL王贩电器（成都）有限公司

1 2006年12月22日，TCL集团总裁李东生视察成都基地

2 TCL（成都）公司外景

成都蓉生药业有限责任公司

3 蓉生药业外景

4 Centreline原料血浆破袋机

5 人血白蛋白

英特尔产品（成都）有限公司

1 2006年10月25日，英特尔产品（成都）有限公司二期工程竣工仪式

2 英特尔成都工厂外景

成都普天电缆股份有限公司

3 成都普天电缆大楼外景

图照

照片 / 企业风范

成都索贝数码科技股份有限公司

1 索贝数码产品市场推广

2 EditMax1（E1）非线性编辑系统

3 EditMax1000（E1000）移动非线性编辑系统

海特集团

4 海特电子车间

5 飞机发动机维修

6 海特集团大楼外景

1 2006年4月24日，成都职业技术学院国际软件学院挂牌成立

2 四川省小学教学省级骨干教师研修活动

3 成都高新区组织开展五四青年节爱国主义教育

图照

1 成都高新区2006年关爱救助大行动

2 芳草街街道紫荆绣坊展示室

3 儿童在肖家河正街社区体育健身一条街嬉戏

4 石羊龙灯

5 “庆六一 迎奥运”百米长卷现场彩画

6 “科技伴您健康行”宣传活动

7 成都高新区桂溪第二小学开展敬老活动

图照

照片 / 社会剪影

1 2006年春节，石羊街道高跷队在国防乐园表演
2 成都高新区小学生运动会
3 成都高新区医护义务服务入社区
4 社区国标舞班培训现场

单位：亿元

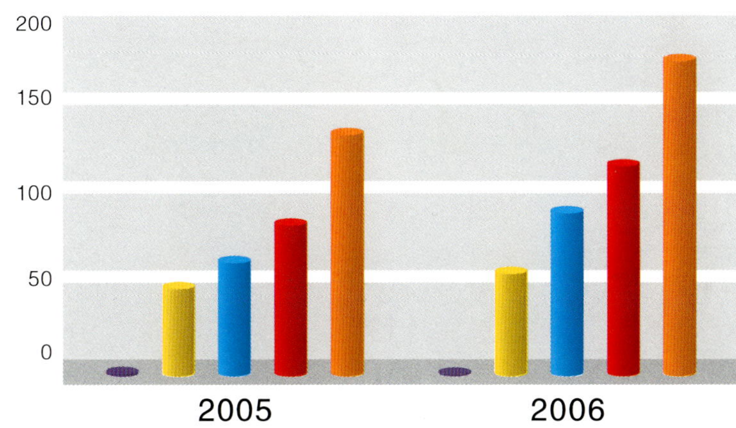

第一产业增加值
第三产业增加值
工业增加值
第二产业增加值
地区生产总值

第一产业增加值2005：0.85；2006：0.26
第三产业增加值2005：51.28；2006：60
工业增加值2005：66.43；2006：94.99
第二产业增加值2005：89.63；2006：121.89
地区生产总值2005：140.88；2006：182.15

单位：亿元

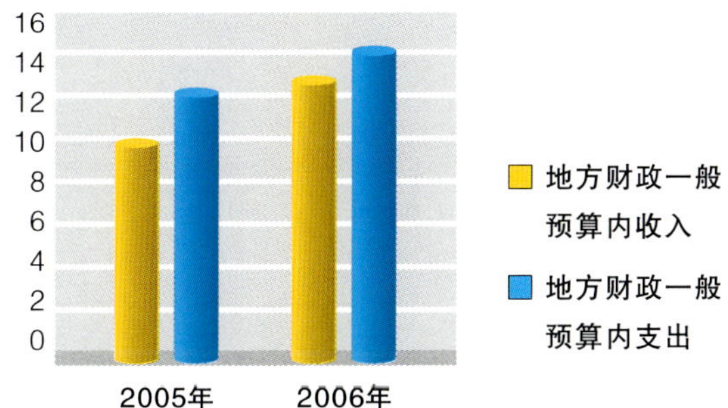

地方财政一般预算内收入

地方财政一般预算内支出

地方财政一般预算内收入2005年：10.23；2006年：13.2
地方财政一般预算内支出2005年：12.59；2006年：14.2

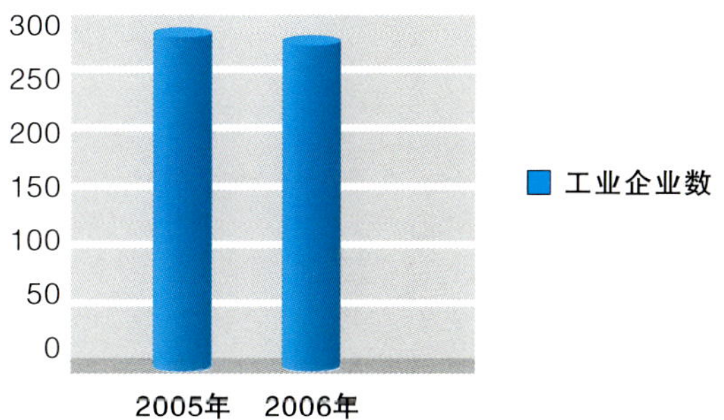

工业企业数

工业企业数2005年：279个；2006年：272个

单位：亿元

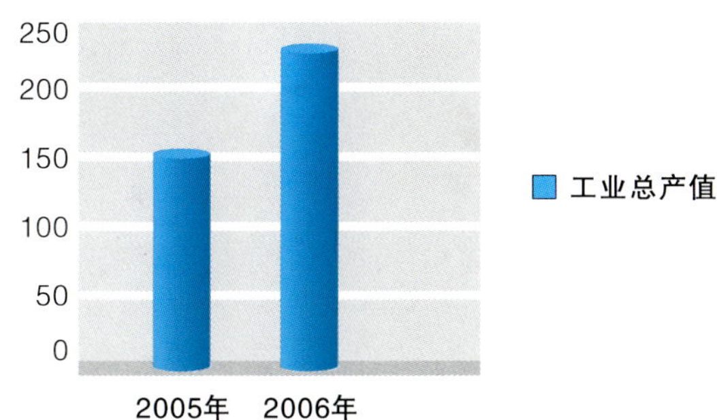

工业总产值

工业总产值2005年：162.35；2006年：238.65

单位：亿美元

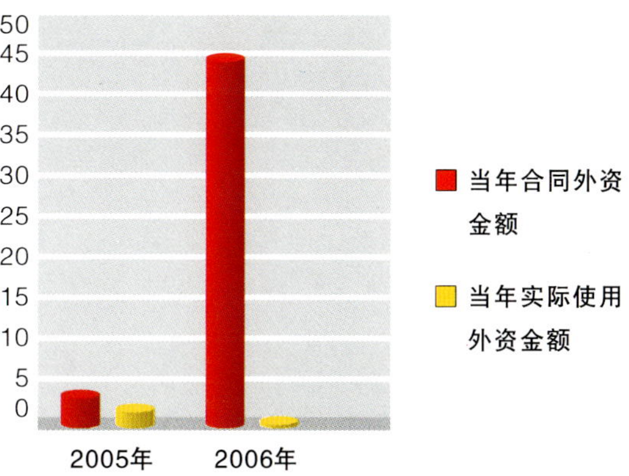

当年合同外资金额

当年实际使用外资金额

当年合同外资金额2005年：3.62；2006年：45.47
当年实际使用外资金额2005年：1.97；2006年：0.24

图照

图片／数字高新

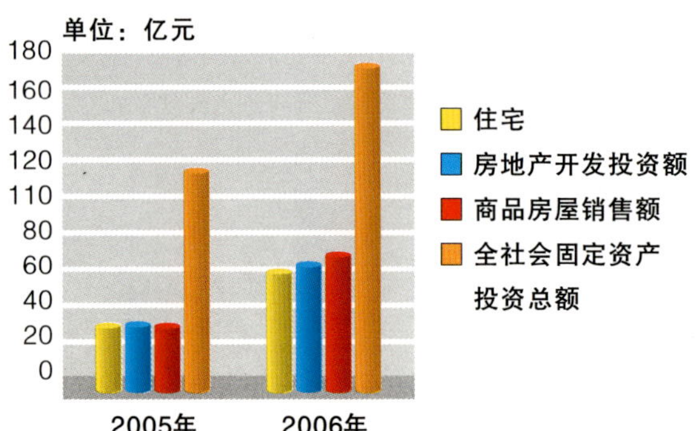

全社会固定资产投资总额2005年：116.9；2006年：175.4
房地产开发投资额2005年：30.81；2006年：64.73
住宅2005年：30.2；2006年：60.7
商品房屋销售额2005年：30.42；2006年：70.07

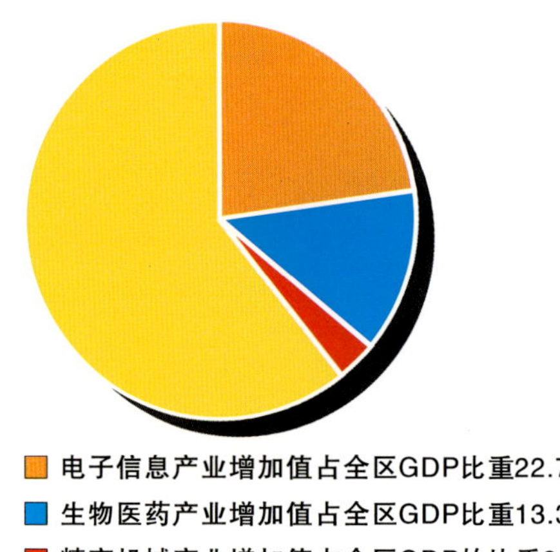

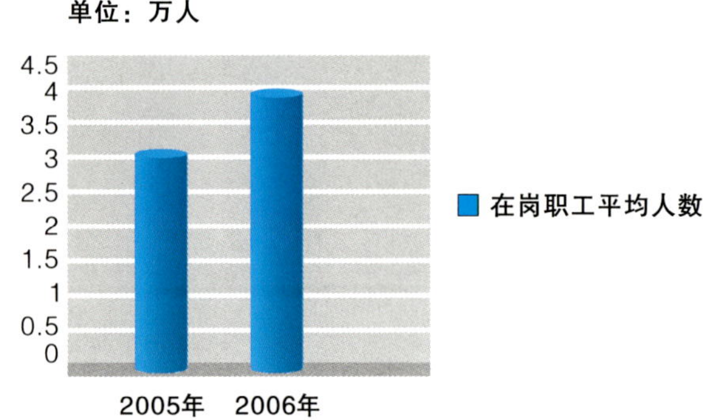

在岗职工平均人数2005年：3.25；2006年：4.16

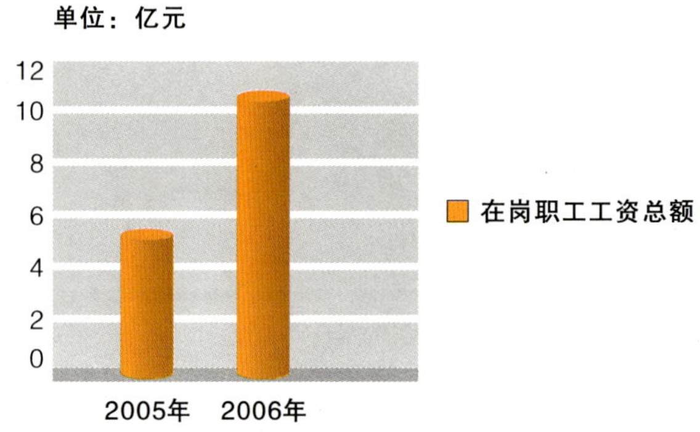

在岗职工工资总额2005年：5.7；2006年：11.28

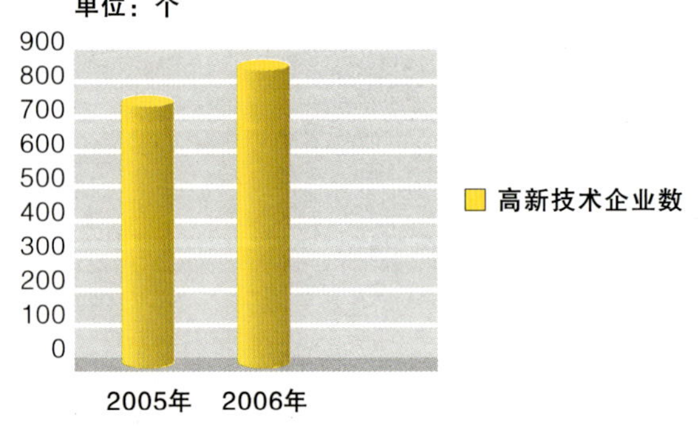

高新技术企业数2005年：745；2006年：848

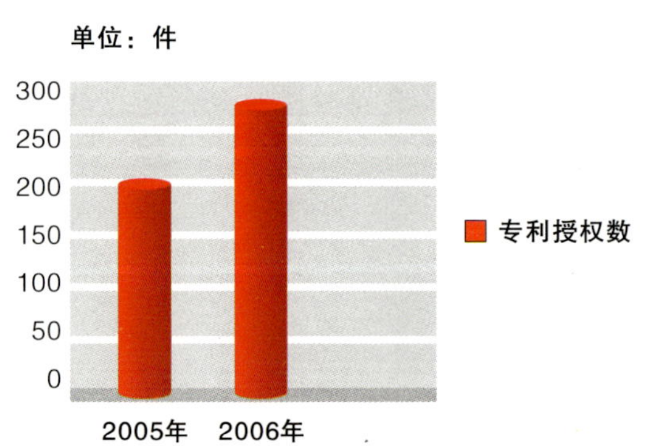

专利授权数2005年：218；2006年：296

序

成都高新区自成立以来的首卷年鉴《成都高新技术产业开发区年鉴(2007)》正式出版了。这是成都高新区建设史上的一件大事，它全面准确地记述了成都高新区2006年的政治、经济、文化、社会等各个领域的面貌，具体生动地描绘了在市委、市政府领导下，成都高新区科学发展、和谐发展、创新发展的轨迹，是成都高新区的真实写照，是总结历史、知往鉴来的一面镜子。

2006年是不平凡的一年。这一年，胡锦涛总书记在全国科技大会上，向全党、全社会发出了“为建设创新型国家而努力奋斗”的号召，为国家高新区承担历史使命、推进自主创新指明了方向；这一年，成都市的城乡统筹、“四位一体”科学发展深入推进，“十一五”规划全面实施，成都高新区在“产业发展年”中抒写了新的篇章；这一年，距离1991年被批准为首批国家高新区以来，成都高新区走过了15年的光辉历程，在新的历史起点上，又与北京、上海、深圳、西安、武汉等市的高新区一道，成为全国首批“创建世界一流园区”试点，向着新的目标奋进……

今天，在成都试验区建设中，成都高新区肩负着光荣的使命和重大的责任。《成都高新技术产业开发区年鉴(2007)》的出版恰逢其时。它应该成为一个蕴含丰富、查检便捷的信息库，为政务决策、群众参与、科研创新、经济活动和社会生活提供多方位的服务；应该成为一本好的教材，为加强“三个文明”建设，开展形势教育，促进社会和谐提供有说服力的区情资料；应该成为向外界展示成都高新区崭新风貌和发展变迁的窗口，为成都高新区和外界的经济文化交流铺路架桥。

《成都高新技术产业开发区年鉴(2007)》的编辑出版是一项系统工程，它融汇了方方面面的智慧和辛勤劳动。衷心感谢所有参与资料收集、整理和编辑、出版的同志，是他们采珠撷英，去芜存菁，才为我们提供了一个可信、可用的优秀读物。衷心希望《成都高新技术产业开发区年鉴》越办越好，为成都高新区的建设发展作出新贡献。

敬　刚　韩春林

2007年12月

编辑说明

一、《成都高新技术产业开发区年鉴(2007)》(简称《成都高新区年鉴(2007)》)是成都高新技术产业开发区管理委员会主办的地方综合年鉴,旨在系统记述全区自然、政治、经济、文化、社会等年度情况,为党政机关、企(事)业单位、研究部门、各界人士和中外投资者了解、认识成都高新区提供资料性文献。

二、编纂《成都高新区年鉴(2007)》,要高举中国特色社会主义伟大旗帜,以邓小平理论、"三个代表"重要思想和科学发展观为指导思想,秉笔直书,存真求实,注重特色,注重企业,注重人文,注重实用,为党政存绩,为人民记功,为促进成都高新区经济建设和社会发展服务。

三、《成都高新区年鉴(2007)》是成都高新区的首部年鉴,记载时限为2006年1月1日至2006年12月31日,某些条目因内容所需而要超越时限。背景介绍和知识介绍用相关链接处理。

四、《成都高新区年鉴(2007)》采取分类编辑法,以类目、分目、条目为三层次框架结构。全书设特载、专文、大事记、综述、机构设置、党务·政务、群众团体、资源与环保、城市管理、城市建设、三大高新技术产业及企业、第一产业及企业、第二产业及企业、第三产业及企业、对外贸易、财税·审计、综合服务、出入口管理、知识产权保护、科学、教育、文化·体育、医疗·卫生、社会生活、政法·军事、街道、人物、统计资料、文件存目、附录计30个类目,除特载、专文、大事记、综述、人物、统计资料、文件存目、附录因内容特殊而只设两个层次外,其他类目均为三个层次。全书以不同字体、字号为各类标题来表现不同层次,条目标题加【】表示。

五、《成都高新区年鉴(2007)》根据《国民经济行业分类》(GB/T4754-2002)标准进行产业分类。以三次产业作为类目,以产业分类中的大类作为分目,以小类或具体企业介绍作为条目。

六、《成都高新区年鉴(2007)》资料由各部门、街道、企(事)业单位提供,并经其领导审核,如有数字与统计数字不一致,则以统计数字为准。

七、《成都高新区年鉴(2007)》具有多重检索功能,前有中、英文目录,每页有眉题,后有索引,索引中标题相同的条目均在括号内说明其区别,全书还配有光碟以方便查阅。

八、《成都高新区年鉴(2007)》的组稿、编辑和总纂工作都是集体协作完成的,并得到各级领导的重视和各部门、街道、企(事)业单位的大力支持。编辑部对所有关心、支持和直接参与年鉴编纂工作的同志表示感谢。

九、《成都高新区年鉴(2007)》虽经多次审校,仍难免有疏漏和差错之处,恳请读者批评指正。

《成都高新技术产业开发区年鉴》编辑部

2007年12月10日

Editor's Note

I. The Yearbook of Chengdu Hi-Tech Industrial Development Zone (2007) (hereinafter referred to as the Yearbook of Chengdu Hi-Tech Zone(2007)) is the comprehensive regional yearbook edited by the Management Committee of Chengdu Hi-Tech Industrial Development Zone to systemically record the annual situations related to nature, politics, economy, culture, society and others of Chengdu Hi-Tech Zone. The yearbook is designed to make personnel of the CPC and governmental organs at all levels, enterprises and institutions, research institutes, and Chinese and foreign investors learn about Chengdu Hi-Tech Zone.

II. The compiling of the Yearbook of Chengdu Hi-Tech Zone should(2007), by holding high the great banner of socialism with Chinese characteristics, be carried out based on Deng Xiaoping's Theory, the Important Thought of "Three Represents" and the Scientific Outlook on Development to facilitate the economic and social development of Chengdu Hi-Tech Zone.

III. The Yearbook of Chengdu Hi-Tech Zone (2007) is the first one of Chengdu Hi-Tech Zone. The yearbook covers a period from January 1, 2006 to December 31, 2006 but some contents may be out of the time limit. The introductions to background and knowledge can be found in the related links.

IV. Three levels of framework are adopted in the Yearbook of Chengdu Hi-Tech Zone (2007). The yearbook includes 30 chapters of Special Edition, Special Articles,A Chronicle of Major Events, Summary, Organizations, CPC and Government Affairs, Mass Organizations, Resources and Environmental Protection, Urban Administration, Urban Construction, Three Hi-Tech Industries and Related Enterprises, Primary Industry and Related Enterprises, Secondary Industry and Related Enterprises, Tertiary Industry and Related Enterprises, Foreign Trade, Finance and Taxation and Audit, Comprehensive Service, Import and Export Management, Science, Education, Culture and Sports, Medical Treatment and Health, Social Life, Politics and Laws and Military Affairs, Sub-Districts, People in News, Statistical Data, Selected Documents, and Appendix. While chapters of Special Edition, Special Articles, A Chronicle of Major Events, Summary, People in News, Statistical Data, Selected Documents and Appendix have two levels because of their special contents, all other chapters have three levels. Different fonts and sizes of words are used to feature the chapters, sections and articles.

V. The industry classification of the Yearbook of Chengdu Hi-Tech Zone (2007) is carried out based on the Industry Classification of National Economy (GB/T4754-2002). The yearbook includes three main industries of primary industry, secondary industry and tertiary industry. Under each industry, there are many sectors and every sector is also made up of numerous enterprises.

VI. The materials in the Yearbook of Chengdu Hi-Tech Zone (2007) are provided by different departments, sub-districts, enterprises and institutions and reviewed by relevant leaders. In case the figures on the yearbook are not in line with the statistics, the statistics dominate the figures on the yearbook.

VII. The Yearbook of Chengdu Hi-Tech Zone (2007) has strong search capabilities. There are Chinese and English table of contents, headers on every page and indexes in the yearbook. Where the articles in indexes have the same topic, the differences will be listed in the brackets. Otherwise, the discs are provided together with the yearbook.

VIII. The edition of the Yearbook of Chengdu Hi-Tech Zone (2007) is completed by collectives and supported by leaders of different departments, sub-districts, enterprises and institutions. The editorial department would like to extend its sincere thanks to all members who support and directly participate in the edition of the yearbook.

IX. Although the Yearbook of Chengdu Hi-Tech Zone (2007) has been proofread for several times, there may be still some mistakes in the yearbook. Readers are asked to criticize our work.

Editorial Department of the Yearbook of Chengdu Hi-Tech Industrial Development Zone

December 10, 2007

《成都高新技术产业开发区年鉴》编审委员会

《成都高新技术产业开发区年鉴》编辑部

《成都高新技术产业开发区年鉴(2007)》编写人员名单

成都高新区党工委管委会办公室

梁　平　朱　静

中共成都高新区纪工委、成都高新区监察局(审计局)

丛艳萍　干全中　刘大勇

中共成都高新区组织部、成都高新区人事劳动和社会保障局

杨　俊　罗登华　王　磊　岳　毅

曾　林　夏　莉　陶宇翎　欧　佳

成都高新区人大工作联络处

王　旭　周　娅

成都高新区政协工作联络处

金　宏　李　勇

成都高新区法院

杜玉成　曲　艺

成都高新区检察院

王奇志　彭洪力　李　援　麦　苗

成都高新区机关党委

张义薇　冉启平

成都高新区发展策划局

宗　翔　刘智桁

成都高新区经贸发展局

李　伟　熊　文　余　勇

成都高新区科技局

陈志康　熊　鹰　周　鹏　李　婷

胡　萍　许小东　袁　钢　何朝阳

成都高新区投资服务局

王　萍　贺　佳

成都高新区规划建设局

张海涛　陈　通

成都市国土局高新分局

成　宁　周晓书　陶　玲　张忠立

李雪兵　祖修亮　龚自德

成都高新区财政局

于　洋　李　薇

成都高新区社会事业局

唐　亮　罗健雄　李文媛　杨　玲

胡　斌　董　兵　陈良坤

成都高新区城市管理执法局

熊　虹　杨海燕

四川成都出口加工区管理办公室

郑昌远　周　星

成都高新区国税局

李占平　陈　浩　陈一可

成都高新区地税局

董　江　何修君　何国庆

成都市高新工商局

李跃新　王维建　张雪明　邓昌军

张　庆　徐光平　焦文胜

成都市质量技术监督局高新分局

丰学炎　李　宽　张　艰　宁　坚

裴京成　郝兴建

成都市公安局高新分局

周　炯　张小毛

解放军成都市武侯区人武部

鲜海峰　冉　冉

成都高新区肖家河街道办事处

张学文　高德文　赵凯文

成都高新区芳草街街道办事处

彭　涌　吴木兰　胡小竹

成都高新区石羊街道办事处

孙锡玉　谢炳成　罗树林　丁雅琳

成都高新区桂溪街道办事处

陈长贵　王有兴　李雪琴

成都高新区合作街道办事处

刘晓东　杨珍祥　杨永鑫

成都高新区创新中心

周　智　翁　涛　钱　静

成都高新投资集团有限公司

平　兴　许君如　彭　隽　刘国东

成都市软件产业发展推进小组办公室

徐传峰　曹　泰

成都高新区机构全称简称对照表

全　称	简　称
中国共产党成都高新技术产业开发区工作委员会	成都高新区党工委
成都高新技术产业开发区管理委员会	成都高新区管理委员会
中国共产党成都高新技术产业开发区工作委员会办公室	成都高新区党工委办公室
成都高新技术产业开发区管理委员会办公室	成都高新区管委会办公室
中国共产党成都高新区纪律检查工作委员会	中共成都高新区纪工委
中国共产党成都高新技术产业开发区组织部	中共成都高新区组织部
成都高新技术产业开发区人事劳动和社会保障局	成都高新区人事劳动和社会保障局
成都高新技术产业开发区人大工作联络处	成都高新区人大工作联络处
成都高新技术产业开发区政协工作联络处	成都高新区政协工作联络处
成都高新技术产业开发区人民法院	成都高新区法院
成都高新技术产业开发区人民检察院	成都高新区检察院
中共成都高新区机关委员会	成都高新区机关党委
成都高新技术产业开发区发展策划局	成都高新区发展策划局
成都高新技术产业开发区经贸发展局	成都高新区经发局
成都高新区技术产业开发区监察局(审计局)	成都高新区监察局(审计局)
成都高新技术产业开发区科技局	成都高新区科技局
成都高新技术产业开发区投资服务局	成都高新区投服局
成都高新技术产业开发区规划建设局	成都高新区规划建设局
成都市国土资源局高新分局	成都市国土局高新分局
成都高新技术产业开发区财政局	成都高新区财政局
成都高新技术产业开发区社会事业局	成都高新区社事局
成都高新区城市管理执法局	成都高新区城管执法局
四川成都出口加工区管理办公室	四川成都出口加工区办公室
四川省成都高新技术产业开发区国家税务局	成都高新区国税局
成都高新技术产业开发区地方税务局	成都高新区地税局
成都市高新工商行政管理局	成都市高新工商局
成都市质量技术监督局高新分局	成都市质监局高新分局
成都市公安局高新技术产业开发区分局	成都市公安局高新区分局
中国人民解放军四川省成都市武侯区人民武装部	解放军成都市武侯区人武部
中共成都高新技术产业开发区肖家河街道工作委员会	成都高新区肖家河街道党工委
成都高新技术产业开发区肖家河街道办事处	成都高新区肖家河街道办事处
中共成都高新技术产业开发区芳草街街道工作委员会	成都高新区芳草街街道党工委
成都高新技术产业开发区芳草街街道办事处	成都高新区芳草街街道办事处
中共成都高新技术产业开发区石羊街道工作委员会	成都高新区石羊街道党工委
成都高新技术产业开发区石羊街道办事处	成都高新区石羊街道办事处
中共成都高新技术产业开发区桂溪街道工作委员会	成都高新区桂溪街道党工委
成都高新技术产业开发区桂溪街道办事处	成都高新区桂溪街道办事处
中国共产党成都高新技术产业开发区合作街道工作委员会	成都高新区合作街道党工委
成都高新技术产业开发区合作街道办事处	成都高新区合作街道办事处
成都高新技术产业开发区技术创新服务中心	成都高新区创新中心
成都高新区地方志编纂委员会办公室	成都高新区地方志办公室
成都市软件产业发展推进小组办公室	成都市软推办
成都高新投资集团有限公司	成都高投集团公司
成都高新发展股份有限公司	成都高新发展股份公司

目　　录

特　载

振奋精神　开拓创新　奋力开创成都高新区产业发展的新局面 …… 2
图1:成都高新区高新国际广场 …… 8
在成都高新区党工委管委会工作会议上的报告 …… 9
图2:成都世纪城新国际会展中心 …… 12

专　文

优化创新服务体系　发展高新技术产业 …… 14
突出招商引资加速产业集聚 …… 17
图3:成都世纪城新国际会展中心外景 …… 19
关注民生　助推和谐　构建产业发展与充分就业的双赢格局 …… 20
图4:成都高新区管委会原址 …… 22

大事记

1～12月 …… 24

综　述

综　述 …… 28
表1:成都高新区主要经济指标与各区(市)县对比表 …… 30

机构设置

领导机构 …… 32
成都高新区党工委 …… 32
成都高新区管委会 …… 32
中共成都高新区纪工委 …… 32
成都高新区党工委工作机构 …… 32
成都高新区党工委办公室 …… 32
中共成都高新区党工委组织部 …… 33
中共成都高新区机关党委 …… 33
成都高新区党工委派出机构 …… 33
成都高新区肖家河街道党工委 …… 33
成都高新区芳草街街道党工委 …… 33
成都高新区石羊街道党工委 …… 34
成都高新区桂溪街道党工委 …… 34
成都高新区合作街道党工委 …… 34
成都高新区管委会工作机构 …… 35
成都高新区管委会办公室 …… 35
成都高新区人事劳动和社会保障局 …… 35
成都高新区发展策划局 …… 35
成都高新区经贸发展局 …… 35
成都高新区监察局(审计局) …… 35
成都高新区科技局 …… 36
成都高新区投资服务局 …… 36
成都高新区规划建设局 …… 36

成都市国土局高新分局 …… 36
成都高新区财政局 …… 36
成都高新区社会事业局 …… 36
成都高新区城市管理执法局 …… 37
四川成都出口加工区办公室 …… 37
成都高新区管委会派出机构 …… 37
成都高新区肖家河街道办事处 …… 37
成都高新区芳草街街道办事处 …… 37
成都高新区石羊街道办事处 …… 37
成都高新区桂溪街道办事处 …… 37
成都高新区合作街道办事处 …… 38
驻区联络处 …… 38
成都高新区人大工作联络处 …… 38
成都高新区政协工作联络处 …… 38
法院·检察院 …… 38
成都高新区法院 …… 38
成都高新区检察院 …… 38
市属管理机构 …… 39
成都高新区国税局 …… 39
成都高新区地税局 …… 39
成都市高新工商局 …… 39
成都市质监局高新分局 …… 39
成都市公安局高新区分局 …… 40
直属企事业单位 …… 40
成都高新区创新中心 …… 40
成都高投集团公司 …… 40

党务·政务

组织建设 …… 42
领导班子建设 …… 42
领导干部队伍教育 …… 42
党的建设 …… 42
党员先进性教育 …… 42
基层党组织建设 …… 42
相关链接:阳光家园 …… 42
机关党建 …… 42
相关链接:树三心,强三力 …… 43
干部队伍培训 …… 43
老干部管理 …… 43
民主政治建设 …… 43
相关链接:三荐一考一选 …… 44
宣传工作 …… 44
概　况 …… 44
宣传理论研究 …… 44
重大宣传活动 …… 45
思想政治宣传 …… 45
对外宣传 …… 45
新闻管理 …… 45
统战工作 …… 45
概　况 …… 45
多党合作和政治协商 …… 46
对台对侨事务 …… 46
政策调研 …… 46
概　况 …… 46
软件产业调研 …… 46
相关链接:CMMI3和CMMI5 …… 46
招商引资调研 …… 46
园区建设调研 …… 47
投融资环境调研 …… 47
文稿起草 …… 47
保密工作 …… 48
概　况 …… 48
保密宣传教育 …… 48
保密监督检查 …… 48
保密技术 …… 48
纪检监察 …… 48
概　况 …… 48
党风廉政建设 …… 49
领导干部廉洁自律 …… 49
违纪违法案件查办 …… 49
反腐倡廉宣传教育 …… 49
相关链接:六进 …… 49

纪检监察信访工作 …… 49
党内监督工作 …… 49
治理商业贿赂 …… 50
纠正不正之风 …… 50
执法监察 …… 50
从抓源头防腐败 …… 50
纪检专业培训 …… 50
人大工作 …… 50
人大联络工作 …… 50
人大代表活动 …… 51
人大代表名单 …… 51
政协工作 …… 51
政协联络工作 …… 51
政协活动 …… 52
政协委员名单 …… 52
目标管理督查 …… 52
概　况 …… 52
目标管理 …… 53
相关链接:四位一体 …… 53
督办督查 …… 53
为民办实事 …… 53
人事工作 …… 54
事业单位人事制度改革 …… 54
贯彻实施公务员法 …… 54
街道中层干部交流 …… 55
政务服务 …… 55
概　况 …… 55
政务服务中心·政务服务处 …… 55
政务服务中心运行模式 …… 56
创新政务服务 …… 56
图5:成都高新区标准件通道窗口一览 …… 56
图6:成都高新区社保窗口一角 …… 56
图7:成都市政务服务中心领导参观考察高新区政务服务中心(南区) …… 56
图8:民革中央副主任、四川省人大常委副主任钮小明参观考察高新区政务服务中心 …… 56
审批流程再造 …… 57
落实审批权限 …… 57
窗口启用部门公章 …… 57
引进中介机构 …… 57
“三位一体”审批体系 …… 57
社会事务服务中心 …… 58
领导和友邻莅区指导 …… 58
外事管理 …… 58
概　况 …… 58
对外服务 …… 58
外事活动 …… 58
经济合作项目 …… 58
应急管理 …… 59
概　况 …… 59
应急管理机构 …… 59
应急演练 …… 59
图9:成都高新区应急演练现场 …… 59
地方志编纂 …… 59
概　况 …… 59
相关链接:成都高新区地方志办公室建制沿革 …… 59
表2:成都高新区地方志编委会及办公室人员变动情况表 …… 60
制定志书篇目 …… 60
收集资料 …… 60
图10:在成都高新区桂溪街道辖区收集志书口碑资料 …… 60
贯彻《地方志工作条例》 …… 60
修志队伍建设 …… 60
来信来访 …… 61
概　况 …… 61
群众来信来访 …… 61
落实信访“领导责任制” …… 61
建立长效机制 …… 61
宣传贯彻《信访条例》 …… 61
机关事务 …… 62

政府采购 …… 62
公车管理 …… 62
物业管理 …… 62
机关食堂 …… 62
图11:成都高新区机关食堂一角 …… 62
优化工作环境 …… 62

群众团体

工　会 …… 64
概　况 …… 64
工会组织建设 …… 64
图12:成都高新区石羊街道总工会成立大会会场 …… 64
外资企业建会 …… 64
劳动关系协调 …… 64
共青团 …… 64
概　况 …… 64
图13:2006年10月,成都高新区共青团工作座谈会 …… 64
组织建设 …… 65
共青团·少先队活动 …… 65
图14:成都高新区青少年暑期活动 …… 65
志愿者活动 …… 65
妇　联 …… 66
概　况 …… 66
图15:成都高新区"三八"妇女节健康知识等专题知识讲座 …… 66
维权活动 …… 66
图16:成都高新区妇女权益保障法宣讲会现场 …… 66
示范教育 …… 66

资源与环保

国土资源管理 …… 68
概　况 …… 68
土地利用规划修编 …… 68
土地报征 …… 68
表3:2006年土地利用获批文批次表 …… 68
土地供应 …… 70
征地拆迁和农转非人员安置 …… 70
表4:2006年南部园区征地拆迁情况表 …… 71
表5:2006年西部园区征地拆迁情况表 …… 73
国有土地回收回购 …… 74
土地登记 …… 74
地籍数据库建设 …… 74
土地年度变更调查 …… 74
表6:成都高新区2004年~2006年土地利用现状变更调查表 …… 74
土地执法监督 …… 75
土地档案管理 …… 75
水资源管理 …… 76
概　况 …… 76
河道管理 …… 76
雨污分流 …… 76
小流域治理 …… 76
节约用水·农村饮用水 …… 76
环境保护 …… 76
概　况 …… 76
环保宣传 …… 76
工业污染防治 …… 76
大气污染治理 …… 77
扬尘污染治理 …… 77
环境管理体系 …… 78
防洪防涝 …… 78
概　况 …… 78
防洪抢险预案 …… 78
分级负责制 …… 78
表7:成都高新区防汛指挥部各成员单位主要职责 …… 78
表8:2006年堤防·险工险段·易淹易涝责任主体及处置方案 …… 79
表9:2006年防汛抢险队伍责任范围 …… 80

表10:防汛物资储备 …… 81

城市管理

常住人口和流动人口 …… 84
概　况 …… 84
常住人口管理 …… 84
流动人口管理 …… 84
新版居民身份证办理 …… 84
表11:2006年各辖区人口分布表 …… 84
市容市貌 …… 84
概　况 …… 84
市容市貌综合整治 …… 85
环卫作业市场化 …… 85
景观带专项整治 …… 85
垃圾收运处置 …… 85
图17:成都高新区垃圾压缩站全貌 …… 86
垃圾处置费征收 …… 86
道路冲洗 …… 86
图18:整治后的二斗渠一角 …… 86
公厕管理 …… 86
户外广告管理 …… 86
垃圾清扫清运 …… 87
绿化管理 …… 87
图19:容貌整治后的神仙树公园一览 …… 87
城管执法 …… 87
概　况 …… 87
市容秩序整顿 …… 87
无照经营整治 …… 88
出摊占道整治 …… 88
违章建筑查处 …… 88
图20:四川成都出口加工区大门 …… 88

城市建设

城乡建设规划 …… 90
概　况 …… 90
规划编制 …… 90
规划监管 …… 90
规划实施管理 …… 90
重点项目建设 …… 90
概　况 …… 90
高新国际广场 …… 91
图21:高新国际广场鸟瞰 …… 91
图22:高新国际广场一角 …… 91
区法院综合楼 …… 91
图23:成都高新区人民法院综合楼效果图 …… 91
区人民检察院综合楼 …… 92
图24:成都高新区人民检察院综合楼效果图 …… 92
四川成都出口加工区(西区)工程 …… 92
出口加工区标准厂房 …… 92
保税物流中心工程 …… 92
技术创新组团工程 …… 92
表12:技术创新组团主要指标 …… 93
表13:1号楼主要技术经济指标 …… 93
表14:2号楼主要技术经济指标 …… 93
表15:3号楼主要技术经济指标 …… 93
科技产业服务中心(政务中心) …… 93
图25:成都高新区西区政务中心全貌 …… 93
西部园区员工公寓 …… 93
西部园区消防站 …… 94
天府软件园 …… 94
表16:天府软件园A地块经济技术指标表 …… 94
图26:成都高新区天府软件园A地块鸟瞰 …… 94
表17:天府软件园B地块经济技术指标表 …… 94
图27:成都高新区天府软件园B地块鸟瞰 …… 95
模具工业园工程 …… 95
图28:成都高新区模具工业园一览 …… 95
表18:主要技术经济指标表 …… 95
表19:园区厂房建筑工程概况表 …… 96
居民小区建设 …… 96
概　况 …… 96

庆安小区 …… 96
大源双河小区 …… 96
新南小区 …… 96
新北小区 …… 97
顺江小区 …… 97
表20:顺江小区建设规模表 …… 97
基础设施建设 …… 98
概　况 …… 98
西部园区基础设施建设 …… 98
园区设施与配套 …… 98
图29:成都高新区西部园区道路一景(一) …… 98
图30:成都高新区西部园区道路一景(二) …… 98

三大高新技术产业及企业

电子信息 …… 100
概　况 …… 100
成都国腾实业集团有限公司 …… 100
成都三零盛安信息系统有限公司 …… 101
英特尔产品(成都)有限公司 …… 101
图31:英特尔产品(成都)有限公司厂房一角 …… 101
成都普天电缆股份有限公司 …… 101
成都索贝数码科技股份有限公司 …… 101
成都科星电力电器有限公司 …… 102
成都吉锐触摸电脑有限公司 …… 102
图32:成都吉锐触摸电脑有限公司厂房一角 …… 102
成都泰格微波技术有限责任公司 …… 102
成都兴业雷安电子有限公司 …… 102
四川通达电器有限公司 …… 103
成都九洲迪飞科技有限责任公司 …… 103
成都锦江电子系统工程有限公司 …… 103
图33:成都锦江电子系统工程有限公司研制的双偏振全相参多普勒天气雷达 …… 103
成都川大科鸿新技术研究所 …… 103
四川银海软件有限责任公司 …… 104
图34:四川银海软件有限责任公司厂房一角 …… 104
成都康宁光缆有限公司 …… 104
图35:成都康宁光缆有限公司厂房一角 …… 104
四川汇源电力光缆有限公司 …… 104
图36:四川汇源电力光缆有限公司光缆绞缆机生产线 …… 104
成都卫士通信息产业股份有限公司 …… 104
图37:成都卫士通信息产业股份有限公司研制的中华卫士防火墙 …… 105
成都贝尔通讯实业有限公司 …… 105
四川华雁信息产业股份有限公司 …… 105
成都中住光纤有限公司 …… 105
成都雷思特电子科技有限责任公司 …… 105
四川通信科研规划设计有限责任公司 …… 105
成都西南民航通信网络有限公司 …… 106
成都天奥集团有限公司 …… 106
成都华为通信技术有限公司 …… 106
四川创意科技有限公司 …… 106
四川天亿电力自动化技术有限责任公司 …… 106
成都市雨田骏科技发展有限公司 …… 106
成都中菱无线通信电缆有限公司 …… 106
成都阿尔卡特通信系统有限公司 …… 107
成都华诚信息产业有限公司 …… 107
大唐电信科技股份有限公司光通信分公司 …… 107
图38:大唐电信科技股份有限公司光通信分公司厂房一角 …… 107
成都东银信息技术有限公司 …… 107
任我行软件发展有限责任公司 …… 108
成都天奥实业有限公司 …… 108
中国移动通信集团四川有限公司成都分公司 …… 108

四川公用信息产业有限责任公司 …………… 108
图39:四川公用信息产业有限责任公司拥有“中国电信钻石五星级数据中心”的IDC数据中心 ………………… 108
亚信科技(中国)有限公司 ……………………… 109
宇芯(成都)集成电路封装测试有限公司 … 109
图40:宇芯(成都)集成电路封装测试有限公司开业庆典 ………………………… 109
中芯国际集成电路制造(成都)有限公司 ……………………………………………… 109
图41:中芯国际集成电路制造(成都)有限公司厂房一角 ……………………… 109
表21:规模以上通信设备、计算机及其他电子设备制造企业名录 ………… 109
生物医药 ………………………………………… 110
概 况 ……………………………………………… 110
成都地奥制药集团有限公司 ………………… 110
成都蓉生药业有限责任公司 ………………… 111
图42:成都蓉生药业有限责任公司厂房一角 ……………………………………… 111
成都倍特药业有限公司 ……………………… 111
图43:成都倍特药业有限公司厂房一角 ……………………………………… 111
成都恩威投资(集团)有限公司 …………… 111
图44:成都恩威投资(集团)有限公司总部大楼外景 …………………………… 112
四川迪康科技药业股份有限公司 ………… 112
图45:四川迪康科技药业股份有限公司总部大楼外景 ……………………… 112
四川奇力制药有限公司 ……………………… 112
图46:四川奇力制药有限公司总部大楼外景 ……………………………………… 112
四川美大康佳乐药业有限公司 …………… 112
图47:四川美大康佳乐药业有限公司厂房一角 ……………………………………… 113
成都菊乐制药有限公司 ……………………… 113
图48:成都菊乐制药有限公司厂房一角 ………………………………………… 113
成都云克药业有限责任公司 ………………… 113
图49:成都云克药业有限责任公司研制的“云克”药物产品 ……………………… 113
四川南格尔生物医学股份有限公司 ……… 113
表22:规模以上医药制造企业名录 …… 114
精密机械 ………………………………………… 114
概 况 ……………………………………………… 114
海特集团 ………………………………………… 114
成都前锋电子电器集团股份有限责任公司 … 115
四川启明星蜀达电气有限公司 …………… 115
图50:四川启明星蜀达电气有限公司厂房一角 ……………………………………… 115
成都普瑞斯数控机床有限公司 …………… 115
成都科奥达光电技术有限公司 …………… 116
成都宁江科技发展有限责任公司 ………… 116
成都五牛科技有限公司 ……………………… 116
四川依米康制冷设备有限公司 …………… 116
四川亚美动力技术有限公司 ………………… 116
表23:规模以上电气机械及器材制造企业名录 ……………………………………… 116
表24:规模以上仪器仪表及文化、办公用机械制造企业名录 ……………… 116

第一产业及企业

种 植 ………………………………………… 118
概 况 ……………………………………………… 118
北京奥瑞金种业股份有限公司成都分公司 ……………………………………………… 118
德农正成种业有限公司 ……………………… 118
四川金利成通江银耳保健品有限责任公司 … 118
四川种都种业有限公司 ……………………… 118
图51:四川种都种业有限公司总部办公楼一角 ……………………………………… 118

图52:位于成都高新区西部园区的油菜籽种植地一角 …… 119
表25:规模以上种植企业名录 …… 119
畜 牧 …… 119
概 况 …… 119
成都好主人宠物食品有限公司 …… 119
通威股份有限公司 …… 120
表26:规模以上畜牧企业名录 …… 120
图53:成都高新区大棚种植的瓜果蔬菜 …… 120

第二产业及企业

食品和饮料制造 …… 122
概 况 …… 122
成都新成食品工业有限公司 …… 122
成都嘉隆利食品有限公司 …… 122
四川禾嘉股份有限公司 …… 122
图54:四川禾嘉股份有限公司外景 …… 122
成都旺旺食品有限公司 …… 122
图55:成都旺旺食品有限公司厂房一览 …… 122
四川华西乳业有限公司 …… 122
成都市棒棒娃实业有限公司 …… 122
金威啤酒(成都)有限公司 …… 123
表27:规模以上食品和饮料制造企业名录 …… 123
纸制品和印刷 …… 123
概 况 …… 123
成都岸宝纸制品有限公司 …… 123
恒安(四川)卫生用品有限公司 …… 123
成都九兴印刷包装有限公司 …… 123
表28:规模以上纸制品和印刷企业名录 …… 124
化学原料及化学制品制造 …… 124
概 况 …… 124
成都硅宝科技实业有限责任公司 …… 124
四川天一科技股份有限公司 …… 124
成都思摩纳米技术有限公司 …… 124
图56:成都思摩纳米技术有限公司厂房一角 …… 124
表29:规模以上化学原料及化学制品制造企业名录 …… 125
橡胶和塑料制品 …… 125
概 况 …… 125
成都东盛包装材料有限公司 …… 125
成都彩虹塑胶有限公司 …… 125
表30:规模以上橡胶和塑料制品企业名录 …… 125
金属制品 …… 125
概 况 …… 125
成都大中华焊接材料有限公司 …… 125
成都恒通铝业有限责任公司 …… 126
表31:规模以上金属制品企业名录 …… 126
通用设备制造 …… 126
概 况 …… 126
成都市南郊锅炉附件厂 …… 126
成都平和粉末冶金有限公司 …… 126
四川希望深蓝空调制造有限公司 …… 126
图57:四川希望深蓝空调制造有限公司研制的希望深蓝蒸汽型溴机 …… 126
四川华盛强制冷设备有限责任公司 …… 126
四川华神钢构有限责任公司 …… 127
表32:规模以上通用设备制造企业名录 …… 127
专用设备制造 …… 127
概 况 …… 127
成都奥格光学玻璃有限公司 …… 127
四川川石·克锐达金刚石钻头有限公司 …… 127
成都百施特金刚石钻头有限公司 …… 127
成都能特科技发展有限公司 …… 128
表33:规模以上专用设备制造企业名录 …… 128
交通运输设备制造 …… 128
概 况 …… 128
四川成发航空科技股份有限公司 …… 128
四川海特高新技术股份有限公司 …… 128

表34:规模以上交通运输设备制造企业名录 …… 129
通讯设备及其他电子设备制造 …… 129
概 况 …… 129
TCL王牌电器(成都)有限公司 …… 129
中国网络通信集团公司四川省分公司 …… 129
成都新亚通讯技术有限公司 …… 130
中国联通有限公司成都分公司 …… 130
电力生产和供应 …… 130
概 况 …… 130
国电大渡河流域水电开发有限公司 …… 130
成都电业局高新供电局 …… 130
建 筑 …… 131
概 况 …… 131
成都倍特建筑安装工程有限公司 …… 131
中国核工业第二四建设公司 …… 131
四川高建园林建设有限公司 …… 131
成都高新区建管市政工程有限公司 …… 131
成都新高建设经济技术咨询有限公司 …… 132
成都海宏建筑工程有限公司 …… 132
成都海祥装饰工程有限公司 …… 132

第三产业及企业

交通运输 …… 134
概 况 …… 134
成都石羊运业有限责任公司 …… 134
四川三和汽车服务有限责任公司 …… 134
四川港宏风神汽车销售有限公司 …… 134
四川港宏风神汽车技术服务有限公司 …… 134
东创建国汽车集团 …… 134
成都仁孚汽车服务有限公司 …… 135
物 流 …… 135
概 况 …… 135
中储成都物流中心 …… 135
成都蚂蚁物流有限公司 …… 135
四川金城物流实业有限公司 …… 135
中铁现代物流科技股份有限公司成都分公司 …… 135
招商局物流集团有限公司 …… 136
批发和零售 …… 136
概 况 …… 136
成都家乐福超市有限公司 …… 136
成都红旗连锁有限公司 …… 136
图58:位于成都市商业中心的成都红旗连锁商场 …… 136
成都安利捷丰田汽车销售服务有限公司 …… 137
安利捷(成都)汽车技术有限公司 …… 137
四川省互惠商业(集团)公司 …… 137
成都巨新实业有限公司 …… 137
成都宝钢西部贸易有限公司 …… 137
四川省老邻居商贸连锁有限责任公司 …… 137
四川明友汽车服务有限公司 …… 137
表35:2006年限额以上批发零售企业名录 …… 137
住宿和餐饮 …… 138
概 况 …… 138
成都荣辉天天渔港餐饮有限公司 …… 138
成都市皇城老妈酒店有限公司 …… 138
成都红杏酒家有限责任公司紫荆店 …… 138
四川满庭芳酒楼有限公司 …… 138
图59:位于成都市二环路南三段的满庭芳酒楼 …… 139
大蓉和瓦缸酒楼 …… 139
表36:限额以上住宿餐饮企业名录 …… 139
金 融 …… 139
概 况 …… 139
交通银行成都分行高新支行 …… 139
中国农业银行成都高新区支行 …… 140
成都高新区石羊农村信用合作社 …… 140
房地产 …… 140
概 况 …… 140
成都倍特建设开发有限公司 …… 140

上海绿地集团成都置业有限公司 ………… 140
成都市深长城地产有限公司 ……………… 141
成都南星实业有限责任公司 ……………… 141
和记黄埔地产(成都)有限公司 ………… 141
中海地产成都公司 ……………………… 141
商务服务 ……………………………… 141
概　况 ………………………………… 141
成都高新投资集团有限公司 ……………… 141
图60:成都高新投资集团有限公司融资创建的国家级成都高新区技术创新服务中心 ……………………… 141
成都高新创新投资有限公司 ……………… 142
成都新兴创业投资有限责任公司 ………… 142
成都盈泰投资管理有限公司 ……………… 142
图61:成都高新区科技工业园一角 …… 142

对外贸易

进出口贸易 …………………………… 144
概　况 ………………………………… 144
1998~2006年外贸出口额示意图 ………… 144
外贸出口 ……………………………… 144
内外资引用 …………………………… 144
概　况 ………………………………… 144
新增外资企业 ………………………… 144
外商增资 ……………………………… 144
中外合资与合作项目 …………………… 145
引用内资 ……………………………… 145
图62:位于成都高新区西区的四川成都出口加工区一角 ……………… 145
表37:引进重大外资项目名录 ………… 146
表38:签约重大内资项目名录 ………… 146
图63:成都高新区软件孵化园一角 …… 148

财税·审计

财　政 ………………………………… 150
概　况 ………………………………… 150
财政管理体制改革 ……………………… 150
重大项目财政投入 ……………………… 150
国有资产管理 ………………………… 150
粮食直补 ……………………………… 151
投融资体系建设 ……………………… 151
图64:2006年成都高新区财政支出简图 ……………………… 151
表39:2006年成都高新区财政收支简表 ……………………… 151
国家税务 ……………………………… 151
概　况 ………………………………… 151
国税基础管理 ………………………… 152
国税依法治税 ………………………… 152
国税队伍建设 ………………………… 152
国税税收服务 ………………………… 153
相关链接:八统一 …………………… 153
表40:2006年成都高新区国家税收情况表 ……………………… 153
表41:2006年成都高新区国税年纳税额前30名企业 ……………… 153
地方税务 ……………………………… 154
概　况 ………………………………… 154
地税基础管理 ………………………… 154
地税依法治税 ………………………… 155
地税队伍建设 ………………………… 155
地税税收服务 ………………………… 155
图65:成都高新区地税服务窗口 ……… 156
表42:2006年成都高新区地税局组织各类收入累计入库数 ……………… 156
表43:2006年成都高新区缴纳地方税收500万元以上企业名单 ………… 156
审　计 ………………………………… 157
概　况 ………………………………… 157
财政预算执行审计调查 ………………… 157
专项资金审计 ………………………… 157
领导干部经济责任审计 ………………… 158

审计工作改革 …… 158
审计制度建设 …… 158
审计队伍建设 …… 158

综合服务

统计工作 …… 160
概　况 …… 160
统计设计 …… 160
统计调查 …… 160
企业调查 …… 160
城市调查 …… 160
物价管理 …… 160
概　况 …… 160
价格管理 …… 161
收费管理 …… 161
物价·酒类执法 …… 161
涉案物品价格鉴定 …… 161
表44:2006年成都高新区主要商品市场价格表 …… 161
安全生产 …… 163
概　况 …… 163
宣传教育 …… 163
安全生产执法检查 …… 163
事故调查处理 …… 164
安全生产监管 …… 164
专项检查 …… 164
工商行政管理 …… 165
概　况 …… 165
图66:高新工商局“3.15”消费者权益活动现场 …… 165
工商登记 …… 165
企业年检 …… 165
市场监管 …… 165
无照经营清理整治 …… 166
工商行政执法 …… 166
广告监管 …… 166
禁宰工作 …… 166
工商服务规范化建设 …… 166
图67:高新工商局促进就业活动现场 …… 167
质量技术监督 …… 167
概　况 …… 167
质量监督管理 …… 167
表45:成都高新区创建名牌产品·免检产品表 …… 168
标准化管理 …… 168
计量管理 …… 168
表46:2006年成都高新区“采标”目录 …… 169
代码条码管理 …… 169
特种设备安全监察 …… 169
打假治劣工作 …… 169
档案管理 …… 170
概　况 …… 170
档案法制化建设 …… 170
档案信息化建设 …… 170
档案中心建设 …… 170
资产投资管理 …… 170
概　况 …… 170
高科技投资项目 …… 171
重点投资项目 …… 171
图68:“安好精工”项目合作签字仪式 …… 171
产业投资 …… 172
保税物流管理 …… 172
图69:成都保税物流中心一角 …… 172
担保服务 …… 172
国际贸易资金管理 …… 173
图70:2006年6月28日,四川省委常委、成都市委书记李春城视察保税物流中心 …… 173
图71:成都保税物流中心鸟瞰(效果图) …… 173
成都高新投资集团有限公司参股控股企业情况 …… 174
成都高新创新投资集团有限公司参股企业情况 …… 175

成都高新建设开发有限公司控股企业情况 …… 175
成都高新发展股份有限公司控股参股企业情况 …… 176

出入口管理

四川成都出口加工区管理 …… 178
概　况 …… 178
制定发展规划 …… 178
建设成就 …… 178
对外宣传 …… 178
招商成果 …… 178
投资服务管理 …… 178
加工贸易审批流程 …… 179
办理出区征税货物流程 …… 180
办理出区废弃包装物流程 …… 180
办理出区无商业价值废弃保税物流程 …… 180
办理出口加工结转业务流程 …… 181
办理基建物资业务流程 …… 181
相关链接:四川成都出口加工区 …… 182
海关监管 …… 182
概　况 …… 182
图72:四川成都出口加工区西区一览 …… 182
四川成都出口加工区海关业务操作流程图 …… 183
通关服务 …… 183
转关运输 …… 183
出入境检验检疫 …… 183
概　况 …… 183
检验检疫监管 …… 184
检验检疫成果 …… 184
出口加工区检验检疫工作流程 …… 184

知识产权保护

行政司法保护 …… 186
概　况 …… 186
知识产权司法保护 …… 186
知识产权宣传 …… 186
科技知识产权保护 …… 186
自主知识产权保护 …… 186
专利保护 …… 186
概　况 …… 186
专利申请和授权 …… 187
专利资助 …… 187
表47:专利申请量统计表 …… 187
表48:专利授权量统计表 …… 187
商标保护 …… 187
概　况 …… 187
商标违法案件查处 …… 187
表49:成都高新区获得的中国驰名商标 …… 188
表50:成都高新区获得的四川省著名商标 …… 188
表51:成都高新区获得的成都市著名商标 …… 188

科　学

科学技术进步 …… 190
概　况 …… 190
科技计划管理 …… 190
高新技术企业认定 …… 190
表52:2006年高新技术企业审查项目表 …… 191
相关链接:高新技术企业认定 …… 193
软件企业认定 …… 193
相关链接:CMMI …… 193
图73:2006年芳草街街道办事处组织到居民小区进行“科技伴你健康行”宣传活动 …… 193
科技三项费管理 …… 194
相关链接:科技三项费 …… 194
科技顾问团活动 …… 194
创新服务 …… 194
技术平台 …… 194
相关链接:技术平台 …… 194

图74:位于天府大道中段的成都高新区孵化园全貌 …… 194
图75:位于成都高新区高朋大道起步区的孵化园门户 …… 195
企业培育 …… 195
图76:国家软件产业基地(成都)软件公共技术平台外景 …… 195
图77:西区集中孵化 …… 195
培训与咨询 …… 196
国际交流与合作 …… 196
软件产业推进 …… 196
图78:2006年4月14日,香港软件外包合作论坛在香港会议展览中心召开 …… 197
图79:台塑网软件科技公司落户软件园 …… 197
孵化成果 …… 197
表53:2006年创新基金项目 …… 198
表54:2006年国家级火炬计划项目 …… 198
表55:2006年创新基金创业项目 …… 198
表56:2006年国家引智项目 …… 198
表57:2006年科技部国家863计划项目 …… 199
表58:2006年信产部国家电子发展基金项目 …… 199
表59:2006年法国创新计划项目 …… 199
表60:2006年四川省科技攻关项目 …… 199
表61:2006年四川省科技进步奖项目 …… 199
表62:2006年四川省专利实施专项补助资金项目 …… 199
表63:2006年四川省重点技术创新项目 …… 199
表64:2006年成都市科技计划项目 …… 199
表65:2006年成都高新区国家重点新产品计划项目 …… 200
庆祝活动 …… 200
软件业推进 …… 200
概　况 …… 200
相关链接:政策措施 …… 200
重大招商活动 …… 201
园区入驻企业 …… 201
发展研究 …… 201
概　况 …… 201
软件产业调研 …… 201
招商引资调研 …… 202
图80:成都高新区党工委副书记、管委会副主任冯亚曦带队调研 …… 202

教　育

综　述 …… 204
全区教育事业发展 …… 204
教育管理体制改革 …… 204
城乡义务教育均衡发展 …… 204
图81:2006年1月,成都国际学校迁址高新西区中海国际社区 …… 204
图82:2006年9月,成都美视国际学校美洲花园新址开校庆典 …… 205
图83:2006年11月9日,成都高新区"中小学管理现场会"在和平学校举行 …… 205
基础教育 …… 205
概　况 …… 205
课程改革 …… 205
图84:2006年9月1日,新建九年一贯制学校大源学校举行开校庆典 …… 206
教学管理 …… 206
学籍管理 …… 206
收费管理 …… 206
招生管理 …… 206
中　考 …… 206
高　考 …… 206
义务教育 …… 206
图85:四川省第21届青少年科技创新大赛在高新实验小学新北校区举行 …… 207
图86:2006年11月,成都高新区第五届中小学生运动会在高新实验中学新北校区举行 …… 207

农民工子女教育 …… 207
图87:成都高新区组织名优教师和校长赴华东师范大学学习 …… 207
小学学龄儿童入学率 …… 207
中小学升学率 …… 207
社会力量办学 …… 207
图88:全国首届中小学主题班(团、队)会课大赛在玉林中学举行 …… 207
表66:2006年成都高新区基础教育学校基本情况表 …… 208
表67:2006年成都高新区中小学招生计划完成情况表 …… 208
表68:2006年成都高新区直属小学在校生数表 …… 208
表69:2006年成都高新区直属中学在校生数表 …… 209
表70:2006年成都高新区街道学校在校生数表 …… 209
表71:2006年成都高新区小学在校生数表 …… 210
表72:2006年成都高新区中学在校生数表 …… 210
表73:2006年成都高新区合计在校生数表 …… 210
表74:2006年成都高新区中小学专任教师数表 …… 210
职业教育 …… 211
概　况 …… 211
成都职业技术学院简介 …… 211
办学成绩 …… 211
图89:成都职业技术学院学生白丽娜荣获“2006西部旅游形象大使冠军 …… 211
成人教育 …… 211
概　况 …… 211
农民实用技术教育 …… 211
职工教育 …… 211
社区教育 …… 212
图90:2006年4月肖家河街道举行“和谐社区文化健康行”活动 …… 212

文化·体育

文化体育设施 …… 214
概　况 …… 214
文化站 …… 214
紫荆电影院 …… 214
体育设施建设 …… 214
社会文化 …… 214
概　况 …… 214
民俗文化 …… 214
社区文化 …… 214
图91:社区群众在和谐广场自发开展活动 …… 214
饮食文化 …… 215
校园文化 …… 215
文化市场 …… 215
概　况 …… 215
文化市场专项整治 …… 215
图92:成都高新区文化执法检查 …… 215
网吧管理 …… 215
文化娱乐场所管理 …… 216
社会体育 …… 216
概　况 …… 216
老年体育活动 …… 216
社区体育活动 …… 216
图93:肖家河社区文化活动 …… 216
青少年体育活动 …… 216
图94:亚足联青少部发展官考察成都高新区小学生足球训练 …… 216
竞技体育 …… 216
概　况 …… 216
网球赛事 …… 216
图95:2006年鸿星尔克国际女子网球系列赛 …… 217

青少年竞技体育比赛 …… 217
旅游 …… 217
概况 …… 217
创建中国最佳旅游城市 …… 217
图96:芳草街街道办事处辖区街道一角 …… 218
特色街区 …… 218
图97:紫荆娱乐休闲街区 …… 218

医疗·卫生

医政管理 …… 220
概况 …… 220
医疗卫生服务 …… 220
无证经营整治 …… 220
图98:戒烟防癌健康进社区活动 …… 220
疾病预防 …… 220
概况 …… 220
相关链接:成都高新区防疫站 …… 220
图99:成都高新区卫生监督执法工作 …… 220
图100:成都高新区医疗防疫工作 …… 220
图101:成都高新区防疫站建设 …… 220
医疗防疫保障网络 …… 221
传染病防治 …… 221
献血管理 …… 221
图102:成都高新区义务献血活动 …… 221
防疫工作 …… 221
基层卫生与妇幼保健 …… 221
概况 …… 221
图103:成都高新区妇幼保健服务活动 …… 221
社区医疗卫生 …… 221
妇幼保健 …… 222
爱国卫生运动 …… 222
概况 …… 222
"创建国家卫生城市"活动 …… 222
图104:成都高新区召开会议安排部署"爱国卫生运动"工作 …… 222
除"四害"活动 …… 222
图105:除"四害"宣传活动 …… 222
健康文化教育 …… 222

社会生活

人口管理·计划生育 …… 224
人口增长 …… 224
计划人口生育 …… 224
图106:成都高新区计划生育宣传活动 …… 224
计划生育服务 …… 224
计划生育家庭奖励 …… 224
图107:计划生育入户宣传 …… 224
图108:石羊街道开展优生优育知识讲座 …… 224
市场物价 …… 225
概况 …… 225
表75:2006年成都高新区自来水及排污水处理费价格表 …… 225
表76:2006年成都高新区天然气价格表 …… 225
表77:2006年成都高新区电力销售(部分)价格表 …… 225
表78:2006年成都高新区义务教育"一费制"收费价格表 …… 226
人才交流 …… 226
概况 …… 226
重要招聘活动 …… 226
协助企业招聘 …… 226
高级人才·博士后 …… 226
概况 …… 226
图109:全国优秀博士后科研工作站奖状 …… 227
相关链接:成都高新区博士后科研工作站 …… 227
图110:知名专家参加博士后出站考核报告会 …… 227
博士后工作 …… 227
图111:博士后在实验室做实验 …… 227
劳动保障 …… 227
概况 …… 227

劳动用工 …… 228
劳动关系协调 …… 228
劳动保障网格管理 …… 228
图112:成都高新区召开劳动保障监察网格化管理工作会 …… 228
充分就业 …… 229
新增就业 …… 229
充分就业社区 …… 229
失地农民就业 …… 229
再就业培训 …… 229
就业政策及资金使用 …… 229
人力资源市场 …… 229
社会保险 …… 229
概　况 …… 229
养老保险 …… 229
失业保险 …… 229
医疗保障 …… 230
工伤保险 …… 230
生育保险 …… 230
综合保险 …… 230
农转非人员社会保险 …… 230
少儿住院医疗互助金 …… 230
企业退休人员社会化管理 …… 230
图113:成都高新区社保业务下放街道 …… 230
社会保险投入 …… 230
社会保险创新 …… 230
老年人权益保护 …… 231
老年人社会保障 …… 231
老年人文化活动 …… 231
图114:2006年5月成都高新区第四届老年游艺活动 …… 231
为老年人办实事 …… 231
图115:成都高新区为老年人提供健康咨询服务 …… 231
表79:2006年成都高新区100岁以上老年人名册 …… 232
桂溪敬老院 …… 232
残疾人保护 …… 232
概　况 …… 232
扶残助学就业 …… 232
图116:成都高新区残疾人就业招聘会 …… 232
图117:残疾人助学帮扶 …… 232
残疾人献爱心 …… 233
社区建设 …… 233
概　况 …… 233
社区组织建设 …… 233
居委会建设 …… 233
环境综合整治 …… 233
图118:成都高新区社区建设决策咨询会 …… 233
社区管理 …… 233
图119:成都高新区开展社区技术培训 …… 234
图120:成都高新区2006年关爱救助 …… 234
社区服务 …… 234
图121:成都高新区社区志愿者帮扶活动 …… 234
图122:成都高新区社区健身场所 …… 234
图123:成都高新区新社区面貌 …… 235
社区志愿者活动 …… 235
新社区建设 …… 235
民政事业 …… 235
概　况 …… 235
社会事务 …… 235
图124:成都高新区慈善会成立 …… 235
社会福利 …… 235
图125:成都高新区爱心互助站 …… 236
表80:成都高新区2006年新建城市道路命名统计表 …… 236
民族宗教 …… 238
概　况 …… 238
民族事务 …… 238
宗教事务 …… 238
图126:成都高新区舞狮表演 …… 238

政法·军事

政法工作 …… 240

概　况 …… 240

创省级“平安区县”活动 …… 240

政法队伍建设 …… 240

审　判 …… 240

概　况 …… 240

图127:成都高新区法院耐心接待上访群众 …… 240

刑事审判 …… 241

民事审判 …… 241

行政审判 …… 241

执行工作 …… 241

审判监督工作 …… 242

图128:成都高新区法院聘用法官助理、法警工作会 …… 242

司法服务 …… 242

“争创全国一流法院”活动 …… 242

检　察 …… 242

概　况 …… 242

图129:2006年6月,成都高新区检察院接受社会主义法治理念教育情况检查 …… 242

图130:2006年10月,成都高新人民监督员评议案件会议现场 …… 243

刑事检察 …… 243

职务犯罪预防与查处 …… 243

图131:成都高新区检察院调研案情工作会 …… 243

诉讼监督 …… 244

监所检察 …… 244

公　安 …… 244

概　况 …… 244

图132:成都高新区公安分局民警开展警容警姿大练兵活动现场 …… 244

图133:成都高新公安分局参加会展中心治安执勤工作 …… 244

维护稳定 …… 244

打击犯罪 …… 245

治安防控 …… 245

科技强警 …… 245

“三基”工程 …… 245

典型刑事案件 …… 245

典型经济案件 …… 246

司法行政 …… 246

概　况 …… 246

人民调解 …… 246

律师和公证服务 …… 246

普法基础教育 …… 246

青少法制教育 …… 246

职工法制教育 …… 247

法律援助 …… 247

拥军优属·拥政爱民 …… 247

概　况 …… 247

“双拥”活动 …… 247

优抚安置 …… 248

表81:2006年成都高新区优抚对象类别统计表 …… 248

武装·兵役 …… 248

概　况 …… 248

民兵组织建设 …… 248

民兵军事训练 …… 248

民兵武器装备管理 …… 249

预备役部队调整 …… 249

民兵参建参治 …… 249

图134:成都高新区抗洪抢险演练现场 …… 249

兵役工作 …… 249

图135:成都高新区征兵宣传活动现场 …… 249

人民防空·国防教育 …… 250

国防教育活动 …… 250
图136:成都市委常委、成都高新区党工委书记李昆学参加国防教育活动 …… 250
人防工程管理与建设 …… 250
人防教育 …… 250

街 道

肖家河街道 …… 252
概 况 …… 252
表82:成都高新区肖家河街道社区党支部、居委会主要负责人任职表 …… 252
经济快速增长 …… 253
表83:1996年~2006年肖家河街道办事处经济发展情况一览表 …… 253
实现充分就业 …… 253
城市建设管理 …… 253
正街社区 …… 254
永丰社区 …… 254
联谊社区 …… 254
图137:肖家河辖区文艺演出 …… 254
图138:肖家河正街社区创建活动 …… 254
兴蓉社区 …… 254
工业园社区服务站 …… 255
芳草街街道 …… 255
概 况 …… 255
表84:成都高新区芳草街街道社区党支部、居委会主要负责人任职表 …… 255
经济持续发展 …… 256
表85:芳草街街道经济发展情况一览表(1996年~2006年) …… 257
拓展社会事业 …… 257
实现充分就业 …… 257
市容市貌整治 …… 257
新能巷社区 …… 258
蓓蕾街社区 …… 258
芳华社区 …… 258
元通社区 …… 258
紫竹北街社区 …… 258
紫荆北路社区 …… 258
紫薇社区 …… 259
石羊街道 …… 259
概 况 …… 259
表86:成都高新区石羊(场)街道(乡)社区、村党支部、居委会、村委会主要负责人任职表 …… 259
经济工作 …… 261
表87:石羊场街道办事处1996年~2006年经济发展情况一览表 …… 261
促进充分就业 …… 262
创建“疏堵结合”城管新模式 …… 262
新街社区 …… 262
新北社区 …… 263
庆安社区 …… 263
新光社区 …… 263
图139:石羊街道新光社区群众文艺活动扇子舞 …… 263
新园社区 …… 264
三元社区 …… 264
桂溪街道 …… 264
概 况 …… 264
表88:成都高新区桂溪(乡街道社区、村党支部、居委会、村委会)主要负责人任职表 …… 264
超额完成经济目标 …… 266
表89:桂溪街道办事处1996年~2006年经济发展情况一览表 …… 266
推进城市化进程 …… 266
民工生活服务区 …… 266
举办烹饪大赛 …… 266
新会展中心 …… 266
图140:位于成都高新区的“世纪城”新国际会展中心 …… 267

图141:位于成都高新区的"世纪城"新国际会展中心远景 …… 267
和平社区 …… 267
三瓦窑社区 …… 267
大源村 …… 268
铜牌村 …… 268
合作街道 …… 268
概 况 …… 268
表90:成都高新区合作街道村党支部、村委会主要负责人任职表 …… 269
经济效益显著 …… 270
充分解决失地农民就业 …… 270
拆迁安置 …… 270
图142:合作街道辖区农民成为了现代企业的员工 …… 270
合作村 …… 270
玉泉村 …… 270
顺江村 …… 270
前锋村 …… 270
西华村 …… 271
石院村 …… 271
安埠村 …… 271
清水村 …… 271
清平村 …… 271
晨风村 …… 271
金凤村 …… 271
光明村 …… 271
杨柳村 …… 271
红光村 …… 272
八圣村 …… 272
图143:合作街道办事处引入"小作坊"项目 …… 272
独柏村 …… 272
檬梓村 …… 272
三合村 …… 272
古楠村 …… 272
图144:合作街道辖区群众载歌载舞 …… 272

人 物

表91:省级以上优秀人物表 …… 274
表92:市级优秀人物表 …… 274

统计资料

表93:2006年成都高新区人口、劳动力及土地面积统计表 …… 276
表94:2006年成都高新区生产总值(当年价格)统计表 …… 276
表95:2006年成都高新区财政、金融、保险统计表 …… 276
表96:2006年成都高新区农业统计表 …… 277
表97:2006年成都高新区工业统计表 …… 277
表98:2006年成都高新区内外贸易、外经、旅游统计表 …… 277
表99:2006年成都高新区固定资产投资统计表 …… 278
表100:2006年成都高新区人民生活、社会保障统计表 …… 278
表101:2006年国家高新区企业主要经济指标(一) …… 279
表102:2006年国家高新区企业主要经济指标(二) …… 280
表103:国家高新区名录 …… 282

文件存目

中共成都高新区工委文件目录 …… 284
成都高新区管委会文件目录 …… 285
中共成都高新区工委办公室文件目录 …… 286
成都高新区管委会办公室文件目录 …… 288

附 录

2006年成都高新区党工委、管委会领导名录 … 292

2006年成都高新区机构及领导名录 …… 293
2006成都高新区表彰单位和个人 …… 294

索 引

A ~ Z …… 305

彩页目录

图 照 …… 1
地 图 …… 1
成都高新技术产业开发区南部园区简图 … 1
成都高新技术产业开发区西部园区简图 … 2
照 片 …… 3
领导关怀 …… 3
亲临指导 …… 8
友好往来 …… 12
高新风采 …… 14
企业风范 …… 16
社会剪影 …… 21
数字高新 …… 25
星级服务 …… 27
部分服务剪影 …… 27
成都高新区党工委管委会办公室 …… 27
中共成都高新区纪工委、成都高新区监察局(审计局) …… 28
中共成都高新区组织部、成都高新区人事劳动和社会保障局 …… 29
成都高新区人大工作联络处 …… 30
成都高新区政协工作联络处 …… 31
成都高新区法院 …… 32
成都高新区检察院 …… 33
成都高新区机关党委 …… 34
成都高新区发展策划局 …… 35
成都高新区经贸发展局 …… 36
成都高新区科技局 …… 37
成都高新区投资服务局 …… 38
成都高新区规划建设局 …… 39
成都市国土局高新分局 …… 40
成都高新区财政局 …… 41
成都高新区社会事业局 …… 42
成都高新区城市管理执法局 …… 43
四川成都出口加工区办公室 …… 44
成都高新区国税局 …… 45
成都高新区地税局 …… 46
成都市高新工商局 …… 47
成都市质量技术监督局高新分局 …… 48
成都市公安局高新分局 …… 49
成都高新区地方志编纂委员会办公室 …… 50
成都市武侯区人民武装部 …… 51
街道办事处服务活动 …… 52
成都高新区肖家河街道办事处 …… 52
成都高新区芳草街街道办事处 …… 53
成都高新区石羊街道办事处 …… 54
成都高新区桂溪街道办事处 …… 55
成都高新区合作街道办事处 …… 56
直属企事业单位新影 …… 57
成都高新区创新中心 …… 57
成都高新投资集团有限公司 …… 58

Contents

SPECIAL EDITION

Boost the Morale, Innovate with Pioneering Spirit, and Strive to Create a New Situation of Industrial Development of Chengdu Hi-Tech Zone ········ 2

Photo 1: Hi-Tech International Square of Chengdu Hi-Tech Zone ························· 8

Work Report Delivered at the Meeting of the CPC Chengdu Hi-Tech Zone Working Committee and the Management Committee of Chengdu Hi-Tech Zone ·· 9

Photo 2: The Century City New International Convention and Exhibition Center of Chengdu ······································· 12

SPECIAL ARTICLES

Rationalize Innovation Service System and Promote Development of Hi-Tech Industries ················· 14

Give Prominence to Inviting Outside Investments to Speed up the Assembly of Industries ················· 17

Photo 3: Exterior of the Century City New International Convention and Exhibition Center of Chengdu ········ 19

Pay Close Attention to People's Livelihood and Promote Harmonious Society Construction to Build a Win-Win Pattern of Industrial Development and Full Employment ·· 20

Photo 4: Former Site of the Management Committee ofChengdu Hi-Tech Zone ······ 22

A CHRONICLE OF MAJOR EVENTS

From January to December ······························ 24

SUMMARY

Summary ·· 28

Table 1: Comparison of Main Economic Indicators between Chengdu Hi-Tech Zone and Other Districts and Counties ··································· 30

ORGANIZATIONS

Leading Organizations ································· 32

CPC Chengdu Hi-Tech Zone Working Committee ··· 32

Management Committee of Chengdu Hi-Tech Zone ·· 32

CPC Chengdu Hi-Tech Zone Working Commission for Discipline Inspection ···························· 32

Departments of the CPC Chengdu Hi-Tech Zone Working Committee ································· 32

Office of the CPC Chengdu Hi-Tech Zone Working Committee ·· 32

Organization Department of the CPC Chengdu Hi-Tech Zone Working Committee ···················· 33

CPC Chengdu Hi-Tech Zone Organs Committee ·· 33

Local Committees under the CPC Chengdu Hi-Tech Zone Working Committee ························· 33

CPC Xiaojiahe Sub-District Working Committee

······ 33

CPC Fangcaojie Sub-District Working Committee ······ 33

CPC Shiyang Sub-District Working Committee ······ 34

CPC Guixi Sub-District Working Committee ······ 34

CPC Hezuo Sub-District Working Committee ······ 34

Departments of the Management Committee of Chengdu Hi-Tech Zone ······ 35

Office of the Management Committee of Chengdu Hi-Tech Zone ······ 35

Bureau of Personnel, Labor and Social Security of Chengdu Hi-Tech Zone ······ 35

Bureau of Development Planning of Chengdu Hi-Tech Zone ······ 35

Bureau of Economic and Trade Development of Chengdu Hi-Tech Zone ······ 35

Bureau of Supervision(Audit Office)of Chengdu Hi-Tech Zone ······ 35

Bureau of Science and Technology of Chengdu Hi-Tech Zone ······ 36

Bureau of Investment Service of Chengdu Hi-Tech Zone ······ 36

Bureau of Planning and Construction of Chengdu Hi-Tech Zone ······ 36

Hi-Tech Zone Sub-Bureau under Bureau of Land and Resources of Chengdu Municipality ······ 36

Bureau of Finance of Chengdu Hi-Tech Zone ······ 36

Bureau of Social Undertakings of Chengdu Hi-Tech Zone ······ 36

Bureau of Urban Administration and Law Enforcement of Chengdu Hi-Tech Zone ······ 37

Office of the Sichuan Chengdu Export Processing Zone ······ 37

Local Offices under the Management Committee of Chengdu Hi-Tech Zone ······ 37

Xiaojiahe Sub-District Office ······ 37

Fangcaojie Sub-District Office ······ 37

Shiyang Sub-District Office ······ 37

Guixi Sub-District Office ······ 37

Hezuo Sub-District Office ······ 38

Liaison Offices in Chengdu Hi-Tech Zone ······ 38

NPC Work Liaison Office of Chengdu Hi-Tech Zone ······ 38

CPPCC Work Liaison Office of Chengdu Hi-Tech Zone ······ 38

Court and Procuratorate of Chengdu Hi-Tech Zone ······ 38

Court of Chengdu Hi-Tech Zone ······ 38

Procuratorate of Chengdu Hi-Tech Zone ······ 38

Departments Directly under Chengdu Municipality ······ 39

Administration of State Taxation of Chengdu Hi-Tech Zone ······ 39

Administration of Local Taxation of Chengdu Hi-Tech Zone ······ 39

Administration of Industry and Commerce of Chengdu Hi-Tech Zone ······ 39

Hi-Tech Zone Sub-Bureau under Bureau of Quality and Technical Supervision of Chengdu Municipality ······ 39

Hi-Tech Zone Sub-Bureau under Bureau of Public Security of Chengdu Municipality ······ 40

Enterprises and Institutions Directly under Chengdu Hi-Tech Zone ······ 40

Innovation Service Center of Chengdu Hi-Tech Zone ······ 40

Chengdu Hi-Tech Investment Group Co., Ltd. ······ 40

CPC AND GOVERNMENT AFFAIRS

Organization Construction ······ 42

Leading Group Construction ······ 42

Leading Cadre Ranks Construction ······ 42

Party Building ······ 42

Education on Advanced Nature of Party Members ······ 42

Party Organization Construction at Grassroots Level ······ 42

Related Link: Sunshine Home ······ 42

Party Building in Organs ······ 42

Related Link: Fostering Three Senses and Enhancing Three ······ 43

Cadre Ranks Training ······ 43

Management of Retired Cadres ······ 43

Development of Democracy ······ 43

Related Link: Three Recommendation Methods, One Test and One Election ······ 44
Publicity Work ······ 44
General ······ 44
Theoretical Study of Publicity ······ 44
Major Publicity Activities ······ 45
Ideological and Political Publicity ······ 45
External Publicity ······ 45
Press Management ······ 45
Work of United Front ······ 45
General ······ 45
Multi–Party Cooperation and Political Consultation ··· 46
Work Relating to Taiwan Affairs and Overseas Chinese Affairs ······ 46
Policy Investigation and Research ······ 46
General ······ 46
Software Industry Investigation and Research ······ 46
Related Link:CMMI3 and CMMI5 ······ 46
Investigation and Research on Attracting Investments ······ 46
Investigation and Research on Industrial Parks Construction ······ 47
Investigation and Research on Investment and Financing Environment ······ 47
Manuscripts Writing ······ 47
Secrecy Work ······ 48
General ······ 48
Secrecy Publicity and Education ······ 48
Secrecy Supervision and Inspection ······ 48
Secrecy Technology ······ 48
Discipline Inspection and Supervision ······ 48
General ······ 48
Improving the Party's Style of Work ······ 49
Leading Cadres Being Clean and Self–Disciplined ······ 49
Penalizing Cases of Violating Laws, Regulations and Disciplines ······ 49
Publicity and Education on Combating Corruption and Advocating a Clean Government ······ 49
Related Link: Entering Six Kind of Places ······ 49
Correspondence and Visits in Discipline Inspection and Supervision ······ 49
Supervision by Party Organizations and Members ······ 49
Control of Commercial Bribery ······ 50
Stopping Unhealthy Practices ······ 50
Law–Enforcement Supervision and Investigation ······ 50
Curbing Corruption at the Source ······ 50
Professional Training of Discipline Inspection and Supervision ······ 50
Work of NPC ······ 50
Liaison Work of NPC ······ 50
Activities of NPC Deputies ······ 51
List of NPC Deputies ······ 51
Work of CPPCC ······ 51
Liaison Work of CPPCC ······ 51
Activities of CPPCC ······ 52
List of CPPCC Members ······ 52
Supervision on Management by Objectives ······ 52
General ······ 52
Management by Objectives ······ 53
Related Link: Four in One System ······ 53
Supervision and Handling ······ 53
Doing Solid Work for the People ······ 53
Personnel Affairs ······ 54
Personnel System Reform in Institutions ······ 54
Implementing the Civil Servants Law ······ 54
Exchange of Middle–Level Cadres in Sub–Districts ······ 55
Government Affairs Service ······ 55
General ······ 55
Government Affairs Service Center and Government Affairs Service Division ······ 55
Operating Mode of Government Affairs Service Center ······ 56
Innovation of Government Affairs Service ······ 56
Photo 5: A View of Windows for Standard Documents Passage in Chengdu Hi–Tech Zone ······ 56
Photo 6: A View of Windows for Social Security in Chengdu Hi–Tech Zone ··· 56
Photo 7: Leaders from the Chengdu Government Affairs Service Center Visited

the Hi-Tech Zone Government Affairs Service Center (South Park). ············ 56
Photo 8: Niu Xiaoming, Vice-Chairman of the Revolutionary Committee of the Chinese Kuomintang and Vice-Chairman of the Standing Committee of the Sichuan Provincial People's Congress Visited the Chengdu Hi-Tech Zone Government Affairs Service Center. ··· 56
Examination and Approval Procedure Renewal ······ 57
Enforcing Examination and Approval Authority ······ 57
Using Official Seals of Departments in Service Windows ············ 57
Introducing Intermediary Institutions ············ 57
"Three in One" Examination and Approval System ············ 57
Social Affairs Service Center ············ 58
Visits to Chengdu Hi-Tech Zone by Leaders and Neighboring Units ············ 58
Foreign Affairs Management ············ 58
General ············ 58
Foreign Affairs Service ············ 58
Foreign Affairs Activities ············ 58
Economic Cooperation Projects ············ 58
Emergency Management ············ 59
General ············ 59
Emergency Management Organizations ············ 59
Emergency Management Drills ············ 59
Photo 9: A Scene of Emergency Management Drills in Chengdu Hi-Tech Zone ············ 59
Local Chronicles Compiling ············ 59
General ············ 59
Related Link: Evolution of Organizational System of the Chengdu Hi-Tech Zone Local Chronicles Office ············ 59
Table 2: Personnel Change of the Chengdu Hi-Tech Zone Local Chronicles Compiling Committee and Its Office ············ 60
Formulating Bibliography of Local Chronicles ······ 60
Material Collecting ············ 60
Photo 10: Collecting Public Praise Materials for Local Chronicles in Guixi Sub-District of Chengdu Hi-Tech Zone ············ 60
Implementing the Regulation on Local Chronicles Work ············ 60
Chronicles Compiler Ranks Constriction ············ 60
Correspondence and Visits ············ 61
General ············ 61
Letters and Visits from the Masses ············ 61
Implementing "Leader's Responsibility System" in Letters and Visits Work ············ 61
Establishing Lasting Effect Mechanism ············ 61
Publicity and Implementation of the Regulations on Letters and Visits ············ 61
Organ Affairs ············ 62
Government Purchases ············ 62
Official Vehicles Management ············ 62
Property Management ············ 62
Mess Hall of Organs ············ 62
Photo 11: A View of the Mess Hall of Organs of Chengdu Hi-Tech Zone ······ 62
Optimizing Work Environment ············ 62

MASS ORGANIZATIONS

Trade Union ············ 64
General ············ 64
Organization Construction of Trade Union ············ 64
Photo 12: Inaugural Meeting of the General Trade Union of Shiyang Sub-District in Chengdu Hi-Tech Zone ············ 64
Setting up Trade Unions in Foreign-Owned Enterprises ············ 64
Labor Relationship Coordination ············ 64
Communist Youth League ············ 64
General ············ 64
Photo 13: Symposium on Communist Youth League Work of Chengdu Hi-Tech Zone in October 2006 ············ 64
Organization Construction ············ 65

Communist Youth League and Young Pioneers Activities 65
Photo 14: Summer Vacation Activities for Teenagers of Chengdu Hi-Tech Zone 65
Volunteers' Activities 65
Women's Federation 66
General 66
Photo 15: Lectures on Health Knowledge Organized by Chengdu Hi-Tech Zone on March 8, the International Women's Day 66
Safeguarding Women and Children's Rights and Interests 66
Photo 16: Meeting of Publicizing the Law on Safeguarding Women's Rights and Interests in Chengdu Hi-Tech Zone 66
Demonstration Education 66

RESOURCES AND ENVIRONMENTAL PROTECTION

Land and Resources Management 68
General 68
Land Utilization Plans Formulation 68
Land Requisition 68
Table 3: List of Approved Land Utilization in 2006 68
Land Supply 70
Resettlement for Land Requisition and Rural Residents Who Become Urban Residents 70
Table 4: List of Resettlement Projects for Land Requisition in the South Park in 2006 71
Table 5: List of Resettlement Projects for Land Requisition in the North Park in 2006 73
State-Owned Land Reclaiming and Buy-Back 74
Land Registration 74
Land Record Database Construction 74
Annual Survey of Land Ownership Change 74
Table 6: Survey of Land Ownership Change of Chengdu Ti-Tech Zone in 2004-2006 74
Land Law-Enforcement Supervision 75
Land Archive Management 75
Water Resource Management 76
General 76
River Realignment 76
Rainwater and Sewage Bifurcating 76
Reclamation of Small River Basin 76
Water Saving and Drinking Water in Rural Areas ... 76
Environmental Protection 76
General 76
Publicity on Environmental Protection 76
Control of Industrial Pollution 76
Control of Atmosphere Pollution 77
Control of Flying Dust Pollution 77
Environment Management System 78
Flood Control and Water Logging Prevention 78
General 78
Reserve Plan for Flood Control and Disaster Relief 78
Table7: Major Responsibilities of Member Units of the Flood Control Headquarters of Chengdu Hi-Tech Zone 78
Responsibility System of Different Levels 78
Table 8: Units in Charge of and Emergency Plans for Embankment, Dangerous Sites and Sections, and Places Easy to be Flooded in 2006 ... 79
Table 9: Responsibility Scope of Flood Control and Disaster Relief Contingents in 2006 80
Table 10: Flood Control Material Reserve 81

URBAN ADMINISTRATION

Permanent and Floating Population Management 84
General 84
Permanent Population Management 84
Floating Population Management 84

Issue of New Edition Resident Identification Cards ··· 84
Table 11: Population Distribution in Each Sub-District in 2006 ············ 84
Urban Appearance and Environment ··············· 84
General ·· 84
Comprehensive Improvement of Urban Appearance and Environment ·· 85
Market-Oriented Reform of Environmental Sanitation Operation ·· 85
Special Improvement of Landscape Belts ············ 85
Refuse Collecting and Treatment ······················ 85
Photo 17: Full View of the Refuse Compression Station of Chengdu Hi-Tech Zone ·· 86
Refuse Dumping and Disposal Fees Charging ······ 86
Road Scouring ·· 86
Photo 18: The Erdou Canal after Repair ··· 86
Public Toilets Management ···························· 86
Outdoor Advertisement Management ················· 86
Refuse Cleaning and Dumping ························· 86
Landscaping Management ······························· 87
Photo 19: The Shenxianshu Park after Appearance Improvement ·················· 87
Law Enforcement in Urban Administration ········ 87
General ·· 87
Rectifying Urban Appearance and Order ············ 87
Stopping Doing Business without Licenses ··········· 88
Stopping Taking Up Street Space to Do Business ··· 88
Dismantling Illegal Buildings ·························· 88
Photo 20: Gate of Sichuan Chengdu Export Processing Zone ················· 88

URBAN CONSTRUCTION

Overall Planning of Urban and Rural Construction ··· 90
General ·· 90
Planning Formulation ···································· 90
Supervision over Planning ···························· 90
Planning Implementation and Management ········· 90
Key Projects Construction ····························· 90
General ·· 90
International Square of Chengdu Hi-Tech Zone ······ 91
Photo 21: Bird's Eye View of International Square of Chengdu Hi-Tech Zone ··································· 91
Photo 22: A Corner of International Square of Chengdu Hi-Tech Zone ······ 91
Comprehensive Building of Court of Chengdu Hi-Tech Zone ·· 91
Photo 23: Effect Drawing of the Comprehensive Building of Court of Chengdu Hi-Tech Zone ················· 91
Comprehensive Building of Procuratorate of Chengdu Hi-Tech Zone ·· 92
Photo 24: Effect Drawing of the Comprehensive Building of Procuratorate of Chengdu Hi-Tech Zone ·· 92
Project of Sichuan Chengdu Export Processing Zone (West Park) ·· 92
Standard Factory Building of the Export Processing Zone ·· 92
Bonded Logistics Center Project ······················ 92
Technical Innovation Group Project ·················· 92
Table 12: Main Indicators of Technical Innovation Group ···························· 93
Table 13: Main Economic and Technical Indicators of Building One ··········· 93
Table 14: Main Economic and Technical Indicators of Building Two ··········· 93
Table 15: Main Economic and Technical Indicators of Building Three ········· 93
Science and Technology Industrial Service Center (Government Affairs Service Center) ····················· 93
Photo 25: West Park Government Affairs Service Center of Chengdu Hi-Tech Zone ·· 93
Staff Apartments Buildings in West Park ············ 93
West Park Fire Station Project ························ 94
Tianfu Software Park ··································· 94
Table 16: Economic and Technical Indicators of Tianfu Software Park Block A ·· 94
Photo 26: Bird's Eye View of Tianfu

Software Park Block A in Chengdu Hi-Tech Zone 94
Table 16: Economic and Technical Indicators of Tianfu Software Park Block B 94
Photo 27: Bird's Eye View of Tianfu Software Park Block B in Chengdu Hi-Tech Zone 95
Mould Industrial Park Project95
Photo 28: A View of Mould Industrial Park of Chengdu Hi-Tech Zone 95
Table 18: Main Economic and Technical Indicators of Mould Industrial Park95
Table 19: General Information of Factory Building Projects of Mould Industrial Park 96
Construction of Residential Communities 96
General 96
Qing'an Community 96
Dayuan Shuanghe Community 96
Xinnan Community 96
Xinbei Community 97
Shunjiang Community 97
Table 20: Construction Scope of Shunjiang Community 97
Infrastructure Construction 98
General 98
Infrastructure Construction of West Park 98
Park Installations and Supporting Facilities 98
Photo 29: Roads in West Park of Chengdu Hi-Tech Zone (I) 98
Photo 30: Roads in West Park of Chengdu Hi-Tech Zone (II) 98

THREE HI-TECH INDUSTRIES AND RELATED ENTERPRISES

Electronic Information 100
General 100
Chengdu Guoteng Industrial Group Co., Ltd. 100
30San Information System Co., Ltd. 101
Intel Products (Chengdu) Ltd. 101
Photo 31: A Corner of the Factory Building of Intel Products (Chengdu) Ltd. 101
Chengdu Putian Cable Co., Ltd. 101
Chengdu Sobey Digital Co., Ltd. 101
Chengdu Kexing Electric Power and Equipment Co., Ltd. 102
General Touch Technology Co., Ltd. 102
Photo 32: A View of the Factory Building of General Touch Technology Co., Ltd. 102
Chengdu Tiger Microwave Technology Co., Ltd. 102
Chengdu Xingye Leian Electronics Co., Ltd. 102
Sichuan Tongda Electric Appliances Co., Ltd. 103
DFINE Technology Co., Ltd. 103
Chengdu Jinjiang Electronics System Engineering Co., Ltd. 103
Photo 33: Dual Polarization Doppler Weather Radar Developed by Chengdu Jinjiang Electronics System Engineering Co., Ltd. 103
Kehong New Technology Institute of Sichuan University 103
Sichuan Yinhai Software Co., Ltd. 104
Photo 34: A View of the Factory Building of Sichuan Yinhai Software Co., Ltd. 104
Chengdu CCS Optical Fiber Cable Co., Ltd. 104
Photo 35: A Corner of the Factory Building of Chengdu CCS Optical Fiber Cable Co., Ltd. 104
Sichuan Huiyuan Power and Optical Cable Co., Ltd. 104
Photo 36: Optical Cable Stranding Machine Production Line of Sichuan Huiyuan Power and Optical Cable Co., Ltd. 104
Westone Information Industry Inc. 104
Photo 37: China Guard Brand Firewall Developed by Westone Information Industry Inc. 105
Chengdu Bell Communication Industrial Co., Ltd. 105
Sichuan Huayan Information Industry Co., Ltd. 105

Chengdu SEI Optical Fiber Co., Ltd. ··············· 105
Chengdu Latest Electronics Technology Co., Ltd. ··· 105
Sichuan Telecom Research, Planning and Designing Co., Ltd. ·· 105
Chengdu Southwest Civil Aviation Communication Network Co., Ltd. ································· 105
Chengdu Spaceon Group ····························· 106
ChengduHuaweiCommunicationTechnologyCo.,Ltd. ··· 106
Sichuan Ideal Technology Co., Ltd. ················· 106
Sichuan Tianyi Power Automation Technology Co., Ltd. ·· 106
Chengdu Yutianjun New Technology Development Co., Ltd. ·· 106
Chengdu MCIL Radio Communication Co., Ltd. ··· 106
Alcatel (Chengdu) Communication System Co., Ltd. ·· 107
Chengdu Huacheng Information Industry Co., Ltd. ··· 107
Chengdu Datang Cable Co., Ltd. of Datang Telecom Technology Co., Ltd.107
Photo 38: A View of the Factory Building of Chengdu Datang Cable Co., Ltd. ································ 107
Chengdu Doyen Information Technology Co., Ltd. ··· 107
Weway Software Development Co., Ltd. ··········· 108
Chengdu Spaceon Industry Co., Ltd. ··············· 108
China Mobile Communications Corporation Sichuan Chengdu Co., Ltd. ································· 108
Sichuan Public Information Industry Co., Ltd. ······ 108
Photo 39: The IDC Data Center of Sichuan Public Information Industry Co., Ltd. ································· 108
AsiaInfo Holdings, Inc. ······························ 109
Unisem Chengdu Co., Ltd. ··························· 109
Photo 40: The Opening Ceremony of Unisem Chengdu Co., Ltd. ············ 109
Semiconductor Manufacturing International (Chengdu) Corporation ·· 109
Photo 41: A View of the Factory Building of Semiconductor Manufacturing International (Chengdu) Corporation ··········· 109
Table 21: List of Enterprises above Designated Size in Communication Equipment, Computers and Other Electronic Devices Manufacturing ··· 109
Bio-Pharmaceutical ································ 110
General ·· 110
Chengdu Diao Pharmaceutical Group Co., Ltd. ··· 110
Chengdu Rongsheng Pharmaceutical Co., Ltd. ······ 111
Photo 42: A Corner of the Factory Building of Chengdu Rongsheng Pharmaceutical Co., Ltd. ········ 111
Chengdu Beite Pharmaceutical Co., Ltd. ··········· 111
Photo 43: A Corner of the Factory Building of Chengdu Beite Pharmaceutical Co., Ltd. ········ 111
Chengdu Enwei Group ······························· 111
Photo 44: Exterior of the Building of Chengdu Enwei Group ···················· 112
Sichuan Dikang Technology Pharmaceutical Co., Ltd. ·· 112
Photo 45: A View of the Factory Building of Sichuan Dikang Technology Pharmaceutical Co., Ltd. ········ 112
Sichuan Qili Pharmaceutical Co., Ltd. ············· 112
Photo 46: A Corner of the Factory Building of Sichuan Qili Pharmaceutical Co., Ltd. ········ 112
Sichuan Medcalo Pharmaceutical Co., Ltd. ········ 112
Photo 47: A Corner of the Factory Building of Sichuan Medcalo Pharmaceutical Co., Ltd. ········ 113
Chengdu Jule Pharmaceutical Co., Ltd. ··········· 113
Photo 48: A View of the Factory Building of Chengdu Jule Pharmaceutical Co., Ltd. ········ 113
Chengdu Yunke Pharmaceutical Co., Ltd. ········ 113
Photo 49: Products of Chengdu Yunke Pharmaceutical Co., Ltd. ············ 113
Sichuan Nigale Biomedical Inc. ···················· 113
Table22:List of Enterprises above Designated Size in Pharmaceutical Manufacturing ···························· 114

Precision Machinery 114

General 114

Haite Group 114

Chengdu Qianfeng Electronic and Electrical Group Co., Ltd 115

Sichuan Aostar Shuda Electric Co., Ltd. 115

Photo 50: A View of the Factory Building of Sichuan Aostar Shuda Electric Co., Ltd. 115

Chengdu Precise CNC Machine Tool Co., Ltd. 115

Chengdu Keaoda Optoelectronic Technology Co., Ltd. 116

Chengdu Ningjiang Science and technology Development Co., Ltd. 116

Chengdu Five Oxen Technology Co., Ltd. 116

Sichuan Emicon Refrigeration Equipment Co., Ltd. 116

Sichuan Yamei Power Technology Co., Ltd. 116

Table 23: List of Enterprises above Designated Size in Electric Machines and Equipment Manufacturing 116

Table 24: List of Enterprises above Designated Size in Instruments and Meters, Cultural and Office Machines Manufacturing 116

PRIMARY INDUSTRY AND RELATED ENTERPRISES

Crops Planting 118

General 118

Beijing Origin Seed Technology Inc. Chengdu Ltd. 118

Denong Zhengcheng Seeds Co., Ltd. 118

Sichuan Jinlicheng Tongjiang Tremella Health Products Co., Ltd. 118

Sichuan Zhongdu Seeds Co., Ltd. 118

Photo 51: A Corner of the Headquarters Building of Sichuan Zhongdu Seeds Co., Ltd. 118

Photo 52: A Corner of the Oil Seed Rape Field in West Park of Chengdu Hi-Tech Zone 119

Table 25: List of Enterprises above Designated Size in Crops Planting 119

Animal Husbandry 119

General 119

Chengdu Care Pet Food Co., Ltd. 119

Tongwei Co., Ltd. 120

Table 26: List of Enterprises above Designated Size in Animal Husbandry 120

Photo 53: Fruits and Vegetables Grown in the Green House of Chengdu Hi-Tech Zone 120

SECONDARY INDUSTRY AND RELATED ENTERPRISES

Food and Beverage Manufacture 122

General 122

Chengdu Xincheng Food Industry Co., Ltd. 122

Chengdu Gaeronic Food Co., Ltd. 122

Sichuan Hejia Co., Ltd. 122

Photo 54: Exterior of Sichuan Hejia Co., Ltd. 122

Want Want China Holdings Ltd. 122

Fure 55: A View of the Factory Building of Want Want China Holdings Ltd. ... 122

Sichuan Huaxi Dairy Co., Ltd. 122

Chengdu Bangbangwa Industry Co., Ltd. 122

Kingway Brewery Group (Chengdu) Co., Ltd. 123

Table 27: List of Enterprises above Designated Size in Food and Beverage Manufacturing 123

Paper Products and Printing 123

General 123

Chengdu Anbao Paper Products Co., Ltd. 123

Heng'an (Sichuan) Sanitary Products Co., Ltd. 123

Chengdu Jiuxing Printing and Packaging Co., Ltd. ... 123

Table 28: List of Paper Products and Printing Enterprises above Designated Size 124

Chemical Materials and Chemical Products Manufacture 124

General 124
Chengdu Guibao Science and Technology Industrial Co., Ltd. 124
Sichuan Tianyi Science and Technology Co., Ltd. ... 124
Chengdu SOMO Nano Technology Co., Ltd. 124
Photo 56: Exterior of Chengdu SOMO Nano Technology Co., Ltd. 124
Table 29: List of Enterprises above Designated Size in Chemical Materials and Chemical Products Manufacturing 125
Rubber and Plastic Products 125
General 125
Chengdu Dongsheng Package Material Co., Ltd. ... 125
Chengdu Caihong Plastic Co., Ltd. 125
Table 30: List of Rubber and Plastic Products Enterprises above Designated Size 125
Metal Products 125
General 125
Chengdu Dazhonghua Welding Material Co., Ltd. ... 125
Chengdu Hengtong Aluminum Industry Co., Ltd. ... 126
Table 31: List of Metal Products Enterprises above Designated Size ... 126
General-Purpose Equipment Manufacture 126
General 126
Chengdu Southern Suburb Boiler Accessories Factory 126
Chengdu Pinghe Powder Metallurgy Co., Ltd. 126
Sichuan Hope Shenlan Air-Condition Manufacturing Co., Ltd. 126
Photo 57: Lithium-Bromide Absorption-Type Refrigerating Machine Developed by Sichuan Hope Shenlan Air-Condition Manufacturing Co., Ltd. 126
Sichuan HSQ Cooling Equipment Co., Ltd. 126
Sichuan Huashen Steel Structure Co., Ltd. 127
Table 32: List of Enterprises above Designated Size in General-Purpose Equipment Manufacturing 127
Special Equipment Manufacture 127
General 127
Chengdu Aoge Optical Glass Co., Ltd. 127
Sichuan Chuanshi Chrida Diamond Bit Co., Ltd. ... 127
Chengdu BEST Diamond Bit Co., Ltd. 127
Chengdu Ringt Technology Co., Ltd. 128
Table 33: List of Enterprises above Designated Size in Special Equipment Manufacturing 128
Transportation Equipment Manufacture 128
General 128
Sichuan Chengfa Aero Science and Technology Co., Ltd. 128
Sichuan Haite Hi-Tech Co., Ltd. 128
Table 34: List of Enterprises above Designated Size in Transportation Equipment Manufacturing 129
Communication Equipment and Other Electronic Devices Manufacture 129
General 129
TCL Home Appliances (Chengdu) Co., Ltd. 129
Sichuan Branch of China Netcom 129
Chengdu Xinya Communication Technology Co., Ltd. 130
Chengdu Branch of China Unicom 130
Power Generating and Supply 130
General 130
Dadu Hydropower Development Co., Ltd. 130
Hi-Tech Zone Power Supply Bureau of Chengdu Electric Power Bureau 130
Building 131
General 131
Chengdu Beite Construction and Installation Engineering Co., Ltd. 131
China Nuclear Industry 24th Construction Corporation 131
Sichuan Gaojian Landscape Construction Co., Ltd. ... 131
Chengdu Hi-Tech Zone Construction, Management and Municipal Engineering Co., Ltd. 131
Chengdu Xingao Construction, Economic and Technical Consulting Co., Ltd. 132
Chengdu Haihong Construction Engineering Co., Ltd. 132

Chengdu Haixiang Decoration Engineering Co., Ltd. 132

TERTIARY INDUSTRY AND RELATED ENTERPRISES

Communications and Transportation 134
General 134
Chengdu Shiyang Transportation Co., Ltd. 134
Sichuan Sanhe Auto Service Co., Ltd. 134
Sichuan Ganghong Fengsheng Motor Sales Co., Ltd. 134
Sichuan Ganghong Fengsheng Auto Technology Service Co., Ltd. 134
Dongchuang Jianguo Motor Group 134
Chengdu Renfu Auto Service Co., Ltd. 135
Logistics 135
General 135
CMST Chengdu Logistics Center 135
Chengdu Ants Logistics Co., Ltd. 135
Sichuan Jincheng Logistics Industrial Co., Ltd. 135
Chengdu Branch of China Railway Modern Logistics Technology Co., Ltd. 135
China Merchants Logistics Holding Co., Ltd. 136
Wholesale and Retail 136
General 136
Chengdu Carrefour Chain Supermarket Co., Ltd. 136
Chengdu Hongqi Chain Co., Ltd. 136
Photo 58: Chengdu Hongqi Chain Co., Ltd. Situated in Chengdu's CBD 136
Chengdu ALJ TOYOTA Sales and Service Co., Ltd. 137
Chengdu ALJ Auto Technology Co., Ltd. 137
Sichuan Huhui Business Group Co., Ltd. 137
Chengdu Juxin Industrial Co., Ltd. 137
Chengdu Baosteel West Trade Co., Ltd. 137
Sichuan Laolinju Commercial and Trade Chain Co., Ltd. 137
Sichuan Mingyou Auto Service Co., Ltd. 137
Table 35: List of Wholesale and Retail Enterprises above Designated Sales in 2006 137
Accommodation and Catering 138
General 138
Chengdu Ronghui Tiantian Yugang Restaurant Co., Ltd. 138
Chengdu Huangcheng Laoma Restaurant Co., Ltd. 138
Zijing Restaurant, Chengdu Hongxing Restaurant Co., Ltd. 138
Sichuan Mantingfang Restaurant Co., Ltd. 138
Photo 59: Mantingfang Restaurant in South Section 3, 2nd Ring Road of Chengdu 139
Daronghe Restaurant Co., Ltd. 139
Table 36: List of Accommodation and Catering Enterprises above Designated Sales 139
Banking 139
General 139
Hi-Tech Zone Sub-Branch of Chengdu Branch, Bank of Communications 139
Chengdu Hi-Tech Zone Sub-Branch of Agricultural Bank of China 140
Shiyang Rural Credit Cooperative of Chengdu Hi-Tech Zone 140
Real Estate 140
General 140
Chengdu Beite Construction Development Co., Ltd. 140
Shanghai Greenland Chengdu Real Estate Co., Ltd. 140
Chengdu Shenchangcheng Real Estate Co., Ltd. 141
Chengdu Nanxing Industrial Co., Ltd. 141
Hutchison Whampoa Properties (Chengdu) Limited 141
China Oversea Property Company 141
Commercial Service 141
General 141
Chengdu Hi-Tech Investment Group Co., Ltd. 141
Photo 60: State-Level Technical Innovation Service Center Financed by Chengdu Hi-Tech Investment Group Co., Ltd. 141
Chengdu Hi-Tech Innovation Investment Co., Ltd. 142
Chengdu Xinxing Pioneering Investment Co., Ltd. 142
Chengdu Wintech Investment Management Co. Ltd. 142
Photo 61: A Corner of S&T Industrial Park of Chengdu Hi-Tech Zone 142

FOREIGN TRADE

Import and Export Trade ······ 144
General ······ 144
Diagram of Foreign Trade Export in 1998-2006 ··· 144
Foreign Trade Export ······ 144
Inviting Domestic and Foreign Investments ······ 144
General ······ 144
Newly-Added Foreign Enterprises ······ 144
Increased Foreign Investments ······ 144
Sino-foreign Joint and Cooperative Projects ······ 145
Inviting Domestic Investments ······ 145
Photo 62: A Corner of Sichuan Chengdu Export Processing Zone Situated in West Park of Chengdu Hi-Tech Zone ··· 145
Table 37: List of Major Foreign Investment Projects Introduced ··· 146
Table 38: List of Major Domestic Investment Projects Contracted ··· 146
Photo 63: A Corner of Software Incubating Park of Chengdu Hi-Tech Zone ······ 148

FINANCE AND TAXATION, AND AUDIT

Finance ······ 150
General ······ 150
Financial Management System Reform ······ 150
Key Projects Financial Input ······ 150
State-Owned Assets Management ······ 150
Direct Grain Subsidies ······ 151
Investing and Financing System Construction ······ 151
Photo 64: Fiscal Expenditures of Chengdu Hi-Tech Zone in 2006 ······ 151
Table 39: State Revenues and Expenditures of Chengdu Hi-Tech Zone in 2006 ······ 151
State Taxation ······ 151
General ······ 151
Basic Management of State Taxation ······ 152
State Taxation Administration by Law ······ 152
State Taxation Ranks Construction ······ 152
State Taxation Service ······ 153
Related Link: Eight Uniform Practices in Taxation Service ······ 153
Table 40: State Taxes Revenues of Chengdu Hi-Tech Zone in 2006 ······ 153
Table 41: List of Top 30 State Taxes Payers of Enterprises of Chengdu Hi-Tech Zone in 2006 ······ 153
Local Taxation ······ 154
General ······ 154
Basic Management of Local Taxation ······ 154
Local Taxation Administration by Law ······ 155
Local Taxation Ranks Construction ······ 155
Local Taxation Service ······ 155
Photo 65: Windows of Local Taxation Service in Chengdu Hi-Tech Zone ··· 156
Table 42: List of Total Taxes Revenues of Administration of Local Taxation of Chengdu Hi-Tech Zone in 2006 ··· 156
Table 43: List of Enterprises Paying Local Taxation of Over 5,000,000 Yuan in Chengdu Hi-Tech Zone in 2006 ······ 156
Audit ······ 157
General ······ 157
Audit Investigation over Financial Budget Implementation ······ 157
Special Funds Audit ······ 157
Economic Responsibility Audit of Leading Cadres ··· 158
Audit Work Reform ······ 158
Audit System Construction ······ 158
Auditor Ranks Construction ······ 158

COMPREHENSIVE SERVICE

Statistics ······ 160
General ······ 160
Statistics Design ······ 160
Statistics Survey and Investigation ······ 160
Enterprises Investigation ······ 160
City Investigation ······ 160

Pricing ········ 160
General ········ 160
Price Control ········ 161
Fees and Charges Management ········ 161
Pricing and Law-Enforcement in Alcoholic Beverage Management ········ 161
Price Judgment of Goods Related to Cases ········ 161
Table 44: List of Market Prices of Main Commodities in Chengdu Hi-Tech Zone in 2006 ········ 161
Production Safety ········ 163
General ········ 163
Publicity and Education ········ 163
Law-Enforcement Inspection on Production Safety ··· 163
Accidents Investigation and Handling ········ 164
Production Safety Supervision and Management ··· 164
Special Inspections ········ 164
Industrial and Commercial Administration Service ··· 165
General ········ 165
Photo 66: A Scene of Protecting Consumers' Rights and Interests Activities on March 15 Organized by Administration of Industry and Commerce of Chengdu Hi-Tech Zone ········ 165
Industrial and Commercial Administration Registration ········ 165
Annual Examination on Enterprises ········ 165
Market Supervision and Management ········ 165
Cleaning up Business without Operating Licenses ··· 166
Law-Enforcement of Industrial and Commercial Administration ········ 166
Advertisement Supervision and Management ········ 166
Ban on Poultry Slaughter in Traditional Markets ··· 166
Standardization of Industrial and Commercial Administration Service ········ 166
Photo 67: A Scene of Promoting Employment Activities Organized by Administration of Industry and Commerce of Chengdu Hi-Tech Zone ········ 167
Quality Technical Supervision ········ 167
General ········ 167
Quality Supervision and Control ········ 167
Table 45: List of Famous Brand Products and Products Exempt from Inspection of Chengdu Hi-Tech Zone ········ 168
Standardization Management ········ 168
Measurement Management ········ 168
Table 46: List of International Standards Adopted in Chengdu Hi-Tech Zone in 2006 ········ 169
Code and Bar-Code Management ········ 169
Special Equipment Safety Supervision ········ 169
Cracking Down on Counterfeits ········ 169
Archives ········ 170
General ········ 170
Archive Construction on Base of Law ········ 170
Informationization Construction of Archives Work ··· 170
Archives Center Construction ········ 170
Assets Investment ········ 170
General ········ 170
Hi-Tech Investment Projects ········ 171
Key Investment Projects ········ 171
Photo 68: Signing Ceremony of Cooperation Project of Safine Corporation ········ 171
Industrial Investments ········ 172
Bonded Logistics Management ········ 172
Photo 69: A Corner of Chengdu Bonded Logistics Center ········ 172
Guarantees Service ········ 172
International Trade Capital Management ········ 173
Photo 70: Li Chuncheng, Member of the CPC Sichuan Provincial Standing Committee and Secretary of the CPC Chengdu Municipal Committee Visited the Bonded Logistics Center on June 26, 2006. ··· 173
Photo 71: Bird's Eye View of Chengdu Bonded Logistics Center (Effect Drawing) ········ 173
List of Investing and Holding Enterprises of Chengdu Hi-Tech Investment Group Co., Ltd. ········ 173

List of Investing Enterprises of Chengdu Hi-Tech Innovation Investment Co., Ltd. ······ 175
List of Holding Enterprises of Chengdu Hi-Tech Construction and Development Co., Ltd. ······ 175
List of Holding and Investing Enterprises of Chengdu Hi-Tech Development Service Co., Ltd. ······ 176

IMPORT AND EXPORT MANAGEMENT

Management of Sichuan Chengdu Export Processing Zone ······ 178
General ······ 178
Drawing up Development Plan ······ 178
Construction Achievements ······ 178
Foreign Publicity ······ 178
Results of Inviting Outside Investment ······ 178
Investment Service Management ······ 178
Examination and Approval Procedures for Processing Trade ······ 179
Procedures for Exit of Dutiable Goods ······ 180
Procedures for Exit of Discarded Packing Materials ··· 180
Procedures for Exit of Discarded Bonded Materials without Commercial Value ······ 180
Procedures for Carried-Over Projects of Export Processing ······ 181
Procedures for Capital Construction Material Business ······ 181
Related Link: Sichuan Chengdu Export Processing Zone ······ 182
Customs Supervision ······ 182
General ······ 182
Photo72: West Part of Sichuan Chengdu Export Processing Zone ······ 182
Customs Operation Procedures ······ 183
Customs Clearance Service ······ 183
Customs Transfer Transportation ······ 183
Embarkation/Disembarkation Inspection and Quarantine ······ 183
General ······ 183
Inspection and Quarantine Supervision ······ 184
Inspection and Quarantine Achievements ······ 184
Inspection and Quarantine Procedure of Sichuan Chengdu Export Processing Zone ······ 184

Intellectual Property Rights Protection

Administrative and Judicial Protection ······ 186
General ······ 186
Judicial Protection of Intellectual Property Rights ··· 186
Publicity of Intellectual Property Rights ······ 186
S&T Intellectual Property Rights Protection ······ 186
Independent Intellectual Property Rights Protection ··· 186
Patent Protection ······ 186
General ······ 186
Patent Application and Authorization ······ 187
Patents Aid ······ 187
Table 47: Statistics of Patents Application ······ 187
Table 48: Statistics of Patents Authorization ······ 187
Trademark Protection ······ 187
General ······ 187
Investigating and Punishing Violation of Trademark Laws ······ 187
Table 49: China's Well-Known Trademarks Won by Chengdu Hi-Tech Zone ······ 188
Table 50: Sichuan Provincial Famous Trademarks Won by Chengdu Hi-Tech Zone ······ 188
Table 51: Chengdu Municipal Famous Trademarks Won by Chengdu Hi-Tech Zone ······ 188

SCIENCE

Scientific and Technological Progress ······ 190
General ······ 190
Management of Scientific and Technological Plan ··· 190
High-Tech Enterprises Cognizance ······ 190
Table 52: Examination Forms of High-Tech Enterprises in 2006 ······ 191
Related Link: High-Tech Enterprises Cognizance ······ 193

Software Enterprises Cognizance 193
Related Link: CMMI 193
Photo 73: Fangcaojie Sub-District Office Organized Publicity Activities of Health Walk Along with Science and Technology in Its Communities in 2006. 193
Management of the Three Funds of Science and Technology 194
Related Link: Three Funds of Science and Technology 194
Science and Technology Consultant Group Activities 194
Innovation Service 194
Technical Platform 194
Related Link: Technical Platform 194
Photo 74: Full View of Chengdu Hi-Tech Incubating Park Situated in the Middle Section of Tianfu Avenue ... 194
Photo 75: Gate of Incubating Park at the Start Point of Gaopeng Avenue in Chengdu Hi-Tech Zone 195
Enterprises Cultivation 195
Photo 76: Exterior of Chengdu Public Software Technology Platform of State Software Industrial Base ... 195
Photo 77: Concentrated Incubating in West Park 195
Training and Consultation 196
International Exchange and Cooperation 196
Promotion of Software Industry 196
Photo 78: Hongkong Software Outsourcing Cooperation Forum Was Held at the Hongkong Convention and Exhibition Center on April 14, 2006. 197
Photo 79: Formosa Technologies Corporation Settled in the Software Park. 197
Incubating Achievements 197
Table 53: Innovation Fund Projects in 2006 198
Table 54: State-Level Torch Plan Projects in 2006 198
Table 55: Pioneering Projects of Innovation Fund in 2006 198
Table 56: State Projects of Introducing Foreign Talents in 2006 198
Table 57: State 863 Plan Projects of Ministry of Science and Technology in 2006 199
Table 58: State Electronics Development Fund Projects of Ministry of Information in 2006 199
Table 59: Innovation Plan Projects of France in 2006 199
Table 60: Technological Key Problem-tackling Projects of Sichuan Province in 2006 199
Table 61: Scientific and Technological Progress Awards Projects of Sichuan Province in 2006 199
Table 62: Special Subsidy Projects for Patents of Sichuan Province in 2006 199
Table 63: Key Technical Innovation Projects of Sichuan Province in 2006 199
Table 64: Scientific and Technological Plan Projects of Chengdu Municipality in 2006 199
Table 65: Key State New Products Plan Projects in 2006 200
Celebration Activities 200
Promotion of Software Industry 200
General 200
Related Link: Policies and Measures ... 200
Major Activities of Inviting Outside Investments ... 201
Enterprises Stationed in the Parks 201
Development and Research 201
General 201
Software Industry Investigation and Research 201
Investigation and Research on Inviting Outside Investments 202

Photo 80: Feng Yaxi, Deputy Secretary of the CPC Chengdu Hi-Tech Zone Working Committee and Deputy Director of the Management Committee of Chengdu Hi-Tech Zone Lead an Investigation Group. 202

EDUCATION

Summary 204
Development of Education in Chengdu Hi-Tech Zone 204
Education Management System Reform 204
Balanced Development of Compulsory Education in Urban and Rural Areas 204
Photo 81: The Chengdu International School Moved into Zhonghai International Community in West Park of Chengdu Hi-Tech Zone in January 2006. 204
Photo 82: The Chengdu Meishi International School Held an Opening Ceremony at Its New Site in American Garden in September 2006. 205
Photo 83: On-the-spot Meeting of Middle and Primary Schools Management of Chengdu Hi-Tech Zone Was Held at the Heping School on November 11, 2006. 205
Basic Education 205
General 205
Curricula Reform 205
Photo 84: The Newly-Built Dayuan School Held Its Opening Ceremony on September 1, 2006. 206
Educational Administration 206
Students' Status Management 206
Fees and Charges Management 206
Recruitment Management 206
Entrance Exam for Middle Schools 206
Entrance Exam for Colleges and Universities 206
Compulsory Education 206
Photo 85: The 21st Teenagers Scientific and Technological Innovation Competition Was Held on the New North Campus of the Hi-Tech Experiment Primary School. 207
Photo 86: The 5th Sports Meeting of Middle and Primary Schools of Chengdu Hi-Tech Zone Was Held on the North Campus of the Hi-Tech Experiment Middle School in November 2006. 207
Education of Migrant Workers' Children 207
Photo 87: Chengdu Hi-Tech Zone Organized Its Famous and Outstanding Teachers and Schoolmasters to Study at East China Normal University. 207
School-Age Children Enrollment Rate 207
Rate of Primary School Graduates Entering Middle Schools 207
Running of Schools by Non-Governmental Sectors ... 207
Photo 88: The First Themed Class (Youth League, Young Pioneer) Meetings Competition of Middle and Primary Schools in China Was Held at Yulin Middle School. 207
Table 66: Basic Information of Schools of Basic Education in Chengdu Hi-Tech Zone in 2006 208
Table 67: Fulfillment of Recruitment Plans of Middle and Primary Schools in Chengdu Hi-Tech Zone in 2006 ... 208
Table 68: Number of Students in Primary Schools Directly Subordinate to Chengdu Hi-Tech Zone in 2006 ... 208
Table 69: Number of Students in Middle Schools Directly Subordinate to Chengdu Hi-Tech Zone in 2006 ... 209
Table 70: Number of Students in

Sub-District Schools of Chengdu Hi-Tech Zone in 2006 209
Table 71: Number of Students in Primary Schools of Chengdu Hi-Tech Zone in 2006 210
Table 72: Number of Students in Middle Schools of Chengdu Hi-Tech Zone in 2006 210
Table 73: Total Number of Students in Schools of Chengdu Hi-Tech Zone in 2006 210
Table 74: Number of Full-Time Teachers in Middle and Primary Schools of Chengdu Hi-Tech Zone in 2006 210
Professional Education 211
General 211
Brief Introduction of Chengdu Vocational and Technical College 211
School Running Achievements 211
Photo 89: Bai Lina, a Student of Chengdu Vocational and Technical College Won the Title of 2006 West Tour Ambassador. 211
Adult Education 211
General 211
Education of Practical Technology for Farmers 211
Workers' Education 211
Community Education 212
Photo 90: Activities of Health Walk of Harmonious Community Culture Were Held in Xiaojiahe Sub-District in April 2006. 212

CULTURE AND SPORTS

Cultural and Sports Facilities 214
General 214
Cultural Centers 214
Zijing Cinema 214
Sports Facility Construction 214
Social Culture 214
General 214
Folk Custom Culture 214
Community Culture 214
Photo 91: Activities on Harmonious Square Organized by Community Residents Themselves 214
Food Culture 215
Campus Culture 215
Cultural Market 215
General 215
Special Efforts Taken to Improve Cultural Market 215
Photo 92: Law-Enforcement Inspection on Cultural Market in Chengdu Hi-Tech Zone 215
Internet Café Management 215
Cultural and Recreational Places Management 216
Social Sports 216
General 216
Sports Activities for the Aged 216
Community Sports Activities 216
Photo 93: Cultural Activities in Xiaojiahe Community 216
Teenagers Sports Activities 216
Photo 94: Official from the AFC Youth Competitions Inspected Football Training of Primary School Students in Chengdu Hi-Tech Zone 216
Athletic Sports 216
General 216
Tennis Matches 216
Photo 95: ERKE International Women Tennis Series in 2006 217
Teenagers Athletic Sports Competition 217
Tourism 217
General 217
Trying to Be China's Best Tourist City 217
Photo 96: A Street in Fangcaojie Sub-District 218
Featured Streets 218
Photo 97: The Entertainment Block in Zijing Street 218

MEDICAL TREATMENT AND HEALTH

Medical Administration 220
General 220
Medical and Health Service 220
Stopping Operating without Licenses 220
Photo 98: Activities of Health Behavior into Community-- Stop Smoking and Prevent Cancers 220
Disease Prevention and Control 220
General 220
Related Link: Epidemic Prevention Station of Chengdu Hi-Tech Zone ... 220
Photo 99: Law-Enforcement in Health Supervision of Chengdu Hi-Tech Zone 220
Photo 100: Medical and Disease Prevention of Chengdu Hi-Tech Zone 220
Photo 101: Construction of Epidemic Prevention Station of Chengdu Hi-Tech Zone 220
Medical and Disease Prevention Support Network ... 221
Infectious Disease Prevention and Treatment 221
Blood Donation Management 221
Photo 102: Volunteer Blood Donation Activities in Chengdu Hi-Tech Zone 221
Epidemic Prevention 221
Grassroots Health and Health Care for Women and Children 221
General 221
Photo 103: Health Care Activities for Women and Children in Chengdu Hi-Tech Zone 221
Community Medical and Public Health 221
Health Care for Women and Children 222
Patriotic Public Health Campaign 222
General 222
Activities of "Building a National Hygiene City" ... 222
Photo 104: Meeting of Launching "Patriotic Public Health Campaign" in Chengdu Hi-Tech Zone 222
Activities of Wiping Out the "Four Pets" 222
Photo 105: Publicity Activities of Wiping Out the "Four Pets" 222
Health Culture Education 222

SOCIAL LIFE

Population Management and Family Planning ... 224
Population Growth 224
Population and Family Planning 224
Photo 106: Family Planning Publicity Activities in Chengdu Hi-Tech Zone 224
Family Planning Service 224
Family Planning Awards to Families 224
Photo 107: Family Planning Publicity into Homes 224
Photo 108: Lectures on Health Birth and Sound Care in Shiyang Sub-District of Chengdu Hi-Tech Zone 224
Market Price 225
General 225
Table 75: Price List of Tap Water and Sewage Treatment in Chengdu Hi-Tech Zone in 2006 225
Table 76: Price List of Natural Gas in Chengdu Hi-Tech Zone in 2006 225
Table 77: Price List of Electric Power (Partial) in Chengdu Hi-Tech Zone in 2006 225
Table 78: Price List of "One Fee System" of Compulsory Education in Chengdu Hi-Tech Zone in 2006 226
Talent Exchange 226
General 226
Important Employee Recruiting Activities 226
Assistance to Enterprises' Employee Recruitment ... 226
Advanced Talents and Post-Doctoral Research Fellows 226
General 226

Photo 109: Diploma of National Outstanding Post-Doctoral Research Work Station ············ 227
Related Link: Post-Doctoral Research Work Station of Chengdu Hi-Tech Zone ············ 227
Photo 110: A Well-Known Expert Participated in an Examination Report Meeting for a Post-Doctoral Research Fellow to Leave the Station. ············ 227
Post-Doctoral Research Work ············ 227
Photo 111: A Post-Doctoral Research Fellow Was Doing Experiment in His Lab. ············ 227
Labor Security ············ 227
General ············ 227
Worker Recruitment ············ 228
Labor Relationship Coordination ············ 228
Labor Security Networking Management ············ 228
Photo: 112 Work Meeting of Labor Security Supervision Networking Management Held by Chengdu Hi-Tech Zone ············ 228
Full Employment ············ 229
Newly-Added Employment ············ 229
Communities with Full Employment ············ 229
Employment of Farmers for Land Requisition ······ 229
Training for Re-Employment ············ 229
Employment Policies and Capital Utilization ······ 229
Human Resource Market ············ 229
Social Insurance ············ 229
General ············ 229
Endowment Insurance ············ 229
Unemployment Insurance ············ 229
Medical Insurance ············ 230
On-Job Injury Insurance ············ 230
Maternity Insurance ············ 230
Integrated Insurance ············ 230
Social Insurance for Rural Residents Who Become Urban Residents ············ 230
Mutual Aid Fund for Children Hospitalization ······ 230
Socialized Management of Retirees from Enterprises ············ 230
Photo 113: Social Insurance Service Goes Down to Sub-Districts in Chengdu Hi-Tech Zone. ············ 230
Social Insurance Input ············ 230
Social Insurance Innovation ············ 230
Rights and Interests Protection for the Aged ······ 231
Social Security for the Aged ············ 231
Cultural Activities for the Aged ············ 231
Photo114:The4thAgedPeopleRecreational Activities of Chengdu Hi-Tech Zone in May 2006 ············ 231
Doing Solid Jobs for the Aged ············ 231
Photo 115: Chengdu Hi-Tech Zone Provides Health Consulting Service to the Aged. ············ 231
Table 79: List of People of or over 100-Year-Old in Chengdu Hi-Tech Zone in 2006 ············ 232
Guixi Home for the Aged ············ 232
Protection of the Disabled ············ 232
General ············ 232
Helping the Disabled in Schooling and Employment ············ 232
Photo 116: Employment Recruiting Meeting for the Disabled in Chengdu Hi-Tech Zone ············ 232
Photo 117: Helping the Disabled in Schooling ············ 232
Showing Loving Care to the Handicapped ········ 233
Community Construction ············ 233
General ············ 233
Community Organization Construction ············ 233
Residents' Committees Construction ············ 233
Comprehensive Improvement of Environment ······ 233
Photo 118: Decision-Making Consulting Meeting of Community Construction of Chengdu Hi-Tech Zone ············ 233
Community Management ············ 233
Photo 119: Technical Training in Communities of Chengdu Hi-Tech Zone

·· 234

Photo 120: Showing-Care and Relief Activities of Chengdu Hi-Tech Zone in 2006 ······································ 234

Community Service ······································ 234

Photo 121: Volunteers Aid Activities in Communities of Chengdu Hi-Tech Zone ··· 234

Photo 122: Body-Building Places in Communities of Chengdu Hi-Tech Zone ··· 234

Photo 123: New Looks of Communities of Chengdu Hi-Tech Zone ····················· 235

Community Volunteers Activities ····················· 235

New Community Construction ························ 235

Civil Administration ····································· 235

General ·· 235

Social Affairs ·· 235

Photo 124: Charitable Society of Chengdu Hi-Tech Zone was Set Up. ··· 235

Social Welfare ·· 235

Photo 125: Showing-Care and Relief Center of Chengdu Hi-Tech Zone ······ 236

Table 80: Statistical Naming List of Newly-Built City Streets in Chengcu Hi-Tech Zone in 2006 ·················· 236

Ethnics and Religions ································ 238

General ·· 238

Ethnic Affairs ··· 238

Religious Affairs ······································· 238

Photo 126: The Lion Dance in Chengdu Hi-Tech Zone ································ 238

POLITICS AND LAWS, AND MILITARY AFFAIRS

Politics and Laws ······································ 240

General ·· 240

Activities of Creating a Provincial "Safe and Sound District (County)" ································· 240

Political-Legal Ranks Construction ················· 240

Courts ··· 240

General ·· 240

Photo 127: Court of Chengdu Hi-Tech Zone Received Visiting People Patiently. ································· 240

Criminal Trial ··· 241

Civil Trial ·· 241

Administrative Trial ·································· 241

Implementation Work ································ 241

Jurisdiction Supervision ····························· 242

Photo 128: Work Meeting of Employing Judge Assistants and Court Policemen in Court of Chengdu Hi-Tech Zone ··· 242

Judicial Service ·· 242

Activities of "Trying to Be a First-Class Court in China" ·· 242

Procuratorate ·· 242

General ·· 242

Photo 129: Procuratorate of Chengdu Hi-Tech Zone Received Inspection on the Education of Sense of Socialist Legal System. ························· 242

Photo 130: A Scene of Case-Appraisal Meeting of People´s Supervisors in Chengdu Hi-Tech Zone in October 2006 ·· 243

Criminal Procuratorate ······························ 243

Prevention and Investigation of Occupational Crimes ··· 243

Photo 131: Work Meeting of Case Investigation of Procuratorate of Chengdu Hi-Tech Zone ················ 243

Lawsuit Supervision ································· 244

Prison Procuratorate ································· 244

Public Security ··· 244

General ·· 244

Photo 132: A Scene of Drilling for Displaying Fine Appearances and Images of Policemen Organized by Chengdu Hi-Tech Zone Sub-Bureau of Public Security ································ 244

Photo 133: Policemen of Chengdu Hi-Tech Zone Sub-Bureau of Public Security On Their Duty to Maintain

Public Order in the Convention and Exhibition Center ··· 244
Maintaining Social Stability ··· 244
Cracking Down Crimes ··· 245
Improving Public Order ··· 245
Building a Strong Police Contingent through Science and Technology ··· 245
"Three Basic" Projects ··· 245
Typical Criminal Cases ··· 245
Typical Economic Cases ··· 246
Judicature ··· 246
General ··· 246
People's Mediators Work ··· 246
Lawyers' Work and Notarization Service ··· 246
Basic Education in Popularizing Legal Knowledge ··· 246
Teenagers' Legal Education ··· 246
Employees' Legal Education ··· 247
Legal Aid ··· 247
Supporting the Army and Giving Preferential Treatments to Families of Armymen and Martyrs, Supporting the Government and Cherishing the People ··· 247
General ··· 247
"Double Supports" Activities ··· 247
Special Care to Family Members of Revolutionary Martyrs and Servicemen, and Replacement of Demobilized Soldiers ··· 248
Table 81: Statistics of People Who Were Given Special Care to in Chengdu Hi-Tech Zone in 2006 ··· 248
Armed Forces and Conscription ··· 248
General ··· 248
Militia Organization Construction ··· 248
Militia Military Training ··· 248
Militia Weapons and Equipment Management ··· 249
Rectifying and Organizing Reserve Forces ··· 249
Militia Participating Construction and Maintaining Public Orders ··· 249
Photo 134: A Scene of Flood Control and Disasters Relief Exercise Organized by Chengdu Hi-Tech Zone ··· 249
Conscription Work ··· 249
Photo 135: A Scene of Conscription Publicity Activities Organized by Chengdu Hi-Tech Zone ··· 249
People's Air Defense and National Defense Education ··· 250
National Defense Education Activities ··· 250
Photo 136: Li Xuekun, Member of the CPC Chengdu Municipal Standing Committee and Secretary of the CPC Chengdu Hi-Tech Zone Work Committee Participated in the Activities of National Defense Education. ··· 250
Management and Construction of People's Air Defense Engineering Projects ··· 250
Education on People's Air Defense ··· 250

SUB-DISTRICTS

Xiaojiahe Sub-District ··· 252
General ··· 252
Table 82: People in Charge of the Party Community Branches and the Residents' Committees in Xiaojiahe Sub-District of Chengdu Hi-Tech Zone ··· 252
Rapid Economic Growth ··· 253
Table 83: List of Economic Development of Xiaojiahe Sub-District in 1996-2006 ··· 253
Realization of Full Employment ··· 253
Urban Construction Management ··· 253
Zhengjie Community ··· 254
Yongfeng Community ··· 254
Lianyi Community ··· 254
Photo137: Theatrical Performances of Xiaojiahe Sub-District ··· 254
Photo 138: Construction Activities in Zhengjie Community of Xiaojiahe Sub-District ··· 254
Xingrong Community ··· 254
Community Service Center in Industrial Park ··· 255

Fangcaojie Sub-District 255
General 255
Table 84: People in Charge of the Party Community Branches and the Residents' Committees in Fangcaojie Sub-District of Chengdu Hi-Tech Zone 255
Sustainable Economic Development 256
Table 85: List of Economic Development of Fangcaojie Sub-District in 1996-2006 257
Development of Social Undertakings 257
Realization of Full Employment 257
Improvement of Urban Appearance 257
Xinnengxiang Community 258
Beilei Community 258
Fanghua Community 258
Yuantong Community 258
Zizhubeijie Community 258
Zijingbeilu Community 258
Ziwei Community 259
Shiyang Sub-District 259
General 259
Table 86: People in Charge of the Party Community (Township, Village) Branches and the Residents' (Villagers') Committees in Shiyang (Chang) Sub-District of Chengdu Hi-Tech Zone 259
Economic Work 261
Table 87: List of Economic Development of Shiyangchang Sub-District Office in 1996-2006 261
Promotion of Full Employment 262
New Mode of "Dredging-and-Intercepting Combination" in Urban Administration 262
Xinjie Community 262
Xinbei Community 263
Qing'an Community 263
Xinguang Community 263
Photo 139: The Fan Dance in Mass Cultural Activities in Xinguang Community of Shiyang Sub-District 263
Xinyuan Community 264
Sanyuan Community 264
Guixi Sub-District 264
General 264
Table 88: People in Charge of the Party Community (Township, Village) Branches and the Residents' (Villagers') Committees in Guixi Sub-District of Chengdu Hi-Tech Zone 264
Overfulfillment of Economic Targets 266
Table 89: List of Economic Development of Guixi Sub-District Office in 1996-2006 266
Promoting Urbanization Process 266
Migrant Workers Life Service Center 266
Organizing Cooking Competitions 266
New Convention and Exhibition Center 266
Photo 140: "Century City" New International Convention and Exhibition Center in Chengdu Hi-Tech Zone 267
Photo 141: Distant View of "Century City" New International Convention and Exhibition Center in Chengdu Hi-Tech Zone 267
Heping Community 267
Sanwayao Community 267
Dayuan Village 268
Tongpai Village 268
Hezuojie Sub-District 268
General 268
Table 90: People in Charge of the Party Village Branches and the Villagers' Committees in Hezuo Sub-District of Chengdu Hi-Tech Zone 269
Obvious Economic Benefits 270
Full Employment of Farmers for Land Requisition ... 270
Resettlement for Land Requisition 270
Photo 142: Farmers in Hezuo Sub-District Become Employees in

Modern Enterprises. ·················· 270
Hezuo Village ·· 270
Yuquan Village ··· 270
Shunjiang Village ···································· 270
Qianfeng Village ····································· 270
Xihua Village ··· 271
Shiyuan Village ·· 271
Anfu Village ··· 271
Qingshui Village ······································ 271
Qingping Village ······································ 271
Chengfeng Village ··································· 271
Jinfeng Village ·· 271
Guangming Village ·································· 271
Yangliu Village ·· 271
Hongguang Village ·································· 272
Bashen Village ·· 272
Photo 143: "Small Workshop" Introduced by Hezuo Sub-District Office ······ 272
Duibai Village ·· 272
Mengzi Village ·· 272
Sanhe Village ··· 272
Gunan Village ··· 272
Photo 144: People Singing and Dancing in Hezuo Sub-District ·················· 272

PEOPLE IN NEWS

Table 91: List of Outstanding People at Provincial Level ··· 274
Table 92: List of Outstanding People at Municipal Level ··· 274

STATISTICAL DATA

Table 93: Statistics of Population, Labor Force and Land Area of Chengdu Hi-Tech Zone in 2006 ······ 276
Table 94: Statistics of Total Output Value (at Price of the Year) of Chengdu Hi-Tech Zone in 2006 ······ 276
Table 95: Statistics of Finance, Banking and Insurance of Chengdu Hi-Tech Zone in 2006 ············ 276
Table 96: Statistics of Agriculture of Chengdu Hi-Tech Zone in 2006 ····························· 277
Table 97: Statistics of Industry of Chengdu Hi-Tech Zone in 2006 ·· 277
Table 98: Statistics of Domestic and Foreign Trade, Foreign Economy and Tourism of Chengdu Hi-Tech Zone in 2006 ······························ 277
Table 99: Statistics of Fixed Assets Investment of Chengdu Hi-Tech Zone in 2006 ·················· 278
Table 100: Statistics of People's Life and Social Security of Chengdu Hi-Tech Zone in 2006 ··· 278
Table 101: Main Economic Indicators of Enterprises in State Hi-Tech Zones in 2006 (I) ··············· 279
Table 102: Main Economic Indicators of Enterprises in State Hi-Tech Zones in 2006 (II) ··············· 280
Table 103: List of State Hi-Tech Zones ········· 282

SELECTIED DOCUMENTS

List of Selected Documents of the CPC Chengdu Hi-Tech Zone Working Committee ············ 284
List of Selected Documents of the Management Committee of Chengdu Hi-Tech Zone ········· 285
List of Selected Documents of the Office of the CPC Chengdu Hi-Tech Zone Working Committee ··· 286
List of Selected Documents of the Office of the Management Committee of Chengdu Hi-Tech Zone ······································· 288

APPENDIX

List of Leaders of the CPC Chengdu Hi-Tech Zone Working Committee and the Management Committee of Chengdu Hi-Tech Zone in 2006 ··· 292
List of Departments and Leaders of Chengdu Hi-Tech Zone in 2006 ······························ 293
List of Units and Individuals Commended by Chengdu Hi-Tech Zone in 2006 ······························ 294

INDEX

A ~ Z ·· 305

CONTENTS OF COLOR PAGES

Maps and Photos ······ 1
Maps ······ 1
Sketch of South Park of Chengdu Hi-Tech Zone ··· 1
Sketch of West Park of Chengdu Hi-Tech Zone ··· 2
Photos ······ 3
Leaders' Loving Care ······ 3
Visits by Leaders ······ 8
Friendly Visits ······ 12
Splendors of Chengdu Hi-Tech Zone ······ 14
Enterprises' Features ······ 16
Sketches of Social Life ······ 21
Digitalized Hi-Tech Zone ······ 25
STAR-SERVICE ······ 27
Sketches of Service ······ 27
Offices of the CPC Chengdu Hi-Tech Zone Working Committee and the Management Committee of Chengdu Hi-Tech Zone ······ 27
CPC Chengdu Hi-Tech Zone Working Commission for Discipline Inspection, Bureau of Supervision (Audit Office) of Chengdu Hi-Tech Zone ······ 28
Organization Department of the CPC Chengdu Hi-Tech Zone Working Committee, Bureau of Personnel, Labor and Social Security of Chengdu Hi-Tech Zone ······ 29
NPC Work Liaison Office of Chengdu Hi-Tech Zone ······ 30
CPPCC Work Liaison Office of Chengdu Hi-Tech Zone ······ 31
Court of Chengdu Hi-Tech Zone ······ 32
Procuratorate of Chengdu Hi-Tech Zone ······ 33
CPC Chengdu Hi-Tech Zone Organs Committee ··· 34
Bureau of Development Planning of Chengdu Hi-Tech Zone ······ 35
Bureau of Economic and Trade Development of Chengdu Hi-Tech Zone ······ 36
Bureau of Science and Technology of Chengdu Hi-Tech Zone ······ 37
Bureau of Investment Service of Chengdu Hi-Tech Zone ······ 38
Bureau of Planning and Construction of Chengdu Hi-Tech Zone ······ 39
Hi-Tech Zone Sub-Bureau under Bureau of Land and Resources of Chengdu Municipality ······ 40
Bureau of Finance of Chengdu Hi-Tech Zone ······ 41
Bureau of Social Undertakings of Chengdu Hi-Tech Zone ······ 42
Bureau of Urban Administration and Law Enforcement of Chengdu Hi-Tech Zone ······ 43
Office of Sichuan Chengdu Export Processing Zone ······ 44
Administration of State Taxation of Chengdu Hi-Tech Zone ······ 45
Administration of Local Taxation of Chengdu Hi-Tech Zone ······ 46
Administration of Industry and Commerce of Chengdu Hi-Tech Zone ······ 47
Hi-Tech Zone Sub-Bureau under Bureau of Quality and Technical Supervision of Chengdu Municipality ······ 48
Hi-Tech Zone Sub-Bureau under Bureau of Public Security of Chengdu Municipality ······ 49
Office of Local Chronicles Compiling Committee of Chengdu Hi-Tech Zone ······ 50
People's Armed Forces Department of Chengdu Hi-Tech Zone ······ 51
Local Offices' Service Activities52
Xiaojiahe Sub-District Office of Chengdu Hi-Tech Zone ······ 52
Fangcaojie Sub-District Office of Chengdu Hi-Tech Zone ······ 53
Shiyang Sub-District Office of Chengdu Hi-Tech Zone ······ 54
Guixi Sub-District Office of Chengdu Hi-Tech Zone ······ 55
Hezuo Sub-District Office of Chengdu Hi-Tech Zone ······ 56
New Looks of Enterprises and Institutions Directly under Chengdu Hi-Tech Zone ······ 57
Innovation Service Center of Chengdu Hi-Tech Zone ······ 57
Chengdu Hi-Tech Investment Group Co., Ltd. ··· 58

特载

SPECIAL EDITION

振奋精神　开拓创新 奋力开创成都高新区产业发展的新局面

——在成都高新区党工委管委会工作会议上的讲话(摘录)

中共成都市委常委、成都高新区党工委书记　李昆学

2006年，是市委市政府确定的“加快产业发展年”，作为全市工业特别是高新技术产业的集中发展区，我们要以推进城乡统筹、“四位一体”的科学发展，构建和谐社会总揽工作全局，加快高新技术产业发展，加快区域全面城市化，加快社会全面进步；积极推进工业向特色园区集中、土地向支柱产业集中、农民向城市社区集中；切实解决好城市化过程中拆迁安置、社会保障、充分就业、持续增收四大问题；努力建成“国际知名、全国一流、西部第一”的高科技园区，成为全市构建和谐社会的典范。

一　提高对产业发展的认识

两年的实践，使我们对产业发展有了一定的认识，但从总体上讲，多数同志的认识还不高，主要表现在：一是对产业发展的重要性认识不够。无论是一个国家，还是一个区域，没有产业的支撑，经济发展就没有基础。广州、苏州、南京等城市，之所以能够在较长时期保持经济高速增长，是因为有大规模的产业聚集为支撑。春城书记经常讲到，我们和沿海城市的差距在工业，而工业的差距在缺少重大产业化项目。肯定地说，没有工业的支撑，一个城市或地区的发展是不能持续的。但我们有的同志对“发展高科技，实现产业化”这一成都高新区的根本任务还没有引起足够重视，还没有充分认识到产业发展对地方和区域经济的极端重要性。二是对三大产业的认识有偏差。虽然我们确定了打造三大产业基地的定位，按照突出重点的工作思路，在集成电路上率先取得了突破，大家对发展集成电路和IT产业有了较高的认识，对集成电路产业有了浓厚的兴趣，充满了热情，但对生物医药、精密机械、总部经济、研发机构的系统认识还不够。表现在对IT认识多，对其他产业了解少；对制造业说得多，对研发和总部经济关注少。这在产业发展上是不均衡的。三是对每个产业的认识深度还不够。我们对三大产业的认识还停留在表面和整体印象上，对内在规律、技术进步趋势、全球布局状况等研究还不透，认识还不深。比如，集成电路产业，多数同志知道IC设计、晶圆制造、封装和测试，但不知道集成电路产业的带动效应。有人认为我们引进集成电路产业代价太大，但没有看到集成电路产业对IT产业1：10、对整个国民经济1：100的带动效应和对就业的促进作用。为此，我们必须从对单一产业的认识，升华到对产业的系统性、深刻性的认识，必须从关系成都高新区发展大局、关系实现“国际知名、全国一流、西部第一”的奋斗目标、关系承担起市委市政府赋予重任的高度，充分认识加快产业发展的极端重要性，牢固树立“项目是成都高新区的生命，产业是成都高新区的灵魂”的意识。

二　加快做优集成电路产业

经过对集成电路产业的细分研究，我们找准了产业链中的核心项目和缺失环节，通过有针对性地加大招商引资力度，初步形成了集成电路产业加速聚集的态势，已经具有一定的产业规模，在封装测试环节具有了较强的比较优势。能否成为继长三角、环渤海地区之后中国集成电路产业的第三极？我认为，通过不懈努力是可以办到的。为此，我们要加快做优集成电路产业。

第一，要继续引进国际知名企业的集成电路重大项目，进一步增强集成电路产业的综合竞争力。要瞄准世界排名前10位的集成电路设计、制造和封装企业，加大攻关力度，力争再引进一批像英特尔、友尼森这样的重大产业化项目，从单一知名企业落户的点，延伸到由上下游知名企业组成的产业链，最终形成由更多知名企业重大项目组成的产业群，使成都高新区在国际知名集成电路企业的聚集度和产业规模上处于全国领先水平，真正成为具有国际竞争力的集成电路产业基地。

第二，要跟踪引进集成电路前沿项目，不断提升集成电路产业的品质。集成电路技术进步日新月异，我们要牢牢把握集成电路产业的发展趋势，夯实集成电路产业的发展基础，跟踪引进更多更高技术含量的晶圆制造和处于世界先进水平的集成电路重大项目，不断提升集成电路产业的发展水平。

第三，要延伸集成电路产业链，发挥集成电路产业

的带动作用，放大集成电路产业的经济效益。集成电路本身只有一定的经济效益，但广泛应用于计算机、通讯、网络、消费类家电、生物芯片、超导等领域，对相关产业和国民经济的带动作用巨大。因此，我们要围绕延伸集成电路产业链，抓住外资西进、内资西移的重大机遇，特别要把握长三角等地区“电荒”、“民工荒”导致部分企业转移的趋势，积极引进和培育下游产业，近期重点引进和发展大量使用集成电路消费类终端电子产品制造产业和相关制造产业，特别是要加快引进数字电视、网络电视、计算机、平板显示、光辐产品等重大产业化项目，要通过消费类家电制造产业的发展，放大集成电路产业的经济效益，提高IT产业的整体效益，同时带动精密机械产业加快发展。

三　迅速做大软件产业

随着全球信息产业结构调整的不断加快，软件产业已经成为信息产业的核心与灵魂，是世界各国新一轮国际竞争中抢占的战略制高点。美国控制着软件开发平台和软件工具，占据全球软件产业链的最上游位置，以标准化的产品和服务规范引领着全球软件产业的发展，赢得了巨额的产业利润。日本在嵌入式软件方面具有明显的优势，通过松下、东芝、索尼、富士通等跨国公司，把软件产品广泛应用在通信、计算机、家电、精密电子设备等各类产品中，输送到世界各地。印度根据国内市场狭窄、信息化基础薄弱等客观条件，大力发展软件外包业务，成为了全球第二软件大国。我国软件产业近年保持了30%以上的高速增长，北京、上海、深圳、杭州、大连等地的软件产业已初具规模，但产业规模小、国际化程度低、利润率不高，总体上处于世界软件产业链的低端。

成都在区位、市场、人才、产业环境和产业政策等方面具有发展软件产业的良好基础和比较优势。2005年，成都市委市政府高度重视软件产业的发展，提出要把软件产业作为战略性产业来加快发展，成立了软件产业推进办公室，制定了软件产业行动计划，加大了政策和资金支持力度，已经取得初步成效。成都高新区作为全市软件产业的重点发展区域，要坚决按照市委市政府的要求，迅速做大软件产业。

第一，明确软件产业的定位。根据已有的产业基础和未来的发展前景，我们的软件产业要突出软件外包、IC设计、信息安全和数字娱乐四个重点。软件外包虽然刚刚起步，但由于成都具有综合成本较低、人才资源丰富、配套环境优良和市场前景较好等特点，已成为国际知名软件发包企业重点关注的区域，要加快引进和培育软件外包企业，培育企业集群。IC设计企业已经初具规模，还要围绕晶圆制造和封装测试项目的需求，聚集更多设计企业，同时要提升芯片设计水平和能力，加快自主创新核心芯片的产业化，积极推进IC设计在消费类电子整机产品上的广泛应用。信息安全已经具有较好的基础，要继续发挥国家信息安全产业化基地的优势，壮大产业规模，增强产业优势。数字娱乐虽然起步较晚，但势头很好，要加快数字娱乐企业的聚集步伐，大力推进数字娱乐产业链的形成，促进其向文化产业渗透，成为新的增长点。同时，要积极支持已经具有一定优势的行业软件、嵌入式软件加快发展。

第二，实施大企业战略。软件企业规模偏小，是我国软件产业的普遍问题，也是我国软件产业国际竞争力薄弱的主要根源。我们要依托天府软件园，采取强有力的措施，营造明显的比较优势，瞄准国内外知名的软件大企业，加大招商引资力度，力争引进一批全球知名的软件开发和软件服务企业。要选择一批已经具有一定规模、管理和技术水平较高、发展前景较好的优势企业，集中资源实施重点扶持，尽快培育一批上规模的龙头软件企业。要引导区内软件企业开展专业化协作，形成大中小企业密切协作、有机互动的企业集群，增强软件企业的整体竞争力。要以“天府软件”为载体，实施品牌战略，打造软件企业和软件产品的知名区域品牌、国家品牌和国际品牌。

第三，实施国际化战略。加快实施国际化战略，提升软件企业参与国际竞争、承接国际市场的能力，是软件产业发展的必然选择。我们要鼓励和支持软件企业参加CMMI能力成熟度国际认证，促进软件企业获得更多参与国际竞争的通行证。要推进软件企业按照国际标准，提高研发水平和产品质量，提升核心竞争能力。要支持软件企业开展国际交流与合作，引进和培养国际软件人才，提升承接国际软件业务的能力，加快形成面向欧美、日韩的两大软件外包企业集群。要建立健全软件外包服务体系，构建软件出口“绿色通道”，为软件企业承接外包业务和软件出口提供便利。要切实加强知识产权保护，大力推进软件产品正版化，建立适应软件产业国际化要求的法制环境。

四　全力做强生物医药产业

专家预测，在未来将要爆发的第六次产业革命中，最有可能成为主导产业的，将是与延长人类生命周期密切相关的生物技术产业。以中医药现代化为重点的生物医药产业，是生物技术产业的重要组成部分，符合未来产业发展的潮流；它与每一个人密切相关，具有广阔的市场空间和良好的经济效益；它保障人的生命与健康，符合以人为本的科学发展观的要求。进入新世纪后，与人类健康密切相关的生物医药产业得到了迅速的发展，已经成为具有巨大增长潜力的产业。

以中医药现代化为重点的生物医药产业，是成都高新区的第二大产业，为我们创造了近1/3的全口径财政收入。但由于一段时期以来我们把主要精力放在集成电路上，导致在生物医药产业发展上没有大的突破。成都高新区具有发展以中医药现代化为重点的生物医药产业的最佳条件和良好基础，我们必须克服工作上的偏颇，下深水，动真格，全力做强以中医药现代化为重点的生物医药产业。

第一，积极整合资源，积极构建现代化中药的新药筛选和开发体系。中药筛选滞后，创新药物来源偏少，是制约中药现代化产业快速发展的瓶颈问题。我们要积极争取省市的支持，整合省市新药筛选和开发资源，搭建筛选、开发、评价等公共技术平台，力争尽快在新药开发上取得突破。要学习借鉴上海张江的经验，积极引进国内外知名的药物研发机构，共同研发，共享知识产权，提升成都高新区新药开发水平。

第二，依托国家级中药现代化产业基地，推进新药成果的产业化。要加快中药现代化产业基地的基础和配套设施建设，为中药现代化产业发展创造良好的条件。要利用已经通过GMP认证的制药企业大量过剩的生产能力，制定鼓励措施，搭建信息平台，促进新药研发机构利用现有企业生产能力，加快新药产业化步伐；要密切区内制药企业与新药研发机构的联系，支持他们购买新药研发成果，充分发挥生产能力。

第三，加快壮大现有骨干企业，提升中药现代化产业水平。要认真分析区内现有生物医药企业的现状及前景，选择一批重点骨干企业，集中资源，重点扶持，引导他们采用信息技术、生物技术、基因芯片等新技术，提升中药提取、分离、制剂技术水平，推进中药制剂由过去的丸、散、膏、丹向控释、缓释、靶向等方面发展，大力发展具有“三效”(高效、速效、长效)、“三小”(剂量小、毒性小、副作用小)以及“三便”(便于储存、便于携带和便于使用)特点的现代中药产品，尽快做大企业规模，加快培育一批中药核心企业和知名品牌，力争培育1～2个中药跨国企业。

第四，大力引进国内外知名医药企业，加快形成生物医药产业集群。要借鉴引进集成电路产业积累的成功经验，像引进英特尔一样，进一步搞好成都高新区生物医药产业的细分研究，找准核心项目和缺失环节，尽快组建生物医药专业招商队伍，认真分析全球知名医药企业的区域分布、投资意图及转移趋势，有目的地到全世界去敲门，力争尽快引进具有较强示范带动作用的医药重大产业化项目。近期要认真研究新药专利保护的国际规则，利用部分新药专利保护到期前向低成本地区转移的趋势，加大对知名化学合成药制造企业的引进。此外，要大力发展血液制品、高科技中间体以及医疗器械制造产业，完善生物医药产业配套体系，同时带动精密机械制造产业的发展。

五 全面优化产业发展环境

现代产业发展理论认为，产业发展环境已经从基础环境上升为生态环境，良好的产业生态环境是指一流的基础设施、完善的社会配套、完整的产业链、合理的产业功能、优良的市场体系、良好的政策法制环境等要素的良性集合。与沿海发达地区相比，我们的产业环境差距较大，已经制约了招商引资和产业发展。优化产业发展环境，是产业发展的重要前提，是加快产业发展年的基础工作，我们必须下工夫抓好。

第一，要加快园区基础和配套设施建设，为产业发展提供良好的基础条件。要加快西区西南片区的成片开发，完善已建成园区的基础配套条件。要积极引进社会资本，加快专业园区建设，为产业链或产业群的规模聚集提供载体；加快专业标准厂房建设，为企业进区提供发展空间。

第二，要高度重视产业功能的规划和建设。要加快从土地开发向产业开发转变，从水、电、气、路等设施建设向信息、市场、物流、平台等功能和环境建设转变。要加快公共技术平台、科技孵化体系、中介服务体系等建设，优化研发功能；加快专业化代工平台、技改服务体系、产业配套设施等建设，优化制造功能；加快营销网络、市场体系、信息平台设施等建设，优化营销功能；加快发展服务于企业生产经营的现代服务业，优化人才、技术、金融、物流、商业、餐饮、娱乐、人居、中介、管理咨询等服务功能，特别要重视人力资源的开发。要围绕降低企业投资及运营成本，修订完善优惠政策体系，优化政策法制环境。

第三，要按照产业链各环节企业的内在联系，完善产业配套体系。要适应产业链的需求，进行终端产品、部件、零件、原材料制造以及研发企业的合理配置，优化产业内部上下游企业之间的业务协作关系，形成良好的产业配套环境，把产业链做长，实现产业链的价值增值。要鼓励区内龙头企业特别是重点外资企业实现配套产品的本地化，引导本地中小企业为重大产业项目配套，形成完善的产业配套体系。

六 大力推动自主科技创新

创新是成都高新区的本质特征，没有创新，成都高新区就失去了存在的前提；创新是成都高新区发展的根本动力，没有创新，成都高新区的发展就成了无源之水。自主科技创新包括三个层次：原始创新、集成创新、引进消化吸收再创新。原始创新主要依靠大专院校、科研院所;集成创新主要是整合各方面的力量,集成各方面的资源,促进自主创新成果的产业化;引进消化吸收再创新是以企业为主体。在自主创新中,党委和政府是第一主导力量,市场是基本动力,科研院所和大专院校是生力军和重要基础,企业是主体。成都高新区是上述功能的集合体,既有政府功能,又有市场、企业、科研院所和大专院校的整合,应该在制定扶持政策、营造优良环境、聚集创新资源、培育创新文化,特别是推进自主创新成果产业化等方面,承担起义不容辞的历史责任。我们必须按照全国科技大会和省市的要求,把科技创新的特色做优。

第一,加快聚集自主创新资源,推进原始创新。要高度重视科技企业孵化器的建设与发展,促进科技企业孵化器的主体多元化、功能专业化、形式多样化,鼓励和引导社会力量创办科技企业孵化器,加快发展集成电路设计、软件、生物医药、数字娱乐、留学人员创业园等专业孵化器,使之成为聚集自主创新资源的重要载体。要以科技企业孵化器为核心,构建包括大学、科研机构、中介服务机构以及风险投资、技术市场等在内的自主创新孵化体系,引导大学和科研机构的原始创新资源向成都高新区聚集。要积极引进国内外知名企业的研发中心,加快聚集国际原始创新资源。要加强公共技术平台的建设,建立比较完善的公共技术服务体系,降低企业自主创新成本,提高自主创新能力。

第二,加快推进自主创新成果的产业化,促进集成创新。要充分利用成都高新区已有的基础,积极发挥政府的引导作用,完善和优化市场、资金、人才和政策四大支撑体系,大力推进产、学、研的紧密结合,大力推进创新研发、孵育转化和产业化三个环节和三大基地的有机互动,不断优化自主创新成果产业化环境,促进更多的原始创新成果实现产业化。

第三,充分发挥企业自主创新的主体作用,增强集成创新和消化吸收再创新能力。加大政策扶持力度,引导企业增加R&D投入,提升自主创新能力。积极支持大学、科研机构与企业紧密结合,开展跨学科、跨行业的技术整合与集成,形成具有自主知识产权和自身特色的新技术与新产品。要鼓励区内企业与国际知名企业进行合作,积极引进国际先进技术和管理经验。要支持企业开展引进技术的消化吸收和再创新,逐步实现从引进、跟踪、学习为主向自主创新为主的战略转变。要加快成长一批拥有自主创新能力的优势企业,培育一批具有国际竞争力的知名品牌,为成都高新区的快速发展提供强劲而持久的动力。

要妥善处理创新与发展的关系,坚持创新与发展并举,形成创新与发展的支撑与共生关系,以创新促发展,以发展强创新,通过科技创新推动经济增长方式的转变,不断提升发展的质量,通过加快发展增强经济实力,为科技创新提供强力支撑。

七 坚持“三并举一协调”,促进成都高新区又快又好的发展

第一,坚持速度与效益并举。成都高新区肩负着加快发展民族高科技产业和市委市政府赋予的重任,如果我们不能以较高的速度持续增长,就不能引领高新技术产业的发展,就难以在地方经济社会发展中起到示范带动作用。所以,我们还要加快发展速度,力争在全市经济中占有较大的份额,同时要加快建设效益高新,努力实现高效益的速度。近年,成都高新区赢来了招商引资的良好机遇,特别是成功引进英特尔项目后,加速了国际知名企业和重大产业化项目的聚集。但是,客观地说,我们也付出了较高的代价。未来2~3年,为了产业的聚集和发展,我们还要投入约80亿元,加上现有的负债,财政的负担将很重。为此,我们必须大力营造高效益的环境,引进高效益的项目,培育高效益的企业,努力做到单位产出占用土地、单位产出消耗资源、经济增长对生态环境污染程度的“三个显著下降”。要牢固树立经营的理念,充分发挥市场配置资源的基础性作用,积极整合土地、资金、技术、人才等要素资源,推进资源转变为资本,引导社会资本参与园区开发,从事基础设施和公共平台建设,加快园区开发和产业发展。要改变过去单一企业大面积占用绿地、建设园林式工厂的做法,积极推进集中公共绿地、多层厂房建设,严格执行投资强度标准,提高园区建筑容积率,实现土地的集约利用。要调整投资鼓励政策,逐步建立与产出效益挂钩的扶持政策体系,大力引进资源要素占用少、产出效益高、对环境没有污染的项目和产业。要加快签约项目和在建项目的促建力度,缩短建设周期,尽快投产达产,尽快产生经济效益。要统筹规划功能片区和产业布局,确保经营性土地收益与财政收入能够支撑产业发展,增强可持续发展能力。要加快投资集团、倍特集团的改革与发展步伐,积极推进市政设施和社会配套设施投资、建设、管理的社会化,减少政府资金投入,提高区内国有资产的使用效益。

第二,坚持数量与质量并举。没有一定的数量和规模,发展就是空话,只有物质资源极大丰富,人们才有广阔的实践活动空间,精神文化社会发展才有坚实的基础。但仅有数量和规模的简单扩张,而无坚实的质量作为支撑,只能是低水平的扩张,没有发展的增长。没

有质量的发展不是真正的发展，更不可能做到科学发展。成都高新区与沿海发达地区的差距，主要体现在经济规模上，大项目还是太少。我们要突破临界状态，实现跨越式发展，首先必须在招大项目、扶大企业上狠下工夫，千方百计做大规模。同时，要切实转变经济增长方式，加快实现科技对经济增长的贡献率、教育和人力资本对经济增长的贡献率、绿色GDP和循环经济对经济增长的贡献率的“三个显著提高”，积极推进高质量的增长。

第三，坚持外引与内培并举。积极引进国际先进技术，特别是重大产业化项目，是地处内陆的成都高新区寻求突破与跨越、实现后来居上的重要捷径，也是增强综合发展能力的重要手段。近年的实践已经证明，我们把招商引资作为中心、全局、首位的工作是完全正确的，成效是十分明显的。目前，成都高新区正面临招商引资的最佳机遇期，我们必须继续突出加强招商引资工作，按照“夯实好基础、打造好载体、组织好队伍、到全世界去敲门”的既定方针，创新举措，全力推进，力争在引进重大产业化项目上不断取得新的突破。

已经进区的企业，既是我们加快发展的现实基础，也是我们招商引资的最佳宣传。他们发展好了，我们的快速发展就有了保障，招商引资就有了最好的投资指南。所以，我们要选准目标，加快培育壮大区内企业，力争培育一批具有国际竞争力的知名企业和品牌。

第四，坚持经济与社会协调。改革开放以来，我国沿海发达地区的经济发展取得了巨大的成绩，但一些地方经济的高速增长并没有给群众生活带来真正的实惠，出现了经济与社会发展极不协调的现象。据江苏到成都高新区来考察的同志介绍，苏州和无锡招商引资超过了上海，经济增长速度是全国之最，但产业两头在外，财富被转移，当地老百姓没有得到实惠，还有一些“无根企业”不断迁移。无锡和苏州老百姓的可支配收入增长滞后GDP增长，生活水平和富裕程度甚至赶不上成都。最近成都先后获得了全国幸福指数和最富风情城市两个第二，老百姓买车的比较多，生活显得很安逸。目前，东部一些城市已经开始重新思考经济发展方式，促进经济与社会的协调发展，最终让老百姓富裕起来。我们要认真吸取沿海地区的教训，按照市委市政府关于构建和谐成都的要求，努力促进经济社会的协调发展。

要始终坚持以人为本。以人为本，是科学发展观的本质和核心。要以实现人的全面发展为目标，加快建设平安高新、富民高新、文明高新、和谐高新，让发展的成果惠及广大人民群众。要按照市委市政府推进城乡一体化的重大战略部署，加快推进区域全面城市化，切实解决好城市化进程中征地拆迁农民的四大问题，确保农民失地不失权、不失利、不失业。要建立完善社会保障和救助体系，切实解决弱势群体的生活保障、困难群众的就学就医以及社区环境整治等实际问题，真正让区内群众读得起书、看得起病，年轻有业可就，年老生活无忧。要大力发展教育、文化、卫生等社会事业，推进区域精神文明，不断提高区域文明程度。要尊重知识，尊重人才，让各类人才创新与发展的激情充分涌流。要高度重视人与自然的和谐，不断提升区域生态环境质量。要不断改善人居环境，提高群众生活质量，让每一个工作生活在成都高新区的居民都能够感到骄傲和自豪。

落实科学发展观，推进城乡统筹、“四位一体”的科学发展，构建和谐社会，规范化服务型政府建设和基层民主政治建设是重要的基础工作。我们要按照市委市政府的统一部署，紧密结合自身实际，扎实推进规范化服务型政府和基层民主政治建设，加快建设规范机关、服务机关、高效机关、透明机关和责任机关，切实保障人民群众的选举权、决策权、管理权和监督权。

其余各项工作，也要按照市委市政府的要求和党工委管委会的部署，切实抓紧抓好。

八　切实加强干部队伍建设

干部队伍是全面落实科学发展观，确保加快产业发展的关键因素。成都高新区干部队伍总体上是好的，但还有一些干部仍然不适应建设发展的需要，表现在以下几个方面：一是思想解放不够，务实创新的作风不强。有的同志怕字当头，怕承担责任，照章办事，照本宣科，循规蹈矩，不敢越雷池半步。成都高新区是体制新区，需要我们不断开动脑筋，创造性地开展工作，如果循规蹈矩，工作就可能没法开展；如果墨守成规，事业就可能止步不前。八英寸晶圆项目是市委市政府决定了的项目，也是成都高新区突破晶圆制造、形成集成电路产业链的重要环节。为了推进工作，公司注册上确实有点突破，我们的部门及时提出意见是对的，但在办理的时候，相关部门却怕担责任，还要我签字。如果各部门在某个环节上出现了与规范不太吻合的东西，都要书记、主任签字才能办理，还要这些部门干什么？我们的工作怎么开展？有的同志浮在表面，不深入细致研究工作中存在的困难是什么，关节点是什么，怎么去解决困难，促进工作的推进，而是纸上谈兵，坐而论道，使问题长期得不到解决。如果每个同志都不按照我们的工作要求和务实作风去做，事情就会堆积如山，工作就推进不了。二是事业心责任感不强，精神状态差。成都高新区干部职工的待遇已经不错，但少数同志得过且过，没有把市委市政府、党工委管委会创造的良好条件当作加倍努力推进工作的动力，没有把工作当作事业去追求，没有把工作当作学问去研究，没有用心谋好事、用心干好本职工作，马虎了事、推诿扯皮的事情还时有发生，市委批评的不在状态的情况，在一些人身上还明显表现出来。一些工作落在后面，不是因为我们本身工作底子薄、条件差，而是因为人不努力、状态差，缺乏干不好事情就寝食不安的精神。今年1月4~5日，市委召开“推进城乡统筹、‘四位一体’的科学发展，建设和谐成都”专题研讨会，成都高新区要作大会发言。为了准备好发言材料，敬刚同志元旦节两天没有休息，都在修改稿子，1月4日，我和发展策划局的同志修改到凌晨1点钟，早上6点钟就赶到市委。也许有同志会说：不就是一个20分钟的发言嘛，何必那么认真？但是我们认为，既然代表成都高新区、代表全体成都高新区人，就应该把发言材料做到全市一流，就应该把所做的工作认真全面地向市委和各个区（市）县作汇报，这是我们的责任所在。同志们平时的工作是不是这样做的？我相信，如果这样做了，就肯定会有成效；长年累月这样做，量的积累就一定会有质的飞跃。事业心责任感非常重要，我经常讲，人是自然人，更是社会人，有家庭，有工作，他们是可以融合的，一个人如果对家庭、亲人、同事没有责任心，他不可能对工作有责任心；反之，一个人如果对工作不负责任，很难想像他会对家庭、妻子、孩子承担责任，必将是一个碌碌无为、被社会抛弃的人。三是素质低下。有的同志品行上不修炼，思想上不提高，缺乏起码的道德标准。有一个同志说他最讨厌星期一，如果说这还不完全表明他的素质和工作状态，但他中午吃饭时又在大厅进口塑胶地板上随地吐痰，两件事情联系起来，至少说明这个同志素质是不高的，离高新人的要求有一定距离的。有的同志业务上不钻研，工作深不下去，水平提不起来，质量粗糙，成效平平。四是思想意识和人品有问题。极个别干部制造事端，搬弄是非，总喜欢耳朵长一点，听东家长，道西家短；总喜欢嘴巴长一点，说他人是非，传他人不是。如果党工委管委会有什么违法和违背中央省市有关要求的行为，欢迎随时举报，但不允许主观臆断，无中生有，影响团结，干扰和谐，干扰正常的工作秩序。五是有令不行，有禁不止。有的同志一意孤行，唯我为大，把组织的决定当作耳边风，不认真执行上级的决策，甚至搞上有政策下有对策。为此，我们要按照“举旗子、抓班子、带队伍、促发展”的要求，切实加强干部队伍建设，努力造就一支不断适应成都高新区建设发展需求的高素质干部队伍。

第一，要巩固先进性教育成果，全面加强党的建设。要坚持先进性教育活动中形成的经验，不断完善加强党员教育和基层组织建设的长效机制，深入推进基层民主政治建设，不断增强广大党员的理想信念、执政意识和群众观念，不断增强各级党组织的凝聚力、创造力和战斗力，充分发挥党组织的战斗堡垒作用，充分发挥广大党员的先锋模范作用，让先进性教育成果在成都高新区2006年的实际工作中得到更好的体现。

第二，要进一步提升综合素质。干部的综合素质包括人品、学识、能力等各个方面，其中人品和学识是基础，能力是核心。当前，要特别重视加强干部队伍的能力建设。一要提升学习能力。学习能力是最大的竞争力。随着经济全球化和信息化步伐的加快，知识更新周期日益缩短，社会竞争日趋激烈，如果不加强学习，就不能适应发展的需要。要把政治、经济、社会、科技、文化、法律等各学科知识统筹兼顾起来，促进对知识的融会贯通，丰富学识，增长才干。二要提升执行能力。牢固树立脚踏实地的作风，扑下身子抓落实，确保市委市政府的重大战略部署和党工委管委会的各项要求不折不扣地得到落实。三要提升创新能力。创造性劳动是最复杂的劳动，创造性思维是最高级的思维。我们从事的工作千差万别，面临的形势复杂多变，如果不创新思路、创新举措，就不可能开创新局面，迈上新台阶。我们必须进一步解放思想，大胆探索，勇于实践，敢于走前人没有走过的道路，敢于打破不适应发展的条条框框。各级领导干部，还要提高科学判断形势、驾驭市场经济、应对复杂局面、依法执政、总揽全局的能力。

第三，要进一步增强敬业精神。敬业精神是成就事业的前提，也是个人成长进步的保证。一个人能力再强，如果不敬业，不用心工作，必将碌碌无为。一要增强事业心和责任感。以成都高新区的工作目标为人生的追求，以加快成都高新区的发展为自己的责任。二要爱岗敬业。干一行爱一行，对岗位充满热情，对工作满怀兴趣。三要肯于吃苦。要舍得下深水，耐得住寂寞，受得了清苦，兢兢业业，忠于职守，乐于奉献。四要勤于用心。每接受一项工作，都要认真思考，明确思路以后再行动，完成以后还要仔细检查。遇到问题和困难时，决不轻言放弃，要发扬“钉子”精神，力求得到解决。五要重视细节。“天下大事必做于细，天下难事必成于易”，“不屑于做小事的人往往只能做小事”。重视细节，不轻视小事，是一种严谨细致的作风，也是一种干好工作的本领。要把小事做细，把细节做精，防止心浮气躁，浅尝辄止。

第四，必须做到令行禁止。古人云：“慎乃出令，令出惟行”意思就是作出决定、下达命令一定要慎重，而决定和命令的关键在于执行。我们力求民主，讲究科学，认真负责,在决策前广开言路,大家可以充分议论,但决定一经作出,就不允许评头论足,更不允许各行其是。令行禁止,必须突出一个“严”字。一要严格要求。下级服从上级是我们党的政治纪律,如果经过组织决策的事情都不能得到贯彻实施,这个组织肯定是一盘散沙,肯定是一种无序的工作状态。各级各部门对党工委管委会作出的决定,必须坚决执行,不允许讲价钱打折扣。二要严格责任。各级领导干部要把令行禁止作为自己的责任,率先垂范,自觉执行党工委管委会的决策。三要严格督察。要健全目标督察、跟踪落实机制,跟踪进展情况,解决推进问题,督促加快进度,严格责任追究,确保政令畅通。

第五,必须增强集体荣誉感。要突破临界状态,实现跨越式发展,必须调动每个人的积极性,必须发挥干部队伍的整体功能。一要增强各级领导班子的团结。领导班子成员要站在全局的高度,相互学习、相互尊重、相互支持、相互谅解,摆正自己的位置,增强补位意识,维护集体的权威,切实做到干事业一条心,抓工作一盘棋,谋发展一股劲,增强领导班子的凝聚力、战斗力和创造力,切实起好表率作用。二要增进部门之间的密切协作,树立成都高新区机关良好的整体形象。要提倡高新一家人,部门之间要以干好工作为前提,增进团结,加强交流,相互沟通,消除梗阻,淡一些官僚意识,强一些服务之心,使部门之间的流程畅通起来。三要大力加强干部队伍的团结。各级领导干部要密切同干部职工的联系,多关心干部职工的工作和生活,多为干部职工办实事、办好事,努力营造和谐向上的工作环境,调动广大干部职工的热情和智慧。干部之间要建立平等友爱、和睦共处的同志关系,密切配合,相互支持,相互关心,多一点补台,少一点推诿,多一点赞美,少一点挑刺。全体干部职工都要意识到作为成都高新区集体一员的尊严和荣耀,自觉维护成都高新区的形象,珍惜成都高新区的荣誉,以成都高新区的荣辱为自己的荣辱。

第六,要切实加强党风廉政建设。成都高新区干部廉洁自律的情况总体较好,但也有极个别干部违法违纪。成都高新区是全市经济的主战场,和企业打交道比较多,建设的任务比较重,各级干部所拥有的权力比较大,如果不在廉洁自律方面严格要求,就会出问题,将会给国家、集体、家庭、工作带来巨大损失。昨天全市召开了党风廉政大会,两个部门作了检讨,部分干部要受到处理,大家要引以为鉴。中国有一句古话,“若要人不知,除非己莫为”,大家都处在较高的生活层面,国家给我们福利房,收入也较高,一定要严格要求自己,千万不要乱伸手,“伸手必被捉”,人一旦失去自由,才体会到自由的可贵,才会非常珍惜自由。要切实执行领导干部廉洁自律规定和党风廉政建设责任制,严格教育、严格管理、严格监督。要从已经查处的重大案件中吸取教训,自觉遵守廉政规定,严于律己,清正廉洁,切实承担起自己的政治责任和工作责任,坚决杜绝各类腐败现象。春节快要到了,大家要利用节前的时间,集中精力抓好会议精神的传达贯彻,认真思考节后工作,抓紧制定工作方案,及早安排部署,确保实现开门红。要做好关心弱势群体、节日期间党风廉政建设、走访慰问、群众文化活动以及安全、稳定等各项工作,确保区内社会稳定和人心安定,让广大群众过一个安乐祥和的春节。

(李昆学现任中共成都市委常委、政法委书记、成都市公安局局长)

图 1:成都高新区高新国际广场　　(成都高新区党工委、管委会办公室　供稿)

在成都高新区党工委管委会工作会议上的报告

成都市市长助理、成都高新区党工委副书记、成都高新区管委会主任 敬 刚

2005年工作总结

2005年，在市委市政府的正确领导下，党工委管委会团结带领全体干部职工，认真落实科学发展观，全面贯彻市委市政府的重大战略部署，加快实施"1223"发展战略，各项工作取得了显著成绩。

一 经济继续保持快速增长

预计全年完成产业增加值141亿元，同比增长30%；完成工业增加值66.45亿元，同比增长39.3%；完成技工贸总收入392亿元，同比增长32.5%；完成固定资产投资116.84亿元，同比增长92.6%；完成全口径财政收入27.65亿元，同比增长35.5%；完成地方财政收入13.28亿元，同比增长40.9%；完成外贸出口3.85亿美元，同比增长32%。

二 招商引资取得新的突破

全年引进合同外资10.195亿美元，同比增长61.5%；实际到位外资4.51亿美元，同比增长121.6%。新批外商投资项目59个，增资项目24个；其中新批和增资合同外资500万美元以上的项目17个，同比增长70%。新增世界500强投资项目3个，区内世界500强企业及国际知名企业投资项目增加到28家。实际到位市外资金60.34亿元，同比增长97.19%，其中，过亿元的项目28项，实际到位资金46.94亿元，占全部到位市外资金的77.8%。采取BT模式引进了中芯国际8英寸晶圆生产线，实现了晶圆制造项目零的突破，成功引进了美国安捷伦、科胜讯、莫仕连接器、BOC、台湾松翰科技等一批国际知名企业，初步形成了由IC设计、晶圆制造、封装测试及配套项目组成的产业链。成功引进了总投资2980万美元的奥泰医疗系统项目，实现了重大生物医药产业项目的突破。成功引进了西门子3G创新中心、阿尔卡特增资项目、诺基亚、新加坡电信、华为、中兴通讯等项目，全球所有主流的通讯企业全部落户高新区。长虹、九洲等一批知名企业和金山、盛大、智乐等数字娱乐企业相继落户高新区。切实加大软件项目招商力度，天府软件园签约入驻率达到85%。

三 城乡一体化加速推进

认真贯彻落实市委市政府推进城乡一体化的总体部署，加快推进区域城市化进程。全年城乡一体化投入资金达32.5亿元，城市化率提高到91.1%，较上年提高15个百分点。认真做好农民拆迁安置工作，全年共拆迁农民24790人，提供建设用地548.47公顷。全面开工建设6个共计225万平方米农转居小区，住房安置征地农转居1.8万人。高标准打造庆安农转居示范社区，率先在西部地区实施了农村全免费义务教育和政府全额承担农村医疗保障金政策，顺利完成涉农街道机构改革。进一步加强失地农民的社保工作，征地农转非二、三类人员参保比例居全市第一，已征地农转居社保率达到98.8%，新征地农转居参保率达到100%。农村低保提高到210元/月，实现与城市居民同一标准，覆盖面达100%。大力推进充分就业，在全市率先推行实名制就业办法，建立了劳动力基本状况数据库，实现对就业的动态跟踪服务和管理，进一步建立和完善了管委会、街道、村(社区)三级联动的工作机制，全年培训失地失业人员15352人次，城镇登记失业人员再就业率达81.7%，登记失地农民再就业率达79.6%。

全面完成了一环路高新段等11条道路的整治，积极开展违法建筑拆除、扬尘治理、"牛皮癣"治理等专项工作，在城市容貌整治、市政府组织的日常管理检查及城市管理公众满意度测评中均获得第一。创建ISO14000国家示范区顺利通过由国家环保总局和科技部组织的考核验收。

四 承载能力进一步提升

全年完成投资16亿元，新建(含续建)道路62公里，污水管道90公里，雨水管道147公里，天然气管道18公里，全面建成天府软件园、模具工业园等重点项目，创新组团、西区服务中心、南部园区大源组团路网、西区西北片区和西南片区路网等项目建设加快推进。完成了西部园区和南部园区新一轮土地利用规划的编报及西区重点防汛工程建设。报征土地9个批次，面积424.56公顷，获得银行贷款资金6.2亿元，缓解了征地拆迁安置的资金压力。加大闲置土地清理力度，友尼森、中芯

国际等一批重大产业化项目和重大基础设施项目建设用地得到圆满解决。

五 科技创新优势继续增强

新认定高新技术企业共112家,区内高新技术企业达到822家。组织申报国家、省、市各类科技计划424项,争取各级资金支持4435万元。积极支持和鼓励创新企业参与国际合作与竞争,区内2家企业成为首批入驻中国火炬(新加坡)创业中心的内地企业。国家软件产业基地、863软件孵化器、集成电路产业化基地、信息安全产业化基地、数字媒体产业化基地等建设进一步加快。博士后工作站荣获"全国优秀博士后工作站"称号,启动建设"国家火炬计划数字娱乐产业人才培育基地",与微软签署了在中国首家实施"潜力发展计划"的协议,成立了"天府软件教育培训联盟",科技创新和人才培养体系进一步完善。

六 产业特色初步形成

预计全年工业增加值占产业增加值的比重达到47.15%,对产业增加值增长的贡献率达到53.2%。电子信息产业完成总产值67亿元,增长62%,完成增加值27亿元,增长49.7%,在工业中的比重提高到41.9%,生物医药和精密机械制造产业发展良好,三大产业在全区经济中的主导地位更加明显。

紧紧围绕三大产业,加大项目促建力度,加快推进重大产业化项目建设。全年竣工项目14个,总投资37.85亿元,新开工、复工项目52个,总投资41.97亿元。截至2005年12月底,在建工业项目54个,总投资78.01亿元。英特尔一期、爱发科等一批重点项目建成投产,英特尔二期项目、中航华天等一批重点项目启动建设,开工和竣工项目近2/3集中在电子信息、生物医药和精密机械产业。

认真落实鼓励工业企业发展壮大的优惠政策,积极支持重点骨干企业壮大规模,切实帮助中小企业解决"融资难",全年通过中小企业融资平台获得贷款2.6亿元,同比增长70%。支持和鼓励企业开展ISO9001和ISO14001以及CMM等认证工作,提高企业素质和核心竞争能力。

七 社会事业全面发展

积极推进全国文明城市创建活动,深入开展群众性精神文明建设。社区基础建设和社区服务不断完善,社会保险覆盖面进一步扩大。劳动保障、文化、教育、卫生、计划生育、双拥等各项工作都取得了较好成绩。街道工作成绩突出,各街道党工委办事处在街道经济、城市管理、社区建设、维护稳定等方面发挥了积极作用。继续加强政法队伍的正规化建设,营造和谐稳定的社会环境。高度重视信访工作,来信来访年终处理率达100%。

八 规范化服务型政府建设和基层民主政治建设不断加强

按照"建立一个体系、突出两个重点、推进三项工作、建设四个中心"的工作思路,以完善制度和优化流程为重点,突出加强事前服务和事中、事后的监管,切实优化以项目投资和项目建设为重点的服务流程。全面启动运行好高新区政务服务中心,积极探索行政审批要件标准化和服务对象提交文本的标准化,机关规范服务的水平和质量进一步提高。

坚持以提高质量为重点,全面贯彻市委市政府决策部署,进一步扩大公推直选范围,增强党员群众民主意识,全面推行基层重大事务咨询听证制度,建立社会评价机制,探索第三方调查测评制度,全面开放街道党工委会议、办事处办公会议和直属中学党组织会议,建立"三联"制度和党员群众代表列席会议制度,加强基层干部业务培训,深入有序地推进了基层民主政治建设。

九 党的建设和干部队伍建设进一步加强

认真开展保持共产党员先进性教育活动,第一批、第二批先进性教育活动达到预期目标。坚持民主公开、注重实绩、群众公认的原则,规范干部选拔任用程序,对4个副处长职位实行了竞争上岗。整合利用各方资源,开展形式多样的干部培训,切实推进学习型机关建设。全面落实《建立健全教育、制度、监督并重的惩治和预防腐败体系实施纲要》,严肃查处违纪违法案件,深入开展党性、党风、党纪教育,全面贯彻执行党风廉政建设责任制,加大从源头上预防和治理腐败的工作力度。

人大、政协联络处和其他各项工作也都取得较好的成绩。

当前,高新区的发展中还存在一些亟待解决的问题,主要有:重大产业化项目还不多,产业聚集度不高;上下游产业配套薄弱,产业环境需要进一步优化;承载能力建设还不能完全满足产业聚集的需要;部分干部职工的观念和作风还不适应发展的要求等。这些问题需要我们在今后的工作中,采取措施切实加以解决。

2006年工作思路

2006年,高新区工作的总体思路是:以邓小平理论和"三个代表"重要思想为指导,牢固树立和落实科学发展观,全面贯彻中央和省、市要求,以推进城乡统筹、"四位一体"的科学发展、建设和谐社会总揽全局,以加快产业发展为核心,深入实施"1223"发展战略,进一步强化招商引资,不断增强自主创新能力,全面优化产业发展环境,加速推进全面城市化进程，努力构建和谐高新。

2006年，高新区的主要经济指标要力争实现30%以上的增长。重点要抓好以下工作：

一 突出抓好招商引资

继续突出招商引资，不断强化中心、首位、全局意识，始终围绕三大主导产业，突出重大产业化项目，进一步充实力量，创新方式，提高实效，确保完成全年目标任务，努力使招商引资工作再上新的台阶。

要充分利用英特尔等项目的示范带动效应，认真研究集成电路、软件、生物医药和精密机械制造等产业的发展动态和转移趋势，重点瞄准世界500强和国内100强企业，采取有针对性的措施，加快引进一批消费类终端电子产品制造、知名软件和生物医药企业，促成一批重大产业化项目落户高新区。要进一步加强产业细分研究，按照产业链和产业集群的要求，加大相关配套企业和项目的引进力度，加快形成集成电路等具有竞争力的产业集群。要进一步清理和完善现行政策，不断增强高新区在土地供给、能源供给、财政支持、劳动力成本、金融服务等要素方面的比较优势，保证投资者获得更大的利润空间。要进一步创新招商引资方式，密切跟踪和促进重大增资项目的顺利实施，继续探索以市场换投资和以BT模式引进重大产业化项目的新思路。要抓住城南副中心建设机遇，大力引进孵化研发、总部经济和现代服务业，提升高新区的核心竞争力和配套发展能力。要进一步加强招商引资队伍建设，积极发挥驻外代表处的作用，不断拓宽招商引资信息渠道。要加大高新区对外宣传和推介力度，通过举办多种形式的、具有较强指向性的招商引资和对外宣传活动，努力为招商引资工作营造良好的外部氛围。

二 加快推进全面城市化

按照市委市政府推进城乡一体化的部署，大胆探索推进全面城市化的新思路和新举措，切实解决产业化过程中的城市化问题，促进产业功能与城市功能的有机互动、和谐发展。

要切实解决好城市化进程中失地农民的拆迁安置、就业培训、社会保障和持续增收四大问题，让城市化成果惠及广大人民群众。要全面完成农迁房安置小区的建设工作，确保农转居人员在规定时间内入住。要进一步加大充分就业工作力度，加快建设石羊和合作劳动密集型工业园，确保实现南部园区年内充分就业的目标。要按照城市居民的标准，统一农转居人员的教育、医疗、社保水平。要在试点的基础上，全面推进农村集体资产处置。

要按照城市社区的标准，搞好农转居社区的基础设施、配套设施和服务功能建设。要以中小街道及城郊结合部为重点，加大城市容貌整治力度，加快实施社区居民院落环境综合整治和水环境综合整治，配合实施机场高速公路景观改造工程。要按照“规范化、精细化、标准化”的要求，启动城市数字化管理模式，完善市政公用设施社会化运行机制，进一步健全城市管理长效机制。

三 加快发展主导产业

要以创新的思维和工作方法，突出抓好重大产业化项目建设，加快英特尔二期、莫仕连接器、8英寸晶圆等项目的建设进度，确保友尼森、威特电喷、奔月科技等项目在年内建成投产，力争BOC、天奥实业、奥泰医疗等在年内开工建设，促使一批重点项目尽快形成生产能力。

要按照市委市政府关于“加快产业发展年”的部署，加快做优集成电路产业，迅速做大软件产业，全力做强生物医药产业。要着力培育和发展数字电视、网络电视、计算机等消费类终端电子产品制造企业，不断延伸集成电路产业链，提高IT产业的整体效益。依托国家级中药现代化产业基地，大力引进国内外知名医药企业，尽快培育一批中药核心企业和知名品牌，加快形成生物医药产业集群。围绕软件外包、IC设计、信息安全和数字娱乐等重点，全面实施大企业战略和国际化战略，全力打造天府软件品牌。力争2006年电子信息产业增加值占工业增加值的比重达48%以上，生物医药产业增加值占工业增加值的比重达到32%以上。

要围绕南区和西区两个园区的功能定位，按照一流园区标准，切实优化产业发展环境。进一步加大投融资力度和土地报征力度，加快基础设施建设步伐，不断完善已建成园区的基础配套条件，加快南区大源组团和西区西南片区的建设开发，加快物流、信息等产业配套环境建设，不断优化产业基础环境。要进一步完善产业发展的政策、资金和技术支撑体系，加大中小企业融资工作力度，多渠道、多形式帮助区内企业解决“融资难”问题。建立和完善产业发展服务体系，积极做好重大产业化项目建设和区内企业的服务工作。鼓励企业开展ISO 9001和ISO 14001以及CMM等认证工作，不断增强企业市场竞争能力。支持区内企业整合国际国内资源，参与国际合作与竞争。鼓励区内龙头企业特别是重点外资企业实现配套产品本地化，带动和提升本地企业发展。

四 大力推进自主科技创新

进一步加强自主创新环境建设，不断完善企业为主体、市场为导向、产学研相结合的自主创新体系，不断提高自主科技创新能力,加快建设创新型区域。要加快聚集一流研发机构和中介服务机构,按照投资主体多元化、经营特色化、发展专业化的思路,进一步优化以多种类型科技企业孵化器、各类中介服务机构和政府服务机构为主体的科技创业孵化体系。要加强创新服务体系和创新网络的建设,加强同大学和科研机构的联系与合作,整合地方科研、人才、资金、市场等资源,建立和完善官、产、学、研、资及中介服务机构密切结合、有机互动的原始创新成果转化体系。鼓励区内企业与国际知名企业进行合作,支持企业开展引进技术的消化吸收和再创新,加快成长一批拥有自主创新能力的优势企业。要继续做好高新技术企业认定工作,加大对重点创新项目的支持力度,加大知识产权保护力度,积极争取和鼓励风险投资机构等社会各方面力量支持区内企业科技创新,鼓励企业引进、培养和激励高级技术人才、管理人才和优秀技术能手,努力营造各类人才充分施展才华、实现自身价值的社会环境,继续保持成都高新区在科技创新和成果转化方面的领先地位。

五　统筹经济社会和谐发展

进一步深化规范化服务型政府建设,全面完成服务流程的优化和再造,加快构建"五星级"服务体系。加强精神文明建设,全面发展教育、文化、体育、卫生等各项社会事业,积极推进高新区文化建设。进一步加强政法工作,搞好社会治安综合治理,切实维护社会稳定。加强街道工作,强化街道在发展经济、社区建设、城市管理、维护稳定等方面的功能。加大精品社区创建力度,丰富社区文化体育活动。切实加强社会保障工作,进一步扩大社会保险覆盖面,提高征集率。全面推行高新区弱势群体救助实施方案,构建日常救助和临时救济相结合的长效帮困服务体系。进一步完善高新区医疗服务体系建设,全面推行医疗救助卡制度,积极探索社区卫生服务新途径。切实加强安全生产工作,杜绝重特大事故发生。

六　切实加强党的建设和干部队伍建设

按照"举旗帜、抓班子、带队伍、促发展"的要求,巩固先进性教育活动的成果。加强党的基层组织建设,不断增强基层党员队伍和党组织的创造力、凝聚力、战斗力,使高新区的各级党组织成为带领广大干部职工加速推进"二次创业"的坚强战斗堡垒。以推进机关各部门的科学决策、街道的民主管理、社区的民主选举为重点,深入推进基层民主政治建设,逐步建立科学决策、民主管理、民主监督、公开透明的基层民主政治建设体系。创新考察选任机制,全面推行党工委会议讨论干部任免投票表决制度。以增强理想信念、转变工作作风和提升素质能力为重点,切实加强干部队伍建设,不断完善干部教育培训新机制,抓好各类常规培训和重点培训项目,全面提高干部队伍综合素质。做好《中华人民共和国公务员法》的贯彻与落实工作。大力推进廉政文化建设,深入开展党风廉政教育,认真落实领导干部廉洁自律规定和党风廉政建设责任制,建立和完善从源头防治腐败的长效机制。

(敬刚现任中共成都市委常委、成都高新区党工委书记)

图 2:成都世纪城新国际会展中心

(成都高新区地方志办公室　供稿)

专文

SPECIAL ARTICLES

优化创新服务体系 发展高新技术产业

成都高新区党工委委员、管委会副主任 韩春林

1988年7月22日，成都市人民政府向四川省人民政府呈递“关于推进成都科技密集开发区建设”报告，将开发区的重点发展领域确定为“新材料技术、光机电技术、生物技术、微电子和计算机应用技术、中成药开发技术、传感技术、激光技术、核技术应用、光纤通讯技术等九大技术”。同年，组建成都高新技术产业开发领导小组，设立成都高新技术创业服务中心和成都高新技术产业开发基金会。

1989年，成都高新技术创业服务中心成立，发展孵化器事业。同年，高新技术产业实现产值2940万元，创利税710万元。

1990年1月10日，成都市人民政府向国家科学技术委员会呈递“关于建立成都高新技术产业开发区的请示”，将开发区的发展重点定为“以发展高新技术产业为主导，如电子、精密机械、光电一体化以及出口创汇的产品和项目等”，并决定在南郊神仙树2.5平方公里范围内建设开发区起步区。在神仙树地区，已建成的有邮电部成都电缆厂(514厂)的光纤及附属材料、成都电视设备厂(630厂)的应用电视和医用电视、机电部三十所的保密电报数据通讯网开发和中日合资生产微型含油轴承等项目，总投资4658万元。同年，全区高新技术产业实现产值6651万元，创利税848万元，创汇27万美元。

1991年3月，国务院批准成都高新技术产业开发区为国家级高新技术产业开发区，并确定起步区控制面积为6.15平方公里，其中“八五”期间集中新建区(起步区)为2.5平方公里。在起步区内，由国家科委、省、市共同投资兴建的高新技术创业服务中心孵化大楼竣工，建筑面积6200平方米，有11个单位的17个项目进入楼内孵化。全年实现产值13856.79万元，创利税2407.68万元，创(节)汇192.6万美元。起步区内有14家企业经考核认证并正式批准为国家高新技术企业，另有9家企业认定为国家高新技术企业，暂未发证。

1996年3月，成都市政府对成都高新区进行规划调整，面积由起步区的2.5平方公里调整为47平方公里，实行“封闭式管理、开放式运作”，形成以发展高新技术产业为特色的管理体制。同年11月，成立成都高新技术创新服务中心。

1998年8月28日，启动中国成都留学人员创业园。同年，国家科技部认定创新服务中心为国家高新技术创业服务中心，并列为科技部重点支持的十家创业中心之一。

2000年1月20日，中国成都博士创业园创立。同年，成都留学人员创业园当选为全国留学人员创业园网络主席单位。同年，共认定高新技术企业469家，占成都市的比重为73%，占四川省的比重为55%，形成电子信息和生物医药两大支柱产业。全区有各类专业技术人员3万人，其中硕士2000人，博士以上学历者300人，留学回国人员320人，留学人员创办的企业70家，博士创办的企业80家，建立区域性博士后工作站。同年，世界500强企业到成都高新区投资的有13家。同年，成都高新区成为中国亚太经合组织(APEC)科技工业园区，在区内成立四川成都出口加工区。

2001年，国家科技部、人事部、教育部、外专局共同认定成都留学人员创业园为首批国家留学人员创业园。同年，创新服务中心被国家科技部评为国家高新区先进孵化服务中心。同年8月，西区孵化基地成立，首期建筑面积2.4万平方米，引进在孵企业82家，产业多为IT、IC、生物制药、新材料等，其中电子信息类企业41家，软件企业13家。同年，成都高新区孵化器协会成立，以“聚集优势，共享资源，协调互补，共同发展”为宗旨，成员单位都在成都高新区技术创新服务中心。有中国成都留学人员创业园、中国成都博士创业园、国家信息安全产业化基地专业孵化器、成都高新技术创业服务中心、成都倍特集团成都高新区倍特科技工业园、成都高新区教育科技园有限责任公司、成都高发实业有限公司等22家。

2002年2月，成都高新孵化园在城南副中心动工兴建，占地33.334公顷，总建筑面积22万平方米，将建成科技成果孵化基地。全区有各类孵化机构16个，其中国家级孵化器4个，孵化场地达23万平方米，新增孵化企业166家，在孵企业730家。在孵企业行业分布的比重为：电子信息56%，生物医药18%，新材料9%，光机电一体化4%，现代农业1%，资源环保4%，其他8%。全年实现技工贸总收入24.3亿元，累计毕业企业120家，新认定高新技术企业

58家。同年，电子信息类企业达252家，生物医药类企业80家，全区技术开发密集度(RD)达到5.6%，人力资本密集度9%，各类人才达5万人。全年实现产业增加值168亿元，第二、第三产业增加值比重为88：12，高新技术产业实现产值占工业总产值的70%。全区初步形成以工业园区为主导，高新技术企业为主体，电子信息、生物医药为支柱，科技创新为动力的产业发展格局。

2003年，全区形成以成都高新区技术创新服务中心、成都高新技术创业服务中心、中国成都留学人员创业园、国家信息安全产业化基地专业孵化器、四川大学科技园、电子科大科技园、国家集成电路设计成都产业化基地、西部软件园股份有限公司、国家“863”软件专业孵化器等9个国家级孵化器为骨干的孵化网络体系，孵化器总数达30个，孵化面积42万平方米，在孵企业883家，实现产值48.58亿元，缴税总额3.21亿元。全年新增留学人员企业、博士企业57家，吸引308名优秀留学人员、博士创业人才进入成都留学人员创业园和博士创业园。同年，启动成都高新孵化园软件孵化器，创新中心总部迁往高新孵化园，并与原高新西区创业中心整合。全年新认定高新技术企业36家、新认定软件企业7家。

2004年4月，成都微软技术中心和成都数字娱乐软件园在成都高新孵化园成立。同年7月，国家信息安全成果产业化(四川)基地迁入成都高新孵化园。同年10月，国家软件产业基地(成都)公共技术平台建成。同年11月，爱立信(中国)西部区总部、联想研究院成都分院暨联想西部区总部、四川(成都)两院院士咨询服务中心在成都高新孵化园设立。同年12月，中国信息安全产品测评认证中心在成都高新孵化园设立。同年，创新中心相继建成和聚集国家软件产业基地(成都)、国家集成电路设计成都产业化基地、国家信息安全成果产业化(四川)基地、“863”软件专业孵化器、成都数字娱乐软件园、成都生物医药产业园(天河园)等。爱立信(中国)西部区总部、联想(成都)研究院暨西部区总部、微软技术测评中心等研发机构，华为、宝信、任我行等软件开发企业，金山、锦天、斯普等数字娱乐企业，三零盛安、鼎天等信息安全企业，美国太文信息技术、台湾凹凸电子、法国智乐软件等公司先后进驻各专业园，进驻企业达80家。同年，创新中心与孵化器协会成员单位的合作模式有了创新性的进展，如与华诚集团合作共同打造成都数字娱乐软件园，迅速吸引20多家数字娱乐企业进驻，形成以国际知名公司法国Gameloft、本土实力企业斯普科技、新锐、联合众志等企业为代表的数字娱乐软件企业集群，并建设政策、资金、中介、培训、信息、文化、咨询、个性化服务共8个子平台为创业孵化服务平台，建成起步区基地、西部园区基地和软件基地。

起步区基地——位于成都高新区起步区（神仙树地区)，有6个孵化单元，孵化面积41000平方米，入驻企业338家，含中国成都留学人员创业园、中国成都博士创业园，属综合类孵化器。进驻项目范围：电子信息、生物医药、光电一体化、新材料、新能源、生态技术、环保技术、其他高新技术。

西部园区基地——位于成都高新区西部园区，孵化面积25000平方米，入驻企业83家，属综合类孵化器，孵化单元从58平方米至600平方米，可以满足企业的不同需求。进驻项目范围：以电子信息、生物医药为主。

软件基地——位于成都高新区天府大道南延线高新孵化园，孵化面积114000平方米，入驻企业80家。含软件孵化器、国家信息安全产业化(四川)基地、成都数字娱乐软件园、国家软件产业基地(成都)、国家软件产业基地技术平台等，属专业内孵化园。基地拥有9个孵化单元和综合服务楼，配备“5A”智能化系统、“千兆入园百兆到桌面”的高速宽带网络，全中央空调和自动消防控制系统。引入知名“五星级”物业管理公司提供高品质、规范化服务。进驻项目范围：软件开发、集成电路设计、信息安全技术等。

21世纪初，成都市建设国际经济、贸易、金融中心步伐加快，按成都市市委、市政府关于“把成都高新区建设成为经济社会发展的火车头、发动机、后劲所在和‘三个文明’建设的示范区”的要求，实施成都高新区“1223”发展战略(突出一个中心，即招商引资；强化两个重点，即壮大培育企业和推进科技创新，建成中国西部地区规模企业的聚集地、科技创新的高地；加速两个进程，即加快南部科技园区建设和西部综合产业园区进程，建成现代化科技园区和一流综合产业园区；打造三个基地，即以微电子为主导的电子信息产业基地、以中药现代化为重点的生物医药产业基地、以先进技术为特征的精密机械制造产业基地)，着力于做优、做大、做强、做实电子信息产业(含集成电路、软件及服务外包)、生物医药产业、精密机械产业，至2006年，取得骄人业绩。2006年，成都高新区工业占GDP的比重为52.2%，对GDP的贡献率达到69.2%。其中，电子信息、生物医药、精密机械制造三大产业完成工业增加值66.5亿元，在工业经济中的比重达到70%。成都高新区电子信息产业产值占全市电子信息产业产值的20%，生物医药产业产值占全市生物医药产业产值的23.7%，精密机械制造产业呈现出较好的发展势头。软件及服务外包产业全年实现经营收入130亿元，同比增长45.5%，出口3000万美元。2006年外贸出口累计7.01亿美元，比上年增长

76.62%。同年,成都高新区先后被国家发改委、信产部、科技部、新闻出版总署、文化部等授予“国家软件产业基地”、“国家863软件专业孵化器基地”、“国家信息安全产业基地”、“国家火炬计划软件产业基地”、“国家IC设计产业化基地”、“国家网络游戏动漫产业基地”、“国家动漫游戏产业(四川)振兴基地”。商务部、信产部、科技部等授予成都高新区“中国服务外包基地城市”和“国家软件出口创新基地”。同年,新认定高新技术企业103家,区内高新技术企业达到848家,其中电子信息、生物医药、精密机械制造领域共引进亿元以上产业龙头项目58个,分别占四川省和成都市高新技术企业总数55%和70%。2006年新开工、复工产业化项目61个,总投资82.69亿元。全年竣工产业化项目49个,总投资89.6亿元。高新区共有56个项目被列为全市重大产业化项目,占全市的20%,其中工业重大产业化项目48个,占全市的三分之一。投入各级产业扶持资金1.7亿元,新增技改投资47.9亿元,增长67.3%。全年新增销售收入上亿元企业10家。

电子信息产业居高新区三大支柱产业中的第一位,主要集中在集成电路、信息安全、软件及服务外包、光通信领域,并开始向高清晰数字电视、数字娱乐、军事电子领域拓展。按照产业布局规划,南部园区重点发展软件产业,建成科技创新、产业孵化、现代服务为一体的现代化科技园区。2006年,富士通、数视微、蜀芯等一批国内知名IC设计公司,IBM、赛门铁克、微软、SAP、台塑网、金山、汉略、新聚思等一批知名软件企业进入南部园区。随着世界500强NEC的引进,西门子、阿尔卡特、爱立信、诺基亚、摩托罗拉、中兴通讯、华为等主流通讯企业的聚集,已使该区域成为中国最大的通讯产品嵌入式软件研发基地之一。国电大渡河、中国联通、中国移动、中国网通、中信集团、四川省投资集团、圣达集团、新希望集团、通威集团、德丰公司等总部项目已入驻该区,华电集团、东方希望、新华社、四川省电力等总部项目即将在该区落户。西部园区是产业聚集程度高,科技资讯传递快,园区生活环境美的一流综合产业园区。电子信息方面,有安费诺连接器、天诚弱电线缆、台湾东元OLED、TCL洗衣机和冰箱生产基地、九洲集团机顶盒和LED生产基地等一批重大项目,以及BOC、梅塞尔、联华、空气化工等一批半导体配套企业落户该区域。生物医药方面,有美国海圻生物、基因格生物科技、凯惠医药、四海医疗设备等一批重大项目落户该区域。精密机械制造方面,铁姆肯、西格码、坚永机电、富凯航空、爱乐达航空零配件、普什包装和模具生产基地等一批项目落户该区域。电子信息产业中,由IC设计、晶圆制造、封装测试及配套项目组成的、完整的集成电路产业链已经形成。IC设计由2004年的不足10家企业发展到2006年的50余家,其中包括业界知名的富士通、南山之桥、登巅、华威、虹微、科胜讯、松翰科技等。产业链上游方向,BOC、梅塞尔、联华以及空气化工、爱发科真空镀膜等一批半导体配套企业落户成都高新区。下游方向,引进美国安捷伦电子测量仪器、莫仕连接器生产基地、中国无线智能双模手机研发制造基地等一批重大项目。2006年,引进世界上最大的信息工业跨国企业IBM的服务外包业务中心和美国纳斯达克上市公司新聚思等,软件外包及软件服务外包国家级基地初具规模,面向欧美和日韩基于“IPO”及“BPO”的两大企业集群得到充实和加强,国际化软件业务的承接能力和市场吞吐量明显提升。信息安全领域,形成以三零集团为核心的30多家信息安全企业集群,尤其是随着全球第四大软件公司、信息安全的龙头企业赛门铁克的加入,成都高新区在信息加密、安全平台、信息安全工程、网络安全检测、移动通信GMS/CDMA安全保密、密码算法等方面的国内领先优势更趋明显。在数字娱乐领域,聚集了Intel、法国智乐、金山、腾讯、盛大、星美数码、欢乐数码、联合众志等国内外知名游戏企业。随着微软公司在中国唯一的BOX360游戏技术孵化中心的成功引进,以及成都天府数字娱乐产业集团和成都天府软件数字媒体产业集团的相继成立,实现了数字娱乐产业“一平台+两集团”的发展态势。软件产业聚集了以西门子、摩托罗拉、诺基亚、阿尔卡特、爱立信、中兴通讯、华为等为核心的3G通信企业集群和以长虹、大唐、九洲、三零凯天等为核心的IPTV企业集群。随着软件外包、信息安全、数字媒体和通讯嵌入式等领域的快速发展,以龙头企业和企业集团为支撑,以拥有较强自主研发能力为核心,呈现出规模化集约化发展特征的、具有一定区域竞争优势的成都高新区软件产业正在迅速崛起。

生物医药产业居成都高新区三大支柱产业中的第二位,拥有地奥、恩威、蓉生、迪康、华神药业等150余家高新技术企业,分布在中药现代化、生物制药、生物医学工程等领域,其基因药物、天然药物、血液制品和疫苗等生物药物的研发处于全国同行业领先地位。2006年引进美国海圻生物、康弘赛金、基因格DNA检测芯片、凯惠医药、四海医疗设备、阿可贝尔医疗器械、沱牌药业等一批重大项目。同年,工业园区共有各类专业技术人员5万余人,各类孵化器11个,孵化器面积30万平方米

精密机械制造产业居三大支柱产业中的第三位,产业覆盖航空航天、汽车零部件制造、电子模具、精密

模具制造、精密检测、数控机床、自动化生产线及IC生产装备制造领域。区内,PCC、赫比、宝利根、莫仕、高龙机械、东方日立、成发航空、成飞集成、威特电喷、海特集团、宁江科技、恒成工具、深蓝空调、百施特、川石·克锐达等一批高科技精密机械制造重点企业发展势头强劲。2006年,世界500强企业铁姆肯、英国西格码航空配件、新加坡坚永机电、普什包装模具生产基地、富凯航空发电机、爱乐达航空零配件等一批大企业和重大项目落户成都高新区。

2007年,成都高新区将在集成电路、软件及服务外包、生物医药、精密机械制造等领域促成一批重大项目投资落户高新区(2亿元以上工业项目15个以上,其中10亿元以上项目4个以上),以落实《成都高新区创建世界一流园区实施方案》为重点,加快构建和完善区域自主创新体系,增强自主创新能力。按照投资主体多元化、经营特色化、发展专业化的思路,优化以多种类型科技企业孵化器、各类中介服务机构和政府服务机构为主体的科技创业孵化体系,聚集一流研发机构和中介服务机构,逐步形成科技创新创业集群,使成都高新区科技创新和成果转化再上台阶。

(韩春林现任成都市市长助理、成都高新区党工委副书记、管委会主任)

突出招商引资 加速产业集聚

成都高新区党工委委员、管委会副主任 王 琳

2006年是成都市委、市政府确定的“加快产业发展年”,同时也是成都高新区深入推进产业聚集,进一步实施“1223”发展战略,突出招商引资,招大引强的一年。

全年新批外商投资项目71个,引进合同外资14.63亿美元,比去年同期增长43.51%;实际到位外资6.51亿美元,比去年同期增长44.52%。新批和增资合同外资500万美元以上的项目26个,比去年同期增长53%,其中重大产业化项目19个;到位外资500万美元以上(含500万美元)的项目15个。引进成都市以外资金97.24亿元,比去年同期增长61.15%。新引进亿元以上项目50个,5亿元以上项目16个。全面超额完成了目标任务。合同外资和到位外资均名列中西部国家级成都高新区第一位,吸引外资排位从2003年的第21位上升到2006年的全国前6位。

共引进5个世界500强及国际知名企业,分别是IBM、SAP、NEC、富士通及铁姆肯。截至目前为止,成都高新区内世界500强及国际知名企业达已到33家。

回顾2006年的招商引资工作,我们的主要作法是:

一 围绕产业聚集招大引强

围绕形成产业链和产业集群引进重大产业化项目,是促进产业聚集、增强产业竞争力的重要手段,是实现大发展、大跨越的有效途径。我们紧紧围绕电子信息、生物医药和精密机械三大主导产业,认真分析产业链中的关键和缺失环节,以延伸产业链、壮大产业集群为重点,成功引进了一批重大产业化项目。

在集成电路方面,我们充分发挥英特尔项目的示范带动作用,加快引进产业链的重大项目及上下游配套项目,形成了由IC设计、晶圆制造、封装测试及配套项目组成的集成电路产业链,中国集成电路产业第三极已逐步付诸现实。在IC设计方面,全球第三大IT服务供应商富士通微电子成功控股威斯达公司,数视微、蜀芯集成电路等国内IC设计公司相继落户,成都高新区区内IC设计企业已超过50家,成为中西部IC设计企业最为集中的区域;中西部首条8英寸晶圆生产线即将建成投产;英特尔成都公司继2005年增资之后,再次追加投资7500万美元建设双核微处理器芯片封装测试项目;随着成芯、中芯国际、友尼森、MPS等半导体制造项目的顺利建设与投产运营,世界最大的气体供应商BOC公司以及梅塞尔工业气体等一批半导体配套企业也相继落户,奠定了成都的集成电路在中国中西部的领先地位。

电子信息终端产品方面,我们引进了上亿元的TCL洗衣机及冰箱生产基地,5亿元的九洲电器机顶盒及LED生产基地;此外,四川敏锐、飞博创、芯通纷纷投资或增资入区发展;国内专业从事全系列弱电线缆生产、同行业全国排名第一的天诚集团投资1.2亿元弱电线缆项目已开工建设。中国首家掌握光纤预制棒全合成技术自主知识产权的企业——富通集团在区内投资设立光导纤维生产项目,从事光导纤维材料、特种光缆、特种电缆、光器件的生产。

随着天府软件园、高新孵化园等近100万平方米的载体投入使用,软件产业发展迅猛。在服务外包方面,世

界上最大的信息工业跨国企业IBM公司正式宣布在成都高新区设立服务外包业务中心，员工将达1000人，成为公司全球供应链的重要基地；美国纳斯达克上市公司新聚思选址成都高新区建立了其在中国的首家研发中心，专门从事信息产品供应链集成开发。在应用软件方面,全球最大协同软件供应商SAP的ERP软件技术服务中心已拥有70余人的研发团队；台湾最大企业——台塑集团旗下的台塑网软件建立了ERP软件研发中心,员工人数将达200人。知名ERP项目将大大提升成都企业管理软件的研发水平，扩大“天府软件”的影响力和国际竞争力。世界第一大应用软件制作公司Autodesk的长期合作伙伴汉略信息技术有限公司已成功落户成都高新区。在嵌入式软件方面，世界500强NEC公司落户成都高新区天府软件园,从事软件开发、系统集成业务,与阿尔卡特、爱立信、诺基亚、摩托罗拉、中兴通讯、华为一起使成都高新区成为中国最大的通讯产品嵌入式软件的研发基地之一。在信息安全方面,全球第四大软件公司、信息安全的龙头企业赛门铁克投资2000万美元建立的信息安全和解决方案研发基地，是成都市迄今引进的投资最大的跨国公司软件研发项目之一。该项目将同区内已有信息安全企业三十所、川大信息安全研究所等一道，大大巩固成都作为中国最大和最先进的信息安全产品基地的地位。在数字娱乐方面,微软公司在园区内设立的微软XBOX360微软游戏技术孵化中心，是微软在中国设立的唯一一家XBOX360的技术推广平台,目前已吸引了数十家游戏开发企业在该平台上开发新一代游戏,成都有望成为中国XBOX360游戏的开发中心;国内知名软件企业金山公司在成都高新区设立的网络游戏研发及运营中心，填补了成都只有游戏研发中心、缺乏运营公司的空白。成都三创、武汉江通等原创动画创意制作项目也已纷纷落户成都高新区。

在航空机械方面，成功引进了世界最大的航空轴承制造商、美国财富500强企业铁姆肯,投资1650万美元建设的航空精密轴承生产基地，生产世界上附加值最高、技术最先进的航空轴承产品,显著提升成都机械加工的水平和能力;英国西格码公司投资500万美元设立了航空配件生产厂；富凯公司引进的民用航空发电机等的专业测试线，其技术性能和测试能力已达到世界先进水平;爱乐达专业从事航空设备制造,为空客、波音、成飞公司枭龙飞机制造飞机零配件。

随着模具园的投营，一大批国内外模具企业聚集成都高新区。国内知名企业五粮液普什集团投资5.76亿元的模具生产项目,有望在2007年上半年投入生产;赫比增资600多万美元扩建了小家电模具基地;中国模具行业协会评定的知名企业——广州基准精密工业公司落户成都高新区生产高精度、高质量具有国际竞争力的塑胶模具;新加坡坚永机电投资500万美元从事高精度焊接产品、高气密性风道产品的生产,为本地高科技企业如INTEL、BOC等提供配套服务。

生物医药方面,成都康弘科技实业(集团)有限公司和美国赛金药业有限公司共同投资5000万美元在成都高新区建设康弘赛金(成都)药业有限公司。主要产品包括肿瘤类、抗感染类和临床常用注射药物,预计年产值10亿美元,有望成为中国最大的制药工业企业。专为世界500强制药企业进行生物医药外包研发的凯惠医药投资400万美元在成都高新区设立医药研发中心，从事新药的研发,目前已投入正式运营;北美著名的药物研究机构美国前沿生物与合作伙伴共同投资800万美元,在成都高新区设立海圻生物科技公司，研发生物工程制品;美国基因格生物科技有限公司DNA检测芯片研发项目、四海集团X光机医疗设备生产基地、阿可贝尔医疗器械及配套材料生产基地等项目陆续入驻,为成都高新区生物医药增添了生力军,增强了医药产业的支柱地位。

二　高层推动重大项目落户

引进重大产业化项目，领导亲自抓是关键。英特尔、中芯国际、TCL等重大项目,如果没有省、市领导及相关同志的心血倾注,亲力亲为,是难以成功落户的。我们大力推行领导干部人盯项目责任制，要求从党工委管委会领导,到相关部门的主要负责同志,每个人都要负责跟踪落实和协调服务重大项目。今年仅由省、市、成都高新区领导带队,赴美国、日本、韩国、马来西亚、新加坡及中国上海、北京、深圳等国内外重点地区的小分队招商活动就达260多人次。成都高新区的招商引资工作,同时得到了市委、市政府领导和相关部门的大力关心和支持。春城书记、红林市长和市委市政府分管领导亲自带队上门促进,亲自参与项目洽谈,及时作出果断决策;有关部门在重大项目的促进、审批及事后服务全程给予指导、支持,特事特办,为重大项目的成功引进起到了决定性的作用。

三　不断优化产业发展环境

优良的产业发展环境,是吸引项目的重要条件,是企业发展的重要基础。我们按照产业聚集发展的要求,不断优化产业发展环境。一是狠抓了载体建设。先后投入数十亿元,加快园区基础和配套设施建设,极大地提升了承载能力，彻底改变项目来了落不下去的被动局面。切实加快了各类专业园区建设,已建成23万平方米的天府软件园,当年签约入驻率达到85%,目前入驻企业有IBM、诺基亚、阿尔卡特、西门子、新加坡电信等。12万平方米标准厂房的模具工业园、20万平方米的西区创新孵化组团全面竣工。专业园区在招商引资中的作用不断凸显，英特尔、中芯国际、莫仕连接器等跨国公司落户的出口加工区，截至2006年底，共引进项目26个，投资总额15.5亿美元，每平方公里引进资金量与上海松江、江苏昆山同处于全国领先水平。二是加快推进从水、电、气、路等单纯基础设施建设向信息、市场、物流、技术平台等功能和环境建设转变，优化园区产业服务功能。三是加大项目促建力度，组建专门的促建队伍，建立了完整的项目促建达产机制，定期走访企业，巡视工地，帮助企业尽快建成达产，尽早实现投资回报。全国53个国家级高新区中，成都高新区的企业利润率排名第一。四是积极推进规范化服务型政府建设，优化外资项目设立审批流程，简化审批程序，提高服务效率。成都高新区投资软环境测评排名全市第一。五是积极构建政策、人才、资金等支持体系，增强对重大产业化项目的吸引力。

四　狠抓招商基础工作

一是狠抓信息获取，从源头上保障有商可招、有资可引。我们建立了项目信息获取机制，将信息的获取目标分解到部门、个人，通过考核同绩效挂钩；充分发挥了驻外代表处在信息获取方面的积极作用；举办各种重大招商活动，踊跃参加各种展会，如“SEMICON CHINA2006展”、“2006中国通信集成电路技术与应用研讨会”、“2006成都高新区电子信息产业投资说明会”、“深港电子信息企业代表团投资合作推介会”、“四川——国内500强企业（北京）座谈会”、“2006‘成都财富峰会”等，接触到众多知名企业，获取了大量项目信息；通过小分队上门招商、中介推荐等多种渠道发现信息，如与普华永道等中介公司建立了合作关系。这些有力措施，极大的夯实和扩展了项目信息资源库和储备库，有效地解决了招商项目信息来源的瓶颈。全年共收集招商信息420条，其中有效项目信息达367条。

二是狠抓驻外代表处工作，拓展前移招商阵地，成效显著。今年我们调整充实了三个驻外代表处人员，改善了代表处的软、硬工作环境，充分发挥驻外代表处在信息捕捉、登门拜访、宣传策划等方面的优势，形成了信息捕捉——联系跟踪——上门拜访——促进落户的内外联动、协调有序的可喜局面。驻外代表处获取包括德州仪器、美国12寸芯片、BP太阳能光伏产业项目、飞思卡尔、Tesco、捷智、道康宁Hemlock、夏弗纳变频器、安进制药等信息100多条；积极上门促进了100余个项目，为项目落户起到了积极的作用。代表处还创新对外宣传思路，如浦东机场广告的设置，在成都市及成都高新区的形象推广上发挥了积极作用。

三是完善基础资料，我们全面更新了中、英、日、韩文的《投资指南》，在深入调研的基础上编写了《IT产业投资环境报告》、《生物医药产业投资环境报告》、《精密机械产业投资环境报告》、《电子终端产品产业投资环境报告》，制作了各种产业版的PPT。形成了《成都市及成都高新区比较优势分析报告》，为成都及成都高新区扬长避短、有的放矢吸引目标企业奠定了基础，得到了投资者的普遍认同。

四是加强专业队伍建设。有针对性地开展了税务政策、《中华人民共和国公司法》、礼仪等培训，强化了专业技能。我们强化团队协调配合意识，从人员分工、任务分配上加强统筹，提高整体作战能力。强化目标管理和绩效考核制度，在季度考核中严格将目标完成情况同绩效奖金挂钩，实行招商队伍动态管理。

图3：成都世纪城新国际会展中心外景　　（成都高新区地方志办公室　供稿）

关注民生　助推和谐
构建产业发展与充分就业的双赢格局

成都高新区党工委委员、组织部部长、劳动人事和社会保障局局长　李岷雪

近年来,成都高新区紧紧围绕"像抓招商引资、抓产业发展一样抓充分就业"的工作方针,按照"以规划为龙头,以产业为支撑,以项目为载体,以社保为依托,以服务为保障"的工作思路,"细分层次,拓宽渠道,整体统筹,部门联动"。通过加强培训的针对性和实效性,提高劳动力的技能水平和就业能力;通过打造多种就业载体、统筹辖区岗位,提供多种技能的用工需求;通过目标考核督导、街道部门整体联动,提高服务水平,促进充分就业各项工作取得了显著成效,通过建立健全六大体系,逐步形成了具有成都高新区特色的就业工作机制。

截至2006年底,成都高新区累计培训劳动力31035人次,累计支出培训经费356万元,累计兑现再就业优惠资金2000余万元,转非劳动力已就业30490人,就业率达到95.6%。

建立健全组织机构体系

1.组建机构。从2005年10月以来,党工委管委会多次召开专题会议,研究就业工作,提出了"像抓招商引资一样抓充分就业"的工作方针,成立了促进充分就业领导小组及办公室,市委常委、成都高新区党工委书记李昆学,市长助理、成都高新区管委会主任敬刚分别担任组长、副组长,党工委委员、组织部部长李岷雪担任办公室主任,建立了党工委管委会领导定点联系社区就业工作制度。

2.摸清情况。早在2005年9月,成都高新区就率先开展了就业实名制工作,建立了辖区劳动力数据库,今年,又结合全市的就业实名制安排,进行了完善。通过数据分析,我们发现成都高新区就业压力及矛盾主要集中在四个方面:一是集中居住区失地农民所占比重大:已经转非劳动力和即将转非劳动力,占全区劳动力总数的60%以上。二是针对失地农民的适应性岗位所占比重小:成都高新区企业的人力资源需求,主要集中在研发和专业技术人才,工业企业面向失地农民的普通操作工、保洁工、物管、保安等岗位,不到用工总数的20%。三是失地农民的就业技能普遍偏低:未就业人员中,初中及初中以下文化占70%,西区高达90%。四是失地农民的就业期望值普遍偏高:未就业人员中,有愿望但比较挑拣的占31%,有愿望且特别挑拣的占22%,失业人员的就业挑拣程度特别严重。

3.明确思路。成都高新区按照"像抓招商引资一样抓充分就业"的工作方针,确定了就业工作思路:以规划为龙头、产业为支撑、项目为载体、社保为依托、服务为保障,建立完善"有机构、有队伍、有政策、有载体、有方法"的就业工作长效机制,突出街道主体作用,发挥部门联动作用,通过创建充分就业社区,打好就业工作的攻坚战。

4.制定措施。2006年初,党工委、管委会确定以农民集中居住区为全年工作重点,制定了包括实名制目标督导考核、项目式用工管理、前瞻式订单培训在内的十大就业措施,街道的主体作用得到充分发挥,部门联动促就业取得较好效果,培训管理效果得到明显改善,多渠道开发岗位措施得到落实,三级联动运转机制进一步协调。各级领导及各单位高度重视、共同参与,"人人都是就业平台、处处都是就业环境"的局面已经形成,促就业长效工作机制基本建立。

建立健全目标管理体系

成都高新区成立了5个街道就业督导组和1个机关就业督导组,坚持每个季度一次的联席会议制度,年度目标实施"一票否决"制。各街道结合辖区实际,充分发挥主体作用,以创建"充分就业社区"为工作突破口,以提升基层公共就业服务质量为着力点,通过主动寻岗、用工统筹、引进社区手工业、服务楼宇经济等措施,就业工作各具特色。各部门按照"一帮一"原则,结对进行就业帮扶,开展了"税收与就业"、"工商助您创业"等形式多样的专题帮扶活动,部门联动效果显著。截至2006年底,承担企业用工信息收集目标的9个部门,共向就业部门提供适合失地农民的1.2万个岗位信息,机关所有部门共帮扶970名困难人员实现就业。

建立健全就业培训体系

成都高新区根据辖区劳动力和产业实际,创造性地实施了"培训内容层次化、培训机构市场化、培训主体多元化、培训效果目标化"的再就业培训模式。

1.有针对性开展分层次培训。通过"再就业之星"

评比活动、文艺节目等形式开展特色引导性培训；为16~35岁、具有一定文化程度或一定职业技能的失业人员提供“青年职业见习”培训；为有创业意愿的人开展SYB创业培训等。

2.有针对性选择培训机构、确定培训课程。按照公开、公平、公正的原则，采用基层群众评分比选的方法，择优确定培训机构；根据市场需求确定培训工种，把提高实际操作能力作为培训的主要内容，大力发展实操培训教育。

3.有针对性地在企业开展岗前培训，提高学员留用率和就业稳定性。结合TCL、莫仕连接器、通达电器等企业的用工，以企业为主体开展再就业培训，学员留用率不断提升。

4. 有针对性地加强实效考核。成都高新区把培训工作和就业目标统一起来，坚持“先订单，后开班”的原则，即培训机构必须先拿到60%的用工订单，确定实训场地后才能开班。在签订培训委托协议时，将培训后必须达到的成功就业率纳入合同管理；在支付培训经费前，通过实名制形式，对培训后就业情况进行核查。

建立健全岗位开发体系

1.以规划配套拓宽就业岗位。根据城市社区标准，成都高新区规划建设了近400万平方米的集中居住区，按照每人0.08到0.15平方米的比例，规划就业服务场所。每个社区同步制定就业安置计划，劳动就业部门全程参加社区规划论证；制定《经营场所促进就业的暂行办法》，将小区配套经营性用房的20%，由财政出资补贴，优惠出租给失地农民；财政出资修建小区配套农贸市场，市场摊位全部用于失地农民自主创业。目前，仅优惠的经营性用房就解决了700余人的就业问题。

2. 以劳动密集型工业园增加就业岗位。规划建设了两个劳动密集型工业园。建成后，两个园区将解决就业3000人以上。截至11月，西区劳动密集型工业园璐佳星电缆、东亿食品等5个项目正式开工，7个项目即将动工；石羊劳动密集型工业园一期厂房已完工，引进项目10余个，使用区内劳动力190人。

3. 以手工业为主挖掘社区就业岗位。引进社区手工业项目是今年成都高新区扩大就业岗位的又一重要举措。各街道，特别是石羊街道根据失地农民的实际情况，积极寻找适合就业困难人员的手工业项目，以解决就业困难人员的再就业问题。各社区先后引入了绢花制作、手工缝纫、十字绣、戏剧脸谱等20余个手工业项目，解决了800余人的就业。

4.以用工统筹储备就业岗位。加强与企业协作，就业服务和招商引资工作提前主动对接，对企业给予奖励或补贴，以协议形式统筹就业岗位，建立就业托底机制；对企业用工需求实行“项目”式管理，实行岗位需求和劳动力供给的有效对接。相关街道与红杏餐饮、紫荆电影城、新世纪会展等知名企业签订了用工统筹协议，统筹岗位1000个。

5.以劳务组织整合就业岗位。街道、社区成立公益性服务公司，通过开发社区保洁、保安、保绿、车辆管理、家政服务等社区公益性岗位，引导和吸纳更多就业困难人员就业。目前，成都高新区有就业型企业42户，安置下岗失业人员2608人。

6. 以培训机构补充就业岗位。要求所有再就业定点培训机构配备专门的寻岗人员，具有比较稳定的企业资源和就业渠道。并采用“培训结业仪式＋现场招聘会”的模式，开发就业岗位，培训后就业率不断提高。

建立健全政策保障体系

今年以来，国家、省、市相继出台了新一轮再就业优惠系列政策，成都高新区也对各类就业优惠政策进行了汇总梳理。同时，成都高新区结合实际，先后出台了一系列补充优惠政策：一是企业见习培训补助政策；二是培训学员个人生活补助政策；三是企业安置失业人员奖励金政策；四是鼓励农村居民按照城镇个体身份参加社会保险的补贴政策；五是西区失地农民整合过渡社保政策。从培训到用工，从个人到企业，都有政策覆盖，政策体系基本建立。仅2006年一年，成都高新区兑现企业再就业扶持资金134万元，惠及80家用人单位的1100名失业人员，特别是成都高新区出台的就业奖励金政策，支出43万元，惠及960名成都高新区失业人员。

建立健全就业服务体系

1. 在南区和西区分别设立了就业服务中心。街道设立劳动和社会保障所，社区设立劳动保障工作站，在所有社区及行政村都配备了专职劳动保障协管员，全区就业系统从业人员150余人。在全市率先实行就业网格化服务，开展“寻岗位、送岗位、送社保、送政策、送信息”的“一寻四送”就业服务，提出了“1479”（即统一一个标识，制定四大标准，完善七个制度，实现九项功能）的基层就业服务平台建设思路；“招聘进社区，岗位送家门”，共举办71场招聘会，组织岗位8026个，2300人现场达成就业意向，区、街道、社区（村）三级联动的就业服务体系，一直延伸到了失地农民的家门口。

2. 加强劳动就业系统工作人员的管理和培训。针对劳动保障队伍人员年轻、缺乏工作经验等问题，在系统内采用案例教学、情景教学、以老带新等方法，重点加强责任心教育和工作技巧的培训，并组织街道劳动保障工作人员赴外地考察学习。全区劳动就业系统，

119人参加了"劳动保障协理员"集中业务培训和全国职业资格统考,通过率95.8%,位居全市之首。

3. 将劳动保障监察网格化作为促进就业的重要保障之一,制定了《劳动保障监察网格化管理方案》。按照用人单位的集中度,将全区划分为15个管理网格,以信息平台建设为基础,以动态监控为手段,以构建和谐劳动关系、促进充分就业为目的,将网格化管理与用工统筹、促进就业相结合,将网格化管理与社会保险征缴扩面相结合,积极构建劳动保障信访、仲裁、监察的整体联动机制,维护了劳动双方的合法权益。

4.为了方便基层群众,全力推进就业工作。在全市率先将各项社会保险业务经办工作下沉延伸至街道,在五个街道办事处建立了社会保险办理点,企业及参保群众,可就近在街道、社区办理各项社会保险业务,得到企业、群众的普遍欢迎。

5.以"就业援助962110"为平台,将就业援助前移。既解决拨打电话人员的就业问题,也注重通过提前介入,把困难人员的就业问题解决在求援之前。"就业援助962110"受理104人,95人上岗,上岗率91.3%;其中,援助对象75人,上岗70人,成功率93.3%。同时,加大了公益性岗位管理力度,截至12月底,街道及部门3470个公益性岗位,使用高新区劳动力比例达到89.5%,均达到目标管理要求。

(李岷雪现任成都高新区党工委委员、管委会副主任)

图 4:成都高新区管委会原址　　(成都高新区地方志办公室　供稿)

大事记

A CHRONICLE OF MAJOR EVENTS

2006年

1月

4日 四川英达科技有限公司矩阵式定位设备项目通过验收，获国家保密局颁发“涉密信息系统产品检测证书”，成为我国唯一可生产该产品的高科技企业。

16日 中共四川省委常委、中共成都市委书记李春城等领导会见英特尔中国公司总裁陈伟锭一行。

20日 成都市紧急医疗救援中心在成都高新区建成并投入使用，总投资4347万元，占地面积近13337平方米。

24日 印中贸易联盟主席、印中软件协会主席、印度软件工程研究院院长崔杰士先生一行考察成都高新区。

27日 中共四川省委副书记、四川省省长张中伟一行，视察红旗连锁公司总部。

2月

6日 中共成都市委副书记、成都市市长葛红林到成都高新区调研。

9日 成都高新区被中共成都市委、成都市政府评为成都市2005年度开放型经济工作先进单位。

10日 成都高新区大水务工作正式启动。

15日 成都高新区的成都市人大代表参加成都市第十四届第四次会议。

21日 成都高新实验小学校长陈光前荣获《中国教育报》组织评选的全国“十大人气校长”称号。

22日 成都高新区与世界数字广播(DRM)联盟签署合作备忘录。

同日 成都高新区荣获“2005年度四川省利用外资先进单位”称号。

27日 成都芯源系统有限公司在四川成都出口加工区(西区)举行开工投产启动仪式。

3月

9日 中共成都市委副书记、成都市长葛红林到四川南山之桥微电子公司调研。

10日 中共成都高新区工委、成都高新区管委会召开2005年度企业表彰大会。

14日 成都高新区第一次召开推进城乡一体化工作会议。

16日 中共成都市委副书记、成都市长葛红林会见中芯国际(成都)有限公司总裁张汝京一行。

17日 中芯国际(成都)有限公司封装测试厂竣工投产。

21日 英特尔公司单日出口39.9万片集成电路，创下四川成都出口加工区单日出货最高纪录。

30日 中共四川省委书记、四川省人大常委会主任张学忠，中共四川省委副书记、四川省省长张中伟分别率四川省工业强省工作会议代表团到成都高新区视察。

4月

3日 塞尔维亚黑山共和国经济管理官员一行22人到成都高新区西部园区考察。

同日 “英特尔——成都数字娱乐产业中心”在成都高新区开业。

5日 “成都市软件外包企业联盟”在成都高新区成立。

6日 中共成都市委常委、成都高新区党工委书记李昆学，成都市市长助理、中共成都高新区工委副书记、成都高新区管委会主任敬刚出席第四届中国国际软件合作洽谈会。

20日 成都职业技术学院国际软件学院成立。

25日 中共成都市委副书记、成都市市长葛红林会见萨蒂扬集团公司商务副总裁穆瑞里先生一行。

27日 以台湾“中国信托金融控股公司”董事长辜濂松为团长、中国国民党副主席江丙坤为顾问的台湾工商界川渝经贸考察团一行，到四川成都出口加工区西区考察。

5月

10日 “上海贝尔阿尔卡特成都研发中心”在成都

高新区天府软件园落成。

22日 成都高新区石羊街道双河、丰收、仁和、裕民、花荫、石桥、灯塔、三元、清和村成立农村集体资产管理委员会。

23日 俄罗斯联邦州区利佩茨克州副州长石科率经贸代表团考察成都高新区投资环境。

23日 原中顾委委员天宝、原省政协主席杨超等老领导一行视察成都高新区。

24日 台塑网软件科技(成都)有限公司入驻成都高新区天府软件园。

同日 国家开发银行四川省分行、成都高新投资集团公司、成都中小企业信用担保公司签订《支持成都高新区中小软件企业贷款合作协议》。

6月

3~4日 成都高新实验中学教职工队和学生一队分别获得四川省第十届运动会健美操项目比赛成年组第一名和青少年组第三名。

15日 成都市民政局、中芯国际公司投资在成都高新区西部园区修建基督教堂项目开工。

23日 成都高新区举办首届"再就业之星"颁奖典礼,对20名典型进行表彰。

28日 2006年，全球半导体设备与材料成都研讨会在成都高新区召开。

29日 成都高新区召开保持共产党员先进性教育活动总结大会。

6月 成都高新实验小学学生参加由香港文化促进会主办的2006香港文化艺术节美术比赛,7人获金奖,5人获银奖,3人获铜奖。

7月

1日 成都市首个街道数字化电影队在成都高新区石羊街道办事处建立。

5日 金威啤酒集团(成都)有限公司建设项目在成都高新区开工。

同日 成都高新区与韩国釜山签订缔结友好园区协议。

10日 国家审计署成都特派员办事处办公楼及"世纪欣园"落成。

18日 海南省政协主席王广宪率海南省政协考察团一行考察成都高新区自主创新情况,并参观创新中心西部园区基地,四川省政协副主席陈官权,成都高新区党工委委员、组织部部长李岷雪及成都市政协、成都高新区政协联络处、创新中心负责人陪同考察。

21日 成都三零泰达公司和中电科技IPTV产业发展中心在成都高新区成立。

24日 中国商务部副部长马秀红到成都高新区调研。

25日 芳草小学教师王秀萍到北京参加第四届"健康杯"全国中小学心理健康教育优秀成果颁奖会暨高峰论坛。王秀萍的论文获全国一等奖。

27日 四川省十运会(青少年)垒球比赛在成都高新区圆满落下帷幕。成都高新区垒球队代表成都参赛,夺得金牌。

28日 成都留学人员创业园荣获"四川省留学回国人员工作先进单位"荣誉称号。

8月

1日 阜康同创成都公司项目在成都高新区开建。

同日 成都高新区大源学校、顺江学校成立。

3日 江苏镇江市市长许津荣率领政府代表团赴成都高新区考察。中共成都市委常委、成都高新区党工委书记李昆学陪同考察。许津荣一行参观成都出口加工区、成都高新区软件公共技术平台、天府软件园和世纪城国际会展中心，听取成都高新区规划与建设发展介绍。

23日 新加坡国家发展部部长马宝山、新加坡国防部政务部长顾蔡矶到成都高新区考察。

26日 天奥科技产业园项目落户成都高新区西部园区。

31日 成都高新区(西区)政务中心启用。

同月 成都德源线缆有限公司、成都市棒棒娃实业有限公司荣获2006年度四川省民营企业质量管理先进单位称号。

同月 成都倍特药业有限公司、成都皇城老妈酒店有限公司、成都前锋电子电器集团股份有限责任公司荣获2006年度四川省企业质量管理先进单位称号。

同月 成都芯源系统有限公司成为四川成都出口加工区内继英特尔公司之后，第二家跻身四川省三资企业出口十强的企业，排在第六位。

9月

11日 桂溪街道首个建筑工地民工临时配套生活服务点启用。

18日 成都数字娱乐信息产业集团在成都高新区成立。

19日 国家动漫游戏产业振兴基地微软游戏技术平台启动。

19日 意大利皮埃蒙特大区议员，文教、发展部部长贝拉蒂先生一行考察高新区，探讨国际交流与合作。

20日 中共四川省委常委、四川省总工会主席李登菊到成都高新区调研。

同日 中国开发区协会会长刘培强到成都高新区考察。

21日 成都旺旺食品有限公司迁至西部园区工程开工。

同月 通威股份有限公司的"通威牌禽饲料"荣获中国名牌产品称号。

10月

19日 宇芯(成都)集成电路封装测试有限公司开业。

24日 法国文化部代表团在成都高新区考察。

25日 英特尔产品(成都)有限公司举行二期厂房项目竣工仪式。

25日 成都高新区老年艺术团表演的《波尔卡》在成都市第五届老年艺术节广场舞比赛中荣获金奖。

11月

7日 天府软件数字媒体产业(集团)有限公司在成都高新区孵化园成立。

8日 世界第二大轴承生产商美国铁姆肯公司航空轴承生产基地在成都高新区西部园区奠基。

9日 欧盟委员会、欧盟驻华代表团、欧盟25国驻华大使、参赞、领事一行30人参观考察成都高新区天府软件园。

17日 成都高新区技术创新服务中心建立10周年庆祝会在成都高新孵化园举行。

18日 上海天诚集团弱电线缆项目在成都高新区西部园区奠基。

28日 成都高新区南部园区选举产生成都市武侯区第五届人大代表38名。

29日 瑞典宜家家居成都天府店在成都高新区开业。

30日 中国动漫原创大赛颁奖仪式在成都高新区举行。

同日 成都高新区西部园区选举产生四川省郫县第十六届人大代表7名。

12月

1日 成都市模具技能人才公共实训基地暨软件（模具）公共技术平台在成都高新区模具工业园启用。

6日 全国人大常委会副委员长李铁映到成都高新区视察。

12日 在蓉全国人大代表团及四川省人大代表团视察成都高新区。

20日 成都高新区完成中国核动力院两所小学教师175人和公安分局24人的移交工作。

22日 国电四川发电有限公司在成都高新区正式注册，注册资金15.3487亿元。

24日 桂溪第二小学代表成都高新区在由成都市教育局、四川省电视台联合举办的"小队向前冲"跳绳比赛总决赛中，获得冠军。

26日 中国社会科学院常务副院长冷溶率中央调研组到成都高新区考察。

同日 成都传媒大厦在成都高新区奠基。

28日 国家动漫游戏产业(四川)振兴基地在成都高新区天府软件园成立。

同月 成都德源线缆有限公司的"德源电线电缆"荣获国家免检产品称号。

同月 成都市疾控中心成都高新区分中心正式开展工作。

同月 成都高新实验小学学生吴衡林获得"全国青少年海尔科技奖"，是四川省唯一获奖的学生。

综述

SUMMARY

成都高新技术产业开发区（以下简称成都高新区）由南部园区和西部园区组成。南部园区位于成都市中心城区南部，地处东经104° 00′ 45″ ~104° 01′ 43″，北纬30° 31′ 40″ ~30° 36′ 8″，东临府河，南接双流县，西邻双流县和武侯区，北靠武侯区，面积47平方公里，距成都市区中心距离3公里。西部园区位于成都市中心城区西北部，地处东经103° 52′ 59″ ~103° 58′ 57，北纬30° 43′ 17″ ~30° 48′ 28″，东与金牛区接壤，南以清水河为界，西、北与郫县相邻，面积约35.5平方公里，距成都市区中心6公里。成都高新区管委会驻成都市天府大道18号高新国际广场。

成都高新区地质单元为成都坳陷，上部覆盖第四纪松散堆积物，主要有沙卵砾石、含泥砾石和粘土等，天然承载力为0.2~0.5兆帕，底部基岩为白垩系灌口组地层，自然承载力为0.5~2.4兆帕，地层未发现断裂构造，属1类建筑场地。南部园区地势平坦，海拔450~500米，西北高，东南低，平均坡降为2.2‰。西部园区平均海拔530米，西北高，东南低，平均坡为3‰。

成都高新区气候属四川盆地亚热带湿润季风气候，终年温暖湿润，夏无酷暑，冬无严寒，雨量充沛，四季宜人。南部园区年平均温度16.4℃，年极端最高气温37.3℃，年极端最低温度-5.9℃，全年无霜期300天左右，年平均降雨量1148.8毫米，年平均日照数1238.6小时，平均日照率28%，多年平均气压956.3帕，年平均相对湿度82%，年静风频率46%，年平均风速为1.2米/秒。西部园区平均相对湿度82%，年平均温度16.4℃，年平均降雨量969.2毫米，年极端最高温度35.8℃，年极端最低温度-5.0℃，无霜期277天；年日照时数1307.2小时，年均日照率27%。年最大风速20米/秒，年平均风速1.2米/秒。

成都高新区有7条河流，均源于岷江内江水系流经区内总长度100.8公里，流域面积82.5平方公里。锦江、龙爪堰、栏杆堰、高攀河、朱家沟流经南部园区。沱江河、清水河、马河、摸底河流经西部园区。

成都高新区于1988年3月筹建，同年7月，获成都市人民政府批准，同年10月，获四川省人民政府批准，1990年2月，获国家科技部批准。1990年8月，中共成都市委、成都市人民政府决定成立成都高新区管理委员会，为成都市人民政府派出机构，受市政府委托，行使市政府主要行政管理职能。1991年3月6日，成都高新区被国务院批准为首批国家级高新技术产业开发区。1992年10月，由成都高新区管委会为国有资产的代表发起成立成都倍特发展集团股份有限公司，成都高新区管委会与倍特公司管理机构合署办公。1996年3月，中共成都市委、成都市人民政府决定将成都高新区的面积调整为47平方公里，同时成立中共成都高新区工作委员会，作为中共成都市委的派出机构，成都高新区党工委与管委会合署办公，行使市级管理权限，统一管理区内的党务、行政、经济和社会事业。同年5月1日，成都高新区设立金库，正式确定独立的财政体制。同年5月2日，成都高新区管委会与成都倍特集团公司实行政企分开。2000年4月，国务院批准在成都高新区内成立四川成都出口加工区。同年12月，成都高新区被批准为中国亚太经济合作组织（APEC，Asian～Pacific Economic Cooperation）科技工业园区。2001年，国家科技部同意调整成都高新区区域范围，成都市人民政府决定将位于成都市郫县的成都现代工业港（7平方公里的范围）设立为成都高新区西部园区，重点发展电子信息和现代化中药产业。同年，成都高新区成为中国西部第一家通过ISO14001国际环境管理体系认证的区域。2003年1月，海关总署同意在成都高新区西部园区设立四川成都出口加工区西区。同年12月，成都市人民政府决定将成都高新区西部园区面积扩大为35.5平方公里。至此，成都高新区南部园区和西部园区总的面积为82.5平方公里。2006年10月，成都高新区被确定为全国首批“创建世界一流园区”试点单位。成都高新区下设5个街道，19个社区和21个村。2006年末总人口21.91万人，常住人口28.08万人，境外人口815人。

2006年，成都高新区地区生产总值（GDP）为182.15亿元，占成都市地区生产总值的17.5%。全区工业增加值为95亿元，占全区GDP的比重提高到52.2%，对GDP的贡献率为71.9%。电子信息、生物医药、精密机械制造三大高新技术产业完成工业增加值71.7亿元，在工业经济中的比重为75.5%；软件及服务外包产业全年实现经营收入130亿元，出口创汇3000万美元。全年新开工和复工产业化项目61个，总投资82.69亿元。全区有56个项目被列为成都市重大产业化项目，占全市的20%，其中工业重大产业项目48个，占全市的33.33%。全年新批外商投资项目71个，增资项目32个，其中新增和增资合同外资500万美元以上的项目26个，增长52.9%；世界500强企业新增投资项目5个，区内世界500强及国际知名企业进行项目投资的达到33家；引进市外1亿元以上项目49个。全年新认定高新技术企业103家，区内高新技术企业达到828家。全年承担国家、省、市级科技项目182项，争取各级资金支持4151万元。全区形成以8个国家级专业孵化器为骨干、民营科技孵化器为主体的孵化器群，孵化面积10万平方米，在孵企业760家。全区有各类人才14万人，硕士以上学历者9000人，留学归国人员和博士达800人。自主创新科研成果达到国际领先水平的企业占50.8%，科技对经济的贡献率达70%。成都高新区在全国54个国家高新区中综合实力居第五位，科技创新和科技成果转化指标居第二位，为2006年度“中国企业满意十大自主创新高新技术产业开发区”。

成都高新区2004年至2006年共批准外商投资项目187个，其中500万美元以上项目56个；累计引进合同外资31.14亿美元，实际到位外资13.04亿美元，年均增幅分别达到91.93％、96.74％，在全国54个国家高新区中名列前茅，总量和增幅均居中西部第一。2006年，实现合同外资14.63亿美元，到位外资6.51亿美元，分别是西安高新区的2.09倍和1.63倍；武汉高新区的2.36倍和2.17倍，合同外资相当于西安、武汉、重庆三地高新区的总和。四川成都出口加工区从三年前封关运行，到2006年共引进项目26个，投资总额15.5亿美元，每平方公里引进资金量与上海松江、江苏昆山等出口加工区同处于全国领先水平，在全国出口加工区中名列第四位，在中西部出口加工区中名列第一位。

2006年，成都高新区新建、改建市政道路65公里，城南新区、大源片区和西部园区西南片区等新开发区域主干道路、管网基本建成，西区合作污水处理厂加快建设；完成220千伏西区变电站、110千伏大源B变电站、110千伏新园C变电站等一批重要供电设施建设。完成新一轮土地利用总体规划修编工作。切实加强土地报征工作，加大闲置土地清理力度。除个别遗留项目外，基本完成西部园区闲置土地清理和再利用任务。全年产业化项目供地207.068公顷，经营性挂牌、拍卖供地32.933公顷，土地收入达到23.56亿元。城市建设管理进一步加强。全年新增绿地57.9万平方米。在成都市率先完成二环路内居民院落雨污水分流目标及42个居民院落整治工作。探索“疏堵结合”的城管执法新路子，在成都市城市管理社会公众满意度测评和日常检查考核中均名列第一。开展大气和水环境综合整治工作，环境质量进一步提升。

成都高新区2006年拆迁农户2199户，高标准推进农转居示范点建设。建成安置房162万平方米，安置农转居人员38911人，占1996年～2006年成都高新区住房安置总人口的三分之二，占全年成都市新型社区入住农民的三分之一。全区实现无“零就业”家庭目标，农转非居民社区失地农民就业率95.6%，全区17个社区全部创建为充分就业社区。初步建成劳动用工数据库。社保覆盖面不断扩大，在成都市率先将社保经办业务延伸至街道社区，连续4年社保工作居全市第一。全区基本养老保险参保人数63691人，比上年增加27.2%；基本医疗保险参保人数79863人，比上年增加55.1%。城镇居民人均可支配收入13181.47元，城镇居民人均消费支出为7467.72元，其中食品消费3609.46元，衣着用品消费1051.14元，家庭设备、用品及服务消费344.75元，医疗保健消费149.73元，交通和通讯消费920.16元，娱乐、教育、文化服务消费515.44元，居住消费662.76元，每百户居民家庭拥有家用电脑43.33台，人均住房使用面积29.61平方米。

2006年，成都高新区全面通过“创建中国最佳旅游城市”检查验收和“国家卫生城市”复查验收。国际医院项目正式签约，国际学校建设取得阶段性成果，西部园区教堂建设稳步推进。社区建设和社区服务不断完善。劳动保障、文化、卫生、民政、双拥、国防教育等各项工作都取得较好成绩。政法工作进一步加强，在成都市率先建成并启动运行打击犯罪的“天网”工程。信访积案（老户）处理结案率80％，营造了和谐稳定的社会环境。

成都高新区科技创新能力居全国54个高新区第二名。2004年～2006年，新增各类企业研发中心、技术中心和重点实验室24家，新增孵化面积50万平方米，新增各类科技孵化企业610多家，毕业企业100多家，毕业企业核算当年产值15亿元。新认定高新技术企业325家，使区内高新技术企业达到828家，占四川省的70％以上，占成都市的80％以上；区内高新技术企业研究与开发投入占销售额的比重达到4％，比2003年提高两个百分点，高新技术企业累计实现产值超过1000亿元。新转化科技成果447项，其中78项为国际先进水平，开展产学研合作项目500余项，有70余个项目获得国家、省、市科技进步奖，区内企业获得专利授权750多项，其中发明专利436项，年均增幅超过20％。在国务院科技部的考核中，成都高新区的技术创新和科技成果转化指标名列全国第二位。

2006年，成都高新区全面实施以大企业战略为核心的企业内培行动计划，及时调整和完善产业发展的配套政策，建立健全全过程全方位的企业服务体系，多渠道、多角度、多阶段帮助企业加快发展。通过财政直接给予企业的资金扶持达9.2亿元，拉动企业技术改造投入88.8亿元。建立和完善以政府为引导、以各大银行和担保机构为支撑的企业融资体系，帮助中小企业担保贷款10亿元，争取银行授信23亿元，使区内企业累计获得各类贷款超过200亿元。2006年，成都高新区软件产业实现经营收入130亿元，占四川省的70%，出口3000万美元，占四川省的90％。以成都高新区为主要聚集区，成都软件产业有长足发展，在中西部处于领先地位。在生物医药和精密机械制造产业方面，引进年产值可达10亿美元的美国赛金与成都康弘合资项目以及奥泰医疗系统、海圻生物科技、美国铁姆肯、英国西格码、上海天诚、新加坡赫比等项目，建设国内一流水平的模具工业园。2006年，生物医药产业实现销售收入60亿元，增长30％，占成都市的38.3％、四川省的30.3％。 （地方志办公室）

2006年成都高新区主要经济指标与成都市各区(市)县对比表

表1

区(市)县	地区生产总值		全口径工业增加值		规模以上工业增加值		固定资产投资	
	累计完成(亿元)	增幅%	累计完成(亿元)	增幅%	累计完成(亿元)	增幅%	累计完成(亿元)	增幅%
高新区	182.15	27.0	95.0	41.1	91.27	43.1	175.40	40.3
锦江区	260.31	13.8	76.13	20.6	72.47	21.5	182.76	
青羊区	252.70	13.8	42.24	20.2	37.26	22.5	152.88	
金牛区	311.93	14.2	78.07	24.8	63.70	29.6	164.95	
武侯区	250.24	13.8	58.18	18.2	41.29	23.5	147.63	
成华区	210.75	13.4	76.44	14.6	66.32	16.1	121.17	
龙泉驿区	114.13	14.3	39.18	22.9	32.32	27.0	89.25	
青白江区	94.19	10.4	55.17	11.9	46.78	13.0	50.12	
新都区	150.37	14.6	78.78	20.0	58.10	25.3	71.84	
温江区	96.71	16.4	48.07	25.3	39.84	29.8	121.00	
双流县	230.03	15.6	88.72	22.9	63.21	30.5	134.12	
郫　县	100.16	15.2	43.04	21.3	33.60	25.9	90.55	
都江堰市	96.52	13.1	22.26	17.0	13.22	25.7	90.57	
彭州市	89.48	13.6	32.36	21.0	26.10	25.1	50.64	
邛崃市	64.20	11.7	19.82	19.2	13.84	26.0	35.00	
崇州市	66.12	11.2	20.81	16.5	11.84	25.6	31.50	
金堂县	64.34	10.6	10.49	18.4	7.20	25.1	40.12	
大邑县	54.50	11.2	15.45	16.0	8.86	24.6	28.26	
蒲江县	29.25	10.3	8.35	15.2	5.48	21.1	17.82	
新津县	58.00	14.0	25.32	19.6	17.70	26.0	34.17	
成都市	2750.0	13.8	926.80	20.6	750.40	25.6	1899.58	30.9

(经贸发展局)

机构设置

ORGANIZATIONS

领导机构

【成都高新区党工委】 1996年4月23日，中共成都高新区工作委员会成立，与成都高新区管理委员会合署办公。中共成都高新区工作委员会(以下简称“成都高新区党工委”)和成都高新区管理委员会是成都市委和市政府在成都高新区的派出机构，根据成都市委、市政府授权，行使市级管理权限，统一领导和管理成都高新区内的党务及经济、行政、社会事业工作。其主要职责是：贯彻执行中央、省委、市委的方针、政策、决议、决定，国家的法律、法规和国务院、省政府、市政府的命令、决定、指示，依法制定和公布开发区行政管理规章；加强党的建设，强化思想政治教育，建立健全党的各级组织，充分发挥党组织在开发区的领导核心作用，党员的先锋模范作用和党支部的战斗堡垒作用；按照成都市国民经济和社会发展规划，负责制定开发区国民经济和社会发展计划及财政预算，并组织实施；按照成都市人民政府批准的成都高新区总体规划，高起点、高标准地做好开发区建设和管理工作；加强与国家、省、市各部门的工作联系，制定和实施区内高新技术产业发展计划和中长期规划。为成都实施“科教兴市”战略提供示范经验；负责制定成都高新区进一步扩大对外开放、招商引资等方面的政策、法规，并组织实施；负责管理开发区涉外事务、负责开发区侨务、台事工作及对外经贸技术合作和文化交流活动；按照成都市委、市政府的要求，研究、制定、实施适应市场经济规律的各项经济体制改革措施，为成都市的改革开放和经济建设作好基地、窗口和示范作用，探索成都高新区改革和发展的新路子、新模式；保护国有财产、劳动群众集体所有财产和公民私有合法财产，保障公民的人身权利、民主权利，维护社会秩序，建立健全社会保障体系，保障区内企业和农村集体经济组织应有的自主权和合法收益；协助管理成都高新区内的代管单位和外地驻区机关、企业、事业单位；负责成都高新区社会事业的管理和服务工作；领导所属各工作部门，各乡(镇)党委、政府，各街道党工委、办事处的工作；办理中央、省委、市委和国务院、省政府、市政府交办的其他事项。2001年11月，中共成都市委办公厅、成都市人民政府办公厅对成都高新区党工委、管委会的机构职能作出适当调整。明确成都高新区党工委和管委会设12个局(办)，按市级二级局对待，行使市级委、办、局的管理职能。 (朱　静)

【成都高新区管委会】 1990年8月24日，建立成都高新技术产业开发区管理委员会（以下简称成都高新区管委会）。成都高新区管委会是成都市政府的派出机构，受成都市政府委托，行使成都市政府有关开发区的主要行政管理职能。主要职责是：按照成都市经济社会发展规划，负责制定高新技术产业开发区的发展计划，并组织实施；按照成都市总体规划，负责高新技术产业开发区的城市建设；负责高新技术产业开发区的项目引进及审批，并组织实施；对高新技术产业开发区的重大政策措施提出建议，报经成都市委、市政府审批后贯彻执行；负责制定高新技术产业开发区的有关规章制度及管理办法；完成成都市委、市政府交办的其他工作。1991年6月6日，成都高新区管委会内部机构设置为：办公室、政治处、项目发展处、规划建设处、计划财务处。区内行使统一领导、统一指挥、统一管理的职能，拥有市一级的经济管理权，实行“省市共建、以市为主、归口科委”的管理体制。成都高新区管委会由方家祥任第一主任、张学果任主任、张景文任常务副主任(市科委主任兼)、郭应富(成都市武侯区委书记兼)、范贤尧(成都市武侯区长兼)、周东兵(兼成都科力发展总公司总经理)、曾绍清(成都市建委副主任兼)、樊仕兵任副主任。管委会人员编制40名。1996年4月以后，成都高新区管委会与成都高新区党工委合署办公。 (朱　静)

【中共成都高新区纪工委】 1996年9月，中共成都高新区纪律检查工作委员会成立、与成都高新区监察局合署办公。中共成都高新区纪律检查工作委员会(以下简称“成都高新区纪工委”)和成都高新区监察局是成都市纪委和成都市监察局在成都高新区的派出机构。其主要职责是检查成都高新区的党组织和党员、党员领导干部执行党的路线、方针、政策和决议的情况，并按规定实行有效的监督；协助党工委加强党风廉政建设，对党员特别是党员领导干部进行党风党纪教育；检查和处理党的组织和党员违反党的章程、党内法规和其他违法违纪行为的案件，按管理权限决定或取消对违纪党员的党纪处分；受理党组织和党员违反党的章程、党内法规及其他违法违纪行为的检举、控告，受理党员不服党纪处分的申诉；办理成都高新区党工委、市纪委交办的其他事项。

(刘大勇)

成都高新区党工委工作机构

【成都高新区党工委办公室】 1996年4月23日，中共成都市委办公厅、成都市人民政府办公厅《关于〈印发中共成都高新区工作委员会、成都高新区管理委员会职能配置、内设机构、人员编制方案〉的通知》,确定成都高新区党工委办公室职能为:协助领导同志处理成都高新区党工委的日常工作。负责成都高新区的宣传、统战、文秘、调研、信访和人民团体等方面的工作。联系协调街道、乡(镇)党务工作。2001年11月9日,中共成都市委办公厅、成都市人民政府办公厅《关于印发〈中共成都高新区工作委员会成都高新区管理委员会职能配置、内设机构和人员编制方案〉的通知》,将成都高新区党工委办公室职能调整为:协助领导处理成都高新区党工委和管委会的日常工作。负责成都高新区的政策研究、宣传、统战、精神文明建设、信访和政法委办公室等方面的工作。联系协调乡、街道党工委工作。 (朱 静)

【中共成都高新区工委组织部】 2001年8月,中共成都高新区工委组织部(以下简称工委组织部)成立,与成都高新区人事劳动和社会保障局合署办公,其主要职责是:研究、指导成都高新区各级党组织基层组织建设,负责区内企业党委日常工作;主管区内党员的发展、教育和管理工作;负责各街道和党工委管委会各部门及直属单位的领导班子调整、配备和副处以上领导干部任免;培养选拔优秀中青年干部,后备干部队伍建设;主管副处以上干部的培训教育;负责归口成都高新区管理的老干部工作;负责因公出国人员政治审查,因私出国人员登记备案;负责人才工作。 (罗登华)

【中共成都高新区机关党委】 中共成都高新区机关委员会于1997年4月7日成立。1997年4月11日,成都高新区机关党委召开党员代表大会,选举产生首届机关党委委员。2001年12月10日,机关党委召开全体党员会议,选举产生第二届委员会。其主要职能、职责是:宣传和贯彻执行党的路线、方针、政策,认真执行上级党组织和成都高新区党工委的决议,发挥基层党组织的战斗堡垒作用和党员先锋模范作用;对党员进行严格管理,督促党员履行义务,保障党员的权利不受侵犯;对党员进行监督,严格执行党的纪律,加强党风廉政建设,坚决同腐败现象作斗争;做好机关工作人员的思想政治工作,推进机关精神文明建设,认真听取党员干部的意见和建议,充分调动党员和群众的积极性;加强对机关入党积极分子的培养和教育,坚持党员标准,做好党员发展工作;管理、指导工会、共青团、妇联的工作。 (张义薇)

成都高新区党工委派出机构

【成都高新区肖家河街道党工委】 成都高新区肖家河街道党工委于1996年4月成立,为成都高新区党工委派出机构。全面领导肖家河街道的各项工作,在街道各行政组织、经济组织、群众组织中起领导核心作用。负责贯彻执行党的路线、方针、政策和国家的法律、法规,积极组织实施上级党组织的决议,讨论、决定本街道党的建设、经济建设、社会事业发展的重大问题,完成各项任务。领导基层党组织搞好党的思想、组织和作风建设,坚持党管干部的原则,依照权限,做好干部的培养、选拔、使用和管理工作,负责基层党组织的设立及调整,审批新党员,抓好党员的教育和管理工作。发挥基层党组织的战斗堡垒作用和党员的先锋模范作用。依托区域优势,深化社区党建工作。领导街道办事处的工作,支持和保证行政组织、经济组织依法行使管理职能,保证上级政府的政令畅通,促进街道经济和各项社会事业的发展。领导街道思想政治工作和精神文明建设,搞好社会治安综合治理,开展形势、政策、法制宣传教育,提高党员群众的思想政治觉悟和科学文化素质,努力创造良好的社会环境。领导人民武装、统战工作和工会、共青团、妇联等群团组织,支持群众组织独立负责地开展工作。做好本辖区省、市、区属单位的有关协调工作和人民代表工作,密切党群关系,促进共同发展,推进社区建设。加强党工委以及办事处领导班子的自身建设,加强党风廉政建设,教育党员、干部遵纪守法,增强勤政意识,同一切违法行为作斗争。

(高德文)

【成都高新区芳草街街道党工委】 成都高新区芳草街道党工委于1996年6月成立,是成都高新区党工委的派出机构,对街道的各项工作实行全面领导,在街道各行政组织、经济组织、群众组织中起领导核心作用。2006年,芳草街道党工委有15个基层党组织,新建企业工会45家。具体负责贯彻执行党的路线、方针、政策和国家的法律、法规,积极组织实施上级党组织的决议,讨论、决定本街道党的建设、经济建设、社会事业发展的重大问题,完成各项任务。领导基层党组织搞好党的思想、组织和作风建设,坚持党管干部的原则,依照权限,做好干部的培养、选拔、使用和管理工作,负责基层党组织的设立及调整,审批新党员,抓好党员的教育和管理工作。发挥基层党组织的战斗堡垒作用和党员的先锋模范作用。依托区域优势,深化社区党建工作。领导街道办事处的工作,支持和保证行政组织、经济组织依法行使管理职能,保证上级政府的政令畅通,促进街道经济和各项社会事业的发展。领导街道思想政治工作和精神文明建设,搞好社会治安综合治理,开展形势、政策、法制宣传教育,提高党员群众的思想政治觉悟和科学文化素质,努力创造良好的社会环境。领导人民武装、统战工作和工会、共青团、妇联等群团组织,支持群众组织独立负责地开展工作。做好本辖区省、市、区属单位的有关协调工作和人民代表工作,密切党群关系,促进共同发展,推进社区建设。加强党工委以及办事处领导班子的自身建设,加强党风廉政建设,教育党员、干部遵纪守法,增强勤政意识,同一切违法行为作斗争。

(吴木兰)

【成都高新区石羊街道党工委】 成都高新区石羊街道党工委是成都高新区党工委的派出机构,于2001年12月成立,对街道的各项工作实行全面领导,在街道各行政组织、经济组织、群众组织中起领导核心作用。负责贯彻执行党的路线、方针、政策和国家的法律、法规,积极组织实施上级党组织的决议,讨论、决定本街道党的建设、经济建设、社会事业发展的重大问题,完成各项任务。领导基层党组织搞好党的思想、组织和作风建设,坚持党管干部的原则,依照权限,做好干部的培养、选拔、使用和管理工作,负责基层党组织的设立及调整,审批新党员,抓好党员的教育和管理工作。发挥基层党组织的战斗堡垒作用和党员的先锋模范作用。依托区域优势,深化社区党建工作。领导街道办事处的工作,支持和保证行政组织、经济组织依法行使管理职能,保证上级政府的政令畅通,促进街道经济和各项社会事业的发展。领导街道思想政治工作和精神文明建设,搞好社会治安综合治理,开展形势、政策、法制宣传教育,提高党员群众的思想政治觉悟和科学文化素质,努力创造良好的社会环境。领导人民武装、统战工作和工会、共青团、妇联等群团组织,支持群众组织独立负责地开展工作。做好本辖区省、市、区属单位的有关协调工作和人民代表工作,密切党群关系,促进共同发展,推进社区建设。加强党工委以及办事处领导班子的自身建设,加强党风廉政建设,教育党员、干部遵纪守法,增强勤政意识,同一切违法行为作斗争。

(谢炳成)

【成都高新区桂溪街道党工委】 成都高新区桂溪街道党工委于2002年7月成立,其是成都高新区党工委的派出机构,对街道的各项工作实行全面领导,在街道各行政组织、经济组织、群众组织中起领导核心作用。负责贯彻执行党的路线、方针、政策和国家的法律、法规,积极组织实施上级党组织的决议,讨论、决定本街道党的建设、经济建设、社会事业发展的重大问题,完成各项任务。领导基层党组织搞好党的思想、组织和作风建设,坚持党管干部的原则,依照权限,做好干部的培养、选拔、使用和管理工作,负责基层党组织的设立及调整,审批新党员,抓好党员的教育和管理工作。发挥基层党组织的战斗堡垒作用和党员的先锋模范作用。依托区域优势,深化社区党建工作。领导街道办事处的工作,支持和保证行政组织、经济组织依法行使管理职能,保证上级政府的政令畅通,促进街道经济和各项社会事业的发展。领导街道思想政治工作和精神文明建设,搞好社会治安综合治理,开展形势、政策、法制宣传教育,提高党员群众的思想政治觉悟和科学文化素质,努力创造良好的社会环境。领导人民武装、统战工作和工会、共青团、妇联等群团组织,支持群众组织独立负责地开展工作。做好本辖区省、市、区属单位的有关协调工作和人民代表工作,密切党群关系,促进共同发展,推进社区建设。加强党工委以及办事处领导班子的自身建设,加强党风廉政建设,教育党员、干部遵纪守法,增强勤政意识,同一切违法行为作斗争。

(王有兴　李雪琴)

【成都高新区合作街道党工委】 2004年11月,成都高新区合作街道党工委成立。合作街道党工委是成都高新区党工委的派出机构,对街道的各项工作实行全面领导,在街道各行政组织、经济组织、群众组织中起领导核心作用。负责贯彻执行党的路线、方针、政策和国家的法律、法规,积极组织实施上级党组织的决议。讨论、决定本街道党的建设、经济建设、社会事业发展的重大问题,完成各项任务。领导基层党组织搞好党的思想、组织和作风建设,坚持党管干部的原则,依照权限,做好干部的培养、选拔、使用和管理工作,负责基层党组织的设立及调整,审批新党员,抓好党员的教育和管理工作。发挥基层党组织的战斗堡垒作用和党员的先锋模范作用,依托区域优势,深化社区党建工作。领导街道办事处的工作,支持和保证行政组织、经济组织依法行使管理职能,保证上级政府的政令畅通,促进街道经济和各项社会事业的发展。领导街道思想政治工作和精神文明建设,搞好社会治安综合治理,开展形势、政策、法制宣传教育,提高党员群众的思想政治觉悟和科学文化素质，努力创造良好的社会环境。领导人民武装、统战工作和工会、共青团、妇联等群团组织，支持群众组织独立负责地开展工作。做好本辖区省、市、区属单位的有关协调工作和人民代表工作，密切党群关系，促进共同发展，推进社区建设。加强党工委以及办事处领导班子的自身建设，加强党风廉政建设，教育党员、干部遵纪守法，增强勤政意识，同一切违法行为作斗争。 （杨珍祥）

成都高新区管委会工作机构

【成都高新区管委会办公室】 1996年4月23日，中共成都市委办公厅、成都市人民政府办公厅《关于〈印发中共成都高新区工作委员会、成都高新区管理委员会职能配置、内设机构、人员编制方案〉的通知》，确定成都高新区管委会办公室职能为：协助领导处理成都高新区管委会的日常工作。负责区内的外事、文秘、档案、调研、目标督查、机关事务、法制、信访和人民团体、协会等方面的工作。联系协调街道、乡（镇）工作。2001年11月9日，中共成都市委办公厅、成都市人民政府办公厅《关于印发〈中共成都高新区工作委员会成都高新区管理委员会职能配置、内设机构和人员编制方案〉的通知》，将成都高新区管委会办公室职能调整为：协助领导处理成都高新区管委会的日常工作。负责政策研究、目标督查、信息化建设、统战、精神文明建设、侨务、台事、外事、文秘、档案、调研、机关事务、法制、信访等方面的工作。联系协调乡、街道工作。办公室现有常设机构：综合处、秘书处、信息宣传处、政务服务处、行政处、接待处、目标管理督查处。 （朱 静）

【成都高新区人事劳动和社会保障局】 1996年4月，成都高新区人事劳动局成立，主要职能为：主管成都高新区组织、人事和劳动工作。具体管理区内组织、纪检、人事、监察、机构编制、劳动、社会保险、就业服务工作。负责区内乡（镇）、街道办事处和企事业单位的党建工作。内设机构（事业单位）为5个：组织处、人事处、劳动和社会保障处、人才资源开发处、社会保障事业管理处。2001年8月，成都高新区人事劳动局更名为成都高新区人事劳动和社会保障局，与党工委组织部合署办公，增设综合处，其职能调整为：主管成都高新区组织人事、机构编制、劳动和社会保障工作。具体管理成都高新区组织、人事、机构编制、劳动、社会保险、就业服务；老龄和人才资源开发等工作。负责成都高新区内乡、街道办事处和企事业单位的党建工作。2005年6月，增设就业服务管理处。人事劳动和社会保障局、党工委组织部现有常设机构：综合处、组织处、人事处、劳动和社会保障处、社会保险事业管理处、人才资源开发处、就业服务管理处。 （罗登华）

【成都高新区发展策划局】 2002年12月，成都高新区政策发展研究室设立，其主要职能是：成都高新区战略发展规划研究，组织对成都高新区重大问题的决策咨询，撰写主要领导上刊文章及成都高新区重大报告，承办成都高新区党工委管委会领导交办的其他事项。2004年3月，将“成都高新区发展研究室”更名为“成都高新技术产业开发区发展策划局”，作为党工委、管委会的内设机构，主要职能调整为：负责成都高新区战略规划研究、重大决策咨询论证、发展策划及法制工作；负责成都高新区综合性文稿起草等工作；发展策划局现有常设机构：综合处、发展研究处。 （刘智析）

【成都高新区经贸发展局】 1996年3月，成都高新技术产业开发区经贸发展局成立，主要职能为：主管成都高新区的经济发展工作。具体管理成都高新区经济社会发展计划和统计、工交、农村经济、商贸、金融、物价和企业（除高新技术企业“三资”企业）的服务等工作。组织有关行政执行工作。2001年11月，经贸发展局的职能调整为：主管成都高新区的经济发展工作，具体管理成都高新区经济社会发展计划和统计、工交、安全生产、农村经济、商贸、金融、物价、经济体制改革和企业服务等工作。组织有关行政执法工作。经贸发展局现有常设机构：综合处、产业发展处、贸易金融物价处、安全生产监督管理处、统计处、公路管理所、推进城乡一体化工作处、对外贸易管理服务处。 （余 勇）

【成都高新区监察局（审计局）】 1996年9月，成都高新区监察局成立，与高新区纪律检查工作委员会合署办公。成都高新区监察局是成都市监察局在成都高新区的派出机构。其主要职责是：监督检查成都高新区的监察对象（行政监察条例规定的，下同）贯彻执行国家法律、法规和政策以及决定、命令的情况；协助成都高新区管委会搞好廉政建设，纠正部门和行业不正之风，进行反腐倡廉教育；按照有关规定，调查处理成都高新区监察对象违反国家法律、法规和违反政纪的行为；受理对成都高新区的监察对象违法违纪行为的检举、控告，受理监察对象不服行政处分的申诉以及规定的其他由检察机关受理的申诉;办理成都高新区管委会、成都市监察局交办的其他事项。1998年12月,为加强审计监管工作,成都高新区党工委、管委会第34次常务会议同意成都高新区监察局增挂“成都高新区审计局”牌子,其主要职责是:负责对成都高新区各部门、各乡街、各全民所有制企事业单位以及其他国有资产单位的财政、财务收支的真实、合法、效益进行审计监督。成都高新区监察局(审计局)现有常设机构:监察室、审计处。 (刘大勇)

【成都高新区科技局】 1996年4月,成都高新区科技局成立,2006年,成都高新区科技局内设工作机构包括综合处、科技处、环保处和环境监察大队。主要职能为:主管成都高新区的科学技术进步、环境保护、知识产权保护、信息化等工作。主要是制定成都高新区高新技术产业发展计划,高新技术企业认定,科研项目、技术革新、科技成果的管理与推鉴,知识产权保护,区内环境保护、信息化建设等工作,组织有关行政执法工作。科技局增挂成都高新区环境保护局、成都高新区知识产权局、成都高新区信息化办公室的牌子,负责与国家科技部、四川省科技厅、四川省信息产业厅、成都市科技局、成都市环保局、成都市知识产权局、成都市信息办相关工作衔接与联系。 (陈志康 杨乔戈 何朝阳 李婷)

【成都高新区投资服务局】 1990年8月,成都高新区管委会建立,内设项目发展处主管招商引资工作。1996年4月,正式成立成都高新区招商局。1996年9月,成都高新区管委会批复同意设立“成都高新技术产业开发区投资服务中心”,中心为招商局所属的全民所有制事业单位,职责为提供投资咨询、代办项目审批及企业注册登记的有关手续、受托办理企业出国推销、考察等相关手续、为投资者代做项目的可行性研究报告以及承办投资者委托的其他事宜。2001年8月,招商局更名为投资服务局。职能调整为:主管成都高新区的投资服务工作、具体负责招商引资、对外经贸“三资”企业、外商投诉、经济协作等工作。负责为投资者提供咨询服务,协助办理有关手续。投资服务局现有常设机构:综合处、外商投资管理服务处、项目促进中心、企业服务中心、重大项目服务办公室。 (贺佳)

【成都高新区规划建设局】 1996年4月,建设管理局成立,其主要职能为:主管成都高新区城市建设和管理。具体管理建设计划、建设资金、建筑勘测施工企业、城市建设综合开发、房地产综合开发、建筑工程质量、房地产市场、市容环卫、园林绿化、人防、创卫、地震、公用事业等工作。协助进行区内通信工程的建设和管理。2001年11月,将“建设管理局”更名为“规划建设局”,职能调整为:主管成都高新区城市规划、建设。具体负责管理成都高新区总体建设规划、专项规划、建设项目审批、建设计划、建设资全、建筑勘测和施工企业、城市建设综合开发、建筑工程质量、地震、房产管理和住房制度改革、房产综合开发、房产市场等工作;协助进行区内通信工程的建设和管理;组织有关行政执法工作。规划建设局现有常设机构:综合处、规划处、城市建设处。 (陈通)

【成都市国土局高新分局】 1996年4月,成都高新区设立规划国土局,主要职能为:主管成都高新区的建设规划和土地使用。具体管理成都高新区总体建设规划、专项规划、建设项目审批、土地征用、划拨和出让。组织有关行政执法工作。2001年11月,职能调整为:主管成都高新区的土地使用工作;具体管理土地征用、划拨和出让、地籍管理等工作;组织有关行政执法工作。国土分局现有常设机构:综合处、用地管理处、地籍管理处、建设用地统一征用开发办公室、国土资源监察大队、土地储备中心。 (祖修亮)

【成都高新区财政局】 1996年4月,成都高新区财政税务局成立。其职能为主管成都高新区内财政税收工作。具体管理成都高新区财政收支、预决算编制、税收征管、审计、国有资产工作,组织有关行政执法工作。1999年9月,财政和地税机构分设。分设后的成都高新区财政局主要职能是综合管理全区财政收支、主管财税财政政策、实施财政监督、参与国民经济宏观调控。2001年11月,职能调整为:主管区内财政工作。具体管理成都高新区财政收支、预决算编制、国有资产管理工作。2006年,成都高新区财政局增设国有资产管理处,承担管理成都高新区行政事业单位国有资产、履行对成都高新区所出资企业的出资人职责、建立和完善国有资产保值增值指标体系等职能。财政局现有机构:办公室、综合处、预算处、经济建设处、国有资产管理处、财政集中收付中心。 (李薇)

【成都高新区社会事业局】 1996年4月,成都高新区社会事业局成立,其主要职能为:主管成都高新区社会事业工作,具体负责成都高新区教育、卫生、计生、文化、体育、广播电视、新闻出版、旅游、民政、司法、民族宗教、慈善、残联、老龄等社会事务。社会事业局向上对口成都市14个局级部门,向下直接为区域内的户籍人口、常住人口和流动人口近40万人提供基础教育、招生、考试、语言文字、教育督导、医疗卫生、爱国卫生运动、红十字、疾病控制、行政执法监督、献血、地病防治、人口和计划生育、计生协会、文化、体育、新闻出版、广播电视、旅游、民政、双拥、老龄、慈善、司法、民族宗教、公证和残联等27个方面的服务。社会事业局现有常设机构:教育处、卫生与计生处、文化处、民政司法处、综合处。

(陈良坤)

【成都高新区城市管理执法局】 2001年9月,成立成都高新区城市管理执法局,其职能为:主管成都高新区市容环卫、市政养护(不含成规模的建设改造)、绿地管养(不含新增绿地建设和大规模改建)、防汛抗洪、光彩工程、停车场和农贸市场建设管理、户外广告设置、城市综合治理等工作和城市管理、文化卫生监察等行政执法工作。城市管理执法局现有常设机构:综合处、市政市容处、执法大队。 (杨海燕)

【四川成都出口加工区管理办公室】 2001年2月,成立四川成都出口加工区管理办公室。其职能为:具体管理出口加工区招商引资、企业服务、加工贸易、进出境货物审批、基础设施维护、维修,负责与海关、国检和其他相关部门的联系和工作衔接。出口加工区管理办公室现有常设机构:综合处、企业服务处、园区管理处。

(周　星)

成都高新区管委会派出机构

【成都高新区肖家河街道办事处】 1996年4月,成都高新区肖家河街道办事处成立,为成都高新区管委会派出机构。肖家河街道办事处下设社会事务和人口计划生育科、经济发展科、城市管理科、财政所、劳动和社会保障所、社区管理服务中心。负责承担街道的教育、科学、卫生、防疫、民政、司法、老龄、人口与计划生育工作。负责街道经济发展计划的编制和组织实施,街道企业、农村集体经济组织和其他经济组织的管理和服务、招商引资、环境保护、安全生产、防汛、统计工作。承担土地管理、农房建设管理、征地拆迁、环卫、市容市貌、绿化、城管执法工作。承担街道财政预决算管理、财务会计培训与管理、内部审计、协调工商和税务工作。承担辖区内劳动就业和社会保障等公共服务职能。承担辖区内文化、社区建设等公共服务职能。

(高德文)

【成都高新区芳草街街道办事处】 1996年4月,成都高新区芳草街道办事处成立,其为成都高新区管委会派出机构。芳草街道办事处下设社会事务和人口计划生育科、经济发展科、城市管理科、财政所、劳动和社会保障所、社区管理服务中心。具体工作职责是:承担教育、科学、卫生、防疫、民政、司法、老龄、人口与计划生育。街道经济发展计划的编制和组织实施,街道企业、农村集体经济组织和其他经济组织的管理和服务、招商引资、环境保护、安全生产、防汛、统计。承担土地管理、农房建设管理、征地拆迁、环卫、市容市貌、绿化、城管执法。承担街道财政预决算管理、财务会计培训与管理、内部审计、协调工商和税务。承担辖区内劳动就业和社会保障等公共服务职能。承担辖区内文化、社区建设等公共服务职能。 (吴木兰)

【成都高新区石羊街道办事处】 2001年12月,成都高新区石羊街道办事处成立,其为成都高新区管委会的派出机构。石羊街道办事处下设社会事务和人口计划生育科、经济发展科、城市管理科、财政所、劳动和社会保障所、社区管理服务中心。承担街道教育、科学、卫生、防疫、民政、司法、老龄、人口与计划生育工作。街道经济发展计划的编制和组织实施,街道企业、农村集体经济组织和其他经济组织的管理和服务、招商引资、环境保护、安全生产、防汛、统计工作。承担土地管理、农房建设管理、征地拆迁、环卫、市容市貌、绿化、城管执法工作。承担街道财政预决算管理、财务会计培训与管理、内部审计、协调工商和税务工作。承担辖区内劳动就业和社会保障等公共服务职能。承担辖区内文化、社区建设等公共服务职能。 (谢炳成)

【成都高新区桂溪街道办事处】 2002年7月,成都高新区桂溪街道办事处成立,其为成都高新区管委会派出机构。桂溪街道办事处下设社会事务和人口计划生育科、经济发展科、城市管理科、财政所、劳动和社会保障所、社区管理服务中心。承担教育、科学、卫生、防疫、民政、司法、老龄、人口与计划生育。街道经济发展计划的编制和组织实施,街道企业、农村集体经济组织和其他经济组织的管理和服务、招商引资、环境保护、安全生产、防汛、统计。承担土地管理、农房建设管理、征地拆迁、环卫、市容市貌、绿化、城管执法。承担街道财政预决算管理、财务会计培训与管理、内部审计、协调工商和税务。承担辖区内劳动就业和社会保障等公共服务职能;承担辖区内文化、社区建设等公共服务职能。

(王有兴 李雪琴)

【成都高新区合作街道办事处】 2004年11月，成都高新区合作街道办事处成立，其是成都高新区管委会的派出机构，合作街道办事处下设社会事务和人口计划生育科、经济发展科、城市管理科、财政所、劳动和社会保障所、社区管理服务中心。承担街道内教育、科学、卫生、防疫、民政、司法、老龄、人口与计划生育。街道经济发展计划的编制和组织实施,街道企业、农村集体经济组织和其他经济组织的管理和服务、招商引资、环境保护、安全生产、防汛、统计工作。承担土地管理、农房建设管理、征地拆迁、环卫、市容市貌、绿化、城管执法。承担街道财政预决算管理、财务会计培训与管理、内部审计、协调工商和税务。承担辖区内劳动就业和社会保障等公共服务职能。承担辖区内文化、社区建设等公共服务职能。

(杨珍祥)

驻区联络处

【成都高新区人大工作联络处】 1996年8月30日,设立成都高新区人大工作联络处。设主任1人,按市的正局级干部配备,下设办公室为正处级,编制暂定3人。其主要职责为:督促、检查宪法、法律、法规和全国、省、市人大及其常委会的决议、决定在成都高新区内的贯彻实施，对存在的问题向有关机关提出建议和意见，重要情况向市人大常委会报告;了解成都高新区管委会关于国民经济和社会发展计划、财政预算及其执行情况,以及其他方面的工作情况,提出建议和意见;了解成都高新区内人民法院、人民检察院的工作情况，提出建议和意见，重要的情况向市人大常委会报告;联系成都高新区内的市和区人大代表，组织代表活动;指导成都高新区内的人大代表的选举工作和各街道人大工作;办理法律和地方性法规草案征求建议的工作,向成都市人大常委会汇报;根据成都市人大常委会审议的议题进行调查研究,并向成都市人大常委会反映情况,提出意见和建议;对成都高新区人大工作进行调查研究，向成都市人大常委会提出意见;负责办理人大代表的建议、批评和意见;受理人民群众的检举、申诉和意见,交有关部门办理,并检查办理情况;办理成都市人大常委会和成都高新区党工委交办事项。2006年,成都高新区人大工作联络处有干部职工3人,其中行政编制3人。

(王旭 周娅)

【成都高新区政协工作联络处】 1997年1月16日,成都市委决定设立成都高新技术产业开发区政协工作联络处(简称成都高新区政协工作联络处),作为成都市政协的派出机构。政协工作联络处设主任1人,按成都市的正局级配备,下设办公室为正处级,编制暂定3人。其主要职责为：受成都市政协委托负责联系在成都高新区的政协委员和成都高新区的民主党派，人民团体以及各界知名人士,并组织有关活动;贯彻执行成都市政协全体会议,常委会议和主席会议决议、决定;对成都高新区政协工作进行调查研究，并向成都市政协反映情况,提出意见和建议;负责办理成都高新区内全国、省、市和区政协委员的意见和建议;完成成都市政协和成都高新区党工委交办的其他工作。

(李勇)

法院·检察院

【成都高新区法院】 1997年4月，经成都市人大常委会、四川省机构编制委员会分别批复同意设立成都高新区法院后正式挂牌成立,内设八个机构:政办室、办公室、研究室、刑事审判庭、民事审判庭(挂行政审判庭牌子)、经济审判庭、告诉申诉审判庭、执行庭(挂法警大队牌子)。配备行政编制44名,配备院长1名,副院长2名,中层领导职数17名。实有干部29名。2006年,实有政法行政编制干部39名,地方事业编制干部20名,合同制法官助理19名、法警5名,配备院长1名,副院长3名,纪检组长1名,处级领导职数13名。成都高新区法院的主要职责:依法审判法律规定由基层人民法院管辖的第一审刑事、民事、行政案件及市中级人民法院交由审判的一审案件；依法按照审判监督程序审理刑事、民事、申诉案件,审判人民检察院提出的抗诉案件和上级法院指令再审的案件；执行已经发生法律效力的法律文书以及行政机关依法申请执行的案件和其他法院委托执行的案件;调查研究审判工作中适用法律、政策的重大疑难问题,参与社会治安综合治理工作;其他应由基层法院负责的工作。

(曲艺)

【成都高新区检察院】 1996年8月,成都高新区人民检察院设立,作为成都市人民检察院的派出机构,行使基层检察院的职权。内设机构合并为三大部分,即:综合部门(政治处、纪检监察、办公室后勤、技术等);审查起诉处(审查批捕、审查起诉、监所检察);反贪局(反贪污贿赂侦查、法纪检察、控告申诉、民事行政检察)。2006年,该院内设7个部门,纪检组(含警务处)、政治部、办公室、刑检部门(侦查监督处和公诉处)、自侦部门(反贪污贿赂局和渎职侵权检察处)、民事行政检察处(控告申诉检察处、西区检察室)、职务犯罪预防处。其主要职能、职责是:对于叛国案、分裂国家案以及严重破坏国家的政策、法律、法令、政令统一实施的重大犯罪案件,行使检察权;对于直接受理的刑事案件,进行侦查;对于公安机关侦查的案件,进行审查,决定是否逮捕、起诉或者免予起诉;对于公安机关的侦查活动是否合法实行监督;对于刑事案件提起公诉,支持公诉;对于人民法院的审判活动是否合法实行监督;对于刑事案件判决、裁定的执行和监狱、看守所、劳动改造机关的活动是否合法实行监督。（麦　苗）

市属管理机构

【成都高新区国税局】 1996年4月,成都高新区国家税务局正式成立,编制总数37人,设置办公室、综合处为内设机构;设置税务稽查分局、征收分局并列为直属机构;内设机构和直属机构的级别为正处级。2006年,该局有正式干部76人,其中在职71人,离退休5人。成都高新区国税局的职责是:贯彻执行国家的税收法律、法规和规章,充分发挥税收职能作用,促进成都高新区经济发展;研究制定区局税收发展规划和年度工作计划并组织实施;编制税收收入计划并组织实施;负责成都高新区中央税、中央地方共享税等税种的征收管理和稽查工作;负责增值税专用发票、普通发票和其他税收票证的管理工作;负责监督检查区内有关纳税单位和纳税个人贯彻执行国家税收法律、行政法规和规章的情况并宣传税法,维护和规范税收秩序;负责监督检查区局的税收执法情况;负责税收服务的规划和组织实施工作;负责区局经费、财务、审计、基本建设、政府采购和资产管理工作;负责区局人事管理工作和干部队伍的思想政治工作、精神文明建设及教育培训管理工作;负责区局的纪检、监察工作;负责承办上级部门和成都高新区党工委、管委会交办的其他工作。（陈一可）

【成都高新区地税局】 1998年8月,成都高新区地方税务局成立,编制总数35名。(后经省机构编制委员会批准,调整编制为63人,其中,行政编制60人,后勤服务事业编制3人。)设置办公室、综合处为成都高新区地方税务局内设机构;设置稽查分局、征收分局为成都高新区地方税务局直属机构;内设机构和直属机构的级别为正处级。2006年,成都高新区地方税务局内设机构4个:办公室、综合税收管理处、计划财务处、法制处;直属机构3个:稽查局、第一直属分局、第二直属分局。成都高新区地税局职责是:负责地方税收政策的贯彻落实、地方税收管理办法制定、组织实施税收征管改革和政策理论研究;负责地方税收的征收管理工作,地方税收计划、会计、统计工作和票证管理及地方税务登记工作;负责地方税务稽查的业务管理、日常和专项税收检查及涉税举报案件受理、查处和税收执法监督检查等工作。（何修君）

【成都市高新工商局】 1996年5月,成都市工商行政管理局高新分局成立,办公地点位于成都高新区创业路18号。内设综合管理处、注册登记处、监督管理处、肖家河工商所、石羊工商所。其主要职能职责是:贯彻执行国家、省、市有关工商行政管理的方针政策和法律法规;组织管理全区工商企业和从事经营活动的单位、个人的注册登记,依法核定注册单位名称,审核、颁发有关证照,实行监督管理;组织监督检查市场经营行为,查处垄断和不正当竞争案件,依照法律、法规打击经济违法违章行为;组织保护消费者合法权益,组织查处侵犯消费者权益案件,组织查处市场管理和商标管理中的经销掺假及假冒商品行为;负责流通领域的商品质量监督管理;负责各类商品交易市场的登记管理、市场经营秩序的规范管理,监督管理经纪人、经纪机构;负责合同监督管理工作和查处合同欺诈行为,组织管理动产抵押物登记和监管拍卖行为;组织监督管理商标注册工作,培育、推荐省(市)著名商标,查处商标侵权行为,负责监督管理商标印制,管理商标代理机构和商标评估机构并指导其工作;监督管理广告发布和广告经营活动,办理地方性广告核准手续;监督管理个体工商户、合伙企业和独资企业的经营行为;指导个体私营企业协会工作和消费者协会工作。（邓昌军）

【成都市质监局高新分局】 1999年6月成都高新区质量技术监督局成立,其是成都高新区管委会工作机构。1999年9月,实行垂直管理,更名为成都市质量技术监督局高新分局。其职能是:负责实施成都高新区的质量管理、质量监督、计量工作、标准化工作、质量管理体系及产品认证工作、代码条码工作、特种设备安全监察、行政执法及打假治劣工作。2006年,该局设工作机构2个:综合处、稽查大队,干部职工15人,局长李新亚,副

局长张德云，纪检组长刘友文。 (丰学炎)

【成都市公安局高新区分局】 1996年6月，成都市公安局高新技术产业开发区分局成立，内设机构有办公室、政治处、政经文保署、预审法制署、刑侦署、治安署等6个正处级单位。2006年，高新分局共有警力374名，内设机构有办公室、政治处、监察室、政经文保署、刑侦署、治安署等6个正处级单位。政经文保署下设国内安全保卫大队、经济案件侦查大队，刑侦署下设侦查大队、禁毒大队、技术大队，治安署下设治安大队。设有巡警大队、法制科、公共网络信息安全监察大队、消防大队以及肖家河、芳草街、石羊、三瓦窑、西区派出所等9个正科级单位。其主要职能：贯彻执行党和国家有关公安工作的方针、政策、法规、规章，分析、研究成都高新区社会治安状况，部署成都高新区公安工作；掌握、分析、预测敌情和社会治安情况，为成都高新区党工委、管委会、政法委和上级公安机关提供社会治安方面的重要信息，并研究提出对策；负责成都高新区公安队伍的思想政治工作和队伍的革命化、正规化、制度化建设；负责成都高新区范围内的刑事案件侦察预审，组织指挥重大行动，侦破重大案件，处置重大事件及抢险救灾；依法管理社会治安、户籍、边防和出入境及外国人事务；组织实施消防工作，依法进行消防监督；依法监督成都高新区国家机关、社会团体、企事业单位的安全保卫工作，指导企事业单位保卫组织建设和城乡治安保卫委员会等群众性组织的治安防范工作；在成都高新区范围内组织实施对党和国家领导人、自治区党委和政府主要领导人以及重要外宾、重要会议、重大集会活动的安全警卫工作；负责成都高新区范围内的计算机信息系统安全保护工作，制定成都高新区公安通信及计算机信息系统规划；组织开展公安科学技术工作，负责公安机关的装备建设；对市民进行提高警惕、加强安全防范和遵守法律、遵守公共秩序的宣传工作；承办区党工委、管委会、政法委和上级公安机关交办的其他事项。

(张小毛)

直属企事业单位

【成都高新区创新中心】 1996年11月18日，成都高新技术创新服务中心成立，为成都高新技术产业开发区科技局直属全民所有制自收自支事业法人单位，工作人员4人，办公地设在成都高新区高朋大道5号。2000年9月，创新中心由隶属于科技局调整为直属于管委会的全民所有制事业单位。2001年1月，创新中心人员增加到16人，设立综合部、企业部、投融资部、培训部和物业部。2002年7月，创新中心通过ISO 9001：2000标准质量管理体系认证。2002 年11月加入国际科技园协会亚太分会。2003年4月，成都高新西区创业中心(2001年8月成立)并入创新中心。2004年11月，创新中心设立起步区基地、西部园区基地和软件基地三个孵化基地，与中国成都留学人员创业园、成都博士创业园、成都高新孵化园4块牌子，一班人马，人员增至43人，内设机构调整为综合(培训)部、财务管理部、项目发展部、起步区基地管理部、西部园区基地管理部、软件基地管理部。

(翁 涛)

【成都高投集团公司】 成都高新投资集团有限公司(原名成都高新区投资有限公司)成立于1996年9月，注册资本10亿元，是成都高新区管委会批准成立的国有独资有限责任公司。公司职能：对成都高新区南部园区和西部园区实施整体建设；通过资本运作和利用多种金融工具进行项目融资和管理；由成都高新区管委会授权从事国有资产的运营与管理，确保其保值增值；以市场为导向，以风险资金为纽带，通过投资、控股、重组、联营、并购、贴息、信用贷款等多种方式，支持区内高新科技成果转化及产业化项目；加强内部管理，做好资金的统一调度和管理；建立科学、高效的项目决策和投资监督机制，提高整体赢利能力。集团现有成都高新置业有限公司、成都高新建设开发有限公司、四川成都出口加工区国际贸易有限公司、成都高新创新投资有限公司、成都高新科技信用担保有限公司、四川成都出口加工区投资有限公司、成都现代体育公园管理有限公司7家全资子公司，同时控股、参股成都成芯半导体制造有限公司、成都保税物流投资有限公司、成都高新发展股份有限公司、成都地奥集团股份有限公司等8家企业。集团公司总部内设综合部、投资部、财务部、审计部4个职能部门。集团先后承担成都高新区内基础设施、产业园区、学校、住宅等工程建设任务上百个，具有代表性的工程有天府大道高新段、南部园区及西部园区路网工程、ICON高新国际广场、高新孵化园、天府软件园、西部园区政务中心、模具工业园、创新组团、南区及西区出口加工区、农民拆迁安置小区、体育公园、神仙树公园、新华职中及配合国土部门开展征地拆迁等项目，投资成芯8英寸芯片、保税物流中心等重要产业项目，投资总额逾90亿元。 (彭 隽 刘国东)

党务·政务

CPC AND GOVERNMENT AFFAIRS

组织建设

【领导班子建设】 成都高新区党工委重视领导班子建设，认真开好每年的党工委管委会领导班子民主生活会。2006年,民主生活会前组织领导班子成员认真学习中央和四川省委、成都市委的有关文件和政策,集中收看党风廉政建设警示教育片。分别召集各单位主要负责人、处级干部代表和一般干部代表召开会前征求意见座谈会,发放征求意见表52份,收回52份,广泛征求成都高新区各部门和各街道办事处主要领导、干部代表以及区内重点企事业单位代表对党工委管委会领导班子的意见和建议,形成《2006年党工委管委会领导班子民主生活会会前征求意见情况汇总》材料。党工委对于群众提出的问题，以目标任务的形式下达给相关职能部门解决。 (晏渃海)

【领导干部队伍建设】 2006年,成都高新区党工委组织部坚持日常考核与阶段性考核工作相结合。配合成都市委第一考察组完成对高新区领导班子的考察测评和优秀中青年干部推荐考察工作,制定成都高新区领导班子考察工作实施方案。组织105人进行领导干部民主推荐、等次测评,组织村社区干部代表、人大代表、政协委员、企业代表180余人进行民意测评，组织103人完成考察谈话。建立《干部日常考核工作制度》,对各部门进行不定期走访,了解干部日常动态。认真贯彻执行《干部任用条例》,完成25名处级领导干部选拔任用工作,对19名处级干部进行轮岗交换,接收2名局级干部和3名处级干部到成都高新区挂职锻炼，配合成都市委完成5名局级领导干部的考察、测评和选拔任用。对成都高新区内国有(参股、控股)企业经营领导班子进行深入考察,加强人员配备。加强干部监督,开展"廉政文化进机关"主题教育宣传活动。落实领导干部离任审计制度,委托审计部门对离任干部进行经济责任审计。 (晏渃海)

【党的建设】 2006年,成都高新区一社区一支部覆盖率达100%,新建顺江、滨河、三元社区已成立各自的筹备组。举办入党积极分子培训班6期，培养入党积极分子296人,发展预备党员87人,批准正式党员147名。2006年加强村、社区党员活动中心建设,全区共有村、社区党员活动中心54个,除因拆迁和规划受限以外,全部建立村、社区活动中心,11个活动中心全面实现三通功能,14个活动中心有院坝、小广场。作为体制新区,成都高新区党工委组织部紧紧抓住非公企业党建这一主线,制定《成都高新区非公有制经济党组织党建工作指导意见》,对非公党建工作进行长期规划。2006年,对80余名企业党务工作者进行专题培训,举办党建座谈会4次,走访奇力制药、金威啤酒、颠峰软件、爱发科、罗友钢建等36家企业。新建金威啤酒、颠峰软件、奇力制药等12个非公企业党组织,其中,规模以上企业7家,外资企业2家。组织怡和企业集团党委参加全省非公有制企业党建工作会议,并作题为《推进党内民主政治建设,增强党在非公企业的影响力》的书面交流发言。 (晏渃海)

【党员先进性教育】 2006年6月,成都高新区召开庆祝建党85周年暨保持共产党员先进性教育活动总结大会。会议表彰一批在开展保持共产党员先进性教育活动中涌现出来的先进企业党组织和优秀村(社区)党支部书记。3个领导班子和35个基层党组织受到表彰,授予35名同志"优秀党务工作者"称号,授予239名同志"优秀共产党员"称号,2名优秀基层党支部书记代表作大会交流发言。 (晏渃海)

【基层党组织建设】 2006年，成都高新区在肖家河街道试点，打造成都高新区街道社区党建工作的新模式"阳光家园"成为流动党员学习交流的平台,党组织服务党员、党员服务群众的平台,驻区党组织实现资源交换、服务共享的平台,"两新"党组织孵化的平台。"阳光家园"已经完成相关软硬件设施建设,工作人员的招聘和培训工作也已经结束,即将正式投入工作。开展基层干部培训，举办第5届村、社区基层干部培训班,61个村、社区的党支部书记、村委会、居委会主任等共计130余人参加本次培训。培训以构建和谐社会为主题,内容涉及基层党建、基层民主政治建设、促进充分就业以及社区建设等工作。 (晏渃海)

相关链接:

阳光家园:是党务工作职能下移的承接平台,是集组织归属、教育培训和志愿者服务等为一体的基层党建机制,具有组织关系接转、党员教育培训、困难党员群众帮扶、志愿者服务等功能。

【机关党建】 2006年，成都高新区机关党委采取多种方式加强机关党员的思想政治工作和理论学习，提高广大党员的素质,推进学习型机关建设。举办以"重温党章,永葆先进"为主题的迎接建党85周年活动。邀请四川省委党校党史党建教研部主任、享受国务院特殊津贴专家彭穗宁教授为全区党员代表作题为“学习党章,遵守党章,贯彻党章,维护党章”的党课报告。编辑党章知识100题,组织全体党员开展《党章》知识学习测试活动。机关党委书记罗炽星同志撰写《遵守党章,永葆先进》调研文稿,深入基层党组织宣讲。并在成都市委宣传部、成都市纪委、成都市委组织部、成都市委党校联合举办的学习党章征文比赛中获奖。“七一”前夕,组织机关党员代表共90人集体收看中共中央召开的庆祝中国共产党成立85周年暨总结保持共产党员先进性教育活动大会的实况转播。组织机关全体党员观看影片《走出西柏坡》、《天狗》和《生死牛玉儒》。组织机关党员代表赴西柏坡学习考察。协助社会事业局举办成都高新区机关第三届运动会。为巩固先进性教育活动成果,加强长效机制建设,规范机关基层党组织工作,编撰《成都高新区机关党务工作手册》,发放到机关各支部,指导开展日常党建工作。指导地税局、创新中心、人大联络处、政协联络处、国土分局共10个支部开展换届选举和补选支部委员工作。做好对入党积极分子的培养考察工作,全年发展新党员10名。预备党员转正16名。组织入党积极分子30人参加成都市直机关党校第82期培训班培训。配合区工委组织部完成对各街道、各部门基层民主政治建设工作的推进和检查工作。巩固“树三心,强三力”教育活动成果,配合党工委、管委会“规服办”对各部门工作作风进行明察暗访共4次,推进机关规范化服务型政府建设,提高干部的服务质量和水平。为加强机关文化建设,提升成都高新区核心竞争力,贯彻落实党工委“弘扬正气,树立典型,表彰先进,打造更加具有凝聚力和战斗力的高新干部团队”的批示精神,举办“感动高新”有奖征文活动。（张义薇）

相关链接:

树三心、强三力:树立进取心、责任心、服务心,增强执行力、创造力、集合力。

【干部队伍培训】 2006年,成都高新区党工委组织部、人事劳动社会保障局制发《2006年度干部教育培训计划》,培训内容包括:主体班次培训、主题讲座、素质提升培训、网上培训、基层干部培训、赴外培训。制定成都高新区《贯彻〈干部教育培训工作条例(试行)〉的实施意见》,建立“1+7”八位一体干部教育培训新模式,以业务技能培训为核心,辅以主题培训、专题讲座、入职培训、主体班次培训、网上培训、赴外培训、拓展训练等其他形式培训。建立培训学分管理制度,保证全员培训,量化干部教育培训结果,为干部培训、晋升、使用、考核提供依据。全年,完成上级调训48人,组织13人参加拟任县处级党政领导职务政治理论水平任职资格考试。组织80余人参加户外拓展训练;邀请知名学者丁宁宁、彭穗宁、端木嘉钏等举办周末专题讲座,培训干部1600人次。积极开展干部读书活动,发放《第二批全国干部教育培训教材》6000余册,培训处级以上领导干部400多人,深入开展《江泽民文选》学习活动。贯彻落实《干部教育培训工作条例(试行)》,印发《关于贯彻〈干部教育培训工作条例(试行)〉的实施意见》,通过工作会、培训班、互联网、工作简报等途径进行宣传和学习。开展小型化处级领导专题培训,举办处级领导干部执政能力和水平提升专题培训班,对50余名处级领导干部的管理能力、处理危机能力、领导艺术等方面进行重点培训。同步进行的还有业务技能案例式场景培训。通过谈认识、评得失的方式,将案例式场景教学与单位业务工作紧密结合,变程序化的案例为鲜活的身边事例,增强干部培训的针对性和有效性。全年举办业务技能案例式场景培训77期,参训干部1300余人次。全面推行干部教育培训预告制,建立“培训内容需求库”、“培训动态预告库”、“干部参训自荐库”。建立干部教育培训“学分制”,“干部培训学分登记卡”和电子“学籍档案”,量化学分标准,构建培训工作的长效管理机制。（孙 炯 晏诺海）

【老干部管理】 2006年,成都高新区新增企业离休老干部6人,建立完善《离休干部基本信息采集表》。完成2006年离退休干部情况年报工作。走访慰问老干部50人次,为离退休老干部订阅《晚霞报》和《成都日报》。帮助老同志落实政策待遇,经四川省委批准,为老红军杜荣华落实正厅级工资待遇。协调解决地奥集团成都药业股份有限公司3位老同志的补贴问题。做好老干部日常接待工作,通过电话回复、面谈等方式,累计接待老干部70余人次。（晏诺海）

【民主政治建设】 成都高新区坚持以机关部门、街道、村社区三个层次推进基层民主政治建设工作,把重点始终放在民生问题上,注重解决群众实际困难。2006年,成都高新区9个基层党支部在换届选举和支委会成员增补中,全部进行公推直选,覆盖率达100%。在选举过程中探索形成“公招直选”、“三荐一考一选”等选举新举措,引入秘密划票制度,提高选举质量。各村、社区党务政务公开覆盖面达到100%,通过安装社区小广播、印发宣传单、建立网站、设置公告栏等途径,扩大党务政务公开工作的范围和影响。全面开放街道党工委会议、办事处办公会议、民主生活会,涉及群众切身利益的议题全部邀请党员群众代表列席。对列席人员的产生办法、人员构成、意见落实情况等作出详细规定。5个街道全年开放会议203次，涉及573个议题，833名干部群众代表参加会议，共建立1445人的党员群众代表数据库。开展"三联"工作，注重解决群众生产生活实际困难，2006年各街道通过"三联"制度落实群众意见建议1571条，解决群众就业3096人次，解决困难群众子女上学1196人次。科学民主的决策机制基本形成，各部门涉及民生问题的重要事项均进行决策咨询听证，先后开展土地利用规划、社区建设、景观街区改造等项目30个。引入社会评价机制，聘请专业调查咨询机构对各单位工作开展情况和群众意见进行全面系统的调查。开展"基层民主走进千家万户"系列主题宣传活动，进行为期5个月的图片巡回展，印制5万册《基层民主政治宣传手册》，开展"基层民主政治建设示范村（社区）活动"，营造争先创优的工作氛围。肖家河正街社区、芳草街蓓蕾社区、石羊双河村、桂溪和平社区、合作石院村被评为2006年度示范村(社区)。 （晏湉海）

相关链接：

三荐一考一选：是基层党组织选举中的一种措施。三荐是组织推荐、群众推荐、个人自荐；一考是书面考试；一选是党员直接选举。

三联：是基层民主政治建设中的一个术语，指党(工)委委员联系党员代表、党员代表联系党员、党员联系群众。

宣传工作

【概　况】 2006年，成都高新区的宣传工作以邓小平理论、"三个代表"重要思想和科学发展观为指导，认真学习五中全会精神，贯彻落实第十届五次全委会精神及成都市委、市政府重大战略部署，利用"产业发展年"的大好契机，拟定《成都高新区2006年宣传思想工作要点》；围绕全区中心工作，开拓宣传思路，创新宣传举措，凸显成都高新区特色亮点，积极主动组织有序开展各种宣传活动。开展党工委管委会党政信息的收集、采写、编辑、印发、上报工作，以及各街道、各部门党政信息的目标管理工作，进行全区重大活动或重要事件的宣传报道策划的组织和实施工作；推进精神文明建设专项创建活动，处理文明办日常工作。

【宣传理论研究】 2006年度，成都高新区党工委高度重视中心组理论学习，按照年初全市宣传工作会议精神和中共成都市委办公厅提出的《区(市)县委中心组理论学习考核办法(试行)的通知》的具体要求，把提升执政水平、提高领导干部理论素质及综合素质、努力建设学习型领导班子摆上重要位置，坚持开展中心组学习活动，坚持作到学习正化、制度化。开展多种形式学习研究。一是坚持开展集中学习。结合成都高新区工作实际，中心组坚持利用办公会、工委会等时间安排集中学习研讨，每次集中学习早计划、细安排，同时坚持请销假制度，对学习出勤情况进行严格考核。二是坚持开展自我学习。成都高新区领导干部在面对人员少、工作重的具体情况下，坚持围绕学习计划安排内容，挤时间积极进行自我学习。通过系统全面地学习《科学发展观读本》、《江泽民文选》等著作，努力提升自身政治素质。三是坚持组织开展结合工作实际的专题学习活动。全年围绕成都高新区经济社会发展全局工作，精心组织安排各类大型学习活动5次，先后邀请国务院发展研究中心社会发展研究部部长丁宁宁、四川省知识产权局局长黄峰、西南财经大学产业经济学博士生导师赵国良、四川评审中心技术委员会成员端木嘉钏等人，对"科学技术与社会发展"、"科学发展观及当前经济宏观调控"、"领导干部执政能力和水平提升"、"将ISO 9000质量管理体系理念导入规范化服务型政府建设"、"推动知识产权工作，提高企业知识产权创造保护能力"等内容进行分专题、有计划、有步骤的系统学习。四是积极开展大范围的学习研讨活动。为进一步武装思想、推动工作，结合自身实际，年内开展"深化社会主义荣辱观实践活动"、"学郫县精神、促高新发展"、"党风廉政建设"等大范围专题讨论学习活动，领导全体干部积极交流学习体验，认真总结学习心得，大大提高干部政治思想素质和理论践行水平，有力推进各项工作的顺利开展。坚持理论联系实际，树立和落实科学发展观。深入开展调查研究，用学习理论指导工作实际。党工委中心组成员始终坚持理论联系实际，学以致用，用以促学。围绕招商引资和产业发展、再就业、社区管理等重点工作，中心组成员多次深入现场和基层，进行现场调研，解决一大批企业、单位及辖区群众所面临的实际困难和问题，有力推动各项工作的进展。认真撰写学习心得及理论调研文章。区中心组成员始终把理论学习当作保持头脑清醒、创造性地作好工作的思想"加油站"，领导干部积极结合工作实际，深入思考工作，积极撰写调研文章，成都市委常委、成都高新区党工委书记李昆学带头撰写《突出主导产业，加快集群发展》调研文章，对成都高新区整体建设发展工作起到积极的指导和推动作用。

【重大宣传活动】 为吸引国内外的关注,创造更多的企业投资合作机会,展示成都高新区的全新形象。2006年,成都高新区组织策划并实施创建全国最佳旅游城市、创建ISO 14000国家示范区等系列宣传报道工作。精心策划并组织实施"2006全球半导体设备与材料成都研讨会"等重大活动的宣传报道工作;组织完成成都高新区在全国率先推行全免费义务教育、获得"全国优秀博士后科研工作站"称号等重大宣传报道工作。组织完成铁姆肯(成都)航空及精密产品有限公司、NEC信息系统(中国)有限公司成都分公司成立庆典、天府软件数字媒体软件集团成立、赫比签约仪式、SAP公司落户、新电公司落户、金山公司签约仪式、金威啤酒签约仪式等重大项目的宣传报道工作;组织实施英特尔产品(成都)有限公司二期工程竣工仪式、中芯国际AT2开幕典礼、微软游戏技术平台启动仪式、共建成都大学国信安软件学院、安捷伦新产品发布会等项目的宣传报道工作。组织完成成都高新区党工委管委会2006年工作会议、2005年度企业表彰会等重大活动的宣传报道工作;配合完成成都高新区"再就业之星"颁奖典礼等重大活动的宣传策划和报道工作。

【思想政治宣传】 2006年,成都高新区党工委组织学习贯彻"三个代表"重要思想、科学发展观及党的十六大和十六届三中、四中、五中全会重要精神的活动,深入贯彻四川省委八届四中全会和成都市第十次党代会、成都市委十届五次全会精神,以各机关、街道、单位为载体,通过党委中心组的理论学习、宣讲会、自学等方式,全面落实贯彻科学发展观;同时,结合规范化服务型政府建设等专题活动,大力加强执政能力建设、转变干部工作作风,紧抓发展第一要务,把中央和四川省、成都市委的精神贯彻落实到实践中。开展"提升服务水平,推动产业发展"讨论活动。为推进成都高新区产业发展年各项工作,贯彻落实成都市委、市政府"三个集中"重大战略部署,推出"创作一首自己的歌、拍摄一部成都高新区形象片、编印一本体现高新精神的书、推出一台自创节目、开展成都高新区ＶＩ(成都高新区标志性图案)形象推进工作"的文化建设系列活动,并在全体干部中开展"感动高新"征文征集活动;6月,在全体党员干部中开展"学郫县精神,促高新发展"大讨论活动。结合创建全国最佳旅游城市活动,在机关、学校、街道、社区、企业开展爱国主义、集体主义、社会公德教育,大力开展"八荣八耻"《公民道德实施纲要》、成都市城市精神宣传活动,其中以社区市民学校及各类社会活动为载体,在街道、社区开展文明礼仪讲坛宣讲活动25场。全年印制并发放张贴宣传画26000张,"创佳知识100问"10000份,成都高新区创佳宣传手册8万余册,分别在成都高新区西部园区成灌高速路设巨型创佳广告5幅,在高新大道设置创佳宣传广告牌70个、天府大道设置巨型创佳广告3幅,紫荆影院、家乐福及其他重要路段设置特色滚动广告15幅,机关大楼各层办公点设置创佳宣传"动拉宝"27个,在各街道、社区设置创佳宣传栏,在各类办事服务窗口及服务中心电子显示屏上增添创佳宣传内容;各类宣传资料深入院落及门户;营造良好的创佳社会氛围,较好提升辖区居民的文明素质。成都高新区党工委在研究全区工作的同时,把思想政治工作纳入日常工作范围,并在原建立思想政治工作网络体系的基础上,不断完善党政群团政治思想工作网络、以中心组学习和干部培训为重点的干部教育网络、信息上报网络。全年开展2次形势报告会和5次特色工作形势政策教育主题活动,实现思想政治工作网络及效果最大化。

【对外宣传】 在对外宣传工作中,成都高新区为四川省成都市各媒体提供新闻线索,并为其采访报道创造和提供各项条件,保证不漏报、错报。2006年,全区在各新闻媒体刊稿量达1129次;组织完成《科技日报》、《经济日报》、《中国高新产业技术导报》以及《新财经》杂志社对成都高新区的采访报道工作。配合成都市完成"产业发展年"、"推进城乡一体化"、"促进充分就业"、"加快软件产业发展"、"规范化服务型政府建设" 等全市重大专题成都高新区部分的宣传策划和报道工作。组织策划成都高新区形象宣传片、工业经济宣传片的拍摄制作工作;完成2007年新春贺卡国际版和国内版;设计并制作成都高新区2007年台历;开展文化理念办公用品制作。

【新闻管理】 2006年,成都高新区筹备建立新闻宣传网络,完善对外宣传管理运行机制;加大控制负面宣传报道,以维护成都高新区和成都市的招商引资环境和对外形象,超额完成成都高新区党报、党刊发行工作。

(本分目供稿人:税　月)

统战工作

【概　况】 成都高新区统战、侨台工作,由成都高新区党工委管委会办公室承担。主要负责宣传和贯彻执行党和政府有关统战、侨台事务的方针、政策、法规,调查研究全区统战、侨台工作情况,向上级党委、政府提供相关信息；支持和帮助民主党派基层组织抓好学习、开展调研、规范活动、发挥作用，同时协助做好党外干部的考察、推荐、培训工作；依法保护华侨、华人、港澳同胞和台胞、台属的正当权益，开展对华侨、华人、港澳同胞和台胞、台属及其社团的团结友好工作；调查研究引进华侨、华人、港澳同胞和台胞、台属资金、技术、人才工作的情况并提出政策建议，推动引进资金、技术、人才的工作；承办上级统战、侨台部门交办的其他事项。2006年，成都高新区统战、侨台工作按照“围绕中心、服务大局”的指导思想，紧紧围绕“大团结、大联合”的主题，始终坚持以经济领域统战工作为重点，扎实、有效地推进统战工作的全面开展。

【多党合作和政治协商】 2006年，成都高新区整理民主党派基础资料，更新民主党派成员名单；配合四川省委统战部、成都市人大、成都市委统战部等上级部门做好统战、侨台调研工作，组织、参加各类调研活动10余次；帮助民主党派基层组织加强自身建设，积极为其开展活动协调关系、筹措经费、联系场地，协助民建高新支部开展为贫困学生捐资助学等一系列活动；引导民主党派和无党派代表人士为成都高新区经济建设献计出力，经民建高新支部的牵线搭桥，召开民建高新支部成员单位招聘会，其中成都日新工艺品厂与石羊街道办事处新街社区、庆安社区达成合作协议，解决了80余名就业困难人员就业；加大民主党派、无党派、新的社会阶层代表人士的培养、选拔力度，选送民主党派、无党派和海外归国留学人员代表参加四川省委统战部、成都市委统战部组织的各类培训及成都市委党校学习培训10余人次。

【对台对侨事务】 2006年，成都高新区组织四川南山之桥微电子公司、四川登巅微电子有限公司等企业参加第四届“东盟华商投资会”，参加“2006海外专家学者高新科技洽谈会”等各类项目推介、交流活动10余次；接待台湾华邦电子到成都高新区考察投资环境、台湾工商界川渝经贸考察团等各类考察10余次；协调处理涉侨、涉台投诉4起。

(本分目供稿人：王魏娜)

政策调研

【概　况】 成都高新区的改革调研工作由发展策划局负责。2006年，政策调研工作围绕成都高新区中心工作及阶段性重点、难点和热点问题，重点开展一系列专题调研。全年编发调研与思考12篇，完成各类调研文稿20余篇，起草和参与起草党工委、管委会文件10余件，领导讲话和交办文稿80余件。

【软件产业调研】 2006年，面对国际软件产业发展趋势，为更好把握软件产业发展规律，根据成都高新区党工委管委会要求，重点开展软件产业专题调研，形成《关于促进软件产业发展的实施意见》。分析软件产业的战略地位、全球软件产业发展的主要模式、全球软件产业发展的趋势、我国软件产业的发展现状等当前软件产业发展形势，也分析成都发展软件产业的现实基础、成都发展软件产业的比较优势等，最后提出成都发展软件产业的战略选择：大力实施“1231”战略(即：抓住软件人才培养聚集这个中心、突出软件产品的自主创新和服务外包的快速发展两个重点、强化政策、载体、服务三大支撑、高举一面旗帜)，力争到2010年，软件产业经营收入达800亿元，年平均增幅45%；软件出口5亿美元，年平均增幅35%；从业人员达20万人。通过CMMI3以上认证的软件企业60家，其中CMMI5认证15家。销售收入过30亿元的企业1～2家，过10亿元的20家。力争到2015年，软件产业经营收入达3000亿元，年平均增幅30%；软件出口10亿美元，年平均增幅15%；从业人员达30万人。通过CMMI3以上认证的软件企业100家，其中CMMI5认证20家。销售收入过50亿元的企业1～2家，过30亿元的企业8～10家，过10亿元的60家。

相关链接：

CMMI3和CMMI5：CMMI，即能力成熟度模型整合的缩写，为软件工程师学会(SEI)的标准，他是该学会最初的能力成熟度模型(CMM)的更新。CMMI推广循环反馈和改进这样一个概念，成为质量最好的IT机构的特征。CMMI定义一至五级的软件过程成熟度，一级为初始级，以特别的方法和不可预测的结果为特征，而五级为优化级，这时IT机构拥有可测量的和连续的过程改进。

【招商引资调研】 2006年，为做好招商引资工作，认识全球产业转移规律，成都高新区发展策划局重点开展突出抓好招商引资、加快实现跨越式发展的专题调研。提出招商引资工作，关键就是要解决好“招什么”、“怎么招”、“用心招”的问题。调研报告中，首先提出要明确招什么，即弄清产业为什么会转移、按照什么规律转移、吸引什么产业转移，这是搞好招商引资首先必须要解决的问题，报告首先分析产业为什么会转移、产业按照什么规律转移、吸引什么产业转移等，并根据以上理性思考，结合成都自然生态环境优良、水电气资源充足、电子信息人才丰富、电子信息和中医药科研实力雄厚、具有一定的产业基础、是我国重要的中药材产地等优势，充分考虑未来的发展前景，明确提出打造以微电子为主导的IT产业、以中医药现代化为重点的生物医药产业和以先进技术为特征的精密机械制造产业三大基地的定位，为招商引资和产业聚集提供明确的目标导向，较好地解决“招什么”的问题。其次要弄清怎么招，实质就是采取什么样的措施和方法推进招商引资工作，这是确保招商引资工作取得实效的关键。根据成都高新区这两年的实践，报告提出“夯实一个基础，打造一个载体，制定一套政策，组织一支队伍，到全世界去敲门”的工作措施。

【园区建设调研】 2006年，在贯彻成都市委市政府统筹城乡经济社会发展、推进城乡一体化战略部署过程中，成都高新区坚持以工业化推进城市化，以城市化服务工业化，提出“加快三个进程，解决四个问题，实现两个率先”的城乡一体化工作思路(即：加快规划建设进程，加快新型工业化进程，加快全面城市化进程；解决好城市化过程中农转居人员的拆迁安置、就业培训、社会保障和持续增收四个问题；率先在成都市乃至四川省实现城乡一体化和全面城市化)，并按照“总体规划，分步实施，因地制宜，突出特色，超前推进”的部署，推进工业向特色园区集中、土地向支柱产业集中、农民向城市社区集中，着力打造既有一流科研和生产环境，又有一流生活和生态环境，经济与社会、人与自然和谐发展的现代化高科技园区，努力承担起全市经济社会发展的“火车头”、“发动机”、“增长极”和三个文明建设示范区的重任。在调研报告中，一是提出以规划为龙头，夯实全面城市化的基础。根据园区的功能定位，成都高新区于2004年底完成82.5平方公里范围的城市总体规划和新一轮土地利用总体规划修编工作，并公开招标选择国际知名规划设计企业，高标准编制两个园区的控制性详细规划，形成从城市建设、土地利用到产业布局的全方位总体规划，做到总体规划和控制性详细规划的全覆盖。在园区规划中，高度重视统筹产业功能与城市功能，统筹加快产业聚集与发展社会事业，统筹区域经济发展与提高居民生活水平，为推进全面城市化提供科学依据。二是提出以产业发展为动力，加快全面城市化进程。高起点建设特色园区，提升产业聚集的承载能力。突出加强招商引资，加快聚集一流企业。加大项目促建力度，增强产业发展后劲。支持企业做大做强，不断壮大产业规模。三是提出以解决四大问题为重点，抓好全面城市化的关键环节。切实解决好城市化进程中的重点问题，确保农转居人员享受与城市居民同等的待遇，既是推进全面城市化的关键环节，也是推进全面城市化的着眼点和落脚点。成都高新区认真解决城市化进程中的拆迁安置、就业培训、社会保障和持续增收四大问题，让城市化的成果惠及广大人民群众。高起点规划建设集中居住小区，构建农民向市民转变的安居平台。促进充分就业，构建农民向市民转变的乐业平台。以基层民主政治建设为重点，建立完善维护失地农转居群众合法权益的保障机制。报告并提出下一步的统一部署，在加快推进城乡一体化工作中，突出抓好夯实基础、壮大产业和促进充分就业三个重点，力争各项经济指标增长30%以上，率先实现全面城市化。重点是经营南区，夯实西区，不断提高基础承载能力。

【投融资环境调研】 为在成都高新区内营造良好的投融资环境，缓解政府资金压力，切实解决中小企业融资难的问题，2006年12月，发展策划局开展金融研讨会，邀请著名金融学家、西南财经大学校长助理、中国金融研究中心主任刘锡良教授等出席成都高新区金融研讨暨座谈会，党工委副书记、管委会副主任冯亚曦和党工委管委会办公室、发展策划局、经贸发展局、科技局、财政局、创新中心、投资集团等有关部门负责人与会。会上，专家们就成都高新区在产业发展、基础设施建设等方面所面临的投融资问题提出许多有价值的建议和意见，形成《关于金融研讨暨座谈会上有关情况的汇报》。提出成都高新区应以创新的思维破解资金制约、推动设立产业投资基金、充分利用产权场外交易中心、大力引进外资金融机构入区开展业务、超前做好区域金融规划等建议，此外，还应开阔融资视野，拓宽融资渠道，组织专门力量研究探讨有效利用保险及其他基金、信托理财、个人理财资金，将民间资金转化为可用资本，促进区域经济社会快速发展。

【文稿起草】 2006年，发展策划局共完成讲话、发言、约稿等综合性文稿80余篇，主要有《全面落实科学发展观，加快建设和谐高新》、《在创建世界一流高科技园区主题论坛上的发言》、《大力推进自主创新，引领高新技术产业发展》、《在2006年国家成都高新区发展战略研讨会发言》、《法国Leacom期刊采访提纲》、《接受〈电子资讯时报〉高层专访》、《四川发改委出口加工区发言》、《成都高新区软件产业汇报》、《在深圳研讨会发言》、《全市科技大会交流材料》、《西部园区建设发展情况汇报材料》、《向市委常委会的汇报》、《向李进副主席的情况汇报》、《关于成都高新区推进城乡一体化有关情况的报告》、《向人大代表的工作通报》等。起草《成都高新区党工委管委会工作报告》、《成都高新区2006年上半年工作总结和下半年工作思路》等全年和半年工作报告初稿。（本分目供稿人：覃红梅　谭均录　刘智析）

保密工作

【概　况】成都高新区保密局与党工委管委会办公室合署办公，秘书处具体负责成都高新区保密工作。按照抓重点，抓防范，确保无泄密事故发生的要求，落实保密工作领导干部责任制，成立以成都高新区党工委管委会分管领导为主任，各部门分管领导为成员的成都高新区保密委员会；各部门都确定兼职的保密干部，区保密人员网络初步形成；确定各重点涉密部门、部位，主要分布在政法、经济、组织人事方面，涉密人员上岗培训达到80%；组建信息网络管理中心，负责信息化建设和网络安全；加强招商引资、重要接待、高科技项目交流中的保密管理；2003年和2005年成都高新区被评为成都市保密先进单位。

【保密宣传教育】成都高新区各涉密机关、单位按照《中华人民共和国保密法》及其配套法规的规定，开展经常性的保密宣传教育，加强对领导干部、重点涉密人员的宣传教育，使他们增强保守国家秘密的自觉性，在思想上筑起保密的坚固防线，增强对保密工作的认识。坚持以《中华人民共和国保密法》为依据，坚持"重点突出、积极防范、既确保国家秘密，又便利各项工作"的方针，贯彻好"新形式下的保密工作只能加强，不能削弱"的精神，从讲政治的高度认识新形势下保密工作的重要性。加强《中华人民共和国保密法》及其《实施办法》的宣教活动，用正反两方面典型事例加强保密警示教育增强保密教育的针对性和实效性。把重点涉密人员作为宣教培训重点，通过培训，提高涉密人员业务素质，增强业务技能。充分发挥保密委员会的领导作用，定期分析保密工作面临的形式和问题，研究提出做好保密工作的重大举措。

【保密监督检查】成都高新区各涉密机关、单位经常对本单位的保密工作进行检查，发现问题及时整改。各级保密工作部门要加强对本地区各涉密机关、单位保密业务的指导，不定期地进行保密抽查，确保国家秘密万无一失。对涉密人员或秘密载体管理人员违反保密规定，造成泄密隐患或泄露国家秘密的，要按照《中共中央保密委员会办公室、国家保密局关于国家秘密载体保密管理的规定》追究其责任。成都高新区的科技、经济、外事部门是保密工作的重点部门，加大对上述部门的保密专项检查督促，提高工作人员的保密意识。

【保密技术】成都高新区按照既要遵循有利于国家秘密安全和有利于信息交流原则，加强对涉密计算机和办公自动化管理。成都高新区切实加强对存储和传输国家秘密信息的涉密计算机和网络的管理，严防计算机和网络泄密，加大涉密计算机信息系统的管理力度，涉密网络一定与互联网实行物理隔离，对"一机上两网"的计算机安装安全隔离卡。对在网络中实施信息收集、传输、存储、加工处理、分发和利用计算机及其外部设备和网络部件的，安装防电磁泄露干扰器。做好涉密计算机维修，涉密电子载体的定点销毁管理工作。坚持"谁上网、谁负责"的原则，制定上网信息审查制度，进行经常性的检查，严格防范涉密信息上网。成都高新区内涉密机关、单位严格按照有关保密规定，加强对要害部门与重点部门保密设施的配备，特别是加强对存放国家秘密载体保密设施的经费投入，配置必要的保密设备。（本分目供稿人：朱　静）

纪检监察

【概　况】成都高新区的纪检、监察工作由中共成都市纪律委员会、成都市监察局的派出机构中共成都高新区纪律工作委员会、成都高新区监察局负责。2006年，成都高新区纪工委深入贯彻成都市纪委五次全会精神，紧紧围绕树立可持续发展观，构建和谐社会的战略任务，全面落实四川省委、成都市委关于《建立健全教育、制度、监督并重的惩治和预防腐败体系实施纲要》的具体意见，做好廉洁自律、反腐倡廉宣传教育、信访与案件查办、纠风、执法监察、治本抓源头、干部培训各项工作，为区域经济发展提供可靠的政治保障。2006年，成都高新区纪工委被成都市纪委评为贯彻执行党风廉政建设责任制工作成效明显单位、信息工作先进单位、信访举报工作先进单位、纠风工作先进单位、执法监察工作先进单位、案件管理工作先进单位；被成都市审计局评为全市审计机关先进集体；被成都高新区党工委管委会评为社区建设工作先进单位、安全生产先进单位、城市管理先进单位。

【党风廉政建设】 2006年3月10日，党风廉政建设和反腐败工作会议在成都高新区办公楼11楼举行，会议总结2005年度反腐倡廉工作，部署2006年任务。成都高新区纪工委全体委员出席会议。全区副处以上干部及成都高新区投资公司、倍特公司高管人员列席会议。成都市委常委、成都高新区党工委书记李昆学在会上作重要讲话。成都高新区党工委委员、纪工委书记高峰作题为《全面履行党章赋予的职责和任务，不断开创党风廉政建设和反腐败工作新局面》的报告。

【领导干部廉洁自律】 2006年，成都高新区严格执行领导干部廉洁自律各项规定。先后开展在春节期间反对铺张浪费行为、深入治理党和国家工作人员违反规定收送礼金、有价证券等行为、国家机关工作人员和国有企业负责人投资入股煤矿问题等专项活动。全年登记上交礼金20.158万元。按照四川省、成都市统一部署，开展清理专项资金特别是各类支农扶贫资金的使用管理、私设“小金库”、领导干部及其配偶子女违规经商办企业、投资入股煤矿及其他国有资源开采的情况的工作(简称“四项清理”)。通过自查，市级交叉检查，省级交叉检查，将清理工作落到实处，清理成果得到肯定。

【违纪违法案件查办】 2006年，成都高新区各级纪检监察机关坚持依法办案，加强案件检查和案件审理工作，查办有影响的大案要案，全年共查案5件，结案4件，给予党纪政纪处分6人。查处7人，涉及处级以上干部3人，移送司法机关处理5人，占受党纪政纪处分人员的83.3%。查办有影响的大案要案有：成都高新区原国土局局长赵友新受贿案，马晋川操纵投标结果的违法串标案。通过查办案件，为国家和集体挽回直接经济损失236.9万元，协助四川省纪委初核案件1件，协助成都市纪委查处案件1件。

【反腐倡廉宣传教育】 2006年，成都高新区以《中国共产党党章》(以下简称党章)及《建立健全教育、制度、监督并重的惩治和预防腐败体系实施纲要》(以下简称实施纲要)为重点内容，构建“大宣教”格局。印发学习资料共15期，发放《学习贯彻党章知识问答》等学习材料，会同相关部门举办学习《党章》专题讲座，组织全区干部参加《党章》知识学习测试活动，组织“学习党章、推进反腐倡廉工作”征文活动，并推荐优秀文章参加全市评比，推荐文章获优秀奖。邀请专家作反腐败斗争形势报告会，有序推进廉政文化“六进”工作。采用座谈会、宣传专栏、张贴海报、网络和编演廉政小品等多种形式进行不间断的全覆盖宣传教育。结合“七一”晚会，开展编演廉政小品的活动。在成都市纪委、成都市委宣传部、成都市文化局主办的2006年成都市反腐倡廉曲艺小品比赛评比活动中，成都高新区参赛节目《糊涂乡长》获得三等奖。邀请成都市委党校付启章专家就廉政文化建设对全区各村、社区干部作专题报告，邀请四川省纪委常委秦刚为全区机关干部作“廉政文化进机关”专题讲座。认真抓好对干部的警示性教育，组织观看《忏悔录》、《慎权——少数县级党政“一把手”违纪违法典型案件警示录》、《权力寻租必自毁——陈家荣悔罪警示录》等电教片，组织各部门干部旁听成都高新区法院审理原成都高新区国土局工作人员王正彬、穆艳莉被控贪污一案，组织副局级以上干部旁听原成都高新区国土局局长赵友新被控贪污一案，使广大干部从身边案例中受到面对面的廉政警示教育。

相关链接：

六进：进机关，进学校，进企业，进家庭，进社区，进农村。

【纪检监察信访工作】 2006年，成都高新区纪工委共接待群众来信来访98件。先后对“纪委大接访”、“四项清理”专项活动涉及的信访举报件进行专项督查工作。注重发挥查处案件的“治本”作用，对成都高新区农转非人员中27名教师的拆迁补偿进行专案调查，对其中2名严重违法教师移送司法机关处理。全年立案3件3人，对2名违纪党员按党纪作出开除党籍处分，为国家挽回经济损失68.77万元。通过对查办案件进行思考、总结，做到查一案、预防一片的作用。《莫让招投标暗藏“猫腻”——一起串标案引发的思考》一文获成都市典型案例征文比赛二等奖。

【党内监督工作】 2006年，成都高新区纪工委认真抓党内监督条例、党员权利保障条例的贯彻落实。对拟交流、提拔的30名干部的党风廉政情况进行考察，对新拟提拔的13名领导干部进行任前廉政谈话，签订廉政承诺书并发放廉政手册。开展领导干部述职述廉工作，有8名领导干部进行述职述廉。进一步加强监督工作，在人大代表、民主党派、社区干部参与监督的基础上，聘请8名政治过硬、敢讲真话的党风、政风监督员，对全区干部的党风廉政情况、机关作风建设进行动态和全程监督。结合基层民主政治建设工作，积极推行党务公开，增强党组织工作的透明度，进一步扩大党员的知情权、参与权、监督权。

【治理商业贿赂】 2006年，将治理商业贿赂纳入党风廉政建设责任制目标，成立由成都高新区管委会副主任刘勇担任组长，相关部门主要负责人担任成员的治理商业贿赂领导小组。结合成都高新区实际，制定治理商业贿赂实施意见和具体措施，积极发挥联席会议制度的作用，确保治理商业贿赂工作的整体联动效果，保持对商业贿赂的高压态势，认真完成成都市治理商业贿赂办公室交办的信访件2件。

【纠正不正之风】 2006年，在春、秋季入学期间，会同经贸发展局、社会事业局对义务教育阶段"一费制"收费办法的贯彻落实进行检查。按照《关于严肃纪律确保深化农村义务教育经费保障机制改革落实的意见》精神，开展专项督查工作。根据四川省成都市统一部署，切实加强对发放工资、津贴、补贴的监督检查。按照《成都市监察局、成都市国土资源局关于贯彻落实〈监察部、国土资源部关于开展查处土地违法违规案件专项行动的通知〉》的要求，认真开展督查工作。加大机关效能监察工作，积极发挥机关作风投诉中心的作用，及时查处投诉和举报的问题，做到事事有结果、件件有落实。对投诉情况定期通报4次。督促各职能部门认真加强作风建设，提高办事效率，为群众、为投资者、为工作对象提供更优质的服务。为进一步方便受理办事群众的投诉，还在新建成的政务服务大厅专门设置监察、投诉窗口，督促各窗口单位认真履职。全面开展投资软环境治理工作，成都高新区的投资软环境在2006年全市投资软环境调查测评工作中获得第一名。认真督促相关部门积极稳妥开展农村集体资产处置工作，确保在处置过程中集体资产不流失，村民利益不受损失。

【执法监察】 2006年，执法监察围绕成都高新区2006年工作重点，加强对水环境、大气环境的综合整治的督促检查工作。对成都市投资软环境督办的2起环境污染举报进行查处，有力地维护全区范围内大气和水污染整治力度。汛期对成都高新区内的防洪工作进行执法监察，并针对发现的问题及时下发整改通知，确保安全度汛。针对区内建设工地多，开工面积大的现实，加强对重点建设工程招投标的监督力度。对南部园区大源组团道路、排水、汽车精品博览园路网工程、西部园区跨线桥等4个工程项目的招投标进行2次专门执法监察，对招投标的工作加强监管。全年共进行政府采购90次。加大对安全事故的执法监察。全年对7起安全责任事故进行现场监督。研究制定在成都高新区范围内建设工程《建设公司业绩考评办法》。该管理办法将对建设工程施工现场进行"差异化"管理，建设工程等级管理制度，实行安全文明施工"信用考评"，并按照考评分级，严格市场准入等措施，加强对施工过程的安全管理。该管理办法是在现有法律要求许可的情况下，根据实际情况对建设工程安全管理制度的一次创新，力争从源头上加强管理。

【从抓源头防腐败】 2006年，严格执行《党政领导干部选拔任用条例》，对各街道中层干部竞争上岗的工作进行全过程监督。按照上级要求，制定成都高新区《关于对政府投资项目实行审计结果通报的意见》，对各部门和街道的政府投资项目进行通报，强化对政府投资项目实施有效监督。

【纪检专业培训】 2006年，干部教育培训工作按照《中央纪委培训中心2006年度培训计划表》，先后安排各街道纪工委书记、各派驻纪检组长、纪工委工作人员等参加纪检监察综合业务和企业纪检监察业务的培训学习。按照四川省纪委培训计划，安排纪工委工作人员参加为期一周的案件检查业务培训。为提高基层信访干部业务水平，举办纪工委信访工作专题培训会，对各街道纪检监察信访干部进行专题培训。组织全体工作人员按时参加网上培训，参加专题知识讲座。安排人员参加组织部和人事局组织的拓展训练，赴外培训和主体班次培训等各种训练。开展"干部读书活动"，推进学习型机关建设。促使全体干部强化"持续培训，终生学习"的理念，养成勤于思考，善于研究的习惯。 （本分目供稿人：刘大勇）

人大工作

【人大联络工作】 2006年，成都高新区人大工作联络处协助成都市人大民宗侨委，接待四川省人大民宗侨委在成都高新区开展的关于《中华人民共和国外国人入境、出境管理办法》和《中华人民共和国公民出境、入境管理办法》的调研工作；协助成都市人大法工委到成都高新区法院、检察院进行任前资格考试的培训工作；协助成都市人大办公厅接待西安、苏州、济南、深圳等市人大常委会，到新会展中心、天府软件园、孵化园考察工作。11月，组织成都高新区人大代表换届选举工作，一次性足额选举产生38名成都市武侯区第五届人大代表和7名郫县第十六届人大代表；组织区内的人大代表出席成都市武侯区第四届人代会第五次会议、第五届人代会第一次会议以及成都高新区代表小组会。成都市武侯区第四届人代会第五次会议期间，成都高新区人大代表提出建议、意见9件，在相关部门的大力支持下，均已在法定时间(3个月)内办结，其余的建议、意见通过成都市人大代表向成都市人代会提出，成都市级机关有关部门已办理完毕。落实人大代表所在单位向人大工作联络处报告用工信息，及时向促就办通报促进充分就业工作的进展情况及工作数据，人大工作联络处帮扶2名区内下岗失业人员实现再就业。成都高新区人大工作联络处全年共受理人民群众来信52件，接待来访群众100多人次，全国人大和省、市人大要求回复10件，均已按时回复，信访办结回复率100%。对来访群众的答复、解释满意率达到95%以上。

【人大代表活动】 2006年，成都高新区人大工作联络处组织以“规范化服务型政府建设、人民法院庭审工作、人民检察院公诉工作”为内容的人大代表培训活动。召开以“组织人大代表视察庭审工作和规范化服务型政府（机关）建设”为内容的区内的市、区两级人大代表培训会。组织区人大代表参加成都市人大在锦江大礼堂举办的人大代表培训会。组织4个街道代表小组工作人员到成都市锦江区参观学习“人大工作室”的工作经验。组织市区人大代表参加对成都高新区管委会班子的测评工作和党工委组织的投资软环境的测评工作。组织代表到成都市中院观摩庭审。组织市、区两级人大代表配合成都市人大常务副主任王体乾率领的内务司法委员会视察法院一件刑事和一件民事案件的庭审，并进行评议。组织市区两级人大代表就如何履行代表职责和代表向选民述职等情况进行座谈会和工作经验交流。就房屋拆迁问题组织2次人大代表30余人次进行听证会。

【人大代表名单】

成都市第十四届人民代表大会代表名单：(按姓氏笔画排序)

王小康　王建军　冯亚曦　张　献　李伯刚
李岷雪　花　欣　罗天文　郭来宝　崔予红
黄国忠　敬　刚

成都市武侯区第五届人民代表大会代表名单：(按姓氏笔画排序)

丁春玲　丁桓仁　王　军　王　旭　王若洋
王明新　王继荣　刘　侠　刘妙丽　刘继红
牟文勇　江明才　孙　波　吕　毅　李岷雪
李泽明　严雨坤　初和平　何新明　肖其华
杨　觅　杨中亚　杨振宁　陆超英　易仕礼
洪艳亨　徐应良　徐洪兴　郭　健　康　好
曹德新　曾大蓉　蒋天泉　葛永红　舒照林
谭瑶君　樊晓峰　颜邦宾

郫县第十六届人民代表大会代表名单：(按姓氏笔画排序)

方　刚　方先琼　兰　丽　冯　林　刘世贵
张怀名　余　宣

(本分目供稿人：王　旭　周　娅)

政协工作

【政协联络工作】 2006年，成都高新区政协联络处组织区内政协委员召开成都高新区2005年建设发展情况及2006年工作思路和成都高新区2005年党风廉政建设工作情况通报会2次；开展委员小组活动1次，帮助委员全面了解成都高新区的情况，为提出高质量的提案做准备。1月，组织区政协委员出席成都市武侯区政协第四届四次会议，政协委员们提出提案12件，其中立案2件。2月，组织区内市政协委员出席成都市政协十二届四次会议，区内市政协委员提出提案30件。12月，组织区政协委员出席成都市武侯区政协第五届一次会议，政协委员提出提案20件，其中立案12件。联络处坚持上门走访政协委员及联系人士，遍访驻区内的各级政协委员。在走访联系委员中，注意倾听委员意见建议、收集整理社情民意。全年，联络处向成都市政协和成都高新区领导报送《委员意见建议》15期，向成都市政协报送信息20条，其中：全国政协信息采用1条，成都市政协《社情民意》采用2条，《社情民意专报》采用1条。联络处督办委员提案2件：区人事劳动和社会保障局承办《关于进一步加强失地农民就业工作培训的提案》，4月给予回复，提案人对提案办理感到满意。经贸发展局承办《利用政府资金提升中小企业信用等级，搭建银企桥梁建议的提案》，3月给予回复，提案人对提案办理表示基本满意。联络处还接待、陪同省、市政协领导到成都高新区视察10批，外地政协到成都高新区考察3批；接待处理群众来访3次，协助做好理顺情绪,化解矛盾工作。年底,协助有关部门做好成都市武侯区、郫县政协换届的委员推荐工作。

【政协活动】 2006年,成都高新区政协联络处为区内政协委员订阅全年《四川政协报》;为政协委员印发学习资料4期;组织部分政协委员外出学习考察2次;组织学习中央5号文件精神和中央十六届六中全会精神的专题活动2次;组织区内委员参加人民政协报开展《中共中央关于加强人民政协工作的意见》知识竞赛,20名政协委员参加此项活动。组织开展迎新春联谊活动、母亲节联谊活动、中秋节联谊活动及参观四川科技馆活动4次,召开政协委员为构建和谐社会做贡献座谈会、区政协委员换届联谊座谈会2次,组织委员对成都高新区落实“三个集中”,推进城乡一体化工作进展情况和成都市紧急医疗救援中心建设情况的专题视察2次。组织区内政协委员参加成都高新区领导班子测评、机关干部民主测评、成都高新区投资软环境调查测评活动4次。全年,《四川政协报》6次登文宣传政协委员参政议政活动。联络处通过向政协委员发出倡议、组织委员活动、开展视察、参与成都市政协“2006同心同德共建和谐成都网上论坛—促进城乡充分就业”金点子征集活动等。与成都市民建高新支部联合引进一工艺生产企业将工艺绢花制作生产投放到石羊街道庆安社区,解决73名就业困难人员就业,超额完成全年解决4人就业的工作任务。接待、引介成都市政协香港委员、香港中雄国际有限公司董事长俞中卫,加拿大Artron生物研究公司郑建博士、美国留学生杲阳等投资意向人和“国际生物医药创新技术产业园项目组”,香港CDC软件公司等企业到成都高新区考察投资环境共7批次。成功引进多源科技开发(成都)有限公司在成都高新区投资,注册资金200万美元,到位资金59万多美元。

【政协委员名单】

中国人民政治协商会议第十届全国委员会

常委名单:杨 岐 刘永好

委员名单:刘汉元 陈炳德 钱积惠

中国人民政治协商会议第九届四川省委员会

常委名单:花 欣 谭汉锦

委员名单:曾雁鸣 黎光德 张 涌 艾 欣 许晓舟 吴家碚 封 玮 雪合来提

中国人民政治协商会议第十二届成都市委员会

常委名单:罗友仁 蒋 励

委员名单:尤祖钢 米瑞蓉 封 玮 刘嘉林 李万雄 林 明 王 琳 曾绍清 杨 钢 林雅琴 孙继林 何金洲 王晋成 徐 勇 王新扬 王 丽 高利军 龙永庆 张建军 郭 萍 李 刚 钟娅玲 朱嘉熙 傅朝雪 张益康

中国人民政治协商会议第五届成都市武侯区委员会

常委名单:何静蓉 梁 刚

委员名单:郑洪华 杨 东 樊喜越 雷吉成 赵品莉 释果芳 肖 军 周新华 郑 莉 官 旭 蔡本刚 王 平 陈晓进 彭 虹 邹方霖 张 玮 王天祥 吴正畦

中国人民政治协商会议第八届成都市郫县委员会

委员名单:张 蓉 代晓桦 王威之 濮 健 余泽兰

(本分目供稿人:李 勇)

目标管理督查

【概 况】 2006年,成都高新区目标管理工作,以邓小平理论和“三个代表”重要思想为指导,按照年初制定的工作思路,全面推进目标管理督查工作的开展,各项工作取得较好的成绩。成都高新区目标管理督查主要负责党工委、管委会主要工作目标的编制、分解及各街道、各部门目标管理的组织、指导、协调、检查、考评等工作;负责成都市委、市政府督办事项,成都高新区党工委、管委会议决督办事项、党工委、管委会领导批示交办督办事项以及党工委、管委会重要工作部署的督查督办工作;办理人大代表建议、政协委员提案。2006年,成都高新区承担成都市委、市政府下达主要工作目标69项(含11项特色指标),为民办实事目标10项,网络、专项目标30项,四川省委、省政府目标43项,成都市委、市政府督办件和人大代表建议、政协委员提案97件,各项目标均完成或超额完成。各街道党工委、办事处,各部门,各直属单位也全面完成本单位年度工作目标。

(刘 强)

【目标管理】 2006年，完成2005年度目标绩效综合考核工作。对区内31家目标单位的目标完成情况进行考核，经贸发展局、投资服务局、人事劳动和社会保障局等23个单位被评为“2005年度目标绩效考核先进单位”；投资集团公司、法院、检察院等8个单位被评为“2005年度目标绩效考核合格单位”。同时，认真梳理成都高新区管委会承担的成都市委、市政府工作目标完成情况，形成自查材料。成都高新区管委会在2005年度市级政府部门目标综合考核中排名第四，并被评为“完成2005年度工作目标任务先进单位”。调整指标设置，完善目标编制。一是通过认真研究科技部关于国家高新区评价指标体系，结合成都高新区实际，汇总上报特色指标11项，配合成都市委、市政府目督办制定体现成都高新区特色的年度工作目标。二是根据部门目标突出职能工作，街道目标突出“四位一体”科学发展的原则整合优化成都高新区内各部门、各街道年度工作目标，分解下达《成都高新区党工委管委会各单位2006年度工作目标》，充分发挥目标在区域经济社会发展中的导向作用，既保证经济、政治、文化和社会建设等工作全市一盘棋，又促进成都高新区产业聚集、科技创新等特色工作的有效开展。三是根据成都市委、市政府下达的网络、专项目标，并结合成都高新区工作实际，分解下达“产业发展年”、“招商引资”、“规范化服务型政府建设”、“推进城乡一体化”、“促进充分就业”工作等54项专项目标。强化目标运行的过程监控。一是督促、指导相关部门完善内部督促检查机制、制定工作推进方案，并定期召开联席会议，研究解决工作推进过程中的难点、热点问题。同时，按季度定期通报各项工作的进展情况，及时指出目标运行过程中存在的问题。二是逐月分析汇总主要经济指标运行情况，全面查找与成都市五城区最佳成绩的差距，及时为领导、为部门提供对比信息和参考意见，努力确保“年终考核各项指标名列全市第一”。三是修订完善目标考核办法。根据《2006年成都市区（市）县目标考核实施办法》和《成都高新区目标管理实施细则（2005年版）》，结合2006年工作实际，在充分征询意见和反复讨论的基础上，拟订《成都高新区2006年度目标绩效考核实施细则》。《实施细则》引入领导评估、政务服务满意度评估、党风廉政建设评估等机制，采用街道党工委、办事处和部门、直属单位分类考核以及累进计分等办法，确保目标考核工作更加科学合理。四是认真组织2006年目标考核工作。严格按照《考核细则》的规定，及时制定2006年度目标考核工作方案，对2006年度的目标考核工作进行安排部署。同时，对2006年度成都高新区主要工作目标的完成情况进行全面梳理和自查。 （刘　强）

相关链接：

四位一体：经济建设、政治建设、文化建设、社会建设。

【督办督查】 2006年，成都高新区党工委管委会加大督办督查工作力度，认真做到“四及时”，即及时深入调查了解情况、及时为领导提供决策依据、及时协调处理相关问题、及时回复办理情况，确保督办事项“件件有落实、事事有回音”。一是认真办理成都市委、市政府目督办督办事项。全年共承办成都市委、市政府领导批示交办事项和其他重要督办事项57件。其中，立项督办件45件，实际办结43件，未到期待复2件。二是全面落实成都高新区党工委管委会主要领导批示交办事项、党工委管委会办公会议决事项的跟踪办理。共办理主要领导批示交办的西芯大道改造、天府软件园整改、西区企业电力供应等事项80余件，跟踪落实党工委管委会办公会议决事项27件。三是加大对成都市委市政府重大决策、高新西区项目促建的督查力度。多次组织、协调、参与城乡一体化、就业和社保、大气和水环境综合整治等成都市委市政府重大决策的督察落实，全程参与定期开展的项目促建工作，及时收集、整理高新西区项目进展情况，编写项目促建资料10余篇。四是办理落实成都市人大第十四届四次会议代表建议4件、政协成都市委员会第十二届四次会议委员提案5件，成都市武侯区政协委员提案1件，代表、委员对办理结果的书面反馈基本满意率达100%。五是打造党工委、管委会办公会议决事项跟踪落实和督办办理督查通报两大载体，加大对决策落实和督办办理的检查通报力度。2006年，共编发《两委办公会议决事项落实情况》6期，《督查通报》16期。 （成云波）

【为民办实事】 2006年，成都高新区完成以下10件为民办实事项目：一是纳入考核的4个街道全部实现比较充分就业。5个建成入住的农民集中居住区就业率达95.6%，全部实现充分就业。全面动态消除“零就业”家庭。“就业援助110”自开通后，总计为104人推荐就业，其中95人成功上岗，成功上岗率91.3%。全年接受应届高校毕业生1802人。二是财政支出768.5万元，对农村居民和失地农民子女学生实施免费义务教育；财政支出70.3万元，对城市居民子女实施“两免一补”、“帮困助学”政策，确保区内所有适龄儿童少年全部完成义务教育，所有高中阶段教育学生不因家庭贫困失学。同时，开展“阳光圆梦工程”，为32名低保家庭的大中专学生发放帮困助学金7.96万元，其中有12名为2006年考上大学的学生，为2名残疾人家庭子女提供奖学金4000元。三是开展残疾人康复工作，建立5个社区残疾人康复活动中心(站);为全区2469名残疾人提供康复服务并建立康复训练档案,提供价值55万元的残疾人家庭康复药箱;为全区289名特困残疾人每人提供500元的残疾人医疗爱心卡;为11名贫困残疾人实施白内障复明手术;为71名残疾人发放轮椅;开展特困残疾人专项救助工作,2006年,将残疾人特困补助由50元/月提高到100元/月,为3244人次(289户)特困残疾人发放专项生活补助金324400元;资助565名贫困残疾人加入农村医疗保障和少儿互助金。四是完善了建筑工地突发性处理联动应急机制,相关部门和街道办事处及时沟通联系,有效维护劳动者合法权益,对应提供法律援助的农民工援助率达100%;保证了农民工维权投诉举报热线的畅通,及时处理劳动者各类投诉举报,对用人单位的违法违规行为予以严肃查处。全年受理农民工投诉举报139起,涉及农民工6789人,涉及拖欠工资金额2861万元;严格推行了建筑行业企业和建筑施工项目民工工资保证金及担保制度,共计67项工程缴纳民工工资保证金1602万元,其余项目均有民工工资支付担保书或银行保函。五是完成新北小区5280平方米健身主题游园的建设;完成站南组团仁和片区22000平方米游园建设;完成蓝草路—华姿路特色林荫街区的打造;完成紫荆休闲文化街区的建设改造,重点实施建筑立面清理、店招统一设置、市政管线梳理、绿化景观打造等工作。六是发展和培育通威、嘉禾、种都种业、互利达实业、德农正种业、奶奇乐乳业、奥瑞金、吞拿养殖、新希望乳业、农产品中心批发市场、华高药业等11家年销售收入5000万元以上的农业产业化经营龙头企业,充分发挥龙头企业的带动作用,积极帮助农民增收致富,带动农户面达60%。七是全年开发农村劳动力引导性培训5702人;开展职业技能培训5612人;失地农民和农村富余劳动力向非农产业转移3861人;农民集中居住区就业率实现95.6%。八是为226名奖励扶助对象发放奖金13.6万元;为171名登记在册并自愿服用叶酸片的农村已婚待孕育龄妇女免费提供叶酸片571瓶,发放率100%;为农村1万已婚妇女实施免费生殖健康普查。九是向顺江学校和西区二小分别赠送价值49917元、16598元的图书和12767元、7239元的体育文化用品。十是完成13个小游园和4条林荫道路的植被增绿工作,新增乔木5000余株;完成2.48公里的破墙透绿工程。 (刘　强)

人事工作

【事业单位人事制度改革】 2006年,成都高新区在2004年事业单位人事制度改革的基础上,从岗位管理、全面实施人事代理、全员养老保险等3方面进一步深化事业单位人事制度改革。5月,成都高新区人事劳动和社会保障局、社会事业局制发《成都高新区中小学教师专业技术职务评聘分开实施意见》,按照“因事设岗、精简高效、结构合理、群体优化”的原则在高新区中小学校实施专业技术职务评聘分开,由人事部门下达各级专业技术职务设置比例,由学校在规定职数限额内,根据工作需要自主设立岗位,职工在具备专业技术职务任职资格的基础上,实行竞聘上岗。7月,成都高新区人事劳动和社会保障局、社会事业局、财政局制发《关于进一步深化事业单位人事制度改革相关工作的通知》,在成都市范围内率先实行事业单位全员人事代理和全员养老保险,事业单位工作人员由过去的身份管理逐步向岗位管理转变。9月,成都高新区人事劳动和社会保障局、财政局、社会事业局出台《关于进一步深化事业单位人事制度改革工作相关问题的解答意见》,对全员人事代理、评聘分开、全员养老保险实施过程中出现的问题进行政策解释,保证人事制度改革稳步推进。通过实施事业单位人事制度改革,高新区学校等事业单位呈现出:编制动态管理,人员统一对外公开招聘,实行全员聘用制,岗位管理、评聘分开,全员人事代理,全员基本养老保险,建立“效率优先、兼顾公平”的收入分配体系等7大特点。 (石　可)

【贯彻实施公务员法】 2006年,成都高新区深入开展公务员法学习宣传活动,组织公务员法知识竞赛,深入宣传“公务员精神”。完成实名制统计及上报工作,针对高新区体制特点,提出高新区实施公务员法的解决方案建议。组织业务骨干,先后进行三次查档和审核,拟定登记工作方案,明确了登记范围及人员,规范填写公务员登记相关表格,及时上报数据和信息。在成都高新区实施公务员法领导小组的领导下,为全面贯彻实施公务员法,转发中组部、人事部《关于认真组织学习〈中华人民共和国公务员法〉的通知》,制发《关于开展公务员法宣传学习活动的通知》,以公务员法的贯彻实施为主线,营造出“人人读法、学法、知法、懂法”的氛围,组织机关事业单位干部开展公务员法知识竞赛,深入宣传“公务员精神”,提高全体人员对公务员法的理解和认识。根据成都市统一部署,组织完成实名制统计及上报工作,针对高新区体制特点,提出成都高新区实施公务员法的解决方案建议。为确保登记工作的顺利进行,成都高新区组织部、人事劳动和社会保障局选出一批业务骨干,具体负责公务员登记工作的实施，集中学习《中华人民共和国公务员法》文本，对条文内容进行了逐条消化理解，认真学习《中共中央、国务院关于印发〈中华人民共和国公务员法实施方案〉的通知》、四川省贯彻落实《〈中华人民共和国公务员法〉实施方案》的意见及《成都市〈中华人民共和国公务员法〉实施方案》等重要文件。为确保人员身份的真实性，先后组织人手对现有工作人员的档案进行三次查阅和审核，确保人员信息的准确性。在此基础上，将符合登记条件的人员正确录入公务员登记系统数据库，分别拟定《成都高新区管委会公务员登记工作方案》、《成都高新区各街道办事处公务员登记工作方案》、《成都高新区人民法院、检察院公务员登记工作方案》，严格按照工作方案的规定操作，明确登记范围及人员，提出纳入登记人员，经党工委工作会议议定后，规范填写公务员登记相关表格，及时上报数据和信息。 (朱宏寨)

【街道中层干部交流】 2006年，人事部门制发《成都高新区街道办事处科级领导职务选聘实施办法》，规范街道科级中层干部选聘的条件和程序，对轮岗交流、免职、降职、辞职等内容进行规定。组织辖区内五个街道办事处开展中层科级干部竞聘上岗、轮岗交流，167名干部报名参加竞聘，40名街道中层干部通过竞聘上岗，其中4名街道中层干部实现跨街道办事处的轮岗。为强化和完善成都高新区街道中层干部选拔任用管理工作，在多次征求各街道办事处意见的基础上，制发《成都高新区街道办事处科级领导职务选聘实施办法》，对街道科级中层干部的选拔任用的原则、条件、程序、轮岗交流、免职、降职、辞职等内容作出明确规定。该《办法》规定街道中层干部连续任职年龄不得超过50周岁，中层干部任职的聘期为两年，可以续聘；新聘人员必须实行3个月的试用期，试用期不合格者予以免职。该《办法》下发后，各街道分别成立竞聘工作领导小组，制定实施方案，人事部门派出专人现场指导各街道中层干部竞聘上岗工作。竞聘工作采用“两推一竞”的方式开展，第一次推荐人员，第二次推荐岗位，最后符合竞聘条件的人员进行竞职演讲并现场打分，竞聘现场由5名分管领导加两名一般干部组成评委进行现场提问，并根据演讲情况和答问情况进行评分，评分结果依次排列，前两名进入民主测评和民主推荐阶段，由现场所有人员对前两名人员进行选择，被选出的人员必须要得到全体在编干部和村委员会干部80%的认可度方能进入街道工委会讨论。各街道共有167名干部报名参加竞聘，40名街道中层干部通过竞聘上岗，其中4名街道中层干部实现跨街道办事处的轮岗。 (朱宏寨)

政务服务

【概　况】 成都高新区政务服务中心筹建于2005年8月，是成都高新区行政部门集中公开办理行政审批事项及公共服务事项的服务机构，分为南区大厅和西区大厅两部分，南区大厅位于天府大道18号三楼，西区大厅位于成都高新区西部园区天目路2号一楼。政务服务中心建立建设项目绿色通道、标准件通道、中介服务通道并行的“三位一体”审批服务体系，该体系全面提高政务服务中心的运行效率和服务质量，形成服务范围广、服务内容全的政务服务系统。成都高新区有肖家河、芳草街、石羊、桂溪、合作5个街道办事处，下设14个便民服务点。各街道办事处均按照政务服务中心要求，建立并完善各社会事务服务中心，采取“一门式”服务模式，将各科室对外办理事项全部纳入中心办理。

【政务服务中心·政务服务处】 2006年6月，为建立健全成都高新区公共服务体系，全面实践规范化服务型政府建设的理念和要求，成都高新区机构编制委员会决定在成都高新区党工委管委会办公室增挂“成都高新区政务服务中心”牌子，政务服务中心主要职能是负责成都高新区南部园区和西部园区政务服务大厅的建设和管理，负责制定规范政务服务大厅各项业务运行和人员管理的规章制度、管理办法，并组织实施；负责组织各职能部门、单位在政务服务大厅设立对外工作窗口，组织各窗口单位规范、高效、优质服务，对窗口单位和工作人员进行管理、监督；具体落实政府流程再造工作，规范进入政务服务大厅的审批事项，实施标准件和承诺件审批，对项目审批实施“绿色通道”办理；协调处理涉及多个部门的审批事项，对审批项目的运转情况进行协调、督察；受理当事人对政务服务大厅窗口单位及工作人员服务质量、效率等方面的投诉；开展对外网上服务和网上审批工作；负责对各街道办事处社会事务服务中心提供业务指导；承办成都高新区党工委、管委会交办的其他事项。政务服务中心的日常工作由党工委、管委会办公室下设的政务服务处具体实施，政务服务处于2005年12月成立，配备工作人员2～3名，其中处长或副处长1名，主要职能是负责拟定成都高新区政务服务大厅管理办法，并组织实施；统一管理南部园区和西部园区两个政务服务大厅，组织窗口单位规范、高效、优质服务，对窗口单位和工作人员进行管理；协调处理涉及多个部门的审批事项，对审批项目的运转情况进行协调、督察；规范进入政务服务大厅的审批事项；对各街道办事处社会事务服务中心提供业务指导；管理和维护政务服务大厅对外服务网站；负责受理和调查处理服务对象对政务服务大厅的各类投诉；承办党工委管委会交办的其他事项。

【政务服务中心运行模式】 2005年8月，政务服务中心正式投入使用，先期入驻12个部门，基本形成集中办理规模。2006年，四川省政府颁布《四川省政务服务监督管理办法》，政务服务处通过外出学习与调研，结合成都高新区实际，对中心运行机制进行调整和创新，采用优化审批流程、启用部门公章(审批专用)、采取建立建设项目绿色通道、引进项目建设涉及的中介服务机构等方式，将涉及企业的行政审批和服务事项在政务服务中心集中办理。

【创新政务服务】 2006年7月，政务服务中心(南区)按照新机制运行，入驻部门15个，共设114个窗口。为适应流程优化的需要，对大厅区域功能、窗口职能、运行流程等进行详细规划和调整，将大厅由西向东分成三个区域，分别为：西厅、中厅、东厅。西厅设标准件通道窗口(包括人事劳动和社会保障局、科技局、投资服务局、规划建设局、国土分局、社会事业局、质量技术监督分局、公安分局)、建设项目绿色通道窗口(包括投资服务局、工商局、规划建设局、国土分局、经贸发展局)、中介服务通道窗口(包括测绘、自来水、电力、燃气、电信)和监察、投诉窗口(监察局)，办理所有行政审批事项及项目进区各项手续并受理投诉。中厅设国、地税大厅，办理企业报税及各类涉税事项业务。东厅设社保、工商及财政窗口，办理社保、工商、财政相关业务。9月，成都高新区政务服务中心(西区)启动运行，西区大厅总面积约6000平方米，进驻13个部门，包括人事劳动和社会保障局、经贸发展局、科技局、投资服务局、规划建设局、国土分局、财政局、社会事业局、国税、地税、工商、质量技术监督分局，及中国电信、中国移动、交通银行3家中介服务单位，共设有23个窗口。两个大厅办理281项行政审批和服务事项，其中即办件103件，承诺件178件，即办件比例为36.7%，企业和办事群众可根据情况就近

图5：成都高新区标准件通道窗口一览
(成都高新区党工委、管委会办公室 供稿)

图6：成都高新区社保窗口一角
(成都高新区党工委、管委会办公室 供稿)

图7：成都市政务服务中心领导参观考察高新区政务服务中心(南区) (成都高新区党工委、管委会办公室 供稿)

图8：民革中央副主任、四川省人大常委副主任钮小明参观考察高新区政务服务中心 (成都高新区党工委、管委会办公室 供稿)

选择办事大厅。国税、地税、工商、社保的引进和两个大厅同时运行的审批服务规模，完全区别于其他政务服务中心采取将部分业务剥离成为分中心的方式，使成都高新区政务服务中心构建成为服务范围广泛、服务内容全面的政务服务体系。

【审批流程再造】 2006年，成都高新区政务服务中心通过对企业反映较多的产业化投资项目申办、建设服务流程的再造，将内资项目由63个工作日缩短为14个工作日，外资项目由68个工作日缩短为17个工作日，形成《企业设立登记服务手册》、《项目报建服务手册》。在此基础上，建立由投资服务局、工商局、经贸发展局、规划建设局、国土分局窗口组成的建设项目绿色通道，办理建设项目从进区到开工建设过程中所涉及的行政审批和服务事项，对建设项目开工建设涉及的行政审批事项进行并联审批，为企业提供一条龙的审批服务。

【落实审批权限】 2006年，成都高新区将涉及企业的281项行政审批和服务事项下沉到政务服务中心进行办理，各部门对窗口充分授权，由窗口负责行政审批和服务事项的审批或核准。政务服务中心将281项行政审批和服务事项分为即办件和承诺件，凡满足行政审批前置条件的即办件，不再返回原部门由领导签字，均予以当场办结，对需要因出现场、多部门会审等其他原因的承诺件，均在承诺时限内办理。由成都高新区管委会主要领导牵头，配合各部门积极落实市级管理权限。经过努力，有7项市级审批权由市级部门下放到成都高新区，分别是：社会事业局“文化经营许可证”、“音像制品经营许可证”的审批；质量技术监督分局“组织机构代码证书”、“四川省企业产品执行标准登记”、“企业产品标准备案”、“小型（0.1MP及以下）锅炉使用登记证”的审批；工商局“市场开办登记”。

【窗口启用部门公章】 2006年，成都高新区在窗口启用部门公章（审批专用），授权窗口工作人员管理、使用，标准件和承诺件均由窗口工作人员加盖该部门公章完成审批。部门公章采用在原公章基础上加刻阿拉伯数字“1”、“2”的方式便于区别，南区窗口持“1”号部门公章，西区窗口持“2”号部门公章。成都高新区的窗口部门公章（审批专用）制度突破各地政务服务中心行政审批专用章仅接件使用，不具备审批效力的局限，形成完善的咨询—受理—办件—告知的闭环工作流程，提升即办件比例和现场办结率，使窗口成为真正意义上的办事窗口，提高窗口审批效率。

【引进中介机构】 2006年，成都高新区协调有关部门，遵循自愿原则邀请包括测绘、自来水、燃气、电力、中国电信、中国移动等在内的中介服务机构进驻南区、西区政务服务中心。由政务服务中心提供办公场地，中介机构派驻工作人员和配备办公设施，在政务服务中心受理涉及到企业建设过程中的业务，配合建设项目绿色通道开展工作，使项目建设过程涉及的多个环节的申报在大厅一并完成，为项目开工建设提供全面的服务。

【“三位一体”审批体系】 2006年，成都高新区以审批制度改革和流程再造、审批权限下放为基础，建立建设项目绿色通道、标准件通道、中介服务通道并行的“三位一体”审批服务体系，构建服务范围广、服务内容全的政务服务系统。一是建设项目绿色通道。建设项目绿色通道对建设项目开工建设涉及的行政审批事项进行并联审批。绿色通道由投资服务局、工商局、规划建设局、国土局分别选派工作人员组成，按照新流程开展审批服务。重大项目、疑难问题由政务服务中心提出意见，报请分管委领导主持、相关部门参加的联审会议解决处置。政务服务中心制定并实施《建设项目绿色通道运行制度》，规范绿色通道的服务流程，明确各窗口的工作职责。二是标准件通道窗口。标准件通道以审批事项清理和流程剖析为依据，通过审批流程的优化，部门对窗口的授权和部门公章（审批专用）的下放，对进入政务服务中心的各项审批和服务事项按照标准统一原则快速办理，即办件在窗口当场办结，承诺件在承诺时限内办结，进一步提高即办件比例和现场办结率。三是中介服务窗口。中介服务通道的设立是政务服务中心的又一创新，配合建设项目绿色通道开展工作，使项目建设过程涉及的多个环节的申报在大厅一并完成，为项目开工建设提供全面的服务。建设项目绿色通道、标准件通道、中介服务通道按照优化后的流程设计，环环相扣又各有分工，相互支撑，协调运行，形成“三位一体”的审批服务体系，打造科学、高效的运行机制。运行机制是政务服务中心的灵魂，政务服务中心创新的运行机制与其他政务服务中心按部门或区域运行，窗口以接件、初审为主的运行机制有本质的区别，从根本上打破部门界限，杜绝权力部门化的缺点，整合审批资源。同时，中介服务窗口的设立，完善整个审批服务体系，真正做到统一协调，统一管理，人性服务，联合审批。

【社会事务服务中心】 2006年，成都高新区五个街道办事处社会事务服务中心面积平均约400平方米，中心窗口业务主要由劳动就业、社会保障、社会事务、计划生育、个税征收5类组成，集中对外受理40余项涉及个人的行政审批及服务事项，其中行政审批事项5项，服务事项35项。五个街道办事处社会事务服务中心月平均办件量达9000件，其中即办件8000余件，承诺件1000余件，平均现场办结率为93.7%。

【领导和友邻莅区指导】 成都高新区成立后，有信息产业部部长王旭东一行、民革四川省委主席和四川省政务服务中心、成都市政务服务中心、都江堰市政务服务中心、龙泉驿区政务服务中心、资中市政务服务中心、彭州市政务服务中心、郑州市金水区政务服务中心有关负责人，广州市经济技术开发区、乌鲁木齐高新区、西安高新区、洛阳高新区、绵阳高新区、张家港经济开发区、自贡高新区、无锡高新区、大连高新区、成都市锦江区、成都市新都区、郫县地税部门有关负责人率队到成都高新区参观学习。特别是成都市政务服务中心主任刘汉固和副主任分别率成都市政务服务中心窗口工作人员约120人到成都高新区参观学习，对成都高新区政务服务中心的建设给予高度评价。《成都日报》、《成都晚报》等媒体分别对成都高新区政务服务中心的“三位一体”审批服务体系进行专题报道。 （本分目供稿人：沈 锋）

外事管理

【概 况】 成都高新区外事工作由成都高新技术产业开发区外事办公室负责。主要职责是成都高新区内的外事工作，负责成都高新区赴国外考察、洽谈、交流项目组团相关工作，承办区内企业、事业单位人员因公出国（境）转报工作。2006年，成都高新区坚持以开放促发展，紧紧围绕中心工作，突出抓好招商引资，努力扩大经济、文化等各个领域的对外交流合作，外事工作得到较大发展，促进经济社会的持续快速发展。坚持外事工作要靠前服务、主动工作，围绕产业发展，促进招商引资。充分发挥外事工作与国外联系交往多、接触渠道广、了解信息灵等独特优势，加强与四川省、成都市外办的沟通联系，广泛整合资源，积极为招商引资做好牵线搭桥和跟进服务。外事接待工作紧紧围绕招商引资，抓项目、引资金等重点方面的工作，在相关部门积极配合下，做好重大招商引资项目接待工作。

【对外服务】 2006年，成都高新区以涉外接待为重点，细心准备、精心实施，为招商引资营造良好的环境氛围。每一次涉外接待，从材料准备到活动安排，从组织考察到投资洽谈，高度重视，精心谋划，全力以赴，按照零差错编制好接待计划和资料、全满意做好后勤保障的要求，用心、用情，开展超越期望的服务，让客人每一次到成都高新区，每一次与我们接触，都留下难忘的印象。圆满完成省、市外事部门下达的重大外事接待参观任务。成都高新区对外交往有着很强的纪律要求。工作中，一方面坚持严格外事纪律，规范外事管理，按照国家和省市外事办下达的各项规章制度，严格执行外事纪律和规范的审批程序，严把出境关，确保外事出访人员全部按时归国，无一人滞留境外。同时，坚持服务原则，在符合外事纪律条件下，坚持急件优先、特事特办，为区内企事业单位排忧解难。另一方面，注意在规范管理中强化服务，不断创新服务方式，拓展服务空间，在规范管理中强化服务以有效助推产业发展，在对外交往中扩大宣传，构筑内外交流平台，促进经济社会发展。在一些已经建立的交往渠道、交流项目基础上，主动走出去捕捉信息，不断开辟新的渠道和领域。

【外事活动】 2006年，成都高新区接待美国驻成都总领事馆、泰国工业部工业发展政策官员代表团、塞尔维亚和黑山共和国经济管理官员研修班考察团、俄罗斯联邦州区经贸代表团等涉外团组35个，约700人次，协调成都高新区领导参加市级外事会见接待活动69次。利用各种出访、接待机遇，举办各种形式的投资说明会，用中、英、日、韩等多语种的“成都高新区宣传片”、“成都高新区画册”、“成都高新区投资指南”等宣传资料，向国外企业宣传介绍成都市和成都高新区。通过组成考察团、参加省市团组和转报区内企事业单位的因公出国（境）申请，积极开展项目考察、招商引资和业务培训活动41批、120人次。了解国外企业需求，确保投资项目及后续项目的顺利进行，拜访一批世界知名企业，邀请他们到成都考察投资，更好地为国外企业在成都高新区投资提供服务。

【经济合作项目】 2006年，成都高新区接待英特尔公司总裁兼首席执行官欧德宁、日本富士通公司、德国SAP公司、印度萨蒂扬公司、美国理诺公司、美国通用电气基础设施集团、铁姆肯公司和美国德州仪器公司等团体50多个，约900人次到成都高新区投资项目、洽谈合作的国外嘉宾。 （本分目供稿人：张 静 谢沧桑）

应急管理

【概　况】 成都高新区应急管理办公室于2006年6月成立，成都高新区按照四川省、成都市政府加强应急管理工作的要求，成都高新区应急管理办公室与相关参与部门建立健全突发公共事件应急指挥、保障和预防控制体系，制定符合全区的总体应急预案和相关要求，全面提升成都高新区管委会应对各类突发公共事件的能力，减少突发公共事件及其造成的损害，保障公众生命财产安全，维护社会稳定，促进全区经济社会快速、协调、可持续发展。2006年，区应急管理办公室协同社会事业局和合作街道办事处开展应急演练，修订完善应急预案，提高应急处置能力。

【应急管理机构】 2006年，成都高新区管委会应急管理办公室，归口管委会办公室，为突发公共事件应急管理的办事机构，履行值守应急、信息汇总和综合协调职能，发挥运转枢纽作用；负责接受和办理向管委会报送的紧急事项，承办管委会应急管理的专题会议，督促落实有关决定事项；组织编制、修订全区突发公共事件总体应急预案，指导和监督检查街道办事处，管委会相关部门应急预案的编制、修订和实施；督促检查各街道办事处和部门应急组织机构、队伍建设和应急处置措施的落实，组织、指导全区突发公共事件应急培训和演练；联系协调特别重大、重大、较大和一般突发公共事件预防预警。应急处置、事件调查、事后评估和信息发布等工作，负责与专家咨询机构，上级应急管理部门的协调联系；负责与成都市武侯区武装部和驻区部队的联系及协助周边地区应急救援工作的联系等。应急主管部门对相关突发公共事件的预防、处置工作负主要责任，承担主要任务；主要职责是：承担相关应急指挥机构办公室的工作；负责相关专项应急预案和部门应急预案制定、修订和实施；做好本领域突发公共事件的信息监测、预测和预防工作，及时向管委会报告重要情况和提出建议；建立相关专业应急队伍，组织相关应急预案演练，人员培训和相关应急知识普及工作。相关参与部门的职责：制定符合区总体应急预案和相关专项应急预案要求的部门预案或保障预案；协助和配合应急主管部门做好本领域的应对处置工作；为应急处置工作提供相关方面的保障。

【应急演练】 2006年4月，成都高新区社会事业局会同英特尔(成都)公司在成都高新西区举行防治人感染禽流感演练。此次演练严格按照启动人感染禽流感紧急预案的要求和禽流感突发事件流程，从现场指挥，信息汇总上报，患者监测，流行病学调查，疫区消毒杀菌，对患者的诊断、隔离、观察、治疗及护理等方面开展活动。合作街道办事处、成都高新区卫生防疫所等相关单位参加此次演练。 （本分目供稿人：张　杰）

图 9：成都高新区应急演练现场

（成都高新区管委会应急管理办公室　供稿）

地方志编纂

【概　况】 截至2006年底，成都高新区地方志办公室成功制定《成都高新区志(1990～2005年)》基本篇目和条目要素；完成《成都市志·经济卷》、《成都市志·地理卷》成都高新区部分的资料收集和初稿编写任务，提供资料15万字，上报5万字的初稿，通过成都市志总编室的验收。按时保质收集整理上报大事记，被《成都市大事记》采用大事记72条、专题记述3件。组织和参与多层次培训，参与全国性理论研讨7人次，参加成都市志办组织的培训28人次，区内组织培训；4次参加全国学术理论研讨会；在成都市志网和成都高新区网上共发表宣传报道文章10余篇，编印修志工作读本2册，完成了年度目标任务。方志办副主任谭伯祥被成都市地方志编纂委员会评为先进个人。

相关链接一：

成都高新区地方志办公室建制沿革。2004年9月，经成都高新区党工委管委会研究，成立成都高新区地方志编纂委员会，下设办公室，挂靠在发展策划局，设兼职主任1人、副主任2人。办公地点设在成都市天府大道18号高新国际广场A座10楼。地方志办公室的主要职责是：一、完成从成都高新区成立之日起(包括筹备)至2005年约100万字的《成都高新技术产业开发区志》一部(包括纸质版和电子版);二、配合成都市方志办,完成《成都市志》中的"工业集中发展区专记";三、指导各街道办事处、各部门搜集、整理出编纂区志所需要的各种资料,并鼓励其运用这些资料,编修出街道志、部门志和宣传普及读物。2006年12月,成都高新区地方志总编室成立,设总编1人、编辑4人。2007年3月,成都高新区地方志编委会和办公室再次调整。现办公室有兼职主任1人、副主任1人,管理人员1人,责任编辑4人,文秘1人。2004年4月~2006年8月,侯智龙兼任主任;2007年3月至今,汤继强兼任主任。2004年9月至今,谭伯祥兼任副主任。

相关链接二:

成都高新区地方志编委会及办公室人员变动情况表

表2

姓　名	职　务	任职时间
敬　刚	主　任	2004.9~至今
胡卫东	常务副主任	2004.9~2005.6
冯亚曦	常务副主任	2006.9~至今
侯智龙	办公室主任	2004.9~2006.9
汤继强	办公室主任	2006.10~至今
谭伯祥	办公室副主任	2004.9~至今
赵友新	办公室副主任	2004.9~2005.8

【制定志书篇目】 成都高新区志篇目从2005年3月起草到2006年5月24日批准,历时14个月。期间,地方志办广泛征求各界人士的意见,曾三次征求成都高新区新、老领导意见,收到170条修改意见,进行认真修改;邀请全国、省、市修志专家进行评审,其中秦皇岛市志办原主任齐家璐老师3次提出修改意见,四川省眉山县志办原主任王致修老师2次提出修改意见,区志办认真汲取好的建议,几易其稿,终于完成篇目拟定。《成都高新区志》篇目采用中编结构,分三个层次,设类目22个,分类目156个,条目1080个,其中经济类条目占总条目的48%。篇目确定后,区志办将篇目分为大事记与地理、招商引资与科技创新、政治部类、经济部类、文化和人物部类六部分,分别编写条目要素,指导搜集资料和初稿编辑。在之后的资料收集和初稿纂写过程中,区志办又不断地修改和完善篇目,如将经济部类中农业、工业、服务业改为第一、二、三次产业,重点突出第二次产业中的电子与信息业、生物工程与新医药业、精密机械制造业三大支柱高新技术产业。

【收集资料】 2006年是成都高新区志书的资料收集年。全区各承编单位集中时间、集中精力,苦干加巧干,多渠道多领域广泛收集整理资料。形式上,上下结合,交叉进行,集中指导,突出重点,《成都市志》与《成都高新区志》资料收集两者兼顾,以完成《成都市志》资料为重点;途径上,区志办以档案资料为主,基本完成全区面上资料收集任务。全面收集考订和整理了《成都高新区志》的入志资料;共收集文字资料989份,165万字,图片100多幅。

图10:在成都高新区桂溪街道辖区收集志书口碑资料

(成都高新区地方志办公室　供稿)

【贯彻《地方志工作条例》】 2006年5月18日,国务院颁布《地方志工作条例》(以下简称《条例》),区志办3次组织办公室人员学习,同时将《条例》印发至各承修单位,并举办两次《条例》学习研讨会。在此基础上,区志办结合成都高新区修志实际情况,撰写论文《贯彻〈条例〉、促进成都高新区修志工作》和《〈条例〉之管见》,分别在全国、省市研讨会上交流,并在《巴蜀史志》和《哈尔滨史志》上发表。学习贯彻《条例》的过程中,成都高新区把修志工作纳入专项目标,将《条例》落到实处。

【修志队伍建设】 2006年,成都高新区共组织修志人员参加全国培训3次,省、市培训6次,区上自己组织培训4次,促进了修志人员理论知识的学习和业务水平的提高。区志办领导十分重视培养编纂人员的政治素养和专业素质。坚持每周二区志办人员学习制度和每次布置修志任务后都组织对全区专(兼)修志人员的业务培训制度。组织编纂人员共同学习,政治思想上,学习科学发展观、十六届三中全会精神、科学与技术发展纲要等内容;地情知识上,学习与成都高新区三大产业相关的高科技知识,学习介绍高新技术知识和成都高新区三大支柱产业情况的书籍——《新世界》;修志业务上,学习四川省地方志编纂手册和成都市地方志编纂手册、上届志书精品《绍兴市志》等。组织全区修志人员参加大型培训4次,参加175人次。鼓励编纂人员多做修志理论研究,多发论文与国内修志同仁探讨,以促进自身业务水平提高。全年,区志办人员在全国性学习理论研讨会上交流论文7篇,在《巴蜀史志》、《哈尔滨史志》、《成都史志》等刊物上发表论文10余篇。　(本分目供稿人:刘伯飞)

来信来访

【概　况】 成都高新区的信访工作由党工委管委会办公室承担。主要职责是及时、妥善地协调处理人民群众的合理诉求，维护人民群众的合法权益，规范信访秩序，为领导决策当好参谋助手。包括：处理群众来信；接待群众来访；完成领导、上级交办信访事项；协调、督查督办信访事项；调研带有普遍性、倾向性、苗头性的社会热难点问题，供领导决策参考。2006年，成都高新区信访工作贯彻落实中央、四川省、成都市各级对信访工作的部署，在信访总量居高不下，集体访、重复访、越级访日渐增多，在工作难度不断加大的情况下，坚持以邓小平理论和“三个代表”重要思想为指导，认真贯彻落实党的十六大及十六届四中、五中全会会议精神，立足构建和谐社会，围绕党政中心工作，服从和服务于改革发展稳定大局，依靠成都市信访办的指导和大力支持，解放思想、奋发努力，及时妥善处理和化解大量的人民内部矛盾，为成都高新区经济发展和社会稳定，为维护人民群众的合法权益作出积极贡献。

【群众来信来访】 2006年，成都高新区各级各部门切实履行职责，高度重视群众的利益，将大量发展中的社会矛盾控制在基层，化解在萌芽状态。高标准地实施拆迁安置补偿，为失地农民开始新的生活创造条件；大幅度减免农转非人员子女就学的费用，切实减轻群众的负担；充分实现就业和再就业以及全面落实社保政策，免除失地农民的后顾之忧；积极稳妥地推进农村集体资产的处置工作，解决人民群众关注的热点、难点问题，有效地抑制信访的发生。仅成都高新区信访办就受理群众来信来访1698人次，其中联名信24件777人次，集体访29批247人次。通过信访部门的工作，群众反映的绝大多数问题得到切实解决和妥善处理，重要会议、重大活动、法定节假日期间，全面实现“零进京”上访目标，未发生到省、市非正常上访。

【落实信访“领导责任制”】 2006年，成都高新区党工委管委会要求各级各部门以高度的政治责任感切实加强信访工作的领导。主要领导经常听取信访工作汇报，分析信访形势，研究解决信访工作中的问题。坚持完善领导阅批群众来信和领导接待日制度，全年成都高新区党工委管委会领导阅批群众投寄本人信件14件，接待群众来访60人次，包案处理信访案件8件，切实解决一批群众反映强烈、涉及人数众多，社会影响面大的信访突出问题。拓宽信访渠道，通过公开电话，书记、主任信箱等方式，及时处理群众的一般反映、投诉、建议、举报等。一些街道将信访工作重心下移，变群众上访为领导下访，领导不定期地深入社区，深入村组，帮助群众解决生产生活中遇到的实际困难和问题。由于各级领导的高度重视，各街道、各部门均加大信访工作力度，加强信访工作力量，信访工作地位得到前所未有的提升，基本形成统一协调、齐抓共管的信访工作大格局。

【建立长效机制】 2006年，成都高新区在信访总量、联名信的件次和人次、集体访的批次和人次分别比上年同期大幅下降的情况下，继续高度重视对上访群众反映的问题妥善处理。年内受理群众信访结案率达97%，上级批（交）办案件按期办结率达100%，经调解息诉息访率达64.3%，信访积案（老户）处理结案率达80%，重要来信《处理意见书》出具率达100%，初信在规定时间内办结率达100%，一般来信回复率达84%。“事要解决”必须有长效的工作机制作保障。在成都市信访办的指导下，进一步建立完善化解矛盾、维护稳定的长效机制：一是健全完善处理信访突出问题及群体性事件联席会议制度。对排查出的信访突出问题和群体性事件隐患集中研究加以解决，明确措施，落实责任，化解或者缓解一批社会矛盾。二是进一步落实信访首问首办责任制、过错责任追究制、督查督办制等工作制度，力促信访工作规范化开展。三是建立完善社会舆情汇集、分析、报告机制，及时、准确地掌握各种动态信息，并进一步挖掘深层次内幕性的情报，为处置工作奠定基础。四是实行目标管理制度。将信访工作纳入年终专项目标考核和领导班子、干部的绩效考核，使各级各部门对信访工作的重视从根本上得到加强。

【宣传贯彻《信访条例》】 全面推行基层信访事项代理制是全年信访工作的一项重要内容。成都高新区认真贯彻落实成都市委市政府办公厅32号、34号文件精神，按照要求建立相应的机构，配备相应的人员，落实相应的制度。通过实行信访代理制度，既扩展群众反映问题的渠道，又做到关口前置，重心下移，有力地整顿信访秩序。2006年5月，在《信访条例》实施一周年宣传活动中，成都高新区信访办指导各级部门深入扎实、形式多样地开展宣传活动，被成都市信访办评为先进单位，更重要的是进一步让群众了解信访程序和在上访活动中的义务，进一步规范信访秩序。

（本分目供稿人：李瑜鹏）

机关事务

【政府采购】 2006年，成都高新区按照《中华人民共和国政府采购法》和成都市政府采购主管部门对政府采购工作的要求，认真规范成都高新区政府采购中心各项工作，努力推进政府采购信息化管理，确保所有采购活动公开、公平、公正。全年共为机关各部门、街道和学校等事业单位组织包括办公用品、车辆、工程设备等政府采购124次，编写政府采购招标文件10余次，政府采购纪要92期。采购金额1603.87万元，节约财政资金201.13万元。

【公车管理】 2006年，成都高新区管委会办公室根据上级车管部门的相关规定，本着提高工作效率，节约财政资金的原则，加强区内行政事业单位公务用车购置、报废管理工作，加强党工委管委会办公室公务车辆的日常管理。严格控制机关事业单位新购车辆。统一核定各部门车辆编制，严格控制汽车装饰标准，在确保工作用车的前提下，努力控制机关公务车辆增长幅度。加强办公室公务车辆的管理工作。制定《成都高新区管委会办公室公务车辆管理办法》，明确驾驶员及车辆使用人的工作职责，加强对驾驶人员的交通法规和业务技能培训，确保工作用车及时高效。控制车辆费用，降低车辆使用成本，制定车辆维修及装饰管理办法，成都高新区管委会办公室所有车辆实行定点加油，定点维修，定点装饰，定点清洁等。

【物业管理】 本着机关后勤工作“管理科学化、保障法制化、服务社会化”原则，按照“政务工作零差错，事务工作全满意”的要求，构建“五星级”服务体系，为机关工作人员提供和谐有序的工作秩序，为办事人员提供满意周全的工作便利。成都高新区管委会办公室按照《物业管理条例》有关规定，2006年初，着手办公楼物业管理的招标工作，通过与成都市房管局和招标代理机构的密切配合，4月，成功完成成都高新区管委会办公大楼物业管理的招标工作，并顺利完成物业资料、设备设施等有关事项的交接手续，制定办公大楼设施设备包括电梯、空调、消防、供配电、给排水等维修养护计划，签订维修保养合同。日常工作中，加大巡查力度和对制度执行情况的监督检查，提高应对突发事件处理能力，保证办公大楼各种设施设备的正常运行，引导新的物业公司步入正轨。2月，完成原“企业服务中心”办公用房的搬迁工作。8月，完成西区政务大厅的物业管理接收工作。

【机关食堂】 2006年，成都高新区管委会办公室组织人员多次到成都市委市政府等机关食堂学习考察，与多家具有丰富食堂经营管理经验的商家，就成都高新区管委会机关食堂经营管理进行探讨并实地考证，重新选定食堂管理商家。在日常工作中，着重加强对原料采购、加工、饭菜售卖及餐(用)具消洗等环节的管理，加强对菜品卫生，菜品质量、花色品种以及就餐环境等监督检查，不定期请卫生防疫部门对食堂进行督察，同时，根据干部职工的意见反馈和季节变化对食堂菜品进行适时调整。全年无一例卫生安全事故发生，机关食堂在职工中的满意度逐步提高，得到大多数就餐人员的认可。

图 11：成都高新区机关食堂一角

(成都高新区管委会办公室　供稿)

【优化工作环境】 2006年，成都高新区管委会接待会议1300余次，接待参会人数2万余人，其中常规与重大接待共480次。为各部门分发报刊、杂志261650余份，特种邮件约4550份。在高新公安分局及当地派出所的指导下，结合成都高新区管委会机关全开放式办公，楼层出入口很多，人流量很大等特点以及高新国际广场整个园区的实际情况，制定成都高新区管委会办公大楼安全保卫工作条例，完善安全巡查(特别是节假日及夜间)、人员(货物)进出登记制度，与大楼各部门签订《机关内部保卫工作责任书》，强化大楼后勤工作人员及机关干部职工的安全防范意识。全年无一例安全责任事故发生。定期对区域内的植物、盆花品种进行调整、更换。定期对大楼进行消毒杀菌，保持大楼环境整洁美观。政务大厅办政窗口多，办事人员流动量大，每月1~10日报税高峰期时，日均人流量达3000人次，为确保办政大厅的干净整洁，专门抽调保洁人员加强日常保洁及检查力度。做好机关大楼后勤保障服务的同时，加强与高新国际广场内其他楼盘业主的沟通和联系，共同维护不断优化园区的工作环境。(本分目供稿人：张　杰)

群众团体

MASS ORGANIZATIONS

工 会

【概　况】 成都高新区工会办事处全称为成都市总工会成都高新区办事处，是由成都高新区党工委和成都市总工会1998年批准设立的成都市总工会的派出机构。2000年至今，成都高新区机关党委增挂成都高新区工会办事处牌子。其主要职责是围绕两委中心工作，贯彻落实党和国家关于工会工作的方针政策，研究、拟定全区工会有关政策和工作计划，部署开展全区工会工作；维护职工在劳动就业、劳动保险、劳动保护、生活保障、安全生产等方面的合法权益，协助有关部门做好劳动争议处理和调节劳动关系等工作；动员职工发扬艰苦创业精神，以主人翁的态度从事劳动和工作，为经济建设建功立业，动员组织职工支持、推进企业改革；组织指导职工开展劳动竞赛、技术革新、合理化建议、职工群众经济技术创新活动，做好劳动模范、先进生产（工作）者及先进集体的评选、管理工作；依照宪法和法律的规定，组织职工行使民主权利，通过各种形式和途径，参与管理经济和社会事务，参与本单位的民主管理；组织指导基层工会开展职工的思想政治、职业道德、科学技术教育和健康的文化体育活动；在外商投资、私营企业和机关事业单位组建工会，发展会员；加强工会组织建设、协管工会干部和开展培训教育工作；负责审核各街道（园区）总工会、区属各基层工会的工会经费使用管理。2006年，成都高新区工会办事处从实际出发，认真履行《中华人民共和国工会法》和《四川省〈工会法〉实施办法》等法律法规，围绕产业发展中心，服务大局，立足本职，不断加强调查研究和工作思考，贯彻落实“组织起来，切实维权”的工会工作方针，以服务辖区企业健康发展为宗旨，以服务企业和谐劳动关系为目的，协调和加强建会工作，在区内非公企业建会工作中取得一定突破和成效。截至2006年底，全区建立基层工会的单位有400余家，发展工会会员25000余人。其中非公企业占90%，机关事业单位占10%。

【工会组织建设】 2006年，成都高新区建会125家，新增会员9000人。基本实现建会工作由集中建会向常规性建会转变。4月，成都市委召开全市工、青、妇工作会以后，成都高新区党工委制定下发《关于进一步加强新时期工会工作的意见》，推动和指导街道成立街道总工会，两个园区（创新中心、出口加工区管理办公室）成立

图 12：成都高新区石羊街道总工会成立大会会场

（成都高新区机关党委　供稿）

工会工作委员会，并通过人事部门按照有关程序向社会公开招聘5名工会专干分别充实到街道总工会。成都高新区工会组织机构网络基本建立。

【外资企业建会】 2006年，成都高新区外资企业的建会工作既要服务服从于招商引资，产业聚集发展大局，又要保证按时圆满完成建会目标。成都高新区工会办事处以五个街道总工会为工作抓手，以创新中心和出口加工区为突破口，根据四川省总工会、成都市总工会下达的建会目标任务，对区内注册外资企业进行逐一摸底排查，通过各单位近5个月的工作，对应建会企业的逐一核实和反复宣传动员后，在建会目标要求的时限内，完成成都市总工会要求的外资企业60%的建会目标。

【劳动关系协调】 2006年，成都高新区工会办事处推动劳动关系三方协调机制的建立，按照“预防为主，调解为主，基层为主”的方针，就涉及劳动关系方面的重大问题和个别建筑企业拖欠民工工资的情况加强与有关部门的经常性沟通和协调，及时有效地处理劳动争议。参与区内安全生产监督工作，工会办事处是区安委会主要成员单位之一。开展对弱势群体的“送温暖”工作，坚持在每年的重大节日前夕慰问贫困职工。在防止和减少群体性事件中，认真接待来信来访，为区域稳定和谐发挥积极作用。　　（本分目供稿人：熊　宁）

共青团

【概　况】 成都高新区团工委全称共青团成都高新区工作委员会，是由成都高新区党工委和成都市团委

1997年批准设立的。2000年至今，成都高新区机关党委增挂成都高新区团工委牌子。主要职责是：发挥党的助手和后备军作用，引导全区广大青年勇于实践，奋发有为；发挥好党联系青年的桥梁和纽带作用，积极协助党政搞好对青年事务的管理工作；密切联系群众，竭诚服务青年，更好地代表和维护全区各行各业青年团员的具体利益，为青年排忧解难；组织协调全区性的青年活动，围绕中心开展有特色的共青团教育活动、学习活动和文体活动；积极做好推优工作，推荐先进典型、优秀团员青年作为党的发展对象，并使这项工作制度化、规范化；监督、指导各基层团组织工作，抓好企业共青团的建立及巩固和作用发挥工作；加强对少先队的领导，积极履行全团带队的光荣职责；加强思想作风建设，不断提高团组织的凝聚力和战斗力；抓好团干部的培训工作，检查和指导各基层团组织的制度建设和工作情况。2006年，成都高新区团工委以“服务高新和谐发展，服务青年创业成才”为目标，围绕成都高新区中心工作，一手抓基础建设，一手抓特色凸显，重点开展城市青年中心建设试点、社区骨干志愿者队伍建设等工作，带领广大团员青年勤奋学习，努力工作，为团员青年生力军和突击队作用的发挥、为青少年的健康成长，为促进成都高新区科学发展和构建和谐社会贡献力量。

图 13：2006 年 10 月，成都高新区共青团工作座谈会

（成都高新区机关党委　供稿）

【组织建设】 2006年4月，全市工会、共青团、妇联工作会议后，成都高新区党工委及时召开会议专题研究加强和改进新时期成都高新区工会、共青团、妇联工作。会议决定健全和完善成都高新区共青团工作机制。同意充实必要的基层专兼职工作人员。组织部门牵头，按照坚持体制创新，坚持一岗多能的原则，妥善解决好共青团工作的机构完善和人员调配工作。经成都高新区党工委同意，8月，玉林中学团委书记借调到成都高新区做专职团干部，初步完善共青团组织体系。区内三所中学团组织健全，5个街道团工委、19个社区有明确的负责人，创新中心建立团总支。新批准企业建团组织4家，其中民营企业1家，外资企业1家。

【共青团·少先队活动】 2006年，成都高新区团工委组织开展“关爱奖学金”评选和“关爱日”工作。11所中小学72名优秀贫困学生获奖，共颁发奖学金38400元。开展主题为“沐浴和谐温暖，感悟科学精神”的“关爱日”活动，组织获奖学生代表座谈和参观成都高新区孵化园。各学校在这一主题下开展形式多样的“关爱日”活动。召开共青团工作座谈会。各基层共青团工作负责人围绕开创成都高新区共青团工作新局面主题进行积极探讨。参加成都市第五次少先队代表大会，芳草小学在成都市第五次少代会期间获得成都市“十佳红领巾示范校”称号，少先队的“争章夺星”活动受到团中央、团省委的高度评价，科研课题“争章夺星——促进小学生个性化发展研究”获得中国少先队工作学会“十五”科研课题成果二等奖，获得四川省政府科研课题成果一等奖。

图 14：成都高新区青少年暑期活动

（成都高新区机关党委　供稿）

【志愿者活动】 2006年10月，四川省、成都市启动“社区志愿者和谐行动”。成都高新区根据《关于加强和改进社区服务的意见》精神，结合实际情况，以“整合社区资源，着力志愿者骨干队伍建设，促进社区和谐”为指导思想，以群众需求为导向，以弘扬志愿精神，提高居民素质为目标，紧紧围绕争创全国文明城市、争创全国最佳旅游城市，在扶贫帮困、社区服务、文化教育、环境美化、关爱进城务工子女和空巢老人等方面开展多种形式的志愿服务活动。严格实施“注册志愿者制度”，在学校、街道、企业、园区进行广泛宣传动员，使志愿精神深入人心，不断壮大志愿者队伍。严把志愿者关和组织管理者关，要求服务人员和管理人员有相关的服务能

力和精神觉悟。把严“两关”，确保志愿人员具有较高素质，增强志愿服务组织的服务能力，志愿服务的质量得到较大提高。在服务队伍的管理上，严格执行“四有”标准，即有志愿者档案，有专门负责人，有明确的服务对象或服务项目，有详细的活动记录。2006年。新注册志愿者3000余人。（本分目供稿人：冉启平）

妇　联

【概　况】 成都高新技术产业开发区的妇联工作由成都高新区妇联工作处负责。2000年前，成都高新区妇联工作由成都高新区党工委管委会办公室分管，各街道妇联工作主要由街道办公室确定一名人员兼管。2000年，机关党委职能调整后，妇联工作调整到机关党委。

图 15：成都高新区“三八”妇女节健康知识等专题知识讲座

（成都高新区机关党委　供稿）

2000年6月，党工委决定机关党委加挂妇联工作处牌子。妇联工作处对口联系成都市妇女联合会，负责开展成都高新区范围内妇女工作。主要职责是围绕党工委、管委会中心工作，充分发挥联系妇女群众的桥梁和纽带作用，团结教育广大妇女，贯彻党的基本路线，教育引导妇女增强“四有”精神，全面提高素质，促进妇女人才成长；代表和维护妇女合法权益，促进男女平等；为妇女儿童服务、协助和推动社会各界为妇女儿童办实事；带动全区广大妇女积极投身三个文明建设，促进全区各项事业的发展和社会全面进步。

【维权活动】 2006年，成都高新区妇联工作处开展《中华人民共和国妇女权益保障法》巡回宣讲活动，完成在肖家河、芳草、桂溪、石羊街道办事处的宣讲报告，听取报告的妇女群众300多人。成都高新区妇联工作处全年共接待来访群众19人次，为她们排忧解难，切实维护妇女儿童的合法权益。

图 16：成都高新区妇女权益保障法宣讲会现场

（成都高新区机关党委　供稿）

【示范教育】 2006年，成都高新区组织开展成都市妇联、成都市教育局举办的“示范家长学校”、“优秀家长”、“社区家庭教育示范点”、“小公民道德建设实践（示范）基地”评选推荐工作，推荐成都市玉林中学附属小学、成都高新区和平学校为“成都市示范家长学校”，推荐成都高新区和平学校五年级五班学生徐琪的家长李静、玉林中学附属小学二年级一班学生李睿琪的家长章勤为“成都市优秀家长”，推荐和平社区为“成都市社区家庭教育示范点”，推荐成都市玉林中学附属小学为“成都市小公民道德建设示范基地”、成都高新区实验小学为“成都市小公民道德建设实践基地”。

（本分目供稿人：张义薇）

资源与环保

RESOURCES AND ENVIRONMENTAL PROTECTION

国土资源管理

【概　况】 成都高新区土地面积82.5平方公里，由南部园区和西部园区组成。2006年，遵照《国务院关于加强土地调控有关问题的通知》和《成都市人民政府关于贯彻落实国务院加强土地调控政策措施的意见》，成都高新区党工委、成都高新区管委会对2006年成都高新区土地利用总体规划修编进行调整，配合成都市和郫县完成成都高新区内新一轮土地利用总体规划的修编工作和2006年的土地报征、土地供应和其他土地管理工作；完成计划的征地拆迁安置及国有土地收购(回)工作，平稳推进区内城市建设进程；加强集体土地管理力度，严格执行土地登记制度，推进地籍数据库建设与信息化工作；进行土地清理和项目促建工作，对空闲土地实施动态长效管理，加强土地执法监察。

【土地利用规划修编】 根据《中华人民共和国土地管理法》的规定，成都市于2004年就开始着手编制新一轮(2005年~2020年)土地利用总体规划。成都市土地利用总体规划修编以2004年为规划基期，2010年为近期规划年，以2020年为规划目标年。2003年~2004年治理整顿土地市场后经省政府办公厅川办函(2004)48号文件确认，国家级成都高新技术开发区(含成都高新技术开发区西区)作为成都市保留的14个开发区之一，成都高新区(南部园区)土地利用总体规划作为成都市土地利用总体规划的一部分，统一由市国土资源局编制；成都高新区西区的土地利用总体规划作为郫县土地利用总体规划的一部分，由郫县负责统一编制。根据成都市2006年新一轮土地利用总体规划修编和土地报征工作计划，在成都市国土资源局的统一安排部署下，开展成都高新区土地利用总体规划修编和调整工作，积极配合成都市国土资源局和郫县国土资源局完成成都市新一轮土地利用总体规划成都高新区的修编工作。完成西部园区合作农迁房、独柏村农迁房、电子科技大学、爱发科技东方真空(成都)有限公司、成都四威高科技产业园区、成都华太科技(实力)有限公司、成都世纪投资有限公司、西北片区、西南片区涉及的土地1085公顷及南部园区大源组团片区610公顷土地的土地利用总体规划调整工作，其中西部园区1154公顷土地的规划调整方案已获得四川省政府批准。

【土地报征】 2006年，成都高新区为适应“产业发展年”的要求和成都市国土资源局《关于开展未批先建工业项目用地情况调查及加快征报工作的通知》，为保证项目用地，在成都市国土资源局的统一部署下，开展将农村集体所有土地申报和审批为国有建设用地工作。组织勘测、街道办事处、社区、村组等单位，完成南部园区7个批次乡镇建设用地312公顷、西部园区19个批次乡镇建设用地719公顷，共计1031公顷土地的报征组件工作。西区19个批次除第25批次外全部通过成都市国土资源局及四川省国土资源厅审批。南部园区12个批次、2个项目建设用地共计1079公顷土地，西部园区5个批次、4个项目建设用地共计291公顷土地获得征地批文，提供足够区内项目用地。

表3

2006年土地利用获批文批次

序号	批次	征地位置	征地面积(公顷)	批准机关	批准文号	批准时间
1	成都市 2004 年第 9 批乡镇建设用地	建设村 1、2、3、4 组，勤俭村 5、6 组	48.0159	四川省政府	川府土(2005)9 号	2005.5.24
2	4+2 项目	石墙村 2、11、12、13、14 组，永安村 1、13 组，石桥村 2、3 组，清和村 2、3、5、6、7、8、9、10 组，丰收村 8 组，仁和村 2、3、8 组，裕民村 7 组	61.9908	四川省政府	川府土(2005)274 号	2005.12.23
3	成都市 2003 年第 4 批中心城区建设用地	仁和村 7 组	15.8778	四川省政府	川府土(2005)395 号	2005.12.22

续表

序号	批次	征地位置	征地面积（公顷）	批准机关	批准文号	批准时间
4	成都市2004年第1批中心城区建设用地	石墙村3、5、15组，三元村4、6组，石桥村2、5、6、7组及村委会	112.1862	国务院	国土资函(2005)392号	2005.6.22
5	成都市2003年第3批城市建设用地	永安村1组，红光村2、4组，石墙村6、7、10组，丰收村5组，庆云村2、3组，三院村1、2、3组，仁和村1、4、6、8组	226.8814	国务院	国土资函(2005)391号	2005.12.29
6	成都电子电器集团股份有限公司迁建工程建设用地(西区)	古楠村2、3、4组	10.8053	四川省政府	川府土(2005)188号	2006.1.5
7	成都市2004年第10批乡镇建设用地（西区）	红光村2、8、9、10组，八圣村1组，安埠村5、6组，前锋村2组	46.4803	四川省政府	川府土(2005)08号	2005.3.23
8	成都市2004年第13批乡镇建设用地（西区）	猛梓村1、2、3组，红光村7、8、9组，前封村2、7、8、9组	59.1305	四川省政府	川府土(2005)152号	2005.6.16
9	成都市2004年第3批中心城区建设用地	石墙村2、11、13、14组，永安村13组，裕民村3、7组，清和村8、10组	95.6655	四川省政府	川府土(2005)397号	2005.12.23
10	成都高新区西区18批建设用地	晨风村5社	3.5136	四川省政府	川府土(2005)145号	2005.6.3
11	成都市中心城区水环境综合整治工程三瓦窑污水处理厂（三期）建设用地	建设村3、4组，勤俭村6组	15.9985	四川省政府	川府土(2005)100号	2005.4.30
12	成都市2004年第五批乡镇建设用地	五岔子村5、6、7、8组	38.3164	四川省政府	川府土(2006)285号	2005.10.24
13	成都市2005年第1批乡镇建设用地	双河村1、2组，大源村4、5、6、7、8组及村集体，铜牌村3组	53.0473	四川省政府	川府土(2006)11号	2006.1.6
14	成都市2005年第8批乡镇建设用地	铜牌村3、11组，石挂因村9、11组，双河村2、3组，灯塔村8组	52.5484	四川省政府	川府土(2006)58号	2006.3.20
15	成都市2005年第6批乡镇建设用地	双土村10组，民乐村5组，花荫村7、8、9、10、12组，灯塔村3、8组	56.8266	四川省政府	川府土(2006)79号	2006.3.20
16	成都市2005年第7批乡镇建设用地	双土村3、4、10组及村集体，花荫村4、5、6组及村集体	48.3546	四川省政府	川府土(2006)80号	2006.3.20
17	成都市2005年第9批乡镇建设用地	建设村1组，双土村1、3、4、5、11组及村集体，五岔子村1组，花荫村4组	47.358	四川省政府	川府土(2006)120号	2006.3.20

续表

序号	批次	征地位置	征地面积(公顷)	批准机关	批准文号	批准时间
18	郫县高店子110千伏变电站建设用地	合兴村6组	0.6349	四川省政府	川府土(2006)224号	2006.5.31
19	郫县2005年第三批乡镇建设用地(西区)	石院村6、7组，清平村1组,顺江村7、8组,杨柳村2、3组,犀浦玉龙村5组	51.1999	四川省政府	川府土(2006)298号	2006.6.2
20	郫县2005年第四批乡镇建设用地(西区)	檬梓村6、7、8组，八圣村2、4、5、7组，独柏村1、6、7组	40.213	四川省政府	川府土(2006)210号	2006.5.31
21	成都电子科技大学清水河校区(西区)	合作村1、2组，清平村8组,金凤村2、4、5、6、10组	43.601	四川省政府	川府土(2006)189号	2006.5.17
22	成都出口加工区西区第二期建设用地批复(西区)	红光镇红光村1、10组,八圣村1、2、5组	35.3753	四川省政府	川府土(2005)256号	2005.8.20
23	成都市中心城区2005年第一批城市建设用地	清和村1、2、3、5、6、7组,仁和村2、3组,石桥村2、3组,丰收村7、8组，庆云村4、5组，石墙村2、11、12、13、14组,永安村13组,包江桥村10组、祝国寺村3、4组	222.5517(成都高新区205.5846)	国土资源部	国土资函(2006)570号	2006.12
合计			1369.6058			

【土地供应】 2006年，成都高新区签订用地协议41宗，其中：南部园区18宗，西部园区23宗，工业用地36宗，科研用地2宗，商业用地2宗。协议用地面积222.817公顷，其中南部园区61.749公顷，西部园区161.068公顷。2006年成都高新区通过土地税费的核实解缴、土地报征审批的跟踪落实、挂牌拍卖土地的整理和出让文件的编制上报等工作，全年完成成都高新区8宗32.94公顷土地的挂牌、拍卖出让，其中挂牌1宗1.5公顷，拍卖7宗31.88公顷，土地收入216466.54万元。经营性用地和居住用地100%通过招标拍卖挂牌方式出让。2006年为企业办理工业用地《土地使用权出让合同》45宗，出让土地259.335公顷，土地使用权出让金37394.97万元(已全部包含在土地价款中)，其中：南部园区出让土地14宗，50.606公顷；西部园区出让土地31宗，208.728公顷。对出让土地利用情况加强管理，对出让合同在投资强度、按期建设方面作全面约定。全年办理土地款项194笔，其中收款192笔，退款2笔，土地款收入235678.33万元(含招标、挂牌、拍卖土地收入)，保障征地拆迁安置和基础设施建设的资金需求。开展对历年土地欠款的清缴行动。全年催缴26宗土地欠款，已收回土地欠款1235.2209万元。

【征地拆迁和农转非人员安置】 南部园区完成基础设施建设用地、产业项目用地、新南小区建设用地的拆迁补偿工作和外环路生态圈内企业的拆迁调查。西部园区围绕西北片区拆迁扫尾工作；对西南片区三横五纵等基础设施建设及产业项目用地实施拆迁工作。全年拆迁农户3091户9122人，拆迁建筑物面积563470.64平方米；拆迁企业40家。根据国家和省、市关于征地拆迁住房安置的有关政策规定，在石羊、桂溪、合作等街道办事处及相关部门配合下，先后组织五次较大规模的农迁房分配工作，完成涉及新南、大源双河、新北、顺江、滨河春天(独柏)等5个小区、20993套农迁房的现场抽签分配任务，共安置拆迁农户13403户38980人。按照成都市推进城乡一体化的总体目标和拆迁安置政策，在6月、12月分别实施两批次农转非人员的安置工作。6月份农转非安置人员主要是石羊、桂溪街道办事处28个村民小组。12月份农转非安置人员主要是石羊、桂溪街道办事处24个村民小组和合作街道办事处20个村民小组。全年共完成安置20811人。安置方式主要是按照国家和成都市有关政策发给就业补助金或一次性生活补助费，并为10526名符合征地农转非社保政策的农转非人员办理社保。2006年，全区农转非住房安置人数是2003年至2005年3年总和的2.1倍，约占历年总数的三分之一；农转非人员安置人数是2005年的1.4倍，约占历年总数的30%。另外，完成辖区内失地农民子女23377人次春、秋两季九年制义务教育规定费用691.7万元审核报销工作。通过对空闲土地管理，安排失地农民455人就业。

表4

2006年南部园区征地拆迁情况

序号	被拆迁单位	拆迁人口(人)	拆迁面积(平方米)	用地项目
1	民乐村7组	198	7164	元华路
2	民乐村8组	184	7312	元华路
3	民乐村5组	174	6850	元华路
4	四川省双源县玉材石材公司		620	统征组
5	府河节能水箱厂		412	统征组
6	吴建军房		760	统征组
7	和平租赁站		1440	统征组
8	仁和花卉培育基地		14666.7	统征组
9	成都市鑫光实业总公司(银利铝合金轮毂厂)		2178	统征组
10	成都市鑫光实业总公司(红光建筑工程公司)		2720	统征组
11	成都高新区丰光皮鞋厂		1386	统征组
12	成都市成都高新区昭明助剂厂		1104	统征组
13	成都宏博有限公司		1282	统征组
14	四川建南租赁有限公司		2217	统征组
15	南和仪器机械厂		900	统征组
16	成都高新区高分子材料厂		633	统征组
17	成都市永荣化工厂		2700	统征组
18	清和材属厂房(原整流器厂宿舍)		790	统征组
19	清和村属企业(原洗澡堂)		476	统征组
20	桂溪乡双土村村委会		2000	统征组
21	周永福		160	统征组
22	民乐村		2000	统征组
23	成都高新天乐加油站		3000.3	统征组
24	民乐村		6742.2	统征组
25	民乐村2组	320	12253	元华路
26	民乐村7组	197	7641	元华路
27	双河村7组	298	10430.56	
28	双河村8组	186	5677.37	
29	花荫村1组	268	8087	外环
30	花荫村2组	217	7033.2	外环
31	花荫村3组	252	8859	外环
32	灯塔村5组	238	8312.04	外环
33	灯塔村6组	358	11821.39	外环

续表

序号	被拆迁单位	拆迁人口(人)	拆迁面积(平方米)	用地项目
34	裕民村6组	303	10511.7	南部新区
35	成都东方特种电机厂		8520	南部新区
36	石羊屠宰厂		860	南部新区
37	成都通发耐火材料公司		2290	南部新区
38	成都新光纸塑印刷厂		1220	南部新区
39	丰达饲料研究所		4200	南部新区
40	成都继电器厂屏絮总厂		2450	南部新区
41	成都市仁和彩印包装有限公司		4010	南部新区
42	裕民村8组	148	4422.20	南部新区
43	灯塔村5组	50	1625.37	南部新区
44	大源村农机站		879	
45	成都高新区大源建筑材料公司		800	
46	桂溪乡大源村		6226	
47	大源小学		3939.5	
48	大源村(大源米厂)		665.4	
49	大源老协会		468.5	
50	大源村(粮店)		411.5	
51	大源村(原哈达厂)		2598.9	
52	大源村3组集体		222.3	
53	大源村4组集体		143	
54	大源村3组	321	13966	
55	大源村4组	331	12572	
56	大源村7组	168	6094.5	
57	大源村8组	195	7429	
58	灯塔村9组	97	3524	
59	灯塔村8组	139	4560.8	
60	超洁实业公司		1260	
61	裕民村6组(外环以外)	48	1503.8	大源组团
62	裕民村2组(外环以外)	423	13288.1	大源组团
63	石桥村8组(外环以外)	71	2328.06	大源组团
64	裕民村3组(外环以内)	270	8718.9	南部新区
65	香泥缘种植园(生宇山珍)		13333.2	地铁用地

2006年,南区共拆迁农户1781户,5454人;拆迁企业40家,拆迁房屋面积289066.07平方米,交地281.204公顷。

2006年西部园区征地拆迁情况

表5

序号	被拆迁单位	拆迁人口(人)	拆迁面积(平方米)	用地项目
1	清水村9组	140	12906	万安工业园
2	清水村10组	184	16328	万安工业园
3	前锋村1组	78	5742	万安工业园
4	前锋村3组	6	322	万安工业园
5	前锋村4组	59	4218	万安工业园
6	前锋村10组	83	6584	万安工业园
7	安埠村8组	143	6398	电子路
8	金凤村3组	79	3823	电子科大配套设施
9	金凤村10组	111	3956	电子科大配套设施
10	西华村3组	36	3162	万安工业园
11	清水村2组	82	8264	万安工业园
12	犀浦村1组	315	36254	万安工业园
13	清水村8组	38	3391	万安工业园
14	清水村9组	89	8494	万安工业园
15	前锋村1组	40	2962	万安工业园
16	前锋村3组	60	4213	万安工业园
17	前锋村4组	47	3398	万安工业园
18	前锋村10组	19	1512	万安工业园
19	西华村3组	19	2001	万安工业园
20	安埠村2组	141	4134.57	路网II线
21	前锋村1组	28	2050	
22	前锋村5组	104	8996	
23	前锋村6组	179	14232	
24	前锋村7组	97	9269	
25	前锋村8组	3	277	
26	西华村1组	197	13950	
27	西华村2组	200	11848	
28	清水村1组	269	8800	
29	清水村3组	105	2900	
30	清水村5组	78	6085	
31	清水村6组	146	13716	

2006年，西部园区共拆迁农户1310户，3668人；拆迁房屋面积274404.57平方米。

【国有土地回收回购】 2006年，成都高新区在国家土地资源管理中，开展国有土地的收购收回工作，发挥国家土地资源的最大效益，提高国家土地资源的利用效率。根据土地管理法的有关规定，为实现城市规划及合理利用土地，对因规划调整、公共基础设施建设需要，由成都高新区土地储备中心开展国有土地回收回购工作。2006年度回收回购国有土地31宗，面积61.762公顷，其中：西部园区收回国有土地25宗，面积55.066公顷；南部园区收购国有土地6宗，面积6.66公顷。收回的红旗连锁公司的土地，除黄忠大道建设用地0.800公顷无偿使用外，对其余1.133公顷居住用地进行拍卖，竞拍收入(扣除收回成本)达9800万元。通过政府收购该宗土地，既解决道路建设用地，还获得较好的土地收益，提高土地使用价值，实现企业与政府的双赢目标。

【土地登记】 2006年，成都高新区继续加强土地登记工作。根据国土资源部(原国家国土地管理局)1995年12月28日颁布的《土地登记规则》、1993年6月22日颁布的《城镇地籍调查规程》和四川省国土资源厅办公室《关于印发2006年地籍管理工作要点的通知》精神，开展国有土地使用权、集体土地使用权和土地他项权利的登记。其中，国有土地使用权分宗地的土地登记178宗(次)，面积1177.166公顷；分户国土证6848本，分摊土地面积合计22.8396公顷(其中二手房交易分户国土证换证1059本，面积3.4678公顷)；办理土地抵押他项权利登记86宗（次），累计抵押金额386998.25万元，抵押累计面积239.306261公顷；注销国有土地使用权26宗，面积7.971864公顷。为便于单位和个人办理土地登记事项，在成都高新区管委会南区政务大厅设有2个土地登记窗口、在西区政务大厅设有1个窗口，负责受理土地登记的申请和相关咨询，现场办理个人土地登记业务。

【地籍数据库建设】 摸清区内土地资源家底，提高地籍管理的信息化水平，将地籍的图形及相关属性通过测绘、调查、审核后，转入计算机，进行科学有效管理。成都高新区作为成都市地籍信息系统建设试点单位，按照成都市国土资源局的统一规划和部署，从2000年开始，对南区28.5平方公里的集中建设区进行一次全覆盖的地籍调查，基于地理信息系统软件(GeoMedia)建成1：500的具有地理拓扑关系的地籍数据库(ORACL格式)，并在此基础上，建成并运行主要面向土地登记审批的办公自动化系统(LandManager)。在此前开展地籍数据库建设和土地管理网上办公的基础上，2006年，启动并实施成都高新区南部园区43.4平方公里、西部园区9.2平方公里、共计48个街坊的地籍数据库建库工作，并于年底全部通过相关部门的验收，全面完成成都高新区地籍数据库一期建库工作。通过地籍数据库信息系统的建设，摸清家底、优化工作流程，强化土地监管力度，提高管理手段，使成都高新区的土地管理技术水平得到加强。

【土地年度变更调查】 成都高新区的土地利用现状年度变更调查工作，是根据国土资源部、四川省每年下发的实施方案和成都市国土资源局的统一安排，于每年的9月下旬或10月上旬开始，于11月上旬完成并上报成果。1996年，为保持对土地利用现状的监测，成都高新区按照土地利用现状调查的规范开展(南区)土地利用现状的调查，并以此次调查成果作为成都高新区的土地利用现状基础成果。之后，成都高新区按照年度变更的规范要求，每年都开展年度变更调查工作，将土地利用现状成果动态更新至当年的10月31日。2004年西区整合以后，成都高新区的年度变更调查范围涵盖高新西区。成都高新区2006年的土地年度变更调查，南区和西区的外业调查均委托承包给专业化的成都科地数字信息有限公司按照成都市的统一技术方案进行；外业调查完成后，南区的内业处理由成都市国土信息中心完成，西区的内业处理由科地公司完成。南区的调查结果纳入中心城区进行统计、上报；西区的调查结果纳入郫县进行统计、上报。

成都高新区2004年~2006年土地利用现状变更调查表

表6　单位：公顷

	南部园区			西部园区		
	2004年	2005年	2006年	2004年	2005年	2006年
总面积	4700.14	4700.14	4700.14	3515.04	3515.04	3514.04
农用地	1808.99	1635.1	1518.2	2372.09	1884.58	1848.23

续表

	南部园区			西部园区		
	2004 年	2005 年	2006 年	2004 年	2005 年	2006 年
耕地	1201.36	1201.36	1053.5	1998.51	1667.54	1469.44
园地	392.00	237.44	186.14	192.25	34.96	25.32
林地				27.84	27.84	26.79
牧草地						
其他农用地	215.62	169.29	178.56	153.48	174.56	164.67
建设用地	2846.78	3020.68	3137.58	1108.78	1596.35	1632.74
城市	1714.61	1908.26	1994.52		712.46	859.02
建制镇				12.17	12.17	12.68
农村居民点	512.93	458.7	427.4	322.24	269.28	254.65
独立工矿	318.69	326.61	131.60	435.66	268.05	169.76
盐田						
特殊用地	1.28	1.28	1.28			
交通用地	237.86	299.3	374.26	298.48	284.82	288.01
水利设施用地	25.4	26.52	25.3	40.22	49.56	48.6
未利用地	44.36	44.36	44.36	34.16	34.10	34.07
未利用土地				1.45	1.45	1.42
其他土地	44.36	44.36	44.36	32.71	32.65	32.65

【土地执法监督】 2006年，成都高新区根据成都市国土资源局《关于转发〈四川省国土资源厅关于进一步严格土地管理　坚决制止土地违法行为的通知〉的通知》和《关于转发国土资源部〈关于严明法纪坚决制止土地违法的紧急通知〉的通知》，加大对违法用地的清理和土地监察力度。全年共清理各类闲置土地48.074公顷。先后依法收回成都华勋园林绿化有限公司、西南星火科技实力有限公司、成都铁路局直属房建段、成都锦鑫市政水电安装有限公司、四川杨天有限公司等11家33.6公顷闲置土地；依法追缴成都联合制衣有限公司、四川奇力制药有限公司等单位的土地闲置费；依法责令成都联创制衣有限公司、成都派尼尔生物材料有限公司等单位限期开工。根据国土资源部关于应用遥感技术开展第六次土地执法检查的通知精神，于2006年3月开展第六次卫片执法工作。通过执法检查，成都高新区范围内涉及卫片图斑27个，面积174.366公顷，涉及用地宗数38宗。其中37宗、面积173.64公顷为新增建设用地；一宗为实地未变化。按照成都市监察局、成都市国土资源局关于贯彻落实《监察部、国土资源部〈关于开展查处土地违法违规案件专项行动的通知〉的意见》，对全区2005年1月1日至2006年9月，新增建设用地进行全面清理。经查，全区新增建设用地涉及36个项目。依据有关法律法规并经成都高新区管委会批准，依法对19户“钉子户”实施强制搬迁，强制搬迁涉及土地面积2000平方米，对1宗违法占地建房，依法移交法院强制执行拆除，面积约40平方米。

【土地档案管理】 2006年，成都高新区根据成都市国土资源局《关于印发〈成都市国土资源局档案管理实施办法〉的通知》、《关于做好“推进城乡一体化，建设社会主义新农村”档案收集、整理的意见》，加强土地档案管理力度。建立《档案管理制度》、《档案管理人员岗位责任制度》、《档案立卷归档制度》、《档案库房管理制度》、《档案保密制度》、《档案利用制度》、《档案鉴定与销毁制度》、《档案统计制度》等规章制度。档案内容包括成都高新区区内土地档案资料3大类4种8个部分，即永久、长期、短期3个大类，文书档案、财会档案、专门档案、声像档案4种，综合类、财务类、地籍管理类、土地利用类、建设用地类、土地监察类、土地管理宣教科技类、土地管理声像类等8个部分。全年整理文书档案1281份，宗地档案25宗，财务档案153卷，农房资料1079份。国土档案室编有档案全宗介绍、组织机构沿革、大事记、基础数据汇编、发文汇编、会议简介以备检索利用，设有微机查找设施，使档案得到充分利用。2006年，接待各级公、检、法等部门人员、管委会有关部门人员以及律师、村民2458人次查阅档案，共提供档案复制件7146份。

（本分目供稿人：成　宁　周晓书　祖修亮）

水资源管理

【概　况】 成都高新区内系岷江水系，马河、摸底河、清水河、沱江河流经西部园区；龙爪堰、栏杆堰、高攀河、朱家沟流经南部园区。区内河道总长100.8公里，流域面积82.5平方公里。河、堰落差小，洪水涨跌慢，基本无水能资源开发。在成都高新区城市化前，主要用于农田灌溉，之后用作泄洪。2005年，中共成都市委、成都市政府提出的“还两江（沱江、岷江）清水”目标，成都高新区党工委、管委会按照市委市政府要求的标准，采取措施，综合治理水环境。

【河道管理】 2004～2006年，三环路内河道与三环路外和西部园区河道分别由高建环卫公司、双兴公司与成都高新区签订管护合同。合同内容包括：清理河道垃圾，打捞漂浮物，防汛抢险工作。

【雨污分流】 2006年3月至8月，完成成都高新区二环路内36个院落雨污分流。共计新建雨污水管网7800米，雨水井180座，隔油池5座，修复砼土路面4200平方米，开挖土石方120200立方米，外运土石方5000立方米。受益群众5600户，14000人。

【小流域治理】 成都高新区列入小流域综合治理河域共7条，2006年，治理高攀河、栏杆堰、摸底河。

【节约用水·农村饮用水】 2006年6月向企业开征用水收排污费，鼓励企业、个人节约用水。至年末，除11家企业、1800多个农民饮用地下水外，其余企业、居民、农民饮用自来水。（本分目供稿人：兰华明）

环境保护

【概　况】 2006年，成都高新区贯彻第六次全国环保大会，全面落实中共成都市委、成都市政府加强环境保护工作的各项工作，深入开展大气和水环境整治以及环保专项行动工作，围绕“依托一个体系，强化三个手段，推进四项工作，实现两个目标”的总体思路，即依托ISO 14001体系，运用环境执法、环境监测和督察督办三个手段，推进大气环境整治、水环境整治、重大建设项目环评和环保规范化建设四项工作，实现成都市政府下达的空气质量优良天数大于300天和出境断面水污染物超标部分削减50%的目标，切实履行监督管理职能。进行成都高新区大气和水环境整治，开展环保专项行动，强化环保各项业务工作的规范化管理，确保ISO 14001环境管理体系有效运行，提升成都高新区环境管理体系标准，使成都高新区环保工作质量不断提高，区域环境质量得到持续改善。

组织进行大气和水环境本底调查，对成都高新区涉及水环境的10条沟渠、179个雨污水排口、200家重点企业和涉及大气环境的99条道路、220个燃煤锅炉大户、245个在建工地等环境因素进行识别，确定整治工作总体思路，印发《成都高新区2006年水环境综合整治工作实施意见》和《成都高新区2006年大气环境综合整治工作实施意见》，制定整治推进工作制度。建立大气和水环境整治长效管理机制。深入开展整治违法排污企业保障群众健康环保专项行动。（胡　萍）

【环保宣传】 2006年，成都高新区开展各种环境宣传教育和培训活动，加强有奖举报宣传工作力度，保证12369环保热线长年畅通，营造全社会参与、监督和支持环境保护工作的良好社会氛围。组织各街道分别在4·22地球日和6·5世界环境日开展形式多样的环境保护宣传活动。结合大气和水环境综合整治，在建筑工地、农贸市场、医院、学校、企业等地共发放、张贴《成都市人民政府关于从严控制燃煤烟尘及二氧化硫污染的通告》、《成都市环境保护局关于对环境违法行为实施有奖举报的通告》及其他宣传资料400余份，提高广大人民群众的环保意识，营造燃煤整治的社会氛围。

（许小东）

【工业污染防治】 2006年，成都高新区结合治水、治气中心工作，全面开展工业污染防治，组织开展环境监测、环境管理、环境监察、全区工业污染防治。制定《深入开展整治违法排污企业保障群众健康环保专项行动实施方案》，成立专项行动领导小组，对2003年~2006年，批建的53个工业项目进行集中清理，责令12家未按规定时限完善环保手续的企业补充环评手续，对2家未作“环评”报告的企业责令停工，并下达《责令改正环境违法行为通知书》。加强建设项目环境管理。通过严把环保准入关，控制新污染源的增长，通过“以新带老，以大代小”等措施，实施一大批老污染源改造达标。全年受理和审批建设项目81个，对80余个项目总平面方案和10个项目初设文件，以及90余个项目的施工图进行审查。协调国家、省环保局完成英特尔(成都)公司、金威啤酒(中国)成都有限公司、铁姆肯(中国)投资有限公司、电子科技大学、四川成都普什机电技术研究公司、合作污水处理厂和中芯国际集成电路公司等18个重点建设项目的环评审批和竣工验收，环评及“三同时”制度执行率100%。打击违法排污企业，协调各有关部门，深入开展环保专项行动。清理“十五小”(即：小造纸、小制革、小染料、小土焦、小土硫磺、小电镀、小漂染、小农药、小选金、小炼油、小炼铅、小石棉、小放射、小炼汞、小炼砷)与“新五小”企业(即：大电网覆盖范围内单机容量在10万千瓦及以下的常规燃煤火电机组、小炼油厂、小水泥厂、小玻璃厂、小钢铁厂)，开展环境噪声、饮用水源地、石油类污染、生态破坏与违法建设项目、重点行业企业不法排污行为等专项整治。出动执法人员389人次，检查企业246家，先后查处成都食圣餐饮公司等一大批企业环境违法案件，查处违法企业7家。加强对建筑工地管理，先后检查和责令整改建筑工地80余个，解决施工噪声扰民和扬尘污染问题。完善“12369”环保热线运行机制，先后受理和处理环境污染投诉、信访629件，维护群众利益。完成重点污染源监督监测121家，执法监测10家，验收监测23家，ISO 14001体系运行和城考监测94家，以及区域环境空气、水体和噪声质量监测，为大气和水环境综合整治及考核提供重要依据。加大对排污企业排放污染物种类、数量、浓度的申报登记及核定工作，建立和完善环境基础管理台账。加大对排污企业的排污费征收力度，为依法开展环境综合治理筹措资金。 (许小东)

【大气污染治理】 2006年，成都高新区党工委、管委会认真落实中共成都市委、成都市政府的统一部署，多次专题研究整治工作，全面启动成都高新区大气环境综合整治。全年，空气质量优良天数达到300天，优良率为87.4%，与去年同期相比优良天数增加14天。充实大气环境整治控制文件，各职能部门按照体系文件要求，结合本单位实际，制定《成都高新区雨污分流工作实施方案》、《成都高新区扬尘治理标准》、《成都高新区施工工地环境保护标准》、《成都高新区清扫、清运、保洁作业考核标准》等控制文件，制作《施工工地扬尘整治检查表》、《施工工地环境保护检查表》、《开工条件审查表》等作业指导文书，建立成都高新区建设项目建设方、施工方、监理方三方责任主体每周联合自查制度和施工工地管理联动制度，促进整治工作有序进行。加强燃煤整治，推行型煤固硫技术。结合成都市政府公告要求，在6月1日、9月1日前，分别对三环路内机关、学校、社会事业单位、个体经营户燃煤进行集中清理，对二环路10个重点地段，80余户经营户燃煤进行集中清理，收缴燃煤炉具82件，销毁蜂窝煤4000余个，强制推行型煤固硫技术，关闭非法蜂窝煤加工场所3个，促成华西卫校按时搬迁，对37户低保户燃煤进行清洁能源改造。加强重点挂牌企业燃煤整治。对成都嘉隆利食品有限公司清洁能源改造进行整治，改造方案已进入论证阶段，按照成都市政府的要求，企业将按期完成改造。过渡期间，成都高新区将责成企业按比例添加石灰固硫，并对其排放的二氧化硫和烟尘进行定期监督性监测。最近监测数据表明，废气中的主要污染物较去年同期有小幅削减。组织开展秸秆禁烧工作，安排专项资金20余万元，组成7个检查组坚持每天对成都高新区南部园区和西部园区进行督察，各街道办事处安排人员昼夜巡查，环保部门联动执法，共出动执法人员720人次，执法车辆150台次。在禁烧的同时，还推广秸秆综合利用，秸秆还田753.337公顷，稻草覆盖堆沤还田8.133公顷，秸秆综合利用率达到100%。 (许小东)

【扬尘污染治理】 开展建筑工地扬尘治理专项行动。成都高新区安排5个检查组，每天出动桂溪和石羊两个街道办事处城管执法中队，对辖区内240个在建项目进行扬尘治理执法巡查，迅速处置三瓦窑拆迁工地、滨河公园等工地的扬尘，取缔桂溪沙石场，对25家责任单位进行共计11.2万元的经济处罚，及时遏制多起扬尘事故的发生。加大闲置土地、待建工地和道路扬尘的治理，对成都高新区大源组团等闲置土地和待建工地投入资金323万元，实施打围26公里，绿化5万平方米；全年出动执法人员21473人次，检查运渣车2468次，查处无证运渣及沿途撒漏运渣车105辆，查处乱倒渣土车辆26次(其中向河道倒建渣车辆1辆)；对主街干道非雨天每5小时洒水降尘一次，对道路植物每周冲洗降尘2次，每月对辖区各街道环境进行一次评比,控制闲置土地、待建工地和道路扬尘污染。在市场准入上设置湿法作业条款,列入施工合同,缴纳扬尘污染保证金,引导企业开展“标准化工地”创建活动。强化项目建设各方扬尘治理责任主体意识,建筑工地车辆出入口得到规整,工地食堂燃煤得到控制,裸土被有效覆盖。成都高新区范围内已有7个建设工地通过市级文明施工标准化工地专家组验收,3个项目通过省级文明施工标准化工地专家组验收。 (袁 钢)

【环境管理体系】 2006年,成都高新区建立保持改进ISO 14001环境管理体系基础,对体系文件进行改版;组织开展年度内部审核,要求相关部门关闭内审中开出的25个不符合项,对外审中查出的问题进行认真分析、加以整改;兑现对12家取得认证企业的奖励。11月22日,经华夏认证中心审核,成都高新区顺利通过ISO 14001环境管理体系2006年度外部审核。本次审核是ISO 14001环境管理体系改版后的第一次监督审核。审核组认为成都高新区环境保护工作成效显著,并要求各部门认真关闭不符合项,为2007年成都高新区ISO 14001复评审核和ISO 14001示范区复评审核打好基础。 (何朝阳)

防洪防涝

【概 况】 成都高新区内系岷江水系,马河、摸底河、清水河、沱江河流经西部园区;龙爪堰、栏杆堰、高攀河、朱家沟流经南部园区。区内河道总长100.8公里,流域面积82.5平方公里。成都高新区未成立前,区域内河、堰主要用于农田灌溉,成都高新区成立后主要用作泄洪。成都高新区党工委、管委会按照市委市政府“还两江(沱江、岷江)清水”目标要求,采取措施,综合治理水环境,防洪涝于未然。针对汛期可能出现的洪涝制定了防洪抢险预案和管委会及管委会各部门、各街道办事处分级负责制。

【防洪抢险预案】 1990年～2006年,成都高新区内尚未发生过大的洪涝灾害。在现有水利工程设施条件下,针对可能发生的各类洪涝灾害,2006年3月依据《中华人民共和国防洪法》、《中华人民共和国水法》、《中华人民共和国河道管理条例》、《四川省河道管理办法》等法律、法规,制定《成都高新区2006年防汛抢险预案》。该预案以防为主,防重于抢,防抢结合;全面部署,保证重点;工程措施与非工程措施相结合;统一指挥,统一调度。该预案实行各级行政首长负责制,条块结合,专群结合,属地为主,保证安全度汛。按照“统一指挥,分级负责”的原则,成立以成都高新区管委会主任为总指挥,分管防汛工作的管委会副主任为指挥长,经贸发展局局长、成都市武侯区人民武装部部长为副指挥长,区有关部门和街道办事处为成员的成都高新区防汛指挥部。下设防汛指挥部办公室负责防汛指挥部日常工作。各街道办事处按《中华人民共和国防洪法》规定成立本辖区防汛指挥部并设立防汛办公室。

【分级负责制】 针对可能出现的洪涝灾害,制定相应的处置预案。积水面积小于总面积的3%,积水深度5厘米以下,抗洪抢险工作主要由各街道办事处按自救为主。积水面积大于总面积的3%,积水深度5厘米~20厘米,管委会各部门、各街道办事处组织好本系统、本单位的抗洪抢险工作。积水面积大于总面积的5%以上,积水深度20厘米以上,抗洪抢险工作由管委会直接领导指挥。区防汛指挥部要做好参谋工作和组织协调工作。

表7 成都高新区防汛指挥部各成员单位主要职责

序 号	单 位	职 责
1	两委办公室	1. 综合组织、协调、督察督办; 2. 汛期社会治安,维护社会稳定; 3. 防汛宣传,发布汛情。
2	经贸发展局	1. 防汛办日常工作; 2. 河道和沟渠清淤、加固,水毁工程抢修; 3. 城区排水管网、下穿式立交桥泵站、水闸的维修养护及抢险; 4. 抢险应急物资的储备; 5. 灾后农业生产恢复与自救; 6. 乡村公路、桥涵维修养护。

续表

序号	单位	职责
3	武侯区人民武装部	1. 协调部队、武警参加抗洪抢险； 2. 组织民兵抗洪抢险(此项接通知后15分钟到达现场)
4	规划建设局	1. 防洪工程建设； 2. 建设工地的防汛与抢险； 3. 城区旧城低洼棚户的内涝预防和抢险； 4. 尚未移交的在建和竣工市政设施防汛。
5	国土局高新分局	征地拆迁未移交工地的内涝预防和抢险。
6	财政局	1. 防洪资金的预算安排和执行； 2. 抢险应急资金的筹、管。
7	社会事业局	1. 灾民的救济,救灾物资的筹、管、用； 2. 洪灾现场的消毒防疫； 3. 灾民的医疗救助。
8	城管执法局	1. 灾后城区道路的清淤、冲洗； 2. 行道树、广告牌、路灯灯杆的安全。
9	出口加工区管理办	组织加工区内企业做好防汛抢险工作。
10	高新公安分局	1. 防汛抢险社会治安工作和重点部位的安全保卫； 2. 洪灾现场的安全警戒、交通秩序、人员疏散(此项工作接报后,15分钟到达现场)。
11	各街道办事处	1. 制定本辖区防汛抢险预案,并组织好防汛抢险工作； 2. 成立抗洪抢险队伍,储备充足的防汛物资； 3. 辖区内涝排泄； 4. 受灾人员的疏散、安全及后勤保障； 5. 灾后生产、生活自救与恢复。
12	高投集团、兴南公司	1. 制定防汛预案,安排防汛队伍和防汛物资； 2. 在建防洪工程的安全度汛； 3. 在建市政设施项目的内涝排泄。
13	高新供电局	1. 汛前供电线路及设施检修； 2. 洪灾中供电安全,毁损线路及设施抢修, 3. 灾后生产、生活用电正常供给。

2006年堤防·险工险段·易淹易涝责任主体及处置方案

表8

序号	堤防、险工险段、易淹易涝	责任主体	处置方案
1	兴蓉街10号院,铝材厂宿舍,创业路36、38号仓库,城南加油站,其他低洼易涝地带。	肖家河街道办事处	1.汛期加强对该地区监控、准备抢险机具和物资； 2.将受灾人员转移到西藏中学； 3.对积水进行抽排并及时上报。
2	玉林中学,新康石棉矿宿舍,蓓蕾巷。其他低洼易涝地带。	芳草街道办事处	1.汛期对该地区进行监控,准备抢险物资,发现积水进行抽排； 2.请交管部门组织车辆、行人疏散。
3	三元村低洼地带,龙爪花荫村段,双河闸房北段,栏杆堰三河场南段、新北五期段。其他低洼易涝地带。	石羊街道办事处	1.加强巡查监控,发现险情及时处理并上报； 2.做好村民和相关物资转移工作。
4	三瓦窑低洼地带,府河高新段,龙爪堰民乐段,栏杆堰铜牌段。其他低洼易涝地带。	桂溪街道办事处	1.加强巡查监控,发现险情及时处理并上报； 2.做好村民和相关物资转移工作。

续表

序号	堤防、险工险段、易淹易涝	责任主体	处置方案
5	清水河高新段堤防、52中、晨光中心村、金凤村、托普软件园、前锋、四威企业等低洼易涝地带	合作街道办事处	1.加强巡查监控,发现险情及时处理并上报; 2.做好村民和有关财产转移工作; 3.对低洼地带积水进行抽排; 4.储备充足的防汛物资。
6	城区2781公里排水管道、6座下穿式立交桥泵站、3座水闸泵站:100.89公里河道沟渠、各村公路、桥涵	经贸发展局	1.对河道、沟渠排水管网疏淘; 2.6座泵站运行正常,桥下无积水; 3.合理控制3座水闸; 4.坚持24小时防洪值班; 5.发现险情及时处理并上报; 6.南区、西区的应急物资储备。
7	全区在建工地、在建防洪工程	规划建设局	1.通过防洪工程建设提高防洪能力; 2.确保在建工地内排洪畅通; 3.对排水管网改造。
8	全区拆迁未建区域防汛工作	国土局高新分局	1.禁止拆迁未建区域乱搭乱建; 2.禁止拆迁房屋临时住人; 3.排查并处置好拆迁未建区域防汛隐患。

2006年防汛抢险队伍责任范围

表9

序号	单位	抢险队伍人数	负责人及电话	联系人及电话	职责范围	备注
1	肖家河街道办事处	60人	王　平 13881788008	刘　华 13208190979	1. 负责辖区内防汛抢险工作; 2. 兴蓉街10号、铝材厂低洼地带抽排水。	灾情发生时15分钟赶赴现场组织抢险
2	芳草街道办事处	60人	樊越喜 13908008104	陈　宏 88011965	1. 负责辖区内防汛抢险工作; 2. 玉林中路、蓓蕾巷低洼地带抽排水。	同上
3	石羊街道办事处	60人	孙　波 13708176829	刘大杰 13388167428	1. 负责辖区内防汛抢险工作; 2. 新北五期、城南加油站低洼地带抽、排水。	同上
4	桂溪街道办事处	80人	洪艳亨 13908034082	李孝云 81256830	1. 负责辖区内防汛抢险工作; 2. 府河沿线河堤、三瓦窑、食圣低洼地带及抽、排水。	同上
5	合作街道办事处	80人	张怀明 13708227241	饶　武 13608022284	1. 负责辖区内防汛抢险工作; 2. 清水河高新段沿线河堤抢险,52中等低洼地点排涝。	同上
6	高新建管市政公司	100人	胡子刚 13608021668	杨永建 13608021669	1. 负责3座下穿式立交桥泵站抽水; 2. 重点地段临时防洪抢险工作。	灾情发生后10分钟赶赴现场组织抢险

续表

序号	单位	抢险队伍人数	负责人及电话	联系人及电话	职责范围	备注
7	成都海祥建筑公司	50人	柳荣春 13908000230	李军元 13060039924	重点地段临时防洪抢险工作	同上
8	成都市政环卫公司	100人	陈富远 13908227889	陈得远 13880651591	1. 2座下穿式立交桥泵站抽水； 2. 2座水闸，重点地段临时防洪抢险	同上
9	成都市政总公司	50人	童　韬 13881993206	周启全 89030232	重点地段临时防洪抢险	同上
10	成都双新公司	80人	贺仲科 13980738598	贺仲科 13980738598	重点地段临时防洪抢险	同上

防汛物资储备

表10

单　位	物资类别	数　量	储备地点	联系人及电话
防汛办	救生衣(件) 雨具(套) 照明设备 抢险车辆(辆)	80 80 30 8	管委会9楼经贸发展局库房	李标德 88006180
肖家河街道办事处	救生衣(件) 雨具(套) 发电机、水泵(台) 编织袋(条) 铁锹(把) 砂石(立方) 抢险车辆(辆)	50 400 5 1000 50 500 10	肖家河街道办事处库房	刘　华 13208190979
芳草街道办事处	救生衣(件) 雨具(套) 发电机、水泵(台) 编织袋(条) 铁锹(把) 砂石(立方) 抢险车辆(辆)	100 100 5 350 61 1000 3	芳草街道办事处库房	陈　宏 88011965
石羊街道办事处	救生衣(件) 雨具(套) 发电机、水泵(台) 编织袋(条) 铁锹(把) 砂石(立方) 抢险车辆(辆)	50 260 10 2000 50 500 5	石羊街道办事处库房	王正东 13880008583
桂溪街道办事处	救生衣(件) 雨具(套) 发电机、水泵(台) 编织袋(条) 铁锹(把) 砂石(立方) 抢险车辆(辆)	50 100 5 5000 50 1000 5	桂溪街道办事处库房	李孝云 81256830

续表

单位	物资类别	数量	储备地点	联系人及电话
合作街道办事处	救生衣(件)	50	合作街道办事处库房玉泉村等	饶斌 13608022284
	雨具(套)	100		
	发电机、水泵(台)	10		
	编织袋(条)	5000		
	铁锹(把)	50		
	砂石(立方)	1000		
	抢险车辆(辆)	6		
高新建管市政公司	救生衣(件)	150	高新建管市政公司仓库	胡宗敏 13608021696 徐淑冬 88834525
	雨具(套)	150		
	发电机、水泵(台)	20		
	编织袋(条)	20000		
	铁锹(把)	150		
	砂石(立方)	2000		
	抢险车辆(辆)	20		
成都市政环卫公司	救生衣(件)	100	成都市政环卫公司仓库	陈得远 13880651591 周先成 13981893049
	雨具(套)	100		
	发电机、水泵(台)	10		
	编织袋(条)	2000		
	铁锹(把)	100		
	砂石(立方)	2000		
	抢险车辆(辆)	10		
市政开发总公司	救生衣(件)	50	市政开发总公司仓库	童韬 13881993206
	雨具(套)	50		
	发电机、水泵(台)	5		
	编织袋(条)	2000		
	铁锹(把)	50		
	砂石(立方)	1000		
	抢险车辆(辆)	5		
成都双兴公司	救生衣(件)	100	成都双兴公司仓库	贺仲科 13980738598
	雨具(套)	100		
	发电机、水泵(台)	8		
	编织袋(条)	10000		
	铁锹(把)	100		
	砂石(立方)	1500		
	抢险车辆(辆)	5		
西区公司	救生衣(件)	100	西区公司仓库	尹云飞 13688010738
	雨具(套)	100		
	发电机、水泵(台)	20		
	编织袋(条)	20000		
	铁锹(把)	100		
	砂石(立方)	2000		
	抢险车辆(辆)	15		

(本分目供稿人:兰华明)

城市管理

URBAN ADMINISTRATION

常住人口和流动人口

【概　况】 2006年，成都高新区常住人口为219753人。男性人口106811人，女性人口112942人，男女性别比为94.57：100。全年出生1524人，出生率0.69%；死亡585人，死亡率0.27%；自然增长939人，自然增长率0.43%。全年迁入人口13318人，迁入率6.1%；迁出人口1142人，迁出率0.52%；全区机械增长人口12176人，机械增长率5.5%。登记流动人口47883人。登记境外人员815人，清理核对境外人员360人。

【常住人口管理】 全年共清理常住人口43287人，录入“人户不一致”的信息5719条。一是组织社区民警学习成都市公安局《人口管理实施通则》和《高新公安分局人口管理实施细则》，结合派出所等级评定工作的开展，每周都要求社区民警定期、定量完成实有人口的清理核对工作，使派出所的人口管理工作实现了制度化。二是以常表传递制度为基础，抓好人口数据清理工作。成都高新公安分局办证中心按期发放常表14902份，其中发放给肖家河派出所3341份、芳草街派出所3518份、三瓦窑派出所3681份、石羊派出所3805份、西区派出所557份。认真核对“问题常表”，形成署所互动、互相督促的良好局面。三是以人口数据比对为平台，抓好与相关部门的协调工作。第一步，办证中心以辖区为单位，打印出各辖区出生、死亡人员名册，并及时发放给派出所进行核对。第二步，派出所以办证中心提供的出生、死亡人员名册为依据，到街道办事处计生、民政等部门进行逐一核对，确保数据的准确性。

【流动人口管理】 2006年，全区共登记流动人口47883人，办理暂住证17834个，登记房屋出租8797户，通过办证比对列管流动人口“注意对象”20人。一是对治安复杂的流动人口聚居地整治工作的进展情况进行详细记载和分析，掌握整治地流动人口、出租房屋、用工单位底数。二是采取加强出租房屋管理服务站建设、推行“三查三见面”等措施，对全区20名流动人口“注意对象”、出租房屋中的重点出租户全部纳入工作视线，增强管理和控制力度。三是建立治安防范人口管理与刑事侦查工作的信息协作制度，定期召开工作联系会，互通人口管理和刑侦工作信息。四是建立流动人口聚居辖区周边派出所定期情况通报制度，实行区域性联合整治，对成昆线桂溪、石羊段沿线的外地滞蓉盲流人员聚集地进行清理，挡获盲流人员16名，清理拆除聚集点7处。同时加强对铁路沿线废旧金属收购点的治安管理，清理收购点9处，取缔2处，勒令搬迁2处。

【新版居民身份证办理】 2006年，高新分局已累计换发二代居民身份证143918张，提前14个月完成成都市公安局下达的2005年~2007年三年换发二代证14.3万张的总目标。一是统一印制10000多封“成都高新区公安分局致园区住户的一封信”，以温馨提示的形式大力开展社区治安防范宣传工作，促进二代证的换证办理工作。二是以责任区为单位，向各派出所提供20000多人的未办理二代证人员名单，由各派出所社区民警按名单开展二代证催办工作。三是按照公安部人口信息库建设的要求，公安分局积极开展全区人口数据的纠错和上报工作。其中16周岁以上人员照片扫描率达到98.1%，名列全市前列。人口数据中存在的配偶姓名、服务处所等错误已全部清理。

2006年各辖区人口分布

表11

单位项目	常住人口		流动人口	境外人员
	男	女		
肖家河辖区	16338	15308	9580	48
芳草街辖区	27655	31736	7887	692
石羊辖区	23651	17193	6036	21
桂溪辖区	17915	17286	8105	25
西区	21252	21409	16275	29
合计	106811	112942	47883	815

（本分目供稿人：秦　巍　杨文星）

市容市貌

【概　况】 2006年，成都高新区城市管理工作再上新台阶，“7·16”工作制度和领导带班巡查制（做到每周7天，每天从早上7时~夜间23时，连续16个小时投入管理力量）及“五个一样”（晚上与白天一个样、背街小巷与主街一个样、节假日与平常一个样、不检查与检查一个样、城郊结合部与城区一个样）、“三个及时”（及时发现、及时报告、及时处理）等城市管理新经验在全市推广，成都市人民政府办公厅《政务信息》、成都市政府目督办《政务目标管理》两次专刊成都高新区城市管理的新经验、新举措，成都市政府在成都高新区召开“成都市城市管理工作研讨暨城市管理疏堵结合现场会”，与会代表通过现场考察及座谈方式，充分肯定成都高新区城市管理所取得的成绩，用“体制顺、机制好、方法对、用心做”12个字高度概括成都高新区城管工作；在全市政府5项公共服务民众满意度测评中，成都高新区城市管理满意度位列全市第一名。（杨海燕　周　平）

【市容市貌综合整治】　成都高新区容貌整治工作从2003年开始，2006年已进入全面收尾阶段。2006年，按照《成都高新区城市容貌整治工作实施意见》，全年投入容貌整治经费3000万元（其中成都高新区财政投入1100万元，肖家河街道办事处投入812万元，芳草街道办事处投入594万元，石羊街道办事处投入339万元，社会单位投入106万元），对辖区市容环境进行综合整治。肖家河辖区完成肖家河正街、铝材厂宿舍等31幢楼宇立面改造；完成高升桥东路19号院、肖家河沿街10号院等5个院落环境改造；完成肖家河二斗渠覆盖及景观化工程。肖家河街道办事处直管的78个居民院落已全部整治。芳草街道办事处对涉及辖区26个院落、13条街道进行环境综合整治，完成玉林西路4号院容貌整治及芳草林荫街区改造；完成玉林南路36号院、芳草东街1号院6幢楼房的外墙整治；完成彩虹街、白云巷、蓝天路、元通一、二巷等片区墙体绿化和“拆墙透绿”。2006年，共粉饰楼宇40余幢，粉饰面积达6.8万平方米，更换商招店招1500平方米，安装外置式空调罩641平方米。其中肖家河二斗渠改造、玉林西路4号院改造、石羊新街社区打造、天府孵化园立面改造等工程成为2006年成都高新区整治工作亮点。成都高新区基本实现道路规范整洁无违章，店铺透亮无盲点，道路两侧绿化无空白，社区院落清新宜人，营造良好的人居环境和投资环境。加大市政设施改造力度，完成肖家河正街步行街、环四巷和5、7号院道路“白加黑”改造工程；完成家乐福周边、肖家河北街等8条道路人行道改造；完成管委会周边人行道铺设花岗石等整治工作，共计铺设盲道砖8500平方米，人行道2.8万平方米。通过改造实现成都高新区道路全面彩砖化、盲道化、无障碍化。2006年，完成高新大道、玉林南路、玉林北路、武侯大道、冯家弯B线等沉陷、破损路面的维修工程，修补道路1.4万平方米，更换人行道方砖共3.7万平方米，维修路沿石7290平方米；对紫荆西路、南路等部分街道红线外（管养范围外）无人管养且破损严重的人行道方砖进行修复，修补面积达1万平方米；对鑫象酒楼、梧桐世家等门前道路红线以外的方砖进行修复，更换和修复彩砖面积3651平方米。经过全面整修，成都高新区道路基本实现路面平整、畅通，人行通道无障碍。（杨海燕　周　平）

【环卫作业市场化】　2006年，成都高新区根据实际情况，继续深化市场化改革，以提高市政管养和环卫作业水平。引入市场化竞争机制，通过比选、招标确定管养公司，并按照市场化、规范化、科学化、精细化管理要求，制定《成都高新区市政养护作业考核标准》、《成都高新区环卫作业先进单位考核标准》，对管养公司进行考核评比，实行“非先进”淘汰和诫勉制度。通过市场化运作，成都高新区每年投入管养费用1600余万元，其中环卫清扫管养费1200余万元，清扫面积400余万平方米；市政道路管养费450余万元，管养面积近260万平方米。制定管养公司准入标准，在成都市管养公司中率先推行ISO9001管理质量体系认证，使环卫清扫作业、市政管养质量走入国际标准。现已有两家作业企业完成贯标工作，多家企业正在申报和论证之中，所有环卫作业企业都已实现洒水降尘、清扫作业机械化。强化环卫作业标准，确保城市环境清洁，督促环卫公司加强环卫清扫、保洁工作，城区主街干道保洁时间达16个小时，每5小时对道路进行一次洒水降尘，清扫保洁率达100%。（周　平）

【景观带专项整治】　2006年，成都高新区对肖家河辖区二斗渠河道覆盖及景观绿化改造，清掏河道269米，计379立方米，清运河道两岸沿线区域垃圾3365吨；完成三元社区和新光社区成雅高架桥广场工程打造，丰富附近居民文化生活，营造良好人居环境。完成西芯大道旅游通道绿化改造，成为成都市一流生态景观大道；完成九兴大道绿化，形成一道靓丽的绿色走廊，体现工业园的生态特色，2006年10月顺利通过市“为民办实事”目标检查验收；完成城区13个小游园、4条林荫路增绿工作，有效解决成雅大件路、府城大道、黄忠大道、大世界等重点地区部分地段脏乱差的问题。（周　平　谷　颖）

【垃圾收运处置】　2006年，成都高新区将城市管理工作向城郊结合部及农村延伸，通过市场化运作，全面实现生活垃圾收运“日产日清”，生活垃圾无害化处理率达100%，确保城市清爽、整洁、无尘。在成都高新区石羊、桂溪、合作三个涉农街道办事处全面实施环卫作业市场化运作，对生活垃圾实行袋装化收运，落实农村环

图17:成都高新区垃圾压缩站全貌

(成都高新区城管执法局 供稿)

境卫生工作管理制度，确保成都高新区的垃圾清运率达100%，生活垃圾集中处置率达100%，改善城郊结合部及农村区域环境，提高农村居民生活质量。2006年，成都高新区垃圾压缩站建成并正式投入试用，工程总投入1400万元，同成都市其他区相比，成都高新区投入经费最少；在外观、绿化和电子系统的设计和建设上也都优于成都市其他城区，达到全市一流标准；垃圾压缩站日压缩量达400吨，可满足未来5年～10年的压缩需求。垃圾压缩站的运营管理，引入市场化竞争机制，吸收社会资金参与管理运作，通过公开招标确定运营管理公司，在全市率先将垃圾压缩清运管理实行企业化运作。在管理中，制定考核标准，对管理单位进行考核，实行制度化、规范化、标准化的长效管理机制，在全市起到了示范作用。垃圾压缩站的建成使用，有效缓解了成都高新区城乡垃圾处置压力，很大程度上提高了辖区垃圾处理能力，为全面实现生活垃圾无害化处置奠定了基础。 (周 平)

【垃圾处置费征收】 2006年，超额完成生活垃圾处置费的征收目标任务，征收率全市第一。在开展生活垃圾处置费的征收工作中，结合实际情况对石羊、桂溪两个城郊街道办事处辖区内的处置费采取先降低收费标准再逐步过渡的特殊收费方式进行征收。这种人性化的收费模式既调动居民缴费的自觉性和维护区域环境的积极性，又保证处置费的征收率。2006年，成都高新区累计收取生活垃圾处置费701万元（其中肖家河完成75.53万元，芳草完成89.15万元，石羊完成81.72万元，桂溪完成68.48万元，直属组完成385.92万元），超额完成年目标任务的18.42%，与上年同口径比较多征收141万元，收费比例和收缴率居成都市第一名，被成都市城管局评选为生活垃圾处置费征收工作先进单位。 (周 平)

【道路冲洗】 为改善辖区内空气质量，确保城市环境清洁，成都高新区督促环卫公司加强环卫清扫、保洁工作，要求各环卫管养企业从早晨六点到晚上九点，对主街干道实行机械化清扫和道路冲洗，每天洒水3~5次，城区主街干道每天保洁时间达16个小时，非雨天每5小时对道路进行一次洒水降尘，特殊情况每3小时洒一次水降尘。成都高新区现共有洒水车11台，每天对区内道路进行全线洒水降尘，每天洒水120余车次，快、慢车道冲洗面积达500万平方米，确保城市清爽、整洁、无尘。每月对辖区各街道道路实行一次检查评比，落实环境卫生责任制，把扬尘污染控制在最低限度。 (周 平)

图18:整治后的二斗渠一角

(成都高新区城管执法局 供稿)

【公厕管理】 2006年，成都高新区以“国卫复查”迎检和“创建最佳旅游城市”为契机，积极动员4个街道办事处和社会单位投入20余万元，继续对辖区内公厕进行无障碍设施改造。改造后，成都高新区辖区内21座公厕有16座达二星级标准、5座达一星级标准。在2005年已完成13座公厕无障碍设施改造的基础上，2006年，完成永丰立交桥东南侧、西南侧、紫丁巷、肖家河农贸市场、肖家河中街等6座公厕增设残疾人蹲位和残疾人通道的改造。为完善公厕的基础设施，对玉林西路、蓓蕾街、华姿乐园、永丰路小游园、紫竹广场等6个公厕进行改造，更换厕所隔断、面镜、镜灯，用铝塑板吊顶、增设婴儿护理台、拉栅门，对被损坏的设施全部更新；同时，对辖区内公厕统一增设烘手机、洗手液、取纸盒、新公厕标识牌、温馨提示牌等设施，全面完成公厕无障碍设施改造，使辖区内公厕全面达到星级标准。 (周 平)

【户外广告管理】 2006年，成都高新区共拆除各类户外违章广告300余块（含各类不规范商招店招），在全市率先依法对成雅路两侧25块各类违法广告（招牌）、三环路成雅路高速出入口4个单立柱广告进行拆除，消除旅游通道和出入城通道上的视觉污染源。为进一步规范户外广告和商招店招管理，对辖区内户外广告进行全面普查，并加大对违法广告的拆除力度。继续加强违法户外广告（招牌）清理整治力度，力争在户外广告和商招店招管理上做到全市最好，以提升成都高新区形象，营造良好的招商引资外部环境。（周　平）

【垃圾清扫清运】 成都高新区有人力三轮车186辆，自动式机械清扫车11辆、小型扫地车1辆、垃圾清运车10辆、压缩垃圾车11辆，每天清扫道路面积500万平方米，其中机械清扫242万平方米、人工清扫258万平方米。所有清扫垃圾都由环卫工人装入人力三轮车内统一运送至垃圾中转房，然后再由垃圾压缩车运至垃圾处置场进行处置。（周　平）

【绿化管理】 2006年3月，全面完成西芯大道旅游通道绿化改造。西芯大道绿化工程面积约10万平方米，补植乔木约4500株（主要树种有乐昌含笑900株、白玉兰800株、紫薇2200株），使之成为成都市一流生态景观大道。完成“拆墙透绿”工作2480米，其中破墙透绿1026米，超额完成任务482米，通过强化透绿效果，以蓝天路、白云街为代表形成一批特色街区。完成城区13个小游园、4条林荫路增绿工作，增植乔木2000多株，新增绿化面积5000多平方米，解决成雅大件路、府城大道、黄忠大道、大世界等重点地区部分地段脏乱差问题；通过行道树与节点树阵相辅相成，九兴大道成为一道靓丽的绿色走廊，体现工业园的生态特色，2006年10月，顺利通过市“为民办实事”目标检查验收。2006年10月，神仙树公园由成都市政府评定为全市星级公园。加强绿地管理及巡查，办理树木移栽及临时占用绿地事项50多件，组织日常检查60多次，全年未发现乱砍乱伐现象。截至2006年底，成都高新区对绿地管理投入资金1700万元，绿化管护企业达到11个。成都高新区绿地面积达798.69公顷，绿化覆盖率39.12％，绿地率35.89％，人均公共绿地10.81平方米。（谷　颖）

城管执法

【概　况】 2006年，是“严管城市行动年”。成都高新区从严加强城市执法管理，推进执法标准化、中队规范化建设，健全和完善执法管理长效机制，实施综合素质提升工程，紧紧围绕“两创一检”中心工作（两创一检：即创建全国文明城市、创建国家最佳旅游城市及国家卫生城市复查迎检），结合全市开展的“牵手行动、规治行动、提升行动”三大行动，认真履行职责，为提升城市形象，构建“和谐成都”夯实基础。

【市容秩序整顿】 2006年，成都高新区进一步深化城市管理长效机制，继续推行“7·16”工作制（7·16工作制

图19：容貌整治后的神仙树公园一览

（成都高新区城管执法局　供稿）

即做到每周7天,每天从早上7时~夜间23时,连续16个小时投入管理力量)和路段责任制,加强市容秩序执法检查、巡查,每天晚上由局领导带领执法队员坚持对区内的市容秩序进行执法检查,及时解决城市管理中存在的问题。按照"属地管理、责任片区"的原则,针对热点、难点问题,采取守点、巡线、查处群众举报与集中执法整治相结合的有效措施,加强日常市容秩序执法整治。组织开展元旦、春节、"五一"、"十一"等节日期间市容秩序集中执法整治;组织开展全国糖酒商品交易会、西博会、旅交会期间市容秩序执法整治;组织开展中高考期间"禁噪"、性保健用品市场秩序、学校周边市容环境、犬只管理、"禁宰"、"五小"行业等各类专项执法整治,确保区内主街干道及重点区域良好的市容秩序。

【无照经营整治】 2006年3~7月,成都高新区组织开展为期5个月的无证无照清理整治和违章占道经营执法专项整治。通过宣传教育、查处取缔、攻坚克难、巩固成果四个阶段,加大对无证无照、占道促销、"鬼饮食"等违法行为的清理查处力度。联合各街道办事处、环保、卫生、工商、公安等相关部门,分别于3月、4月、5月、6月集中开展执法整治行动,对成都高新区范围内电子科大、锦城学院、高新实验学校、玉林中(小)学各分校区等高中小学校周边、天府长城工地周边、新会展中心周边、庆安社区、三瓦窑、桂溪二小周边、一二环路南三四段、肖家河正街、芳草东街、神仙树南路、神仙树北路等地段的流动商贩、无证餐饮商家、占道促销、"鬼饮食"等违法违规行为进行清理查处和取缔。全年共出动执法人员1.2万人次,出动执法车辆2928台次,清理流动商贩3950个。

【出摊占道整治】 2006年,按照"属地管理、责任片区"原则,采取日常巡查执法和集中整治相结合,加强相关法律、法规宣传,加大对商家店铺出摊占道经营的查处力度,进一步规范商家店铺经营行为,使市容秩序整体好转。全年教育违章占道经营商家549家,查处出摊占道经营2421件。

【违章建筑查处】 2006年,结合成都高新区实际,创新拆违工作思路,以拆除区内新增违法建设为重点,严格违法建设巡查监控和报告制度,对新增违法建设做到"及时发现、及时报告、及时制止",坚决把新增违法建设行为控制在萌芽状态。针对拆违涉及面广、情况复杂、各种矛盾尖锐、拆除难度大的实际情况,各级领导高度重视,认识统一,相关部门密切配合,全年拆除大源双河农贸市场东侧、站华路贡嘎山珍、玉林西路楼顶等违法建设点位11个,面积约1.2万平方米,完成全年市级拆违目标任务的124%(市级目标为1万平方米)。

(本分目供稿人:何 明)

图20:四川成都出口加工区大门

(成都高新区地方志办公室 供稿)

城市建设

URBAN CONSTRUCTION

城乡建设规划

【概 况】 成都高新技术产业开发区总面积82.5平方公里,由南部园区和西部园区两部分组成。南部园区47平方公里,西部园区35.5平方公里。南部园区位于成都市中心城市南部,北接成都市市区一环路,东临府河与锦江区琉璃乡和双流县中和镇相望,南接双流县华阳镇,西连武侯区。区域南北最长12.4公里,东西最宽6.8公里。南部园区是成都市的南部门户,对外交通道路有成昆铁路、成雅高速、机场路、大件路、天府大道、站华路、元华路,连接成都与眉山、雅安、攀西地区,沟通西南三省、南亚地区。西部园区位于成都市中心城市西北部,北接西区大道和317国道,东接川藏路,南临清水河,西接南北大道与郫县相望,区域南北最长9.6公里,东西最宽9.9公里。成灌高速从区内穿过,是"成都~都江堰~九寨沟"黄金旅游通道的门户。成都高新区规划布局呈"两园、七片区"结构,两园指南部园区和西部园区,七个综合片区为三环路以北、创业路以西的起步区,三环路以南、成昆铁路以西的新园片区,成昆铁路以东、火车南站以南、外环路以北的站南片区,外环路以南的大源片区,西部园区外环路以东的起步区,外环路以西、成灌高速以北、南北大道以东的西北片区和外环路以西、成灌高速以南、清水河以北的西南片区。创业路、大件路、元华路、站华路、天府大道、羊西线、IT大道、西区大道和三环路、外环路作为穿越区内的重要城市干道,构成成都高新区城市形态的重要支撑骨架。紧密围绕四大产业即集成电路制造业、精密机械制造产业、生物医药产业和软件产业,形成"一区多园、组团式、开放式"的格局。南部园区规划建设紧密围绕产业发展,即在稳固发展现有电子信息和生物医药产业的基础上,重点发展天府软件产业园和成都生物医药产业基地核心区。南部园区的站南组团和大源组团规划定位为"城市新中心,现代化新城区",集行政办公中心、创新研发中心、区域总部基地、现代服务基地和高档人文住区为一体。西部园区规划建设以产业集群为目标,打造成为以电子信息、生物医药和精密机械制造产业为主体,空间信息化、生产自动化、园区生活化、环境优美化、社会安全化、科技与人文协调统一的一流综合产业园区。 (陈晓涛)

【规划编制】 城市建设规划积极围绕成都高新区"1223"发展战略,组织规划编制,保证规划管理依据的科学性和合法性,组织编制西部园区西南片区控制性详细规划、大源组团西片区控制性详细规划、大源商务科技片区控制性详细规划等,规划实现全区控规满覆盖。重视每个层次规划的城市设计,完成西南片区城市设计、大源商务科技园区城市设计、天府软件园区规划、紫杉路城市设计、创意建筑区城市形态研讨、滨河公园方案征集、高新西区道路标识系统规划,使法定规划与城市设计形成有益结合与互补。 (陈晓涛)

【规划监管】 成都高新区规划实施管理积极落实成都市规划管理局的相关要求和监督管理规定。根据中共成都市委目督办、成都市政府目督办、成都市规划管理局、成都市政府规划督察专员办的相关通知要求,扎实推进城乡规划专项目标各项工作,强化目标管理,制定具体考核办法和考核程序,确保全年完成目标任务。制定重大建设项目规划选址、方案审查、验收备案制度,并按要求报审或备案。《城乡规划督察意见书》回复、处理率达100%;规划编制调整清单、项目"一书三证"审批清单、违法建设发现查处清单等资料报送及时、数据准确。建立城乡规划督察层级协调机制,指派专人负责处理《督察意见书》涉及问题。切实将违法建设发现和制止责任落实到街办、村(社区);加大违法建设巡查力度,坚决遏制新增违法建设。公开违法建设举报电话,举报受理率达100%。 (曾 宇)

【规划实施管理】 依据成都市规划管理局审批通过的控制性详细规划和相关专项规划,对具体项目进行"一书两证"的审批。针对站南组团核心区、大源商务科技片区和天府大道两侧的重大建设项目,特别制定《成都高新区重大项目选址、方案审查、竣工备案制度》。2006年,成都高新区规划委员会成立,制定《成都高新区规划管理行政审批责任追究办法》,对全区的重大建设项目实行技术和行政层面的双重审查,从源头上确保其建设方案的质量。 (曾 宇)

重点项目建设

【概 况】 成都高新区结合总体规划和产业布局情况,打造起步区工业园、冯家湾工业园、新加坡工业园、光华工业园等一批工业园区,并结合基础设施建设逐步完善各工业园区的市政配套建设,使各工业园区均实现六通一平,具有水、电、气、讯、视、路等功能完善的城市基础设施网络。根据各产业发展需求，又打造南部园区创新中心、出口加工区（南区和西区）、西部园区创新组团、西部园区模具工业园、保税物流园区、天府软件园等一大批集合办公、研发、孵化、厂房等综合功能的专业性园区，共计投资约20亿元，占地面积共约400公顷，已修建标准厂房、办公用房及其配套用房共计约60万平方米。各园区拥有先进完善的市政基础设施，园区道路状况、水、电、气供应能力、污染控制能力、通讯等均已达到较高标准，园区建筑简洁时尚、功能齐全，成为各个地段的标准性建筑，吸引大批国内外知名企业入驻。（刘　辉）

【高新国际广场】 高新国际广场位于成都高新区城南副中心内，是城南地标性建筑，区位优势十分明显，交通便利。是目前人民南路沿线建设标准最高，商务环境最好、建筑设计最具个性的甲级写字楼，将引领城市未来副中心商务发展氛围。ICON高新国际广场占地4公顷，总建筑面积为26万平方米，由A、B、C、D、E五座建筑组成，总投资7.59亿元。全部工程建设分两期进行，一期建造A、B、C共三座建筑（其中C座由中国联通投资建设），二期建造D、E两座建筑。五座建筑的两层地下室相互连通。地上部分，A座共十三层，B、C座各十一层，A、B座总建筑面积124089.44平方米（含地下室），2002年9月15日开工，2005年3月22日验收完毕并投入使用；D座共十层，E座共九层，总建筑面积82508平方米（含地下室），2004年12月开工，2006年7月竣工。写字楼集群采用集中消防、火灾自动报警、自动喷淋、消火栓、防排烟系统，消防总控中心设在B座的西北底层；通讯网络系统支持用户对语音、数据、传真、视频信号和其他通信业务的需求；配置充足的品牌电梯；地下停车场设置1300个车位；出入口和洗手间均设置有残疾人专用通道及专用座位，充分体现设计者的人性化理念和开发商的服务意识。高新国际广场由法国思构公司与中国建筑西南设计研究院联袂设计，具有独特的原创性。建筑体量设计犹如一个宝石加工过程，将大块宝石切割成五块并把它们分开，形成了建筑总体形态和宝石内部的水晶体。作为法国思构设计大师精心之作，高新置业公司倾力打造的城南地标性建筑，高新国际广场超前性的设计使其拥有平层、错层及跃层三种不同的户型结构，在成都写字楼市场极具个性化和创造性。A座、B座平面的独特之处：一是中庭原则。中庭的使用使环绕中庭的通道拥有自然的采光和通风，避免内走道的阴沉压抑，使整个办公空间更加舒适宜人。二是建筑物立面不平行的原则。这样处理为办公室大小在长度和宽度两个方向上提供变化，从而使得内部空间及自然照明多变化，更易根据需要进行调整。A座为全钢结构高层建筑，为西南地区第一座，技术含量高结构复杂，荣获中国建筑金属结构协会颁发的“2004年中国建筑钢结构金奖”，同时获得“天府杯”“中建杯”“国家优质工程银奖”。B座荣获“芙蓉杯”，现正申报“天府杯”。（李欣洧　郑　辉）

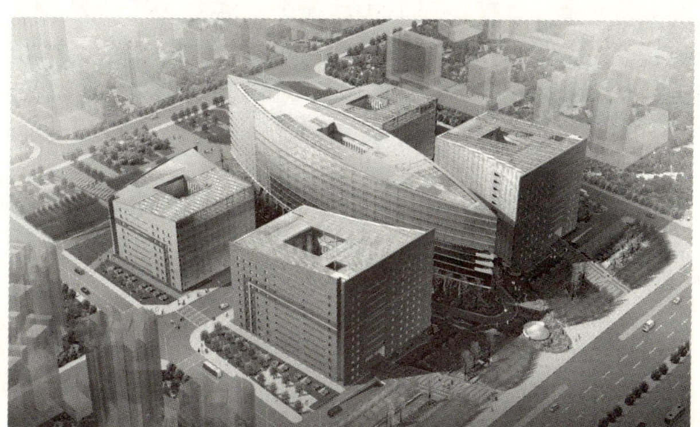

图21：成都高新国际广场鸟瞰

（成都高新区规划建设局　供稿）

图22：成都高新国际广场一角

（成都高新区规划建设局　供稿）

【区法院综合楼】 成都高新区法院综合楼位于成都高新区站南组团总部办公区，南北长120米，东西宽105米。占地面积12650.9平方米，总建筑面积21607平方米，建筑高度24米，地下一层，地上五层。采用“富田”空调主机，设置全中央空调系统。大楼共设有10台“三菱”电梯，其中办公区域3台，审判区域7台。消防设置火灾自动报警系统、消防联动系统及气体灭火系统。2003年5月经成都高新区经贸发展局批准立项，2005年开工建

图23：成都高新区人民法院综合楼效果图

（成都高新区规划建设局　供稿）

设。总投资预算9600万元。整个建筑一改以往法院过于厚重封闭的形象，外立面采用大量玻璃幕墙和石材幕墙。在南北分别向前突出巨大"一"字形，昭示法的公正是唯一的，更塑造出一种天平的均衡感。平面分布为安检区、信访区立案大厅、审判区等候区。审判区与办公区独立设置，共有16个小法庭，4个中法庭，2个大法庭。采用了目前最先进的庭审系统，现场录像、录音、电子记录庭审过程，且能将法庭的音频视频信号同步输出到会议室、审委会会议室和中心机房。庭审结束后同时生成全过程记录的电子光盘，便于归档和追溯。项目建成后将成为中国西南地区智能化法院综合楼的代表之一。 (李欣洧　郑　辉)

【区人民检察院综合楼】 成都高新区人民检察院综合楼位于成都高新区站南组团总部办公区，用地呈三角形，用地边长约145米，东北侧城市规划道路边长约178米。用地面积8556平方米，总建筑面积10644平方米，建筑高度24米，地下一层，地上五层。采用"大金"多联变频空调，配备2台奥的斯电梯，消防设置火灾自动报警系统、消防联动系统及气体灭火系统。2003年5月，经成都高新区经贸发展局批准立项，2005年12月开工建设，计划于2007年6月底竣工。总投资预算5200万元。建筑利用地形自然勾勒出与众不同的非对称构图，在基地的端部对应高架枢纽方向形成张力性的聚焦与标志性的节点收头，雕塑般生长的提量，昭示着司法的威严公正，与法院综合楼相互映衬，又体现检察院作为司法系统监督机构的功能显像，整体呈现出一种监视器板的正义形象。平面分布为审讯室、控诉室、侦查指挥中心、多功能厅、休闲餐厅、健身房等。实行远程案件指挥、案情通报、案件讨论、协查联络、证据传送和信息共享。审讯指挥中心能够同时对所有审讯室的图像、语音进行实时监控和记录，通过先进的、隐蔽的技术设备进行语音、文字的交流，以实现其指挥功能。项目建成后将成为西南地区智能化程度最高的检察院综合楼。 (李欣洧　郑　辉)

图24：成都高新区人民检察院综合楼效果图

(成都高新区规划建设局　供稿)

【四川成都出口加工区(西区)工程】 位于成都高新区西部园区西北片区，北临规划主干道围城路，东临成都模具工业园，西临出贸路(B线南段)，南临成灌高速公路(羊西线)，地块呈基本规则四边形总面积2.2万平方公里，园区内市政道路将整个加工区分为八个地块。目前已进驻的外资高新企业有英特尔产品(成都)有限公司、成都芯源系统有限公司、中芯国际集成电路制造成都有限公司、宇芯(成都)集成电路封装测试有限公司、莫仕连接器(成都)有限公司。项目开工时间2004年4月，竣工时间2004年7月30日。经济技术指标：总投资约4773万元；卡口建筑面积：1200平方米；综合楼建筑面积：8642平方米，建筑层数3层；监管仓库：1360平方米；巡更道：7260米×4米；围网：7200米。 (潘　兵)

【出口加工区标准厂房】 四川成都出口加工区(西区)标准厂房，位于成都高新区西部园区，是为信息安全、精密仪器、电子科技、生物科技、生物制药等出口创汇型高新技术企业量身打造的工业厂房。

标准厂房经济技术指标：总投资约10265万元

①总用地面积	176280平方米
②净用地面积	163505平方米
③建筑占地面积	42371平方米
④总建筑面积	87000平方米
⑤绿地面积	77682平方米
⑥绿地率	47.5%
⑦容积率	0.53
⑧建筑密度	26%
⑨建筑层数	1～3层
⑩停车位	209辆

(潘　兵)

【保税物流中心工程】 保税物流中心工程位于成都高新西区西北片区的西北角，北临老成灌路，东靠出贸路，西界南北大道，南接滨河路，地块呈不规则四边形。西北片区A线北段将保税物流区地块一分为二。

保税物流区经济技术指标：投资约10000万元

①规划建设用地面积533360平方米

②(一期)建设用地面积200010平方米

③(一期)总建筑面积50000平方米 (潘　兵)

【技术创新组团工程】 成都高新区技术创新组团位于成都高新区西部园区起步区北片区，南临西芯大道(羊西线)，西临迪康大道，东临天朗路(兴业路)，交通发达，配套完善。总投资约19000万元，总用地面积7万平方米，总建筑面积约106327平方米，容积率1.306。本项目集合办公、研发、孵化等综合功能。开工时间2004年11月，竣工时间2006年3月。

技术创新组团主要指标

表12

指　标	单　位	数　量
用地总面积	平方米	70000
总建筑面积	平方米	106327
其中地上面积	平方米	84803
地下室建筑面积	平方米	21524
道路广场用地面积	平方米	2050
绿化用地面积	平方米	18000
建筑占地面积	平方米	16000
容积率	%	1.306
建筑密度	%	30
绿地率	%	33

说明：①楼地面：楼层为水泥豆石楼面，卫生间厨房为防滑地砖，底层门厅、过道、电梯厅为花岗石。②内墙、天棚：内墙为水泥砂浆墙面，电梯厅为花岗石墙面，卫生间厨房为釉面墙砖及轻钢龙骨铝板顶棚。③外墙：外墙氟碳漆，隐框玻璃幕墙，机翼型铝百叶。④室内房间门窗：铝合金窗，夹板木门。

1号楼主要技术经济指标

表13

总建筑面积（平方米）	建筑基底面积（平方米）	建筑总层数	建筑高度（米）	层　高（米）
地上 17590		地上4层		一层5.4
23810	7020	5层	23.75	二、三层5.1
地下 6220		地下1层		四层4.4

主要功能：办公、商务会议
适合企业：高新企业、中小企业

2号楼主要技术经济指标

表14

总建筑面积（平方米）	建筑基底面积（平方米）	建筑总层数	建筑高度（米）	层　高（米）
地上 23535		地上5层		一层 5.2
28349	4938	6层	2320	二、三、四层4.2
地下4814		地下1层		五层 4.15

主要功能：办公、生产
适合企业：高新企业、精密电子企业

3号楼主要技术经济指标

表15

总建筑面积（平方米）	建筑基底面积（平方米）	建筑总层数	建筑高度（米）	层　高（米）
地上 43678		地上5层		一层4.2
54168	9369	6层	23.25	二、三、四层4.2
地下 10490		地下1层		五层 4.15

主要功能：办公、生产
适合企业：高新企业、大型企业

（杨　纯）

【科技产业服务中心（政务中心）】 成都高新区西部园区科技产业服务中心位于西芯大道（羊西线）与天辰路（晨风路）交汇处，东临金牛支渠，北临外国语学校。地块位于成都高新区西部园区入口北侧，是展示成都高新区西部园区形象的标志性建筑。该中心是成都高新区西部园区一站式办公的政务中心，兼具成都高新区建设成果展示、高科技人才交流、西部园区企业服务及商务办公等功能。本中心为多层建筑，地上五层，地下一层，建筑高度23.8米，总建筑面积20657平方米，建筑立面采用幕墙、钢柱、网架结构，虚实结合；室外采用大体量圆弧形水体及浅丘造景，既体现高科技，又体现生态性。开工时间2004年10月，竣工时间2005年12月，总投资约8000万元。主要经济技术指标①总用地面积：73370平方米②规划建设净用地面积：53290平方米③规划总建筑面积：20657平方米，其中地上建筑面积18380平方米，地下建筑面积2277平方米④容积率：0.33⑤建筑基底面积：6188平方米⑥建筑密度：11%⑦绿地率：75%⑧机动车位：119个，其中地上89个、地下30个。（杨　纯）

图25：成都高新区西区政务中心全貌

（成都高新区党工委、管委会办公室　供稿）

【西部园区员工公寓】 西部园区员工公寓位于成都高新区西部园区西南片区，紧邻原合作镇商服中心。公寓共计13幢588套。员工公寓距区级干道约500米，小区四面临路，现有511路公交车开通。小区内设有餐厅、文体活动室，小区周边规划为商业和住宅，生活和交通将更加便捷。教育和师资水准一流的树德联合中学、西区一小、郫县四中犀浦实验中学、新华学院、成都纺专位于附近，电子科大已选用其东侧的土地兴建学校。小区紧邻合作镇卫生院、犀浦公路医院、三九医院、郫县人民医院。小区物业由成都佳泰致诚资产管理有限公司统一管理，并以服务至上原则，设立多项专业服务，为入驻员工提供便利的生活服务。经济技术指标：①占地面积：53360平方米②总建筑面积：55728.51平方米③容积率：1.6④绿化率：30%。 (夏劲松)

【西部园区消防站】 西部园区消防站位于起步区南片区，在马河和30米规划道路的夹角处，地块呈不规则三角形。主楼和附楼围合地块呈L形布置，围合中央为训练场，在训练场和马河之间是篮球场，围绕规划道路区域为绿化地块。消防站经济技术指标：总投资约500万元①规划建设净用地面积7723.3平方米②规划总建筑面积3439.2平方米③建筑占地面积1200平方米④绿地面积2380平方米⑤绿地率30.8%⑥容积率0.45⑦建筑密度15.52%⑧建筑层数3层⑨建筑高度12.6米⑩消防车位10个。 (潘 兵)

【天府软件园】 天府软件园是四川省、成都市和成都高新区共同打造的国家软件产业基地。天府软件园一、二期规划建筑总面积79万平方米，总投资额约为30亿元，一期占地22.6万平方米，建筑面积约23万平方米，天府软件园1期A区净用地面积9.215公顷，总建筑面积115015平方米，绿地率46%，容积率1.05，建筑密度22%；B区净用地9.069公顷，总建筑面积119830平方米，绿地率45%，容积率1.04，建筑密度24.04%。2003年9月开工建设，2005年5月建成并投入使用。二期建筑面积约56万平方米(不含超高层酒店)。一期建成后已成功引进诺基亚、IBM、微软、华为等一批世界500强及其他国际国内知名企业入驻，受到了中央、省、市领导高度评价。截至2006年12月，园区签约企业34家，签约面积170881.92平方米，占园区产业面积的92%；实际入驻企业32家，面积154226.58平方米，占园区产业楼面积的83%。天府软件园坐落在成都高新区大源组团核心地带，在成都市南部新区中轴线——天府大道东侧，北邻新会展中心、新世纪公园；东邻府河景观带。是成都高新区规划9公里软件产业园区的核心园区。天府大道南北贯通，紧邻绕城高速，距中国四大航空港之一——双流国际机场约15分钟车程，距火车南站约4分钟车程，距市中心约10分钟车程，距成都市行政中心及成都高新区管委会约3分钟车程。一期布局由A、B两地块组成，A地块内共有9幢楼，1号楼为配套管理用房，9号楼为配套用房，2、3、4、5、6、7、8号楼为IT科技类的研发办公用楼；B地块内有8幢楼，1号楼为配套用房，2、3、4、5、6、7、8号楼为IT科技类的研发办公用楼。

表16

A地块技术经济指标

楼号	建筑面积(平方米)	地上(平方米)	地下(平方米)	技术经济指标
1号楼	10434	7072	3362	净用地面积9.215公顷
2号楼	14515	10569	3946	总建筑面积115015平方米
3号楼	14412	10466	3946	绿化率46%
4号楼	14412	10466	3946	容积率1.05
5号楼	16463	15207	1256	建筑密度22%
6号楼	15826	13224	2602	机动车停放车位563个
7号楼	10682	8080	2602	地上停车位67个
8号楼	11765	10509	1256	地下停车位496个
9号楼	6506	6506	-	-
小计	115015	92099	22916	非机动车停车位1940个

图26：成都高新区天府软件园A地块鸟瞰

(成都高新区软推办 供稿)

表17

B地块技术经济指标

楼号	建筑面积(平方米)	地上(平方米)	地下(平方米)	技术经济指标
1号楼	1310	1310	-	净用地9.069公顷
2号楼	19288	14958	4330	总建筑面积119830平方米
3号楼	19288	14958	4330	绿化率45%
4号楼	19288	14958	4330	容积率1.04

续表

楼号	建筑面积(平方米)	地上(平方米)	地下(平方米)	技术经济指标
5号楼	15164	13244	1920	建筑密度24.04%
6号楼	15164	13244	1920	机动车停放车位748个
7号楼	15164	13244	1920	地上停车位144个
8号楼	15164	13244	1920	地下停车位604个
小计	119830	99160	20670	非机动车停放300个

图27：成都高新区天府软件园B地块鸟瞰

（成都高新区软推办　供稿）

园区内的工程建设由成都高新置业有限公司建设，清华大学规划概念设计，中国建筑西南设计研究院设计。天府软件园一期全部工程一次性验收合格且在建设过程中未发生一起质量安全事故。其中，B1号楼获成都建筑"金蓉杯"荣誉称号，B4标段被评为成都市标准化施工工地，B6号楼获成都市建筑"芙蓉杯"荣誉称号。天府软件园打造的技术平台功能体系简称为"一网两翼五平台"。"一网"是指承载平台技术资源并满足技术资源网络化配置基础性综合宽带网；"两翼"是指保障用户可信赖计算环境的信息安全保障体系和为企业提供技术服务的管理服务机构；"五平台"是指基于数据中心之上的软件研发支撑平台、软件测试支撑平台、软件演示与验证平台、信息共享平台和教育培训平台。能够为软件开发、IC设计、数字娱乐、信息安全等软件企业提供基于眼法、测试、演示、验证、教育和信息共享、工程管理等方面的技术支持、构筑开放、共享的技术服务体系，提供研发支持、测试支持、教育培训、演示与验证、门户网站与信息交流等服务。入驻企业有国际商业机器公司（IBM）、思爱普（北京）软件系统有限公司上海分公司（SAP）、日电信系统（中国）有限公司成都分公司（NEC）、华为科技成都研究院、上海贝尔阿卡特股份有限公司、成都阿尔卡特通信系统有限公司、赛门铁克软件开发（成都）有限公司、上海盛大网络发展有限公司成都研发中心、新加坡信息科技（成都）有限公司（新加坡电信）、中国移动通信有限责任公司（四川移动成都分公司）、成都九洲电子信息系统有限公司（九洲集团）、成都颠峰软件有限公司（颠峰软件）、四川国信安职业培训学校（国信安教育）等32家国内外知名企业。（潘　兵）

【模具工业园工程】 成都模具工业园位于成都高新区西部园区围城路和规划G线南段交汇处，紧临成都出口加工区（西区）和INTEL项目基地，地理位置优越，环境优美，服务一流，周边学校、医疗、文化、体育设施齐全，交通、通讯发达，水、电、气供应稳定，污水处理系统完善，排污干管全部形成。该项目总投资约16000万元，总用地面积约15.343公顷，总建筑面积118196.6平方米。成都模具工业园由模具厂房区、机械加工厂房区、IT产业厂房区三个生产区及综合管理楼和职工食堂组成，距该项目200米处，正在规划建设生活配套小区。厂房为弹性空间布局，客户可根据需要自由间隔。方便对园区标准厂房进行功能改造。园区以模具生产、精密机械加工、电子工业和IT产业为依托，以精密、复杂、长寿命为第一品位，形成设计、制造、销售、培训、服务一条龙，能更好地满足客户需求，拉动成都市模具产业、精密制造业和IT产业的发展。项目开工时间2005年2月，竣工时间2005年12月。（潘　兵）

图28：成都高新区模具工业园一览

（成都高新区规划建设局　供稿）

表18　主要技术经济指标

项　目	单　位	数　量
总用地面积	平方米	153607.43
净用地面积	平方米	112153.89
代征地面积	平方米	41453.54

续表

项目	单位	数量
建筑占地面积	平方米	42712.2
总建筑面积	平方米	118196.6
建筑密度	%	38.1
容积率	比	1.05
绿地面积	平方米	24008
绿地率	%	21.4
停车位 货车位	个	78
小车位	个	430

园区厂房建筑工程概况表

表19

编号	建筑名称	层数	占地面积(平方米)	建筑面积(平方米)	层高
模具厂房(共计5幢,B2、B3、B4、B5同B1)					
B1	模具标准厂房	2	3400	6800	一层8.7米
合计			17000	34000	二层4.5米
机械加工厂房区(共计3幢,C3同C2)					
C1	机械加工标准厂房	3	2740	8220	一层8.7米
C2	机械加工标准厂房	3	3400	10200	二、三层4.5米
	(C2~C3)		6800	20400	
合计			9540	28620	
IT产业厂房区(共计3栋,D2、D3同D1)					
D1	IT产业标准厂房	4	3400	13600	一层6米
	(D1~D3)		10200	40800	二、三、四层5.1米
合计			10200	40800	

(潘　兵)

居民小区建设

【概　况】 成都高新区已建有和平小区一、二、三、四、五期、新北小区一、二、三、四期、新南小区一期及庆安小区、顺江小区、大源双河小区等农迁房共约200万平方米,共安置人口约5万余人,在农迁房建设过程中,注重色彩搭配和谐和现代感的外立面设计,使建筑形象简洁明快。住宅建筑均为6层砖混及底框结构,并从2005年开始采用外墙内保温及中空玻璃外墙窗等新型保温节能措施,水、电、燃气设为一户一表。小区道路及其他配套设施齐全。另外,已完成配套学校及幼儿园4所,建设面积约6.88万平方米。完成和平中心学校、新北中心学校(中小学)、银都小学中海校区、新北五期小学等配套学校建设,为成都高新区经济发展、加快城乡一体化进程奠定了坚实的基础。2006年,完成农迁房建设项目总面积约71.9万平方米,共计9501户,安置人口17903人,居民住房标准35平方米/人。完成农迁房配套学校及幼儿园2所,48个班级,建筑面积2.58万平方米。 (刘　辉)

【庆安小区】 庆安小区北靠成都市三环路,东临成新大件路,南邻机场高速公路,西与成都市武侯区华兴街道接壤,2004年11月建成,总面积2129120平方米,由成都高新区推进城乡一体化拆迁安置小区、购房居住的美洲花园居民小区和冯家湾工业园、石羊劳动密集型工业园4大板块组成。拆迁安置小区有10个院落、103幢楼房、321个单元、5232套房,常住人口3677户8002人;美洲花园有院落4个、45幢楼房、182个单元、1652套房,入住居民1198户。总投入约97490万元,该费用包括拆迁安置房及其配套用房、小区总平及景观绿化、配套学校及幼儿园的建安费用。 (刘　辉)

【大源双河小区】 大源双河居住小区,第一期位于成都高新区大源村,建设面积24万平方米,共2933户,安置人口5617人。2005年4月开工建设,2006年1月竣工,2006年3月入住。第二期位于成都高新区大源组团,建设面积9.5万平方米,共1144户,安置人口1761人。2005年10月开工建设,2006年9月竣工,2006年10月入住。大源双河学校位于成都高新区大源村,建筑面积2.2万平方米,36个班级。2005年9月开工建设,2006年8月竣工,2006年9月1日投入使用。建筑为5层现浇混凝土钢筋框架结构,乳胶漆内外墙,塑钢窗,实木教室门,功能教室为钢质分户门,操场满足功能使用。 (刘　辉)

【新南小区】 新南三期农迁房及新南小区返迁房位于成都高新区三元村、石桥村,建设面积8.4万平方米,共1152户,安置人口2400人。2005年11月开工建设,2006年9月竣工,2006年11月入住。新南二期1区和2区农迁房位于成都高新区三元村、石桥村,建设面积约13万平方米,共2058户,安置人口3714人。2005年6月开工建设,2006年2月竣工,2006年3月入住。新南二期3区农迁房位于成都高新区三元村、石桥村,建设面积约3.6万平方米,共484户,安置人口1029人。

2005年11月开工建设，2006年9月竣工，2006年11月入住。新南二期6区农迁房位于成都高新区三元村、石桥村，建设面积7.8万平方米，共1016户，安置人口2229人。2005年11月开工建设，2006年9月竣工。2006年10月入住。 （刘　辉）

【新北小区】 新北五期B组团4幢农迁房位于成都高新区殷家林村，建设面积约为1.6万平方米，共294户，安置人口457人。2005年10月开工建设，2006年6月竣工，2006年10月入住。新北四期E区农迁房位于成都高新区新光村，建筑面积约为2.73万平方米，共420户，安置人口696人。2006年2月开工建设。新北五期幼儿园位于成都高新区殷家林村三组，建筑面积3800平方米，12个班级。2006年3月开工建设，2006年9月完工。建筑为3层现浇混凝土钢筋框架结构，乳胶漆内外墙，塑钢窗，实木教室门，操场满足功能使用。新北绿化广场位于成都高新区新光村，占地面积5270平方米，其中服务设施建筑面积132平方米。2005年12月8日开工建设，2006年4月28日竣工。 （刘　辉）

【顺江小区】 顺江小区是成都高新区西部园区的大型安居小区，总用地面积67.6公顷，净用地51.333公顷，项目位于成都高新区合作街道，东临绕城高速500米生态带，南临清水河100米绿化保护带，西临红光右支渠，北临电子科技大学清水河校区。总建筑面积约80万平方米，其中：纯住宅71.3万平方米，底商2.6万平方米，公建配套设施6万平方米(中小学2.16万平方米，幼儿园0.5万平方米，社区服务中心2个共0.69万平方米，社区医疗中心0.22万平方米，农贸市场1万平方米，地下车库1.44万平方米)。另配有车棚、公厕、门卫等2.1万平方米。建设标准：(1)建筑：①入户门为防盗门(双层、猫眼、门铃)，室内各房间设置普通木门。②外墙面涂料，塑钢门窗。③内墙面、天棚白色乳胶漆，1∶2.5水泥砂浆暗踢脚线。④卫生间均设蹲便器、截止阀、台式洗面盆，套一、套二设淋浴，套三卫生间预留浴缸位置及上下水(施工不安装)。⑤厨房、卫生间1.8米瓷砖墙面，地面防滑地砖，操作台贴瓷砖，给水管明设，不设吊顶，厨房预留抽油烟机、微波炉电源及相应孔洞。⑥楼梯间水泥豆石地面，水泥砂浆暗踢脚线，墙面白色乳胶漆。⑦底框商业部分设置卷帘门。⑧上人屋面，不铺设地砖。⑨节能设计。采用外墙内保湿，东西朝向的外窗采用中空玻璃。(2)水、电、气：①套一用电量调整为4KW，套二为6KW，套三为8KW。②各套型客厅、卧室均考虑空调回路，预留室外机搁板、冷凝水管及孔洞。③主卧室、客厅设电视插座，电话进线每户一对设于客厅；数据插座1个，套二、套三设于小卧室，套一设于客厅。单元设语音对讲防盗门，每户设置普通语音对讲。④水表出户，底层集中，电表集中设置。⑤厨房使用天然气。 （潘　兵）

表20　**顺江小区建设规模**

	总建筑面积(平方米)	住宅					底商		公建(平方米)
		住宅面积(平方米)	总户数	其中			底商面积(平方米)	总户数	
				套一	套二	套三			
一期	474402	425259	5669	1423	2396	1850	10796	171	38347
二期	324424	287908	3883	1163	1362	1358	14878	194	21638
合计	798826	713167	9552	2574	3662	3316	25674	365	59985

	公建面积(平方米)	其　中							
		中小学校	幼儿园A	幼儿园B	社区服务中心A	社区服务中心B	社区医疗服务中心	农贸市场	地下车库
一期	38347	21562	0	2355	0	4000	0	0	14430
二期	21638	0	2652	0	2862	0	2160	10000	0
合计	59985	21562	5007		6862		2160	10000	14430

说明：另配有车棚、门卫、公厕等2.1万平方米。(以上面积为设计院设计数据，最终数据以产权面积为准)

基础设施建设

【概　况】 成都高新区南部园区先后建成起步工业园一期、二期路网、新加坡工业园、汽车精品博览园、新北小区、新南小区、和平小区路网、高新国际广场路网以及大源组团主骨架道路（含天府软件园及会展区路网）工程，总长度约124公里，同时还完成以天府大道、站华路（机场路至府城大道段）以及黄忠大道为代表的南部园区城市主干道工程的建设，长度约为7.5公里；对机场路辅道以及元华路（三环路以北段）按城市道路标准进行改造，改造长度为9.5公里，从根本上提升了南部园区的交通通行能力。2006年，高新置业公司共新建、续建元华路、新世纪西路为主的市政道路18.42公里，污雨水管道40.5公里，竣工9.8公里。成都高新区在科学规划的基础上，明确了南部园区和西部园区的功能定位，并在此基础上完成了10余项重大专业专项规划；投入征地拆迁补偿安置资金66.5亿元，拆迁安置5.4万余人，面积3333.333公顷，仅2006年住房安置的失地农民就达3.9万人；完成基础设施投资64亿多元，累计新建改建道路200多公里，完成大源组团“四纵三横”、西区起步区、西北片区、西南片区等的主干路网建设和改造，建成了西区出口加工区、模具工业园、天府软件园、西区创新组团等一批特色园区，新开工、复工产业化项目146个，总投资151.48亿元，竣工产业化项目84个，总投资152.03亿元，英特尔产品（成都）有限公司、中芯国际集成电路制造（成都）有限公司、成都蓉生药业有限责任公司等一批重点项目建成投产，莫仕、奥泰、普天、天奥等一批重点项目启动建设，整个园区的产业形象得到大幅提升。 （刘　辉）

【西部园区基础设施建设】 西部园区35.5平方公里范围内基本实现六通一平，建设具有水、电、气、讯、视、路等功能完善的城市基础设施网络。完成道路长度113.27公里，绿化面积232.54万平方米，其中：起步区道路全长26.61公里，绿化面积49.02万平方米；西北片区道路全长46.95公里，绿化面积96.07万平方米；西南片区道路全长36.01公里，绿化面积87.45万平方米。建成110万伏变电站6个，220万伏变电站1个，地道桥1座，上跨桥2座，顺江小区市政道路3.7公里。 （王少英）

【园区设施与配套】 高新置业公司致力打造中国软件产业聚集地和一流的精品园区，重视园区配套，为入驻企业提供全方位服务。园区拥有先进完善的市政基础设施、商务配套设施和咨询服务网络、安全监控系统设备、宽带网络系统。依托天府大道完善的基础设施配套条件和功能日益完善的大源组团优势，园区道路状况、水、电、气供应能力、污染控制能力均已达到较高标准，有线、无线通讯数字网、智能化网络全境覆盖，构建与国际同步的信息港，为园区企业提供与国际接轨的高速信息通道。园区采用通力无机房电梯和奥的斯有机房电梯，市电双电源供电，消防设置火灾自动报警系统、消防联动系统，空调采用“大金”、“麦克维尔”多联变频VRV空调。天府软件园开设园区交通直达班车，每日定时发车，配合城市公交的118路、93路、501路公交车构建一套高效、快速的交通服务体系。巴国布衣餐饮有限公司在园区内A9座建立“布衣快餐”与“尚舍西餐咖啡厅”，为园区企业员工提供各式中餐与西餐。成功引入银行及邮政绿卡的ATM机，引进WOWO超市提供24小时服务。设立商务中心，为园区企业提供完善的票务、邮政、信息及商务服务，以满足企业工作和生活需要。倍特物管与银都物管两家专业公司分别负责天府软件园A区、B区的物业管理服务。2006年底，天府软件园荣获了目前四川省唯一的“物业管理优秀工业园区”称号。 （王少英）

图29：成都高新区西部园区道路一景（一）

（成都高新区规划建设局　供稿）

图30：成都高新区西部园区道路一景（二）

（成都高新区规划建设局　供稿）

三大高新技术产业及企业

THREE HI-TECH INDUSTRIES AND RELATED ENTERPRISES

电子信息

【概　况】 电子信息产业是成都高新区的第一大产业,其企业集中于集成电路、信息安全、软件及服务外包,并开始向高清晰数字电视、数字娱乐、军事电子领域拓展。2006年引进安费诺商用电子产品(成都)有限公司安费诺联接器、四川敏锐设备有限公司电信设备、TCL洗衣机及冰箱生产基地、成都九洲电子信息系统有限责任公司机顶盒及LED 生产基地等一批电子和通讯类重大项目,英特尔(成都)公司、飞博创(成都)科技有限公司、芯通科技(成都)有限公司等进行增资扩股。在软件方面,引进全球第四大软件公司、信息安全的龙头企业赛门铁克投资2000万美元的信息安全和解决方案研发基地,以及引进台塑网软件科技(成都)有限公司、成都中兴科技开发有限公司、成都金山互动娱乐科技有限公司和成都金山数字娱乐科技有限公司等一批重大项目。以成都高新区为代表的成都集成电路产业经过近几年发展,产业链日趋完善。IC设计由2004年的不足10家企业,迅速壮大为2006年的50家,其中包括业界知名的富士通中国有限公司(成都)、成都南山之桥微电子有限公司、四川虹微技术有限公司、科胜讯数字电视(成都)有限公司、松翰科技(成都)有限公司等。晶圆制造方面,成芯半导体8英寸生产线正在加快建设。封装测试方面,英特尔(成都)公司、中芯国际集成电路(成都)有限公司、宇芯(成都)集成电路封装测试有限公司等高新技术企业实力强劲。产业链上游方向有四川梅塞尔气体产品有限公司、爱发科真空公司镀膜等一批半导体配套企业,产业链下游方向有美国安捷伦电子测量仪器、莫仕连接器生产基地、中国无线智能双模手机研发制造基地、TCL洗衣机及冰箱生产基地等一批整机项目。

软件产业集群随着软件外包业的发展,尤其是通过引进世界上最大的信息工业跨国企业IBM的服务外包业务中心和美国纳斯达克上市公司新聚思的中国首家研发中心等,软件及服务外包国家级基地已具规模。信息安全领域形成以成都三零盛安信息系统有限公司为核心的30家信息安全企业集群,尤其是随着全球第四大软件公司、信息安全的龙头企业赛门铁克的加入,成都高新区在信息加密、安全平台、信息安全工程、网络安全检测、移动通信GMS/CDMA安全保密、密码算法等方面的国内领先优势更趋明显。数字娱乐领域聚集了Intel、GGL、法国智乐、金山、腾讯、盛大、星美数码、欢乐数码、联合众志等国内外知名游戏企业。随着微软公司在中国唯一的XBOX360游戏技术孵化中心的成功引进,以及成都天府数字娱乐产业集团和成都天府软件数字媒体产业集团的相继成立,实现了数字娱乐产业"一平台加两集团"的发展态势。软件产业聚集上,形成两大新的特色产业企业集群:以成都西门子(中国)有限公司成都分公司、摩托罗拉成都分公司、成都诺基亚研发中心、成都阿尔卡特通信系统有限公司、爱立信成都研发中心、成都中兴科技开发有限公司、成都华为通讯技术有限公司等为核心的3G通信企业集群;以大唐电信科技股份有限公司光通讯分公司、成都九洲电子信息系统有限责任公司等为核心的IPTV企业集群。2006年,电子信息产业规模以上通信设备、计算机及其他电子设备制造企业59家,形成集成电路、软件及服务外包、通信等三大产业集群,并将形成光电显示产业集群。同年,电子信息产业总产值103.5亿元,比上年增加55%,工业增加值41.4亿元,比上年增加55.1%,增加值占全区GDP比重为22.7%,主营收入98.3亿元,比上年增加55%,利润总额6.2亿元,比上年增加25.5%。

(经贸发展局)

【成都国腾实业集团有限公司】 成都国腾实业集团有限公司于2000年5月23日成立,驻成都高新区西区国腾园,生产经营面积86.66公顷。国腾集团下属公司有四川华威信息产业有限公司、四川道亨计算机软件有限公司、成都西部大学生科技创业园、成都集成电路设计产业化基地公司、四川国腾电子竞技俱乐部有限公司、四川国腾科技有限公司、国腾信息网络技术有限公司、成都国腾通信有限公司、成都国腾微电子有限公司、成都国腾信息安全技术有限公司、深圳国瑞通讯有限公司、深圳国腾电子有限公司、成都华腾永泰科技有限公司、上海蓉腾科技有限公司、成都国腾软件资源有限公司等,以及与电子科技大学联合创办的并经国家教育部批准成立的电子科技大学成都学院和以培养软件外包人才为主的成都软件技术专修学院。国腾集团是国家认定的"国家级重点高新技术企业"、"国家重点新产品项目企业",新技术涉及通讯、计算机软件、税务、金融、教育等行业领域,主要产品有通讯平台、通讯终端、综合信息的运营服务、卫星通讯、税控系统、IC设计、大型系统集成、大型软件等。2006年,国腾集团有员工1050人,其中工程技术人员250人,获高级技术职称的50人,中级技术职称的100人,中、高层管理人员87人。2006年主营业务收入1.7878亿元,产值1.8977亿元,利润总额977万元。国腾集团成为国家重点高新技术企业、重点新产品项目企业、全国电子信息百强企业、成都高新区十强企业、纳税大户、优秀高新技术企业。

（陈致远）

【成都三零盛安信息系统有限公司】 成都三零盛安信息系统有限公司（简称三零盛安公司）成立于2002年1月，中国电子科技集团公司第三十研究所控股、成都三实立科技有限公司及部分自然人参股共同设立，注册资本3000万元。公司从事信息系统集成、涉密系统建设、信息安全产品研发、行业应用软件开发、信息安全服务及国家重点高新企业和软件企业IT外包服务。公司在北京、上海、南京、杭州、广州、武汉、南宁、拉萨、西宁、贵阳、重庆等地设立分支机构或办事机构，业务领域覆盖电子政务、电子商务以及金融、电信、电力、交通、教育等各行业。有员工390人，其中，80%具有本科以上学历，其中博士9人、硕士及双学位60人，CCIE6人。2006年销售收入1.4亿元，利润675万元，税收（成都总部）205万元。公司通过ISO 9001：2000国际质量体系认证，按照CMM规范产品研发、生产、销售、工程建设以及服务。具有国家计算机信息系统集成（二级）、国家涉密计算机网络设计及施工、国家信息安全服务、建设部建筑智能化系统集成专项工程设计资质(甲级)等多项国家级资质。2006年，公司获成都高新区纳税大户和十强企业称号。

（经贸发展局）

【英特尔产品（成都）有限公司】 英特尔产品（成都）有限公司于2003年9月由英特尔亚洲控股有限公司投资成立的全资子公司，是英特尔继上海之后在中国设立的第二个封装测试工厂，公司主要产品为集成电路芯片组以及闪存产品。公司位于四川成都出口加工区西区，计划总投资4.5亿美元。项目采用国际FCBGA半导体产品封装技术，设计生产能力为年封装测试17600万片。一期工程于2004年7月动工，总投资3.75亿美元，总建筑面积60000平方米，设计年封装测试生产能力8800万片。2005年10月第一条生产线试生产，同年12月投产。二期工程，新增建设生产厂房45000平方米，新购置127（台）套FCBGA封装测试设备，新建封装测试生产线，预计2007年投产。英特尔（成都）公司为成都高新区2006年纳税大户。

（经贸发展局）

图31：英特尔产品（成都）有限公司厂房一角

（成都高新区经贸发展局　供稿）

【成都普天电缆股份有限公司】 成都普天电缆股份有限公司是1994年10月1日由原邮电部成都电缆厂整体改制而成，同年11月1日经国家体改委批准转为向社会募集资金的公司，在香港配售和公开发售H股1.6亿股，并于同年12月13日被批准在香港联交所挂牌上市。1995年12月经国务院外贸部批准，普天公司被确认为中外合资股份制企业。公司总部坐落在成都高新区西部园区，占地面积30.1公顷。2006年，公司在册职工1200人，其中公司总部职工800多人。公司主要产品有：全塑市话电缆、程控交换局用电缆、阻燃成端电缆、CATV电缆、移动通信系统网络用天线馈线电缆、漏泄同轴电缆、光纤／同轴接入网用同轴电缆、高速局域网用对称电缆(五类缆)、匹配包层1310nm附近零色散单模光纤产品、充气／非充气防潮型热缩套管、层绞光缆、光纤带光缆、架、空光缆等通信电缆、光纤、光缆、通信用热缩套管产品。公司拥有90年代先进技术和设备，具有3家中外合资企业、5家国内联营企业，股票在香港联合交易所上市并按国际大型通信电缆集团公司上市公司运作，拥有进出口业务经营权。2006年公司资产总值达11亿元，净资产达7亿元，全年生产全塑电缆77万对公里、程控电缆20万对公里、单膜光纤4260公里、热缩套管108万套，主营业务收入5.5亿元、利润总额1.5亿元，为成都高新区十强企业。

（经贸发展局）

【成都索贝数码科技股份有限公司】 成都索贝数码科技股份有限公司成立于1997年9月29日，是中国广播电视设备行业中提供系统技术和实施系统集成的专业化大型企业。主要从事专业电视节目制作多媒体设备和系统的研发、生产、销售与服务。公司注册资金8000万，净资产1亿元。公司总部驻高新区新加坡工业园新元大道南二路二号，总部建筑面积10000平方米，设有行政、财务、企划、采购、销售管理、技术研发和产品生产等部门。公司在北京设有分部，主要负责市场宣传推广工作，另外还设有研发中心。公司在深圳、成都、北京、沈阳、上海、武汉设有从事销售和服务的分公司，在全国各地设立30余家分支机构。公司具备完善的ISO 9001质量管理体系，通过ISO 14001：2004环境管理体系认证、国家火炬计划重点高新技术企业认证和信息产业部颁发的"计算机信息系统集成一级资质证书"，标志着企业具有独立承担国家级、省(部)级等各类计算机信息系统建设的能力。公司产品涉及广播电视行业节目制作、发布和数字音像资料等诸多领域，多项产品被全国各级电视台广泛采用，用户超过5000家。2006年主营业务收入4亿，利润4000万元，税收4000万元。同年，公司通过国家重点软件企业认证，被评为四川省统计先进集体、四川省版权保护示范单位，高新区十强企业。

（经贸发展局）

【成都科星电力电器有限公司】 成都科星电力电器有限公司是四川蜀电电力有限公司(即四川蜀电集团有限公司)与成都供电电器厂合并后，于1999年9月更名的公司。公司主要从事高低压电力控制成套设备及器材的生产、加工、销售、安装等业务。主要产品有YB～35箱式变电站、YB～10箱式变电站、AZN～35高压开关柜、12千伏高压开关柜、XGN17～40.5箱型固定式开关设备、0.4千伏及以下配电装置等。公司占地面积近30000平方米，注册资金880万元。公司实行董事会领导下的总经理负责制，设生产、技术、销售等15个职能部门，员工300余人，其中大专以上学历人员占40%。2006年公司被评为成都高新区纳税大户、优秀高新技术企业。（经贸发展局）

【成都吉锐触摸电脑有限公司】 成都吉锐触摸电脑有限公司成立于2000年9月，是从事触摸屏的研制、生产、销售及服务的高科技企业，占地2.667公顷。公司第一期生产场地8000平方米，集生产、研发、测试为一体，具备自动流水生产线生产能力，年产100万套触摸屏。公司先后推出吉锐普通屏、吉锐斜面屏、吉锐安全屏、吉锐防尘屏、吉锐KIOSK屏、防眩屏等六大系列100多个品种的触摸屏，在触摸显示器方面推出PL1500、RL1500、吉锐液晶显示器等产品。2002年推出GTT4001S、GTT4001U等系列控制器产品。吉锐触摸屏在国内银行、政府、公共系统等方面得到大量使用，产品遍及亚、欧、美、澳各大洲。公司管理体系通过ISO9001：2000质量体系认证，产品通过CE、FCC安全认证。2006年公司有员工198人，具有大学本科以上学历者占62%，研发人员占24%，市场营销人员占28%，生产人员占43%，中层管理人员占5%。公司设立触摸技术研究所，有研发人员39人。2006年度公司销售收入1.26亿元，上缴利税864万元，成为成都高新区纳税大户、优秀高新技术企业、出口创汇重点企业。（经贸发展局）

图32：成都吉锐触摸电脑有限公司厂房一角。

（成都高新区经贸发展局 供稿）

【成都泰格微波技术有限责任公司】 成都泰格微波技术有限责任公司（原成都泰格微电子研究所）成立于1992年，1999年迁入成都高新区，经四川省科技厅认定为高新技术企业，是国家信息产业部电子元器件重点定点配套企业、四川省信息产业厅重点联系企业。公司有7个专业子公司，生产及办公场地6000平方米，员工260人。2006年产值7000万元，获成都高新区纳税大户、优秀创业企业、优秀高新技术企业等称号。公司在成都高新区西部园区征地3.86公顷，建设成都泰格微波产业基地。泰格主要产品有源器件及组件、无源器件、PIN控制器件、隔离器(环行器)及民用通信产品等五个大类。产品用于中国电信、中国移动、中国联通、中国网通、中国铁通、国防以及城市的网络优化。公司以西南市场为中心的市场营销网络覆盖全国市场，并建有涵盖亚洲、欧洲、北美洲等全球销售网络。（经贸发展局）

【成都兴业雷安电子有限公司】 成都兴业雷安电子有限公司创建于1995年，驻成都高新区南部园区。公司从事雷电防护产品研究、开发、制造、销售、工程设计及施工，产品应用于通信、气象、金融、广播电视、电力、航天航空、石油石化、军事、铁路等领域。公司员工200余人，具有大专学历者占60%以上，其中专家团成员6人，高级职称12人，中级职称35人。公司在防雷领域研制开发新型防直击雷和感应雷等5大系列300余种防雷产品，形成完整的产品系列。公司通过GB/T19001-2000、GB/T24001-2004、GB/T28001-2001认证。2006年，公司获5项实用新型专利保护、四川省著名商标、成都高新区纳税大户和优秀高新技术企业、出口创汇重点企业、优秀创业企业、优秀服务型企业、中国中轻产品质量、信誉双保障示范单位等称号。

2006年主营业务收入4961万元，产值4601万元，利润总额492万元。 （经贸发展局）

【四川通达电器有限公司】 四川通达电器有限公司(简称通达电器公司)成立于1991年，是集卫星电视接收设备、有线电视器材、超声电子产品和家庭影院的研制、开发、生产、销售为一体的国家信息产业部指定的广播电视地面卫星接收设备定点生产民营高科技企业。公司于2001年2月落户成都高新区西部园区，占地5.333公顷，科研、生产、经营场地5万平方米，拥有卫星接收天线以及卫星电视接收机和数字电视机顶盒制造技术，形成年产150万套卫星接收天线及50万套卫星电视接收机(DVB～S)生产能力。2006年，公司主营业务收入2.30亿元，产值1.93亿元，利润总额162万元。2006年，公司被评为成都市用户满意企业、成都高新区纳税大户。 （经贸发展局）

【成都九洲迪飞科技有限责任公司】 成都九洲迪飞科技有限责任公司成立于2004年10月，驻成都高新区孵化园国家信息安全基地，是四川九洲电器集团有限责任公司(电子783厂)参股组建，从事民用微波、射频器件、功能组件、收发整机及数字信号处理与应用软件的研发、生产及销售的高科技企业。2005年1月通过GB/T19001-2000及GJB9001A-2001质量体系认证，是四川省高新技术企业和成都市确定的“十一五”重点发展行业企业。公司自行研发生产的数字、微波产品门类齐全，广泛用于雷达、航空、航天、船舶、陆航、通信、电子对抗等领域。主要产品有数字信号处理产品和小型L/P/U/V多波段微波收发整机、频率合成器、程控衰减器、功率放大器、微波电子开关、选频组件、接收组件、低噪声放大器、毫米波器件(组件)以及滤波器、功分器、混频器、振荡器、电源模块等。民用产品主要有GSM、CDMA、WCDMA、TD～SCDMA模块系列和直放站等。2006年，公司主营业务收入4330万元，产值4247万元，利润总额1197万元。公司为成都高新区2006年度纳税大户、优秀高新技术企业。 （经贸发展局）

【成都锦江电子系统工程有限公司】 成都锦江电子系统工程有限公司是国内研制生产大型地面雷达的军工电子骨干企业，是中国国土防空雷达主要研制、生产的重要战略基地。1998年，企业体制改革，军民分线，集中雷达科研、生产、经营、技术、人才和市场优势，转型改制为公司制。2001年，公司通过参与国家重点工程招投标等方式，成为国防重点装备、国家级重点新产品、国

图33：成都锦江电子系统工程有限公司研制的双偏振全相参多普勒天气雷达 （成都高新区经贸发展局 供稿）

家重大技术装备国产化创新项目企业。2000年～2006年银行资信评估连续七年为AAA级企业，通过新版国军标JB9001A-2001质量体系认证，通过国防计量认可和公司最高计量标准认证，2006年公司员工1500余人，其中专业技术人员524人（享受国家特殊津贴专家13人，国家、省级有突出贡献的优秀专家6人，省市拔尖人才4人)，工程师以上技术人员260人，技师以上高技术工人137人。公司设有市场部、经营计划处、科研管理处、质量标准化处、生产处、物资处、计量仪表处、财务部、人劳企管处等11个综合性职能处室，按工序专业化分工设立雷达整机、天线车厢、结构件、精密加工、电磁器件、表面处理6个分厂，还设有雷达电子研究所和工艺研究所，与电子科技大学、四川大学信息工程学院等合作，以科研课题、研制项目和新产品为载体，建立科研生产联合体。企业荣获84项（其中国家级14项、省部级70项)国家级、部级、省级科技进步奖、技术创新奖和优秀新产品奖。2006年，主营业务收入2.87亿元，利税5696万元，成为成都高新区纳税大户。 （经贸发展局）

【成都川大科鸿新技术研究所】 成都川大科鸿新技术研究所成立于1996年7月，是以学校教学、科研为后盾，从事系统集成、网络建设、IC卡、电子标签研制以及企业管理软件产品开发的高新技术企业。研究所设在四川大学科技园孵化楼，面积600多平方米，下设软件开发部、产品部、企划部、财务部、技术服务部、客户服务部、渠道部、销售部、业务发展部。研究所拥有程序员、软件咨询专家和管理专家、工程师等近50名，在北京、天津、广州、珠海、厦门、郑州、济南、西安等地设立研究所分支机构，承担公安部、卫生部、教育部、铁道部、质检总局及省市级重要网络系统的建设和软件开发。至2006年获部级科研成果5项，其他科研成果10项，为成都高新区纳税大户。2006年主营业务收入2900万元，产

值3020万元，利润总额449万元。 (经贸发展局)

【四川银海软件有限责任公司】 四川银海软件有限责任公司原名为四川银海经济技术有限公司，成立于1992年11月，注册资本300万元。2001年增资扩股至3885万元，并更名为四川银海软件有限责任公司(简称：银海公司)。银海公司是信息产业部计算机系统集成一级资质企业，国家四部委共同评定的国家规划布局内重点软件企业。银海公司是国家软件行业协会理事单位，四川省高新技术企业，信息产业部科技型企业，科技部重点高新技术企业，建设部建筑智能化系统集成（甲级)企业，劳动和社会保障部社保核心平台主研单位，劳动和社会保障部认证的“双核心平台”技术支持商。银海公司通过ISO 9001：2000的质量认证。2006年，银海公司总资产1.23亿元，销售收入9275万元，纳税450万元，利润525万元，注册资金增加到5700万元，为成都高新区纳税大户、优秀高新技术企业。 (经贸发展局)

图34：四川银海软件有限责任公司厂房一角

(成都高新区经贸发展局 供稿)

【成都康宁光缆有限公司】 成都康宁光缆有限公司是美国康宁公司和中国成都普天电缆股份有限公司共同出资于1994年组建的中外合资企业，注册资金3.06亿元，公司驻成都高新区西门子路1号。公司主产通信光缆及附件，包括室外光缆、室内光缆、光纤连接器与跳接线。公司为中国电信、中国网通、中国移动、中国联通、中国铁通等提供近700万公里的光缆产品，业务已经扩展到国外10多个国家。公司通过GB/T28001-2001职业健康安全管理体系认证和GB/T24001-2004环境管理体系认证。2006年，公司为成都高新区纳税大户。 (经贸发展局)

图35：成都康宁光缆有限公司厂房一角

(成都高新区经贸发展局 供稿)

【四川汇源电力光缆有限公司】 四川汇源电力光缆有限公司成立于2002年，注册资金8000万元。汇源电力光缆公司与日本藤仓株式会社通过OEM方式合作生产、销售OPGW光缆产品，现已为电力系统用户提供近4000 公里产品，是国内排名前三位的特种光缆专业化制造企业。公司引进日本藤仓株式会社OPGW全套技术，拥有全套进口国外钢管焊接生产线和成缆生产线以及领先国内的全套光缆检测设备，具备年产光纤复合架空地线（OPGW)8000公里，全介质自承式光缆(ADSS)10000公里的生产能力。2005年，汇源电力光缆公司资产总计1.493亿元，净资产9944万元，持有深交上市公司四川汇源光通信股份有限公司的84.13%股份。2006年，公司销售总额1.33亿元，税收639万元，为成都高新区纳税大户、高新技术企业。 (经贸发展局)

图36：四川汇源电力光缆有限公司绞缆机生产线

(成都高新区经贸发展局 供稿)

【成都卫士通信息产业股份有限公司】 1998年，成都卫士通信息产业股份有限公司由中国电子科技集团公司第三十研究所发起成立。公司是国内具有主导地位的信息安全产业龙头企业，从事税务电子化、金融电子化、电子商务等安全IT化业务，其业务覆盖信息安全主流领域并渗透税控等IT行业的五大业务，即电子政务安全、电子商务及企业信息化安全、安全手机及防火墙、安全服务及系统集成、税控产业化业务。其拳头产品宽带VPN、芯片防火墙、高速密码芯片、计算机安全卡系列、“一KEY通”局域网安全防护系统、“县乡通安全信息交换系统”等，以技术领先性及产品化程度高等综合优势率先通过主管部门的技术鉴定，填补国内空白并成为行业技术标准。公司获得国家主管部门颁发的税控产品生产资质证书，为全国税控收款机市场首选十佳知名品牌。公司完成"金航"、"金卡"、"金财"、"金审"、发改委、中国电信、中纪委、法院、军工集团、中电集团、铁道部、上海公务网、河南党政网等系列大型信息安全工程建设或服务项目，成为我国电子政务、电子商务和企业信息化安全建设标志性工程。（经贸发展局）

图37：成都卫士通信息产业股份有限公司研制的中华卫士防火墙（成都高新区经贸发展局 供稿）

【成都贝尔通讯实业有限公司】 成都贝尔通讯实业有限公司（简称成都贝尔公司）成立于1999年1月8日，驻成都高新区科园南二路1号，注册资本500万元。公司内设行政部、市场部、生产部、工程部、财务部等管理机构，员工总数74人，其中硕士7人，大学本科41人，大专14人，中专10人，其他2人。成都贝尔公司1999年11月被认定为高新技术企业。主要从事大型局用交换机S12从E系列到J系列、EC4版至EC74版及CDMA移动交换机和直放站的软硬件设计及安装等工作。公司所属电缆生产厂主要从事S12交换机用户、中继等其他通讯电缆的生产、加工、销售，已通过上海贝尔质量认证，并获得上海贝尔来料检验授权书和电缆生产最终授权书。公司还承接各种通讯、计费、网络的系统集成，代理上海阿尔卡特公司的网络及多媒体终端产品ISDN、ADSL、可视电话、计费系统、会议电视系统、消防系统、无线局域网系统集成以及S12系列交换机的配套产品和备品备件等通讯产品的营销。2006年，公司完成产品销售（营业）收入3600余万元，利润263万元，上缴税金560万元，被评为成都高新区纳税大户。（经贸发展局）

【四川华雁信息产业股份有限公司】 四川华雁信息产业股份有限公司前身是四川华雁通信有限责任公司，成立于2002年1月，2003年经四川省人民政府批准转制为股份制企业。公司驻成都高新区高新孵化园，注册资本为1000万元。公司是为客户提供信息技术服务（指挥调度系统、光电传输系统、视讯系统、计算机信息系统、智能交通系统、GPRS系统等解决方案）的提供商，专业从事数字化信息产品的研发、生产、系统集成的高新技术企业。公司员工近100人，拥有大学以上学历者为90%。2002年度被成都高新区选定为重点成长型科技企业，同年被评定为优秀高新技术企业及纳税大户。2003年11月通过ISO9001：2000国际质量管理体系认证。2004年9月，被四川省科学技术厅认定为高新技术企业。2006年，为成都高新区纳税大户。（经贸发展局）

【成都中住光纤有限公司】 成都中住光纤有限公司（CDSEI）是由成都普天电缆股份有限公司（CDC）与日本住友电气工业株式会社（SEI）于1998年共同组建的专门从事光纤产品的制造和销售的中日合资企业，注册资本1025万美元。公司驻成都高新区紫荆西路2号。2006年，公司职工总数81人，其中大专及以上学历人员占50%。全年主要产品的产量为175万千米，销售收入8140万元，利润865万元，税金1307万元。公司为成都高新区十强企业、纳税大户、成都工业企业五十强。（经贸发展局）

【成都雷思特电子科技有限责任公司】 成都雷思特电子科技有限责任公司成立于2003年2月，驻成都高新区西区创业服务中心，注册资金100 万元。公司主要从事电子产品研制、开发和生产，产品包括多功能显示器、雷达信号模拟器、嵌入式计算机、微波、毫米波组件和仿真模拟器等。2006年，公司通过GJB9001A～2001产品质量保证体系认证，为成都高新区高新技术企业。（经贸发展局）

【四川通信科研规划设计有限责任公司】 四川通信科研规划设计有限责任公司于2001年3月由四川省电信规划设计院、四川省邮电设计院、成都市电信局通信规划设计院整合而成，注册资金9000万元，驻成都高新区神仙树北路。公司是集通信网络规划、勘察、咨询、设计及通信工程总承包为一体的技术密集型高科技企业。公司拥有通信勘察、设计甲级资质、通信信息网络系统集成甲级资质、智能建筑系统工程甲级资质、工程咨询甲级资质，建筑设计乙级资质。公司通过ISO 9001：2000国际质量体系认证和成都市高新技术企业认定。公司在四川省20个市、州成立设计分公司，在重庆、云南、贵州、西藏、新疆、甘肃、设立分公司并成立北京办事处。公司为中国电信、中国移动、中国联通、中国网通、中国铁通等各大电信营运商提供通信网络规划和通信工程设计服务。公司自主研发、并拥有知识产权的"电信传输资源管理系统"获四川科技进步三等奖，四川省SDH光缆通信系统一期工程获信息产业部优秀设计二等奖，"四川省IP宽带城域网扩容工程" 项目获四川省通信工程优秀设计一等奖。2006年销售(营业)收入1.03亿元、利润290万元、税金1547万元,为成都高新区纳税大户。

(经贸发展局)

【成都西南民航通信网络有限公司】 成都西南民航通信网络有限公司成立于2001年,驻成都高新区桂溪工业园,注册资本1000万元。公司专业从事地空通信、雷达、导航、自动转报、有线通信等业务,是西南地区民航通信网络的枢纽,肩负着保障飞行安全、航班正点、设备维护、技术支持、产品开发的职责。2006年,公司销售收入2956.91万元,税收总额200.75万元,为成都高新区纳税大户。

(经贸发展局)

【成都天奥集团有限公司】 成都天奥集团有限公司成立于1997年9月,是中国电子科技集团公司第十研究所控股的高科技企业。公司设立10多个子公司和分公司,形成以天奥科技、天奥电子、纵横测控、天奥实业有限公司为基本构架,以信息产业为主,综合经营为辅的科、工、贸一体化的现代企业。公司主要从事信息系统集成、电子设备研发生产、特种器件、部件的研发生产、综合测试系统的研发生产等。公司在海事电子、导航定位、通信系统、特种频率器件、特种电源、数字视听、VXI模块、综合测试系统网络工程等方面取得良好成绩。公司员工1000人,其中科研技术人员600余人,研究员级高级工程师11人,高级工程师53人,具有博士学位的4人,硕士学位的40人。公司的天奥科技产业园项目位于成都高新区西部园区,计划总投资3.2亿元,建筑面积81000平方米。2006年8月开工建设,预计2007年下半年一期建设项目投入使用。2006年,公司被认定为四川省高新技术企业,获国家人事部批准设立博士后科研工作站,获信息产业部电子工程施工二级企业资质证书,国家外经贸部批准的自主外贸进出口经营权,通过ISO 9001：2000质量管理体系认证。2006年,公司产值5272万元,销售收入4381万元,利润147万元,税金120万元。

(经贸发展局)

【成都华为通信技术有限公司】 成都华为通信技术有限公司是民营企业深圳华为集团的全资子公司,成立于1999年7月,注册资本1.4亿元,驻成都高新孵化园(南4F),主要从事通信产品的开发、研制、生产、销售、工程安装等。公司主要生产及销售的产品包括交换机、接入设备、移动传输设备等。2006年,公司为成都高新区高新技术企业、纳税大户。

(经贸发展局)

【四川创意科技有限公司】 四川创意科技有限公司创立于1996年12月,为高科技民营企业,驻高新西区西芯大道28号。公司主要从事计算机网络、通信网络、系统集成和软件开发等,产品广泛用于电信、邮政、电力、政府事业机关、金融、证券、航空及制造业等。2000年被四川省科委认定为省级高新技术企业。2001年被中国联通认定为全国10家IP骨干网建设企业之一。2002年通过ISO 9001：2000质量管理体系认证。2003年获信息产业部系统集成二级资质证书和四川省通信管理局通信信息网络集成丙级资质证书。公司开发的BIMS宽带计费及综合管理系统被国家计委列为国家高新技术产业化示范工程,为中国国际航空西南公司开发的航空安全监查系统获得民航总局科技成果二等奖。公司与中国电信、中国移动、中国联通等通信领域的集团公司以及电力、微电子、金融、烟草、文化体育、医疗卫生等行业建立长期稳固的合作关系。公司在成都高新区建立一流的研发中心和产品生产基地。2006年,公司为成都高新区高新企业。

(经贸发展局)

【四川天亿电力自动化技术有限责任公司】 四川天亿电力自动化技术有限责任公司是四川省电力公司通信自动化中心的下属公司,成立于1998年,驻成都高新区高新大厦9楼。公司主要从事电力系统高新技术产品的开发、生产和销售工作。公司主要产品包括电力自动化产品、电能量采集与计费管理系列产品、继电保护信息管理系统、发电计划申报系统等。公司的产品获四川省电力公司科技进步一等奖和三等奖。2006年,天亿公司先后由四川省科技厅、四川省信息产业厅认定为高新技术企业和软件企业。

(经贸发展局)

【成都市雨田骏科技发展有限公司】 成都市雨田骏科技发展有限公司成立于1998年。公司是专业从事华为通信产品和美国艾默生全系列产品的销售和售后服务的授权代理商和数字图像监控及相关软件开发的系统工程集成商。2003年,公司通过ISO 9000：2000质量管理体系认证,获得四川省高新企业认定证书。2004年12月,公司成为中国电力企业联合会科技服务中心重点推广企业。2006年,公司为成都高新区规模以上企业和纳税大户。

(经贸发展局)

【成都中菱无线通信电缆有限公司】 成都中菱无线通信电缆有限公司(CMRC)是成都普天电缆股份有限公司和日本三菱电线工业株式会社共同出资,于1999年组建的中外合资企业。公司总投资额为1100万美元,注册资本750万美元,驻成都高新区紫荆西路2号。公司引进美国ROYEL、MACHINE WELL等公司的4条生产线和美国惠普公司生产的精密检测仪器，采用国际同行业先进的生产技术，主要从事无线通信用射频同轴电缆的制造。公司产品销往全国各省、市、自治区，并进入日本、印度、菲律宾、土耳其、新加坡等国际市场。公司生产的射频同轴电缆系列产品于1999年12月通过信息产业部鉴定。公司于2000年7月通过GB/T 19002-1994、ISO 9002：1994质量管理体系认证。2003年5月通过GB/T 19001-2000、ISO 9001：2000转版认证。2004年2月通过GB/T 24001-1996、ISO 14001：1996环境管理体系认证。2006年，主营业务收入1.29亿元，利润717.5万元，公司为成都高新区规模以上企业，高新技术企业和纳税大户。（经贸发展局）

【成都阿尔卡特通信系统有限公司】 成都阿尔卡特通信系统有限公司成立于1993年12月，驻天府大道天府软件园B区8幢。公司是由全球500强之一的阿尔卡特控股的注册资金达980万美元的高新技术企业。2004年4月，公司股权转让后，股东为上海贝尔阿尔卡特股份有限公司(70%)和成都邮电通信设备厂(30%)。公司致力于光网络传输设备的研发、销售和技术支持服务等，主要产品有同步数字光传输系列、波分复用设备、交叉连接设备和网络管理设备。产品运行于电信、广电、铁道、电力和高速公路等多个领域，工程有国家级干线、省级干线和本地网等全国通信传输网络。公司有正式员工260多名，本科以上学历者占到92%。公司多次被评为优秀三资企业、成都市工业企业50强、成都高新区十强企业和纳税大户等。2005年获CMM3资格认证，2006年8月获得上海市专利新产品1692MSE认定。2006年产值9480万元、销售收入9480万元、税金708万元。（经贸发展局）

【成都华诚信息产业有限公司】 成都华诚信息产业有限公司成立于1999年1月，驻成都高新区高新孵化园，注册资本5560万元。2001年2月信息产业部认定为软件企业和高新技术企业，2002年9月信息产业部认定为国家级专业系统集成商和软件产品及全面解决方案供应商。公司以投资或控股方式成功组建集网络科技、信息科技、医药科技于一体的高科技产业集团。公司经营业务涉及通信、计算机系统集成、电子政务软件开发及政务资源营运、电信增值业务营运、手机游戏开发及营运、中西药新药研发及技术转让等领域。公司专业技术人员200多名，本科以上学历人员占公司总人数的90%，技术开发及工程实施人员占集团总人数的70%以上。2002年通过国家计算机系统集成二级资质认证，荣获信息产业部颁发的100家优秀系统集成商称号。2003年，公司投资3000万元，建设占地3.13公顷的“西部通信孵化园”。公司通过ISO 9001：2000质量管理体系认证获得涉及国家秘密的计算机信息系统集成资质证书，2006年公司为成都高新区优秀高新技术企业和纳税大户。（经贸发展局）

【大唐电信科技股份有限公司光通信分公司】 大唐电信科技股份有限公司（以下简称大唐电信）是由原邮电部电信科学技术研究院发起设立的股份制上市公司，全面涉足通信网络建设的各个领域。大唐电信科技股份有限公司光通信分公司（以下简称大唐电信光通信分公司）是大唐电信设立在成都的分公司。大唐电信光通信分公司主要从事光纤通信、数字通信等有线通信传输产品的开发制造。分公司为通信网络提供全面的传输和接入解决方案，产品广泛应用于中国通信网络并出口。1998年8月，大唐电信在上海发行A种股票。1999年大唐电信在成都投入近亿元，通过ISO 9001：2000质量体系认证。分公司的通信产品广泛应用于电信公众网及广电网、军网、电力、公安、气象等专用通信网，成为重要的通信企业。2006年，公司实现销售收入1.9亿元，上缴税金600多万元，为成都高新区纳税大户。（经贸发展局）

图38：大唐电信科技股份有限公司光通信分公司厂房一角

（成都高新区经贸发展局 供稿）

【成都东银信息技术有限公司】 成都东银信息技术有限公司成立于2001年5月，由重庆东银实业（集团）有限公司发起并设立的高科技股份有限公司，专业从事数字电视解码器、有条件数字接收终端（机顶盒）、用户管理系统（SMS）、增值应用软件开发、生产和销售的高新技术企业。公司员工120人，其中研发技术人员55人。公司自行研制开发的产品有数字电视相关产品、银科专业卫星解码器DY2000S、专业干线解码器、广告插播设备、DS3/ASI适配器、NVOD点播设备等局端产品，接受终端产品有家用机顶盒DY6000C、DY8000C和DYSMS2.0数字电视分布式用户管理系统，基于NDS Core中间件，MHP中间件开发的互动证券、互动新闻、互动游戏、互动天气预报软件等软件产品。2006年，公司业务收入5537万元，利润480万元，税金319万元，为成都高新区纳税大户。 (经贸发展局)

【任我行软件发展有限责任公司】 任我行软件发展有限责任公司（以下简称任我行公司）成立于1993年，2003年11月入驻高新孵化园。任我行公司是中国中小企业管理软件行业供应商之一，有"管家婆"、"任我行"、"千方百计"等多个品牌几十款产品，应用于财务、进销存、ERP、CRM和OA等软件业务。1996年初，任我行公司向中小企业推出"管家婆"进销存、财务一体化软件，成为中小企业管理软件的代名词。2001年，基于企业异地管理需求和Internet的应用趋势，任我行公司推出中小企业电子商务解决方案，在全国建立20多个分支机构，并依托各地合作伙伴建立起1000多个销售和服务中心。2005年管家婆系列软件通过国家职业技能鉴定认证。2006年12月，管家婆软件荣获中国计算机用户协会2006年度中国信息产业中小企业市场占有率最高产品称号，任我行公司为成都高新区纳税大户。 (经贸发展局)

【成都天奥实业有限公司】 成都天奥实业有限公司是天奥集团投资的骨干企业。2006年，实业公司员工232人，其中专业技术人员（包括高级工程师、博士、硕士等）占60%以上。公司主要从事通信、导航定位、识别（CNI）及MIS/GIS软件、海上/陆地智能交通（ITS）、城市应急联动、无线电侦收及信息安全设备的研发、生产及系统集成综合服务。2006年公司产值5272万元、销售收入4381万元、利润147万元、税金120万元，为成都高新区纳税大户。 (经贸发展局)

【中国移动通信集团四川有限公司成都分公司】 中国移动通信集团四川有限公司成都分公司于1999年7月28日成立，2006年已发展成为中国移动通信枢纽中心之一。公司先后建成汇接局中心、软交换中心、CMNET数据中心和WAP中心等项目，交换机容量、HLR容量、基站数和载频数居西南省会城市之首，移动网络全部已覆盖全国行政村和国家级风景区，高速公路实现全程无缝覆盖。成都分公司在全球通、神州行和动感地带三大品牌框架下，延伸品牌链。全球通形成商务套餐、新经典套餐和新锐卡等产品系列，神州行形成轻松卡、大众卡和亲情卡等产品系列。成都分公司建成实体渠道与电子渠道相结合的高覆盖、立体化服务营销渠道体系，将移动新技术、新业务融合到生产、办公、管理和经营决策中。移动总机、移动信使、综合信息发布平台、移立讯、警务通、城管通、旅游通和校讯通等一系列行业信息化解决方案已在成都市各行各业广泛使用。为了城乡统筹发展的需要，成都分公司不断完善农村移动通信基础设施，整合农村通信网、信息网、服务网，组建"大农业网络生态链条"，建设"农信通"信息服务平台，推出"农信通"网站（www.01717.net）、"农讯广播"和"农村信息机"，搭建起市、县、镇、村四级农村信息网络，解决农村地区信息的下乡、进村、入户和发布问题，给农民提供贴身、贴心的服务。分公司推出手机缴费、通信、气象通、银信通和手机报等个人信息化产品。成都分公司驻成都高新区天府大道天府软件园B4号楼。2006年，为成都高新区纳税大户。 (经贸发展局)

【四川公用信息产业有限责任公司】 四川公用信息产业有限责任公司成立于1997年1月，是四川省电信有限公司的全资子公司，注册资本为1.07亿元。公司下辖9个分公司（中心）、7个控股和参股公司。2004年，公司作为四川电信的重要组成部分重组上市。2005年，公司与省电信有限公司增值业务部整合，实行两块牌子、一套人马。重组后，公司成为四川电信增值业务的开发中心、支撑中心和服务中心，成为四川电信对外合作的窗口和载体。公司主要经营无线增值业务、固定电话增值业务、"互联星空"、"天府热线"、"天虎网" 网络信息服务、网络应用，以及IDC数据中心、互动娱乐、网络游戏、网站建设、网络广告发布等其他电信增值业务。公司被四川省精神文明办评为省级文明单位，被四川省政府有关部门联合认定为高速增长型企业和高新科技产业型企业，获得文化部颁发的网络文化经营许可证，以及国家保密局颁发的涉及国家秘密计算机网络系统集成资质认证等。公司连续被成都高新区管委会评为纳税大户和优秀服务型企业。2006年，公司收入1.28亿元，上缴税金1267万元，利润总额990万元，净利润767万元，为成都高新区纳税大户。 (经贸发展局)

图39：四川公用信息产业有限责任公司拥有"中国电信钻石五星级数据中心"的IDC数据中心 (成都高新区经贸发展局 供稿)

【亚信科技(中国)有限公司】 1993年留美学生在美国创建Internet公司(亚信)。1995年亚信公司移入国内,成立亚信科技(中国)有限公司(简称"亚信")。亚信公司先后承建包括中国电信ChinaNet、中国联通CUNet、中国移动CMNet、中国网通CNCNet等六大全国骨干网工程在内的近千项大型互联网项目。2000年,亚信公司在美国NASDAQ成功上市,成功融资1.2亿美元,成为第一家在NASDAQ上市的中国高科技公司。亚信公司引入国际化、规范的公司治理和管理制度,实现向软件与服务的转型,成为中国软件行业的重点企业。亚信公司先后收购太平洋软件公司核心HRM&BI业务、联想集团IT服务业务的资产。亚信公司为成都高新区高新技术企业和纳税大户。 (经贸发展局)

【宇芯(成都)集成电路封装测试有限公司】 宇芯(成都)集成电路封装测试有限公司(UNISEMCHENGDUCO,LTD)是马来西亚最大的芯片封装测试厂——友尼森(Unisem)公司在成都高新区出口加工区西区投资2.1亿美元建立的半导体封装测试工厂,为友尼森(Unisem)集团在中国首家生产基地。2004年12月2日成立宇芯(成都)集成电路封装测试有限公司,2006年7月公司第一期工程建成投产,同年10月19日举行开业典礼。公司第一期项目建筑面积32000平方米,员工近800人,拥有目前世界上最先进的芯片封装测试设备,主要生产BGA 、SLP、QFP、SOIC、TSSOP等高端产品,年产量可达3亿单元。 (文华章)

图40:宇芯(成都)集成电路封装测试有限公司开业庆典

(成都高新区经贸发展局 供稿)

【中芯国际集成电路制造(成都)有限公司】 中芯国际集成电路制造(成都)有限公司(位于成都高新区西区出口加工区)成立于2004年12月28日,是中芯国际成立后第一座封装测试厂,具有集成电路封装测试4.32亿只、凸点工艺30万片的年生产能力。第一期总投资1.75亿美元,2004年12月破土动工,2005年9月设备迁入,同年10月开始试生产,年底第一批产品通过质量检测,2006年3月17日举行开业仪式并正式开始批量生产。公司主要提供TSOP48,TSOP50,TSOP54,TSOP66(记忆体产品)的封装测试技术,内存条的封装测试技术,SOP8,TSSOP8,TO220/252(功率产品和分离器件)封装测试技术,同时新引进闪存生产线。至2006年,闪存的封装和最终测试开始批量生产,月总产能达1千万颗芯片。公司主要产品优良率99.8%,产品主要应用于通讯、汽车和消费类电子等市场。 (刘 进)

图41:中芯国际集成电路制造(成都)有限公司厂房一角

(成都高新区经贸发展局 供稿)

规模以上通信设备、计算机及其他电子设备制造企业名录

表21

企业名称	主营业务
成都阿尔卡特通信系统有限公司	通信传输产品销售
四川天亿电力自动化技术有限责任公司	电力自动化设备研制、开发、安装、调试
四川光恒通信技术有限公司	应跳线、适配器、衰减七
迈普(四川)通信技术有限公司	路由器
成都川大科鸿新技术研究所	通信设备制造
成都四方信息技术有限公司	通信调制解调器
四川高星科技发展有限责任公司	通信设备制造
成都康特软件科技开发有限公司	集线器
成都市星宇软件开发股份有限公司	应用软件
四川恒升环保科技有限公司	通用设备制造
成都华诚信息产业有限公司	移动通信工程
成都科地数字信息有限公司	主要从事空间信息技术的应用开发和研究
成都东方闻道科技发展有限公司	远程教育的系统集成
成都市任我行软件发展有限责任公司	ERP 软件开发
成都国腾实业集团有限公司	二代身份证验证机和税控机及双星定位机
飞博创(成都)科技有限公司	通信设备制造
成都超讯科技发展有限公司	集通信软硬件产品研发

续表

企业名称	主营业务
成都东方龙马信息产业有限公司	软件/数据库
上海宝信软件股份有限公司成都公司	软、硬件产品开发,系统及资源外包服务
四川南山之桥微电子有限公司	超大规模集成电路设计开发
成都华汉科技有限公司	通信工程设备制造
成都沸亚科技有限公司	计算机硬件开发、销售,机械电子产品
成都高新区中科前程科技有限公司	计算机软、硬件研发,测试
四川鼎天(成都)软件有限公司	系统集成
成都卓信科技有限公司	通信设备厂
成都九洲迪飞科技有限责任公司	通信终端设备生产
成都广越射频技术有限公司	直放机设备
成都市雨田骏科技发展有限公司	艾默生 ViewPoint 图像监控系统
四川华雁信息产业股份有限公司	通信设备制造
成都兴业雷安电子有限公司	雷达及配套设备制造
成都锦江电子系统工程有限公司	军用雷达和民用雷达
四川通达电器有限公司	卫星接收天线
成都新光微波工程有限责任公司	微波发射机
成都卫士通信息产业股份有限公司	金融数据加密机
四川投金桥通信股份有限公司	ADSL
四川银海软件有限责任公司	电子计算机外部设备制造
四川卫士通信息安全平台技术有限公司	数据密码卡
成都雷思特电子科技有限公司	多功能显示器
成都泰格微电子研究所	电子真空感应器制造
成都住矿电子有限公司	引线框架
必盛半导体(成都)有限公司	半导体分离器件制造
中芯国际集成电路(成都)有限公司	集成电路制造
成都三零盛安信息系统有限公司	鹰眼系列产品
英特尔产品(成都)有限公司	集成电路制造
成都芯源系统有限公司	集成电路制造
宇芯(成都)集成电路封装测试有限公司	集成电路制造
成都吉锐触摸电脑有限公司	触摸屏
成都新方向科技发展有限公司	通用安全智能卡读写机
成都三零凯天通信实业有限公司	监控系统
成都中科唯实仪器有限责任公司	研发生产光学电子测量分析仪器
成都骏元科技发展有限责任公司	开发生产制造销售电子产品电子设备
莫仕连接器(成都)有限公司	光电子器件及其他电子器件制造
成都顺康电子有限责任公司	ptc 热敏电阻器
成都东林电子通讯有限公司	铝电解电容器
四川川新电子系统有限公司	CX803 单信道
成都四威科技产业园有限公司	微波系统

续表

企业名称	主营业务
成都索贝数码科技股份有限公司	数字视频设备
宇芯(成都)集成电路封装测试有限公司	生产 BGA 等高端产品
中芯国际集成电路制造(成都)有限公司	生产封装测试芯片

(经贸发展局)

生物医药

【概　况】 成都高新区是成都国家生物产业基地的核心区。成都高新区成立伊始,生物医药即为成都高新区主导产业之一。国家中药GLP评价中心、国家天然药物工程研究中心、国家手性药物工程研究中心等坐落在成都高新区内。2003年成都高新区产业发展规划,确定以中药现代化为主的生物医药产业是成都高新区三大支柱产业之一。在"十五"期间,聚集一批规模化生物医药企业,形成生物技术产品、化学制药业、中成药业、血液制品等优势生物医药门类,涉及中药、血液制品、化学合成药、基因药、核药、生物医学材料、数字化医疗设备及器械等行业。2006年,有200余家企业,其中规模以上企业26家,通过GMP认证的25家。生物医药产业实现产值60亿,增幅26.5%,占成都高新区三大产业的33.8%。其中,中药企业实现产值24亿元,化学企业产值17亿元,生物制剂企业产值15亿元,医疗器械企业产值3.5亿元,保健品及相关企业产值1.4亿元。2006年,26家规模以上企业,销售收入28.5亿元,产值24.6亿元,利润3.8亿元。在"十一五"期间,成都高新区将建设具有辐射带动作用的生物医药产业核心区。规划到2010年,实现生物医药产业产值200亿元,培育年销售收入50亿元的生物医药企业集团1~2个,20亿元的企业5个以上,10亿元的企业5~10个,培育3~5个年销售额过5亿的生物医药产品,培育10~15个市场知名度高、疗效好的国际国内知名生物医药品牌。

【成都地奥制药集团有限公司】 成都地奥制药集团有限公司(简称:地奥集团)是1988年8月18日以50万元为基金而创办的高新技术企业。地奥集团成为集天然药物、基因工程药物、合成药物、新型制剂研制为一体的大型骨干制药企业,是国内药物研制、中试、生产基地之一,净资产超过26亿元。地奥集团员工4300名，其中科技人员1634人（含博士和博士后22人、硕士140余人）。地奥集团辖制药生产、化妆品生产、药品和保健品（含化妆品）销售、房地产、能源等11个企业，占地面积近26.666公顷。其中，科研综合大楼25000多平方米，现代化生产场地50000多平方米，拥有600兆超导核磁共振仪、高分辨质谱仪、液质联用仪，高通量全自动半制备高效液相色谱仪、双臂自动筛选工作站等先进设备，具备天然药物提取及其活性部位的分离纯化、生化药物的提取纯化及基因工程药物的规模生产能力。中药材及天然药物的年处理能力为1640万千克，生化药原料加工能力为每年10万千克，年生产胶囊剂35亿粒、片剂40亿片、软胶囊1亿粒、小容量注射剂8000万支、冻干粉针剂1500万支、滴眼剂1000万支、颗粒剂10万公斤、口服液6000万支、大输液2000万瓶。地奥集团建有天然药物、合成药物、基因工程药物、微生物药物、药物制剂等10个研究室，设有国家天然药物工程技术研究中心、药物筛选中心、安全检测中心、分析测试中心，以及博士后科研工作站。地奥集团承担重组葡激酶、重组人干细胞生长因子等国家“863”、“九五”、“十五”重大攻关项目，被列为国家“863”高技术成果转化基地、全国知识产权试点单位。2006年，地奥集团销售收入（含税）20亿元、产值8.4亿元、利润1.8亿元、入库税金1.6亿元。

【成都蓉生药业有限责任公司】 成都蓉生药业有限责任公司（以下简称蓉生药业公司）成立于1997年3月12日，是一家集血液制品研发、生产、经营为一体的高科技生物制药企业，其主要产品为蓉生人血白蛋白。蓉生药业公司注册资本8326.1万元，总资产4亿元，年销售额3.3亿元。蓉生药业公司有员工400余名，科技人员近150人，其中中、高级技术人员50余人（享受政府津贴的专家8人）。至2006年，蓉生药业公司先后创造出中国第一个卡介苗制品、中国第一条血液制品工业化生产线、中国第一个人破伤风免疫球蛋白产品——蓉生逸普、中国具有自主知识产权的疫苗制品——杰益维—乙型脑炎减毒活疫苗、中国第一个人白细胞α1型干扰素、中国第一个静脉注射用人免疫球蛋白制品—蓉生静丙、中国第一个达到国家标准的治疗用卡介菌多糖核酸制品—卡舒宁、中国第一项免疫球蛋白产品病毒灭活工艺—低PH孵放加纳米膜过滤工艺。2006年，公司产值4.09亿元，销售收入3.89亿元，利润0.896亿元。

图42：成都蓉生药业有限责任公司厂房一角

（成都高新区经贸发展局　供稿）

【成都倍特药业有限公司】 成都倍特药业有限公司于1996年组建，注册资本7000万元，其中法人股东成都倍特发展集团股份有限公司出资5950万元，占注册资本的85%，自然人股东共出资1050万元，占注册资本的15%。公司主要生产和销售化学药品、中成药产品、保健产品、医疗器械、日化产品，开展科技咨询、技术服务，经营本企业自产产品及技术的出口业务，经营本企业生产所需的原辅材料、仪器仪表、机械设备、零配件及技术的进口业务，经营来料加工和“三来一补”业务。公司GMP认证标准药品生产厂房15，000平方米，GMP认证原料生产线、中药提取生产线、颗粒剂生产线、片剂生产线（含头孢类片剂）、大输液生产线，有生产化学药原料100吨/年、中药提取300吨/年、颗粒剂3000万袋/年、片剂5亿片/年、胶囊剂2亿粒/年、输液5000万瓶/年的生产能力。2006年，产值1.68亿元，销售收入0.89亿元，利润436万元。

图43：成都倍特药业有限公司厂房一角

（成都高新区经贸发展局　供稿）

【成都恩威投资（集团）有限公司】 成都恩威投资（集团）有限公司（以下简称恩威公司）1990年6月建于双流县东升镇，属于民营企业。1995年投资1亿元在成都高新区修建恩威办公大楼、职工生活区，创建医疗用品有限公司、恩威药业公司等，建筑面积72000多平方米。1996年恩威公司由双流县东升镇迁入成都高新区。2004年，公司开发HR、CRM、ERP、EKP和财务报账系统等5个管理软件系统，并投入运用。恩威公司主要产品：恩威牌洁尔阴中成药外用药洗液，中成药品清经颗粒、心血通颗粒、调经止痛胶囊，中成药剂型产品山麦健脾口服液、姜脑止痛搽剂等。2006年成都恩威（集团）公司工业总产值4.847亿元，销售收3.998亿元，利润2300万元，税收6486万元。

图44：成都恩威投资（集团）有限公司总部大楼外景
（成都高新区经贸发展局 供稿）

【四川迪康科技药业股份有限公司】 四川迪康科技药业股份有限公司是由成都迪康制药有限公司整体变更设立的股份有限公司，股票简称“迪康业”，股票代码“600466”，注册资本为12740万元。公司主要产品有小儿感冒颗粒、迪康滴通鼻炎水、迪康粉刺霜、殷泰洗液等先后获国际医药博览会金奖、四川省科技进步三等奖、中国新技术新产品交易博览会金奖等。公司员工1185人，其中接受过高等教育的达58%。2006年，公司产值2.86亿元，销售收入2.4亿元。

图45：四川迪康科技药业股份有限公司总部大楼外景
（成都高新区经贸发展局 供稿）

【四川奇力制药有限公司】 四川奇力制药有限公司源于1992年7月成立的中美合资四川奇力制药有限公司，注册资本70万元。公司位于成都高新区西部园区天虹路6号。1998年8月，公司依法变更为内资企业。2000年12月，公司兼并四川内江制药三厂，设立四川奇力同心制药有限公司。2001年5月，引入中瑞合作基金、瑞士李东华国际投资有限公司两境外股东，其以增资入股的形式参股四川奇力同心制药有限公司，依法成立中瑞合资四川奇力制药有限公司，注册资本6000万元，总投资7000万元。2005年总资产逾2.5亿元，公司含3家现代化制药厂（四川奇力制药有限公司西区厂、四川奇力同心制药有限公司、四川奇力同源制药有限公司）、两家医药销售公司（成都同基医药有限公司、贵州福乐药业有限公司）、一个药物研究所，共有员工500多人，各类专业技术人员165人，执业药师21人。公司生产大规格注射液、口服液、糖浆、片剂、胶囊等剂型，品种40多个，其中国家中药保护品种3个，社保基本用药目录37个，产品包括广普抗菌、感冒呼吸系统药物、产妇恢复性药物、糖尿病药物、心脑血管疾病药物等，产值5301万元，销售收入5568万元。2006年，产值5631万元，销售收入3571万元。

图46：四川奇力制药有限公司总部大楼外景
（成都高新区经贸发展局 供稿）

【四川美大康佳乐药业有限公司】 四川美大康佳乐药业有限公司成立于2001年8月20日，由成都蜀都投资管理有限责任公司出资15万元，占股份5%与蓝剑集团成都科创有限责任公司出资285万元，占股份95%，共同组建成都蜀都制药有限公司，注册资金300万元。2001年10月8日，成都蜀都制药有限责任公司更名为四川美大康佳乐药业有限公司，公司坐落在成都高新区西部园区，占地面积6.66公顷。项目总投资1.2亿元，是一家以新药研发、液体制剂生产、销售为主的综合性现代制药企业。公司拥有玻瓶大输液生产线，非PVC软袋大输液生产线、小针生产线、抗肿瘤药品大输液生产线，分别通过国家GMP认证。公司生产能力为玻瓶大输液1亿瓶/年，非PVC软袋输液产品1500万袋/年、小针剂1亿支/年。公司产品为大、小容量注射剂，拥有基础大输液、营养型输液、抗生素、抗肿瘤、心血管及肝病等药物40余种、100余个不同规格的产品，形成年销售收入2.5亿元的经济规模。公司技术研发中心拥有专业从事新药研究人员25人，具有中高级职称者占60%。公司科技研发中心占地面积800多平方米，拥有西药实验室、中药实验室、仪分化分室、中试车间、信息网络室等功能区。公司按GMP规范对生产的全过程进行监控。2006年产值1.43亿元，销售收入1.06亿元，利润97.1万元。

图47：四川美大康佳乐药业有限公司厂房一角

（成都高新区经贸发展局　供稿）

【成都菊乐制药有限公司】 成都菊乐制药有限公司是成都菊乐企业（集团）股份有限公司控股的股份制有限责任公司，1989年成立，注册资金535万元。2006年有职工120余人，其中中、高级专业技术人员48人，固定资产6492万元，银行信用等级为AA。2005年公司生产片剂6亿片（约4亿元）。公司主要产品有舒肝片、鼻舒适片、邦特林、抗癌增效剂等。2006年，产值4124万元，销售收入2999万元，利润53万元。

图48：成都菊乐制药有限公司厂房一角

（成都高新区经贸发展局　供稿）

【成都云克药业有限责任公司】 成都云克药业有限责任公司成立于2001年7月。公司自行研制的“云克”（国产核素药物之一）药物获得国家发明专利（ZL94113006.1）以及“国家重点新产品”证书。“云克”药物被广泛应用于类风湿性关节炎等自身免疫性疾病及肿瘤骨转移等骨性疾病。公司在成都高新区建设6000余平方米的标准厂房，设有专业化的药品开发研究所、生物研究实验室、质量控制实验室、相关同位素实验室、药品临床观察治疗中心等科研实验基地，与北京解放军总医院、上海医科大学骨代谢研究室、中科院生物所药物分析研究组、湖南医科大学湘雅医院、北京大学人民医院、北京协和医院、湖北医科大学同济医院、四川抗菌素研究所等建立科研协作关系。公司有研究员、高级工程师、药剂师、医师等科研人员占全公司员工的85%。2006年，销售收入1772万元，利润250万元。

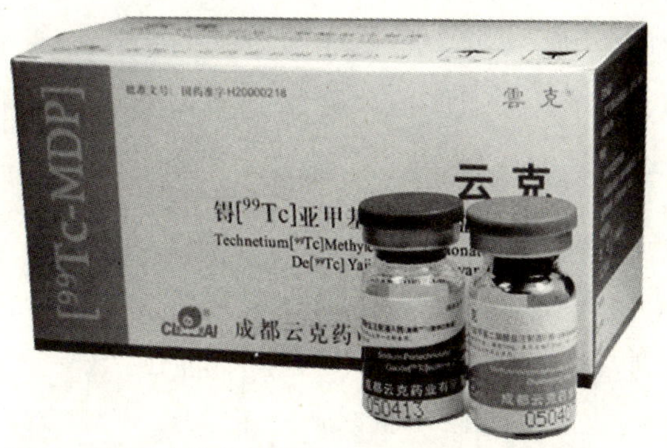

图49：成都云克药业有限责任公司研制的“云克”药物产品

（成都高新区经贸发展局　供稿）

【四川南格尔生物医学股份有限公司】 四川南格尔生物医学股份有限公司（以下简称南格尔公司），是具有独立法人资格的民营企业。前身为四川省康保医用塑料有限责任公司，成立于1994年9月8日，由四川省医学科学院及其附属医院共同创建，成立时员工18人。1995年11月22日更名注册为四川省南格尔医用器具有限公司。1999年12月完成四川省医学科学院附属医院投入公司的房屋、土地、设备的“非转经”工作，明晰产权，理顺责权关系，建立股东会、董事会、监事会，开始自主经营、自负盈亏的经营模式。2001年8月，经四川省人民政府批准，四川省南格尔医用器具有限公司变更为四川南格尔生物医学股份有限公司，刘仁明同志任党总支书记、董事长、总经理。公司确立以“面向世界、求实创新、诚信至上、追求卓越”的经营方针，以“一个产品就是一条人命”为质量目标，树立“团结、勤奋、求实、进取”的南格尔精神。2003年6月，南格尔公司实行股权变更，国有股全部转让给公司高级管理人员和技术核心人员。2004年7月，经省政府批准在成都高新区工商局备案成为股权多元的现代民营企业。南格尔公司成都总部驻成都高新区九兴大道5号。公司产品以优良的品质、良好的服务和合适的价位，销往全国近30个省、市、自治区，并向东南亚、欧洲、拉丁美洲一些国家出口。至2006年，南格尔公司是四川省高新技术企业、国家重点新产品企业、“小巨人”企业，2006年产值16806万元，销售收入8927万元，利润436万元。

规模以上医药制造企业名录

表22

企业名称	主营业务
成都倍特药业有限公司	倍特巴沙
四川朕皇原药中药材饮片有限公司	中药材饮片
成都戴尔曼消毒卫生用品有限责任公司	消毒洗液
四川奇力制药有限公司	奇力咳感康口服液
四川迪康科技药业股份有限公司	可吸收骨折内固定钉
成都恒瑞制药有限公司	二甲双胶缓释片 比特力片
四川奥邦药业有限公司	甲硫酸帕珠沙星
四川美大康佳乐药业有限公司	化学药品大容量注射剂
成都青山利康药业有限公司	大容量注射液
四川沱牌药业有限责任公司成都制药厂	化学药品制剂制造
成都中科生物技术开发有限公司	天叫片生产
成都地奥集团有限公司	心血康
吉泰安(四川)药业有限公司	心元胶囊
四川三精升和制药有限公司	鱼腥草滴眼液
成都华宇制药有限公司	中成药(清栓胶囊)
成都菊乐制药有限公司	舒肝片
成都恩威药业保健用品公司	洁尔阴
四川省迈克科技有限责任公司	生物制品
成都蓉生药业有限责任公司	人血白蛋白
成都摩尔生物医药有限公司	生物医药产品研发制造和销售
成都凯捷生物医药科技发展有限公司	生产和销售多肽中间体
恒安(四川)卫生用品有限公司	生产和销售卫生用品
成都新锦犀医药包装制品有限公司	医药包装制品生产、销售
成都正和药用胶囊有限公司	药用空心胶囊
成都润兴消毒药业有限公司	益口含漱液
成都迪康医用数字设备有限公司	医疗器械
四川阿可贝尔科技有限公司	医疗器械
四川南格尔生物医学股份有限公司	医疗器械
四川仙牌灵芝集团有限公司	生物医药加工

(本分目供稿单位：经贸发展局)

精密机械

【概　况】 精密机械制造业是成都高新区重点发展的三大支柱产业之一。成都高新区聚集一批以先进制造技术为特征的精密机械制造企业，以及无污染、低耗能的机械加工企业，尤其在数控加工及其设备、IT设备(接插件)、精密模具、精密检测等专业领域，形成新的特色产业。2006年，成都高新区精密机械制造企业70余家，涉及民用生活、生产以及军品制造等领域。其中以海特集团、成都普瑞斯数控机床公司、四川石克锐达金刚石钻头公司、成都百施特金刚石钻头公司、宝利根(成都)精密模具公司等为代表的精密机械制造产业集群加速形成，主要产品包括厨卫生活电器、中央空调产品、电子测量仪器、电力自动化系统、数控专用机床、精密电子模具、精密医疗器械、特种光学元件、航空机载设备等。2006年精密机械制造产业工业总产值19.5亿元，比上年增加34.8%；工业增加值6.1亿元，比上年增加38.7%；主营业务收入17.3亿元，比上年增加34.2%；利税总额1.2亿元，比上年增加38.0%。

【海特集团】 海特集团前身是四川海特高新技术公司，创立于1992年11月23日，是我国第一家从事航空技术业务的民营企业。1999年7月，公司改制，重组为四川海特高新技术有限公司。2000年9月变更为“四川海特高新技术股份有限公司”，注册资本5439.14万元。2001年12月由四川海特高新技术股份有限公司为主体，由7家公司组建海特集团。海特集团驻成都高新区高朋大道21号。海特集团主要从事航空制造、航空维修(包括飞机、发动机、航空机载设备)、航空工程、航空技术开发、国际贸易、房地产、食品加工、物业管理等业务。2004年7月四川海特高新技术股份有限公司在深圳证券交易所公开发行股票成为上市公司。集团先后通过ISO 9001：2000国际质量体系认证以及GJB9001A-2001国家军队装备生产质量体系认证、中国民航(CAAC)适航认证、美国联邦航空局(FAA)适航认证、香港和澳门联合适航认证(JMM)。2006年，集团成员有18家公司，分布在成都、上海、天津、西安、武汉、太原、长沙、桂林等地，以及俄罗斯、巴西等国家，其产品涉及包括美国波音系列、欧洲空客系列在内的各种类型运输型飞机、通用型飞机、特种飞机近40余个机型，上万个项目，服务于中国民航、中国航空工业以及国防建设。海特集团通过国际合作、校企合作与自主研发并重的方式，不断技术创新，增强企业核心技术能力。集团还拥有自主技术500多项，其中15项技术达到国际先进水平。集团自主研发，达到国际先进水平的ATE7000航空自动检测系统、STE7000航空自动试验系统，出口俄罗斯、巴西等国家。海特集团为成都高新区十强企业、纳税大户。2006年，海特集团资产总额5.489亿元，销售总额1.521亿元，纳税2068万元，利润3026万元。

【成都前锋电子电器集团股份有限公司】 成都前锋电子电器集团股份有限公司的前身是国营前锋无线电仪器厂，原第四机械工业部部属企业，是我国第一个自行设计建设的通用无线电测量仪器专业生产厂，全国机电行业大型骨干企业，2001年进行企业体制改革（国企改制），公司更名为成都前锋电子电器集团股份有限公司（2003年4月从府青路原老厂区迁入高新西区百草路35号前锋高新技术产业园），简称前锋集团。公司相继研制生产的电子仪器产品有16个系列近200个品种，广泛应用于广播、电视、通讯、电子计量测试、航天、地质、交通、能源等领域。前锋集团先后研制、生产了电热水器、太阳能热水器、燃气灶具、吸油烟机、整体橱柜等产品。中共十一届三中全会以后，企业贯彻保军转民方针，相继开发了医用仪器、保安器械、防静电系列产品和民用节能燃气快速热水器、燃气灶具等电子技术应用产品和民品。年产30万台的“前锋”牌燃气热水器，获“四川省名牌”和燃气热水器、燃气灶具两个“中国名牌”产品称号。前锋集团辖成都前锋电子有限责任公司、成都前锋电子仪器厂、成都前锋机械电子有限责任公司、成都前锋暖通设备有限责任公司、前锋实业公司、豪特容积热水器（成都）有限责任公司等七家全资和参股子公司。前锋集团是成都市高新技术企业、成都市重点优势企业、四川省级技术中心企业，集团公司全面通过ISO 9001质量管理体系认证。2006年，前锋集团有员工1206人，其中工程技术人员140人、高级技术职称14人、中级技术职称63人、各级管理人员161人。至2006年，公司产品先后获得5项国家科技进步奖，44项部、省级科技进步奖，5项国家优秀新产品奖，27项部、省级优秀新产品奖。2006年公司实现销售收入4.456亿元，实现利税2388万元，为高新区纳税大户。

【四川启明星蜀达电气有限公司】 四川启明星蜀达电气有限公司组建于1992年，是开发、生产、销售智能化电能表、用电管理系统、电力自动化系统的高科技企业。公司总部驻成都高新区，公司设8个职能部门和1个分公司，有员工201人。公司生产经营场地面积8328平方米，各类生产、检测设备240余台，流水生产线3条，各类微机监控及保护装置、用电管理系统、电度表柜等1200台（套），年生产各类电能表300万只。公司产各类电能表、用电管理系统、电力自动化系统等三大系列50多种产品，销售至全国。公司通过ISO 9001：2000质量管理体系认证，通过ISO 10012：2003计量检测体系认证。公司主要产品通过中国电力科学研究院等国家权威机构的检测和产品认证。公司获20余项（次）市级以上各类奖项、认证及荣誉称号。2006年，工业总产值1.166亿元，销售收入8777万元，利润922万元，税金958万元，公司为成都高新区规模以上企业和纳税大户。

图50：四川启明星蜀达电气有限公司厂房一角

（成都高新区经贸发展局　供稿）

【成都普瑞斯数控机床有限公司】 成都普瑞斯数控机床有限公司于2005年4月建立，地处成都高新区西部园区模具工业园。公司经营范围为数控加工中心和机电一体化数控产品的开发研制、生产制造、销售服务，机械零件及模具的外协加工，对外市场和技术咨询服务。2005年12月获四川省高新技术企业称号。2006年1月通过ISO 9001：2000质量管理体系认证。公司有进出口自营权，拥有高性能自动加工设备、高精度三坐标测量机、英国双频激光干涉仪、德国检测仪器以及日本、韩国、英国等关键设备和检测装置，以及用于开发设计的CAD/CAM计算机设计软件。公司设市场营销、技术开发、生产制造、品保服务、行政管理5个大部，在四川、重庆、云贵、华南、华中、华北、华东、东北、西北等区域设有10个销售公司。公司员工150人，具有大专以上学历者占60%，从事技术开发的员工占15%。公司生产能力年产数控加工中心400台，可实现产值2亿元。2005年4月~2006年6月，销售收入4000万元，利税440万元，为成都高新区纳税大户。

【成都科奥达光电技术有限公司】 成都科奥达光电技术有限公司是中国科学院光电技术研究所、成都地奥(集团)公司、四川新光科技有限公司共同投资组建的高新技术企业。2006年,公司有职工380余人,工程师以上技术人员90余人,其中研究员、高级工程师40人。公司为成都高新区高新技术企业、规模以上企业和纳税大户。

【成都宁江科技发展有限责任公司】 成都宁江科技发展有限责任公司于2000年11月22日成立,是成都宁江机床(集团)股份有限公司控股子公司。公司有员工136人,具有大专以上文化程度的员工占44%,具有中、高级技术职称的员工占29%,专门从事研究开发的技术人员40人,约占30%。公司已通过GB/T19001-2000 idt ISO 9001:2000 质量体系认证,取得AAA级信用等级。2006年,公司为成都高新区纳税大户。

【成都五牛科技有限公司】 成都五牛科技有限公司(中英合资)创立于1993年,注册资本7000万元。2006年,公司取得9项外观设计及实用专利证书,拥有PU灌注、框架结构、无壳风机、转轮除湿、射流风口、全热换热器等多项新型技术,已通过ISO 9001:2000质量体系认证。2006年,产值4600万元,销售收入2404万元,利润262万元,税金180万元。公司为成都高新区规模以上企业和纳税大户。

【四川依米康制冷设备有限公司】 四川依米康制冷设备有限公司成立于2002年9月,属港商独资企业,注册资金300万港币。公司于2003年通过中国质量认证中心(CQC)组织的ISO 9001:2000和ISO 14001:1996管理体系认证,通过CQC的年度监督审核。2006年,公司年平均收入3496万元,年平均纳税210万元,平均年利润770万元,为成都高新区高新技术企业、规模以上企业和纳税大户。

【四川亚美动力技术有限公司】 四川亚美动力技术有限公司是2004年11月14日由四川海特高新技术股份有限公司和四川海特航空检测开发有限公司共同出资组建的,注册资金1000万元,2005年注册资本增加到4000万元。2006年5月,通过加拿大普惠公司对型发动机试车台的标定,同年6月获得民航总局(CCAA)颁发的发动机维修许可证。全年产值2248.66万元,资产总额6841.18万元,销售收入2021 .02 万元,利润979.63万元,上缴税金284.85万元。

规模以上电气机械及器材制造企业名录

表23

企业名称	主营业务
东方日立(成都)电控设备有限公司	高压大功频率频器
成都麦克奥迪仪器有限公司	变压器、整流器和电感器制造
成都科星电力电器有限公司	电力控制设备
成都八达接插件有限公司	电源线接插件
成都百昌电子有限公司	高频头
成都航利电气有限公司	输配电成套设备
成都普天电缆股份有限公司	全市话电缆
邮电部成都电缆厂盘具分厂	电线.电缆.光缆.包装盘.工具盘
成都中菱无线通信电缆有限公司	通信电缆
成都德源线缆有限公司	电线电缆制造
成都璐佳星电缆有限责任公司	铜线芯
成都康宁光缆有限公司	光缆生产企业
成都中住光纤有限公司	光纤制造
成都光捷科技有限责任公司	生产、销售光纤产品
大唐电信科技股份有限公司光缆厂	通信光缆生产
四川汇源电力光缆有限公司	生产电缆
成都东方雷神标准电器有限公司	电磁铁
成都五牛科技有限公司	空调设备制造
四川依米康制冷设备有限公司	空调生产
成都倍特实业(橱柜)公司	厨房电器制造
四川赛尔电源设备有限公司	ups 生产
成都前锋电子有限责任公司	燃气热水器
成都前锋机械电器有限公司	燃气具零件配套
成都安可信电子有限公司	生产气体报警控制器
成都平泰制冷设备有限公司	移动通信工程
四川亚美动力技术有限公司	电气机械制造

规模以上仪器仪表及文化、办公用机械制造企业名录

表24

企业名称	主营业务
成都邮电通信设备厂	光通缆设备
成都府河电气集团有限公司	工业自动控制系统产品制造
成都市科力电子研究所	电子产品生产销售
成都纵横测控技术有限公司	电子仪表
成都前锋电子仪器厂	电子测量仪器
成都天进仪器有限公司	继电保护测试仪
四川启明星蜀达电气有限公司	电表
成都中工科技有限公司	专用仪器制造
成都科奥达光电技术有限公司	光学仪器制造
成都奥晶科技有限责任公司	ORT 投影电视镜头
铁道科学研究院成都电子电器研究所	单元式空气清器

(本分目供稿单位:经贸发展局)

第一产业及企业

PRIMARY INDUSTRY AND RELATED ENTERPRISES

种　植

【概　况】 随着城市化进程加快，2006年成都高新区石羊、桂溪、合作三个涉农街道仅余可耕种土地面积共585.72公顷，其中石羊街办146.66公顷，桂溪街办153.33公顷，合作街办285.73公顷。农作物主要有小麦、水稻、油菜等品种，没有林业和渔业。全区种植小麦74公顷、水稻177.13公顷，收获小麦309吨、水稻348吨。种植油菜358.069公顷，收获油菜籽338吨。秸秆粉碎还田233.33公顷，堆沤处理油菜秸秆133.33公顷，村民用于生活燃料的油菜秸秆100公顷。小麦秸秆综合利用率96%以上。

(经发局推进办)

【北京奥瑞金种业股份有限公司成都分公司】 北京奥瑞金种业股份有限公司成都分公司于2003年4月在成都高新区注册，固定资产392万元，主要负责西南市场的玉米、水稻种子的生产、加工及销售。2003年9月增加公司标准厂房1875平方米，购置2套种子加工成套设备，年生产能力400万千克。公司在蒲江县有生产基地66.66公顷，在邛崃市和金堂县有新品种示范基地共200公顷。2003年2月，被成都高新区评为优秀创业企业，2004年，获成都高新区优秀高新技术企业、纳税大户称号。2006年为成都高新区纳税大户。

(经贸发展局)

【德农正成种业有限公司】 德农正成种业有限公司于2000年6月成立(北京奥瑞金种业股份有限公司控股)，注册资金8000万元。总部驻成都高新区九兴大道5号，主营水稻、油菜、棉花、玉米等主要农作物种子。2006年，公司有员工400余人，其中高级职称57人，中级职称111人，列入全国种业五十强，是四川省农业产业化经营重点龙头企业、四川省高新技术企业、四川省种子行业诚信企业、四川省属市场优秀经营单位、中国农业技术推广协会理事单位、全国种子市场十大知名品牌和AAA级资信等级单位。公司有3个育种研究所、5个育种站，研发的品种100多个，已形成富优1号、内香优系列、188系列等水稻新品种群以及德油系列油菜、德玉系列玉米、德棉系列棉花等新品种系列，在长江流域组建11家省级分公司和越南办事处，有3万多家种子专卖店和经销点，年销售各类农作物种子1800万千克，经营额3亿元左右，在四川、湖南、江西、安徽、贵州、海南、新疆等地建有稳固的种子生产基地1000公顷，采用ISO 9001：2000国际质量管理体系进行质量控制，年生产农作物种子近2000万千克。

(经贸发展局)

【四川金利成通江银耳保健品有限责任公司】 四川金利成通江银耳保健品有限责任公司成立于1995年，是一家以销售牛肉系列制品及加工销售耳类、菇类、枣类、豆类等农副土特产为主的民营食品企业。公司地址在成都高新区永丰路47号，有专业生产厂房4000余平方米，生产工人100余人，专业管理人员12人。2006年，公司通过ISO 9001：2000质量管理体系认证、ISO 14001：2004环境管理体系认证、GB/T18001-2001健康职业安全管理体系认证。公司产品在成都各大卖场有售，在北京、上海、新疆、内蒙古、西藏、云南、福建、深圳、广东、山东、安徽、重庆等地有销售网络。

(经贸发展局)

【四川种都种业有限公司】 四川种都种业公司成立于1994年，注册资本3000万元。公司是集专业从事水稻、油菜、蔬菜新品种研究、生产、推广、服务于一体，并具有种子进出口权的农业科技型民营企业。公司产“种都”牌水稻、油菜、辣椒、茄子、西瓜、番茄等20余个大类150余个品种的种子，年销量180万千克。1999年四川省工商行政管理局审定“种都”为四川省著名商标，并在48个国家注册。2000年7月，四川省农业产业化工作领导小组认定该公司为四川省农业产业化经营重点龙头企业。2006年6月，成都市人民政府授予2004～2005年度成都农业产业化经营优秀龙头企业称号。2006年产值6200万元，销售收入5899万元，利润607万元，税金62万元。

(经贸发展局)

图51：四川种都种业有限公司一角

(成都高新区经贸发展局　供稿)

图52:位于成都高新区西部园区的油菜籽种植地一角　　　　(成都高新区地方志办公室　供稿)

规模以上种植企业名录

表25

企　业　名　称	主营业务
四川金利成通江银耳保健品有限责任公司	木耳
德龙正成种业有限公司	种子加工生产
成都瑞琦科技实业有限责任公司	农副食品加工
四川川单种业有限责任公司	农副产品加工
北京奥瑞金种业股份有限公司成都分公司	谷物的种植
四川种都种业有限公司	改良种子

(经发局统计处)

畜　牧

【概　况】 2006年,成都高新区城市化进程加快,原畜牧业从业人员大部分分流到其他产业,致使生猪、家禽、奶产量锐减。2006年,成都高新区生猪出栏1.82万头,家禽出栏19.8万只,分别比2005年减少4.85万只和53万只。2006年,奶产量726吨,比2005年减少2531吨。2005年,根据成都高新区机构编制委员会关于深化涉农街道办事处机构改革的实施意见,撤销石羊和桂溪畜牧兽医站,经发局设立“成都高新区动物防疫监督所”,并按照区域管理,分设南区分所和西区分所,开展动物防疫、市场检疫、应急处置和日常执法监督检查工作。2006年,成都高新区对区内畜、禽进行禽流感、口蹄疫、狂犬病、猪链球菌病免疫注射,共免疫禽类297770只、口蹄疫(猪、牛)22028头、狂犬病(狗)3272只、链球菌病(猪)11331头,做到街道不漏村,村不漏户,户不漏畜(禽),畜(禽)不漏针。高致病性禽流感病例实现“零报告”。

(经发局推进办)

【成都好主人宠物食品有限公司】 成都好主人宠物食品有限公司是由民营企业通威集团和英国E.L.I.国际控股公司联合组建的一家专业从事宠物食品研发、生产、销售的企业。2005年10月在西南航空港经济技术开发区建厂，占地5.33公顷，生产线设计总生产能力为1亿千克/年。公司拥有宠物食品生产设备和电脑模拟屏操作系统，采用全自动多功能Wenger膨化设备及世界先进的酶解肉汁生产工艺。（经贸发展局）

【通威股份有限公司】 通威股份有限公司由通威集团有限公司控股，以饲料工业为主，同时涉足水产研究、水产养殖及动物保健领域的农业科技型上市公司(股票代码:600438)。2006年，公司拥有北京、天津、重庆、四川、广东、山东、河南、成都、昆明、厦门、武汉、苏州、西安、长春、沈阳、沅江、沙市、淮安、无锡、南宁、海南、枣庄、涪陵、达州、西昌、德阳、安岳等60余家分公司或子公司。公司的主要产品有水产饲料、畜禽饲料及特种饲料近500多个品种，年饲料生产能力500万吨，发展成为全球知名的水产饲料生产及畜禽饲料生产企业。2006年，通威水产饲料在全国的市场占有率为18%，连续11年销售量居全国第一。“通威饲料”是中国名牌、中国驰名商标，产品国家免检，其产品各项技术指标达到同期国内领先和国际先进水平。公司建立有省级企业技术中心，在编科研技术人员80多人，专门从事动物营养、动物饲料、动物良种培育和鱼类基因工程的研究，每年提供数10项研究成果和近200篇科研报告。公司于1997年通过ISO 9002国际质量体系认证，1998年被四川省工商行政管理局评为重合同守信用企业，2000年被中国农业银行评定为AAA级信用等级，2001年2月被四川省委、省政府评为四川省农业产业化经营先进单位、四川省规模经营10强、农业产业化国家重点龙头企业，2001年12月被中国饲料工业协会评为重承诺、守信用企业，2002年被中国质量检验协会评为全国质量售后服务双达标企业、中国民营上市公司100强、中国民营企业品牌竞争力50强，“通威饲料”被国家工商行政管理总局评为“中国驰名商标”。2004年，通威商标以价值33亿入列“中国500最具价值品牌”榜。2006年，公司年销售收入38亿元，实现利润1.6亿元，上缴税金5000万元。（经贸发展局）

规模以上畜牧企业名录

表26

企业名称	主营业务
成都市丰达饲料有限责任公司	配合饲料
成都蜀鹰实业有限公司	饲料生产
成都世纪投资有限公司	预混合饲料
成都老城南食品有限公司	腌腊食品加工
成都大化十饲料基地有限公司	加工饲料
成都好主人宠物食品有限公司	宠物食品
成都西源奶业发展有限责任公司	奶牛饲料

（经发局统计处）

图53:成都高新区大棚种植的瓜果蔬菜 （成都高新区地方志办公室 供稿）

第二产业及企业

SECONDARY INDUSTRY AND RELATED ENTERPRISES

食品和饮料制造

【概　况】 2006年，成都高新区规模以上的食品和饮料制造企业13家，其中食品制造企业10家，主营业务收入5.7亿元，利润总额3800万元；饮料企业3家，主营业务收入1.1亿元。

【成都新成食品工业有限公司】 成都新成食品工业有限公司于1995年9月成立，是新加坡康元集团在成都的中外合资企业，注册资金500万美元，投资总额1000万美元。公司驻成都高新区新加坡工业园区，占地面积3.533公顷，厂房面积14844平方米，年产各类康元饼干500万千克。2006年，公司产值2802万元，销售收入3107万元，上缴税金172.3万元。公司通过国际SGS公司HACCP认证，被国家民委选定为全国民族用品定点生产企业100家企业之一。

【成都嘉隆利食品有限公司】 成都嘉隆利食品有限公司建于1998年，在新加坡登记注册，在中国投资1亿元。是研究、开发、生产、与销售糖果、巧克力等食品的外资企业。公司位于成都高新区站华路22号，占地面积4万多平方米。公司拥有现代化的厂房和先进的糖果巧克力生产工艺与引进国外的糖果生产加工设备。2006年，产值7605万元，年利税353万元。公司通过ISO 9001：2000质量管理体系认证。

【四川禾嘉股份有限公司】 四川禾嘉股份有限公司（英文名称：SICHUAN HEJIA CO.,LTD.）位于成都高新区九兴大道3号，注册资金2.869亿元。禾嘉股份已在上海证券交易所挂牌上市（股票简称：禾嘉股份，股票代码：600093）10年。公司主营高科技农业开发、农副产品和食品加工以及机械的研究和制造等。公司控股子公司和分公司有四川禾嘉种业有限公司、四川盐源禾嘉绿色食品有限公司、盐源农业综合开发分公司、内江分公司、中汽成都配件有限公司、四川禾嘉君涛数码科技有限公司、成都西南博美装饰城管理有限责任公司等企业。2006年，公司总资产9.044亿元，主营业务年销售收入3.485亿元。

图54：四川禾嘉股份有限公司外景

（成都高新区经贸发展局　供稿）

【成都旺旺食品有限公司】 成都旺旺食品有限公司源于台湾宜兰食品工业股份有限公司，1990年以“旺旺”为名投资大陆市场。至2006年，旺旺公司在中国大陆开办工厂110多家，生产线200余条，经销合作伙伴超万家。旺旺公司除经营食品行业外，还涉足医疗服务、餐饮连锁、农业、酒店、房地产等领域。

图55：成都旺旺食品有限公司厂房一览

（成都高新区经贸发展局　供稿）

【四川华西乳业有限公司】 四川华西乳业有限责任公司是一家具有40年历史的专业从事乳业与乳制品加工、销售的现代化企业。公司资产总额1.67亿元。公司地址在成都高新区石羊街道仁和村。公司有美国“新鲜屋”保鲜产品生产线，德国“康美包”无菌产品生产线，芬兰“伊莱克斯德”无菌产品生产线，瑞典“利乐枕”无菌产品生产线和鲜奶、酸奶生产线，能生产保鲜奶、无菌奶、酸奶、饮料四大产品系列30余个品种的奶制品。至2006年，公司生产的华西牌系列乳制品获质检合格好产品、成都市民心目中的十大品牌等，被国家认定为绿色食品。公司通过ISO 9001：2000质量管理体系认证，被国家批准认定为中国学生饮用奶定点生产企业，被四川省委、省人民政府和成都市人民政府确认为农业产业化经营重点龙头企业。

【成都市棒棒娃实业有限公司】 成都市棒棒娃实业有限公司成立于2000年，驻成都高新区西部园区，注册资金164.7万美元，占地面积56695平方米，厂库房及辅助用房近20000平方米。2006年，公司职工1000人，其中专业技术人员67人，大中专以上学历者110人。公司专业从事休闲牛肉制品深加工，产品有龙须牛肉、手撕牛肉、牛肉粒、灯影牛肉、卤汁牛肉、麻辣牛肉、牛肉条七大系列共60多种规格。公司通过ISO9001：2000质量管理体系认证，国家QS质量与安全认证。公司牛肉原料基地除成都周边地区外，还建有川西阿坝红原牦牛肉基地、川东秦巴山区达州黄牛肉基地、川南丘陵地区富顺水牛肉基地。公司签约养殖户1500户，基地存栏总量10万头。公司销售网络遍布国内各大中城市，2006年销售额1.8亿元。“棒棒娃”品牌被评为四川省著名商标。公司为四川省农业产业化重点龙头企业。

【金威啤酒(成都)有限公司】 金威啤酒(成都)有限公司位于成都高新区科技产业园，项目投资总额1亿美元，总体规划年产40万千升。首期投资额5000万美元，规划年产20万千升，2007年4月投产。

(本分目供稿单位：经贸发展局)

规模以上食品和饮料制造企业名录

表27

企　业　名　称	主营业务
成都新成食品工业有限公司	康元系列饼干
成都旺旺食品有限公司	生产旺旺雪饼
四川华西乳业有限责任公司	生产、销售、加工乳制品
成都海浪实业有限公司	双叉奶
四川奶奇乐乳业有限公司	鲜奶
四川东亿食品有限公司	食用菌罐头
成都普众生物科技有限责任公司	生产羊胎素
成都美登高食品有限公司	生产销售冷冻食品
成都永佳乐食品有限责任公司	生产冰淇淋
成都福喜食品有限公司	食品生产
四川蓝光科技股份有限公司	桶装水
四川康宝高氧水科技有限公司	高氧生命水
华润食品饮料(成都)有限公司	怡宝纯净水、矿泉水

(经发局统计处)

纸制品和印刷

【概　况】 2006年，成都高新区规模以上纸制品企业有成都锦台包装印务有限公司、成都和方成包装实业有限公司、成都岸宝纸制品有限公司、恒安(四川)家庭用品有限公司、四川威之国际新材料有限公司共5家，主营业务收入1.9亿元，利润总额2500万元。规模以上印刷企业有四川智元印务有限公司、成都九兴印刷包装有限公司、成都新财印务有限公司、成都万安彩印有限公司、四川蓝剑协力印务有限公司、成都隆迪印务有限公司6家。

【成都岸宝纸制品有限公司】 成都岸宝纸制品有限公司是一家生产、销售环保餐饮器具为主体的纸制品生产和销售企业。公司于2000年8月在成都高新区征地3公顷，2001年6月破土动工，2002年2月建成投产，拥有生产厂房、办公楼和仓库共计建筑面积10000余平方米。公司是西南地区环保产业——纸制品行业的生产制造供应商，是成都市环保产业协会常务理事单位，是西南地区获得卫生防疫双达标的企业，银行信誉AAA级。公司拥有各类纸制品生产制造设备50台，其中进口德国设备10台、国产设备40台，主要生产纸板桶碗、纸杯、纸餐盒、冰淇淋杯、纸盘等。各类纸制品年生产能力4.5亿只，年产值2亿元。2006年岸宝纸品公司为成都高新区规模以上企业和纳税大户。

【恒安(四川)卫生用品有限公司】 恒安(四川)卫生用品有限公司是恒安集团骨干企业，公司主要生产和销售妇幼卫生用品。公司位于成都高新区新加坡工业园，总占地4.66公顷，注册资金380万美元，是集生产与销售为一体的外商独资企业。公司拥有全自动生产线6条，生产40多个品种，销售100多个品种，主要有安尔乐、安乐、七度空间卫生巾系列，安儿乐、安尔康纸尿裤系列，美媛春化妆品系列，心相印纸品系列等。2006年，安尔乐品牌的卫生巾、护垫，获中国名牌产品、全国妇联推荐用品、妇联第四次世界妇女大会唯一指定专用产品等荣誉称号。公司通过ISO 9001：2000质量管理体系认证和ISO 14000：2004环境管理体系认证。

【成都九兴印刷包装有限公司】 成都九兴印刷包装有限公司成立于1993年10月，注册资本为210万美元，由四川全兴集团有限公司、(香港)晖智投资有限公司和都江堰江河置业有限公司共同投资经营，业务范围涉及医药、烟草、食品、饮料的包装产品以及期刊、画册、宣传资料等精美印刷品。公司以进口设备为主，组成多条自动化生产线和手工精品包装生产线，生产能力可实现年产值3.5亿元。产品按中华人民共和国新闻出版署行业标准CY/T5-1999、CY/T6-1991、国家标准GB/T7705-1987等标准生产。2006年，公司获得成都高新区优秀三资企业、四川印刷业及记录媒介的复制业工业最大市场占有份额10强、四川工业企业综合实力500强、中国200强先进包装企业等称号。公司先后在都江堰市、西安市、贵阳市建立子公司,在重庆市、乌鲁木齐市设立办事处。九兴公司驻四川成都高新区九兴大道7号。(本分目供稿单位:经贸发展局)

规模以上纸制品和印刷企业名录

表28

企 业 名 称	主营业务
成都锦台包装印务有限公司	瓦楞纸箱
成都和方成包装实业有限公司	各类纸包装
成都岸宝纸制品有限公司	纸桶
恒安(四川)家庭用品有限公司	生产、销售卫生用品
四川威之国际新材料有限公司	保鲜包装盒
四川智元印务有限公司	高频印务
成都九兴印刷包装有限公司	印刷包装制品
成都新财印务有限公司	纸品印刷
成都万安彩印有限公司	包装装潢设计印刷
四川蓝剑协力印务有限公司	印刷产品
成都隆迪印务有限公司	印刷包装

(经发局统计处)

化学原料及化学制品制造

【概 况】 成都高新区化学原料及化学制品制造企业生产品种较多,主要有油漆、涂料、隔热材料、化学试剂、吸附剂等,广泛用于化工、石油、冶金、环保等领域。2006年规模以上化学原料及化学制品制造企业22家,主营业务收入10.4亿元,利润总额7500万元。

【成都硅宝科技实业有限责任公司】 成都硅宝科技实业有限责任公司成立于1998年,驻成都高新区花荫工业园,是集研发、生产硅酮类专用密封胶和密封胶专用设备的企业,注册资金50万元,2005年增加到2000万元。2006年产量189.7万千克,销售收入5030万元,利润及税收908万元,获2项发明专利、4项实用新型专利、3项获荣誉证书、7项产品证书,为成都高新区纳税大户。

【四川天一科技股份有限公司】 四川天一科技股份有限公司于1999年8月登记注册,是以西南化工研究设计院(原化工部西南化工研究设计院)为主要发起单位,联合浙江芳华日化集团公司、中化化工科学技术研究总院(原化学工业部科学技术研究总院)、化学工业部晨光化工研究院(成都)、中橡集团炭黑工业研究设计院(原化工部炭黑工业研究设计院)、共同设立的股份制有限公司。公司股票于2000年12月经中国证监会核准,在上海证券交易所发行上市。2005年12月注册资金1.956亿元。公司经营范围为催化剂、变压吸附气体分离技术及装置、特种气体、有机化工产品、特种阀门、吸附剂等的研制、生产和销售,化工产品开发设计与技术咨询,经营公司自主产品及技术的出口业务,还经营公司生产所需的原辅材料、仪器仪表、机械设备、零配件及技术的进出口业务(国家限定公司经营和国家禁止进出口商品及技术除外)。公司有员工780人,年总产值为3.272亿元。公司主要业务有变压吸附气体分离工程、特种阀门、气体工业、催化剂、有机产品及工程开发设计等。获奖项目有变压吸附技术和装置在布鲁塞尔44届尤里卡世界博览会上,获得布鲁塞尔总统特别奖和特别金奖、国家"八五"科技攻关重大科技成果奖和四川省科技进步奖一等奖。

【成都思摩纳米技术有限公司】 成都思摩纳米技术有限公司组建于2002年,总投资3000多万元,总占地面积8500平方米。公司于2002年获得国家高新企业认证,2006年7月通过ISO 9001:2000质量管理体系认证,同年10月通过QC080000认证。公司主导产品为VIP气凝胶、吸气剂、VIP纳米芯材、纳米绝热复合材料、纳米电子信息、新能源、环保材料及特殊应用技术材料和冬虫夏草胶囊、纳米洗手液、殷洁纳米护理洗液、纳米蜂胶漱口水等产品。2006年,销售收入1400万元,纳税150万元。公司为成都高新区高新技术企业、规模以上企业和纳税大户。(本分目供稿单位:经贸发展局)

图56:成都思摩纳米技术有限公司厂房一角

(成都高新区经贸发展局 供稿)

表29 规模以上化学原料及化学制品制造企业名录

企业名称	主营业务
成都得道实业有限公司	化工产品
成都一心农用化学品有限公司	利宝多
成都科恩精细化工有限公司	有机化学原料
成都硅宝科技实业有限责任公司	石村胶
四川亚联瑞兴化工新型材料有限责任公司	化学原料制造
成都祥和磷化有限公司	磷化液
四川省兰月农化科技开发有限责任公司	植物生长调节剂
成都绿金生物科技有限责任公司	乳油
成都彩星科技实业有限公司	油漆
成都枫桦化工实业有限公司	油漆
成都天合宏业科技发展有限公司	化工产品
成都思摩纳米新材料技术有限公司	纳米氧化物
成都健坤聚合物有限公司	改性塑料
成都兴达塑料实业有限公司	聚乙烯膜
四川天一科技股份有限公司	化学试剂和助剂
成都千红生化有限公司	肝素纳
成都德美精英化工有限公司	印花助剂
成都建福化学品有限公司	化学药品
四川远见实业有限公司	胶水
成都樵枫科技发展有限公司	文拉法新原料

（经发局统计处）

橡胶和塑料制品

【概　况】 2006年，成都高新区规模以上化学纤维和橡胶塑料制品企业5家，其中橡胶制品企业1家，塑料制品企业4家，无化学纤维制品企业。其中塑料制品企业主要生产塑料新型包装薄膜、高密度聚乙烯管材、注塑模具及模具零件等。2006年规模以上塑料制品企业4家，主营业务收入3.1亿元，利润总额890万元。

【成都东盛包装材料有限公司】 成都东盛包装材料有限公司于2001年3月成立，是佛山塑料集团股份有限公司（上市公司股票代码：000973）和香港冠山发展有限公司共同投资兴建的合资企业。公司驻成都高新区西部园区，占地6.66公顷。首期投资2650万美元。公司建设项目按两条生产线设计，首期引进安装一条8米宽高技术多功能双向伸展生产线（年产2万吨聚丙烯薄膜生产能力）。公司2003年投产，主要生产BOPP光膜，BOPP双向拉伸薄膜。2004年、2005年、2006年，相继研发成功BOPP合成纸，BOPP薄膜消光膜，珠光膜。2005年12月，公司通过高新技术企业认定，四川省科学技术厅颁发高新技术企业认定证书。2006年，公司总产值1.84亿元，年销售额1.73亿元，上缴税金114万元，公司为成都高新区高新技术企业、规模以上企业和纳税大户。

【成都彩虹塑胶有限公司】 成都彩虹塑胶有限公司成立于2003年5月，是彩虹集团投资控股的子公司，注册资金160万元。公司驻成都高新区新园南一路3号。公司拥有50T～560T注塑机15台、吹塑机6台、吹瓶机2台，主要生产与销售塑料制品、农用喷雾器，对外承接塑料加工、塑料模具制作等。公司新创强生牌商标喷雾器由四川省工商行政管理局授予四川省著名商标称号，四川省人民政府授予强生牌喷雾器四川名牌产品称号。2006年，公司主营业务收入1200万元。

（本分目供稿单位：经贸发展局）

表30 规模以上橡胶和塑料制品企业名录

企业名称	主营业务
成都东盛包装材料有限公司	塑料新型包装薄膜及其深加工
赫比(成都)精密塑料胶制品有限公司	注塑模具
赫比（成都）模架制造有限公司	模具
四川新汇管业有限公司	高密度聚乙烯管材
成都彩虹塑胶有限公司	强生牌喷雾器

（经发局统计处）

金属制品

【概　况】 2006年，成都高新区规模以上金属制品企业10个，主营业务收入4.8亿元，利润总额4300万元。

（经发局统计处）

【成都大中华焊接材料有限公司】 成都大中华焊接材料有限公司成立于1993年12月，法定地址为成都高新区永丰路20号附1号，注册资本为1000万元。公司生产大中华牌结构钢、不锈钢、铸铁、堆焊、耐热钢等五大类电焊条，10个品种、100个规格的电焊条产品，被评为省优产品。2006年产品产销量504.8万千克，产值1994万元，销售收入1645万元，税收45万元。

（经贸发展局）

【成都恒通铝业有限责任公司】 成都恒通铝业有限责任公司前身为国营成都铝材厂，于1999年2月整体改制而建立。2001年，公司以土地置换的方式实施整体技改，迁入成都高新区西部园区。2006年，公司通过ISO9000：2001质量管理体系认证，拥有熔铸等水平浇铸机和大规格立式淬火炉等设备，可生产大规格复杂断面、高合金、高强度的各种铝合金管、棒等工业材和民用材，产品达数十种合金，规格7000余个，年产能力为铝材1500万千克，门窗幕墙制作安装10余万平方米。公司占地6.66公顷，职工350人，其中工程技术人员70余人。公司锦江牌铝材被四川省人民政府授予四川名牌称号，公司被四川省质量技术监督局评为AA级企业。

（经贸发展局）

规模以上金属制品企业名录

表31

企业名称	主营业务
成都西南油井管开发有限公司	有色金属加工
成都恒通铝业有限责任公司	生产铝材
布鲁克(成都)工程有限公司	柔性防护网
成都恒通太安建材有限责任公司	铝材制品
成都宁江科技发展有限责任公司	金属切割
成都新大洋焊接材料有限责任公司	CO_2气体保护焊丝
成都恒成工具制造有限公司	木工刀具
成都市成都高新区大元建筑材料公司	建筑材料生产
成都大中华焊接材料有限公司	焊接材料生产
成都凯撒铝业有限公司	其他铝制品

（经发局统计处）

通用设备制造

【概　况】 2006年，成都高新区规模以上通用设备制造企业10个，主营业务收入4.4亿元，利润总额2700万元。

（经发局统计处）

【成都市南郊锅炉附件厂】 成都市南郊锅炉附件厂是生产锅炉配件辅机的专业厂家，承接工业锅炉、工业炉窑烟尘、粉尘、噪声治理和锅炉、炉墙维修等业务。工厂生产XZZ、XZD/G、XS型系列单筒旋风除尘器、XGG型系列钭多管旋风除尘器、NDS系列浮动床水处理器、CZ系列锅炉螺旋除渣机、FSG系列锅炉转臂式（立柱式、倾斜式）上煤机、N型各种规格钠离子交换器、压力式盐溶解器、各种规格钢制烟囱、烟道、软水箱等。厂址在成都高新区石羊工业区。

（经贸发展局）

【成都平和粉末冶金有限公司】 成都平和粉末冶金有限公司由香港溢辉科技有限公司、成都万博置业有限公司、国营成都电机厂、香港平和精机有限公司（日本）共同出资组建的中外合资企业。公司投资总额5.53亿日元，其中注册资本5.2亿日元，注册资本中中方投资占49.5%，外方投资占50.5%。公司生产通讯设备、计算机及IT设备、家用电器、仪器仪表及各种微电机中装配用的铜基、铁铜基、铁基三大系列高精度、低噪音微型含油轴承及粉末冶金件。公司年产含油轴承4.5亿只以上，主要用于BP机手机震动马达。公司地址在成都高新区高新大道创业路12号。2006年，公司为成都高新区规模以上企业和纳税大户。

（经贸发展局）

【四川希望深蓝空调制造有限公司】 四川希望深蓝空调制造有限公司是希望集团1997年组建的高新技术企业，从事节能环保和暖通、制冷领域的相关产品的研发、生产和销售服务，注册资本1000万元，占地11.33公顷，厂房建筑面积15000平方米，员工300人，大专以上学历者100人，其中高、中级科技人员80人。公司拥有城市中央空调联供系统、吸收式空调机组蒸发吸收装置、地源热泵空调装置、水源热泵空调机等26项发明和实用新型专利技术。公司通过中国质量认证中心CCC认证，通过ISO 9001：2000质量管理体系和ISO 14001：2004环境管理体系认证，被国家科技部认定为高新技术企业。2006年，公司固定资产5899万元，主营业务收入2.31亿元，利润1404万元，公司为成都高新区规模以上企业和纳税大户。

（林雪峰）

图57：四川希望深蓝空调制造有限公司研制的希望深蓝蒸汽型溴机　（成都高新区经贸发展局　供稿）

【四川华盛强制冷设备有限责任公司】 四川华盛强

制冷设备有限责任公司是集科工贸于一体的中外合资企业，1998年11月成立，注册资金1085万美元。公司驻成都高新区西部园区新航路2号，占地98.995公顷，是中国西南地区大、中型客车和轿车空调及相关移动制冷空调生产厂家。公司业务包括移动制冷系统开发、生产、销售、服务等，产品五大系列30余个品种，主营客车空调及轿车空调业务。2006年，公司为成都高新区规模以上企业和纳税大户。（经贸发展局）

【四川华神钢构有限责任公司】 四川华神钢构有限责任公司隶属于成都华神集团股份有限公司，专业从事钢结构建筑的设计、制作、安装和服务，是中国建筑金属结构协会成员，具有钢结构施工专业承包一级资质、房屋建筑工程施工总承包二级资质、钢结构专项工程设计乙级资质。公司拥有上万平方米的生产厂房和专业化的制造设备。华神钢构公司所承建的各项工程，均受到社会各界的好评。2001年中标承建的西南地区最大的钢构工程——重庆长安福特工程，合同金额达3258万元，创造了钢构之最，标志着华神钢构公司的经营管理水平和整合社会资源的能力已经迈上了新台阶，确立了华神钢构公司在西南同行中的龙头地位。2006年，公司为成都高新区规模以上企业和纳税大户。（经贸发展局）

规模以上通用设备制造企业名录

表32

企业名称	主营业务
成都市南郊锅炉附件厂	锅炉辅助设备制造
成都托普数控有限责任公司	金属成型机床制造
成都威斯特电梯有限公司	客梯
成都畅越工程有限公司	双梁桥式起重机
成都圣玛特科技有限责任公司	智能化电动阀门执行器
成都平和粉末冶金有限公司	生产含油轴承
四川希望深蓝空调制造有限公司	镍化锂空调
四川华盛强制冷设备有限责任公司	制冷空调设备制造
四川华神钢构有限责任公司	生产钢结构产品
弥荣(成都)实业有限公司	汽车制动设备

（经发局统计处）

专用设备制造

【概　况】 成都高新区专用设备制造企业较多，涉及医疗、电子信息、精密机械、石油化工等多个行业所需的专用设备，企业产品科技含量高。2006年规模以上专用设备制造企业22个，主营业务收入8.9亿元，利润总额6800万元。

【成都奥格光学玻璃有限公司】 成都奥格光学玻璃有限公司（简称奥格公司）是成都光明器材厂、香港隆联国际有限公司、中国北方工业广州公司共同组建的合资公司，于2000年4月18日在成都高新区登记注册，注册资本1715.7万元。2001年4月，日本富士写真光机株式会社、成都深冶鑫和贸易有限公司加盟，公司注册资本增加到4500万元。2003年12月，公司注册资本扩大为6000万元，成都光明光电股份有限公司占51%，日本富士能株式会社25%，广州北方科技股份有限公司20%，成都新特材料贸易有限公司4%，成为中外合资公司。至2006年，奥格公司有4台全铂金单坩埚熔炼炉、4条全铂金池炉连熔生产线、1条自动配料生产线、4台精密退火炉、6台迅速退火炉，产品质量达到日本HOYA公司E92208-1A005D《光学玻璃》和美国军用标准MIL-G-174B同类产品标准，产品广泛被富士能、佳能、索尼、尼康等世界知名公司所使用。公司镧系光学玻璃及环保玻璃采用二步法生产工艺，熔炼合格率在90%以上，公司已通过ISO 9000：2000质量管理体系和ISO 14001：2004职业健康安全管理体系认证。公司员工69人，其中工程技术人员和管理人员10人，高级工程师、高级技师各1人，工程师、经济师、会计师7人，工人技师4人。奥格公司为成都高新区高新技术企业和纳税大户。

【四川川石·克锐达金刚石钻头有限公司】 四川川石·克锐达金刚石钻头有限公司（简称川石公司，原川石·克里斯坦森公司，）系中外合资企业，创建于1986年。公司生产各种规格型号的金刚石全面钻进钻头及取芯钻头，向国内油田和世界许多国家及地区提供PDC、巴拉斯、天然金刚石系列、AR系列、金系列、星系列等六大系列各种规格型号的金刚石钻头。2006年，公司产品符合API标准并通过API规范7认证，ISO 9001：2000质量管理体系认证。

【成都百施特金刚石钻头有限公司】 成都百施特金刚石钻头有限公司是从事各类金刚石钻头设计、生产、销售和技术服务的专业公司。公司生产的产品包括PDC钻头、巴拉斯钻头、天然金刚石钻头及孕镶钻头等各类金刚石钻头。拥有健全的新产品开发、科研体系和质量体系，被成都高新区评为“高新技术企业”。至2006年，公司通过ISO 9001：2000、API Q1质量体系认证，公司与国内科研机构、大专院校进行广泛的技术协作。

【成都能特科技发展有限公司】 成都能特科技发展有限公司成立于2002年9月，是集技术研发、产品生产、配套服务于一体的科技型企业（中石油股份有限公司全资控股公司），致力于气体净化处理及油气田化学新技术、新产品的开发、应用、服务。公司具有气体净化处理技术、油气田化学技术、分析测试技术三大专业技术研发与支持体系。公司已通过ISO 9002质量体系认证，拥有专业生产装置8套，辅助设施7套，各类配套分析仪器137套，年产三大系列产品上千吨，销往国内和东亚、西亚、非洲等国家和地区。2006年，公司为成都高新区规模以上企业和纳税大户。（本分目供稿单位：经贸发展局）

规模以上专用设备制造企业名录

表33

企业名称	主营业务
成都市华民机械厂	建筑工程机械
成都中科精密模具有限公司	塑封模具
宝利根(成都)精密模塑有限公司	精密模具
四川成飞集成科技股份有限公司	汽车模具
成都西部软件园股份有限公司	电子工业专用设备制造
成都维信电子科大新技术有限公司	电容场热疗系统
成都迪康医用数字设备有限公司	脑神经促通仪（二类医疗设备仪器）
四川阿可贝尔科技有限公司	生产医疗器械
四川南格尔生物医学股份有限公司	一次性使用单采血浆器
成都拓能新技术有限责任公司	WINRT 系统
四川东方能源科技股份有限公司	工业治污设备制造
四川正升环保科技有限公司	生产噪声治理设备及工程
成都华太集团股份有限公司	交通管制设备制造
四川立应科技股份有限公司	高雪慧振动消除应力专家系统
四川中光高技术产业发展有限责任公司	优针
成都市成都高新区景明有限公司	园艺专用线制造
四川东华机械集团有限公司	森林工业专用设备制造
爱发科东方真空(成都)有限公司	真空捡漏设备仪表仪器
四川创意科技有限公司	高新技术开发
成都能特科技发展有限公司	其他专用设备制造
成都赛来控制工程有限公司	其他专用设备制造
成都莱普科技有限公司	灯泵激光标刻机

（经发局统计处）

交通运输设备制造

【概　况】 成都高新区1990年成立后，区域内培育出四川成发航空科技股份有限公司、四川海特高新技术股份有限公司等多家知名企业。2006年，区内规模以上交通运输设备制造企业22家，主营业务收入19.6亿元，利润总2.0亿元。

【四川成发航空科技股份有限公司】 四川成发航空科技股份有限公司由成都发动机(集团)有限公司、沈阳黎明航空发动机(集团)有限责任公司、北京航空航天大学、中国燃气涡轮机研究院、成都航空职业技术学院于1999年12月28日共同发起设立的股份有限公司。2001年11月29日首次向社会发行人民币普通股5,000万股，发行后公司注册资本增至1.4亿元。公司证券于2001年12月12日在上海证券交易所上市。公司以生产经营航空发动机和燃气涡轮机的主要零部件为主业，主要产品有叶片、机匣、环形件、燃烧部件等，产品性能和质量达到国际当今同类产品的水平，主要客户包括美国通用电气公司、美国普拉特·惠特尼公司、英国罗尔斯·罗伊斯公司等国际著名企业。公司通过GJB9001A-2001、GB/T19001-2000的质量管理体系的认证，通过法国BVQI国际认证机构对公司航空发动机及燃气轮机零部件制造的AS9100的认证，获得AS9100质量管理体系的认证证书。2002～2003年，美国GE公司(动力)连续两年授予公司为中国“最佳供应商”。2005年8月，公司热处理、无损检测等七个项目的特种工艺全部通过NADCAP（国际航空航天工业体系）审核，标志着公司特种工艺达到世界航空业先进水平。2001～2006年，成都市委、市政府连续6年授予年度重点优势企业和重点出口型工业企业。同期为成都高新区优秀高新技术企业、出口创汇重点企业和纳税大户。

【四川海特高新技术股份有限公司】 四川海特高新技术股份有限公司驻成都高新区高朋大道21号，主要从事航空机载设备的检测、维护、修理及支线飞机、直升机及公务机中、小型发动机的维修，航空技术及软件开发，航空机载设备及航空测试设备的研制和销售业务，是四川省的高新技术企业，四川省34户重点民营企业之一，是中国现代飞机机载设备维修规模最大、用户覆盖面最广、维修设备数量最大、维修项目最多的航空维修企业之一。公司已取得8247个机载设备项目的CAAC适航维修许可，并获得中国民航总局、香港民航处、澳门民航局联合维修管理(JMM)认证，取得中国民用航空总局颁发的编号为PMA0038的《零部件制造人批准书》，公司通过美国联邦航空局(FAA)认证，并获得航空机械附件、仪表、无线电电子FAA 项目1060项维修许可，通过ISO9001 ：2000及GJB9001A-2001的质量管理体系认证。公司形成以成都维修基地为核心，在上海、武汉、太原、长沙等地分设合资公司和工作基站的维修服务网络。公司商务客户已涵盖包括中国国际航空公司、中国南方航空股份有限公司、中国东方航空股份有限公司等国家骨干航空公司、所有地方航空公司、中航集团、中国天利集团及东南亚、独联体等国家和地区的航空企业、飞行院校、培训中心(公司)近100家，产品品种涉及波音系列和空客系列重要机型及国内各类支线飞机、通用飞机、直升机、公务机等近40余个机型的航空机载设备、中小型发动机的维修和服务。公司先后与新加坡盈申集团、俄罗斯航空技术集团股份有限公司成立有合资公司。 (本分目供稿单位：经贸发展局)

规模以上交通运输设备制造企业名录

表34

企业名称	主营业务
成都齐力自动化系统有限责任公司	铁路专用设备制造
四川省客车厂联合维修中心	改装客、货车
四川省客车厂石羊二分厂	生产销售客车
成都银利汽车零部件有限公司	制造、销售汽车轮毂
康达成都电子有限公司	生产汽车传感器
成都天元模具技术有限责任公司	汽车模具
四川和平重型汽车车架有限公司	汽车零部件
四川安好精工机械有限责任公司	汽车零部件
四川港藤汽车服务有限公司	汽车维修
安利捷(成都)汽车技术有限公司	汽车维修
成都三和汽车技术有限公司	汽车维修
成都仁孚汽车服务有限公司	汽车维修
四川港宏风神汽车技术服务有限公司	汽车维修
四川中达成宝有限公司	汽车维修
四川中达凌志汽车有限公司	汽车维修
成都建国车政汽车技术有限公司	汽车销售与维修
四川海特高新技术股份有限公司	飞机维修
四川奥特附件维修有限责任公司	飞机附件维修
四川成发航空科技股份有限公司	航空零部件
成都思泰航空科技有限责任公司	航空维修
四川高龙机械有限公司	航空发动机燃油喷嘴
四川通安实业有限公司	号牌

(经发局统计处)

通讯设备及其他电子设备制造

【概　况】 2006年，通讯设备及其他电子设备制造企业主要有TCL王牌电器(成都)有限公司、中国网络通讯技术有限公司、成都新亚通讯技术有限公司、中国联通有限公司成都分公司、成都百昌电子有限公司等。这些企业从事彩色电视机、数字电视机顶盒、计算机显示器、数字电视仪器的开发研究，主要经营通讯终端设备、卫星通讯系统设备及部件、微波宽带分配系统设备、有线电视系统设备等产品的开发、生产及销售。 (经贸发展局)

【TCL王牌电器(成都)有限公司】 TCL王牌电器(成都)有限公司成立于2004年9月22日，于2005年10月正式投产。公司总部驻成都高新区西部园区TCL(成都)数码工业园。TCL王牌电器(成都)有限公司是TCL集团全资兴建的现代化制造企业，主要从事开发研究和生产彩色电视机(含模拟、数字及背投影彩色电视机)、数字电视机顶盒、计算机显示器、数字电视仪器及相关配套的注塑零部件、各类塑胶件及高端光油产品的制作加工。公司(前期)总建筑面积7.52万平方米，总投资1.5亿元人民币，注册资本9500万港币。生产车间建有彩电生产线2条、DVB生产线1条，拥有全球最先进的高速自插设备8台、购置机壳喷涂生产线2条、高精密注塑机4台(套)。公司于2006年8月通过ISO 9001 ：2000 质量管理体系认证，同年12月通过3C认证。公司被评为2006年成都高新区10强企业、成都市先进技术型企业。全年生产彩电49万台，主营业务收入5亿元，利润8313万元，交纳各类税费共计1764万元。 (经贸发展局)

【中国网络通信集团公司四川省分公司】 中国网络通信集团公司四川省分公司(简称中网川省分公司)是在整合原四川通信股份有限公司、中国网络通信有限公司四川分公司和吉通四川分公司基础上，于2004年7月组建。中网川省分公司共设置21个下属分公司和12个职能部门，从业人员1050人。公司干线光缆覆盖四川省21个市

(州)及70个县,一级干线光缆通达周边各省,建成四川省到各市的干线传输网及百分之五十的县以上城市的综合城域网,PSTN、IP、SCDMA、NGN、ATM等业务网覆盖四川省百分之五十的县以上城市。公司主要经营国内、国际固定电话网络与设施(含本地无线环路)业务,基于固定电信网络的话音、数据、图像及多媒体通信与信息服务业务,按国家规定进行国际通信对外结算业务。2006年,公司业务收入8.31亿元,上缴税金2136万元,被评为成都高新区纳税大户和优秀服务型企业。 (经贸发展局)

【成都新亚通讯技术有限公司】 成都新亚通讯技术有限公司创建于1993年,主要经营通信终端设备及维修服务。新亚通讯是摩托罗拉(中国)电子有限公司在中国国内授权的第一批移动通讯设备(手机、寻呼机)代理商。公司有摩托罗拉最大的手机主板维修工厂和全质量服务中心,西南、西北地区产品分销渠道稳定,与国内600多家零售商和100余家移动通信公司建立有合作关系。2006年,公司业务收入5.6386亿元,利润608万元,税费总额879万元,被授予成都高新区纳税大户称号。 (经贸发展局)

【中国联通有限公司成都分公司】 中国联通有限公司成都分公司于2001年4月3日注册成立。公司为成都地区用户提供GSM 、CDMA移动通信、本地固定电话、长途固定电话、数据通信、互联网、数据增值业务、无线寻呼等综合电信业务,负责联通成都地区电信业务的经营管理和发展建设,为用户提供差异化、个性化、亲情化的通信产品和服务。公司连年被中共成都高新区工委、成都高新区管委会评为优秀服务型企业、纳税大户。公司的科华北路营业厅也荣获全国“十佳营业厅”、“优秀集体”、“青年文明号”等多项殊荣。2006年,成都地区CDMA网络有效面积覆盖率90%,乡镇覆盖率达到97%,高速公路覆盖率达到99%,国道覆盖率达到99%,铁路覆盖率达到99%,人口覆盖率达到99.5%。公司GSM网络在成都地区各大小城市、乡镇、重要交通路线和绝大多数旅游度假景区的网络覆盖率均超过95%。公司“天府农业信息网”平台,在14郊县设立农业信息站124个,为乡镇用户提供“最后50米的通信服务”。公司及下属14个县级分公司有员工1148人,平均年龄30岁,专科以上学历员工占到全员的87%。 (李 姝)

电力生产和供应

【概 况】 2006年,成都高新区无工业电力生产企业,成都三瓦窑热电有限公司已于2005年3月31正式关闭,涉及电力的生产和供应企业有国电大渡河流域水电开发有限公司(总部)和成都电业局高新供电局。国电大渡河流域水电开发有限公司的电力生产在大渡河流域,2006年发电量57.4亿千瓦时,实现上网电量56.64亿千瓦时,实现售电收入9.91亿元,利润总额4.44亿元。成都电业局高新供电局主要担负成都高新区和成都市武侯区155.5平方公里范围内的供电任务,2006年售电19.53亿千瓦时,售电收入11.52亿元,利税10.66亿元。 (经贸发展局)

【国电大渡河流域水电开发有限公司】 中国国电集团公司大渡河流域水电开发有限公司(以下简称“国电大渡河公司”)于2000年11月16日成立,注册资本为15.8亿元。国电大渡河公司设总经理工作部、计划发展部、人力资源部、财务产权部、工程建设部、生产运营部、机电物资部、安全监察部、审计法制部、党群工作部10个职能部门,下辖龚嘴水力发电总厂(含龚嘴、铜街子两站,装机132万千瓦)、流域检修安装分公司、瀑布沟水电站建设分公司、深溪沟水电站建设管理局、大岗山水电开发有限公司以及双江口、猴子岩、金川、巴底水电站筹备处等单位。2006年,公司职工总数1514人,其中管理、专业技术岗位387人,生产岗位606人,服务性岗位24人,其他岗位497人。公司职工中具有各类专业技术职称的781人,其中高级115人,中级253人。国电大渡河公司连续4年被评为成都市模范纳税大户,连续3年被评为四川省工业企业最大规模100强和四川省最佳经济效益10强企业。 (刘 飞 孙剑炜 王 震)

【成都电业局高新供电局】 成都电业局高新供电局成立于1996年12月25日,驻成都高新区芳草西一街6号,是隶属于四川省电力公司成都电业局的国有企业。公司主要担负成都高新区及成都市武侯区范围内的供电(直供或趸供)任务。局办公生产调度大楼8386平方米,综合楼1670平方米。2006年,固定资产总额2.5亿元,流动资产3720万元,用电客户14.8万户,用电装机容量176.41万千伏安,其中,工业用电占38.91%,居民生活用电占30.42%,商业用电占30.64%。高新供电局设1室3科3中心(即:局办公室、安监科、稽查科、财务科、变电运行维护中心、配网运行维护中心、用电营销服务中心),两个多种经营公司(四川南星电力工程有限责任公司、成都朝晖科技开发有限责任公司),6个农村供电所。有在职职工519人(其中全民职工155人,外聘职工194人,农村

供电所职工170人），退休职工68人。（经贸发展局）

建　筑

【概　况】 成都高新区共有施工、监理、造价咨询和绿化在内的企业131家，其中施工总承包一级企业1家，专业承包一级企业3家，造价咨询甲级企业2家。2006年，成都高新区建筑业规模继续扩大，生产形势保持快速发展的势头，辖区内建筑企业完成建筑总产值60亿元；新开工面积256.7万平方米，竣工面积88万平方米。（赖　维）

【成都倍特建筑安装工程有限公司】 成都倍特建筑安装工程有限公司的前身系成都科力建筑安装工程公司，隶属于成都科力发展总公司，属全民所有制企业，建筑业三级，成立于1992年5月25日，注册资金500万元，办公地点在成都市永丰路干休所内，公司法人代表是张仪（企业经理），员工20人。公司经营建筑、安装工程设计，还经营石油设备、制冷设备、暖通空调设备、机械设备、工业民用建筑施工等。公司以“求实创新、追求卓越”为宗旨，以“遵纪守法、交优质工程、诚实守信、让业主满意”为质量方针。公司下设“1所4室2处”：设计所、三总师办公室、施工管理室、质量和安全室、财务室、安装处、工程处。1993年2月9日，公司经成都倍特发展股份有限（集团）公司同意更名为成都倍特建筑安装工程公司，隶属于成都倍特物业总公司，注册资金1500万元。1999年9月22日公司管理机构进行重大调整，撤销原有的工程部，新设置经营管理科、技术质量科、安全供应科，加上原有的总经理办公室和财务科，形成“4科1室”的管理机构。2001年2月22日，公司改制后更名为“成都倍特建筑安装工程有限公司”，隶属成都倍特建设开发有限公司，注册资金3000万元。同年4月9日，公司注册资金增加到5000万元。2002年9月30日，公司由中华人民共和国建设部批准为房屋建筑工程施工总承包一级资质、机电设备安装工程专业承包二级资质、建筑装修装饰工程专业承包二级资质、钢结构工程专业承包二级资质、地基与基础工程专业承包二级资质、化工石油设备管道安装工程专业承包三级资质、市政公用工程施工总承包二级资质、水利水电工程施工总承包三级资质、公路路面工程专业承包二级资质的建筑企业。2006年，公司总资产为1.685亿元，总收入3.978亿元，完成产值5.074亿元，上缴税费2056万元，利润总额147万元。公司获得ISO9001：2000版的质量管理体系认证书。（朱　丹）

【中国核工业第二四建设公司】 中国核工业第二四建设公司是国家建筑总承包一级施工企业，大型综合性核工程建筑安装施工一级企业。公司成立于1958年7月，现为中核建设集团公司全资子公司，是全国100家最大建筑企业之一。公司下设5个建筑安装分公司和1个核电工程公司、1个工业设备安装公司、1个机械修造厂、3个直属项目经理部、5个区域性分公司和若干个附营产业单位。公司现有职工近6000人，具有高级职称的156人，中级职称的585人。公司经营范围包括房屋建筑工程、电力工程、市政公用工程、公路工程、地基与基础工程、机电设备安装工程、钢结构工程、消防设施安装工程、起重设备安装工程及建筑防水工程等。公司现拥有建造600千瓦以上核电站的全套技术装备和管理、技术、施工力量，拥有承建高层、超高层建筑的核心技术、技术装备和丰富的施工经验，拥有承建大型住宅区、公寓工程的施工技术、技术装备和高素质的职工队伍，拥有建造高速、高等级公路工程和市政工程的全套技术设备，高素质的管理、技术、施工队伍。公司拥有技术工种齐全的安装施工和钢结构施工力量、专用技术设备，拥有1800多台套性能良好的施工机械设备和齐全配套的大型生产工具。2006年，公司职工6000人，其中156人具有高级职称，585人具有中级职称。公司总资产7亿元，固定资产1.8亿元，全年完成产值7.83亿元，上缴税费2290万元，利润总额551.7万元。（朱　丹）

【四川高建园林建设有限公司】 四川高建园林建设有限公司（原成都高建园林工程有限责任公司）是国家二级资质企业，成立于1996年2月，公司是集园林景观设计、施工、苗木生产以及土石方工程、建筑装饰设计、装饰工程施工、爆破与拆除及银杏园休闲茶楼为一体的综合性公司。公司经济实力雄厚，拥有1000万元的各类工程机械设备和13.333公顷的苗木生产基地。公司技术力量强大，拥有各类专业的高、中级设计师、工程师、经济师、造价师以及专家、教授等数十名，有一支经技术培训考核合格、能吃苦耐劳、有敬业精神的技术骨干和熟练工人组成的施工队伍。公司具有严格的科学管理体制，“诚信、务实、创新、开拓”是公司管理的精髓。2006年，公司总资产1364万元，总收入1132万元，完成产值1600万元，上缴税费38.5万元，利润总额7.5万元。（朱　丹）

【成都高新区建管市政工程有限公司】 成都高新区建管市政工程有限公司是于1997年6月成立的有限责任公司，注册资本为2000万元，公司位于成都市二环路南四段9号，拥有占地6667余平方米的生产办公基地。公司有员工50人，公司主项资质等级为市政公用工程施工总承包三级。2006年，公司总产值5005万元，总收入5287万元，完成产值4350万元，上缴税费173万元，利润总额32.8万元，为成都高新区纳税大户。（朱　丹）

【成都新高建设经济技术咨询有限公司】 成都新高建设经济技术咨询有限公司，是经成都市工商行政管理局注册登记成立的有限责任公司，成立于1998年9月，公司地址：永丰路47号丰尚9楼11号，注册资金300万元，资产总值698.41万元。公司经营范围有建设工程造价咨询、建设工程招标代理、建设项目管理、建设项目可行性研究估算、项目经济评价、工程概算预算结算编制与审核、工程招标标底工程量清单编制与审核、投标报价编制、对工程造价进行监控。公司拥有一批既有科学理论知识，又有丰富实践经验的造价咨询业专家型专兼职人才。2006年，公司有在职员工63人，其中管理人员11人，专业人员52人。始终坚持“服务质量第一、信守合同、坦诚合作、相互信赖”的宗旨，完成190个项目的造价咨询服务，造价咨询总造价约56亿元，完成270余项招标代理业务，代理项目总投资53亿元。全年公司总收入628万元，上缴税费36万元，利润总额2.67万元。

（朱　丹）

【成都海宏建筑工程有限公司】 成都海宏建筑工程有限公司(简称海宏建筑)，是由具备法人资格的成都倍特建筑工程有限公司改制而成的民营企业。海宏建筑成立于1997年2月3日，注册资金5000万元。各类管理专业技术人员415人，其中高、中级专业技术人员119人，初级专业技术人员262人，常年施工人员4230人。海宏建筑是经四川省建设厅批准成立的房屋建筑工程施工总承包二级资质，市政公用工程施工总承包二级资质，钢结构工程专业承包三级资质的施工企业。能承担28层及以下、单跨度36米及以下的房屋建筑工程，高度120米及以下的构筑物，建筑面积12万平方米及以下的住宅小区或建筑群体。能承担城市道路工程，断面20平方米及以下隧道工程，公共广场工程，日产10万吨及以下给水厂，日处理5万吨及以下污水处理工程，3立方米/秒及以下给水、污水泵站，15立方米/秒及以下雨水泵站，各类给排水管道工程，各类城市垃圾处理工程。能承担跨度24米及以下、总重量600吨及以下、单体建筑面积6000平方米及以下的钢构工程（包括轻型钢结构工程)和边长24米及以下、总重量120吨及以下、建筑面积1200平方米及以下的网架工程的制作与安装。海宏建筑由柳荣春任董事长、总经理、法人代表。海宏建筑以“依靠科技，精心施工，塑造建筑精品；周全服务，持续改进，满足顾客要求”为企业宗旨，以“创造客户价值，实现企业利润，赢得客户心是立足之本，共同价值观是永续经营之源”为经营理念，以“项目责任承包制管理”为管理模式，以“精诚团结，艰苦创业，开拓进取，追求卓越”为海宏精神。海宏建筑以成都市为中心，跨地区、跨区域为主线而辐射西南片区为营销策略。公司注册地址是成都高新区创业路39号。2006年产值2.23亿元，纳税909.7万元。2002年~2006年先后有6人被成都市建筑业协会评为“优秀项目经理”，2004年~2006年公司被成都高新区授予纳税大户，2006年被成都市工商行政管理局授予“守合同、重信用企业”AA级单位。（刘志允）

【成都海祥装饰工程有限公司】 成都海祥装饰工程有限公司(简称海祥装饰)是由具备法人资格的成都倍特装饰工程有限公司改制而成的民营企业。海祥装饰成立于1993年10月，注册资金2000万元，各类管理专业技术人员120人，常年施工人员1300人。公司是经国家建设部批准成立的具房屋建筑装修装饰工程施工专业承包一级资质、建筑装饰专项设计乙级资质、建筑幕墙工程专业承包二级资质、铝合金门窗二级资质的施工企业。能承担各类建筑室内、室外装修工程；能承担单项工程28层及以下、建筑物的金属门窗工程，面积8000平方米及以下的金属门窗工程。海祥装饰由原成都倍特装饰工程有限公司总经理柳荣春任董事长、总经理、法人代表。海祥装饰以“质量第一，用户至上，实行超前设计；精雕细琢施工，创造装饰精品；热情服务，至诚重信，满足业主要求，终身保修”为企业宗旨；以“创造客户价值，实现企业利润，赢得客户心是立足之本、共同价值观是永续经营之源”为经营理念；以“工程项目管理为中心”为管理模式；树立“精诚团结、艰苦创业、开拓进取、追求卓越”为海祥装饰精神。海祥装饰以成都市为中心，跨地区、跨区域为主线而辐射全川为营销策略。公司注册地址在成都高新区创业路39号。2002~2006年先后有6人被成都市评为“优秀项目经理”称号，2004~2006年连续三年都为成都高新区纳税大户，2006年被四川省统计局、四川省社会经济评价中心分别授予四川省装饰装修企业综合实力10强、四川省装饰装修企业最大市场占有份额10强称号，被成都市工商局、成都市企业诚信促进会评为“守合同、重信用企业”AA级单位。公司总经理柳荣春被成都市建筑装饰协会评为“十佳优秀经理”。2006年产值4115.9万元，纳税191.4万元。

（刘志允）

第三产业及企业

TERTIARY INDUSTRY AND RELATED ENTERPRISES

交通运输

【概　况】 成都高新区交通运输业主要含汽车客运、货运和汽车整车及汽车零部件销售、汽车大修及各级维护业务。交通运输业主要有成都石羊运业有限责任公司，年营运总收入超过千万元。汽车整车销售主要有建国汽车集团、港宏风神汽车销售有限公司、三和汽车服务有限责任公司等，2006年销售汽车整车2万多台，销售收入20多亿元，维修汽车2万多台次。

【成都石羊运业有限责任公司】 成都石羊运业有限责任公司由成都高速公路建设开发有限公司、四川省运业汽车建设有限责任公司、四川省汽车运输成都公司、成都市汽车运输(集团)公司、四川省成都长途汽车运输(集团)公司共5个法人股东，于1998年12月投资组建的股份制企业，总投资4500万元，其中银行贷款1200万元，股东出资总额3300万元。公司位于成都高新区石羊街道三元村6组，占地35351平方米，建筑面积6700平方米。公司经营汽车客运、货运、仓储、汽车大修及各级维护业务，提供停车、洗车、住宿、餐饮等服务，销售有色金属及其他金属(不含稀贵金属)、针纺织品、糖果、糕点、饮料、烟、酒、日用百货等。公司龙头产业成都石羊客运站于1998年年底筹建，2000年4月正式营业，石羊客运站是经交通部和省交通厅批准修建的成都市十大客运站之一。车站西临成新大件路，东靠成雅高速公路，是成都始发开往川南、川西南方向的一级汽车客运站。设计发车位18个，待班停车位300个，日发班车500班，客运量15000人次。开行雅安、乐山、犍为、五通、沐川、罗城、泥溪、邛崃、新津、战斗、冉义、马边、蒲江、荥经、会东、西昌、甘洛、石棉、汉源、九襄、金阳、惠州、天全、玉树、芦山、宝兴、大邑、韩场、高山、上安、安仁等线路班车，平均每天发行班车473班，运送旅客6217人次。客运站获成都市100个安全生产示范企业、成都市春节运输工作先进单位、成都市文明车站、市级文明单位、省级文明车站等称号。2005年客运站营运总收入1241.92万元，利润总额282.06万元，上缴企业所得税43.7万元、营业税71.27万元。2006年被成都高新区管委会评为纳税大户。

【四川三和汽车服务有限责任公司】 四川三和汽车服务有限责任公司成立于2001年8月，位于成都高新区机场路新加坡工业园。公司是成都三和企业集团子公司之一。公司1996年取得瑞典Volvo轿车授权特约维修服务。2001年10月依托成都三和企业集团，公司与深圳市中汽南华汽车有限公司合作，成为瑞典Volvo轿车在成都地区独家特约销售服务商，承担配件供应以及“4S”标准服务。2005年7月，公司投资近4000万元，按照Volvo公司统一VNF标准，修建占地近万余平方米的Volvo3S服务中心（销售展厅面积1800平方米，售后服务面积2000平方米，功能区面积400平方米），集新车销售、售后保养维修、原厂零配件供应等功能于一体。3S服务中心被Volvo生产厂家评为“Volvo轿车亚太地区专业示范店”。2006年公司收入1.521亿元，利润总额350万元，上缴企业所得税416万元。2006年，被成都高新区管委会评为纳税大户。

【四川港宏风神汽车销售有限公司】 四川港宏风神汽车销售有限公司是港宏企业的子公司，2001年11月1日获取营业执照，公司注册资金1000万元，公司地处成都市机场路。公司2000年9月28日与风神汽车有限公司签订合作协议，取得风神汽车在四川地区的特许经销服务权，2003年7月成为东风汽车有限公司乘用车公司在四川地区的特许销售服务商。公司按东风汽车有限公司乘用车公司统一硬件标准建设。东风日产港宏”4S”专营店占地8000平方米，建筑面积4000平方米，硬件总投资2500万元。2006年，累计销售新车1749辆，实现销售收入2.63亿元，利润总额92.6万元，上缴税金320万元，为成都高新区纳税大户。

【四川港宏风神汽车技术服务有限公司】 四川港宏风神汽车技术服务有限公司是港宏集团子公司，2002年5月27日注册资金300万元，公司地处成都市机场路。公司取得进口汽车特许经销服务权，成为集日产汽车销售服务、维修服务、配件供应、信息反馈为一体的4S专营店。公司按照东风汽车有限公司乘用车统一硬件标准，建设东风日产港宏4S专营店，占地8000平方米，建筑面积4000平方米，硬件总投资2500万元。公司于2003年3月通过ISO 9001：2000质量管理体系认证。2006年，维修车辆22751台次，主营业务收入1978万元，利润总额196.3万元，上缴税金326万元，为成都高新区纳税大户。

【东创建国汽车集团】 东创建国汽车集团是成都建国汽车贸易有限公司于2006年4月进行资源整合而组建的企业。集团经营业务涉及汽车贸易、售后服务、配件供应、汽车装饰、汽车保险、金融担保等领域，总部驻成都高新区机场路建国段，并在成都高新区机场路、金牛区羊西线和武侯区红牌楼有产业基地。2006年，集团拥有海南马自达、东风本田、通用雪佛兰、通用别克、北京现代、天津一汽、奇瑞汽车、昌河铃木、哈飞汽车、金龙汽车、双环汽车、斯柯达汽车、大迪汽车、长安汽车、东风起亚、韩国双龙、福田风景等18个汽车品牌一级代理（品牌汽车4S店），在全川18个地级市、3个自治州设立11个全资公司和103个二级服务网点。2006年，销售汽车20691台，销售收入21.26亿元，缴纳税金2183万元。集团获全国汽车维修行业诚信企业、通用汽车亚太地区销售大师（授予黄建国总裁）、第三届中国（成都）车市总评榜——最佳汽车运营商奖、首届中国（四川）车市风云榜（原中国（四川）车界奥斯卡）——五星级经销商，成都高新区纳税大户。

【成都仁孚汽车服务有限公司】 成都仁孚汽车服务有限公司成立于2001年，注册资金1400万元港币，为港商独资企业。公司驻成都高新区机场路北侧新北小区，是梅赛德斯—奔驰（中国）汽车销售有限公司授权经销商。公司经营范围为汽车维修、汽车展示、汽车配件销售、梅赛德斯—奔驰品牌进口和国产汽车销售、保险代理、汽车技术咨询与培训、汽车企业经营管理有偿服务及汽车相关产品销售服务。公司占地1万多平方米，展厅面积300多平方米，厂房面积3000多平方米，维修工位18个。2006年，公司设置行政人事部、财务部、销售部、维修部和电脑部，管理人员及员工85人。全年汽车销售152台，销售收入达1.4亿元，维修汽车8943台次，维修收入3235万元，共缴纳税金530万元，为成都高新区纳税大户。

（本分目供稿单位：经贸发展局）

物　流

【概　况】 成都高新区建立后，批量的物品从供应地向接收地流动，需要利用现代信息技术进行货物存贮、交易、卸运的运作方式和管理机制，将运输、仓储、装卸、加工、整理、交通、信息等方面有机结合，形成完整的供应链，从而使物流速度加快，准确率提高，库存减少，成本降低，成都高新区物流业应运而生。按经营特色划分为仓储型物流企业有四川金诚物流实业有限公司、成都新兴联合物流管理有限公司，综合型物流企业有运输、仓储、快递、物流培训等多功能的成都蚂蚁物流有限公司。至2006年，在成都高新区注册登记的物流企业10家，主要集中在南部园区，其中中储成都物流中心、中铁现代物流科技股份有限公司成都分公司、招商局物流集团成都物流有限公司等均为中国物流100强企业。2006年，成都高新区物流企业总占地近66.67公顷，仓储面积约21万平方米，其中四川金诚物流实业有限公司拥有的仓储面积，居全省第一。2006年货物吞吐量280万吨，业务收入2.2亿元，入库税金690万元。2006年，成都高新区物流业相对集中在机场路辅道和冯家湾工业园，缺乏统一规划布局，物流集散地零星分散，物流资源利用率低，物流成本较高，从而导致成都高新区物流业的规模、基础设施、配送体系等受到严重制约。

【中储成都物流中心】 中储成都物流中心即原神仙树仓库，2002年1月迁入成都高新区火车南站加工贸易区内营业，占地5.4公顷，库房面积1.35万平方米，年吞吐能力为12万吨。主要通过组织公路、铁路、水路和航空等运输工具提供物流服务。业务包括仓储保管、分拣与包装、出口包装、条形码处理、标签与票据、集中发货、转运与配送、经销代销、成套装配、部件装配、退货处理、设施管理、库存管理、商品信息及相关金融结算等服务。代理的品牌有雀巢、伊藤洋华堂、云南红酒、宏基电脑、协和药业、百事可乐等。2006年，货物吞吐量10万吨。

【成都蚂蚁物流有限公司】 成都蚂蚁物流有限公司成立于2000年6月，公司位于成都高新区创业路49号，注册资本100万元。公司占地40500平方米，库房面积3000平方米，停车场面积4500平方米。公司主要通过组织公路、铁路和航空等运输工具提供物流服务。服务业务包括仓储保管、商家配送、仓储搬运与加工、居民搬家等。2006年货物吞吐量90万吨。

【四川金城物流实业有限公司】 四川金城物流实业有限公司成立于2002年12月，公司位于成都高新区新加坡工业园，注册资金2000万元。公司占地7.334公顷，库房面积为51000平方米，年吞吐能力50万吨。服务业务有仓储、运输、配送、仓单质押等，主要通过组织公路运输工具提供物流服务。公司代理的品牌有TCL、格力、彩虹、格兰仕、奥克斯、科龙等。2006年货物吞吐量60万吨。

【中铁现代物流科技股份有限公司成都分公司】 中铁

现代物流科技股份有限公司成都分公司成立于2002年10月，注册资金为50万元，公司位于成都高新区创业路36号。公司占地8公顷，仓库面积为31000平方米，年吞吐能力为50万吨。公司主要代理施耐德电气、蒙牛乳品、伊利乳品、海信电视、农夫山泉、纳爱斯、康师傅、旺旺等品牌。服务业务有仓储、铁路和公路运输、配送、航空、物流设计等。2006年货物吞吐量80万吨。

【招商局物流集团有限公司】 招商局物流集团有限公司位于高新区冯家湾工业园，占地7.73公顷。一期工程14000平方米，二期工程15000平方米。主要业务是物流服务和进出口贸易。代理的主要品牌有宝洁、白猫、菲利浦传真机、新希望乳品等。2006年货物吞吐量60万吨，为高新区纳税大户。

（本分目供稿单位：经贸发展局）

批发和零售

【概　况】 2006年，成都高新区消费市场持续、协调、快速发展，拉动批发零售贸易业的增长。全年实现社会消费品零售总额47.4亿元，同比增长20.1%。

【成都家乐福超市有限公司】 成都家乐福超市有限公司于2002年6月由家乐福(荷兰)中国控股有限公司、四川物资产业集团总公司、成都大世界商业广场开发经营有限责任公司三方共同建立的，公司注册资本为1200万美元。2003年2月，家乐福在成都设立家乐福中西区总部和中西区商品采购部，对家乐福所管辖中西部城市（包括成都、重庆、武汉、昆明）的门店进行管理和商品采购。2005年2月，家乐福重新调整在中国的管理结构，把原来的7个小区合并为以北京、上海、广州、成都为中心的四大地区，在中国中西部地区以成都为中心管辖家乐福在成都、重庆、武汉、长沙、乌鲁木齐、西安等广阔的中西部城市的营运发展和商品采购。2005年家乐福成都四家分店全年实现销售收入11亿人民币（含税），比2004年增长31%。2006年，家乐福成都大世界店为成都高新区纳税大户。

【成都红旗连锁有限公司】 成都红旗连锁有限公司（简称红旗连锁）是由不具独立法人资格的国营企业成都红旗商场批发分公司改制而成的民营企业。红旗连锁成立于2000年6月22日，注册资金400万元，成立时连锁超市（店）43家，员工1200人，经营日用百货、针纺织品、文化用品、家用电器、粮油盐茶、酿造食品等。红旗连锁由原红旗商场批发分公司经理曹世如任党委书记、董事长、总经理、法人代表，以“诚信经商、便民利民”为经营宗旨，以“红旗连锁——您的好邻居”为营销理念，以“统一形象、统一采购、统一价格、统一配送、统一服务、统一考核”的“六统一”为经营管理模式，树立“热情、真诚、团结、敬业”的红旗精神。红旗连锁实施以成都为中心、以四川省地级市为主线而辐射全川的撒网式布点的营销策略，开设中、小型超市，开展电话购物、网上购物业务，总部驻成都高新区创业路211号。2000年底，红旗连锁超市（店）发展到96家，总产值为1.64亿元，销售收入3.9亿元，纳税870万元，利润98万元。2002年，“红旗”商标经国家工商总局商标局核准注册，并开设富士数码冲印业务，获成都市再就业工作先进集体、成都市纳税先进企业。2003年，红旗连锁应用“POS/MIS”自动化管理系统，将公司总部、超市（店）和配送中心进行联网，供货商家达3000户，为中国消费者协会全国商业服务业诚信单位。2005年5月12日，红旗连锁斥资8000万元对国营企业红旗商场进行全面收购，将其愿意到红旗连锁工作的职工82名，安排到公司的行政部、财务部、审计部、物资部、保卫部、宣传部、投诉部、拓展部及超市（店）工作，其中身为干部的54人，员工28人。同年，红旗连锁实施国家商务部“万村千乡”工程，在眉山市秦家镇、双流县正兴镇、青白江区云顶乡等偏远农村开设“村村放心”超市（店）200家，建成占地10万平方米的货物配送中心，日配送商品量300吨，年配送商品

图58：位于成都市商业中心的成都红旗连锁商场

（成都高新区经贸发展局　供稿）

额可达60亿元。2006年底统计，红旗连锁在四川省开设连锁超市（店）798家，就业员工12000人，总资产8.872亿元，销售收入32.5749亿元，纳税4460万元，利润2308万元。同年，红旗连锁为四川企业100强、四川商业企业最大规模10强、中国零售业区域明星企业。

【成都安利捷丰田汽车销售服务有限公司】 成都安利捷丰田汽车销售服务有限公司于2001年2月26日成立，私营企业，注册资金600万元。公司驻成都高新区机场路新加坡工业园，主要经营丰田品牌进口和国产车系列，销售汽车零部件和汽车装饰服务，自营和代理各类商品和技术的进出口，经营二手车等业务。2001年12月国家工商总局授予公司小轿车经营权。2001～2002年，成为四川丰田和天津丰田特约经销店。至2005年，公司销售威驰、花冠、皇冠、锐志、普锐斯、特锐、陆地巡洋舰、霸道、柯斯达等9大系列车型。2001～2005年，累计销售丰田系列车2899台（其中2005年销售1042台），销售额4亿多元，上缴利税739万元。2002～2005年获得省市公务用车定点采购单位。2006年公司为成都高新区纳税大户。

【安利捷（成都）汽车技术有限公司】 安利捷（成都）汽车技术有限公司于1996年1月登记注册（1998年11月11日开业），注册资金2000万元。安利捷（成都）公司系沙特阿拉伯王国安利捷（ALJ）集团在蓉投资的独资汽车维修企业，主要从事生产、加工汽车零部件和汽车维修服务。公司驻成都高新区机场路新加坡工业园，占地近2.33公顷，厂区面积22818平方米，总建筑面积8200平方米，绿化面积3645平方米。公司拥有4S店的现代化厂房，进口和国产的汽车维修设备，其中举升机14台，大梁较正仪一套，四轮定位仪一套，车辆烤房3间，22千瓦空压机2台和尾气检测仪二套等，可同时对63台车辆进行维修和检测。获成都高新区“纳税大户”荣誉称号。公司员工102人，其中丰田等级专业技术人员49人（一级29人、二级14人、三级6人），为成都高新区优秀外商投资企业、先进企业和纳税大户。

【四川省互惠商业（集团）公司】 四川省互惠商业（集团）公司成立于1993年10月，互惠第一家超市于1994年4月18日开业。2006年，公司从单纯的商品零售商向社区便利生活服务供应商和现代第三方物流供应商转型，有直营连锁超市600余家，在职员工近14000余人，销售总额19亿元，为成都高新区纳税大户。

【成都巨新实业有限公司】 成都巨新实业有限公司成立于2000年，是专业从事国际贸易为主的综合性实业公司，业务范围涉及服务贸易、自营销售、实业投资、融资等多方面。公司驻成都市永丰路21号瑞祥大厦，占地2000余平方米，注册资金2000万元。公司与中国银行、成都商业银行、光大银行、建设银行和中信实业银行保持着业务关系并获得其多项融资额度，与美国花旗银行、香港汇丰银行等有业务往来，对外贸易业务涉及日本、韩国、美国、德国等国家。2006年，巨新实业公司为成都高新区纳税大户。

【成都宝钢西部贸易有限公司】 成都宝钢西部贸易有限公司（原名宝钢西南贸易有限公司）成立于1996年12月，注册资本3000万元。2001年更名为成都宝钢西部贸易有限公司，简称宝钢西部公司，是宝钢股份集团产品在中国西部区域的总代理。2005年5月，西部公司正式并入宝钢股份，成为上市公司的子公司。2006年，公司为成都高新区纳税大户，驻成都天府大道南延线高新孵化园4号楼5楼。

【四川省老邻居商贸连锁有限责任公司】 四川省老邻居商贸连锁有限责任公司是由四川省云龙大厦有限公司控股，成都市供销合作经济总公司以及成都市武侯区供销社、成都市温江区供销社、成都市龙泉区供销社等共同设立的现代商贸连锁企业。2006年，公司连锁店1258家，为成都高新区纳税大户。

【四川明友汽车服务有限公司】 四川明友汽车服务有限公司成立于2001年，是上海申华控股全资子公司，注册资金1800万元，总投资3000万元。公司是专营华晨品牌汽车（华晨中华轿车、金杯客车、阁瑞斯商务车）的西南地区核心经销商及服务商。公司位于机场路与三环路交汇处，集整车销售、售后服务、零配件供应、信息反馈为一体。2006年，公司为成都高新区纳税大户。

（本分目供稿单位：经贸发展局）

2006年限额以上批发零售企业名录

表35

序号	法人单位名称
1	成都建国哈飞汽车销售服务有限公司
2	四川汇源吉迅数码科技有限公司
3	成都红旗连锁有限公司
4	成都德坤医药有限公司
5	四川大进汽车有限公司
6	成都家乐福超市有限公司

续表

序号	法人单位名称
7	成都恩威大药房连锁有限责任公司
8	四川天药医药保健品有限公司
9	成都天齐机械五矿进出口有限责任公司
10	成都地奥医药连锁有限公司
11	成都华川进出口有限公司
12	成都恩威医药贸易有限责任公司
13	成都市莱美药业有限公司
14	成都巨新实业有限公司
15	四川一汽汽车销售服务有限公司
16	成都宝钢西部贸易有限公司
17	成都展翔科技实业有限公司
18	四川三和汽车贸易有限责任公司
19	四川老邻居商贸连锁有限公司
20	成都安利捷丰田汽车销售服务有限公司
21	成都天帅汽车销售公司
22	四川华星鑫瑞汽车销售服务有限公司
23	四川成都捷龙贸易有限公司
24	四川港宏西物时代汽车销售有限公司
25	成都三和新元素服务有限公司
26	四川广博汽车有限公司
27	四川汇通陆华汽车销售服务有限公司
28	四川明友汽车服务有限公司

说明：

限额以上的具体标准:批发贸易业年销售额2000万元以上,年末从业人员20人以上;零售贸易业年销售额500万元以上,年末从业人员60人以上。

（经发局统计处）

住宿和餐饮

【概　况】 2006年，成都高新区消费品市场持续、协调、快速发展,实现社会消费品零售总额47.4亿元,同比增长20.1%。其中住宿和餐饮业社会消费品零售总额为10.4亿元,同比增长20.0%。区内肖家河、芳草街辖区知名大型餐饮业林立,限额以上住宿餐饮业26家。

【成都荣辉天天渔港餐饮有限公司】 成都荣辉天天渔港餐饮有限公司位于成都市机场路233号,港商投资,1996年开业,以经营生猛海鲜为主兼营粤、川菜。有包间60多个,大堂可容纳1200人就餐。2001~2006年,公司为成都高新区优秀服务型企业、纳税大户。

【成都市皇城老妈酒店有限公司】 成都市皇城老妈酒店有限公司成立于1986年,民营餐饮企业,以经营川味火锅为主。创始人廖华英女士年迈慈祥人称“老妈”,公司因在成都古皇城坝开店而得名。公司于2000年初迁入成都高新区,在二环路南三段建“皇城老妈皇城店”,建筑面积13000平方米。皇城老妈酒店重品质,讲信誉,优异的菜品和出色的服务,赢得顾客好评,经济和社会效益良好。公司拥有固定资产1.75亿元，获得“中华名火锅”、“全国餐饮100强企业”、“中华餐饮名店”、“成都市著名商标”、“四川省著名商标”等称号。2004年11月,国家工商行政管理总局商标局发布商标文件,认定成都市皇城老妈酒店有限公司注册商标“皇城老妈及图”为中国驰名商标。至2006年,公司有沈阳和平店、北京宣武店、北京朝阳店、北京德胜店、大连店、成都皇城店、成都琴台店等七家连锁店,有四川皇城老妈酒业有限责任公司、四川川人设计有限责任公司、成都岷川商贸有限公司、四川川人餐饮管理专修学院、成都市皇城老妈酒店管理有限公司5家子公司。2006年,成都市皇城老妈酒店有限公司为成都高新区纳税大户。

【成都红杏酒家有限责任公司紫荆店】 成都红杏酒家有限责任公司紫荆店成立于2003年7月16日,位于成都高新区紫薇东路清华坊，是成都红杏酒家有限责任公司下属的非法人资格而独立核算的分店。公司注册资本为220万元,主要经营中餐、零售香烟、酒水。成都红杏酒家有限责任公司紫荆店于2003年7月28日营业，营业面积3849平方米,能容纳1000人同时就餐。特色菜红杏鸡、红杏鳝段粉丝、红杏霸王蟹、红杏全家福、红杏风味牛肉、红杏风味鸭血分别获得中国名菜和成都名菜的称号。2003~2005年，总营业额8700万元,上缴各项税费743万元,利税共2300万元,接待顾客共116万人次。2005年,固定资产达2246万元,营业额3800万元,纳税400多万元,利润700万元。2004~2006年,红杏店为成都高新区纳税大户。

【四川满庭芳酒楼有限公司】 四川满庭芳酒楼有限公司（简称满庭芳）是由香港多个财团投资成立的股份制餐饮公司。公司2001年在深圳开业,在国内多个大城市发展连锁经营。满庭芳川菜馆建于2002年，坐落于二环路南三段与玉林南路交界处，注册资金1000万余元,楼高三层,占地面积3000平方米。满庭芳一楼平和大气，二楼气氛典雅华贵。满庭芳川菜用料多样，泡菜系列、豆瓣系列、腌腊系列是其招牌菜，兼营粤菜和西点。2006年，公司为成都高新区纳税大户。

图59：位于成都市二环路南三段的满庭芳酒楼

（成都高新区经贸发展局　供稿）

【大蓉和瓦缸酒楼】 大蓉和瓦缸酒楼由成都大蓉和餐饮有限公司投资创办，总店1999年12月开业，面积1200平方米。大蓉和瓦缸酒楼紫荆店位于紫荆南路56号，2002年7月开业，面积2700平方米。酒楼曾获中华餐饮名店、全国绿色餐饮企业、四川省餐饮名店、成都市十佳餐饮名店等称号及第四届中国烹饪世界大赛团体银奖、热菜金奖。大蓉和菜品博采众长、求精创新，风格独树一帜、自成一体，是新派特色川菜。2006年，大蓉和为成都高新区纳税大户。（本分目供稿单位：经贸发展局）

限额以上住宿和餐饮企业名录

表36

序号	法人单位名称
1	成都故乡缘餐饮娱乐有限公司
2	成都高新区玉龙火锅
3	四川喜利鑫餐饮有限公司
4	四川卞氏菜根香泡菜酒楼有限公司
5	成都紫荆大蓉和餐饮有限公司
6	红天鹅火锅文化有限公司
7	成都皇城老妈酒店有限分公司
8	成都倍富餐饮有限公司
9	成都市南草坪园林休闲有限责任公司
10	成都倍特物业餐馆娱乐公司
11	成都市五朵金花餐饮娱乐有限责任公司
12	成都拉萨大酒店
13	四川满庭芳酒楼有限公司
14	成都海霸王海上海餐饮有限公司
15	成都三只耳火锅连锁有限公司
16	成都雍雅山房生态园餐饮娱乐有限责任公司
17	四川南亚风情餐饮娱乐有限责任公司
18	成都荣辉天天渔港餐饮有限公司
19	成都俏江南餐饮有限公司
20	成都外婆家餐饮文化有限公司
21	成都仁和宾馆有限公司
22	成都菱彩酒店有限公司
23	成都三零卫士宾馆
24	成都高新区国际会展中心有限公司假日酒店
25	成都四季御庭餐饮有限公司
26	成都小肥羊餐饮有限公司

说明：

限额以上的具体标准：餐饮业年营销额200万元以上，年末从业人员40人以上。

（经发局统计处）

金　融

【概　况】 2006年，成都高新区域内有交通银行成都分行高新支行、中国农业银行成都高新区支行、中国银业成都天府大道支行、成都高新区石羊农村信用合作社等金融单位。

【交通银行成都分行高新支行】 交通银行成都分行高新支行（以下简称为交通支行）成立于1993年，是成都高新区内第一家商业银行支行级机构。交通支行驻高新大道创业路16号，内设行长室、综合管理部、业务发展部以及营业室，下设2个业务支行。交通支行与成都高新区管委会及各局办建立紧密的合作关系，为进区企业提供各种金融服务和银企合作。交通支行提供人民币对公结算业务、人民币储蓄结算业务、国际结算业务、人民币贷款业务以及各类代理业务、金融理财服务等并提供网上银行服务。“报关一点通”服务系统为客户提供免费网上查询、异地报关、支付关税，“银企通”服务系统把企业的内部财务系统与银行的业务处理系统通过网络直接连接，为不同需求的客户提供在线金融服务，实现电子交易。交通支行资金业务产品有交行太平洋卡“全国通”、“圆梦宝”、“外汇宝”等品牌产品。太平洋卡“全国通”集本、外币定期、活期等各种类型储蓄于一卡，通过自助银行、电话银行、网上银行进行各储种之间的转存或卡间转账，全国通存通兑，跨行通用,异地汇款,实时到账。"圆梦宝"为个人提供消费类和经营类两大系列15个业务品种贷款。交通支行设置有大户室、个人理财中心、VIP客户绿色通道和自助服务区,推广"客户在我心中,微笑银行"的服务理念。1993～2005年,支行无一内、外案件发生,无重大业务差错,不良资产率为零,贷款利息回收率达100%。2004年,支行被成都高新区表彰为优秀服务型企业。2006年,支行被中共成都高新区工委、成都高新区管委会评为优秀服务型企业和纳税大户。

【中国农业银行成都高新区支行】 中国农业银行成都高新区支行(以下简称:农业支行)成立于1993年。农业支行机关设置5部1室1中心,即信贷管理部、客户经理部、资金财会部、监督保卫部、资产风险经营部、办公室、个人理财服务中心,下辖8个营业机构,有支行营业部、桐梓林支行、双丰西路支行、碧云天支行、新南路支行、新光路支行、肖家河北街支行和芳草街分理处。农业支行主要经营人民币存贷款业务,有吸收存款、发放贷款、办理结算、代理发行与兑付政府债券和金融债券、从事同业拆借、办理票据贴现、代理收付款项及代理保险业务,按权限和程序提供信用证服务及担保。外汇业务,有外汇存款、外汇贷款、外汇汇款、外汇兑换、国际结算和结汇及售汇、资信调查和咨询及见证业务。"十五"期间,五年间累计实现经营利润1.3亿元,交纳税金1482万元,人均创利95万元,各项存款平均增速27.1%,各项贷款平均增速32.8%。至2006年,支行连续三年成为成都高新区纳税大户。

【成都高新区石羊农村信用合作社】 成都高新区石羊农村信用合作社(以下简称石羊社)于1956年成立,2004年2月从石羊场上街3号搬迁至成都高新区府成大道西段3号。石羊信用社设综合部、会计部、公司业务部、个人业务部,辖石羊总社、兴南分社、紫荆分社、汽配城分社4个营业网点。1996年,随着国家金融体制改革的深入,农村信用社与中国农业银行脱离隶属关系。1999年,成立成都市南郊联社,石羊信用社接受南郊联社管理。石羊信用社主要业务有储蓄存款挂失、储蓄存款异地托收、定活两便储蓄存款、个人汽车贷款、个人住房贷款、教育助学贷款、个人存单质押贷款、农户小额信用贷款、单位定期存款、单位活期存款、单位通知存款、银行承兑汇票、支票、贷款业务介绍、固定资产贷款、票据贴现、票据结算业务、托收承付业务、委托收款业务等。石羊信用社2005年底,各项存款余额5.3亿元,比1990年增长5.1亿元,各项贷款余额4.13亿元,比1990年增长4亿元,不良贷款比1990年下降30万元,利润总额720万元。2006年,石羊信用社为成都高新区纳税大户。

(本分目供稿单位:经贸发展局)

房地产

【概　况】 成都高新区已建成集国际学校、国际医院、高档住宅和生活配套于一体的新型生活社区,已成为中国西部投资、创业、工作和生活环境最好的区域之一。2006年,成都高新区已建成成熟居住小区有银都花园、中海名城、维多利亚公寓、上海花园、清华坊、科技苑、融城理想、紫竹苑、翔宇花园、四季家园等,正在建设中的楼盘有中海国际社区、南城都汇、世纪城天鹅湖、凯丽宾江、天府长城、五州花园、华润凤凰城、神仙树大院等项目,在建房地产项目建设规模约400万平方米。成都高新区辖区内注册的房地产企业共有50家,其中,一级资质企业1家、二级资质企业7家(其中暂定二级1家)、三级资质企业28家(其中暂定三级12家)、四级资质企业14家(其中暂定四级9家),知名房地产企业有成都倍特建设开发有限公司、成都高新区投资有限公司、成都瑞升房地产开发(集团)有限公司、成都深长城地产有限公司、中海信和(成都)物业发展有限公司、中海兴业(成都)发展有限公司、上海绿地集团成都置业有限公司、成都银都发展有限公司、成都南星实业有限责任公司、成都三九投资管理有限公司等。

【成都倍特建设开发有限公司】 成都倍特建设开发有限公司的母公司——成都倍特发展集团股份有限公司自1992年11月经成都市体制改革委员会批准成立后,主要承担成都高新区起步区的开发和建设工作。公司坚持以成都高新区为依托,以成都高新区基础建设和房地产开发为先导,以兴办科技实业为基础,积极发展金融投资业、贸易业。到2006年,公司已经拥有总资产20亿元,是成都高新区的骨干企业,还被国家高新技术企业发展中心评定为全国100强高新技术企业,并荣获成都高新区纳税大户、10强高新技术企业等称号。

【上海绿地集团成都置业有限公司】 上海绿地集团成都置业有限公司成立于2004年3月。秉承绿地集团14年"为百姓营造美好生活"的企业宗旨,倾心打造高品质居家社区,营造绿色的生活空间,致力于提升成都人的生活品质。上海绿地集团成都置业有限公司于2004年在城南神仙树成功开发倡导"优仕·优生活"的新里·维多利亚公寓项目。2006年，公司获2006创意中国(成都)首届国际建筑设计大奖。

【成都深长城地产有限公司】 成都深长城地产有限公司成立于2001年4月30日，系中国房地产100强企业一深圳市长城投资控股股份有限公司(上市公司，股票代码：000042)在成都设立之区域性全资子公司。2006年，公司总产值1.11亿元，上缴税费2265万元。

【成都南星实业有限责任公司】 成都南星实业有限责任公司(以下简称南星公司)为国家一级房地产开发企业成都武城(实业)集团股份有限公司旗下控股企业。公司成立于1998年11月，注册资本2000万元，具有二级房地产开发资质。南星公司以房地产开发经营为核心业务，兼有建筑施工、物业管理等相关业务，是一家按照现代企业管理制度建立的，具备强大资本背景、领先专业团队、先进开发理念的房地产开发企业。截至2006年底，成都南星实业有限责任公司实现销售收入约4.5亿元，共计缴纳税金约3700万元，系2005年、2006年成都高新区纳税大户，被评为2006年A级诚信企业。

【和记黄埔地产(成都)有限公司】 和记黄埔地产(成都)有限公司成立于2004年，成都是和记黄埔地产继北京、广州、深圳、重庆等进入内地的第十四个城市之一。该集团一直秉承稳健、务实的作风，持续开发多元化优质房地产项目，务求全方位诠释世界同步生活品质。公司凭借先进的国际化设计、开发经验及理念，以丰富而专业的物业管理水准，悉心将其"城南新中心区项目"打造为万众瞩目的城中之城，为安逸而繁荣的蓉城增添最为耀眼的地标。和记黄埔地产集团为和记黄埔有限公司旗下的地产发展及投资部门，致力发展优质写字楼、住宅、商场、工业、酒店和度假项目，物业遍布香港、北京、天津、长春、上海、青岛、重庆、成都、武汉、西安、长沙、广州、深圳、东莞和珠海，更不断开拓海外市场，于英国、日本、新加坡与巴哈马等均拥有投资项目。2006年，和记黄埔为成都高新区纳税大户。

【中海地产成都公司】 中海地产成都公司于2000年3月成立，是中国海外集团在内地成立的第五家地区性地产公司，主要从事房地产开发与经营、工业与民用建筑工程施工等业务，现具有二级房地产开发资质。公司员工人数118人，其中本科及以上学历占85%以上。公司已有建成项目3个、在建项目3个、待开发项目2个，累计土地储备可发展建筑面积超过210万平方米。2006年获"2006年四川房地产综合TOP50强排行榜"综合实力第一等殊荣，成为成都楼市焦点。

(本分目供稿人：朱　敏)

商务服务

【概　况】 成都高新区商务服务业着重于对成都高新区电子信息、生物制药、精密制造、新兴产业等相关产业进行项目融资和风险投资管理，以市场化手段促进产业发展。

【成都高新投资集团有限公司】 成都高新投资集团有限公司(原名成都高新区投资有限公司)成立于1996年9月，注册资本10亿元，系成都高新区管委会下属唯一一家国有独资企业。集团公司对成都高新区南部园区和西部园区实施整体开发，通过资本运作和利用多种金融工具进行项目融资和管理；由成都高新区管委会授权从事国有资产的运营与管理，确保其保值增值，通过投资控股、重组、联营、并购、贴息、信用贷款等多种方式，支持区内高新技术成果转化及产业化项目，加强内部管理，做好资金的统一调度和管理，建立科学、高效的项目决策和投资监督机制，提高整体盈利能力。集

图60：成都高新投资集团有限公司融资创建的国家级成都高新区技术创新服务中心(成都高新区地方志办公室　供稿)

团公司有成都高新西区开发建设有限公司、成都高新置业有限公司、四川成都出口加工区国际贸易有限公司、四川成都出口加工区投资开发有限公司、成都高新创新投资有限公司、成都现代体育公园管理有限公司6个全资子公司，控股与参股成都倍特发展股份有限公司、成都保税物流投资有限公司、成芯半导体制造有限公司、成都地奥集团股份有限公司等8家企业。集团公司总部内设综合部、投资部、财务部、审计部4个部门。到2006年,集团公司先后承担区内基础设施、学校以及农迁房工程等建设任务上百个,具有代表性的工程有人南沿线高新段、高新国际广场、高新孵化园、南区及西区出口加工区、天府软件园、农民拆迁安置小区、体育公园、神仙树公园、新华职中及配合国土部门开展征地拆迁等项目,投资总额逾80亿,实现销售收入3.33亿元,利税3482万元。集团公司有5大重点投资项目，即成都高新孵化园、天府软件园、高新国际广场、技术创新组团、成都模具工业园。

【成都高新创新投资有限公司】 成都高新创新投资有限公司成立于2004年5月,注册资本5000万元,是成都高新投资集团有限公司全资子公司。公司主要以股权投资的形式投资于高成长性的科技创新企业，并提供投资管理、咨询等服务。2004年,公司先后对国腾、电子科大滤波器项目、金科成、杨天药业等项目提供专业服务。2005年,公司形成天合宏业、顺康、科地、泰格、思必瑞特等重点跟踪项目15项,宝钛、琢新、安好精工等6个项目通过立项。2006年上半年公司形成宝利根、数媒基地、ORACLE成都、颠峰、源生药业等重点项目18项,与奥泰医疗系统有限责任公司签订投、融资咨询服务协议书。公司建立投资中介服务体系,投资中介服务与国内外相关专业投资机构建立投资联盟,多渠道、多层次投、融资。投资中介服务体系初步形成涵盖银行资本、投资资本、产业资本、民间资本等多元投资资本渠道。

【成都新兴创业投资有限责任公司】 成都新兴创业投资有限责任公司是由成都高新区投资公司、上海联盟高技术投资公司、成都华神集团股份公司、山东东阿阿胶股份有限公司、南通纵横股份有限公司、北京展廓房地产有限公司、成都倍特发展集团有限公司、四川大陆集团公司共8家公司投资组建,2000年11月8日经成都市经济体制改革委员会批准成立的股份有限公司，注册资本为1亿元。公司经营范围为项目投资、股权投资、投资管理及咨询业务(不含证券投资咨询)。

【成都盈泰投资管理有限公司】 成都盈泰投资管理有限公司由上海亚商集团与成都高新区投资公司共同组建,成立于2000年10月,注册资本500万元。公司是中国西部地区首家按照国际规范市场化运作的风险投资管理公司,2006年成为成都高新区优秀服务型企业。

(本分目供稿单位:经贸发展局)

图61:成都高新区科技工业园一角

(成都高新区地方志办公室 供稿)

对外贸易

FOREIGN TRADE

进出口贸易

【概　况】 成都高新区外贸产业起步较晚,1998年外贸出口仅为270万美元,占成都市同期外贸出口的比例不足1%。1998年以后,国家“大经贸战略”和成都市“开放强市战略”相继实施,为成都高新区外贸产业发展带来新的机遇。成都高新区党工委、管委会及时调整外向型经济发展战略,以大开放促大发展,一手抓招商引资,一手抓外贸出口,从2000年起,连续6年保持35%以上的高速增长,2005年,外贸出口额3.85亿美元。2006年,外贸出口额6.8亿美元,同比增长76.62%,外贸出口额超过成都市同期出口额的四分之一,超过四川省同期出口的八分之一,出口增量占成都市的14%,占四川省的17.9%。

【1998～2006年外贸出口额示意图】

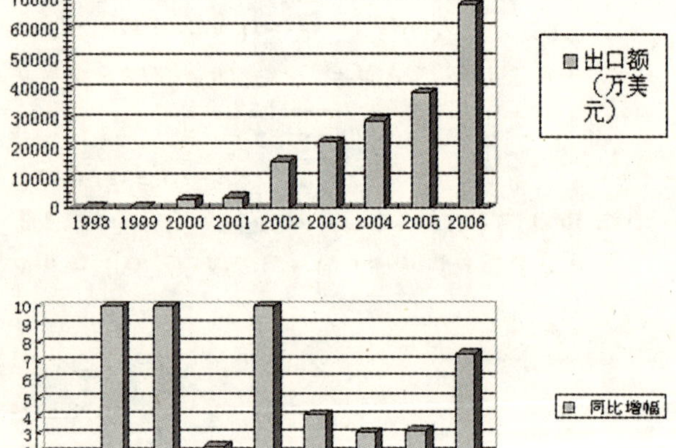

【外贸出口】 “十五”期间,成都高新区外贸实现量的增长,但外贸产业结构不尽合理。一般贸易和传统低价值产品出口一度占到出口总额的90%。为实现由外贸大区到外贸强区的提升,成都高新区调整外贸结构,通过政策引导、产业扶持,优先支持具有自主知识产权的产品实现国际化,推进外贸出口产品由一般贸易到高科技产品出口的转变。2005年~2006年,一般贸易的比重由90%下降到31%,高科技产品出口比例由21%上升到45%。同期,出口类企业由16家增长到269家,出口额连续三年保持60%以上的同比增幅,英特尔(成都)公司的芯片组、成发航空的飞机零部件、优机实业的电动工具、吉锐触摸的触摸屏、百施特的石油钻头等高科技产品已成批进入发达国家市场。

(本分目供稿单位:经贸发展局)

内外资引用

【概　况】 2006年,全区新批外商投资项目71个,引进合同外资14.63亿美元,比去年同期增长43.51%;实际到位外资6.51亿美元,比去年同期增长44.52%。引进市外企业到区内投资97.24亿元,比上年增长61.15%。引进一批重大产业化项目,资金到位情况良好。新批和增资合同外资500万美元以上的项目25个,累计合同外资105226万美元,其中工业新批和增资项目19个,合同外资49245万美元。往年审批设立的重大产业化项目资金到位情况良好,部分企业资本金已经全额到位。其中总投资在5000万美元以上的项目有9个,如英特尔产品(成都)有限公司增资(总投资增加7500万美元)、金威集团啤酒(四川)有限公司(总投资9900万美元)、龙润房地产开发(成都)有限公司(总投资19330万美元)、华润置地(成都)实业有限公司(总投资14900万美元)等。工业利用外资大幅增长。新批工业项目44个,合同外资59132万美元,实际使用外资29594万美元,分别占全区外商投资的70.97%、45.38%和48.88%。　(贺　佳)

【新增外资企业】 2006年,全区共审批各类新批外商投资项目71个,新增项目合同外资总额11.051亿美元,其中有总投资9900万美元的金威集团啤酒(四川)有限公司、总投资1550万美元的联华精密气体(成都)有限公司、总投资2998万美元的恒安(四川)生活用品有限公司、总投资2000万美元的成都分时科技信息有限公司等。　(郑　莉　贺　佳)

【外商增资】 随着全区投资环境和整体形象不断提升,外商投资企业增资项目数和增资规模大幅增长。2006年外商投资企业增资项目27个,增资项目合同外资3.5796亿美元,占合同外资的29%,其中2005年以前审批设立的外资企业通过扩大规模完成增资的项目有20个,合同外资1.475亿美元。2006年新批项目实现增资的有7个,合同外资2.303亿美元,其中合同外资增资在500万美元以上的项目有9个。2006年英特尔产品(成都)公司总投资增资7500万美元,注册资本增资2500万美元,总投资已达到5.25亿美元,累计到位2.3亿美元。

(郑　莉　贺　佳)

【中外合资与合作项目】 2006年，全区新批中外合资项目20个，合同外资总额4893万美元，成都康弘科技实业（集团）有限公司与美国赛金（Sagent）药业有限公司共同投资5000万美元在成都高新区建设康弘赛金（成都）药业有限公司，双方各占50%股份，主要产品包括肿瘤类、抗感染类和临床常用注射药物，预计年产值10亿美元，有望成为中国最大的制药工业企业。北美著名的药物研究机构美国前沿生物科技股份公司与中方合作伙伴共同投资800万美元，在成都高新区设立海圻生物科技公司，研发生物工程制品等。

（郑　莉　贺　佳）

【引用内资】 2006年，成都高新区实现市以外内资招商引资项目共履约589项，实际引进到位市外资金97.24亿元，完成目标任务的121.17%，同比增长61.15%。其中工业项目到位资金76.04亿元，占到位资金的78.20%。从项目性质统计，全区共履约项目589项，其中新建项目537项，实际到位资金47.74亿元，占到位资金的49.10%；改扩建项目37项，实际到位资金41.98亿元，占到位资金的43.17%；续建项目15项，实际到位资金7.52亿元，占到位资金的7.73%。据引资产业统计，履约项目在一产业实际到位资金0.93亿元，占到位资金的0.86%；二产业实际到位资金76.04亿元，占到位资金的78.20%；三产业项目实际到位资金20.27亿元，占到位资金的20.85%。由投资方地域统计，履约省外项目316个，实际到位资金77.02亿元，占到位资金的79.21%；履约省内市外项目273项，实际到位资金20.22亿元，占到位资金的20.79%。按投资规模统计，引进5000万元生产型项目34个，履约1亿元以上项目30项，实际到位资金28.65亿元，占到位资金的29.46%；履约5亿元以上项目14项，实际到位资金32.44亿元，占到位资金的33.36%；履约10亿元以上项目5项，实际到位资金14.23亿元，占到位资金的14.62%。

（郑　莉　贺　佳）

引进重大外资项目名录

表37

项目名称	主营业务	总投资（万美元）
四川恒铭科技有限公司	电子	2500
四川港宏企业管理有限公司	电子制品	5079
英特尔产品（成都）有限公司（增资）	电子封装测试	7500

图62：位于成都高新区西区的四川成都出口加工区一角

（成都高新区地方志办公室　供稿）

续表一

项目名称	主营业务	总投资(万美元)
金威集团啤酒(四川)有限公司	酒类饮料	9900
龙润房地产开发(成都)有限公司	房地产	19330
成都德丰投资管理有限公司	投资管理	1490
四川元祖食品有限公司	食品生产	800
安费诺商用电子产品(成都)有限公司	电子	773
成都明旺乳业有限公司(增资)	饮料	500
成都中兴软件有限责任公司	硬件及软件开发、生产	620
成都中住光纤有限公司(增资)	生产销售光导纤维	600
爱发科东方真空(成都)有限公司(增资)	在线检测系统等设计、制造	725
联华精密气体(成都)有限公司	集成电路制造	1550
飞博创(成都)科技有限公司(增资)	光通讯设备研究、开发、生产	991
华润置地(成都)实业有限公司	房地产综合开发	9900

续表二

项目名称	主营业务	总投资(万美元)
成都汉基博雅科技有限公司	研究、开发、生产电子元器件	800
四川曙光投资管理咨询有限公司	投资项目的管理咨询	1289
成都西格码精密部件有限公司	精密零部件的加工	500
成都聚思力信息技术有限公司	研发、生产、销售计算机软件	700
成都分时科技信息有限公司	计算机软件开发	2000
铁姆肯(成都)航空及精密产品有限公司	研究、开发航空轴承和精密轴承	1650
恒安(四川)生活用品有限公司	生产和销售高档生活用纸	2998
成都海圻生物科技有限公司	研究、开发生物工程制品	809
启阳(成都)投资管理有限公司(增资)	汽车及高科技产业投资管理	641
芯通科技(成都)有限公司(增资)	通信设备及元器件研究、开发	660
康弘赛金药业(成都)有限公司	研究和开发注射用药品	5000

(贺　佳)

签约重大内资项目名录

表38

序号	项目名称	主营业务	总投资(单位:万元)
1	中国水电建设集团(成都)房地产有限公司	房地产开发	50000
2	成都怡和天成房地产开发有限公司神仙树大院项目	房地产开发	79306
3	深长城二期嘉南地商住楼项目	房地产开发	20000
4	诺亚舟电子词典生产基地项目	电子产品研发生产	20000
5	中兴通讯成都软件研发基地	软件开发基地	20000
6	上海绿地集团维多利亚三期项目	房地产开发	30000
7	四川圣达实业股份有限公司能源项目	能源开发、能源机械	10800
8	四川远通水电开发公司水电开发项目	水电资源开发、电力生产等	13731

续表

序号	项目名称	主营业务	总投资（单位:万元）
9	四川金网通电子科技有限公司数字电视设备生产基地项目	通讯设备	36200
10	新会展中心展区及成达项目	附属精品街	199595
11	成都瑞银投资发展有限公司明悦酒店项目	酒店经营管理	16080
12	成都鹏伟实业有限公司泰和佳园项目	房地产开发	32000
13	四川制药药剂有限公司 GMP 药品生产基地	生产片剂颗粒剂等	10000
14	成都蚂蚁物流有限公司物流基地项目	普通货运	15000
15	招商局物流集团成都物流基地项目	物流基地增资	15000
16	天鹅湖花园一期	房地产开发	170000
17	新兴产业园	汽车维修	52000
18	国电大渡河流域水电开发有限公司梯调中心项目	水电项目投资、建设、经营、管理。	65000
19	中国无线科技产业园手机及相关配件生产基地项目	通讯产品的研发及生产	50000
20	联通新时空移动通信有限公司网络增容项目	通讯	43233
21	四川网通国内、国际固定电话网络与设施业务项目	通讯	127850
22	四川移动数据新业务研发中心	数据新业务软件研发中心	74475
23	上海花园	房地产开发	45000
24	成都紫荣数码科技实业有限公司产业园项目	紫荣数码科技产业园	17500
25	成都大唐线缆有限公司数字电视产能扩大技术改造项目	光纤光缆等	11155
26	四川林氏投资有限公司产业园项目	项目投资，完善工业园设施建设，自主招商引资进行开发	40000
27	四川省视频电子有限责任公司数字电视生产基地	生产销售电子产品	14000
28	四川广通建设机械有限公司工程机械生产项目	生产、销售工程机械	30000
29	四川奥凯投资发展有限公司物流中心项目	项目投资、物流中心等	10000
30	山东高速集团四川乐宜公路有限公司乐宜公路建设项目	工程、公路工程通信工程等	21000
31	成都中衡网络有限公司弱电线缆生产项目	生产网络产品、弱电线缆	12000
32	中国水电建设集团四川电力开发有限公司水电开发项目	电力生产	150000
33	三十所新办公生产基地建设项目	通讯	67000
34	十所天奥科技产业园项目	通讯	30000
35	成都德丰投资管理有限公司	园林绿化工程	50000
36	四川沃美置业有限公司	房地产策划咨询	15000
37	四川石达油气发展有限公司	石油制品	16198

续表

序号	项目名称	主营业务	总投资(单位:万元)
38	中国东方电气集团中央研究院项目	水火核电站工程	50000
39	成都崇德投资有限公司商业及五星级酒店项目	商业及五星级酒店	180000
40	上海华敏置业(集团)公司华敏世家花园项目	房地产开发	10000
41	四川必喜食品有限公司方便食品生产项目	普通食品生产	50000
42	四川圣达集团有限公司总部项目	中试、研发总部	50000
43	成都九洲电子信息系统有限责任公司技术中心项目	通讯设备	50000
44	四川西南医用设备有限公司 X~医用光机项目	X 射线设备	20000
45	成都昊浩项目管理有限公司	项目投资	5000
46	成都普什医药塑料包装有限公司模具及医药包装项目	药物包装	50000
47	四川洪圆细瓷包装有限公司细瓷包装项目	日用陶瓷制品	10000
48	四川省成都普什机电技术研究有限公司	机电生产、研发	10000
49	攀钢集团成都科技有限公司技术中心项目	冶金新产品的研究、生产、销售	50000
50	四川阿波罗太阳能科技开发股份有限公司能源开发项目	太阳能开发	10000

注:总投资1亿元以上项目。 (郑莉 贺佳)

图63:成都高新区软件孵化园一角 (成都高新区地方志办公室 供稿)

财税·审计

FINANCE AND TAXATION, AND AUDIT

财 政

【概 况】 2006年，成都高新区财政收入继续保持30%以上的高增长。全年累计完成全口径财政收入37.7亿元，提前一年超额完成成都高新区党工委管委会确定的全口径财政收入35亿元的目标，增幅36.98%，在成都市排名第一；完成地方财政收入20.29亿元，增幅52.81%，在成都市排名第二；实现一般预算收入13.20亿元，增幅29.1%，在成都市排名第一；实现地方税收11.97亿元，增幅27%，在成都市排名第一。财政运行质量提高，财政收入占GDP的比重较2005年提高1.72个百分点，地方财政收入占全口径财政收入的比重较2005年提高5.8个百分点。全年累计完成支出21.03亿元。支出结构更为优化，重点更加突出，服务大局作用更加明显。基础设施和土地储备支出9.17亿元，较2005年增长57.45%；产业扶持和奖励支出5.47亿元，较2005年增长138.1%；社会事业投入1.18亿元，较2005年增长7.8%；推进城乡一体化投入4.17亿元，较2005年增长29.3%，全区统筹城乡经济发展、“产业发展年”建设等重大工作得到保障。2006年，成都高新区财政局荣获成都市地方财政预算管理工作先进单位称号、成都市非税收收入管理先进单位称号、成都市农业综合开发财政资金决算先进单位称号、成都市政府外债管理先进单位称号。

【财政管理体制改革】 2006年，成都高新区推进部门预算改革，完善部门预算编制的操作规程，强化部门预算的约束力。启动政府收支分类改革，制定《成都高新区政府收支分类改革实施方案》，实施宣传培训、数据转换、模拟运行等前期工作，完成各阶段的既定目标，为政府收支分类改革的深入推行奠定基础。全区5个街道、6所学校、区公证处、政府采购办和国际科技交流培训中心等单位完成财政集中支付改革，新组建的顺江学校、大源学校纳入财政集中支付管理。全区纳入财政集中支付管理的单位共42个，各种专项资金15项，各类银行存款总额达6.23亿元，财政支出监控、财政资金调控统筹职能得以强化。政府采购办专户纳入财政集中收付范围，建立政府采购预算编报制度，各单位设立政府采购明细预算对政府采购支出进行单独核算，全年共节约资金2470万元，节约率为1.48%。推进区内税收属地征管改革，重新调整新办企业收入级次认定管理办法，对重大产业化项目以外的新办企业实施税收属地管理，进一步调动街道办事处发展税源的积极性，增强街道财政的增收潜力。组建成都高新区街道财政体制调研工作组，启动街道财政体制改革调研工作。根据四川省、成都市关于开展“四项清理”工作的统一部署，在全区开展财政专项资金、私设小金库、干部投资入股煤矿及干部违规经商办企业“四项清理”的财政专项检查自查、成都市交叉检查及四川省交叉检查等三个阶段的工作，查出财政专项资金管理使用上存在的问题并进行整改，规范财政资金的管理和核算流程。

【重大项目财政投入】 2006年，成都高新区财政加大“加快产业发展年”招商引资工作的配套服务力度，实施2005年度成都高新区纳税大户、企业经营发展优秀奖及财政产业扶持项目的审查报批工作。补充完善《成都高新区财政优惠政策实施细则》具体操作程序，创新工作方式，制定特殊扶持方式及个案操作程序，建立重大项目财政扶持绿色服务通道，发挥财政资金促进产业发展的导向作用。2006年，共审批兑现85个技改项目扶持资金23770.52万元，112个项目知识产权保护奖励资金69.4万元，12户企业ISO 14001环境管理体系认证奖励资金36万元，38户企业高级人才奖励资金552.99万元，7户企业经营班子奖励资金821万元，33户企业房租补贴资金785.73万元，划拨重点出口企业补贴资金540.77万元，出口贴息资金573.16万元、出口创汇专项配套资金2.6万元，及时转拨市级追加中小企业国际市场开拓资金59.6万元、市级追加西部外贸发展资金27.5万元、市级追加出口机电商品补贴资金20万元，外贸专项促进资金154.4万元。

【国有资产管理】 2006年，为理顺成都高新区国有资产管理体制，经成都高新区党工委管委会批准，设立成都高新区财政局国有资产管理处。进行行政事业单位国有资产清理，国有及国有控股企业对外担保(或有债务)状况调查，企业国有资产产权登记，《成都高新区国有及国有控股、参股公司重大事项监管暂行规定》、《成都高新区国有资产管理政策法规选编》编制等工作。制定成都高新区企业国有产权转让程序、国有企业对外股权投资管理程序，指导、规范成都高投集团开展国有产权转让、对外股权投资工作，确保出资人的权益和国有资产保值增值。开展成都高新区投资集团及其子公司《公司章程》修订方案的专题研究，探索对集团公司董事会实行授权经营管理的国资管理新模式，完善成都高投集团法人治理结构。委托四川正信会计师事务所完成对成都高新区投资集团1996～2005年代建政府性投资项目的清理工作，形成《关于成都高新区投资有限公司1996年~2004年工程项目专项财务清理（第一阶段）初步情况报告》，摸清建区后基础设施投入状况。督促成都高投集团建立政府投资性项目决算批复工作制度，全年报审项目4个，审结项目1个，为实施政府性投资项目产权登记制奠定基础。

【粮食直补】 为贯彻落实好成都市《关于做好对种粮农民柴油、化肥等农业生产资料增支实行综合补贴和粮食直接补贴的实施意见》的精神，进一步促进粮食生产和农民增收，弥补化肥、柴油等农资预计全年价格变动对农民种粮的可能增支影响。2006年4月，由成都高新区财政局牵头，区经发局协作配合，启动2006年成都粮食直补工作，直接补贴标准每公顷385.2元。按照“五个到户”和“六个不准”的要求，每户农民享受补贴的粮食种植面积、补贴标准、补贴金额，都由街道办事处登记造册，并在村组张榜公示。各街道办事处财政所向村民发放《粮食补贴通知书》，村民凭《粮食补贴通知书》和有效证件领取补贴，不允许集体代领，不允许抵扣农民的任何费用。5月底，直补资金全部上到种粮农民存折。2006年，全区共兑付直补资金61.8万元，补贴面积1604.11公顷，补贴农户10323户。

【投融资体系建设】 2006年，成都高新区完善投融资体系，多渠道获取开发性金融支持，缓解全区建设的资金缺口问题。全年，争取到基建贷款中央财政贴息资金3685.8万元，占全国贴息资金总量的10.3%，列全国各高新区之首。参与同国家开发银行合作的中小企业信用建设和贷款运作项目，搭建多层次的中小企业融资平台。促成国家开发银行、国务院西部办人才开发与法规组和成都高新区管委会签订《全球海外留学人员归国创业专项贷款合作备忘录》。开发银行给予成都高新区专项贷款合作额度20亿元，主要用于支持全球海外留学归国人员创立的具有自主创新产品的高科技企业，以及高科技创业贷款担保体系建设。全年通过开发银行贷款审批的企业共7批53户，申请贷款金额10050万元。建立由担保公司、借款平台及财政补贴资金共同构成的中小企业贷款风险补偿机制，通过风险的分担，降低中小企业融资项目不良贷款的损失风险。按补偿机制的要求，开立借款平台风险补偿金财政监管专户，注入财政补贴借款平台的中小企业贷款风险补偿金502.5万元。配合高投集团及成芯公司开展开发银行西区17亿元基础设施建设项目、8英寸芯片项目的融资工作。为改变成都高新区基础设施建设项目实际总投资大大超出预期金额、建设主管部门及财政部门对造价心中无数的状况，借鉴其他地区的先进经验，草拟《成都高新区政府性基本建设投资项目造价控制办法（暂行）》，加强政府性投资项目管理工作，推进成都高新区政府性投资建设项目造价控制机制的建立。建立项目造价控制机制以项目实施单位编制基本建设项目预算、建设主管部门进行技术性审查、财政部门聘请中介机构评审项目设计概算的方式，确定总投资预算控制数，并据此组织项目实施。项目造价控制机制的建立，使成都高新区政府性投资建设项目管理形成建设及资金主管部门对投资项目进行造价控制、代建主体——高投集团实施全过程造价控制、审计局进行事后审计的趋于完善的运行模式。

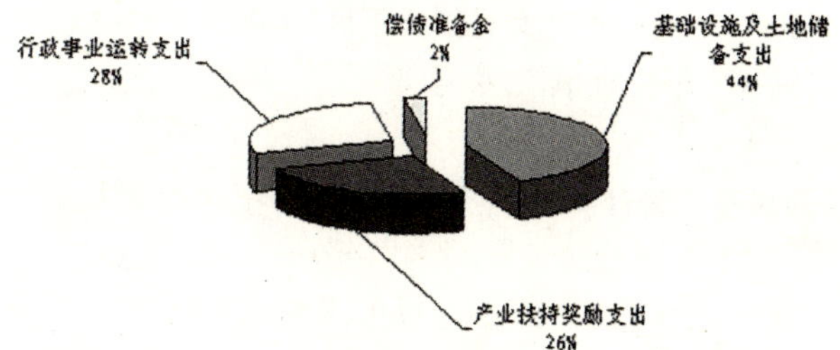

图64：2006年成都高新区财政支出简图

2006年成都高新区财政收支简表

表39

项　目	金额(万元)	比上年增长(%)
地方财政收入	202906	53
一般预算收入	132023	29
税收收入	119720	27
非税收收入	12303	56
基金收入	70883	133
地方财政支出	210336	46
一般预算支出	146089	16
企业挖潜改造资金	26947	10
科学支出	95	6
教育支出	4941	12
医疗卫生支出	1403	19
社会保障支出	2990	84
公检司法支出	8215	6
基金支出	64247	243

（本分目供稿人：李　薇）

国家税务

【概　况】 成都高新区国税征管工作由成都市国家税

务局的派出机构成都高新区国家税务局负责。2006年，成都高新区国税局内设机构6个：办公室、政策法规处、计划征收处、税源管理一处、税源管理二处、税源管理三处；直属机构1个：稽查局；事业单位1个：信息中心。2006年，成都高新区国税局工作重点放在"确保一个中心"、"突出两个重点"、"实现一个优化"上，即以全力确保组织收入工作的圆满完成为中心，切实突出税收征管主业和干部队伍建设两个重点，努力实现税收服务体系的整体优化。推动国税工作较快发展，全年组织国税收入227433万元，较上年同期增长13 .12 %，增收26371万元。全年，成都高新区国税局被四川省委、四川省人民政府评为"省级最佳文明单位"，成都市国税系统"2004～2006年度优秀创新项目"奖项、"2003~2006年度税收服务先进单位"称号。

【国税基础管理】 2006年，成都高新区国税局以精细化管理工作的推进为契机，强化税务干部的主业意识、法治意识、质量意识、责任意识和风险意识，并根据工作实际，开展以下工作：增强对组织收入工作的领导，在认真分解落实收入计划任务的基础上，加强对收入计划完成进度的监控，每季度按时召开税收收入分析联系会议，及时解决组织收入工作中出现的问题，并根据实际情况，科学调整收入计划任务，实施重点税源企业实时监控、政策清理检查等系列增收措施，掌握组织收入工作的主动权。制定并实施《成都高新区国税局纳税评估管理办法》，规范纳税评估的职责分工、岗位设置、业务流程、评估对象、评估分析、纳税约谈、评定处理等方面的内容，加大纳税评估工作力度，并在推进日常纳税评估工作的基础上，先后开展针对医药行业、食品制造业、商业企业和化学原料制造业的专题纳税评估和专项纳税评估工作，全年共对162户企业进行纳税评估，查补税款654.43万元，其中增值税566.8万元，企业所得税62.2 万元，外资企业所得税21.6万元。深化税种管理，加强税源建设，其中重点针对高新区所得税发展较快的实际，根据"核实税基、完善汇算、强化评估、分类管理"的要求，加强所得税管理，3~5月，结合所得税新的汇算清缴管理办法的贯彻落实，在扩大宣传、做好辅导的基础上，顺利完成2005年度内外资企业所得税汇算清缴工作。强化"数据管理和管理数据工作"，成立征管信息数据分析小组，积极推广应用"综合征管软件数据质量监控系统"，不仅提高税收征管数据的采集质量，而且凭借详细数据资料的生成，数据分析应用的拓展，以及税收分析预警制度的实施，提高征管工作的预见性，有效强化税收分析预警制度，全年共发出预警通报11次，共对涉及5大类9小类1700余户（次）企业情况进行清理核实。3月，实现综合征管软件V2.0的上线运行，同时完成对高新区国税局近130台工作站的全面升级换代工作。完成西区政务服务中心的税收信息化建设和改造。按照成都市国税局统一部署，全面实施增值税防伪税控一机多票系统升级加载工作，升级加载率达100%。

【国税依法治税】 2006年，成都高新区国税局增强税收执法力度，从建章立制、执法监督、岗位考核等方面着手，抓行政行为的规范，确保执法的公平性、公正性，同时强化执法检查，整顿和规范成都高新区的税收环境。加大欠税清理力度，在对欠税进行适时监控，动态管理的同时，针对区内实际情况，对欠税进行分类管理，逐户制定清缴计划，切实做到应收尽收，全年共清理欠税1041万元。针对重要征管指标不理想的问题，从加大税收监控力度，提高纳税人的税收遵从度入手，在成都市国税系统中率先实行纳税情况提醒告知制度，使税收征管质量和效率逐步提高。加快国税"精品稽查局"建设步伐，进一步强化税务稽查职能，全年共检查企业154户，结案126户，共查补税款1098.25万元，较上年增长36%。加强国税稽查人员培训，培养技术性稽查能手，建立和完善稽查制度，制定和完善《成都高新区国家税务局稽查局岗位职责》、《成都高新区国家税务局稽查局岗位目标考核办法》、《成都高新区国家税务局综合目标考核办法》以及过错追究制度等，通过制度的建立和完善，使稽查工作更为科学、高效、准确。

【国税队伍建设】 2006年，成都高新区国税局从加强能力建设入手，把构建学习型机关作为提高干部素质、提升管理水平的重要途径，制定出台《成都高新区国税局创建学习型机关实施方案》，举办学习沙龙、高新国税论坛等活动，根据不同岗位的工作需求和税务干部的个人特长，进行有针对性的培训。高小颖获四川省国税系统"税收执法标兵"称号，黎隽获四川省"窗口服务标兵"称号，温程远获成都市"稽查标兵"称号，陈洁获成都市国税系统"写作宣传标兵"称号，杜江获成都市国税系统"信息化标兵"称号，郭静宏获成都市国税系统"廉政标兵"称号。从加强监督约束机制入手，制定廉政监督企业回访办法，扩大特邀廉政监察员的范围，建立常态化意见收集平台，开展"行风测评"、"高新国税开放日"、"集中接待日"等活动。在党风廉政建设方面，大力推进反腐倡廉工作和政风行风建设，组织和全面开展"四项清理"工作，全年没有出现一起违法违纪事件，实现党风廉政建设“三个确保”、“三个安全”和“五个无”目标。在文明创建工作中，制定创建省级最佳文明单位规划，在全局掀起新一轮创建高潮，9月，通过省级文明最佳单位验收。

【国税税收服务】 2006年，成都高新区国税局从规范服务行为、简化服务流程、创新服务手段等多个方面，加强税收服务工作。结合成都市国税系统“八统一”标准化服务的推行，对窗口设置、服务标识、服务流程、服务用语、服务方式以及服务标准等内容进行进一步的统一和规范，将办税流程的改进重点放在流程执行的考核上，从时限、办理质量等多个方面，为每个办税流程设置具体的考核标准，使流程的执行更为顺畅。3月，开发推行“纳税人综合信息一点通”自助子系统，系统通过“纳税情况”、“评估结果”、“四小票比对数据”、“公示信息”四个功能模块的建立，为纳税人提供一个与税务部门近距离交流沟通的平台，有效形成征纳双方的良性互动。筹划和举办“外向型经济发展对地方财政收入影响”等专题税收培训会，提出并开展“依托税收宣传，推动充分就业”活动，有力推动全区重点工作的发展，得到社会各界的广泛关注和好评。制定印发《内务管理手册》，明确各岗位的工作职责和各项管理制度的要求，规范各项制度的考评标准，推出“三必须”全新考核办法和午餐值班等制度。在办税服务厅内开展税收服务明星评选活动，将服务明星评选和服务奖惩加以常态化、制度化。在行风评议中，纳税人对成都高新区国税局的税收服务满意率达到99.2%。

(本分目供稿人：陈一可)

相关链接：

“八统一”：一是统一服务内容，二是统一窗口设置，三是统一业务流程，四是统一各类标识，五是统一办税指南，六是统一制度，七是统一自助服务，八是统一文明用语。

2006年成都高新区国家税收情况表

表40　　单位：万元

项目 / 税种	累计收入				
	年计划	累计数	完成年计划%	同期数	比上年同期%
税收收入合计	225700.00	227432.96	100.77	201062.24	13.12
中央级	149889.50	151619.30	101.15	133690.57	13.41
地方级	75810.50	75813.66	100.00	67371.67	12.53
增值税	96362.00	101034.49	104.85	86924.26	16.23
消费税	38.00	10.87	28.61	36.46	-70.18
企业所得税	14000.00	21079.74	150.57	12966.57	62.57
个人利息所得税	1550.00	2210.78	142.63	1408.52	56.96
外资企业所得税	113750.00	103097.08	90.63	99726.43	3.38

(陈一可)

2006年成都高新区国税年纳税额前30名企业

表41　　单位：万元

序号	企业名称	登记注册类型	行　业	税额
1	中国移动通信集团四川有限公司	外资企业	商务服务业	89880
2	国电大渡河流域水电开发有限公司	其他有限责任公司	电力、热力的生产和供应业	9523
3	成都蓉生药业有限责任公司	其他有限责任公司	医药制造业	4356
4	成都电业局高新供电局	国有企业	电力、热力的生产和供应业	4243
5	中海兴业(成都)发展有限公司	(港澳台商)独资经营公司	房地产业	4055
6	成都地奥九泓制药厂	股份合作企业	医药制造业	3845
7	成都地奥制药集团有限公司	其他有限责任公司	医药制造业	3542
8	四川成发航空科技股份有限公司	股份有限公司	专用设备制造业	2473
9	中海信和(成都)物业发展有限公司	外资企业	房地产业	1609
10	成都和骏投资有限公司	其他有限责任公司	房地产业	1600

续表

序号	企业名称	登记注册类型	行　业	税额
11	迈普(四川)通信技术有限公司	外资企业	通信设备、计算机及其他电子设备制造业	1472
12	成都家乐福超市有限公司	中外合资经营企业	零售业	1431
13	四川三联卷烟材料有限公司	其他有限责任公司	烟草制品业	1416
14	TCL王牌电器(成都)有限公司	中外合资经营企业	通信设备、计算机及其他电子设备制造业	1364
15	成都百施特金刚石钻头有限公司	其他有限责任公司	专用设备制造业	1326
16	四川川石·克锐达金刚石钻头有限公司	中外合资经营企业	专用设备制造业	1232
17	四川华宏国际经济技术投资有限公司	其他有限责任公司	批发业	1212
18	成都普天电缆股份有限公司	(港澳台商)合资经营企业	通信设备、计算机及其他电子设备制造业	1202
19	成都建工混凝土工程有限公司	其他有限责任公司	非金属矿物制品业	1148
20	成都倍特药业有限公司	其他有限责任公司	医药制造业	1109
21	成都卫士通信息产业股份有限公司	股份有限公司	软件业	1091
22	成都中冠汽车贸易有限公司	其他有限责任公司	批发业	1072
23	成都住矿电子有限公司	外资企业	通信设备、计算机及其他电子设备制造业	1062
24	成都吉锐触摸电脑有限公司	其他有限责任公司	通信设备、计算机及其他电子设备制造业	1022
25	亚信科技(成都)有限公司	外资企业	软件业	899
26	成都前锋电子有限责任公司	其他有限责任公司	通用设备制造业	854
27	四川美大康佳乐药业有限公司	其他有限责任公司	医药制造业	854
28	中国工商银行股份有限公司成都高新技术产业开发区支行	国有企业	银行业	848
29	四川启明星蜀达电气有限公司	其他有限责任公司	电气机械及器材制造业	842
30	中铁二局股份有限公司	股份有限公司	房屋和土木工程建筑业	839

（赵　亮）

地方税务

【概　况】 2006年,成都高新区地税局以党的十六大和十六届六中全会精神为指导,牢固树立“为党增光、为国聚财、为民服务”的主题思想,积极推进税务文化建设,完成成都市地税局年初部署的“十项工作”,努力构建和谐地税,积极创建市级文明单位标兵和区级文明行业。以房地产税收一体化管理和个体税收进社区为重点,落实税收管理员制度,对重点税源实施精细化管理。全年组织收入174904万元,同比增长33.93%。其中,税收收入（按成都高新区管委会口径）完成165012万元,较上年增收41102万元,增长33.17%,超区域最终目标12万元;基金及附加收入完成11326万元,同比增长25.44%,超成都市地税局计划676万元。以前所未有的力度,清理欠税,全年入库欠税9837万元,超额完成成都市地税局9500万元的清欠目标任务。2006年,成都高新区地税局被授予市级文明单位标兵。

【地税基础管理】 按照成都市地税局“五管”齐下,“重点税源精细管、一般税源规范管、零散税源社区管、房地产税收专业管、税收违章严格管”的工作要求,成都高新区地税局落实税收管理员制度,对重点税源实施精细化管理,制定《成都高新区地税局重点税源管理暂行办法》,依托信息化手段,将上年度纳税金额在50万元的企业作为重点企业纳入A类纳税人,实行重点管理,并建立一户一档管理档案,实行重点税源收入分析报告制度,进行双向动态监控分析。将362户企业纳入重点管理进行监控,对15户企业进行纳税评估,有效发挥重点税源的主力支撑作用。加大清缴欠税力度,全面清理欠税企业情况,及时催欠入库。推进个体税收委托代征及税收服务进社区,加强综合治税力度,相继与全区五个街道办事处签订个体税收委托代征协议,并制定委托代征办法。建立社区税收服务工作站,配备工作人员,加大协税护税力度,实现税法宣传、税收服务、个体申报进社区。全年委托代征税款同比增长39.95%,高于区局税收增长5个百分点。加强房地产税收一体化管理和个人所得税全员全额扣缴,制定《成都高新区地税局房地产税收一体化管理实施意见》,成立工作领导小组、纳税评估小组,实施房地产税收专人管理;对区内房地产开发项目进行普查登记,按照一项一卡的要求,建立管理档案,详细收集和登记每一开发项目的立项报告、开工日期、开发面积、有关证照、合同及纳税情况;定期通过相关行政部门收集情况,进行分析和比对;对17户企业开展质疑约谈,约谈入库税金1050万元。全年,通过实施房地产税收"一体化"管理,入库营业税24656.97万元,同比增长18.75%,企业所得税4723.34万元,同比增长109%,土地增值税887.76万元,其他税收197.85万元,有效地堵塞征管漏洞。制定《成都高新区地税局关于加强个人所得税全员全额扣缴申报管理实施意见》,按要求将区内重点行业纳入首批个人所得税全员全额扣缴申报管理;制定重点培训、政策咨询、资料采集和规范管理的全方位服务实施方案;对内开展税收管理员政策业务培训,统一思想,统一部署,统一口径;对外实施企业财会人员、办税人员业务培训,使纳税人掌握如何填报纳税资料,健全扣缴义务人和纳税人的基本档案;落实个人所得税完税证明开具及数据的采集工作;应用推广个人所得税征管软件,利用信息化手段做好个人所得税全员全额扣缴管理工作,实现税源控管和对高收入者的重点管理。2006年,已纳入全员全额扣缴企业682户。开展税务登记证换证工作,共换发税务登记证9267户,占应换证企业10065户的92.07%,达到成都市地税局90%换证率的要求。

【地税依法治税】 按照"有权必有责、用权受监督、侵权须赔偿、违法要追究"的思路,成都高新区地税局完善执法制度,落实执法责任,开展内部执法检查和监察,强化执法过程监督,加大税收行政执法责任制和过错追究力度,实施重大税务案件集体审理制度。一是继续深入推行税收行政执法责任制。签订执法责任书,层层落实执法责任。修订《成都高新区地税局税务行政执法责任制考核办法》,完善考核内容,确保征管各部门按事设岗、以岗定责、责任到人、严格考核。二是向属地企业发放100多份成都高新区地税局执法状况调查评议表,开展对税收执法状况的外部评议,并将评议结果在全局通报,严格税收执法监督。根据国家税务总局《税收执法检查规则》的要求,积极开展经常性税收执法检查,全面检查各执法机构的行政行为,检查面达100%。开展对税务稽查案件的复查工作、进一步强化重大税务案件审理工作,防止执法错误和执法随意。三是执行税收规范性文件会签制度,避免政出多门、越级发文、变通政策等行为。正确实施行政处罚,有效地维护正常的税收秩序。四是组织开展各种形式的税收法制培训,引导执法人员认真学习相关法律、法规,熟悉各类执法文书,落实稽查建议制度,剖析典型案例、开展个案分析,以考促学促用,增强执法人员规范执法、文明执法、严格执法、高效执法的意识和依法治税能力,依法行政水平明显提高。五是发挥稽查职能,努力为经济发展提供民主、法治、公平、正义的纳税环境。全年,稽查查结税务案件122户,查补入库税款286.44万元,入库率100%;罚款67.47万元,处罚率24%,超过成都市地税局下达的处罚率不低于15%的目标。共受理涉税举报案件22件,办结7件,转出9件,退回案源管理环节1件,暂时归档5件;举报案件立案7件,举报案件立案率达100%,结案7件,结案率达100%。对部分重点企业有针对性开展重点检查,共查补入库税款4568万元。

【地税队伍建设】 2006年,成都高新区地税局首先从加强干部能力素质建设入手,把构建学习型机关作为提高干部素质、提升管理水平的重要途径,并根据不同岗位的工作需求和税务干部的个人特长,组织多形式、多层次、多途径的培训学习,积极打造精兵队伍。参与成都市地税局的百博硕研工程,积极选派9名科处级领导干部参加市局组织的澳门科技大学和西南财经大学硕士班的学习;组织科级以下干部职工到国家税务总局扬州税务进修学院培训;鼓励干部职工通过自学,提升学历层次;鼓励干部职工积极报考注册税务师、注册会计师、律师和四川省局、成都市局的稽查能手、征管能手;全局产生2名省级征管能手、稽查能手,4名市级征管能手、稽查能手,在全局开展向能手学习活动,营造人心思进、思干、思优的氛围。其次从加强监督约束机制入手,制定廉政监督企业回访办法,扩大特邀廉政监察员的范围,建立常态化意见收集平台,开展"行风测评"、"特邀监察员座谈会"等活动;在党风廉政建设方面,区地税局大力推进反腐倡廉工作和政风行风建设,组织和全面开展"四项清理"工作(即开展地税专项资金、私设小金库、干部投资入股煤矿及干部违规经商办企业的地税专项检查工作),全年没有出现一起违法违纪事件。开展文明创建工作。制定创建市级文明单位标兵规划,成立创建领导小组,在全局掀起人人参与的创建热潮,由于创建思路清晰、任务明确、认识到位、措施到位、监督到位,效果明显,12月,通过市级文明单位标兵和区级文明行业验收。

【地税税收服务】 2006年,成都高新区地税局按照规范化服务型政府建设要求,从规范服务行为、简化办事流程、创新服务手段等多个方面,加强税收服务工作。一是实施综合服务前移。加强窗口税收政策咨询、法律救济受理、服务质量投诉等功能,利用大厅的集中优势,及时为纳税人提供最新的政策咨询、纳税辅导和综合服务。将综合处、计划财务处两个与办税关系密切的机关处室安排在办税服务厅的后台,支撑办税服务厅的纳税服务工作,零距离为纳税人提供多层次的涉税服务和应急服务,形成后台支撑前台的办税服务新模式,提高行政效率和纳税人满意度。二是在办税厅每个窗口设置由服务

图 65:成都高新区地税服务窗口

(成都高新区地税局 供稿)

对象评价窗口人员服务质量的五星级电子评价器,每月将各台评价器的基础数据收集、整理、汇总,按照《五星级服务评价系统考核办法》,将评价数据与服务人员的绩效工资挂钩,增加考核的量化、硬化因素,增强考核的客观性,深化绩效考核。三是网站改版,新设置23个栏目,与成都市局、四川省局、国家税务总局实现链接,信息量进一步扩大,实现网送税法和更方便、持久的税法宣传,加大社情民意采集力度。同时开展多种多样的税法宣传活动,提高纳税人的纳税遵从意识,营造诚信纳税氛围。四是采取与税收管理员一同下企业的调查方法,提高审核审批效率和监督力度。五是为支持IT、生物医药和精密制造三个主导产业的发展,改进宣传辅导方式,主动下企业开展针对性宣传和税收政策辅导。六是对省、市重大招商引资项目建立从项目洽谈到纳税申报各环节全过程的税收跟踪服务。

2006年成都高新区地税局组织各类收入累计入库数

表42 单位:万元

项目	累计完成数
一、税收收入	163554.43
营业税	86667.31
个人所得税	22690.25

续表

项目	累计完成数
房产税	5010.83
土地使用税	1469.56
印花税	2716.60
土地增值税	3075.94
城建税	10079.33
企业所得税	29663.70
耕占税	2180.89
二、基金及附加收入	11349.08
副调基金	3672.22
教育费附加	4316.21
文化事业费	275.91
罚没收入	23.14
地方教育费附加	1467.80
残疾人基金	1593.80

2006年成都高新区缴纳地方税收500万元以上企业名单

表43 单位:万元

纳税人单位名称	纳税金额
成都世纪城新国际会展中心有限公司	20699
四川移动通信有限责任公司成都分公司	7409
成都人居置业有限公司	4932
成都高新置业有限公司	4434
中国联通有限公司成都分公司	3233
成都市兴南投资有限公司	3106
成都高新西区开发建设有限公司	2905
英特尔产品(成都)有限公司	2627
成都地奥九泓制药厂	2422
成都倍特建设开发有限公司	2211
上海绿地集团成都置业有限公司	2166
四川汉龙高新技术开发有限公司	2102
成都地奥制药集团有限公司	2067
中海信和(成都)物业发展有限公司	2052
成都新东方置业有限责任公司	1869
成都和骏投资有限公司	1695
成都高新区财政局	1664
成都南星实业有限责任公司	1633
成都深长城地产有限公司	1560
四川通信建设工程有限公司	1494
中国网络通信集团公司四川省分公司	1489
成都棠湖屋业发展有限公司	1315
成都华人房地产开发有限责任公司	1311
四川润新投资有限公司	982
成都百施特金刚石钻头有限公司	981

续表

纳税人单位名称	纳税金额
四川大进汽车有限公司	968
四川电力建设公司	905
成都吉锐触摸电脑有限公司	897
四川省电信有限公司成都高新区分公司	882
四川通信科研规划设计有限责任公司	851
成都锦江电子系统工程有限公司	825
成都兴元房地产开发有限公司兴元丽都项目分公司	792
成都索贝数码科技股份有限公司	773
国电大渡河流域水电开发有限公司	681
中国农业银行成都高新技术开发区支行	655
亚信科技(成都)有限公司	644
成都红旗连锁有限公司	623
成都倍特建筑安装工程有限公司	619
成都市商业银行股份有限公司高新支行	618
中海兴业(成都)发展有限公司	590
四川公用信息产业有限责任公司	579
中国工商银行成都高新技术产业开发区支行	574
成都黄金洲房地产开发有限公司	563
成都新蓉企业公司	561
成都工投资产经营有限公司	559
成都高新区财政集中收付中心(财政局)	556
成都和德实业有限公司	552
成都红杏酒家有限责任公司紫荆店	543
四川通惠房地产开发有限责任公司	509
合　计	94676

(本分目供稿人:何修君)

审　计

【概　况】 2006年,成都高新区在审计工作中认真落实科学发展观,解放思想、与时俱进,坚持"全面审计,突出重点"的方针,紧紧围绕党工委、管委会的中心工作,开拓创新,求真务实,认真履行审计监督职能。提高审计工作质量和依法审计能力,在加强廉政建设,促进成都高新区经济持续健康发展等方面发挥积极作用,实现审计工作的全面提速。全年共完成审计项目443项,比2005年增长81.33%,完成成都审计市局下达的计划项目213项,完成成都高新区党工委、管委会交办任务230项。其中基建审计435项,任期经责审计3项,审计调查2项,企业审计3项。全年共查出违规金额139万元,管理不规范金额12373万元,应调账处理金额4万元,已调账处理金额4万元,应上缴财政135万元,已上交财政135万元,固定资产投资审计为政府节约财政资金4988万元。成都高新区审计局被成都市审计局评为2006年度审计工作优秀单位,受到通报表彰。

【财政预算执行审计调查】 2006年,成都高新区审计局接受成都高新区管委会领导交办的对2005年度财政预算执行情况进行审计调查。审计局在年底完成这项工作,并出具审计调查报告。对整个区财政管理的漏洞和问题进行比较全面的揭示。共查出管理不规范金额113060.89万元,应归还原渠道资金20万元,应调账处理金额1078.62万元,应缴入国库核算的财政资金554万元。同时以强化管理为目的,着力分析预算管理中存在的突出问题,注重提出专题分析报告,注重加强审计整改,注重查处违纪违规问题,强化监督力度,为成都高新区党工委、管委会当好经济谋士,为成都高新区财政增收节支做出贡献。

【专项资金审计】 2006年,成都高新区审计局一是开展对募集资金——帮困助学金审计调查。成都高新区社会事业局2004年~2005年募集资金——帮困助学专项资金的核算在成都高新区财政集中收付中心。2005年,成都高新区慈善会成立,积极鼓励企业和个人捐赠支持慈善事业,其会计核算由原机关转入慈善会,单独开户,独立核算。审计局对2006年发放的帮困助学金情况进行抽查。在审计调查的时间范围内,共发放救助金79580元,人数为32人。审计组抽查的受助家庭分布在成都高新区3个街道办事处、10个社区,受助家庭11户,抽查面达34%。此次抽样调查的11名受助学生均已按助学标准如实地领取到帮困助学金。帮困助学资金在筹集、使用、管理中符合有关政策要求,未发现有挤占、截留、挪用、虚报冒领情况。封闭管理有效,资助资金及时、足额发放到受助人手中;审批手续齐备,内容完整真实。2004年~2006年共计为93名寒门学子发放23.4万元帮困助学金,共募集资金321万元,为贫困学生顺利完成学业提供有效保障。二是对少儿住院互助金审计调查。成都高新区按照成都市人民政府办公厅的通知在全区范围内推行少儿住院互助金。按照少儿住院互助金管理办法,由成都高新区社会事业局从2005年9月1日开始实施征缴,并在银行开立归集户、支出户,设置银行存款、暂存款——单位缴费、暂存款—利息收入三个明细科目进行核算。2006年,全区具备条件参加少儿住院互助金的人数为26689人，具备条件且交纳少儿住院互助金的人数有24326人，参加率91.15%。全区实际交纳少儿住院互助金的人数有24347人，其中有21人不具备参加条件。全区汇集少儿住院互助金973040元；捐赠收入840元(因为有21人不具备参加条件，其交纳的840元，因上解后不能退还，由学校支付，转为捐赠)；互助金存款利息收入1246.87元；支付账户维护费10元；少儿住院互助金实际归集975116.87元，归集的少儿互助金全数上解，上解率100%。因区内无少儿住院互助金定点医院，不存在拨付住院补偿金的情况，也未收到市拨付的资金。区社会事业局及中小学、托幼机构、社区共同实施的少儿住院互助金的工作成效好，参加率91.15%；上解率100%。区审计局逐一核对2005年9月1日~2006年8月31日的记账凭证和账簿，核对银行对账单，未发现有挤占挪用等违纪情况。

【领导干部经济责任审计】 2006年，区审计局加强任期经济责任审计，在工作中不断探索。在工作中紧紧把握三个方面：一是及时发现和揭示领导干部在管理活动中存在的苗头性、倾向性、规律性问题，坚持在管理上、制度上提出建设性意见。二是将经济责任审计与被审计单位整改工作结合起来，督促被审计单位对查出的问题边审边改。三是深刻分析产生问题的原因，做到查出一个问题，完善一项制度，堵塞一个漏洞。2006年，完成成都市审计局交办的3项经济责任审计，完成成都高新区党工委组织部交办的3项经济责任审计。审计县处级干部8人。

【审计工作改革】 2006年，审计项目和送审金额增加，为确保巨额政府性建设资金的安全，加大对国家建设项目的审计监督力度，区审计局对参与国家建设项目审计的中介机构进行公开招标、规范管理。制定《成都高新区审计局对参与政府投资建设项目审计的社会中介机构年度质量考核细则(暂行)》。对在考核中发现有质量问题的中介机构，作出不能参与本年度招标的惩罚性规定；重新修订成都高新区政府投资建设项目结算审核服务采购的招标文件，并与年度的质量考核紧密结合起来，使各中介机构更加重视审计质量，将审计的质量作为各中介机构的生命线；制定《关于进一步规范报送政府性投资项目竣工结算审计的规定》，对政府性投资项目竣工结算审计的送审范围及送审时间等作明确规定；加强对审计事务所的日常培训，进一步提高各中介机构的审计质量，规范审计行为。

【审计制度建设】 在制定和完善有关制度规范的基础上，抓好制度规范的执行和落实，做到日常有核查，阶段有督察，年终有考核，真正让制度成为行政和管理的主要依据和手段。在现有规定的基础上，结合工作实际和需要，制定《关于进一步规范报送政府性投资项目竣工结算审计的规定》、《成都高新区审计局对参与政府投资建设项目审计的社会中介机构年度质量考核细则(暂行)》，下发《关于对政府投资项目实行审计结果通报的意见》等。这一系列制度的制定使成都高新区对政府投资建设项目的审计更加规范、科学，管理上一个新台阶。

【审计队伍建设】 成都高新区审计局认真开展以“强化亲民为民意识”为主题的工作作风集体教育整顿活动。活动受到局领导重视，经过周密部署，大家深入学习，联系实际，查找问题，边整边改，使人人受到教育，提高了思想认识，规范了工作行为，强化了廉政建设，振奋了精神，增强了全局干部职工“热爱本职，依法审计，客观公正，廉洁奉公，胜任职业，忠于职守”的审计职业道德，增强了“团结、珍惜、创新、严谨、责任”的意识。同时树立了“工作学习化，学习工作化”的观念，营造勤于学习的气氛，养成勤于思考、善于研究的习惯。组织全局学习党和国家的方针政策，提高政治理论素质；学习审计业务和机关工作所需要的理论和技能，提高业务素质和工作能力；学习现代科技知识和文化知识，改善知识结构，造就一支素质高、作风好、结构合理的审计干部队伍。2006年，审计局郑洪华、黄美芳的调研文章《切实加强国有企业党风廉政建设工作》、赵若雯撰写的《组织中介机构参与政府投资项目审计的思考》发表在《现代审计》2006年第2期；学习心得有赵若雯的《反腐肃贪名誉全球——赴香港廉政公署考察报告》，余颜江的《以学为本》、《审计是我无悔的选择》、《关于收回误发给石羊街办庆云村3、9组搬家奖金的建议》。

(本分目供稿人：赵若雯)

综合服务

COMPREHENSIVE SERVICE

统计工作

【概　况】 成都高新区经贸发展局是成都高新区统计工作的主管机构，对成都高新区统计工作履行组织、协调、管理、监督的职责，负责组织实施国民经济核算。区内各街道办事处的统计机构对本行政区域内的统计工作履行组织、协调、管理、监督的职责。区经贸发展局受成都高新区管委会和上一级人民政府统计机构的双重领导，统计业务以成都市统计局领导为主。街道办事处设置统计机构或者配置专职综合统计人员。各街道办事处下设经济科，配备统计人员。企业、事业单位、其他组织根据统计任务需要，配置专职或兼职综合统计人员，负责本单位的统计工作。并按《中华人民共和国统计法》、《四川省统计管理条例》规定的报表目录，真实按时报送统计报表。区经贸发展局按国家和省的统计法规和程序，建立科学的、能真实反映成都高新区经济社会发展状况的目标体系、指标体系、评估体系、预警体系和决策控制体系等科学的统计体系。

【统计设计】 1996年以前，成都高新区实行“企业进区审批制”。凡成都高新区管委会同意进成都高新区的企业，不管其主要生产经营活动是否在成都高新区内开展，都纳入统计范围。成都高新区统计数据主要用于上报科技部（成都市统计局没有对成都高新区提出报表要求），地方统计由成都市武侯区承担。1996年规划调整后，成都高新区承担地方统计任务，既要上报成都市统计局，也要上报科技部。为满足成都市对成都高新区的要求，并能与原来的统计数据相衔接，采用“成都高新区集中建设区”和“成都高新区”两套统计指标体系。区经贸发展局按月发布成都高新区主要经济指标，监测全区经济运行状况；为成都高新区有关领导和部门提供信息咨询。

【统计调查】 成都高新区统计调查范围包括国家、省、市各级日常统计报表和调查任务，以及各项全国普查工作。统计调查规模以上工业、限额以上商业、三资企业、固定资产投资、建筑业、房地产、农业、劳动工资、国民经济核算、综合、能源、基本单位名录库建设等20多个专业，以适时监测成都高新区国民经济和社会发展状况。规模以下工业企业和限额以下商业企业实施抽样调查制度。统计调查还包括成都高新区内乡镇信息网、城镇住户、农村住户、贫困户的监测，工业品出厂价格和原材料、燃料、动力购进价格调查，妇女儿童发展规划监测统计、服务业样本企业调查、文化产业调查、政府公共服务调查等抽样调查、快速调查工作等。

【企业调查】 成都高新区企业调查按照现行统计体系，建立工业、批发零售业、住宿、餐饮业、房地产业、建筑业报表制度等统计报表调查为主，结合文化产业调查、服务业企业调查等专门调查为辅的企业调查体系。2006年，全区有291家规模以上工业企业、8家规模以下工业企业，43家限额以上批发零售业、住宿、餐饮业企业、区内注册的34家房地产企业76家建筑业纳入统计报表调查。开展成都高新区内18家服务业企业、2家房地产物业管理企业、19家文化产业企业等多方向企业抽样调查。

【城市调查】 按照现行的统计体系，城市调查的大部分工作由成都市城市经济社会调查队独立完成。2006年，成都高新区配合成都市城市经济社会调查队做以下两项工作。一是城镇住户调查。2006年，成都高新区首次作为县(区)独立开展中国城镇住户调查。在2005年进行的城镇居民基本情况调查的基础上抽取3个社区（其中包含农转非社区1个）中30户居民开展这项调查。采取调查户每日记流水账，每个月由区统计局对账本进行编码、数据录入、数据汇总、分析上报。2006年，城镇住户调查的汇总得出2006年成都高新区城镇居民可支配收入为13183.47元，消费支出7467.72元。二是工业品价格调查。2006年，成都高新区内30家规模以上工业企业的72种规格品的出厂价格或购进价格参加调查。成都市通过各区(市)县上报数据汇总得出各个月的工业品价格指数，为国民经济核算、计算工业发展速度提供参考。

（本分目供稿单位：经贸发展局）

物价管理

【概　况】 2006年，成都高新区物价管理部门依法对流通行业管理和对流通市场运行监测，依法处置市场突发事件。为整合资源，推进城乡一体化，引导和鼓励城市商业机构特别是连锁企业把网点延伸到成都高新区社区、农村，改善农民集中居住社区的消费环境和提高流通商品质量。为扩大流通开放，服务于企业，高新区物价管理部门利用糖酒会、西博会等会展经济，重点引进国外先进营销方式、经营理念和流通技术，引导促进更多餐饮企业、流通企业走出国门，拓展国内外市场。为减轻企业和农民负担，实行涉企收费目录公示制，监督区各部门执行对企业免收有关费用的政策执行情况。根据成都市物价局行政事业性收费和服务价格收费的相关规定，进行许可证年度审验。为发挥价格宏观经济调控和价格管理，根据《中华人民共和国价格法》、国家发改委《价格监测规定》，成都高新区物价管理部门制定预警价格监控预案。市场价格出现异常，及时预警，启动价格监测应急工作方案，并报领导和上级供其决策；选择具有代表性的商品价格，适时反映当地价格水平。本着"文明行政、依法治价"，把价格收费与价格监督管理及物价信息服务有机的结合，为政府对价格的宏观调控提供依据，为行政事业单位服务，为生产经营企业服务。

【价格管理】 2006年，成都高新区重点对电力、屠宰、防疫、检验和面向农村中小学的收费以及对粮食生产影响重大的化肥、农药、农机用油等农业生产资料价格开展检查，全面落实国家、省、市对重要农业生产资料的各类价格干预措施。高新区物价管理部门组织区内加油站学习《四川省成品油市场管理暂行办法实施细则》，并强调执行力，提高企业的安全意识和服务态度，维护成品油市场秩序。开展涉农、电力、教育、医疗和药品等收费专项检查，共查处价格违规收费8件；受理投诉案件37件，咨询85件，办结率100%。在全区设4个检测点进行价格监测；确定专人对定点农贸市场、超市进行采价，并及时分析汇总上报，防止价格异常波动。

【收费管理】 成都高新区物价管理部门按照成都高新区管委会提出的"加大专业市场资源整合力度，着力提升交易业态，调整经营方向，加强市场监管，全面提升专业市场品牌"的要求，监督检查全区收费情况并给以公告。2006年8月，为维护成都高新区停车场价格秩序，对区内123家停车场管理及收费现场办公给以指导和服务；在区内非经营性诊所推行药品价格和医疗服务收费公示制度。依据成都市政府和成都高新区管委会《关于对失地无业农民再就业涉及的收费实行优惠的通知》，重点检查有关职业技能培训机构的收费执行情况。按照《中华人民共和国行政许可法》与收费管理的有关规定，全面清理和规范行政事业性收费及其他收费行为，严格收费许可证的办证、年审。2006年"收费许可证"年审换证80个（其中教育系统19个）。

【物价·酒类执法】 成都高新区物价管理部门依法加强对流通行业的管理，加大对流通市场运行监测力度，以及对突发事件下的市场监测工作。组织实施酒类管理等3次专项检查，日常检查68次，检查经营户72户；2006年1～6月，共办理各项酒类专卖许可证19套；查获假冒国家名白酒71瓶，行政处罚8200元。按照国家商务部《酒类商品流通管理办法》和成都市酒管局的统一部署，开展经营者备案登记制和溯源制度。受理12358价格咨询260件，价格举报投诉18件（其中市级督办2件），清退不合理收费20多万元。主要反映是物业管理、停车场收费、教育收费等问题，做到件件有结果有处置。12358价格举报24小时值班。

【涉案物品价格鉴定】 按照涉案物品鉴定管理条例规定，遵循公平、公正、科学的原则，进行涉案物品价格鉴定。2006年，价格鉴定案件300件，鉴定金额450余万元，为司法机关打击犯罪提供量刑依据。

（本分目供稿单位：经贸发展局）

2006年成都高新区主要商品市场价格表

表44　　　　时间：12月

产品名称	产品规格	计量单位	超市价	集市价	比上期变化幅度
籼米	特米，本地	元/500克	2.1	2	0.00%
籼米	标一，本地	元/500克	1.4	1.7	0.00%
粳米	标一，汉中	元/500克	1.38	1.5	0.00%
面粉	特一粉	元/500克	1.6	1.6	6.67%
面粉	标准粉	元/500克	1.4	1.4	7.69%
绿豆	上等	元/500克	6.8	4	0.00%
黄豆	上等	元/500克	3.9	2	0.00%
菜籽油	一级 散装	元/500克	4.8	4.8	0.00%
大白菜	上等	元/500克	0.25	0.4	0.00%
莲花白	上等	元/500克	0.3	0.4	0.00%

续表

产品名称	产品规格	计量单位	超市价	集市价	比上期变化幅度
菠菜	上等	元/500 克	1.1	1.5	0.00%
芹菜	上等	元/500 克	0.5	0.8	-20.00%
韭菜	上等	元/500 克	1.9	2	33.33%
花菜	上等	元/500 克	0.6	1.5	66.67%
空心菜	上等	元/500 克	0	0	0.00%
青笋	上等	元/500 克	0.6	0.8	60.00%
黄瓜	上等	元/500 克	2	2.5	0.00%
冬瓜	上等	元/500 克	0.55	0.7	0.00%
西红柿	上等	元/500 克	2.2	2	0.00%
茄子	上等	元/500 克	1	1.5	0.00%
白萝卜	上等	元/500 克	0.25	0.5	25.00%
胡萝卜	上等	元/500 克	0.65	0.8	-20.00%
大青椒	上等	元/500 克	1.1	1.5	50.00%
生姜	上等	元/500 克	1.3	2	0.00%
四季豆	上等	元/500 克	2.3	2	0.00%
土豆	上等	元/500 克	0.65	1	0.00%
大葱	上等	元/500 克	1.3	1.5	0.00%
大蒜(瓣)	上等	元/500 克	3.8	3	0.00%
韭黄	上等	元/500 克	3.6	3	-14.29%
豇豆	上等	元/500 克	4.6	5	66.67%
莲藕	上等	元/500 克	1.65	1.8	20.00%
豆芽	黄豆芽	元/500 克	0.7	0.7	0.00%
豆腐	水豆腐(散装)	元/500 克	1.2	1	0.00%
干海椒	一级,本地	元/500 克	25.8	20	0.00%
黑木耳	小木耳(干)一级,散装,青川	元/500 克	51.2	50	25.00%
花椒	一级,散装,汉源	元/500 克	49.9	40	0.00%
猪肉	精瘦肉	元/500 克	8.68	8	0.00%
猪肉	去骨一级肉	元/500 克	7.28	7	0.00%
牛肉	去骨统货	元/500 克	11.9	10	0.00%
羊肉	带骨统货	元/500 克	7.9	10	0.00%
活母鸡	500 克以上	元/500 克	10.5	11	0.00%
活公鸡	500 克以上	元/500 克	10.9	11	0.00%
活鸭	500 克以上	元/500 克	8.5	10	0.00%
鸡蛋	新鲜完整	元/500 克	3.1	3.6	0.00%
鸭蛋	新鲜完整	元/500 克	0	5	0.00%
鲫鱼	鲜活	元/500 克	7.6	5	0.00%
鲤鱼	鲜活	元/500 克	4.8	4.5	0.00%
鳝鱼	鲜活	元/500 克	0	20	0.00%
草鱼	鲜活	元/500 克	3.98	4.5	0.00%
苹果	一级	元/500 克	2.98	2.5	0.00%
梨	一级	元/500 克	1.9	2.5	0.00%
香蕉	一级	元/500 克	2.7	2	0.00%
广柑	一级脐橙	元/500 克	1.9	1	-33.33%

续表

产品名称	产品规格	计量单位	超市价	集市价	比上期变化幅度
桃子	水蜜桃一级	元/500克	0	0	0.00%
西瓜	一级	元/500克	1.5	1.5	0.00%
红糖	一级	元/500克	6.8	3	0.00%
白糖	一级	元/500克	5.9	2.8	0.00%

（王玉华）

安全生产管理

【概　况】 2006年，成都高新区安全生产工作在成都高新区党工委、管委会的领导下，狠抓安全生产责任落实，积极开展安全生产宣传教育和培训工作，实施安全生产过程监督，强化对危险化学品、建筑施工、公众聚集场所等重点行业、领域的安全监管和专项整治，深入开展创建规范化街道、规范化企业等基础工作。安全生产基层、基础工作得到加强，生产经营单位安全生产条件明显改善，从业人员安全意识进一步提高，重特大事故得到遏制，一般伤亡事故得到有效控制，安全生产形势进一步好转。全年未发生重特大安全事故，发生一般伤亡事故15起，其中死亡事故11起，死亡11人，重伤5人，事故死亡人数占全年控制目标的78.6%，控制在成都市政府下达的14人的指标内，所有事故全部结案。

【宣传教育】 2006年，成都高新区发挥《安全工作动态》、《安全生产监督管理网》宣传政策的功能。年初对安全生产监督管理网进行改版，对网站内容进行更新、充实，在《安全工作动态》上发送信息172条，在《安全生产监督管理网》上发送安全信息54条，集中反映全区安全生产监督管理情况，传达上级精神，汇总隐患排查及整改情况，对重大隐患进行跟踪督办，协调督促相关责任单位清除安全隐患。按照成都市安全生产监督管理局等5个部门《关于开展2006年“全国安全生产月”活动的通知》精神，组织开展“全国安全生产月”活动，各部门、各街道办事处根据各自的职能围绕“安全发展，国泰民安”的主题，开展“全国安全生产月”宣传活动。6月，两委办、工会办事处、经贸发展局、社会事业局、规划建设局、公安分局联合各街道办事处，在和平社区、紫竹广场、肖家河正街、庆安社区、毛家桥设立宣传点，开展“全国安全生产宣传咨询日”活动。成都高新区管委会副主任、安委会副主任刘勇率安委会成员单位负责人参加宣传咨询活动。11月，在神仙树铁路道口开展“珍爱生命，维护铁路运输安全”为主题的宣传活动，通过设置宣传挂图、发放资料、解答问题等形式，向过往群众宣传《中华人民共和国安全生产法》、《中华人民共和国铁路法》、《中华人民共和国道路交通安全法》，提醒广大市民维护铁路运输安全，避免发生事故。宣传活动共张贴公告256份，散发宣传手册300余本，宣传单500余张。组织全区15名安全生产监管工作人员参加成都市安全生产行政执法人员培训；组织43人参加危险化学品从业人员上岗资格培训，13人参加成都市重大危险源普查登记培训；组织区内16家宾馆、饭店负责人和安全管理人员进行安全任职资格培训，参加培训的人员全部取得合格证。

【安全生产执法检查】 成都高新区安委会根据各责任单位的具体情况细化各部门的安全生产考核指标，形成量化指标9大项，31个分项指标，修订目标考核细则，明确考核的要求和评分办法，在此基础上与21个责任单位签订目标责任书。进一步完善企业安全责任落实到人的一把手总负责，分管领导一岗双责，部门分工负责的安全生产责任体系，形成安全生产齐抓共管的局面。发挥安委会协调、监督职能，对检查中发现的安全隐患，督促相关单位及时整改，区、街道安委会共下达“安全生产隐患告知书”36份、下达“安全隐患限期整改通知书”67份。贯彻落实成都市政府《关于进一步加强乡镇（街道）安全生产管理规范化建设的意见》，继续抓街道安全生产管理规范化建设，通过抓街道规范化建设，街道安全生产基础工作得到加强，机构、人员、经费得到落实，安全管理制度和工作制度逐步规范；深入开展创建“平安社区”、“平安学校”活动，肖家河辖区正街社区、石羊辖区双河村、玉林中学等单位分别被成都高新区管委会命名为平安社区、平安村、平安学校。落实企业安全生产主体责任，督促企业加强安全管理工作，推进安全生产规范化管理。对成都住矿电子有限公司、彩虹集团成都泉源卫生用品有限公司危险化学品的运输、储存、使用等环节提出具体要求，督促企业完成安全评价、危险化学品登记、应急救援预案的编制、从业人员上岗培训等工作;积极引导、支持和帮助生产经营单位开展国家职业安全健康管理体系认证。2006年,共有17家企业取得国家职业安全健康管理体系认证;积极推进安全生产规范化企业创建工作,5家企业经检查验收达到安全生产管理规范化建设的标准和要求。

【事故调查处理】 2006年,成都高新区属地范围内发生的15起安全生产事故均得到及时、妥善处置,维护受害职工的合法权益。在事故调查处理方面,按照安全生产事故调查程序和“四不放过”的原则,开展事故调查,认定事故责任,处理事故责任人,并要求事故责任单位排查事故隐患,制定整改措施,认真完成整改。全年牵头完成死亡事故调查6起,协助省市完成事故调查5起,处理其他伤害事故5起,处罚事故责任单位15个、事故责任人43个。

【安全生产监管】 2006年4月,成都高新区南部园区15.6平方公里范围内建设项目正式由成都市建委移交成都高新区监管。4月,人事劳动局、经贸发展局、规划建设局、城管执法局、社会事业局、科技局等部门以及石羊、桂溪街道办事处联合开展对建筑工地安全文明施工大检查;4月~9月,成都高新区管委会3次召开建筑工地现场管理工作会,通报区内发生的安全生产事故,批评有关责任单位和责任人,强调安全生产法律法规的落实;9月,制定并印发《成都高新区建筑施工企业安全生产、文明施工业绩考评暂行办法》,明确对区建设工程项目实行差异化管理具体要求,确定安全生产、文明施工管理业绩与建筑市场准入的实施方式;为杜绝节假日施工现场安全管理人员脱岗现象,促进建筑施工安全形势稳定好转,规划建设局等部门从10月开始加强节假日施工现场的监督管理,每周末安排一个检查组,对建设项目安全管理人员和监理是否在岗进行检查,发现脱岗情况及时纠正。对区内16个加油站进行全面检查,对7个安全距离不符合要求、安全管理不规范、人员培训不到位的加油站提出限期整改的要求,使上述加油站按照《危险化学品安全管理条例》及《汽车加油站设计与施工规范》完成整改。开展医药、危险化学品生产企业专项整治,组织科技局、质监分局等部门开展医药企业和危险化学品生产经营企业安全专项检查,共检查国家中医药评价中心、倍特药业、恒瑞制药、清山利康药业、川抗万乐药业等医药企业和彩星科技、住矿电子有限公司、枫桦化工等企业危险化学品管理、废弃物处置等情况,督促企业加强管理,完善安全、环保设施。加强对危险化学品生产、经营、储存、运输等环节的监督检查,按成都市安监局要求开展危险化学品安全集中整治,查处3家非法存储危险化学品企业,转移危险化学品共计120吨,搬迁危化生产企业2家,督促6家危化经营企业入驻西部化工市场,组织43人参加危险化学品从业人员上岗资格培训。完成危险化学品经营许可办证现场初审4家,其中生产企业1家,票据交易类企业3家;根据《易制毒化学品管理条例》、《四川省非药品类易制毒化学品生产、经营许可实施细则》开展非药品类易制毒化学品清理和登记备案工作,已清理出使用单位32个,开展非药品类易制毒化学品经营备案(三类)7家。

【专项检查】 2006年,成都高新区安委办完成烟花爆竹经营户安全条件审查,按照经营许可条件发放经营许可证(零售)21个。春节期间区安委会组织街道办事处、公安、城管、工商等部门开展烟花爆竹安全检查,查处非法经营烟花爆竹36件。除夕夜,成都高新区管委会副主任刘勇带领安委会和安办负责人到天府大道沿线巡查,确保节日期间烟花爆竹燃放安全。开展打击非法制售烟花爆竹专项整治,共出动检查人员56人次,检查烟花爆竹经营户14家,对3户违规经营的责令限期整改,对4户烟花爆竹摆放不规范的问题进行现场纠正。积极开展重大危险源普查登记工作,成立重大危险源普查登记领导小组,制定重大危险源普查登记实施方案,组织区内11家企业参加由成都市安监局组织的重大危险源普查登记培训,指导企业使用重大危险源普查软件填报企业重大危险源资料,用电子数据管理技术对重大危险源进行管理,区内参加培训的11家企业按照要求对重大危险源的基本情况进行登记,将普查软件报送区安委会进行统一登记存档。切实抓好交通安全工作,以“严监管、治隐患、降事故、保安全”为主题,深入开展“交通安全年”系列活动。一是开展创建“平安大道”活动。投资3440万元对西芯大道成都高新区段路面、绿化带、道路两侧河道及公交站台进行全面改造,完善道路交通标志标线、各路口红绿灯等交通安全设施,通过改造,西芯大道车辆通行能力和交通安全状况有较大改善。交警巡逻分局加强道路交通安全执法检查,加大对“西芯大道”的巡查力度,严查违章,对酒后驾车、超速行驶和违反交通灯光信号控制等违法行为进行严格处罚;加强对危险品运输的监督检查和农用运输车辆执法检查,共检查农用运输车46台,纠正违章行为21起。二是整治道路安全隐患。投入25.1万元对元华公路部分路段进行整治,修补沥青路面、清理两侧堆积物;投入13万元,对冯家湾工业园3.9公里道路进行整治,完善园区道路交通标志标线,消除事故隐患；成都高新区管委会、石羊街办两级财政共投入20万元，为新光社区、新北社区、新南社区、三元社区三个农转居社区10公里的道路施画道路标线，规范交通行为，保障新建社区道路交通安全。三是实施东风渠隐患整治。将东风渠沿线（高新辖区）临河通道、危桥安全隐患整治列入计划，纳入目标绩效考核。完成南部园区府河、清水河临河通道和毛家桥等4座危桥的整治。（本分目供稿人：潘华刚）

工商行政管理

【概　况】成都高新区的工商行政管理工作，由成都市工商行政管理局派出机构成都市高新工商行政管理局(简称高新工商局)负责。高新工商局驻天府大道18号高新国际广场A座7楼。2006年，高新工商局有工作机构8个，干部职工47人(女干部11人)，研究生学历1人，大学本科32人，大专学历14人；副处以上领导干部14人，科(所)长8人；聘请临时人员13人。全年，高新工商局围绕服务全区经济发展这个中心，开展“服务学习年”、“基层建设年”、“创新保平安年”和“产业发展年”等活动，发挥工商行政管理职能，加强规范化服务型政府建设，坚持科学发展观、科学监管观，提高行政执法能力，提升干部队伍服务意识和服务能力，做好企业登记、市场监管、行政执法、消保维权等工作。全年全区新登记注册个体工商户1199户（其中港澳居民申办个体工商户1户)，累计达12162户；新登记私营企业1493户，累计达7544户；新登记内资企业1683户，累计达11495户，注册资本达340.83亿元，个体工商户及内资企业共新增从业人员23206人，累计达216291人；核发企业集团登记证书2个，全区登记的企业集团已达14户。外商投资企业新设立登记91户，累计达687户，与上年相比增长13.18%；外商投资总额新增8.6亿美元，累计达41亿美元，与上年相比增长68.6%；注册资本总额3.8亿美元，累计达22.33亿美元，与上年相比增长65.7%。世界500强和知名企业共有33户在成都高新区落户。经认定的高新技术企业共864户，分别占全省70%以上，占全市80%以上。2006年，高新工商局被成都高新区党工委、管委会评为“2006年度促进充分就业先进单位”、“2006年度社区建设先进单位”，被成都高新区管委会评为“2006年度城市管理工作优秀单位”、“2006年度环境保护先进单位”。（邓昌军　徐光平）

图 66：高新工商局“3·15”消费者权益活动现场
（高新工商局　供稿）

【工商登记】2006年，高新工商局落实成都市委、市政府关于规范化服务型政府建设的总体要求和具体部署，坚持“以人为本、以客为尊”的服务理念，完善首办责任制、首问责任制、一次性告知制度、企业注册登记“一审一核”制度，深化市场准入工作机制改革，将12个行政审批服务事项细化为139个子项目，制发办事指南93种、章程参考范本6种，实现事项名称、法律依据、申请材料、办理流程、办事时限和收费标准“六统一”。增设两个快速办事窗口，即标准件通道和绿色通道。解决“金威啤酒集团有限公司”、“金山数码有限公司”、“成都航天光电技术有限公司”、“成都川生能源生物技术有限公司”四家公司名称核准问题，特事特办“台塑科技有限公司(台资)”、“北京思曼普公司成都分公司”、“成都华微电子技术有限公司”等重大引进项目登记。2006年新登记企业1738户，注册资本(金)68.28亿元。（王继良）

【企业年检】根据《中华人民共和国公司法》、《企业年度检验办法》，高新工商局在年检工作中，设企业年检受理窗口，编制企业《年检指南》供企业参考，方便企业年检；对经营范围涉及前置许可的企业进行重点审查。2006年共年检企业5700户，个体工商户验照2449户；办理企业申请注销营业执照125户，吊销企业营业执照1007户。（王继良）

【市场监管】2006年1月，根据成都市工商局《关于立即启动市场防控高致病性禽流感应急预案的紧急通知》精神，按照《防控预案》，高新工商局投入市场防控高致病性禽流感“一级预警”工作，统一调配全局力量，除保证正常开展业务工作的人员外，其余人员全部安排到辖区各市场巡查，做好防控工作。防控期间，共出动车辆530台次，人员1061人次，累计检查经营户17610次，保证市场交易安全，确保人民群众健康消费。制发《切实推进流通环节食品安全实施意见》、《关于加强元旦春节期间食品消费安全的通知》等文件，将此项工作列为全年的一项重要工作。制定《食品安全专项整治实施方案》、《食品安全应急预案》、《食品安全责任书》、《市场食品安全责任书》、《市场管理责任书》、《关于切实推进质量月宣传咨询服务活动暨“十一”、“中秋”食品安全集中检查整治工作的实施意见》等10多个规范性文件，指导食品安全专项整治和管理工作。组织区内红旗连锁、互惠、家乐福等大型经销食品企业召开座谈会，要求企业加强自律，确保食品安全。节日期间，工商执法人员开展食品安全集中检查，对工业玉米淀粉、流通领域边销茶、劣质奶粉、加工病死动物产品、蜂蜜、葡萄酒、非法添加苏丹红等食品进行专项重点整治。配合四川省和成都市工商局先后实施5次商品质量专项监督抽查，共出动执法车辆108台次，出动执法人员260人次，检查各类食品经营户、超市1091户，抽检55个批次商品并向社会公布结果，对不合格商品要求商家进行撤柜处理。组织网通、家乐福等企业参加诚信品牌、诚信示范企业、诚信示范窗口的评定，推荐家乐福大世界店参加优秀投诉站的评比。成都市消费者协会2006年“3·15”总结表彰工作会上，局长张春林荣获个人金质奖章，成都高新区消费者协会荣获先进单位，“成都家乐福超市有限公司”大世界店投诉站被评为优秀投诉站。全年，办理市场登记证3个，商品展销会登记证1个，年度检验“市场登记证”11个；新增加设立“12315”投诉联络点1个，全区“12315”联络点达14个。“12315”专线受理、处理消费者投诉378件，挽回消费者经济损失77902.40元；受理消费者咨询1580人次，违法违规举报案件66件。 (张 庆)

【无照经营清理整治】 2006年，根据《无照经营查处取缔办法》和成都市人民政府办公厅《关于清理整治无证无照餐饮食品经营行为的通知》等文件精神，制发《无证无照经营行为清理整治方案》和具体实施意见，成立工作领导小组，组织召开成都高新区“清无”小组成员单位会议。开展摸底调查，查清全区共有无证无照经营户1439户，其中餐饮食品经营户403户(食品经营户有91户)，将面临撤迁的有178户；进行宣传动员，散发宣传资料4300份，在辖区各市场、各商业网点较集中的街道和社区张贴“清无”通告120张，发出整改通知书90份。组织全区范围内的集中整治3次，符合办证条件的78户餐饮食品经营户到工商局办理营业执照，38户无证无照餐饮食品经营户转向经营，31户自行停业，30户依法予以取缔。 (李 建)

【工商行政执法】 2006年，高新工商局按照成都市工商局安排部署，实施整顿和清理无照经营行为、整顿和规范酒店式公寓和商务酒店的经营行为、“打黄扫非”专项检查、食品卫生安全专项检查、“黑网吧”专项执法检查、桶装水销售专项检查、娱乐场所食品卫生安全经营行为专项检查、校园周边环境综合整治等系列专项检查。检查中对发现的各种违法经营行为进行纠正和予以行政处罚。依照《关于开展治理商业贿赂专项工作的意见》，设立治理商业贿赂专项工作领导小组办公室，查处商业贿赂案件。全年，共受理各类投诉、举报案件133件，受理率达100%。立案查处各类经济案件54件，罚没入库金额66.1万元，万元以上的案件22件，结案率达98%，案件核审合格率100%。其中：涉嫌商业贿赂2件，罚没入库金额6.4281万元；涉及不正当竞争案件3件，罚款6.5万元；投机倒把案件9件，罚款4.6万元；商标、标志侵权案件1件，罚款0.1万元；广告违法案件1件，罚款0.5万元；其他经济案件38件，罚款54.4万元；当场处罚17件，罚款0.7万元；没收假酒121瓶，假方便面2676盒。处罚案件中，无一件行政复议和行政诉讼案件。 (焦文胜)

【广告监管】 2006年，高新工商局依据《中华人民共和国广告法》、《中华人民共和国行政许可法》、《广告管理条例》、《户外广告登记管理规定》等法律法规和成都市工商局的授权，高新工商局重点对企业发布广告内容审查、户外广告日常巡查、户外广告专项清理整治。全年审核发布的四川非凡文化广告传播有限公司城南名著房地产项目、成都宜家家居有限公司宜家家居车身广告等广告36件，面积2355平方米。 (何宗伟)

【禁宰工作】 为防止重大动物疫病，引领健康消费，维护社会稳定，2006年4月，成都市政府作出禁止在中心城区进行活畜禽交易和宰杀的决定。按照条块结合，属地管理的工作原则，成都高新区党工委、管委会确定成都高新区重大动物疫病防治领导小组为“禁宰”工作的协调组织机构，领导小组办公室(经贸发展局)牵头，各街道办事处和各部门根据职能分工，各负其责，密切配合。“禁宰”工作纳入区目标管理。各街道办事处是“禁宰”工作实施主体，确定其负责人和专职工作人员，制定工作方案，安排工作经费，负责本辖区“禁宰”工作，保障市场供应，维护社会稳定。“禁宰”工作中，关闭三环路内活畜禽宰杀点40家、取缔“水盆鸡”销售点22家，建成冷鲜销售店20家。区财政安排经费19.2万元，用于取缔活畜禽禁宰和水盆鸡销售点补贴等。 (经贸发展局)

【工商服务规范化建设】 高新工商局按照成都市工

商局“举旗帜、抓班子、带队伍、促发展”的要求，加强科(所)一级领导班子配备，依据《党政领导干部选拔任用工作条例》和《中华人民共和国公务员法》，按照公开、公平、公正和择优的原则，选拔任用8名科(所)长领导岗位干部。修订下发《成都市高新工商局公务员绩效考核暂行规定》，补充完善绩效考核的内容，提升奖惩力度，将目标督查、效能监查、执法检查即“三查合一”与公务督察统一起来，把绩效考评和奖惩逗硬落到实处。2006年，学习贯彻中央《建立健全教育、制度、监督并重的惩治和预防腐败体系实施纲要》，局

图67：高新工商局促进就业活动现场

(高新工商局 供稿)

党组书记分别与8个部门主要负责人签订《党风廉政建设责任书》，组织全体干部观看中纪委党风廉政建设电教片《警钟》和省纪委制作的《慎权——少数县级党政“一把手”违纪违法典型案件警示录》、《权利寻租必自毁——陈家荣悔罪警示录》等电教片，开展治理商业贿赂等专项自查自纠工作，全局46名干部无一人在煤矿资源投资入股，全年未发生一起违纪之事件。高新工商局推进ISO 9001质量管理体系工作，用贯标提升服务水平。企业注册登记管理工作按照成都高新区五星级服务标准，改进审批环节，简化工作流程，全部行政审批事项集中到政务服务大厅快速办事窗口。遵照成都市委、市政府关于统筹城乡经济社会发展，推进城乡一体化进程的战略部署，配合区内相关部门，摸清区内村办集体企业的注册登记情况，制定处置方案，提供注册登记方面的法律、法规咨询；落实失地农民再就业的相关优惠政策，减免278户失地无业农民持“成都市失地农民再就业证”申办个体工商户登记收费6394元；发挥企业登记管理职能，引导龙头企业建立健全现代企业制度，全年登记涉及农、林、牧、渔种植养殖加工行业的龙头企业19户；制定出台《成都市高新工商局关于支持成都高新区下岗失业人员自谋职业帮扶措施》，为进入新义和新园2个市场从事个体经营的下岗和失地农民办理营业执照115户(其中有78户系失地农民)，免收各种行政规费2万元。通过市场巡查和注册登记，了解企业用工需求，向企业推荐就业人员，帮助下岗失业人员和失地农民在区内择业上岗。累计向有关部门提供适合下岗失业人员非管理和非技术类就业信息1000条。按照成都市工商局统一安排，完成与成都高新区个体私营协会的工作人员、办公场所、财务(资产)彻底剥离；完成2005式工商制服的换发工作。 (王维建)

质量技术监督管理

【概　况】 成都高新区的质量技术监督工作，由成都市质量技术监督局的派驻机构成都市质量技术监督局高新分局(简称高新质技监分局)负责。高新质技监分局驻天府大道18号高新国际广场A座第7层楼。2006年，成都高新区的质量技术监督工作立足全区经济建设、产业推进、目标实施，加大服务企业的步伐，增强质量安全监管力度，标准化工作全面施行、计量管理重点深入、代条码工作稳步拓展、特种设备安全监察日趋健全、打假治劣运行有力。安全生产工作、社区建设、高新区地方志修志、宣传信息、名牌战略实施、采用国际标准项目认可工作、质量监督管理、计量管理、特种设备重大危险源整治工作、“四五”普法等10项目标工作分别获得成都高新区党工委、管委会和成都市质量技术监督局“先进单位”表彰，在成都高新区实现跨越中积极地发挥职能作用，取得专门成效。 (丰学炎)

【质量监督管理】 2006年，成都高新区质监分局贯彻落实《成都高新区食品生产加工企业巡查工作责任制》、《加强食品生产加工业质量安全整治工作的意见》，健全食品质量安全责任制，完善食品生产、加工领域的监管体系，明确各部门和各街道办事处2006年整顿食品生产加工业及食品生产加工领域质量安全监管专项目标任务，与街道办事处和企业签订安全责任书；实施食品质量监督抽查和定期公开制度，共对78家企业的100批次产品进行4次监督抽查，抽检合格率达到95%，并将督查结果公告；做好质量监管和各项基础性工作，对食品生产企业按照A、B、C分类监管，有计划开展巡查、回访及监督检

查及处理；组织60家企业开展食品添加剂使用备案工作，开展22家企业30个产品的QS（食品安全认证）取证工作，新增10家企业申请QS认证；开展的食品安全整顿工作取得成效，并受到成都市食品安全综合评价小组肯定；实施“食品放心工程”，促进食品生产加工企业质量水平全面提高；实施名牌战略，开展成都高新区第八届四川省名牌产品推荐申报活动，9月“通威牌禽饲料”获中国名牌产品称号；帮助企业加强质量管理，对135家企业建立质量档案数据库，对100家CCC、生产许可证、特种设备生产安装、医药生产、计量器具生产单位开展质量调查，建立健全质量档案动态机制；成都市棒棒娃实业有限公司、成都德源线缆有限公司获“2006年度四川省民营企业质量管理先进单位”称号，成都倍特药业有限公司、成都皇城老妈酒店有限公司、成都前锋电子电器集团股份有限责任公司获“2006年度四川省企业质量管理先进单位”称号；大唐电信科技股份有限公司、成都硅宝科技实业有限责任公司、成都蓉生药业有限责任公司、成都嘉隆利食品有限公司4家企业获质量信誉最高级3A确认，“五牛科技”、“新光微波”2家企业获2A质量信誉等级确认；做好工业产品生产许可证管理工作，为30家企业举办《工业产品生产许可证管理条例》培训班；向30家工业产品生产许可证企业发放质量监管告知书；30家企业开展年审换证工作，年审率100%，抽查合格率100%。（李　宽）

成都高新区创建名牌产品·免检产品表（1999年~2006年）

表45

类　别	产品名称	单位名称
中国名牌产品	前锋燃气热水器	成都前锋电子有限责任公司
	通威牌禽饲料	通威股份有限公司
国家免检产品	谷之源牌大米	成都市互利达实业有限公司
	金鲨鱼牌大米	成都市互利达实业有限公司
	汇源通信光缆	四川汇源光通信股份有限公司

续表

类　别	产品名称	单位名称
四川省名牌产品	地奥牌地奥心血康胶囊	成都地奥制药集团有限公司
	青羊牌贝诺酯片	地奥集团成都药业有限公司
	恩威牌洁尔阴洗液	成都恩威制药有限公司
	川农牌杂交水稻种子	四川农大高科农业有限责任公司
	蜀风牌电能表	四川启明星蜀达电气有限公司
四川省名牌产品	新大洋牌氧化碳气体保护焊丝	成都新大洋焊接材料有限公司
	前锋燃气热水器	成都前锋电子有限责任公司
	锦江牌铝材	成都恒通铝业有限责任公司
	AB牌纸制品	成都岸宝纸业集团有限公司
	谷之源牌大米	成都互利达实业有限公司
	ZBW系列箱变电站	成都科星电力电器有限公司

（李　宽）

【标准化管理】 2006年，成都高新区推进标准化工作，制定《成都高新区推进高新技术产业标准化工作规划》，向国家标准化委员会上报西南化工研究设计院、成都硅宝科技有限责任公司等10个“成都高新区标准计划项目”，向成都市质量技术监督局报送“成都高新区标准化工作重点发展目录”，组织8家企业参加国际、国家、行业标准化活动情况调查，新增中住光纤公司、华润食品饮料公司采用国际标准和国外先进标准（简称“采标”）产品10个，新增执行标准登记35家，企业产品标准备案64个。（张　艰）

【计量管理】 2006年，成都高新区引导企业规范性使用计量器具。对成都普天电缆股份有限公司、成都旺旺食品有限公司成都分公司的“企业能源计量状况”进行专项调查，对临街商铺贸易结算用计量器具开展专项监督

表46

2006年成都高新区"采标"目录

产品名称	采用标准名称	单位
B1.1 单模光纤	单模光纤光缆特性 ITU~TG.652.B	成都中住光纤有限公司
B1.3 单模光纤	单模光纤光缆特性 ITU~TG.652.D	
PA	单模光纤光缆特性 ITU~TG.652.D	
三相电子式多功能电能表(无功) 单相电子式电能表 三相电子式多功能电能表(有功)	IEC61268:1995 IEC61036:2000 IEC60687:2000	四川启明星蜀达电气有限公司
"怡宝"天然矿泉水	天然矿泉水法典 CODEXSTAN108~1981	华润食品饮料(成都)有限公司
单相电源避雷器 URD220~40	IEC61643~1:1998	成都优瑞电子有限公司
雷电型电源保护器 URD380~40	IEC61643~1:1998	
JL胶粉聚苯颗粒复合保温板	DIN18550	四川锦利源节能环保材料有限公司

(张　艰)

检查,对辖区16家加油站的92台加油机开展加油机计量性能专项检查,对"肖家河"、"紫荆"、"兰天"、"神仙树"4家农贸市场开展计量监督检查,对"放心粮油销售店"开展计量条码检查,集贸市场公平秤、在用加油机、固定摊点在用计量器具受检率90%,定量包装商品净含量合格率80%,大型超市计量器具受检率96%,眼镜制配场所受检率95%,医疗单位计量器具受检率区级医院95%、民营医疗机构85%、街道和社会办医80%,重点监管单位强制器具已建台账档案。(张　艰)

【代码条码管理】 2006年,成都高新区做好组织机构代码证的年检、新办和换证工作,代码年检5913家,年检率达70%;新办和变更代码3572家,办结率和数据合格率达100%;新增商品条码4家。(宁　坚)

【特种设备安全监察】 2006年,成都高新区逐步建立传统的突击检查与经常性监督巡查相结合的监管模式。与区内企业签订特种设备安全承诺书,下达2006年成都高新区锅炉压力容器巡查计划,按计划对压力管道和电梯的使用单位进行普查登记,建立和完善特种设备管理数据库;强化特种设备安全工作监管力度,向各街道办事处转发《关于继续加强"土锅炉"专项整治工作的通知》,对城乡结合部以及小型企业、个体业主使用特种设备进行重点排查,元旦、春节、"五一"、"十一"重大节日会同相关部门对学校、医院、商场、宾馆、加汽站重点单位和公众聚集场所的锅炉、压力容器、电梯进行认真检查,开展医药、危险化学品企业专项整治,共实施各类特种设备专项检查10次,发出监察整改意见书28份,查处锅炉使用违规单位1家、锅炉制造违规单位1家;强化特种设备操作人员培训及全民安全意识普及工作,组织企业的特种设备操作人员参加成都市质量技术监督局举办的压力容器、电梯、锅炉操作人员培训班,共培训70人次,特种设备作业人员持证上岗率100%;开展"特种设备安全知识进校园"活动,举办特种设备安全知识讲座,向学校师生赠送特种设备科普图书及挂图;在成都创意压缩天然气有限公司CNG充装站开展事故应急预案实战演练;做好特种设备定期检验工作,督促特种设备使用单位进行定期检验,确保在用电梯定检率达98%以上,锅炉、压力容器定检率达95%从上,电梯检验770台,定检率98.5%;锅炉检验55台,定检率95%;压力容器检验17台,定检率95%。(宁　坚)

【打假治劣工作】 2006年,成都高新区质监分局全面落实打假责任制,与各打假成员单位和街道办事处签订《打假工作责任书》,实行打假工作行政首长负责制,建立辖区责任制和层级负责制,健全和完善打假工作网络，在各村聘请打假信息联络员，将打假责任制覆盖到全区各村和社区，做到打假工作组织落实、人员落实、任务落实、责任落实；抓好重点行业、重点产品的专项整治工作，对涉嫌违法添加苏丹红的食品以及危化品、酒类产品、电热毯、消防器材、塑钢门窗、眼镜、公共信息标志标识和禽流感预防等开展专项执法检查28次；查处成都耶利亚食品有限公司、永佳乐食品有限公司、君游乐食品有限公司等16家企业涉嫌生产、销售不合格产品；查获高新石羊大利制冰厂无证生产销售产品案；处理四川金利成通江银耳保健品有限责任公司、红旗连锁有限公司4起不符合强制性标准和标识案；查处涉及食品质量安全、生产许可证、计量、标准化、特种设备安全的案件23起，现场处罚363件次，行政处罚案件结案率100%，办案准确率100%，案件回访率20%。 （裴京成）

档案管理

【概　况】 成都高新区档案室建于1996年，日常工作由两委办负责，具体工作由两委办秘书处管理。随着成都高新区的不断发展，各类档案数量逐渐增多，档案查询也越来越频繁，现有档案管理模式已不能适应发展的需要。为进一步促进档案管理工作系统化、专业化、规范化和信息化，2005年，两委办完成成都高新区档案管理中心从筹备、工程装修建设、设备安装、档案中心库房分配到管委会各部门的全部工作，档案中心的建成对档案管理工作的现代化、规范化、标准化建设具有重要的意义。成都高新区档案管理达省三级标准并获得：“2005年度成都市机关单位工作规范化管理成绩突出单位”称号、“指导科技事业单位档案工作规范化管理突出单位”称号、“2005年度成都市档案工作先进单位”称号、“2006年度成都市档案教育工作成绩突出单位”称号；并得到通报表彰。区国税局、国土局、地税局档案管理工作达到省一级标准，财政局达到省二级标准，成都师范银都小学、高新四小等区内中小学校、三个街道办事处均达到四川省科技档案管理工作三级或三级以上标准。

【档案法制化建设】 2006年，成都高新区切实履行《中华人民共和国档案法》和《档案法实施办法》赋予的档案行政管理职能，依法制定《成都高新区档案管理工作的实施办法》不断完善成都高新区档案管理实施细则。加强档案执法队伍建设，切实增强法制观念，提高依法办事能力和执法水平，切实提高对各类档案资源的依法监管能力。开展档案法制宣传和普法教育，将档案法制宣传教育列入普法教育范畴，提高档案法律意识。

【档案信息化建设】 2006年，成都高新区推进档案信息化建设，加快档案信息化基础设施建设，加强电子文件归档和电子档案的规范化管理，推动档案数字化和数据库建设。加强电子文件归档管理，积极推进档案数字化进程。研究适合成都高新区电子档案接收、保管、利用的技术方法，制定电子文件（档案）管理办法。

【档案中心建设】 2006年，成都高新区加大档案资源建设力度，根据历史和现实的需要合理调整档案收集范围。依法做好档案的移交、接收、征集工作，加大对重大活动和重要会议档案的收集。加强对档案整理、编目、鉴定、保管、复制、检索、利用、编研等档案中心业务工作的规范化管理，加快档案开放利用进度。积极开展政府公开信息和档案信息查询服务，发挥档案信息资源的作用。充分利用档案中心的优势，加强档案信息资源深度开发与利用，提升档案中心的公共服务功能。加强对规划、国土、房地产、学校等专业档案和部门档案的建立、管理、服务的指导作用和监督作用。

（本分目供稿人：朱静）

资产投资管理

【概　况】 2006年，是高投集团的“重点建设与目标预算管理年”，高投集团围绕成都高新区“1223”发展战略和公司“高科技园区投资运营商”的定位，以重点建设项目投资及推行全面目标预算管理为重点，通过加强资源的组织和利用，强化现代企业法人治理，开拓经营渠道，规范管理流程，健全激励机制，实现战略转型的阶段性目标。2006年，完成工作目标14项，专项目标22项。全年实际完成投资34亿元，其中：基础设施14.3亿元，房建19.7亿元，新开工项目27个，竣工17个，续建10个，新建续建道路56.4公里，污雨水管道97.5公里，房建工程170.9万平方米。确定“强化经营性项目营销，分类经营，盘活资产，完善机制”的资产经营总体思路，组建专业的园区管理团队——天府软件园管理服务中心，配合高新国际广场开盘、模具工业园招商、创新组团营销，高新置业公司与高新建设公司均组建专业营销队伍，高新建设公司承接西区政务中心物管工作，天府软件园入驻世界500强企业在内的国际国内知名企业32家，租售面积达171万平方米；高新国际广场D、E座销售面积6769.1平方米，实现销售收入5362.2万元；南部园区农迁房商铺租售面积15992.2平方米，实现收入1664.5万元；西区模具工业园出租面积70469.9平方米，实现收入771.9万元；创新组团已销售面积10.6万平方米，累计回款24亿元。各项经营收入全年累计达到10.3亿元。完成多个重大投资合作项目，包括：成芯半导体项目完成工程建设，进入设备调试阶段；与中外空运发展股份有限公司达成合作协议，完成成都保税物流中心合资公司组建；与中外合资企业——成都西御大厦有限公司合作修建高新孵化园IT研发中心，协议投资金额人民币3.35亿元；京东方合作项目，已签订投资合作协议，正开展合资公司注册前期工作；中德国际医院项目，总投资8000万欧元，经双方磋商，对合同条款基本达成共识；国腾投资项目，已开展实地考察和尽职调查，并达成投资合作意向；与台湾东元集团、四川长虹共同投资的RLED项目合作协议已签订。经过高投集团、成都高新发展股份有限公司（原成都倍特发展股份有限公司）及相关中介机构共同努力，完成上市公司股改工作，“倍特高新”正式更名为“高新发展”。围绕集团主业积极拓宽业务发展空间，实施专业化经营，为园区提供全方位的配套服务，集团所属国贸公司、创投公司、保税物流公司、科技担保公司、现代体育公园管理公司通过转变观念，挖掘增值服务，以服务增效益，取得预期效果。高投集团全面推行目标预算管理，严格制定和控制各项经营管理指标；实施集团财务结算中心模式，实现资金、人员、核算“三集中”；深化绩效管理，实现以岗定责、以岗定薪的“双定”目标；严格推行建设工程全过程造价控制管理，变事后控制为事前、事中控制。高投集团在党风廉政建设工作方面，与成都高新区检察院共同开展职务犯罪预防，建立联席会议制度，严格超前预防工作。2006年，高投集团组织员工参加成都高新区第三届运动会并取得优异成绩，参加成都高新区机关党委“感动高新”征文活动并荣获“优秀征文奖”1篇、“征文纪念奖”4篇，参加成都高新区“慈善一日捐”活动，募捐善款5000余元，捐赠衣物400余件，全面更新改版高投集团网站，利用航空杂志、当地报刊、户外广告等媒体以及高投集团印发的《快讯》加强高投集团对外宣传。

（彭　隽　刘国东）

【高科技投资项目】 2006年，成都高新创新投资有限公司是成都高新区主要从事股权投资专业机构之一，围绕成都高新区“1223”发展战略，加快投资步伐，优化投资结构，实现配套投资服务多样化，从而推动区内经济发展。高投集团公司主要以股权投资的形式投资于高成长性的科技创新企业，配合企业发展中萌生的资金、管理等需求，提供中小企业贷款、融资咨询、基金申报、技术认证、科技成果转化等相关配套服务，扶持企业快速成长。公司股权投资方面重点关注区内电子信息、生物医药、精密机械三大支柱产业及教育文化传媒等新兴领域内具有自主知识产权的高科技企业，用市场化手段促进产业发展，通过股权转让、兼并收购或其他方式退出，充分发挥政府资金的引导和放大作用，促进成都高新区高科技企业科技成果的转化和重点产业的发展。2006年，成都高新创新投资有限公司共走访企业286家，提交拜访报告127篇，确定“四川安好精工机械有限责任公司、四川源生生物药业有限公司、成都恒瑞制药有限公司、奥泰医疗系统有限责任公司、成都数视微科技有限责任公司、成都中科前程科技有限公司、甲骨文软件系统有限公司成都分公司、成都数字媒体产业化基地有限公司、成都汉科计算机信息技术有限公司、芯通科技（成都）有限公司、四川登巅微电子有限公司”等30多个重点项目，完成11个项目的立项报告、10个项目的投资建议、5个项目的投资流程（包括琢新项目、安好精工项目、思尔科项目、数视微项目、三民药业项目），投资领域涉及生物医药、精密机械加工、软件外包、微电子等重点发展的产业领域。

（易　宇　何　敏　王　兆）

【重点投资项目】 四川琢新生物材料研究有限公司是以研发可降解医用聚合物和医药中间体为主业的高新技术企业，已成功向4家公司转让医用材料技术9项，合同转让金额上千万元。创投公司对其实施投资后，琢新公司逐步实现从研发到产业化的转型，2006年，实现中间体销售收入800余万元，比上年同期增长8倍，产品90％以上出口国外，现已成为国内L～正缬氨酸及其衍

图68：“安好精工”项目合作签字仪式

（成都高新投资集团有限公司　供稿）

生物和氨曲南生产的重要企业之一。2006年，实现股权投资共1147万元，其中包括对四川琢新生物材料研究有限公司投资200万元，占琢新公司股权的13.3%；对四川安好精工机械有限公司投资200万元，占安好精工股权的9.09%；对成都思尔科软件有限公司投资147万元，占思尔科股权的49%；对成都数视微科技有限公司投资200万元，占数视微股权的49%；2006年底还完成对四川三民药业有限公司投资400万元的投资流程，占三民药业股权的21.88%。（易宇 何敏 王兆）

【产业投资】 产业投资是成都高新创新投资有限公司针对区内成长期或成熟期企业的投资业务。该类企业一般生产经营已比较稳定，具有一定的资产规模和较好的盈利能力，通过外来资金的进入能帮助企业迅速扩大生产规模进而发展成为区内产业龙头，从而带动相关产业的发展，在企业实现预期经营目标或上市后退出。创投公司围绕成都高新区战略发展实施产业投资，已与成都高新区各职能部门就企业扶持和产业发展进行多次合作和创新探讨，重点对成都高新区电子信息、生物制药、精密制造、新兴产业等相关产业进行投资。2006年，先后与成都奔月科技有限公司、奥泰医疗系统有限责任公司、宝利根(成都)精密模型有限公司、成都星宇软件开发股份有限公司等多家企业就产业投资进行洽谈，创投公司投资以引导建立产业基金为发展目标，发挥国有资本引导和吸收境内外商业资本的作用，多方位拓展产业投资的融资渠道，目前已初步形成涵盖银行资本、投资资本、产业资本、民间资本等的多元投资体系，为投资企业提供融资、项目管理和咨询等增值服务，与国内外专业机构建立投资联盟。

（易宇 何敏 王兆）

【保税物流管理】 成都保税物流中心是在国家海关总署的倡导和四川省、成都市政府的支持下，为满足地区国际贸易、尤其是加工贸易的快速发展对保税物流服务的需求，改善地区投资环境，提升地区招商引资综合竞争力而设立，具有国家赋予的各项优惠政策和专业功能的国际物流园区。是经海关总署批准，在中国西部地区建成的第一家保税物流中心，是具有综合物流服务功能的海关集中监管场所。中心位于国家级成都高新技术产业开发区(西区)，临近四川成都出口加工区(西区)、213国道、成灌高速公路及绕城高速公路，规划总占地面积53.333公顷，其中项目一期(启动区)占地22.667公顷。中心按照国际物流标准设计，于2005年10月开工建设，于2006年8月全部建成并通过成都市建设工程质量监督站验收。中心总建筑面积59305平方米，包括海关卡口200平方米，保税仓库近5万平方米，海关查验仓库1200平方米，卸货区12157平方米，总平道路38137平方米，绿化54634平方米，隔离围网1527米，综合办公楼7000多平方米。配有24小时全方位实时监控系统、海关联网监管系统、电子口岸网络平台等设施。海关、商检等职能部门及银行等商业机构在中心集中办公，为企业提供报关、报检、报验、金融等一站式服务。中心通过进口、出口、结转、转口贸易以及与其他海关特殊监管区域间的流转等业务模式，形成多功能、一体化、具备口岸功能的保税物流公共平台。中心是跨国公司在西部地区开展全球采购、增值服务的产品分拨和配送基地；是加工贸易产品特别是跨国公司产品内销直运的中转基地，以解决“境外一日游”增加物流成本和降低时效的问题；是为企业降低综合物流成本，开展进口保税仓储、产品国际配送和配套增值服务的国际中转中心；是为企业提供保税货物的VMI(供应商库存管理)库存管理和增值加工的配送基地。中心由成都保税物流投资有限公司投资开发并经营管理。保税物流公司由成都高新投资集团有限公司和中外运空运发展股份有限公司共同出资1亿元人民币设立，主营工业设施的开发、建设、经营、管理；货物及技术进出口；仓储服务；装卸、包装服务；货物运输代理；集装箱装拆服务、报关、报验；物业管理；运输信息咨询服务等业务。公司协助海关对中心的国际物流业务实施监管，通过保税物流中心这一公共平台为生产制造企业和物流企业提供面向四川乃至西部地区的多功能、一体化、具备口岸功能的保税物流服务。

（任洪波）

图69：成都保税物流中心一角

（成都高新投资集团有限公司 供稿）

【担保服务】 成都高新科技信用担保有限公司自2006年9月正式成立，公司完成有关担保业务的开办、管理和控制的主要制度和办法的拟定；组建担审会，构建项目审查和决策机制；拓展融资渠道，加大与银行合作力度，联系多家银行开展合作；加快评审进程，反担保措施灵活多样；与开行、农行、成都市商业银行、市城郊信用联社签订《银保合作协议》。同时，推进担保业务的具体实施，走访涉及加工业、制造业、软件开发业等行业的多家企业，挖掘企业潜在需求，积极推进担保业务的具体实施，共计完成对成都颠峰软件有限公司、四川登巅微电子有限公司、天府数媒有限公司等25户企业共涉及担保金额6000万元担保业务的初审工作，并经公司董事会审批通过，成都颠峰软件有限公司、四川登巅微电子有限公司等17家企业已通过公司担保获得银行贷款4750万元。（许　波）

图70：2006年6月28日，四川省委常委、成都市委书记李春城视察保税物流中心　（成都高新投资集团有限公司　供稿）

【国际贸易资金管理】 高投集团下属的四川成都出口加工区国际贸易公司（以下简称国贸公司）2006年初上报公司年度资金预算，根据公司的实际情况，报送年度资金计划，季度资金预算在本季度的最后一个月25日报送，报送下一季度资金预算时，在上季度资金预算执行的基础上进行调整。国贸公司每月在27日上报次月资金预算到集团财务结算中心资金分中心。财务结算中心资金分中心将年度、季度、月度资金预算汇总后上报财务结算中心主任。报送时间分别为：年度资金预算于次年1月的20日；季度资金预算于季度开始第一个月的5日；月度资金预算于次月的3日。财务结算中心资金分中心将月度资金预算纳入NC资金系统（即用友软件资金管理软件系统），国贸公司按照所报资金预算执行，如需在当月对资金预算需要进行调整，国贸公司将调整资金额、调整事由上报集团公司领导审批，资金分中心将审批后的调整资金预算追加入NC资金系统后，方可执行。国贸公司重视对风险的防范，重点发展出口加工区业务。在完成政府目标为加工区企业提供服务的同时，保证资金安全，外商在加工区内，多数是信誉良好的国际知名企业，降低呆账、坏账的出现几率。针对不同客户采取不同的结算方式。针对加工区内信誉良好且有长期合作关系的客户，公司采取以商业信用为依据的汇付结算方式，节省费用。针对合作时间不长、信誉不太了解的境外客户，多采用以银行信用为依据的信用证结算方式，货款的安全性得到保障。高度重视汇率风险，并善于转嫁汇率风险。就目前的操作方式而言，公司在合同谈判中，将汇率风险作为重要条款，最终在合同中明确约定由外商承担汇率风险。下一步还将加强对银行衍生工具的学习和运用，使用远期结售汇、人民币与外币掉期等工具。建立外币货款核查制度。通过业务员、集团财务出纳两条线核查，落实外汇收款信息，有效保证贸易资金的安全。专人负责退税，确保退税的及时、足额。国际贸易中出口业务涉及出口退税。公司安排经验丰富的专业人员负责出口退税的申报、跟踪，确保应退税款及时、足额返回。（黄　佳）

图71：成都保税物流中心鸟瞰（效果图）　（成都高新投资集团有限公司　供稿）

【成都高新投资集团有限公司参股控股企业情况】

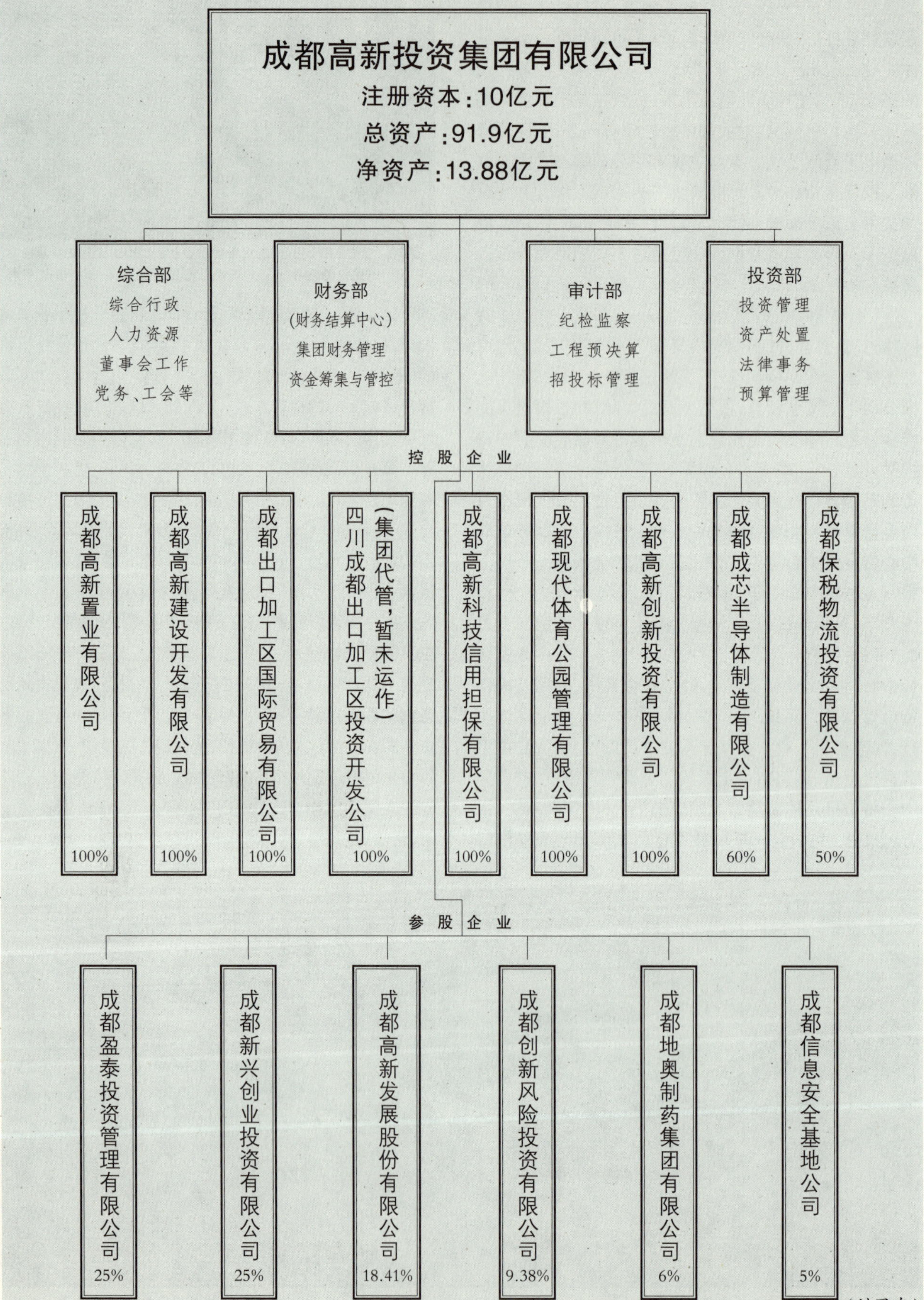

成都高新投资集团有限公司

注册资本:10亿元

总资产:91.9亿元

净资产:13.88亿元

综合部
综合行政
人力资源
董事会工作
党务、工会等

财务部
(财务结算中心)
集团财务管理
资金筹集与管控

审计部
纪检监察
工程预决算
招投标管理

投资部
投资管理
资产处置
法律事务
预算管理

控股企业

企业	持股比例
成都高新置业有限公司	100%
成都高新建设开发有限公司	100%
成都出口加工区国际贸易有限公司	100%
四川成都出口加工区投资开发公司(集团代管,暂未运作)	100%
成都高新科技信用担保有限公司	100%
成都现代体育公园管理有限公司	100%
成都高新创新投资有限公司	100%
成都成芯半导体制造有限公司	60%
成都保税物流投资有限公司	50%

参股企业

企业	持股比例
成都盈泰投资管理有限公司	25%
成都新兴创业投资有限公司	25%
成都高新发展股份有限公司	18.41%
成都创新风险投资有限公司	9.38%
成都地奥制药集团有限公司	6%
成都信息安全基地公司	5%

(刘国东)

【成都高新创新投资集团有限公司参股企业情况】

成都高新创新投资有限公司

- 成都新兴创业投资有限公司 10%
- 成都琢新生物科技有限公司 13.30%
- 成都中科技术转移中心有限责任公司 9.52%
- 成都西南交大技术转移中心有限公司 9.09%
- 成都川大技术转移中心有限公司 9.09%
- 四川安好精工机械有限责任公司 9.09%
- 成都思尔科软件有限公司 49%
- 成都数视微科技有限公司 48.7%

（刘国东）

【成都高新建设开发有限公司控股企业情况】

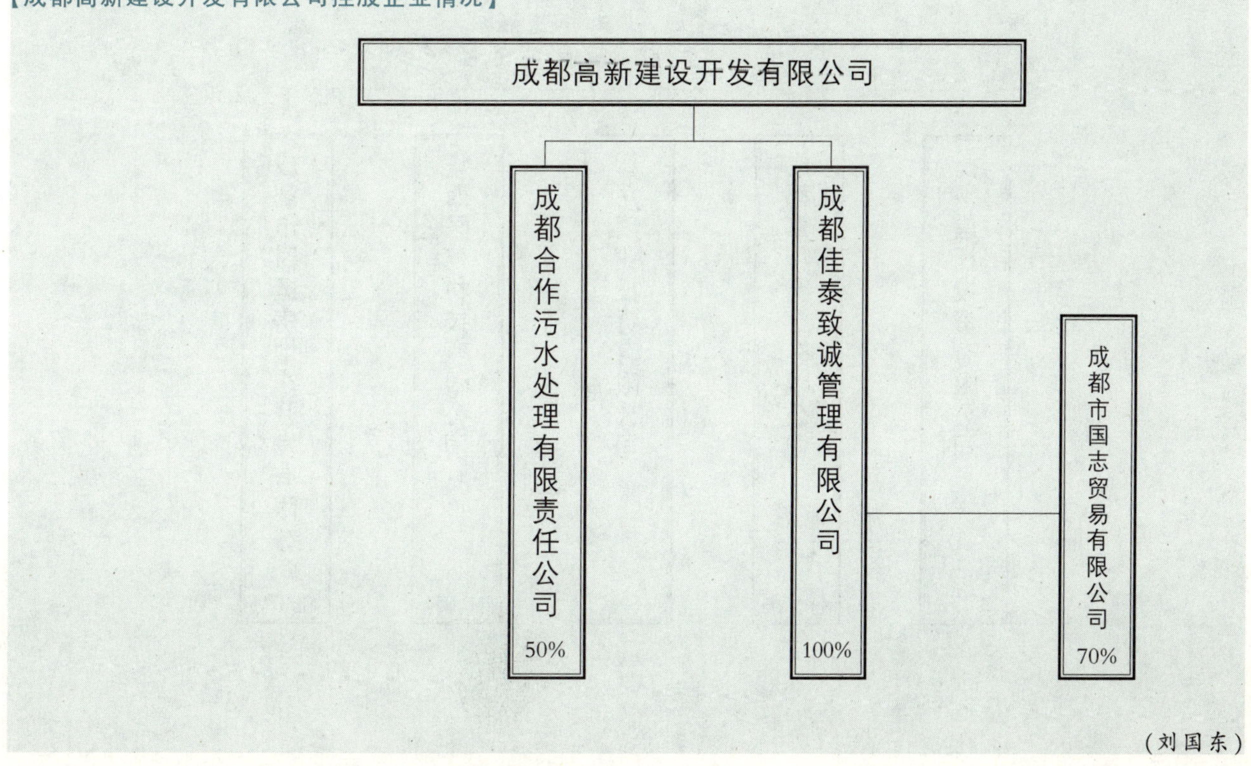

（刘国东）

【成都高新发展股份有限公司控股参股企业情况】

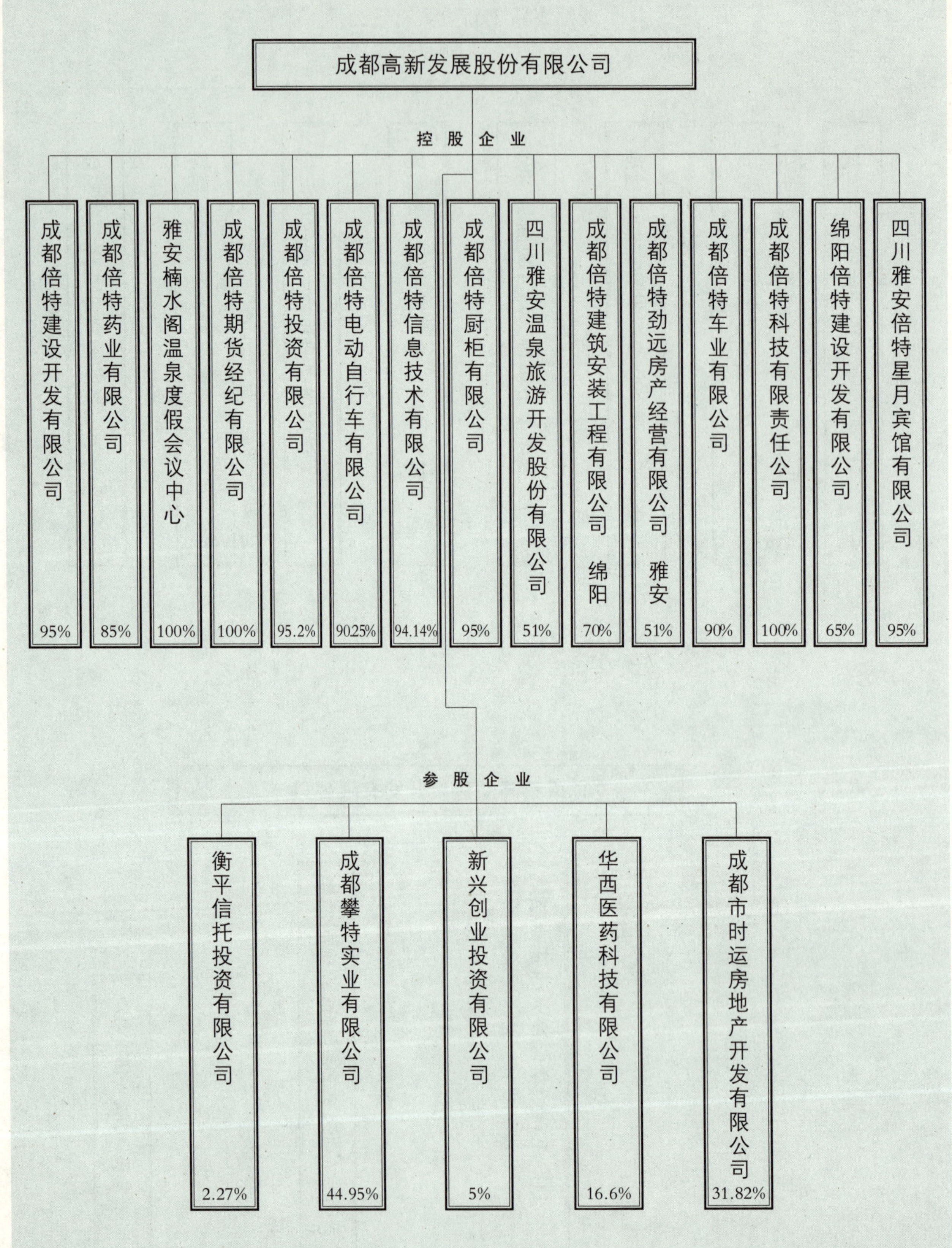

（刘国东）

出入口管理

IMPORT AND EXPORT MANAGEMENT

四川成都出口加工区管理

【概　况】 四川成都出口加工区以“一区两园”的模式进行管理和运行。四川成都出口加工区南区位于成都高新区南部园区，距市中心天府广场11.4公里，距成都双流国际机场l6公里，距成都火车南站大型货运编组站5.4公里，首期开发面积0.6平方公里。四川成都出口加工区西区位于成都高新区西部园区，紧邻成灌高速公路，距火车北站8公里，距成都双流国际机场22公里，面积2.2平方公里。四川成都出口加工区内实行全封闭、卡口式24小时监管。按照直通式或转关式运输的办法监管，达到货物在加工区海关“一次报关、一次审单、一次查验”的通关要求。实现计算机联网管理和海关稽查制度，还实行加工贸易保证金台账制度和《加工贸易登记手册》管理。

【制定发展规划】 2000年，经成都市人民政府批准，四川成都出口加工区选址在国家级成都高新技术产业开发区内，规划面积3平方公里，一期面积为0.6平方公里，其四至范围是：北以新世纪北路与园区西路交汇点向东至人南延线公建绿地为界；东以人南延线公建绿地为界；南以园区西路交汇点沿园区北路向东至人南延线公建绿地为界；西以新世纪北路西段中点向南至园区北路西端点为界。2002年四川省人民政府上报国务院《关于设立四川成都出口加工区西区的请示》经海关总署批准同意在成都高新区西区设立四川成都出口加工区西区。成都出口加工区南区面积相应由3平方公里缩减为1.5平方公里。西区的面积严格控制在1.5平方公里以内，统一规划，一次建成1.5平方公里封闭区域，其四至范围为：东至红光支渠西侧绿化带，西至园区规划道路(B)线南段，南至成灌高速公路辅道，北至围城路西延线。

【建设成就】 一流的基础设施和完善的配套是四川成都出口加工区招商引资的基础。四川成都加工区从设立之初就坚持高起点规划和建设，尽可能满足项目进区需要，充分发挥出口加工区设在成都高新区内的优势，目前四川成都出口加工区已做到双回路供电，自来水、天然气管道接入城市主管网，污水排放至专用的污水处理厂，电信网络建设引入竞争机制，先进的海关监管设施、海关监管仓库、检疫熏蒸设施一应俱全。设立专为区内企业服务的外贸代理公司，建设8万平方米的专用标准化厂房。在建设过程中，根据进区企业的需求，从土地平整、厂房建设、管网配套等方面，为企业量身打造相应的硬件设施。

【对外宣传】 四川成都出口加工区管理办公室采用走出去推介的方法宣传出口加工区。2006年10月、11月先后到上海、深圳进行标准厂房招商引资工作。在上海期间走访科仪电子、怡凡得电子等7家芯片产业配套企业和温州商会，向企业和商会推荐成都出口加工区标准厂房。在深圳特区，走访深圳海量存储设备有限公司、凯欣自动化技术(深圳)有限公司等7家集成电路产业及相关配套企业。拜访深圳外商投资协会、深圳投资商会。外商投资协会表示将联络3家有意向中西部地区转移的劳动密集型企业，促成到成都出口加工区投资。

【招商成果】 四川成都出口加工区已成为中国西部外商投资最密集的地区之一，英特尔产品(成都)有限公司、中芯国际集成电路制造(成都)有限公司、友尼森集团公司、莫仕连接器(成都)有限公司、成都芯源系统有限公司等国际知名企业已在成都出口加工区投资设厂，累计批准进区企业26家。投资总额达15.5亿美元，位居中国西部出口加工区第1位，列全国57家出口加工区第5位。2006年，成都出口加工区共完成进出口总值11.4亿美元，同比增长1013％，列全国第10位，其中：出口3.5亿美元，同比增长1487％；进口总值7.9亿美元，同比增长539％。

【投资服务管理】 四川成都出口加工区建立健全企业走访和定点联系企业制度，指定专人联系区内企业，协调并解决企业存在的困难和问题。制作《出口加工区企业走访情况汇总表》，对为企业服务的情况和企业存在的问题进行量化考核和跟踪服务。建立成都高新区管委会、成都海关现场业务处、四川出入境检验检疫局陆运口岸办事处、国家外汇管理局四川省分局定期联席会议和企业座谈会议制度，定期通报、解决加工区运作中的问题。出口加工区是由海关按照“境内关外”监管的特殊区域，各项政策都在试点探索阶段，企业运营中面临新的困难和问题较多，为确保企业正常生产经营，成都高新区积极努力，取得海关、国检等加工区监管部门的大力支持，共同探讨加工区现有政策，研究变通办法，突破固有思维方式。2006年，成都海关、四川国检局出台一系列政策措施，促进加工区的发展。会同成都海关,在区内设立保税仓库,解决企业保税货物运输、监管问题;建立海关报关与备案制度、“分批进区,集中报关”制度以方便企业运作,降低企业的运营成本;协调解决英特尔货物北京转关等事宜;建设海关至企业的报关平台,提高出口加工区的通关速度,节省企业的通关时间;协调解决区内部分企业维修业务的开展;协调海关总署允许芯源公司芯片测试业务在全国范围内首先进行试点;协调英特尔等企业提出的直通报关事宜;协调成芯公司的危化品储运问题及区内企业废弃物出区、内销、深加工结转、委外加工等一系列问题。会同省外管局,协助中芯国际、芯源、宇芯、莫仕申请小额采购人民币支付,变通处理区内企业小额采购人民币支付问题,满足企业运作的需求。会同四川国检局,推行区内企业“通检条”制度,缩短报检周期;在区内设立熏蒸房,进一步完善国检配套环境;协调解决莫仕公司集装箱未经商检查验拆除外包装的问题;协调解决中芯集装箱内发现洋垃圾事件;协调简化区内企业旧设备进口手续等。负责企业申请进区审批、区内企业申请开展加工贸易业务审批、办理海关电子账册备案、变更业务审批、货物出区(废弃包装物)审批、设备退运出境业务审批、办理基建物资进(出)区审批等业务。1～11月共审批基建物资进区9160单次;设备退运审批769单次;电子账册备案审批689单次;废弃包装物出区审批73单次。协同合作街办、成都高新区人才中心联合为区内企业各种不同用工需求提供对口服务,组织开展出口加工区集成电路产业校企对接活动、四川成都出口加工区企业用工信息发布会、莫仕专场招聘会等,既为园区企业解决“招人难”的困难,又为当地失地农民和技校学生实现就业,取得一举两得的成效。完善加工区生活配套设施建设,提供生活配套服务,解决企业后顾之忧。基础设施配套不断完善,2006年加工区对“三纵一横”道路、巡逻道及绿化进行维护、管养;加强区内排水管道的日常管护;对路灯进行全面检修,保证加工区的夜间照明;对监控网络实施系统检修,保障海关监管工作的顺利开展。强化加工区规划建设及施工管理工作。制定并实施《加工区规划建设和施工管理办法》。同时对驻区生产企业反映强烈的施工现场扬尘和噪音等问题进行专项治理。对项目进行跟踪,采用全方位服务的方式,促使批准项目早日开工投产,产生效益。根据企业需求,完成标准厂房区非机动车车棚的建设;对标准厂房的“七通一平”进行维护管养并修建电缆浅沟620米;结合厂房租赁企业的需求,对标准厂房进行个性化改造。完成标准厂房区1、2号电力分支箱的建设安装及投运工作。

【加工贸易审批流程】

四川成都出口加工区

区内企业申请开展加工贸易业务审批流程

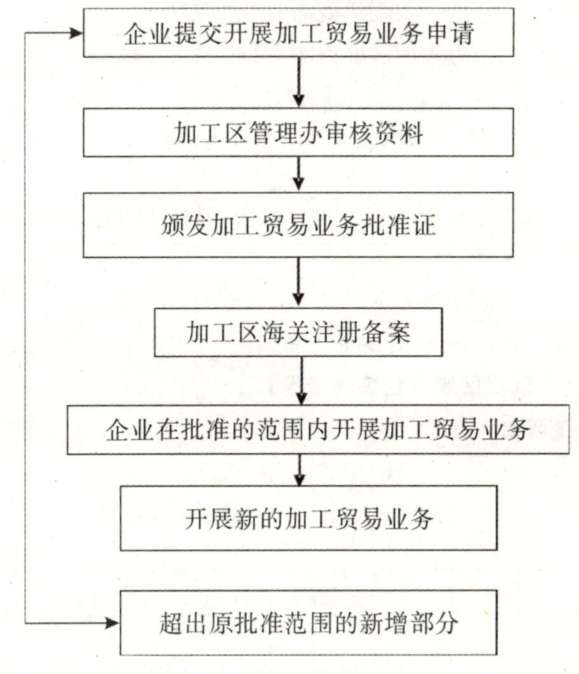

说明:

1. 适用范围:区内加工贸易企业

2. 需提交文件:

工商营业执照

开展加工贸易业务书面申请(说明加工贸易业务的方式和内容,样稿附后)

需要进区的加工生产用设备清单

需要进区的加工生产用材料清单

需要出区的制成品清单。

注:三种清单不能同时提供,可分别报批(加工区进口生产用设备清单、加工区进口料件清单、加工区出口制成品清单)

开展加工贸易业务申请

四川成都出口加工区管理办:

我公司是以_________(来料加工/进料加工,其他形式请注明)为主要贸易方式的企业,主要料件来自______(国家或地区),主要生产__________,产品主要出口至__________(国家或地区)。我公司已入驻四川成都出口加工区,现申请开展加工贸易业务。

特此申请。

附件:进口设备、料件、出口制成品清单(共　页)

______公司(盖章)

年　月　日

【办理出区征税货物流程】

流程一

四川成都出口加工区

办理出区征税(内销)货物业务流程

区内企业提交货物内销申请

↓

加工区管理办审核、签发批件

说明:

1. 需提交文件:

内销合同;内销申请书。

【办理出区废弃包装物流程】

流程二

四川成都出口加工区

办理货物出区(废弃包装物)流程

企业提交《出区货物(废弃包装物)申请表》

↓

加工区管理办审核、签发意见

说明:

1.《出区货物(废弃包装物)申请表》(附后);

2. 木质包装材料、栈板需加盖四川检验检疫局加工区办事处章。

四川成都出口加工区
出区货物(废弃包装物)申请表

年　月　日

申请企业:	经办人:	联系方式:
承接企业:	经办人:	联系方式:
成都出口加工区管理办公室: 我公司现有废弃包装物一批(详见《四川成都出口加工区出区货物(废弃包装物)登记表》)拟运出区。特此申请,盼复。 公司(盖章)		
管理办意见 经办人 负责人 年　月　日		

续表

海关意见 经办人 负责人 年　月　日
卡口放行记录
经办人:　年　月　日

注:1. 木质包装材料、栈板需加盖四川检验检疫局加工区办事处章

2. 此表一式两份,卡口放行后由企业经办人交回管理办一份。

四川成都出口加工区管理办公室制

四川成都出口加工区
出区货物(废弃包装物)登记表

企业名称:(盖章)　　日期:

序号	商品名称	计量单位	数量	备注

注:木质包装材料、栈板需在备注栏加盖四川检验检疫局加工区办事处章

企业经办人签字:

【办理出区无商业价值废弃保税物流程】

流程三

四川成都出口加工区
办理货物出区(无商业价值废弃保税物)流程

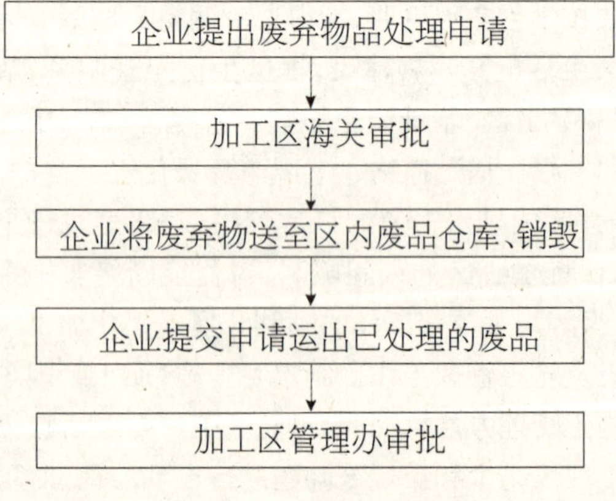

说明:

1. 废弃物料有无商业价值、归类的界定均由成都海关认定;

2. 有毒有害的废弃物料必须列明处理方法、过程

及地点，并加盖成都市环保局高新分局章；

3、应提交文件：

废弃物品处理申请；

运出已处理废弃物品申请；

有资质处理有毒有害废弃物料企业的协议或合同（复印件）；

运输公司协议或合同（复印件）；

运输公司将有毒有害的废弃物料运至目的地回执（可滞后）。

四川成都出口加工区
无商业价值废弃保税物出区审批表

企业名称：	经办人：
联系电话：	备　注：
申请出区无商业价值废弃保税物的主要内容	
初审意见　　签　名　年　月　日	
复审意见　　签　名　年　月　日	
检验检疫审核意见　　签　名　年　月　日	
海关审批意见　　签　名　年　月　日	

【办理出口加工结转业务流程】

流程四

四川成都出口加工区
办理货物出区深加工结转业务流程

区内企业提交货物出区深加工结转申请

↓

管理办审核、批准

说明：

1.适用范围：已经区内企业实质性加工、继续发往区外企业进行深加工或装配的成品或装配的成品或半成品。

2.模式：

出口加工区之间、出口加工区与保税区之间结转：按转关运输或向转入企业收取风险担保金；

出口加工区内企业与区外加工贸易企业之间结转：直接在加工区海关办理出口通关手续

3.需提交文件：

《出境货物备案清单》；

《中华人民共和国海关出口加工区保税货物深加工结转申请表》；

双方的购销合同或协议、发票、装箱单及其他相关证件。

【办理基建物资业务流程】

流程五

四川成都出口加工区
办理基建物资进出业务流程

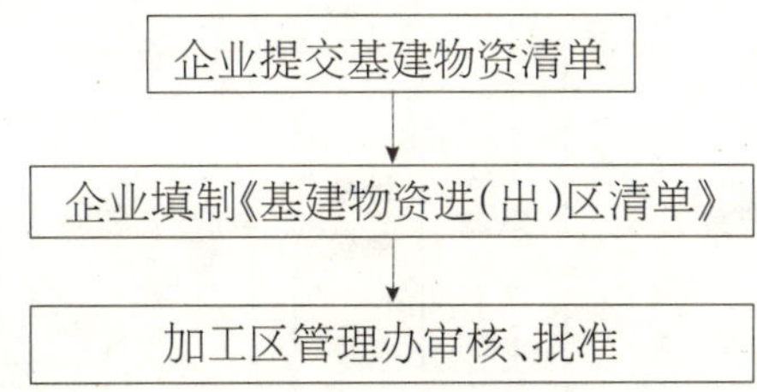

说明：

1.适用范围：采购或供应基建物资，并履行出口报关手续的企业。

2.基建物资专指区内项目建设所需，从区外境内采购并享受出口退税政策的基建物资。

3.企业应在工程项目开工前向加工区管理办提交基建物资清单。

四川成都出口加工区基建物资进区清单

申报企业：　　　　工程项目：

经 办 人：　　　　联系电话：

年　月　日　　编　号：

基建物资名称	数量	计量单位	单价	总额	预计到货时间
备注：					
加工区管理办审核意见： 负责人： 经办人：　　年　月　日					
海关审核意见： 负责人：　　年　月　日					
卡口放行记录： 卡口工作人员：　　年　月　日					

注:1. 申报企业请在此清单左上角加盖单位公章。

2. 未提交此清单的基建物资不得进区。

3. 本单一式三份,海关、管理办各存一份,卡口留存一份作为放行凭证。

四川成都出口加工区基建物资出区清单

申报企业:　　　　工程项目:
经 办 人:　　　　联系电话:
年 月 日　　编　号:

基建物资名称	数量	计量单位	单价	总额	预计到货时间
业主意见:					
加工区管理办审核意见: 负责人: 经办人:　　　年　月　日					
海关审核意见: 负责人:　　　年　月　日					
卡口放行记录: 卡口工作人员:　　　年　月　日					

注:1. 申报企业请在此清单左上角加盖单位公章。

2. 未提交此清单的基建物资不得出区。

3. 本单一式三份,海关、管理办各存一份,卡口留存一份作为放行凭证。

相关链接:四川成都出口加工区。他是成都高新区吸纳国际企业的重要载体,还在形成吸引更多国内外企业入驻的承载能力。四川成都出口加工区于2000年4月27日由国务院批准设立,2001年6月22日,四川成都出口加工区(南区)通过国家验收,成为中国西部地区首家封关运作的出口加工区;2003年11月21日,四川成都出口加工区(西区)通过国家验收。　(本分目供稿人:周　星)

海关监管

【概　况】 2005年5月4日,四川成都出口加工区海关办事处设立,9月12日通关验收。海关办事处是成都海关现场业务处下设的一个派驻机构,驻成都出口加工区,负责受理入区企业的备案注册、年审、异地备案;负责受理区内企业各类电子账册备案、变更;负责转关运输货物数据审核及回执核销;负责本现场的各业务接单工作;负责本口岸进口舱单系统的日常管理和具体操作;负责本现场税费征收和管理工作;按规定权限和程序受理、审核、报批企业的滞纳金、滞报金、溢短征税款退补税等申请,负责催缴欠税款;负责本现场通关事务担保的日常管理和具体操作;负责本现场报关单删改的申请及现场审批;负责本现场委外加工事宜的管理;负责对申报货物实际进出状态进行风险分析,提出具体查验要求,明确查验重点和查验方式;根据风险布控环节的要求并结合现场业务实际情况,负责对本现场申报货物组织实施查验;负责配合总关职能部门对本现场申报货物的取样化验送检工作;负责本现场单货相符的确认,对复核正常的货物开具"卡口放行单",并办理本现场报关单电子报关数据放行手续;负责查询H2000操作系统接单未放行单证原因,并及时处理反馈;负责按有关规程审核办理本现场货物出口转关运输事宜,并验核口岸海关电子数据回执,确认货物实际离境;负责监控检查本口岸异常结关或超期未核销出口转关数据信息,向口岸海关制发催核通知;负责按有关操作规定对正常结关货物签发进出口收付汇证明及出口退税证明;负责本现场的贸易统计、业务统计、报关单数据质量检控分

图72:四川成都出口加工区西区服务大厅

(四川成都出口加工区办公室　供稿)

析（CSD）等统计工作；负责按《成都海关进出口货物报关单证档案管理办法》将报关单证按理单号装订成册；负责将已造册报关单证置入单证室归档，并做好日常管理工作；负责对本现场电子账册备案项目按有关规定开展核销工作；负责对本现场通行卡口车辆、人员、货物的日常管理；负责办理境内区外进出区非报关货物的核放手续；负责办理境内区外“分批进区、集中报关”货物的核放手续；负责开具境内区外进出区货物卡口放行单；负责定期对卡口日常车辆通行量、非报关货物进出登记等情况的统计工作；负责对境内区外进出区货物等登记及随附资料的整理归档工作；负责按照加工区巡逻有关规定，定期开展区内巡逻；负责对海关监控室相关设施的正常使用和日常管理等工作；负责做好本现场的内务管理。

【四川成都出口加工区海关业务操作流程图】

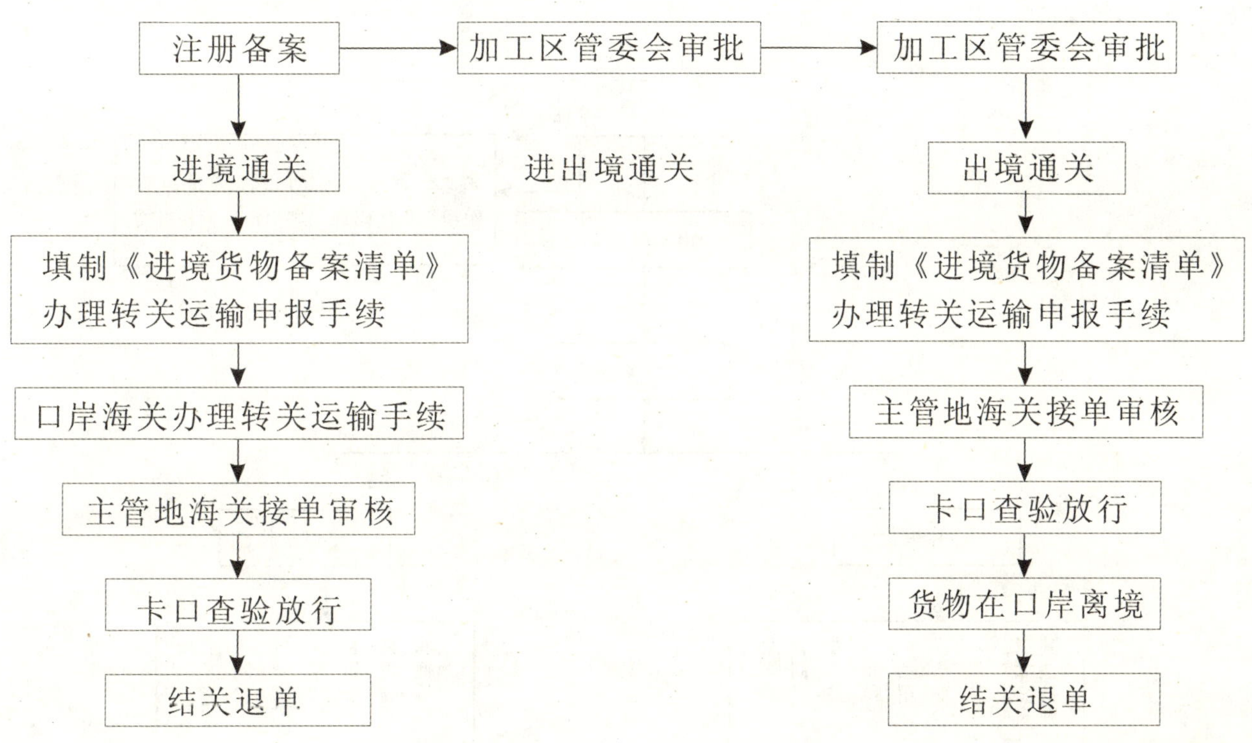

【通关服务】 按照《成都海关对进出口货物担保的审批操作规程》规定的内容和权限，接受申报人的担保申请，初审后根据授权规定逐级报批，并负责保证金（函）的收取、催核、结案、单证保管以及财务对账等工作。负责将进出区货物已办理保证金、保证函的单证交由查验环节验放，并做好单证交接工作。

【转关运输】 负责进口转关货物运抵加工区时，及时、准确地向进境地海关或关区内二次转关口岸核销进口转关货物申报单电子数据。定时核查转关核销率，根据进口转关货物运输路线确定其到达时间，对非正常时间到达指运地的进行风险布控，以确保对进口转关货物的有效监管。接受报关单数据提前申报，如有中间口岸（成都机场、成都车办），需制作关封交中间口岸海关。保持与口岸海关的联系沟通，保证转关渠道的畅通。

（本分目供稿人：周　星）

出入境检验检疫

【概　况】 2005年5月，出入境检验检疫办事处正式进驻四川成都出口加工区，现有报检大厅300平方米，办公室4间各64平方米和实验室2间。熏蒸消毒场地面积为0.722公顷。加工区检验检疫办事处已接通CIQ2000系统，安装外线电话4部，可独立完成从报检到签证通关的全部业务程序。依法对陆运口岸出入境货物实施检验、检疫和监督管理；负责陆运口岸出入境货物、木质包装、集装箱的检验检疫工作；负责陆运口岸出入境货物堆放、储存场所的检疫监督工作；做好同陆运口岸联检单位、陆运货运部门及相关单位的协调联系工作。

【检验检疫监管】 2006年，四川出入境检验检疫四川成都出口加工区查验工作，依据加工区检验检疫管理和口岸的相关法律、法规，熟悉加工贸易产品的检验监管，制定从申报到查验放行一系列工作流程；与加工区海关配合，对报关、报检货物海关和检验检疫实行一次性检验，并建立相互通报制，提高物流效率；建立生产企业和物流企业的企业检案，保证有效监管。

【检验检疫成果】 2006年，接受报检4282批，货值54473.7万美元。其中入境报检3931批，货值51816.7万美元，区外货物入区351批，货值2657万美元；完成出口货物监管2491批，货值28032万美元；检疫木质包装683批，5582件；检疫集装箱147标箱；检出不合格批次61批，不合格集装箱20标箱，退运处理5批。

【出口加工区检验检疫工作流程】

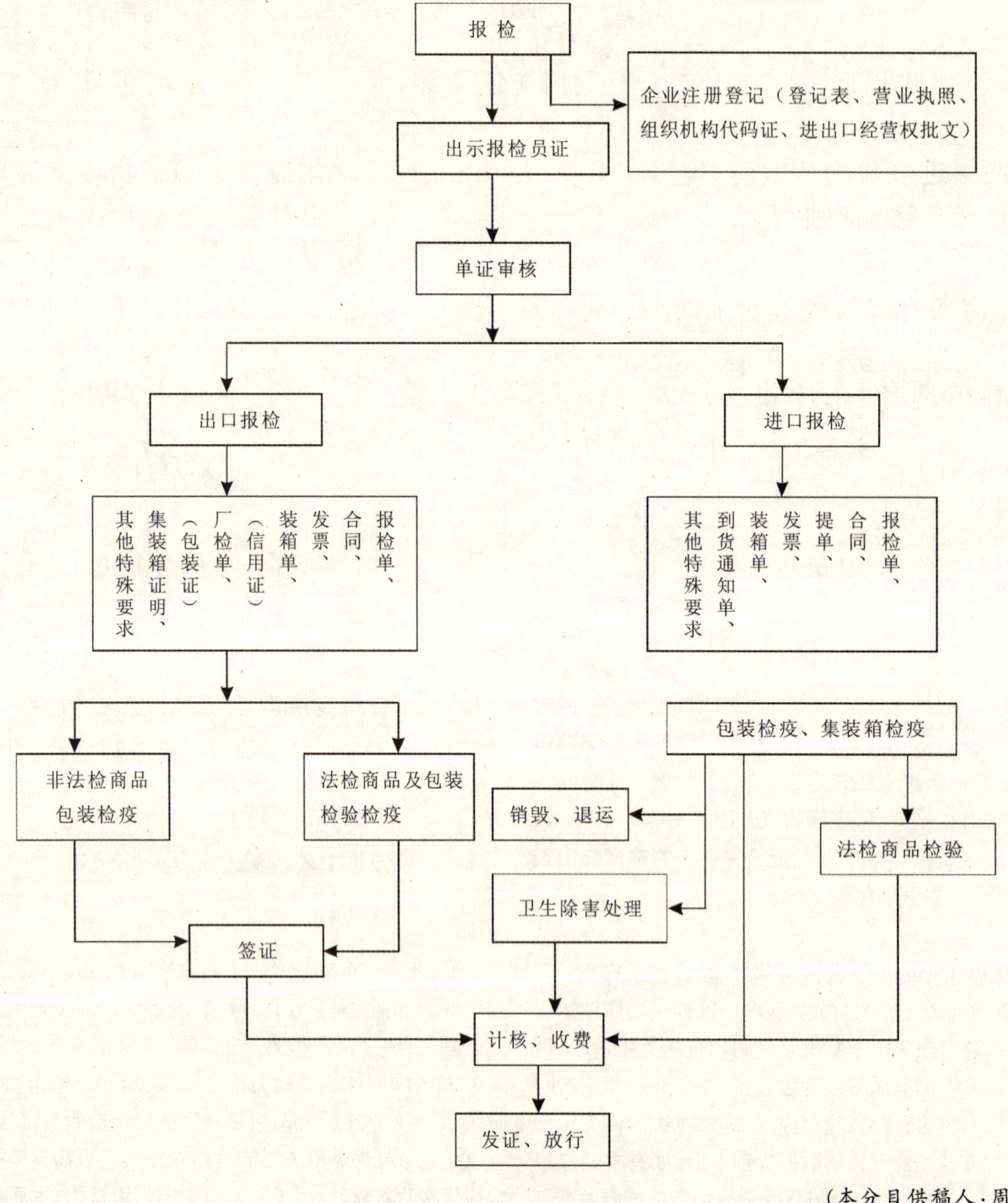

（本分目供稿人：周 星）

知识产权保护

Intellectual Property Rights Protection

行政司法保护

【概　况】 2006年，根据《成都市创建国家知识产权示范城市实施意见》和《关于下达成都市2006年度创建国家知识产权示范城市专项目标的通知》的要求，成都高新区按照“加强组织领导、增加经费投入、鼓励重点示范、广泛宣传动员、融入日常工作”的工作思路，全面推进成都高新区各项创建工作。

【知识产权司法保护】 2006年，成都高新区开展对知识产权的司法保护工作。在成都市建设国家知识产权示范城市和促进全区高科技产业大发展的战略背景下，成都高新区法院充实审判力量，建立专业化合议庭，促进法官与人民陪审员、知识产权专业技术人员、行政管理人员多渠道的知识产权学习交流。基于法院典型案例，完成《对成都高新区知识产权司法保护的调查和建议》一文，被成都高新区制定的知识产权保护政策所借鉴。在基层法院知识产权类案件数量不多的情况下，延伸审判职能作用加强，服务功能，选择典型的保护知识产权案例，适时邀请相关企业职工旁听庭审，扩大审判效应。加强同成都高新区公安、检察、知识产权管理部门的联络与互动，共同打击侵害知识产权的行为。

【知识产权宣传】 2006年，围绕知识产权热点问题和重大事件，开展多种形式的宣传活动。以“3·15世界消费者权益日”为契机，组织网通、家乐福等企业参加诚信品牌、诚信示范企业、诚信示范窗口的评定，推荐家乐福大世界店参加最佳优秀投诉站的评比。“4·26世界知识产权日”活动期间，区知识产权局与区检察院，在芳草街道辖区进行现场咨询和宣传，并散发有关宣传资料，同时利用展版、图书、图片资料、VCD光盘等形式充分宣传知识产权保护法规；在天府软件园、高新孵化园通过设立专家咨询点、张贴宣传画、发送知识产权保护知识小册子等多种形式，广泛开展宣传活动，营造知识产权保护的良好氛围。对企业管理者、知识产权工作人员、管委会领导干部职工等开展有针对性、多层次、多渠道的知识产权宣传培训活动。邀请成都市中级人民法院知识产权庭向企业主讲企业驰名商标诉讼认定、商业秘密保护以及知识产权诉讼的相关问题。全区30多家高新技术企业知识产权工作的分管领导和经办人员参加会议。7月29日，邀请四川省知识产权局局长黄峰进行知识产权专题培训会，全区干部职工600余人参加。创建小组牵头，相关部门通力合作，拓宽宣传渠道，提高社会关注度。8月，成都高新区公安分局民警在家乐福大世界商业广场举办知识产权保护等方面的治安防范宣传活动，以展版和散发相关资料的形式，向广大群众进行个案讲解，耐心解答群众提出的治安问题，增强对知识产权保护重要性的认识。

【科技知识产权保护】 2006年，成都高新区管委会将知识产权工作纳入重要议事日程，予以高度重视，成立创建国家知识产权示范城市工作领导小组。由管委会主任担任组长，分管副主任担任副组长，成员由成都高新区知识产权局、质量技术监督局、工商局、社会事业局、法院、检察院、公安分局等相关部门主要领导组成。负责组织、协调、统筹全区知识产权工作。为鼓励创新，成都高新区管委会颁布《成都高新技术产业开发区鼓励企业技术创新和科技创业的扶持政策》，明确对区内企业获得授权专利以及开展知识产权保护战略工作给予奖励。制定《成都高新区关于创建国家知识产权示范城市工作的实施意见》，从加强组织领导、实行目标考核、加强试点企业的培养和推荐、设立知识产权专项资金、促进企业与高校的有效对接、建立健全知识产权服务体系、加强专利法规的宣传、严厉打击知识产权的侵权行为等方面着手，推进相关工作，确保知识产权保护工作有序开展，加大知识产权执法力度，提高知识产权保护能力和水平。建立由成都高新区知识产权局、质量技术监督局、工商局、社会事业局、法院、检察院、公安分局等相关部门组成的联席会议制度，扩大跨部门联合执法的范围和效能，从源头上切断侵权产品进入流通领域的途径；开展行政执法检查，坚决打击侵犯知识产权违法犯罪行为。重点开展针对酒类、食品、医药、音像制品等专项执法检查20余次，全年共对53家生产企业的78组产品进行抽查。

【自主知识产权保护】 为更好地培育具有自主知识产权的高新技术企业，2006年，成都高新区积极开展本区域知识产权调查、研究工作，在省、市知识产权局的指导下，制定《成都高新区政府支持自主知识产权状况研究》，向国家知识产权局申报项目，获得国家知识产权局批准立项。9月21日，由国家知识产权局秘书长陈仲华主持对课题进行专家评审鉴定会。

(本分目供稿单位：科技局)

专利保护

【概　况】 2006年，成都高新区将专利保护与日常科技工作联动，建立高新技术企业知识产权管理评价体系，将知识产权工作情况作为高新技术企业资格认定、科技人员职称评定、科技奖励评审等项工作的重要指标。企业申报国家和地方高新技术企业评审、国家和地方科技计划项目时，成都高新区管委会在推荐等环节，加大专利和其他知识产权的权重，在某些环节予以一票否决；把知识产权保护工作的好坏作为企业管理水平的重要指标，以此推动企业对知识产权，特别是专利保护工作的重视，引导企业建立自主知识产权体系，增强高新技术企业的创新和竞争能力。

【专利申请和授权】 2006年，成都高新区专利申请数608件，专利授权296件，专利授权量同比增长35.78%，新增实施项目156件，专利实施项目本年新增产值11.78亿元，新增利税3.52亿元。共有专利申请数1625件，专利授权数793件，专利实施数664件。

【专利资助】 2006年，成都高新区设立专利扶持专项资金，对区内企业新获得专利并经授权后，按国内发明专利每件5000元，实用新型专利每件2000元，国外发达国家发明专利每件1万元的标准进行资助。对有明确知识产权保护战略，并取得明显成果的，给予企业法人代表1万元的奖励。2006年，经专家评审，共拨付企业专利资助资金39.4万元，企业知识产权保护资助资金30万元。根据专家的意见，帮助41家高新技术企业完善其知识产权保护制度，推行知识产权战略的研究。申报项目，争取省市支持。经成都高新区科技局组织推荐，省、市知识产权局评审，成都威特电喷有限责任公司“插入式电控单体泵柴油喷射系统”等11家区内企业的项目获得2006年四川省专利实施专项补助资金立项支持，立项总金额为67万元，立项数占全市的50%，立项总金额占全市的55.8%。

表47

专利申请量统计表

按专利分类				按申请人分类					
当年累计	发明	实用	外观	个人	大专院校	科研单位	工矿企业	机关团体	职务发明
608	273	203	132	252	2	7	343	4	356

表48

专利授权量统计表

按专利分类				按申请人分类					
当年累计	发明	实用	外观	个人	大专院校	科研单位	工矿企业	机关团体	职务发明
296	54	119	123	161	1	3	131	0	0

（本分目供稿人：李婷）

商标保护

【概　况】 2006年，成都高新区派出商标管理人员，走访区内普瑞斯数控机床有限公司、红旗连锁有限公司、成都迈普产业集团有限公司等企业，为他们争创中国驰名商标、省（市）著名商标出谋划策。全年新申请商标15件，全区注册商标总量累计达3750件，被法院裁定中国驰名商标1件。办理商标变更4件，5户企业的著名商标复核并颁发成都市著名商标证书。2006年，成都高新区共拥有中国驰名商标6件、四川省著名商标15件、成都市著名商标9件。

（焦文胜）

【商标违法案件查处】 2006年，成都高新区管委会执行成都市工商局建立的西部地区商标协查机制，配合建立三级互动的商标打假保护网络。结合成都市争创全国知识产权示范城市活动，开展以“打假维权保名牌、打假维权端窝点”为主题的商标保护活动，运用“12315”网络举报平台和对外公布的举报电话，打击侵犯商标专用权行为，查处奥运标志侵权案件1件，罚没入库金额1000元；查处“五粮液”、“康师傅”等商标侵权案件11件，罚没入库金额5.8万元。

（焦文胜）

成都高新区获得的中国驰名商标(6件)

表49

企业名称	商标	使用商标	行业	认定机关	认定时间
四川地奥制药集团有限公司	地奥	人用药	制造业	商标局	1999年
通威集团有限公司	通威	饲料	制造业	商标局	2004年
成都市皇城老妈酒店有限公司	皇城老妈	餐馆	餐饮业	商标局	2004年
成都前锋电子电器股份有限公司	前锋	热水器	制造业	法院	2005年
成都恩威集团有限公司	洁尔阴	人用药	制造业	商评委	2005年
成都市任我行软件发展有限责任公司	管家婆	软件	软件业	法院	2006年

成都高新区获得的四川省著名商标(15件)

表50

申请人	商标	行业	申请人	商标	行业
成都倍特实业有限公司	倍特	制造业	成都迪康制药公司	迪康	制造业
成都地奥制药集团有限公司	地奥	制造业	成都恩威集团公司	洁尔阴	制造业
成都迈普电器有限公司	迈普	制造业	成都市皇城老妈酒店有限公司	皇城老妈	餐饮业
鼎天软件有限公司	鼎天	软件业	通威集团有限公司	通威	制造业
四川迈普数据通信股份有限公司	迈普	制造业	四川希望深蓝空调制造有限公司	希望深蓝	制造业
四川升和制药有限公司	升和	制造业	成都红旗连锁有限公司	红旗	批发零售业
成都兴业雷安电子有限责任公司	雷安+图	制造业	成都索贝数码科技有限公司	索贝	制造业
成都市任我行软件发展有限责任公司	管家婆	软件业			

成都高新区获得的成都市著名商标(9件)

表51

申请人	商标名称	行业	认定时间	复核时间	其他等级	企业类型
成都地奥制药集团有限公司	地奥	制药	1998.7	2005.11	驰名商标	制造业
四川迪康科技药业股份有限公司 成都迪康制药公司	迪康	制药	1998.7	2005.11	省著名商标	制造业
地奥集团成都药业股份有限公司	青羊	制药	1998.7	2005.11	省著名商标	制造业
成都倍特实业有限公司	图形	家具	1998.7	2005.11	省著名商标	制造业
成都市皇城老妈酒店有限公司	皇城老妈	餐饮	1998.7	2005.11	驰名商标	餐饮业
成都迈普产业集团有限公司	迈普	计算机	2004.2	2006.1	省著名商标	IT业
成都红旗连锁有限公司	红旗	推销	2004.7			批发零售业
成都市任我行软件发展有限责任公司	管家婆	软件	2004.7		驰名商标	软件业
成都索贝数码科技股份有限公司	索贝	音像设备	2004.9			制造业

(侯文捷)

科学

SCIENCE

科学技术进步

【概　况】 2006年，成都高新区全年完成国家、省、市各级科技项目申报431项，承担国家、省、市各级科技项目182项，全年认定高新技术企业103家，落实本级科技三项费1738万元。发挥科技顾问团的作用，为未来三年推进工作确定方向。 (熊　鹰)

【科技计划管理】 2006年，成都高新区完成国家、省、市各级项目申报431项；承担国家、省、市各级科技项目182项，其中：国家创新基金项目18项、国家创业项目13项、国家重点新产品项目11项、国家火炬计划一般项目9项、国家火炬计划重点项目1项、国家火炬计划环境建设项目1项、省级火炬计划一般项目9项、国家电子发展基金项目5项、国家高技术产业发展项目1项、四川省级攻关项目14项、四川省重点技术创新项目23项、四川省中小企业发展计划项目2项、四川省重点技改项目计划项目12项、四川省基本建设投资计划项目5项、软件发展专项3项、成都市科技计划项目55项；共落实各级科技经费4151万元。

(熊　鹰)

【高新技术企业认定】 2006年，成都高新区认定高新技术企业103家。电子信息企业50多家，以奔月电子、龙瑞微电子、三零嘉微为代表；生物制药企业17家，以四川制药制剂、三民药业为代表；精密机械制造、新材料、环保领域类企业20余家，以宝成特种油井管、攀钢集团成都科技公司为代表。新认定企业新增资产40多亿元，新增工业增加值10多亿元，对350余家高新技术企业进行复审。

成都高新区2006年认定的高新技术企业：

1. 成都美联利华电气有限公司
2. 四川仁和信息技术有限公司
3. 成都黄金地真空技术开发有限公司
4. 成都共同管业有限公司
5. 成都美加石油机械工程有限责任公司
6. 四川优机实业有限责任公司
7. 四川聚龙软件技术有限公司
8. 四川慧龙科技有限公司
9. 成都数字媒体产业化基地有限公司
10. 四川惠生中医药科技发展有限公司
11. 成都软星软件开发有限公司
12. 成都南祥生物制品有限公司
13. 四川虹微技术有限公司
14. 成都荣耀科技有限公司
15. 四川阿可贝尔科技有限公司
16. 成都雅途生物技术有限公司
17. 成都古京科技有限公司
18. 成都新财印务有限公司
19. 成都金自天正智能控制有限公司
20. 四川龙瑞微电子有限公司
21. 成都宝成特种油井管开发有限公司
22. 四川恒辉新技术发展有限责任公司
23. 成都合志科技有限责任公司
24. 成都四为电子信息有限公司
25. 成都科新聚合物有限公司
26. 成都奔月科技有限公司
27. 成都瑞芯电子有限公司
28. 四川三民药业有限公司
29. 四川制药制剂有限公司
30. 成都正环数测电子有限公司
31. 成都星奥仪电子科技有限公司
32. 四川信广信传媒实业有限公司
33. 成都易禧科技管理发展有限公司
34. 成都高新区环能科技有限公司
35. 成都飞鱼星科技开发有限公司
36. 成都国和科技有限公司
37. 成都迈思信息技术有限公司
38. 成都数视微科技有限责任公司
39. 成都微迪数字系统技术有限公司
40. 成都启达科技有限公司
41. 四川九鼎数码科技有限公司
42. 成都中数高清网络有限公司
43. 电子科大科园股份有限公司
44. 成都天科石油化工设计所
45. 四川美大康佳乐药业有限公司
46. 成都展翔科技实业有限公司
47. 成都得道实业有限公司
48. 成都网阔信息技术有限公司
49. 成都三零嘉微电子有限公司
50. 四川嘉茂科技发展有限责任公司
51. 成都炜纳照明节能纳米技术有限公司
52. 成都鸿盛数码科技有限公司
53. 成都杰华科技有限公司
54. 成都博华科技有限公司
55. 成都万创科技有限责任公司
56. 成都鼎天微电技术有限公司

57. 成都大唐线缆有限公司
58. 成都掌中科技有限公司
59. 成都卓信科技有限公司
60. 成都海得控制系统有限公司
61. 成都市嘉得利实业发展有限公司
62. 攀钢集团成都科技有限公司
63. 四川新力光源有限公司
64. 成都英泰奈特科技有限公司
65. 成都展望能源机械有限公司
66. 成都国腾电子集团有限公司
67. 成都艾得威技术咨询服务有限公司
68. 成都交大华荣科技有限公司
69. 成都赛来控制工程有限公司
70. 四川创立信息科技有限责任公司
71. 成都三力数码科技有限公司
72. 成都瑞科电气有限公司
73. 成都音信互动信息技术有限公司
74. 成都鼎胜科技发展有限责任公司
75. 成都新世纪迈威信息科技有限公司
76. 成都希盟泰克科技发展有限公司
77. 成都来恺科技有限公司
78. 成都凯捷生物医药科技发展有限公司
79. 成都基业长青科技有限责任公司
80. 成都昊地科技有限责任公司
81. 成都爱能医药科技开发有限公司
82. 成都川达科鸿科技有限公司
83. 成都金山数字娱乐科技有限公司
84. 成都金山互动娱乐科技有限公司
85. 成都金格创德信息技术有限公司
86. 成都科瑞德医药投资有限责任公司
87. 成都三零瑞通移动通信有限公司
88. 成都视普科技有限公司
89. 成都耀邦科技有限责任公司
90. 成都中光防雷科技有限责任公司
91. 成都创盛生物医学材料有限公司
92. 成都普众健康产业有限公司
93. 芯通科技(成都)有限公司
94. 成都晨英科技有限责任公司
95. 成都慧龙通信技术有限公司
96. 成都九洲电子信息系统有限责任公司
97. 成都久同电机驱动技术有限责任公司
98. 成都绿水科技有限公司
99. 成都斯坦福通信技术有限公司
100. 成都泰格通信技术有限责任公司
101. 成都天昆振动机械制造有限责任公司
102. 四川久远新方向智能科技有限公司

表52

2006年高新技术企业审查项目表

序号	公司名称	主要审查项目
1	成都共同管业有限公司	低压流体输送用薄壁不锈钢管、环压式不锈钢管件
2	成都黄金地真空技术开发有限公司	氦气压缩纯化机组
3	成都金自天正智能控制有限公司	利用公司自有的金自天正水处理自动化系统、金自天正二次除尘自动化系统等技术,承接相关工程,进行系统设计及集成。
4	四川聚龙软件技术有限公司	媒体资源管理系统、快马飞编视频编辑系统
5	成都美加石油机械工程有限责任公司	钻具电子管理系统、特殊金属密封扣加工、双向保护抽油杆接箍等
6	成都美联利华电气有限公司	干洗机、投币洗衣机、烘干机、脱水机等
7	四川仁和信息技术有限公司	SP业务
8	成都新财印务有限公司	版纹系统、微缩印刷技术、票据印刷防伪加密技术等
9	四川优机实业有限责任公司	各种矿山机械零部件、合金钢材料应用
10	成都奔月科技有限公司	石英晶体谐振器及振荡器系列产品
11	成都宝成特种油井管开发有限公司	抗硫油井套管中的最新产品
12	成都四为电子信息有限公司	铁路电力调度自动化系统、视频监控系统、给水调度自动化系统
13	成都合志科技有限责任公司	清华同方产品的本地化实施与研发
14	四川恒辉新技术发展有限责任公司	高折射率玻璃微珠
15	成都科新聚合物有限公司	PU弹性体、浇注型聚氨酯为主体的各类产品
16	四川龙瑞微电子有限公司	军用微波产品和微电子产品
17	成都瑞芯电子有限公司	射频读卡器、IC卡发卡密钥管理系统、汽车仪表、记录仪等控制计算SOC芯片
18	四川三民药业有限公司	阿奇霉素注射剂等新药

续表

序号	公司名称	主要审查项目
19	四川制药制剂有限公司	各类化学药品生产及各类中药、化学药等研制开发及技术咨询
20	四川信广信传媒实业有限公司	网络适配器
21	成都星奥仪电子科技有限公司	ZD—2000IV 型强功率超声波防除器
22	成都共同管业有限公司	实时码流监视器
23	成都艾得威技术咨询服务有限公司	艾得威 Advfile 数据刀片、大型数据库增量提取软件 iiE
24	成都博华科技有限公司	数控机床垂直自动装卸系统
25	成都鼎天微电技术有限公司	固态功率放大器
26	成都鸿盛数码科技有限公司	智能交通电子眼识别系统
27	成都杰华科技有限公司	自动化测试外包、手工测试及系统测试外包
28	成都三零嘉微电子有限公司	真随机数发生器芯片、分组算法芯片
29	成都市掌中科技有限公司	移动数字娱乐平台
30	成都万创科技有限责任公司	嵌入式移动终端通信平台
31	成都炜纳照明节能纳米技术有限公司	高强度辉光放电照明灯的电子镇流器
32	电子科大科园股份有限公司	石油钻井工程单井预算系统
33	四川嘉茂科技发展有限责任公司	IVR 综合声讯交互系统的音乐平台
34	成都大唐线缆有限公司	光缆、同轴电缆
35	成都卓信科技有限公司	绿网之星
36	成都创盛生物医学材料有限公司	可长期植入体内的医用聚丙烯手术修补材料
37	成都海得控制系统有限公司	系统集成和自动控制、机电一体化及相关技术
38	成都市嘉得利实业发展有限公司	管理信息系统软件
39	成都绿水科技有限公司	纯氧曝气智能控制一体化系统及设备
40	攀钢集团成都科技有限公司	钢铁生产、材料研发、生产工艺改进等
41	四川新力光源有限公司	sunfor 型稀土超长余辉蓄光发光材料
42	成都音信互动信息技术有限公司	电信增值业务系统软件平台
43	成都英泰奈特科技有限公司	基于旅游服务行业政府电子政务平台
44	成都展望能源机械有限公司	油气田天然气压缩机组及其消声降噪装置
45	成都爱能医药科技开发有限公司	拉呋替原料及片剂、米格列奈片
46	成都川达科鸿科技有限公司	成都市质量技术监督网络信息系统
47	成都昊地科技有限责任公司	供电所标准化管理系统、总线型电能量数据采集系统
48	成都基业长青科技有限责任公司	基业长青 BOXER 远程多媒体数字监控网络系统
49	成都凯捷生物医药科技发展有限公司	常规多肽生产技术、大分子多肽生产技术、碳环肽生产技术
50	成都来恺科技有限公司	个人征信报文系统
51	成都希盟泰克科技发展有限公司	Simupower 软件
52	成都新世纪迈威信息科技有限公司	手机资源管理系统
53	成都鼎盛科技发展有限责任公司	CNG 地下高压储气装置、油气井遥测遥控 SCADA 系统
54	成都金山数字娱乐科技有限公司	网络游戏类产品
55	成都瑞科电气有限公司	RC3000 系列微机保护装置、RCB313 备用电源自投装置、智能高频开关直流电源柜等
56	成都三力数码科技有限公司	煤矿企业信息管理系统、煤矿生产能力核定管理系统等
57	四川创立信息科技有限责任公司	通信物资供应链管理系统软件
58	泽西骏通(成都)通讯有限公司	SONET/SDH 系统和管理软件、Etherpath 系列产品、Powerpath 系列产品
59	成都金格创德信息技术有限公司	BMS 保密工作综合管理系统软件
60	成都科瑞德医药投资有限责任公司	盐酸替扎尼定片

续表

序号	公司名称	主要审查项目
61	成都三零瑞通移动通信有限公司	GSM 移动通信加密系统、数字加密常规移动通信系统
62	成都视普科技有限公司	多路通用异步收发器
63	成都耀邦科技有限责任公司	视讯白事通查询管理系统
64	成都中光防雷科技有限责任公司	SPD 产品
65	成都创盛生物医学材料有限公司	DIKFILM 型聚—DL 乳酸可吸收医用膜、可长期植入体内的医用聚丙烯手术修补材料——麦特适聚丙烯手术修补网
66	成都金山互动娱乐科技有限公司	网络游戏类产品如石器时代 2 等
67	成都普众健康产业有限公司	用于麦绿素胶囊的生物中间产品
68	芯通科技(成都)有限公司	第三代移动通信以及微波通讯
69	成都晨英科技有限责任公司	光触媒
70	成都航天光电技术有限公司	TFT~LCM 液晶显示摸组
71	成都慧龙通信技术有限公司	FC 型光纤连接器、SC 型光纤连接器
72	成都九洲电子信息系统有限责任公司	DVB~C2028 型数字有限机顶盒
73	成都久同电机驱动技术有限责任公司	伺服控制器、全空间矢量、三闭环控制永磁同步外转子电、无齿驱动装置
74	成都绿水科技有限公司	FPID 智能控制系统、GWQ/B 高效曝气器
75	成都斯坦福通信技术有限公司	1553B 通信模块
76	成都泰格通信技术有限责任公司	射频功率放大器模块、CDMA 干线放大器
77	成都天昆振动机械制造有限责任公司	微型高效混凝土振动棒
78	四川安达美信科技有限公司	ATBUS 营销管理系统
79	四川久远新方向智能科技有限公司	安全中间件系列安全芯 A、B、C、D、E 型;读写机具系列

相关链接:高新技术企业认定。由科技部授权省级科技主管部门认定，四川省科技厅授权成都高新区科技局负责对区内申报的企业进行初审。高新技术企业认定依据为《国家高新技术产业开发区高新技术企业认定条件和办法》(国科发火字(2000)324号文件)及《四川省高新技术企业认定实施细则》。成都高新区高新技术企业认定形成相关程序,即:企业咨询了解,企业报送资料后科技局进行形式审查，科技局到公司具体了解情况,最后专家评审,成都高新区科技局初审合格后报省科技厅批准。（周　鹏）

【软件企业认定】 2006年，成都高新区拥有近400家认证软件企业和1000余项认证软件产品,实现软件销售收入135亿元和软件出口1.5亿美元，同比分别增长35%和58%。软件业从业人员规模达6万余人,专业软件园区建筑面积超过150万平方米,其中通过和正在进行CMMI/3以上国际软件能力标准认证的企业35家,其中通过I/5认证的企业3家。国际国内著名软件企业已经形成聚集态势:微软(中国)有限公司、国际商业机器科技有限公司、SUN微系统公司、思爱普(北京)软件系统有限公司、英特尔(中国)有限公司、赛门铁克软件开发(成都)有限公司、摩托罗拉公司等30余家世界500强软件企业落户园区,成都华为通信技术科技有限公司、中兴通信股份有限公司、成都普天电缆股份有限公司、大唐电信科技股份有限公司、成都国腾实业集团有限公司等国内电子100强也到园区发展,软件外包、IC设计、信息安全、数字动漫、媒体娱乐、3G通讯及IPTV(网络电视)等产业集群初步形成,软件产业的环境配套、条件平台、技术支撑、政策保障和服务体系等不断完善。（陈宏伟）

相关链接:CMMI。全称Capability Maturity Model integration,即集成的能力成熟度模型,是国际通用的反映系统工程和软件工程的集成成熟度模型。CMMI是一套融合多学科的、可扩充的产品集合,同时也是工程实践与管理的最佳方法。（周　鹏）

图73:2006年芳草街街道办事处组织到居民小区进行“科技伴你健康行”宣传活动　（成都高新区科技局　供稿）

【科技三项费管理】 2006年,成都高新区根据《科技三项费用管理办法(试行)》、《成都高新区科技型中小企业技术创新基金管理暂行办法》和《成都高新区科技型中小企业技术创新基金实施细则》,形成成都高新区地方创新基金项目指南。保证推荐上报项目的质量,建立一套科学、规范、高效的项目管理机制。2006年,全区落实科技三项费1800万元,其中:安排地方重点科技项目20项,支持资金580万元;安排地方创新基金项目85项,支持资金1100万元。

相关链接:科技三项费。成都高新区科技三项费自1997年设立后,以"鼓励技术创新,推动科技进步,培育新的经济增长点"为指导思想,围绕科技与经济结合这条主线,促进一批成长性好、技术性强、管理规范的高新技术企业快速发展。为高新技术产业的发展起到了引导和促进作用。根据国家财政部、国家科技部等四部委1996年联合颁布的《科技三项费用管理办法(试行)》规定,科技三项费是指"新产品试制费、中间试验费和重大科研项目的补助"。为提高科技三项费的使用效益,成都高新区科技局1997年7月与区财税局联合行文,下发《成都高新技术产业开发区科技三项费用管理办法(试行)》;2000年11月,成都高新区科技局、财政局根据当时在科技三项费管理中的实际情况印发《成都高新区科技三项费管理办法》。 (熊 鹰)

【科技顾问团活动】 2006年,成都高新区组织专家编写《成都软件产业发展行动计划纲要》,为未来三年推进工作确定方向;制定成都高新区"十一五"科技发展规划,以科技自主创新为重点指导未来的科技工作;通过科技顾问团的群策群力,确定以高新技术领域为分类依据,以培养具有核心竞争力的高新技术产业为目标,明确下一步五年计划的重点发展项目;组织专家完成《新视界HITECH——诠释成都高新区·高新技术》科普书籍的编写和出版工作;起草并通过《成都高新区鼓励技术创新和创业的扶持政策》;起草并通过《成都高新区鼓励软件企业在天府软件园聚集发展的优惠政策》和《成都高新区鼓励模具产业发展的优惠政策》;组织专家在充分调研基础上,完成《成都高新区知识产权调研报告》的撰写,并通过国家知识产权局的验收。

(李 婷)

创新服务

【技术平台】 2006年,成都高新区创新中心着力构建三个技术平台为企业服务,分别是国家软件产业基地(成都)公共技术支撑平台、英特尔-成都数字娱乐产业中心展示平台和生物医药平台。2006年,平台技术管理中心为企业提供技术服务、技术支持、技术咨询205项。平均每天有10家企业通过网络使用平台,有6家企业现场使用平台,现有42家企业连接平台网络。技术平台为企业降低研发、测试、演示与认证、培训等成本共计3000多万元,累计为400多家软件企业提供技术服务。平台软硬件资源利用率达到95%以上,测试资源利用率达100%。

相关链接:技术平台。国家软件产业基地(成都)公共技术支撑平台由四川省、成都市和成都高新区共同打造,位于高新孵化园6号楼,建筑面积4000平方米。公共技术支撑平台为软件开发、IC设计、数字娱乐、信息安全等软件企业提供基于研发、测试、演示、验证、教育和信息共享、工程管理等方面的技术支持,构筑开放、共享的技术服务体系。英特尔-成都数字娱乐产业中心展示平台由英特尔公司和成都信息化技术应用发展中心合作建设,是全球第一个在线游戏体验中心,位于高

图74:位于天府大道中段的成都高新区孵化园全貌 (成都高新区创新中心 供稿)

图75:位于成都高新区高朋大道起步区的孵化园门户

(成都高新区创新中心　供稿)

新孵化园8号楼。作为便捷、开放的技术与商务公共平台，提供世界上最先进的IT技术体验和全球最先进的信息技术投资咨询服务。主题展区包括创作区、发布区、交付区以及消费区等数字供应链的四大关键环节。该平台通过提供数字娱乐产业供应链的相关内容和关系，帮助企业展示、优化产品解决方案，并搭建国际合作与交流平台。生物医药平台位于高新孵化园内的天河生物与医药孵化园，由四大共享专业平台组成。中试研发平台已建成，可为企业提供全面剂型的中试基地；销售服务平台初期已建立OTC网络；信息服务平台正逐步完善基于生物医药数据库的各类信息；软性服务平台已向企业提供法律咨询、新药申报、新药开发、医药招商等服务。

【企业培育】 2006年，高新区搭建产学研合作机制，创新中心通过走访四川大学、电子科技大学、中科院成都分院等30所大专院校、科研院所，吸引科技人员到成都高新区创业，促进大专院校、科研院所成果转化。成都塔拉生物公司、成都国和科技公司等10余家公司，将大专院校、科研院所的自主创新成果在创新中心进行产业化。创新中心转变孵化服务理念，将帮助企业完善技术创新机制放在首位，以技术创新增强企业的核心竞争力。重点鼓励企业建立各类研发机构和增加研发投入，加强企业自主知识产权保护意识。邀请成都市专利局、专利事务所和微软、英特尔等开展培训和交流，提升企业专利申请和自主知识产权保护意识，全年形成新的自主知识产权52项。同时，成都高新区把握项目优势领域，结合企业自身特点，多渠道为企业争取资金。全年共组织企业申报各级各类计划项目186项，其中国家级项目85项；获得国家立项43项，其中2个项目获2006年度国家火炬计划立项；3个项目获2006年度国家重点新产品计划立项；5个项目获2006年度国家引智项目支持；9个项目获得国家创新基金立项支持；19个项目获国家创新基金创业项目立项支持；1个项目获国家发改委信息产业关键产业技术产业化专项支持；1个项目获863计划项目支持；2个项目获信产部国家电子发展基金项目支持；1个项目获得法国“企业创新计划”项目支持。国家立项支持金额共计1805万元。立足现有资源，建立适宜孵化企业不同发展阶段的融资渠道。按企业需求安排上市公司、风险投资公司等各类投资机构与园内企业进行融资洽谈，全年为企业引荐投资机构、担保机构和银行50余次，组织企业参加“第四届中国国际集成电路产业展览暨研讨会”、“2006中国—欧盟投资贸易合作洽谈会”、“成都市软件产业投融资洽谈会”、“台湾创业投资商业同业工会成都座谈会”等各种项目发布会10余次。为企业引进投资机构，高盛投资公司、DINASTECH投资公司、云南烟草兴云投资有限公司、加拿大皇家投资公司、凯雷投资先后到园区进行考察，与有融资需求的企业进行沟通。加强与银行和担保机构的联系和沟通，针对特色产业企业的行业特点，探索合作新模式。与银行和担保机构保持良好的沟通与联系，推荐基本符合

图76:国家软件产业基地(成都)软件公共技术平台外景

(成都高新区创新中心　供稿)

图77:西区集中孵化　(成都高新区创新中心　供稿)

条件的企业申请贷款;实施成都高新区"融资帮扶工程金秋计划",开展开行中小企业贷款工作,帮助有迫切资金需求的企业,特别是软件企业、IC设计企业、生物医药企业获得资金支持;帮助华诚、恒升环保、摩尔等企业获得银行贷款7970万元。同时,创新中心锁定重点企业,实施精品孵化。围绕成都高新区三大产业确定颠峰、登巅、科杰、摩尔等11家软件企业、IC设计企业、生物医药企业为精品孵化企业,采取项目经理一对一服务,根据不同技术领域安排项目经理提供定制孵化服务,项目经理深入企业,进行个案辅导咨询,全年召开精品孵化企业情况通报会五次,对企业发展中遇到的问题,逐一进行协调、解决,把对企业的承诺和服务落到实处。成都颠峰软件有限公司与全球最大的商业引擎ACCOONA公司签下B2BCLUB项目软件外包大单,总额高达600万美元,与美国Genesis公司签约600万美元BPO服务,11月通过CMMI3级认证,为公司跨国发展奠定了坚实的基础。科杰公司2006年销售收入达903万元,实现年增长60%;林海电子公司实现销售收入673万元,实现年增长55%。四川南山之桥微电子有限公司和成都林海电子有限公司被四川省科技厅、四川省经委、四川省宣传部等七部门联合授牌为"四川省建设创新型企业培育企业",成为全省首批创新型培育企业。

【培训与咨询】 2006年,成都高新区培训和咨询工作围绕增强企业自主创新能力和产业发展需求展开,重点推出"创业辅导讲堂"和"专业技术培训",共组织各类培训45场次。邀请由国内外孵化器专家、成功创业企业家和中介咨询机构组成"创业导师"团队,针对企业成长各阶段所遇到的问题,举办专题辅导讲座;依托专业教育培训机构,开展专业技术、专业实用人才和专业国际认证等内容的培训;根据企业需求推出提升型培训,在广泛收集企业各类培训需求的基础上,分析、选择具有代表性的项目,委托拥有良好资质和高水平的专业机构开展提升型培训服务;创新性地引入全球著名培训机构"企顾司",在区内举办4场高水平、专业化的管理培训讲座,为孵化企业的创业者们提供与世界500强企业的管理人员同堂受训和咨询的机会,感受国际一流的工作理念,实现培训工作的国际合作和强强联合。

【国际交流与合作】 2006年,成都高新区聚集资源,搭建平台,促进企业参与国际合作与竞争,取得"起步晚,发展快,潜力大"的效果,得到科技部国际合作司和火炬中心的肯定,被科技部火炬中心批准为全国首批16个国际科技合作依托机构之一。全年开展13次国际合作交流活动。向欧盟援助合作办公室提交举办"欧盟-成都中小企业项目孵化合作洽谈会"和建立"欧盟项目孵化中心(成都)"的项目申请建议书,于2月获得批准,欧盟在中国首家项目孵化中心——欧盟项目孵化中心(成都),11月8日在高新孵化园揭牌,启动孵化合作洽谈会前期工作。科技部国际合作司、火炬中心领导、省市相关部门以及欧盟专员和8个国家的代表近80人参加揭牌仪式。欧盟贸易代表曼德尔森给予高度评价:欧盟委员会投资30万欧元在成都高新区启动的孵化项目中心会成为双方中小企业合作的典范。组织企业参加"2006中国—欧盟投资贸易合作洽谈会"、"2006香港春季电子产品展暨资讯科技博览会"、"第四届中国(成都)国际软件合作洽谈会"、"马来西亚主题日·中马信息通讯产业洽谈会"、"第七届西博会日本循环经济馆经贸合作项目"、"台湾创业投资商业同业工会成都座谈会"、"第四届中国国际集成电路产业展览暨研讨会"、"2006年首届欧洲招商引资展览会"、"动漫产业人才培养与产业公共技术平台建设交流会" 等项目推介会,组织企业参加留美资深教授张世洵主持的国际融资培训会,接待美国大学考察访问团并组织留学生与访问团交流等各类国际交流活动13次,以寻求企业与国际合作的机会。组织22家企业参加香港电博会,成交金额815万美元。成都爱斯特医药技术有限公司从全国近百家企业中脱颖而出,荣获法国外交部"创新企业计划"项目,是2006年全国5个获得该计划的企业之一;尚科药业成为首家与哈佛大学技术转移中心合作的国内医药企业,进行技术转移合作;首批进驻中国火炬(新加坡) 创业中心的企业逸海情天在东南亚取得飞速发展。成都颠峰软件有限公司、成都数视微科技有限公司、四川阿可贝尔科技有限公司、成都摩尔生物医药有限公司、爱斯特(成都)医药技术有限公司、成都尚科药业有限公司等20余家企业与国外已建立合作关系,飞博创(成都)科技有限公司、爱斯特(成都)医药技术有限公司、四川百昌电子有限公司、成都泰格微电子研究所等10余家企业已有产品出口,出口创汇达1830万美元。

【软件产业推进】 2006年,成都高新区软件产业推进工作,按照成都市委、成都市政府关于加快软件产业发展的统一部署和全市软件产业发展工作会议的总体要求,全力推进大企业战略和国际化战略的实施,在软件龙头企业的引进和本土企业的培育壮大、产业支撑体系的构建、产业载体的打造、产业发展定位和

图78:2006年4月14日香港软件外包合作论坛在香港会议展览中心召开　　（成都高新区创新中心　供稿）

图79:台塑网软件科技公司落户软件园　　（成都高新区创新中心　供稿）

实现路径研究等方面都取得显著成绩。软件及服务外包产业快速发展，全年实现经营收入180亿元，同比增长45.5%，出口达1.5亿美元。以成都高新区为集中发展区，成都被国家有关部委授予首批“中国服务外包基地城市”、“国家软件出口创新基地”，当选中国软件园协会副会长和副秘书长单位。推进天府软件园招商引资，加速企业聚集。全年共接待和走访国际、国内知名软件企业200余家，与萨蒂扬软件技术有限公司（印度）、ORACLE公司（美国）、成都微软信息安全技术中心有限公司等40余家知名软件企业进行实质性谈判，国际商业机器科技（深圳）有限公司、汉略（上海）信息技术有限公司、赛门铁克软件开发（成都）有限公司等10余家企业已经签约，思爱普（北京）软件系统有限公司上海分公司、日电信息系统（中国）有限公司成都分公司、科胜讯数字电视（成都）有限公司、松翰科技股份有限公司、成都阿尔卡特通信系统有限公司、台塑网软件科技（成都）有限公司、上海盛大网络发展有限公司、诺基亚（中国）投资有限公司、成都杰华科技有限公司、成都华为通信技术科技有限公司等20多家企业已入园办公，天府软件园企业入驻率达到92%。

【孵化成果】

2006年，成都高新区创新中心所属各园区企业取得的科技转化成果及各项成就如下：

2006年成都高新区孵化园区纳税大户

成都市任我行软件发展有限责任公司
成都九洲迪飞科技有限责任公司
成都天齐机械五矿进出口有限责任公司
成都泰格微电子研究所
飞博创(成都)科技有限公司
成都华诚信息产业有限公司
成都顺康电子有限责任公司
四川南格尔生物医学股份有限公司
四川亚联高科技有限责任公司
成都安可信电子有限公司
成都康特软件科技开发有限公司
成都林海电子有限责任公司

2006年成都高新区孵化园区优秀高新技术企业

飞博创(成都)科技有限公司
成都林海电子有限责任公司
成都九洲迪飞科技有限责任公司

2006年成都高新区孵化园区出口创汇重点企业

飞博创(成都)科技有限公司

2006年成都高新区孵化园区优秀创业企业

成都博宇科技有限公司
成都荣耀科技有限公司
成都梦工厂软件有限公司
成都金铠甲科技有限公司
成都迈思信息技术有限公司
成都凯恩思环保科技有限公司
成都天星网络防伪技术有限公司
成都锦天科技发展有限责任公司
成都伟卓环境科技有限公司
四川艾普特信息产业有限公司
成都西谷曙光数字技术有限公司
成都杰良创新石油技术有限公司
四川天阳环保产业有限责任公司
成都德企通信发展有限责任公司
成都禾力宝生物肥料有限责任公司
成都斯坦福基因信息工程有限公司

2006年创新基金项目

表53

项目名称	承担单位	金额(万元)
软件自动测评工具包 WsSTKit	四川华智信息技术有限公司	55
SW~2000 铁路电力调度自动化系统	成都四为电子信息有限公司	50
高温高矿化度低渗透油田新型调剖体系	四川海盾石油新技术开发有限公司	60
高亮度 LED 外延衬底材料~大尺寸蓝宝石晶体中试	成都莱普科技有限公司	55
无线移动增值业务统一内容中间件	成都梦网数码科技有限公司	55
高负荷、低压缩永久变形聚氨酯微孔弹性体	成都科新聚合物有限公司	50
高产克拉维酸生物合成新工艺	成都雅途生物技术有限公司	50
蒸汽(压缩空气)激波吹灰器及在除尘设备中的应用	成都奥柯威科技有限责任公司	55
成都高新区软件公共技术平台	成都高新区技术创新服务中心	90

2006年国家级火炬计划项目

表54

项目名称	承担单位
动态跟踪超声影像引导放疗系统	四川阿可贝尔科技有限公司
高效絮凝、催化氧化及生化处理天然气生产废水成套设备	四川恒升环保科技有限公司

2006年创新基金创业项目

表55

项目名称	承担单位	金额(万元)
HLA~G Elisa 在肿瘤中的诊断	成都尚新创生物科技有限公司	40
紫杉醇和多烯紫杉醇的合成	成都科杰高新技术发展有限公司	40
特种高电导合金材料	成都牧村科技发展有限责任公司	40
加药混凝沉淀+ABR 反应器+好硫化床处理	成都伟卓环境科技有限责任公司	40
高性能深冷工具的研发及产业化	成都凯恩思环保科技有限公司	25
口腔专用材料	成都古京科技有限责任公司	25
基于 SMS 的移动基站环境监控代维管理系统	成都九鼎数码科技有限公司	25
新型电涡流传感器的研制	成都麦肯数码科技有限公司	25
TDMOverEthernet(在以太网上承载 TDM 业务)	成都华程信息技术有限公司	25
酶法工业化生产光学纯叔亮氨酸	成都威克药业有限责任公司	20
镭射防伪转移胶及其配套技术	成都赛特克科技有限公司	20
改性塔拉梣胶糅剂的制备及应用	成都塔拉生物科技有限公司	20
智能 X 光图像系统	成都美迪克医疗图像系统有限公司	20
清洁生产型节水超声波洗涤系统	成都赛亿科技有限公司	20
新型不锈钢纤维功能织物产业化研究	成都巨合新材料技术有限责任公司	20
网络游戏安全增值服务系统	成都博宇科技有限公司	20
手机游戏 3D 引擎开发项目	成都联合众志软件有限公司	20
手机社区化益智网络游戏系统	成都掌中科技有限公司	20
3D 引擎共性平台	成都兴斯普数字媒体软件有限公司	20

2006年国家引智项目

表56

项目名称	承担单位
千兆线速全包过滤芯片“蓝凤凰 TMTS8210”及系统平台	四川南山之桥微电子有限公司
使用 Zigbee 技术代替现有的红绿灯控制系统	成都西谷曙光数字技术有限公司

续表

项目名称	承担单位
普伐他汀发酵菌种的改良和发酵工艺的改进	成都摩尔生物医药有限公司
Netchecher 无网络检测器	成都市雷克灵通科技发展有限公司
医疗垃圾无害化再生利用焚烧炉	成都高新区环能科技有限公司

2006年科技部国家863计划项目

表57

项目名称	承担单位
千兆 IPSEC 增强安全协议	四川南山之桥微电子有限公司

2006年信产部国家电子发展基金项目

表58

项目名称	承担单位	金　额
网络游戏开发平台	成都华诚信息产业有限公司	400
可复用网络游戏工具库研发与产业化	成都斯普电脑科技有限公司	400

2006年法国创新计划项目

表59

项目名称	承担单位
手性 beta~氨基酸的合成	爱斯特(成都)医药技术有限公司

2006年四川省科技攻关项目

表60

项目名称	承担单位	金额(万元)
虚拟专用网 VPN 芯片	四川南山之桥微电子有限公司	20
LH~VSAT~01 多通道卫星解调系统	成都林海电子有限责任公司	20
新型醇溶性油墨树脂的合成	成都国和科技有限公司	15

2006年四川省科技进步奖项目

表61

项目名称	承担单位
华夏网芯	四川南山之桥微电子有限公司

2006年四川省专利实施专项补助资金项目

表62

项目名称	承担单位	金额(万元)
千兆线速防火墙及系统	四川南山之桥微电子有限公司	6

2006年四川省重点技术创新项目

表63

项目名称	承担单位	金额(万元)
印楝素生物农药	成都绿金生物科技有限责任公司	12

2006年成都市科技计划项目

表64

项目名称	承担单位
基于国产 ASIC 芯片的流媒体网络审计产品	四川南山之桥微电子有限公司
创新药物“去氟灵”胶囊	成都东方赫日科技有限公司
大型 3D 益智网络游戏《三毛欢乐派》	成都斯普电脑科技有限公司

续表

项目名称	承担单位
表贴 3dB 电桥	成都泰格微电子研究所
高性能电磁屏蔽材料产业化研究	成都巨合新材料技术有限责任公司
胶原基体表创伤修复膜制造的关键技术	成都佰乐金生物科技有限公司
重组 Exendin-4 的研究开发	成都芝田生物工程有限公司

2006年成都高新区国家重点新产品计划项目

表65

项目名称	承担单位
千兆线速防火墙芯片 Xwall TS6210	四川南山之桥微电子有限公司
针对中芯国际(SMIC)0.13微米工艺的 USB2.0 OTG	四川登巅微电子有限公司
TG~WCDMA 3G 移动通信基站功率合路单元	成都泰格微电子研究所

【庆祝活动】 2006年11月17日，成都高新区“创新中心成立10周年庆祝会”在高新孵化园举行。科技部火炬中心孵化器管理处副处长李志远，科技部火炬中心孵化器管理处、中高协创业中心专委会秘书长李楠林，教育部科技司、财政部税务司、国家税务总局政策法规司来宾，成都高新区管委会副主任刘勇，成都市孵化器协会秘书长蒋卫东，创新中心历届负责人，优秀创业企业代表，成都高新区孵化器协会成员单位负责人和300多家孵化企业代表参加庆祝会。科技部火炬中心孵化器管理处副处长李志远和管委会副主任刘勇分别代表科技部火炬中心和成都高新区管委会致辞，对创新中心成立10周年表示热烈祝贺，对创新中心成立10年所取得的成绩给予充分肯定。国腾集团运营总裁何琼女士和四川南山之桥微电子有限公司董事长李为民代表优秀毕业企业和在孵企业发言，创新中心历届负责人回顾10年的艰苦创业历程。1996年~2006年，创新中心在孵化规模和集群化、多元化、专业化、网络化、国际化等方面取得长足的发展。孵化场地从成立之初的6千平方米发展到现在的18万平方米，累计孵化企业930多家，其中留学人员企业280家，毕业企业164家，孵化企业累计实现产值近68亿元，实现利税近10亿元，培育出成都国腾实业集团有限公司、成都华诚信息产业有限公司、四川亚联高科技有限责任公司、四川南格尔生物医学股份有限公司等一大批拥有自主知识产权、具有核心竞争力的高新技术企业。构建了较为完善的创业孵化服务体系，拥有国家863软件专业孵化器等6个国家级专业基地，打造软件公共技术支撑平台，与欧盟亚洲援助办公室合作建立欧盟目前在中国唯一的项目孵化中心，聚集政府和社会资源集中建设的高新孵化园已成为全国最大的科技创新孵化基地。1996年~2006年，创新中心坚持“建立学习组织、打造服务型团队”，加强内部管理，不断提高员工素质，建立ISO 9001：2000质量管理体系，规范服务流程，建立创新孵化“三制”，实施创业导师+精品孵化，提高创新中心的运行效率和效益，初步形成一支高效、规范、朝气蓬勃的孵化服务团队。

(本分目供稿单位：创新中心)

软件业推进

【概　况】 天府软件园是由成都高新区投资建设的专业软件产业园区。园区位于成都市天府大道中段108号，占地22.6万平方米，建筑面积23万平方米。园区重点发展以软件外包、数字娱乐、集成电路、嵌入式软件、信息安全、行业软件为代表的软件产业及以3G(第三代通讯技术)、IPTV、数字电视平板显示(PFD)等为代表的重大新兴产业。2006年，天府软件园利用政策优势，通过切实有效的措施，积极招商引资，共有6家国内外知名软件企业入驻，提升了成都天府软件园的知名度和美誉度，扩大了其在业界的影响力。

相关链接：政策措施。天府软件园是成都市发展软件产业的重要载体，成都市委市政府、成都高新区党工委、管委会一直高度重视。入驻天府软件园的企业不仅享受成都高新区对软件类企业的优惠政策，还享受招商引资、投资融资、市场拓展、鼓励出口、鼓励创新创业、鼓励企业上规模、鼓励人才引进与培养等一系列促进软件类企业发展的政策措施。为促进国际国内知名企业在天府软件园的聚集，成都高新区管委会出台了鼓励企业聚集发展的如下政策：

一、范围和领域

第一条　适用范围：入驻天府软件园、税收解缴关系在成都高新区、经营期在10年以上的软件企业。

第二条　支持领域：外包软件、行业应用软件、嵌入式软件、数字娱乐、信息安全、集成电路设计以及成都高新区软件产业重点发展的其他领域。

二、资金及来源

第三条　成都高新区管委会设立软件产业发展资金，每年不低于2000万元，并积极争取市级软件产业发展专项资金的支持。

三、扶持政策

入驻天府软件园的软件企业除享受国家、省、市的相关优惠政策外，还同时享受以下扶持政策：

第四条　凡购买天府软件园办公用房的，按基准价出让；整层购买，按基准价优惠5%出让；整幢购买，按基准价优惠10%出让。

第五条　凡租用天府软件园办公用房的，按以下标准享受房租补贴：2005年签约入驻企业按15元/月·平方米补贴房租两年，第3~4年减半补贴；2006年签约入驻企业按10元/月·平方米补贴房租两年，其后为第3~4年减半补贴。

第六条　入驻天府软件园的软件企业，免费使用国家软件产业基地（成都）公共技术支撑平台，免费获得基础性的技术支持与服务。

第七条　天府软件园内软件企业的技术创新项目，成都高新区优先给予立项支持，并在区级应用技术研究与开发资金使用上给予倾斜。

第八条　鼓励软件企业通过GB/T19000-ISO 9000系列质量管理体系认证或CMMI认证等国际资质认证。每年安排一定资金用于支持企业开展CMMI国际资质认证。

第九条　鼓励大学、职业教育机构培养企业所需要的软件人才，鼓励大学与企业联合培养技能型人才。对新引进的知名软件教育机构，在场地方面提供便利；对为成都高新区软件产业培养和引进软件人才做出重要贡献的教育机构和组织给予奖励。

第十条　对软件企业的高级管理人员和高级技术人员给予奖励，奖励的条件与标准按《成都高新区高级人才专项奖励管理暂行办法》（成高管发（2003）19号）执行。

第十一条　鼓励企业扩大软件出口。企业实现的软件出口（海关统计数），除享受国家的外贸出口优惠政策外，同时享受成都高新区的出口补贴政策。

第十二条　成都高新区政府采购，在同等条件下，优先采购天府软件园内企业的产品和服务。

第十三条　积极帮助园内企业争取国家、省、市项目支持。

第十四条　本扶持政策自发布之日起执行，由成都高新区科技局负责解释。

【重大招商活动】 2006年，成都高新区天府软件园通过鼓励出口、鼓励创业创新、鼓励企业上规模、鼓励人才引进与培养等政策措施大力招商引资，取得显著成效。全年，共有6家国内外知名软件企业入驻园区。1月，全球最大协同软件供应和第三大独立软件供应商——德国SAP公司与成都市政府签订投资合作协议，在天府软件园建立SAP中国技术服务中心。5月，上海贝尔阿尔卡特公司在川设立的研发中心正式落户天府软件园；上海盛大网络发展有限公司与成都高新区管委会签署入驻天府软件园协议，盛大网络成都研发中心正式落户天府软件园。6月，成都华为通讯技术有限公司成都研究所正式落户天府软件园。8月，诺基亚成都研发中心正式落户天府软件园。11月，IBM公司与成都高新区签署战略合作协议，在成都高新区天府软件园建立成都IBM全球服务执行中心。

【园区入驻企业】 2006年，成都高新区天府软件园已有近30家国内外知名企业入驻，包括：IBM、SAP、NOKIA、阿尔卡特、NEC、华为、新电信息、科胜讯、台塑网、杰华科技、交大光芒、鼎天微电、颠峰集团、软件外包平台、维纳软件、盛大网络、新波电脑、国信安教育等。

（本分目供稿人：曹　泰）

发展研究

【概　况】 2006年，成都高新区的发展策划工作围绕成都高新区中心工作及成都高新区党工委、管委会领导所关心的阶段性重点、难点和热点问题，重点开展专题调研。全年编发调研与思考12篇，完成各类调研报告120余篇，其中自撰调研文稿20余篇，起草和参与起草党工委、管委会文件近10件，成都高新区党工委、管委会领导讲话和交办文稿80余件。

【软件产业调研】 2006年的发展调研工作，重点开展软件产业的专题调研。通过资料搜集、实地访谈、专家建议、出去考察等方式，形成《关于〈中共成都市委、成都市人民政府关于促进软件产业发展的实施意见〉（代拟稿）》。报告分析软件产业的战略地位、全球软件产业发展的主要模式、全球软件产业发展的趋势、我国软件产业的发展现状，提出成都发展软件产业的战略选择：大力实施“1231”战略(即：抓住软件人才培养聚集这个中心、突出软件产品的自主创新和服务外包的快速发展两个重点、强化政策、载体、服务三大支撑、高举一面旗帜)，确定力争到2010年，软件产业经营收入达800亿元，年平均增幅45%；软件出口5亿美元，年平均增幅35%；从业人员达20万人。通过CMMI3以上认证的软件企业60家，其中CMMI5认证15家。销售收入过30亿元的企业1～2家，过10亿元的20家。力争到2015年，软件产业经营收入达3000亿元，年平均增幅30%；软件出口10亿美元，年平均增幅15%；从业人员达30万人。通过CMMI3以上认证的软件企业100家，其中获CMMI5认证的20家。销售收入过50亿元的企业1～2家，过30亿元的企业8～10家，过10亿元的60家。

【招商引资调研】 2006年，发展策划局开展突出抓好招商引资，加快实现跨越发展的专题调研。提出招商引资工作，关键就是要解决好“招什么”、“怎么招”、“用心招”的问题。调研报告提出成都高新区坚持以工业化推进城市化，以城市化服务工业化，提出“加快三个进程，解决四个问题，实现两个率先”的城乡一体化工作思路(即加快规划建设进程，加快新型工业化进程，加快全面城市化进程；解决好城市化过程中农转居人员的拆迁安置、就业培训、社会保障和持续增收四个问题；率先在成都市乃至四川省实现城乡一体化和全面城市化)，按照“总体规划，分步实施，因地制宜，突出特色，超前推进”的部署，推进工业向特色园区集中、土地向支柱产业集中、农民向城市社区集中，着力打造既有一流科研和生产环境，又有一流生活和生态环境，经济与社会、人与自然和谐发展的现代化高科技园区，努力承担起全市经济社会发展的“火车头”、“发动机”、“增长极”和三个文明建设示范区的重任。 (本分目供稿单位：发展策划局)

图80：成都高新区党工委副书记、管委会副主任冯亚曦带队调研 (成都高新区发展策划局 供稿)

教育

EDUCATION

综 述

【全区教育事业发展】 2006年，成都高新区坚持教育为招商引资和经济建设服务，推进国际学校建设，修建小区配套学校，积极做好免费义务教育，建立健全公共教育管理体系和运行机制，强化学校管理、队伍建设及安全和食品卫生工作，办学效益出现新亮点。实现全省三所国际学校，即美视（成都）国际学校（MIS）、成都国际学校（CDIS）和成都美国学校（QSI）落户成都高新区，最大办学规模可容纳近1100名外籍人员子女学习，目前在校学生420人，在职外籍教师60人。修建小区配套九年一贯制学校两所（大源学校、顺江学校），实施免费义务教育，全区春季有13092名农村居民和失地农民子女享受免费义务教育，涉及金额385万元；全区秋季有12819名农村居民和失地农民子女享受免费义务教育，涉及金额386万元。推进师资结构均衡配备，抓教师和校长队伍建设，新招聘教师57人（应届毕业生18人），全区现有教师1507人（全国优秀教师8人，省级优秀教师8人，特级教师15人，市级学科带头人12人，市级优秀教师60人），培养特级教师2名、区级学科带头人78名、区级优秀青年教师27名。在强化安全和食品卫生工作方面，针对秋季成都市个别学校发生学生集体食物中毒事件，成都高新区党工委管委会多次召集有关部门和学校传达成都市委常委会议和市政府关于学校食品卫生安全工作紧急会议精神，组织相关工作人员分5个督察组，定人定点定责拉网式检查各级各类学校的食品卫生安全工作，并组织食堂从业人员和参与分餐的教师全部重新进行体检，杜绝食品安全事件的发生。成都高新区增加安全经费投入，加强安全基础设施建设，排除安全隐患，改造玉林中学玉林校区食堂、和平学校食堂以及玉林附小电线线路，安装防雷设施，配置卫生室，添置饮用水净化设施。

【教育管理体制改革】 2006年，成都高新区加强教育管理体制改革，学校管理取得新成绩。一是建立并运行中小学教育目标考核体系。10～12月，经过学校自查，有关部门组织到学校实地考察，确定学校的考核分数和等次，根据得分高低按中学和小学系列评选目标考核先进单位，发放目标考核奖金。二是建立《成都高新区教育系统突发公共事件应急预案》，做到全区教师人手一册，明确各部门工作职责，建立齐抓共管、部门联动、各司其职、各负其责的学校安全长效管理机制。三是全面运行《成都高新区校产管理信息系统》，加强学校资产管理，合理安排改善办学条件经费，提高资金使用效益。

【城乡义务教育均衡发展】 全年，成都高新区认真贯彻落实科学发展观，大力实施全面城市化战略，调整学校布局，优化教师队伍，狠抓教育管理，促进全区基础教育均衡发展，教育事业呈现良好发展态势。一是调整学校布局，促进教育资源均衡发展。本着“合理布局、整合资源、均衡发展”的原则，统筹优化教育资源配置，同步规划建设高规格配套中小学，推进高中学校适度规模集聚，义务教育学校向住宅小区集聚。成都高新区修建顺江小区配套学校，撤并西区一小、西区中学，组建九年一贯制学校，定名为成都高新顺江学校；修建双源小区配套学校，撤并桂溪一小、双河小学，组建九年一贯制学校，定名为成都高新大源学校。2所学校均于9月1日顺利开学，占地面积分别为24775平方米、26800平方米，建筑面积分别为21562平方米、19060平方米，办学规模均为54个班，为成都高新区管委会直属办学。二是进一步优化教师队伍，提高干部教师队伍整体素质，促进学校师资力量均衡发展。通过公开考选，面向成都市内外录取满足需求的优秀应届师范毕业生和在职教师充实到全区中小学教师队伍中。加大教师培训力度，组织骨干教师参加华东师大培训学习，邀请全国著名特级教师和教育专家作精彩的课堂教学示范和专题报告，组织骨干教师汇报会，举办骨干教师观摩课，为教育的均衡发展奠定坚实的人力资源基础。三是加强学校管理，提高办学质量和效益，促进学校办学水平均衡发展。随着办学条件的改善，现代化程度的提高，各中小学充分学习借鉴教育发达地区抓教学质量特色、文化特色、队伍建设特色的成功经验，工作的重点也由外延

图81：2006年1月，成都国际学校迁址高新西区中海国际社区

（成都高新区社会事业局 供稿）

图82：2006年9月，成都美视国际学校美洲花园新址开校庆典

（成都高新区社会事业局　供稿）

图83：2006年11月9日，成都高新区“中小学管理现场会”在和平学校举行　（成都高新区社会事业局　供稿）

发展转移到提高内涵，科学推进素质教育。按照“积极鼓励，分类指导”的原则，引导学校自我加压，强化管理，在学校建设、硬件设施设备、教育经费、师资队伍等方面向薄弱学校倾斜。建立区直属学校和街道办事处所属学校“手拉手、结对子”制度，区直属学校骨干教师和街道办事处所属学校教师互派到对方学校进行定期服务，在学校管理、教师教育、教育科研、课堂教学等方面对街道办事处所属学校进行全方位指导，通过大面积提高教学质量，缩小学校间的差距，使学校的办学水平和教育质量得到均衡发展。四是加强弱势群体帮扶，提高受教育年限，促进受教育群体的均衡发展。8月，成都高新区党工委管委会决定，在构建社会主义和谐社会和全面推进城乡一体化建设中率先实现义务教育的突破，让人民群众特别是农村居民和失地农民得到实惠，从2005年秋季开始，首批全部免除户籍关系在成都高新区内的农村居民和失地农民子女义务教育阶段学生的“一费制”收费，每年财政支出经费总计800万元左右。2006年，全区春季有13092名学生享受免费义务教育，涉及金额383万元，其中：农村居民子女1575人47万元，失地农民子女11517人336万元。全区秋季有12819名学生享受免费义务教育，涉及金额386万元，其中：农村居民子女959人30万元，失地农民子女11860人356万元。同时，对城市居民子女实施“两免一补”政策和“帮困助学”政策，2005～2006学年度全区有243名义务教育阶段学生享受“两免一补”，财政支出经费51万元；有103名高中教育阶段学生享受“帮困助学”，财政支出经费21万元，确保所有适龄儿童少年全部完成义务教育，所有的高中阶段教育学生不因家庭贫困失学。

（本分目供稿人：张　斌）

基础教育

【概　况】 2006年，成都高新区有中小学14所，其中：区直属学校9所（高完中2所、九年一贯制学校3所、小学4所），街道办事处所属学校4所，民办12年一贯制学校1所，有国际学校3所。全区共有教学班600个，其中：高中92个，初中149个，小学325个，国际学校34个；在校学生27832人，高中4728人，初中7462人，中学合计12190人；小学15258人；国际学校384人；幼儿园人数达到3068人。小学招收58个班2631人，初中招收54个班2790人，高中招收30个班1582人。现有省级示范性普通高中1所，市级示范性普通高中1所，市级义务教育示范学校3所，省级示范性幼儿园1所，市一级幼儿园2所；省级校风示范学校3所，市级校风示范学校8所，市级文明单位6所；省级实验教学示范学校、现代教育技术示范学校各2所，市级实验教学示范学校、现代教育技术示范学校各2所；省级科技教育示范学校1所，市级科技教育示范学校2所，市级科技活动基点学校5所；省级体育传统项目学校2所，市级体育传统项目学校4所；省级艺术教育特色学校1所。

（张　斌）

【课程改革】 全年，成都高新区坚持用新课程理念指导教学，加强课程改革，严格过程管理，促进内涵发展。年内，成都高新区所有小学、初中学校均参与课改，参与课改学生数达16388人，参加课改教师数达869人。自课改后，全区参加课改培训教师959人，其中：参加国家级培训累计165人次，参加省级培训累计199人次，参加市级培训累计954人次，参加区县级培训累计1469人次；学校承担各级课改培训活动累计365次，其中：省级82次，市级63次，区县级220次；教师承担各级培训活动累计539人次，其中：省级123人次，市级80人次，区县级351人次；教师发表课改论文累计1128篇，其中：国家级

图84:2006年9月1日,新建九年一贯制学校大源学校举行开校庆典 （成都高新区社会事业局 供稿）

177篇,省级423篇,市级272篇,区县级338篇;教师课改论文获奖累计1806篇,其中:国家级396篇,省级559篇,市级914篇,区县级510篇;学校开发校本课程累计57门,88册;学校提供课改总经费累计495.75万元,其中财政拨款362.2万元。（陈 红）

【教学管理】 2006年,成都高新区通过四个方面强化教学管理。一是加强教学常规管理。倡导精细化管理,督促学校进一步建立健全规章制度,在细节中求质量,在过程中求效益。二是加强教学研究。在全区推行新课程改革,组织成都高新区内和跨区的各级教研活动,召开全区学校管理及教学管理现场研讨会,加强交流与研讨。三是加强教学督导。坚持教学督导制度,定期深入学校进行教学督导,督促学校加强教学常规管理和专项研究,引导学校注重课堂教学,提高教学效益。四是加强教学目标考核。建立并运行有高新特色的目标考核制度,强调考核的发展功能。以考核加强教学研究,以考核促进学校发展。（张 斌）

【学籍管理】 2006年,成都高新区加强学生学籍管理,初步建立电子学籍管理体系。对各学校学籍管理人员进行系统培训,提高管理能力;建立全区学生电子学籍档案,形成方便快捷的管理体系;加强日常学籍管理,对学生转入、转出等严格把关,严格学籍管理制度;配合上级部门进行毕业生学籍审核。（张 斌）

【收费管理】 2006年,成都高新区严格执行国务院办公厅《关于加强中小学收费管理工作的通知》、《四川省规范教育收费工作八条规定》、《成都市捐资助学赠予使用管理暂行办法》等有关文件规定,严格执行收费制度,规范收费行为,实行收费公示制,收费工作接受群众监督。（叶春云）

【招生管理】 2006年,成都高新区严格按照成都市政府、市教育局、市招办相关文件精神,认真做好各项招生工作。严格执行招生政策,做好小学、初中、高中各类招生工作,注重对招生政策的解读和把握,严格招生程序,规范招生行为,体现为人民群众服务的工作态度。注重宏观调控,突破重点、难点。在招生管理中,进行宏观规划和调控。同时,努力解决矛盾突出的问题,集中全力做好农民工子女、居住证持有人子女入学问题,处理好与友邻区县的关系,解决好区内学位分布不均衡的问题。（冯星灿）

【中 考】 2006年,成都市初中毕业考试及升学考试由成都市招办统一组织。全区初中毕业生总人数1619人,其中直升区内高中人数240人,实际参加中考人数1367人。一次合格率95.31%,优生率64.98%,学困率0.56%,平均及格率62.32%,重点率15.07%,普高率49.04%。在成都市对五城区及成都高新区初中教育质量评估中,成都高新区有4项指标进入前三名,其中一次性合格率、优生率优势明显。（陈 红）

【高 考】 2006年,成都高新区参加高考人数1608人,一本上线98人,占6.09%;二本上线287人,占17.85%;三本上线412人,占25.62%;一专上线533人,占33.15%。在应届毕业生参考人数与2005年基本持平的情况下,一本上线人数较上年净增33人,上线率增幅达到46.2%;二本较上年净增55人,上线率增幅达到19.7%;与上年相比,本科净增47人,首次突破400人大关,上线率增幅达到9.30%。玉林中学王莎以663分的高分考取北京师范大学临床医学专业八年制本、硕、博连读,玉林中学、美视学校各有1名韩国学生分别考入北京大学、清华大学。全年,全区高考综合评估成绩名列全市前茅,高考万人上线率和万人高中学生在校人数均居全市第一,高中工作受到成都市教育局表彰奖励。（陈 红）

【义务教育】 成都高新区认真贯彻《中华人民共和国教育法》和新《中华人民共和国义务教育法》,加强义务教育。2006年,成都高新区一是高度重视。教育行政部门切实履行职责,加大教育经费投入,加强学校建设,满足人民接受义务教育的需要。二是加强宣传和管理,确保适龄儿童入学。全年适龄儿童入学率100%,三残儿童入学率100%,学校巩固率100%。三是加强义务教育学校建设,提高义务教育质量。（陈 红）

图85：四川省第21届青少年科技创新大赛在高新实验小学新北校区举行　（成都高新区社会事业局　供稿）

图86：2006年11月，成都高新区第5届中小学生运动会在高新实验中学新北校区举行（成都高新区社会事业局　供稿）

【农民工子女教育】　2006年，成都高新区教育行政主管部门与社区、学校对农民工子女教育问题作专题研究，各中小学建立农民工子女档案，详细掌握农民工子女的家庭住址、家庭成员、成长经历等情况。根据农民工子女群体的特殊性，各学校采取有针对性的教育措施。学习上，农民工子女普遍基础较差，适应城市现代化教育需要时间。据此，学校特别关照，开展“手拉手、一对一”的帮助活动。心理上，农民工子女普遍有自卑倾向，进入城市后面临理想与现实等矛盾冲突。学校加强对农民工子女的心理辅导，鼓励其自强不息。生活上，农民工子女既有自然朴实、勤俭节约等优点，也有散漫懒惰、缺乏自制等缺点。学校加强教育，引导农民工子女自尊自爱，养成良好的生活习惯。　（陈　红）

【小学学龄儿童入学率】　2006年，成都高新区预测适龄儿童2500人，实际招收2631人，适龄儿童入学率100%。　（张　斌）

【中小学升学率】　2006年，全区小学六年级在校生2571人，全部升入初中，升学率100%，初中九年级在校生2239人，全部升入职业高中和普通高中，升学率100%，高中三年级在校生1675人，80%升入上一级学校。　（陈　红）

【社会力量办学】　成都高新区鼓励社会力量办学，形成合理多元的办学格局。2006年，全区共有社会力量办幼儿园21所，分别是：桂溪欣怡幼儿园、桂溪新世纪幼稚园、桂溪三瓦窑社区幼儿园、桂溪和平社区幼儿园、新晨阳光艺术双语幼儿园、倍特幼儿园、妈咪家双语幼儿学校、倍特楼宇学前教育中心、金苹果中海名城STS网络幼稚园、金苹果银都国际幼稚园、成都南迪双语幼儿园、紫荆幼儿园、高兴幼儿园、桐梓林红星幼儿园、蓝贝儿艺术幼儿园、第四小学附属幼儿园、西藏军区驻川办事处幼儿园、金孔雀音乐幼儿园、蓓蕾幼儿园、肖家河分园、金苹果新蒙特梭利幼稚园、金苹果国际美语幼稚园。全区共有民办教育机构13家，分别是：成都高新职业技术培训中心、成都高新成达培训学校、成都环球英语学校、新蕾艺术文化培训学校、成都陈荣添艺术学校、成都伊士顿教育培训中心、

图87：成都高新区组织名优教师和校长赴华东师范大学学习　（成都高新区社会事业局　供稿）

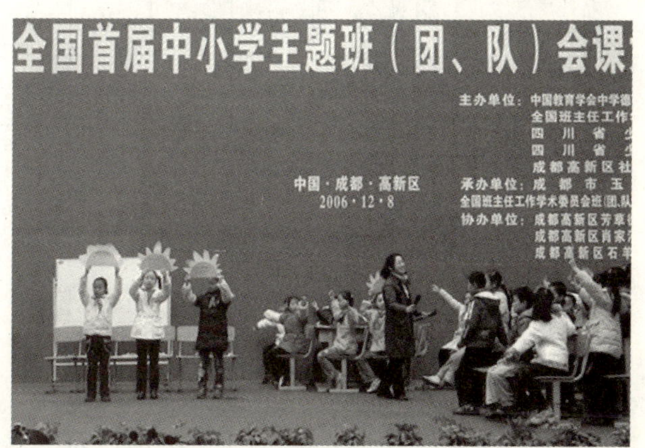

图88：全国首届中小学主题班（团、队）会课大赛在玉林中学举行　（成都高新区社会事业局　供稿）

成都高新区博雅艺术中心、成都高新区金海洋教育中心、成都高新区华兴学校、成都三乐文化艺术学校、成都高新区雨露培训学校、成都高新区金苹果儿童美语培训学校、成都出国留学预备学校。 (伍文涛 明玉莹)

2006年成都高新区基础教育学校基本情况表

表66

学校性质		学校名称	学校数
区属学校	高完中	成都玉林中学(芳草校区、石羊校区、玉林校区、肖家河校区) 成都高新实验中学(紫荆校区、新北校区)	2
	九年一贯制学校	成都高新和平学校 成都高新大源学校 成都高新顺江学校	3
	小学	玉林中学附属小学芳草小学(芳草校区、新蓉校区、庆安校区) 高新实验小学(紫荆校区、新北校区) 成都师范银都小学(紫荆校区、紫薇校区)	4
街道学校		石羊小学 桂溪二小 三元小学 西区二小	4
民办十二年一贯制学校		成都美视国际学校	1
合 计			14

2006年成都高新区中小学招生计划完成情况表

表67

类 别	计划招生班数	计划招生人数	完成情况
小学	58	2610	100%
初中	54	2700	100%
高中	30	1650	100%

(冯星灿)

2006年成都高新区直属小学在校生数表

表68

学校		一年级		二年级		三年级		四年级		五年级		六年级		合计	
		人数	班数	人数	班数	人数	班数	人数	班数	人数	班数	人数	班数	人数	班数
玉林中学附属小学		300	6	271	6	310	6	305	5	306	5	328	7	1820	35
芳草小学	芳草校区	213	4	194	4	198	4	164	3	154	3	147	3	1070	21
	新蓉校区	–	–	–	–	–	–	83	2	106	2	120	2	309	6
	庆安校区	142	3	98	2	75	2	98	2	114	2	61	1	588	12
	小计	355	7	292	6	273	6	345	7	374	7	328	6	1967	39
高新实验小学	紫荆校区	229	5	184	4	229	5	221	4	218	4	205	4	1286	26
	新北校区	285	6	250	5	208	4	203	4	195	3	139	3	1280	25
	小计	514	11	434	9	437	9	424	8	413	7	344	7	2566	51

续表

学校		一年级		二年级		三年级		四年级		五年级		六年级		合计	
		人数	班数	人数	班数	人数	班数	人数	班数	人数	班数	人数	班数	人数	班数
成都师范银都小学	紫荆校区	120	4	120	4	118	4	140	5	120	4	120	4	738	25
	紫薇校区	179	6	171	6	112	4	30	1	25	1	~	~	517	18
	小计	299	10	291	10	230	8	170	6	145	5	120	4	1255	43
高新和平学校		246	5	170	3	220	4	263	5	216	4	237	5	1352	26
高新顺江学校		179	3	161	3	184	3	174	3	226	4	233	4	1157	20
高新大源学校		186	4	196	4	189	4	209	4	229	4	235	4	1244	24
直属小学小计		2079	46	1815	41	1843	40	1890	38	1909	36	1825	37	11361	238
美视国际学校		140	4	140	4	175	5	140	4	174	5	137	4	906	26
合　计		2219	50	1955	45	2018	45	2030	42	2083	41	1962	41	12267	264

2006年成都高新区直属中学在校生数表

表69

学校		高中						初中						合计	
		一年级		二年级		三年级		七年级		八年级		九年级			
		人数	班数	人数	班数	人数	班数	人数	班数	人数	班数	人数	班数	人数	班数
玉林中学	芳草校区	675	12	599	10	723	13	–	–	–	–	–	–	1997	35
	玉林校区	–	–	–	–	–	–	452	8	461	8	443	8	1356	24
	石羊校区	447	7	306	6	383	8	606	10	502	8	506	10	2750	49
	肖家河校区	–	–	–	–	–	–	396	7	375	7	349	6	1120	20
	小计	1122	19	905	16	1106	21	1454	25	1338	23	1298	24	7223	128
高新实验中学	紫荆校区	334	6	428	8	484	9	155	3	171	3	218	5	1790	34
	新北校区	–	–	–	–	–	–	179	4	132	3	–	–	311	7
	小计	334	6	428	8	484	9	334	7	303	6	218	5	2101	41
高新和平学校		–	–	–	–	–	–	360	7	248	6	254	6	862	19
高新顺江学校		–	–	–	–	–	–	344	6	317	6	268	5	929	17
直属中学小计		1456	25	1333	24	1590	30	2492	45	2206	41	2038	40	11115	205
美视国际学校		126	5	138	5	85	3	298	9	227	7	201	7	1075	36
合计		1582	30	1471	29	1675	33	2790	54	2433	48	2239	47	12190	241

2006年成都高新区街道学校在校生数表

表70

学校	一年级		二年级		三年级		四年级		五年级		六年级		合计	
	人数	班数	人数	班数	人数	班数	人数	班数	人数	班数	人数	班数	人数	班数
石羊小学	182	4	207	4	235	5	241	5	254	6	340	6	1459	30
三元小学	115	2	95	2	105	2	89	2	105	2	108	2	617	12
桂溪二小	59	1	90	2	100	2	75	2	96	2	102	2	522	11
西区二小	56	1	56	1	78	2	66	1	78	2	59	1	393	8
合　计	412	8	448	9	518	11	471	10	533	12	609	11	2991	61

2006年成都高新区小学在校生数表

表71

学校	一年级		二年级		三年级		四年级		五年级		六年级		合计	
	人数	班数	人数	班数	人数	班数	人数	班数	人数	班数	人数	班数	人数	班数
直属小学	2079	46	1815	41	1843	40	1890	38	1909	36	1825	37	11361	238
石羊学区	297	6	302	6	340	7	330	7	359	8	448	8	2076	42
桂溪学区	59	1	90	2	100	2	75	2	96	2	102	2	522	11
合作学区	56	1	56	1	78	2	66	1	78	2	59	1	393	8
美视国际学校	140	4	140	4	175	5	140	4	174	5	137	4	906	26
合计	2631	58	2403	54	2536	56	2501	52	2616	53	2571	52	15258	325

2006年成都高新区中学在校生数表

表72

学校	高一		高二		高三		七年级		八年级		九年级		合计	
	人数	班数	人数	班数	人数	班数	人数	班数	人数	班数	人数	班数	人数	班数
直属中学	1456	25	1333	24	1590	30	2492	45	2206	41	2038	40	11115	205
美视国际学校	126	5	138	5	85	3	298	9	227	7	201	7	1075	36
合计	1582	30	1471	29	1675	33	2790	54	2433	48	2239	47	12190	241

2006年成都高新区合计在校生数表

表73

小学		初中		高中		国际学校		合计	
人数	班数	人数	班数	人数	班数	人数	班数	人数	
15258	325	7462	149	4728	92	384	34	27832	600

（张　斌）

2006年成都高新区中小学专任教师数表

表74

学校名称	小学教师	中学教师	合计
成都玉林中学		421	421
成都高新实验中学		149	149
成都高新和平学校	74	39	113
成都高新大源学校	58	–	58
成都高新顺江学校	56	57	113
玉林中学附属小学	72	–	72
芳草小学	81	–	81
高新实验小学	108	–	108
成都师范银都小学	83	–	83
石羊小学	82	–	82
桂溪二小	30	–	30
三元小学	21	–	21
西区二小	17	–	17
成都美视国际学校	64	95	159
合计	746人	761人	1507人

（李文媛）

职业教育

【概　况】成都高新区注重普通教育与职业教育协调发展。2006年，努力做好区内初中毕业生就读职业中学工作。按照成都市初升高招生政策，加强对初中毕业工作的政策宣传，引导学生改变观念，积极填报就读职业中学，成为实用型技术人才。（张　斌）

【成都职业技术学院简介】学院系四川省人民政府批准，教育部备案的全日制公办普通高等学校，隶属成都市人民政府。学院有20多年举办职业教育的历史，是一所综合性、社区性、专科层次的高职院校，以高等职业技术教育为主，同时开展成人教育、中职教育、各种层次的培训和职业资格认证，是四川省学分制改革试点高校及高职类IT专业改革试点院校之一，是中央财政支持的国家级IT重点实训基地。学院坚持以就业为导向，对接市场开门办学，推行“产销衔接”，同企业合作开展订单培养，打造学生实训基地，与150余家大中型企事业建立稳定的学生实习和就业联系，学生就业率达97%以上。学院先后荣获“全国职教先进单位”、“省文明服务示范窗口”等多项荣誉称号。学院设有“国家职业技能鉴定所”、“成都金沙旅游培训中心”、“成都市职业学校计算机考试中心”、“成都川西职业介绍中心”、“成都高新职业培训中心”等机构。中央、省、市领导曾先后到校视察，对学院的办学成绩给予了充分的肯定。（成都职业技术学校）

【办学成绩】2006年，在由教育部微博网、新浪网等邀请行业专家及众多强势媒体共同推出的“2006年度教育总评榜”中，学院被评为“全国最具就业竞争力20强职业学院”。学院形成与成都产业发展相匹配的现代服务产业的专业体系，紧扣成都走新型工业化道路和发展现代服务业的需要，建成国际软件学院（含计算机系、电子系和数码艺术系三个专业）和旅游系、财经系、工商管理系、外语系、房地产系等系部20余个专业，在校生近万名，年培养高职大专学生3000~4000人，各类短期培训和职业资格培训鉴定20000人次。2006年，成都职业技术学院三年制高职计划招收大专学生1870名，实际报到1821名，报到率达到97%。第一志愿报考成都职业技术学院的考生近5000人。招收中职学生，录取三年制中专及含五年一贯制学生共896人，超额完成中职招生计划。2006年，成都职业技术学院中高职在校生已达9000多名，其中高职学生5000多名，先后与中国移动、成都颠峰软件有限公司、中信银行等近20家强势企业签订订单培养的合作协议，加上原有的天府软件园、工商银行成都分行、交通银行、总府实业、四川航空公司、光大国际旅行社等企业，与成都职业技术学院签订合作办学协议的企业已有150余家。2006年4月21日，成功创立成都职业技术学院国际软件学院。当年，国际软件学院被成都市软件行业协会评为成都市软件人才“产销衔接”培训先进机构。（成都职业技术学院）

图89:成都职业技术学院学生白丽娜荣获“2006西部旅游形象大使冠军”（成都职业技术学院　供稿）

成人教育

【概　况】2006年，成都高新区大力发展成人教育，组织力量对农民进行实用技术培训，促进其增产增收；积极引导区内企业开展职工教育，使职工素质得到提升，企业凝聚力得到加强；努力营造社区教育氛围，充分发挥社区教育的作用，积极开展教师继续教育和企事业员工大学后教育，形成多层次、多形式、多渠道成人教育格局。成都高新区重视成人教育，不断完善公共教育资源，开通便捷的信息通道，构建终身教育体系。（张　斌）

【农民实用技术教育】全年，成都高新区桂溪街道办事处、石羊街道办事处、合作街道办事处加强对农民实用技术的宣传和培训。经过培训的农民学到了许多先进实用的科学技术，增强了适应市场经济依靠科技创新致富的能力。农民依靠科技增产增收，生活质量大大提高。（伍文涛）

【职工教育】2006年，成都高新区引导区内企业、街道、学校加强职工教育,构建健康、和谐的集体。成都高新区的职工教育以创建学习型组织为核心,通过专题讲座、读书活动、拓展训练等方式,增强集体的战斗力和凝聚力。创建学习型组织,以邓小平理论和"三个代表"重要思想为指导,落实科学发展观,与建设创新型城市、构建社会主义和谐社会、精神文明创建活动相结合,促进人的全面发展和社会的全面进步。教育内容上,职工教育涉及面广,主要体现在以下方面:一是加强法律法规教育,要提高职工法律意识。驻区企业及外来务工经商人员较多,要提高其法律意识,依法保障他们自己的合法权益。二是加强道德教育,讲文明话,办文明事,做文明人。文明教育和道德教育是职工教育的主要内容。三是加强职工心理辅导,掌握正确的心理调节方法,保持健康阳光的心理状态。企业邀请心理学家对员工进行心理辅导,学校积极开展学生心理健康教育和教师心理调适。重视职工心理问题成为新时期成都高新区加强职工教育的创新举措。 (伍文涛)

【社区教育】 2006年,成都高新区教育行政主管部门指导社区联合学校、派出所、交通部门,开展社区教育活动。市民学校是社区教育的主要载体。全年,成都高新区有玉林中学等13所学校挂牌成为市民学校,有肖家河、芳草、石羊、桂溪、合作5个街道办事处和17个社区居委会设有市民教学点。市民学校与街道办事处总数之比为13∶5,市民学校教学点与社区居委会之比为1∶1。市民学校在街道办事处统一领导下加强管理,聘请学校、医院、法院等相关专家作为教师,教学面向社区居民、流动人口及未成年人,教学内容涉及科学发展观、社会主义荣辱观、文明知识、科普、法律、卫生知识、下岗再就业技能、家教知识及文体指导等。市民学校建设规范,有计划、有教材、有师资,教学形式灵活多样,教学内容丰富多彩,教学坚持经常化、生活化、大众化,紧密与当前实际和市民生活实际相结合,深受广大市民欢迎。各社区充分利用橱窗、传单、标语等手段进行社区宣传活动,紧紧抓住"五一"国际劳动节、"六一"国际儿童节、禁毒日、国庆节等重大节日组织各种主题宣传教育活动,加强法律知识、卫生习惯、交通安全、文明风尚等宣传与教育,不断提高市民文化素质,营造健康、高雅、文明、和谐的社会风气。社区教育坚持正确的文化导向,充分利用学校、少年宫等资源,开展读书活动、文娱表演、体育比赛等。 (伍文涛)

图90:2006年4月肖家河街道举行"和谐社区文化健康行"活动 (成都高新区社会事业局 供稿)

文化·体育

CULTURE AND SPORTS

文化体育设施

【概　况】2006年，成都高新区拥有5个街道文化站和1家电影院，新建5条体育健身路径，向社区全面免费开放社区青少年活动室，完成高新体育公园改造，进一步完善文体基础设施，较好地满足了人民群众的活动需求。（陈　庆　郭　莉）

【文化站】成都高新区现有5个街道文化站：肖家河街道办事处文化站、芳草街街道办事处文化站、石羊街道办事处文化站、桂溪街道办事处文化站、合作街道办事处文化站。（陈　庆）

【紫荆电影院】紫荆电影院是西部地区首家被国家广电总局正式授牌的五星级电影城，由四川紫荆影业有限公司于2003年投资6000万元兴建，属民营企业。影院建筑面积6000平方米，有放映厅8个，座位1079个，拥有顶级的放映设施。2006年，放映电影13000场，观众达50万人次，每年的票房收入全国排名前20名，西部排名第2名。（陈　庆）

【体育设施建设】成都高新区新建全民健身路径5条，达到每个社区至少一条。社区青少年活动室全面向社区群众免费开放，群众能就近参加体育活动。体育公园网球管理中心投资230万元，对网球场、看台进行改造，并新建室外卫生间；三期工程审计工作完成，总投资420万元的工程全面收尾。（郭　莉）

社会文化

【概　况】2006年，成都高新区建立区、街道、社区三级文化组织体系，培养了一支文化骨干队伍，扶持和培育"仙牌灵芝艺术团"、"石羊风采艺术团"等一批民间文化团体，继承优秀传统文化，创新活动形式，组织大型文化活动10余次，全年文化活动不断，普及程度高，以广场为载体，构建群众性文化活动的展示平台，充分调动街道、社区、企业、学校、群众的参与积极性，积极引导和组织开展各类文化活动，初步形成民俗文化、社区文化、校园文化、企业文化等多层次的文化体系，营造了和谐的文化氛围。（陈　庆）

【民俗文化】成都高新区传统民间文化群众基础深厚，发展历史悠久，传承下来的项目有威风锣鼓、狮子灯、龙灯、高跷、牛儿灯、彩莲船、鱼儿灯、连箫、腰鼓、秧歌等，培养了一批民俗表演队伍。经常性地开展内容丰富，形式多样的民俗活动，既是群众喜闻乐见的形式，又能弘扬优秀传统民俗文化，促进民风建设。2006年，成都高新区石羊街道办事处投入资金20余万元在村、社区重新组建各具特色的民间文艺演出队9支，分别是高跷队（38人）、采莲船队（18人）、狮子灯队（27人）、牛儿灯队（14人）、龙灯队（15人）、连箫队（30人）、秧歌队（28人）、鱼儿灯队（13人）、威风锣鼓队（83人）。为提高民间文艺表演队的水平，聘请专业老师进行教授，并将服装、道具进行了更新，各演出队都专设1名文艺干事。石羊街道还配备了专门的工作人员负责民间文艺的组织和发展工作。石羊街道办事处组织"金秋民间文艺表演"和民俗"闹春"，已经形成传统，弘扬了优秀的传统民俗文化，营造了节日期间的浓郁文化氛围，促进了高新区和谐民风建设。（陈　庆　谢炳成）

【社区文化】成都高新区开展了丰富多彩的社区文化活动，如全市"情暖民工"系列文化活动开幕式、"食圣杯"和谐家庭烹饪大赛、石羊"闹春"文艺汇演、顺江小区启动仪式文化活动、第三届社区文艺演出、创佳知识竞赛、庆"七一"文艺演出、成都风情节庆国庆石羊文艺演出、成都风情节庆国庆肖家河文艺演出、全区秧歌腰鼓比赛、庆国庆"我爱我的祖国"文艺晚会等。

芳草街街道办事处创建四星级社区1个、"星级院落"35个、"文明家庭"210个、示范社区率达90%，成立社区自愿者服务队7支、服务小分队21支，全年组织大型文体活动大型文化活动3次，各类创建文艺演出5次，群众性文化活动30余次，社区趣味运动会1次。蓓蕾社区、

图91：社区群众在和谐广场自发开展活动

（成都高新区社会事业局　供稿）

紫薇社区、新能社区和元通社区分别组建文体队伍，有健身队、太极拳队、合唱团、腰鼓队、民乐队等，长期定时活跃在社区的公共场所，丰富了社区的文体活动。肖家河街道肖家河西一巷，是颇具文化特色的“民族特色脸谱一条街”，街道两边的艺术墙面，绘制了幽默风趣的“七品芝麻官”、公正廉明的“包青天”、侠肝义胆的“关羽”等京剧脸谱形象。集中体现了中华民族悠久的历史文化特色和艺术精髓，美化了居住环境，丰富了居民的文化生活。（陈　庆）

【饮食文化】 成都高新区内有众多小吃、中餐、火锅、西餐，品牌云集，样式繁多，闻名遐迩。外地来蓉的食客慕名而至，一品为快；本地的“好吃嘴”更是时时光顾，流连于美食之间。2006年11月，成都高新区桂溪街道办事处与成都食圣餐饮连锁管理有限公司联合举办“食圣杯”桂溪辖区和谐家庭烹饪大赛，设和平村、三瓦窑社区、双源社区三个分赛区，共18个家庭的36名代表参赛，吸引数千群众到场观看。总决赛在桂溪街道双源社区广场举行。成都市美食家协会会长彭晓萍、巴蜀笑星沈伐、刘德一应邀出席。最终，6号家庭彭建军和彭建兄弟凭借原创菜品“火爆鲜鹅肠”和“香辣炟泥鳅”获得冠军。各大新闻媒体均对大赛进行全程报道。（陈　庆）

【校园文化】 2006年，成都高新区组队参加成都市教育局主办的成都市第八届学生艺术节，芳草小学获得团体金奖，高新实验小学获得团体银奖，美视国际学校获得团体铜奖。高新实验中学、芳草小学和高新实验小学分别获得舞蹈比赛一、二、三等奖。芳草小学、石羊小学、玉林中学获得校园剧比赛一等奖。芳草小学、大源学校、银都小学分别获得表演唱比赛一、二、三等奖。玉林中学附属小学、银都小学、高新实验中学分别获得美术、书法、摄影作品比赛一、二、三等奖。（叶春云）

文化市场

【概　况】 2006年，成都高新区以《迎接中央办公厅、国务院办公厅关于未成年人思想道德建设督察》、创建中国最佳旅游城市、创建知识产权示范城市为契机，开展文化市场管理工作。制定了《成都高新区文化市场管理办法》、《执法季行动方案》、《〈迎接中办、国办未成年人思想道德建设督察〉文化市场管理落实分片包干方案》，分别召开街道办事处、经营业主会议6次，每周对文化市场的检查不少于2次，检查有记录，发现问题及时整改，联合公安、工商、街道办事处等部门先后开展21次联合执法活动，加强对校园周边的整治，净化文化市场。在文化市场的管理中，将网吧、歌舞娱乐场所、电子游艺厅、音像制品经营列为管理重点，规范其经营行为，使网吧、歌舞娱乐场所、电子游艺厅都设有警示标识，网吧接纳未成年人现象得到有效遏制，盗版音像不断减少。

【文化市场专项整治】 2006年，成都高新区全年开展以“扫黄打非”、“创建中国最佳旅游城市”、“创建知识产权示范城市”、“校园周边专项整治”、“执法季行动”、“迎接中办、国办未成年人思想道德建设督察”等为重点的文化市场专项集中整治行动32次，出动人员239人、车辆92辆，共检查网吧152家次、书刊108家次、音像制品经销户123家次，缴获非法书刊2200余册、非法光盘6000余张。

图92:成都高新区文化执法检查

（成都高新区社会事业局　供稿）

【网吧管理】 成都高新区建立健全网吧管理长效机制，成立以成都高新区管委会陆超英副主任为组长的成都高新区网吧长效管理领导小组，2006年，按照“属地管理、抓大限小、违规重处、典型引路”的工作方针，制定《成都高新区文化市场管理办法》、《执法季行动方案》等监管措施；对未成年人上网问题采用“疏堵结合”办法，发挥少儿绿色上网空间优势，充分利用中小学校计算机教室的网络资源，为未成年人提供“绿色上网”环境，使整治违法网吧与引导健康上网得到较好的结合。除日常检查外，实施整体联动，联合公安、工商、街道办事处等部门开展联合执法活动12次，从2月起，社会事业局每月组织召开网吧专项整治联系会议，组织辖区网吧业主进行学习、教育、动员，将网吧日常检查、重点突击检查和技术监控相结合，一手抓整顿规范，一手抓改造和提高，每家网吧内外都设有警示标识，使互联网上网服务营业场所的管理收到实效，也使绝大多数网吧业主提高了对网吧整治的认识。全年共处罚违规网吧12家次，处罚金额3.6万元。

【文化娱乐场所管理】 2006年，按照成都市文化局开展文化市场“执法年”工作的要求，成都高新区管委会依法行政，要求各经营单位严格按照《娱乐场所管理条例》规定执行，设立各项警示标识，基本形成文化、公安联管，街道配合协同，群众监督的管理格局。全年，成都高新区娱乐经营场所在文化方面无一家被举报事例发生。

（本分目供稿人：董 兵）

社会体育

【概 况】 2006年，成都高新区力求以大型群众体育活动为载体，让健身与娱乐相结合，打造一个特色鲜明的活动平台，既有全国性的大型活动，又有街道、社区开展的小型多样活动，形成上下互动，大小结合的形式，参加活动的群众达10万人次。组织老年群体参与体育活动，以活动养身、健身；通过社会体育指导员引导社区体育活动，推动社区体育的发展；开展中小学生为主的八项体育活动，促进全区青少年身体素质的提升。

【老年体育活动】 全年，成都高新区针对50~69岁年龄段的群众开展国民体质监测活动，受测人数达200多人。组织老年人群体开展门球、乒乓球、棋类、太极拳、腰鼓、骑游等多项活动，承办成都市门球片区赛总决赛。

【社区体育活动】 2006年，成都高新区全年举办“高新杯”、“芳草杯”、“九九重阳”等门球赛事16次，举办区机关运动会1次；指导街道、社区举办社区趣味运动会。组织社区体育工作的干部和骨干120余人进行社会体育指导员培训，系统地学习了社会体育与社会体育指导员的基础知识、社会体育的相关法规制度，掌握了社区常用的健身方法、社区全民健身路径的管理和使用以及常见运动损伤的急救。全区共有116人荣获二级社会体育指导员称号。

图93：肖家河社区文化活动 （成都高新区社会事业局 供稿）

【青少年体育活动】 2006年，成都高新区举办第十二届中小学生乒乓球比赛、成都市青少年足球比赛高新分站赛、开展学校体育8项活动。全区中小学生体育活动广泛开展，形成以中小学生为主的“八大体育活动”，包括乒乓球、游泳、田径、足球、篮球等，共计15所学校参加八大体育活动。中小学校体育活动的开展，促使学校进一步落实“学生每天锻炼一小时”，对促进中小学生素质的不断提高，都起到了积极的作用。

（本分目供稿人：郭 莉）

图94：亚足联青少部发展官考察成都高新区小学生足球训练

（成都高新区社会事业局 供稿）

竞技体育

【概 况】 2006年，成都高新区加强竞技体育建设，加强教练员培训，组织垒球队和跆拳道队参加省十运会获奖，承办省十运会垒球项目比赛，获最佳赛区，同时承办一系列网球比赛。配合国家队搞好成都高新籍运动员培养工作，力争有1名成都高新籍运动员参加2008年北京奥运会。成都高新区贯彻实施《奥运争光计划》，创建机制和体制，确立重点项目，集中优势，设立奥运人才专项经费，面向全国选拔优秀运动员，对优秀运动队实施动态管理，奠定人才培养基础。

【网球赛事】 2006年，成都高新区承办“波力”中国业余网球公开大奖赛总决赛、业余网球大师杯威尔胜团体锦标赛、鸿星尔克国际女子网球系列赛、“通威杯”民营企业家网球邀请赛、首届“高投杯”网球邀请赛。

图 95:2006年鸿星尔克国际女子网球系列赛　　（成都高新区社会事业局　供稿）

【青少年竞技体育比赛】 2006年，成都高新区贯彻实施《奥运争光计划》,以在全市、全省乃至全国比赛中取得优异成绩为目标,加强竞技体育建设,加强教练员队伍建设,制定岗位责任制、各项规章制度和教练员奖罚管理办法,与教练员签订目标管理责任书。成都市参加四川省第十届运动会取得“四个第一”的优异成绩,成都高新区功不可没，高新女子垒球队和跆拳道队代表成都市参赛均获冠军。人才培养方面,成都高新区与成都市体育局、玉林学校共同出资兴办垒球和跆拳道项目,促进三个单位资源共享,优势互补。玉林学校为运动员提供优越的学习环境和条件，配备专业教师进行教学和管理,解决过去体校学习与训练的矛盾;成都市体育局在训练经费上给予大力支持，成都高新区管委会招聘专业教练,为训练提供专业师资保障,同时为国家、部队及大专院校培养多名垒球和跆拳道人才。

（本分目供稿人:郭　莉）

旅　游

【概　况】 2006年，高新区开展了中国最佳旅游城市创建工作,打造了紫荆娱乐休闲特色街区,使旅游工作得到突破。

【创建中国最佳旅游城市】 成都市被国家旅游局列为开展创建中国最佳旅游城市试点城市。作为成都市的重要组成部分，高新区对此项工作高度重视,2006年,成立了高新区创建中国最佳旅游城市工作领导小组,由社会事业局牵头开展工作,健全有效工作格局,严格考核奖惩制度,动员全区力量共同奋斗,确保了中国最佳旅游城市创建成功。

图96:芳草街街道办事处辖区街道一角 (成都高新区社会事业局 供稿)

【特色街区】 打造文化旅游特色街区和餐饮娱乐品牌是成都市"创建中国最佳旅游城市"的重要工作之一，2006年，成都高新区在加强紫荆娱乐街区的建设和管理的同时，全力打造出了紫荆娱乐休闲街，包含紫荆电影城和多家酒吧、公共娱乐场所等。

(本分目供稿人:刘永彬)

图97:紫荆娱乐休闲街区 (成都高新区社会事业局 供稿)

医疗·卫生

MEDICAL TREATMENT AND HEALTH

医政管理

【概　况】 1996年~2006年，成都高新区的医政管理工作一直由社会事业局承担。2006年，成都高新区共有各类医疗机构82家，从业人员500余人，由社区卫生服务机构、企业职工医院、民营医院和个体诊所构成，无区属医疗机构和乡镇卫生院。

【医疗卫生服务】 全年，成都高新区以社区卫生服务机构为服务载体，通过"预防、保健、康复、健康教育、计划生育、基本医疗"六位一体的功能，为社区居民提供便捷、实惠的医疗卫生服务，逐步形成"小病在社区，大病进医院，康复回社区"的就医格局。

【无证经营整治】 2006年，成都高新区积极开展打击非法行医专项整治行动。除了成都市卫生局和市卫生执法监督支队组织的专项清理活动以外，成都高新区还在每个季度各组织一次全区范围内的打击非法行医联合行动，组成由社会事业局牵头，各街道办事处和工商、质监、公安等多部门人员参加的联合行动组，深入各辖区集中开展非法行医整治工作。从2005年5月至2006年12月，共计依法取缔无证行医的非法医疗机构41家。　(本分目供稿人：和　炎　廖　曼)

图98:戒烟防癌健康进社区活动　(成都高新区社会事业局　供稿)

疾病预防

【概　况】 2006年12月，成都市疾病预防控制中心成都高新区分中心正式成立，逐步开始承担成都高新区的疾病预防控制工作。分中心办公地点暂时设在成都市健康教育所办公大楼内，主要承担成都高新区范围内的传染病、地方病和慢性病管理、突发公共卫生事件处理、公共卫生监测和抽检、职业病防治、健康教育等任务。

相关链接：成都高新区防疫站。1996年~2006年，受成都高新区社会事业局委托，成都高新区的疾病预防工作一直由电缆厂职工医院（加挂成都高新区防疫站牌）承担。2005年，在市委市政府的关心下，成都高新区开始进行疾病预防控制机构的筹建工作。

图99:成都高新区卫生监督执法工作　(成都高新区社会事业局　供稿)

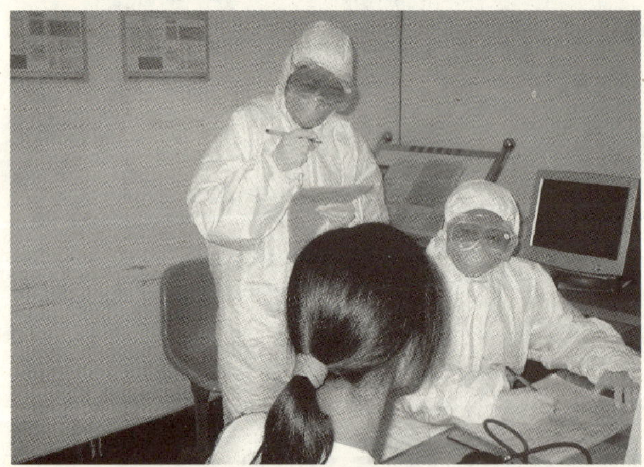

图100:成都高新区医疗防疫工作　(成都高新区社会事业局　供稿)

图101:成都高新区防疫站建设　(成都高新区社会事业局　供稿)

【医疗防疫保障网络】 2006年，成都高新区的医疗防疫保障网络（即疾病预防控制体系）由区社会事业局牵头，依托区防疫站和各街道办事处进行建设和完善，已建立统一的突发公共卫生事件应急指挥系统，指挥办公室设在成都高新区社会事业局；成都高新区成立突发公共卫生事件应急队伍，由传染疾病应急救治队、食物和职业病中毒应急救治队、重大创伤事故应急救治队、生化和不明原因疾病应急救治队组成；建立通畅的突发公共卫生事件信息网络，整个信息处理由区社会事业局和区防疫站负责，严格执行疫情通报和信息发布制度；成都高新区卫生执法监督大队于2004年11月成立。

【传染病防治】 成都高新区认真贯彻《中华人民共和国传染病防治法》，疾病预防控制机构建设达到规定要求。医疗机构设有负责传染病管理的专门部门和人员，有健全的控制院内感染制度、疫情登记和报告制度，门诊日志齐全。各社区卫生服务中心、民营医院均设立有传染病预检分诊点。医疗废弃物、医源性污水的处理排放符合国家有关规定，按照要求与成都市特殊垃圾处理厂签订回收合同。2006年，全区社区卫生服务中心实行传染病及突发公共卫生事件网络直报，疫情报告及时，处理规范。医疗机构法定传染病漏报率在控制要求内。计划免疫实行周门诊制度，接种规范，安全注射率100%。有流动人口计划免疫管理办法，居住期限3个月以上流动人口儿童建卡、建证率大于95%。儿童计划免疫单苗、四苗及乙肝疫苗全程接种率大于95%。临床用严格按照国家要求，实行定点。重大疾病控制按期完成国家规划要求，2006年无甲、乙类传染病暴发疫情，无院内感染引起的重大疫情或导致的死亡事故。

【献血管理】 成都高新区献血管理工作由区社会事业局卫生与计生处承担。全年，根据相关管理条理和工作规范，在全区开展无偿献血的宣传教育和组织落实工作，鼓励辖区居民和单位职工积极参与无偿献血活动。6月中旬，卫生与计生处开展以“庆祝您血液的礼物”为主题的宣传活动，发放宣传资料2300份。8月上旬，按照全市统一安排，组织辖区应急献血队228人成功进行应急献血演练，献血量共计51550毫升。

图102:成都高新区义务献血活动 （成都高新区社会事业局 供稿）

【防疫工作】 2006年，成都高新区的疾病预防控制工作，完成了禽流感、猪链球菌病等重大公共卫生事件中的防疫任务，为成都高新区顺利完成相关防疫工作发挥了重要作用。

（本分目供稿人：和炎 祝政 宋刚 杨玲）

基层卫生与妇幼保健

【概 况】 成都高新区的基层卫生工作主要依托各街道办事处下属的社区卫生服务机构进行，2006年，开展“预防、保健、康复、健康教育、计划生育、基本医疗”六位一体的社区卫生服务工作。根据《中华人民共和国母婴保健法》、《中国妇女发展纲要》、《中国儿童发展纲要》及成都市区母子系统保健管理办法要求，负责成都高新区内孕产妇和0~7岁儿童的系统管理。

图 103:成都高新区妇幼保健服务活动

（成都高新区社会事业局 供稿）

【社区医疗卫生】 成都高新区共有社区卫生服务机构6家，房屋建筑总面积7874平方米，社区卫生服务机构总人数243人，其中卫生技术人员211人。有社区卫生服务中心4家：肖家河社区卫生服务中心、芳草社区卫生服务中心、合作社区卫生服务中心、石羊社区卫生服务中心；社区卫生服务站2家：芳草蓓蕾社区卫生服务站、桂溪和平社区卫生服务站。肖家河社区卫生服务中心于2005年初达到省级示范社区卫生服务中心标准；2006年11月，合作社区卫生服务中心由原西源医院整体转型，通过四川省卫生厅社区卫生专家组评估，达到省级示范社区卫生服务中心标准；2006年3月，石羊医院经成都市卫生局批准同意整体转型为社区卫生服务中心，并按照省级示范中心进行建设。桂溪医院在和平小区建设社区卫生服务中心。各社区卫生服务机构均纳入社保定点机构。

【妇幼保健】 2006年，成都高新区加强母子系统保健管理，各项指标完成情况良好。新生儿出生数1173人，无婴儿死亡；无孕产妇死亡，高危管理数94人，管理率100%；产前检查平均次数7.94次≥8次率71.84%；产后访视率100%，回访率98.27%；4月内母乳喂养率78.31%，纯母乳喂养率61.15%；孕妇系统管理率92.46%；0～7岁儿童总数18859人，管理率100%；0～3岁儿童管理数6308人，其中流动儿童899人，应管理5409人，系统管理5088人，系统管理率94.06%；体弱儿管理数78人，结案47人，体弱儿管理率100%。 （本分目供稿人：廖　曼）

爱国卫生运动

【概　况】 成都高新区爱国卫生运动委员会办公室设在区社会事业局，具体工作一直由卫生与计生处承担，负责承担成都高新区的爱国卫生运动目标管理，爱国卫生运动的组织、协调、检查、监督，指导开展除“四害”达标和农村改水、改厕工作，履行城市控制吸烟及卫生与健康宣传教育职责。

【“创建国家卫生城市”活动】 按照市政府的统一部署，在成都市爱卫办领导和指导下，成都高新区管委会成立以市长助理、管委会主任敬刚为组长、管委会副主任陆超英为副组长的“成都高新区国家卫生城市复查迎检工作领导小组”，负责复查迎检工作的组织实施、督促检查以及重大事项的指导协调，复查迎检领导小组办公室设在社会事业局。2006年，成都高新区财政列支30万元，作为复查迎检工作经费，保障工作有效运行。“国家卫生城市”复查迎检办分别在天府大道制作2个大型户外立柱宣传广告，在高新大道制作40个灯箱广告；印制30000份居民健康知识普及宣传手册，通过街道办事处发放到市民手中；印制5000份“国家卫生城市”迎检宣传壁报，张贴在辖区各社区居民院落、物业小区、单位、农贸市场，大力营造迎检氛围。在社区开展创佳和“国卫”复查迎检的宣传活动，播放成都高新区自拍的宣传片，引导市民参与此次活动，深受群众的欢迎。实施综合环境整治的居民院落12个，打造容貌街3条，“五小”示范街5条，196家社会餐饮实行食品量化分级管理，农贸市场秩序得到进一步规范，确保全区“国卫复查”指标全面达标，为全市通过国家复查作出积极的贡献。

图 104：成都高新区召开会议安排部署“爱国卫生运动”工作
（成都高新区社会事业局　供稿）

【除“四害”活动】 成都高新区除“四害”活动由区社会事业局卫生与计生处牵头负责，各街道办事处密切配合和协助，邀请专业机构，深入各社区居民院落、辖区单位、公共场所等，进行“四害”治理，取得良好效果。全年共开展除“四害”活动6次，包括春季、夏秋季灭鼠，以及分季节进行的灭蟑螂、灭蝇、灭蚊专项活动。

图 105：除“四害”宣传活动
（成都高新区社会事业局　供稿）

【健康文化教育】 2006年，成都高新区先后开展结核病日、世界卫生日、世界无烟日等一系列卫生知识主题宣传活动；根据12个不同的健康教育主题，按月分别印发5000份健康教育壁报，并分发到各社区居民院落、单位、学校、农贸市场等公共场所张贴，提高辖区居民的卫生意识。 （本分目供稿人：祝　政　王继伟）

社会生活

SOCIAL LIFE

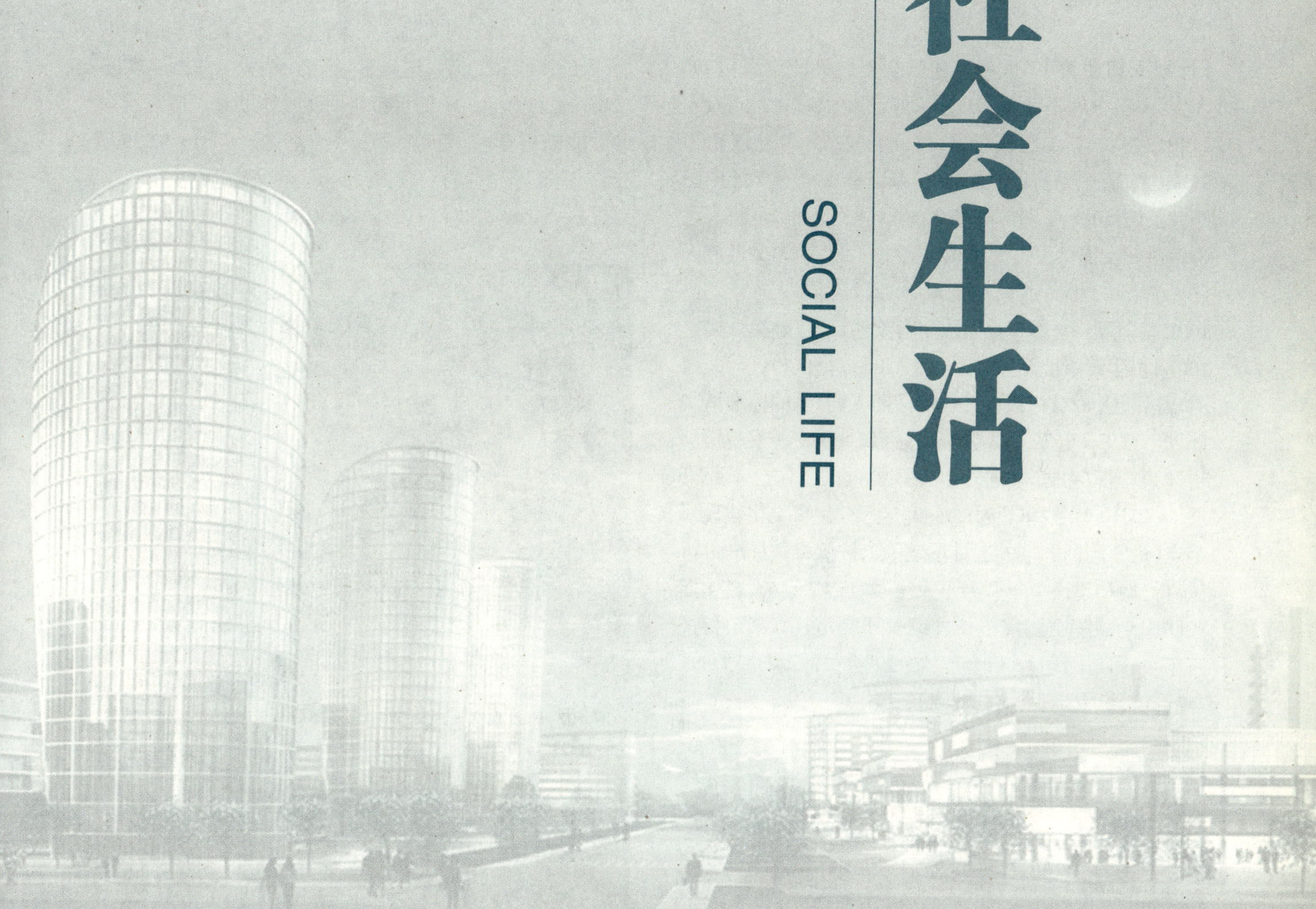

人口管理·计划生育

【人口增长】 2006年，成都高新区人口基数为28.73万人，其中户籍人口20.63万人，流动人口8.1万人。区、街两级财政共投入计划生育事业费290.6128万元，人均投入10.11元(区级投入人均7.21元，街道级投入人均2.90元)。全年，成都高新区人口出生率4.63‰，比2005年下降0.73‰，死亡率3.27‰，自然增长率2.85‰，符合政策生育率99.38%。

【计划人口生育】 成都高新区全年共计流出人口406人，其中已办理婚育证明371人，办证率91%；共计流入人口18176人，其中已查验婚育证明15776人，验证率为87%；办理临时婚育证明5005人，办证率28%。全年流出已婚育龄妇女128人，建档率达100%。全区为4602名流入已婚育龄妇女提供生殖健康知识宣传服务，为3132名流入已婚育龄妇女提供免费技术服务，“三同”服务率达100%。全区共立案查处违法生育案件14件，办案合格率100%；再生育审批无差错，准确率100%。全区村(居)民自治合格面达90%，村级(社区)均按照人均1元的标准落实计划生育工作经费。成都高新区人口计生资源网三级平台建设全面完成，数据转换、清理、录入工作已全面开展，人口计划完成率超过85%；确定三个生育文化建设示范点(肖家河、石羊庆安、桂溪双源)，按照相关标准进行认真打造和建设全年开展重大主题宣传活动6次，包括预防出生缺陷主题宣传1次；组织开展元旦、春节、科技三下乡、科普活动月、母亲节、“5·29”会员活动日、“7·11”世界人口日宣传服务咨询活动。

图 106：成都高新区计划生育宣传活动
(成都高新区社会事业局 供稿)

【计划生育服务】 2006年，成都高新区为1.9万余名农村育龄妇女提供免费生殖健康普查；全年免费为区内已婚育龄妇女提供计划生育“三查”服务，“三查”面达90%以上；为全区开展优生优育知识讲座，为171名登记在册自愿服用叶酸片的农村已婚待孕育龄妇女免费提供叶酸片571瓶，发放率100%。

【计划生育家庭奖励】 成都高新区计划生育家庭奖励包括独生子女父母奖励和农村部分计划生育家庭奖励扶助。独生子女父母奖励主要是针对农村人口和城镇低保家庭的独生子女父母，由政府给予每人每年30元的奖励；农村部分计划生育家庭奖励扶助是由政府给予每人每年600元的奖励。全年，全区共有奖励扶助对象226人(其中新增59人、继续享受奖励167人)，全面落实配套资金1.49万元，全部足额兑现奖励扶助金；按照四川省、成都市要求全面兑现独生子女父母奖励金93.78万元，规范奖励经费的发放、管理、报表等相关财务工作。

(本分目供稿人：杜 歆 杨 玲)

图 107：计划生育入户宣传 (成都高新区社会事业局 供稿)

图 108：石羊街道开展优生优育知识讲座
(成都高新区社会事业局 供稿)

市场物价

【概　况】 2006年,国家宏观调控作用进一步显现,成都高新区物价涨幅和全市一样得到有效控制。随着城乡一体化的实施,全年,全区社会固定资产投资总额175.4亿元,比2005年增加58.6亿元,增长50.12%。商品房的销售额从2005年的30亿元增加到2006年的60.7亿元,增长132.4%。年内,成都高新区居民消费价格总水平呈上涨的运行态势,城镇居民食品、衣着、家用设备、医疗保健、交通和通讯、教育、娱乐、居住等人均消费支出增加;社会消费品零售总额47.44亿元,比2005年增加7.92亿元,增长20.01%。为满足人民基本医疗服务的需要,成都高新区医疗服务价格项目的设立以及医疗服务价格按成都市物价局、卫生局成价费(2003)236号文件执行,义务教育按"一费制"收费。为保证居民生活水平随经济发展逐步提高,政府主导的公共产品和服务项目实行定价,政府对燃油实行最高限价,成都高新区按此执行,其他多数商品和服务价格随市场供求关系自行调节。

2006年成都高新区自来水及排污水处理费价格表

表75　　单位:元/立方米

用水类别	自来水收费标准	污水处理费	合计
居民生活用水	1.35	0.65	2
机关、社会团体等事业单位用水	1.9	0.8	2.7
工业用水	1.7	1	2.7
商业、服务业、基建用水	3.1	1.5	4.6
特种用水	5	1.7	6.7
洗车	5.5	2	7.5

2006年成都高新区天然气价格表

表76　　单位:元/立方米

用气类别		销售价格
居民用气(含学校师生食堂用气)		1.43
公共集体用气		1.72
商业用气	其余	2.08
	星级宾馆	2.03
工业生产用气	其余	1.23
	CNG站	1.09

2006年成都高新区电力销售(部分)价格表

表77　　单位:元/千瓦时

用电类别	电压等级	执行电价		
		平水期(5月、11月)	丰水期(6~10月)	枯水期(12月、1~4月)
		平段(11:00~19:00)	平段(11:00~19:00)	平段(11:00~19:00)
居民生活	1~110千伏以下	0.4557	0.4557	0.4557
非居民照明	1~10千伏	0.7452	0.6750	0.8852
商业用电	1~10千伏	0.8212	0.7434	0.9767
非工业、普通工业	1~10千伏	0.6502	0.5895	0.7715
大工业	35~110千伏以下	0.5182	0.4707	0.6131

说明:1.根据电压等级的不同,执行电价有相应的差别。

2.供电时段分平段、峰段、谷段,不同的时段执行电价有相应的差别。

2006年成都高新区义务教育“一费制”收费价格表

表78 单位:元/生·期

学校类别	地区类别	一般学校					义务教育示范校				
		一费制标准	其中				一费制标准	其中			
			杂费	课本费	作业本费	信息技术费		杂费	课本费	作业本费	信息技术费
小学	成都高新区	277	154	75	15	33	294	168	75	15	36
	村小	90	0	75	15	0	0	0	0	0	0
初中	成都高新区	417	198	155	20	44	439	216	155	20	48

(本分目供稿单位:经贸发展局)

人才交流

【概　况】 2006年，成都高新区人力资源开发中心成功举办10场大型综合性和专场招聘会，吸引包括英特尔产品（成都）有限公司和国际商用机器公司在内的600多家(次)国际国内知名企业参加,提供岗位1万余个,5万名中高级人才参会。

【重要招聘活动】 2006年3月,成都高新区成功举办春季大型人才交流会。以英特尔产品(成都)有限公司、成都国腾实业集团有限公司、成都颠峰软件有限公司、成都地奥制药集团有限公司等为代表的80家知名企业共提供448个职位近2000个岗位，前来应聘的人员超过6000人。本次招聘会呈现出四个特点:一是IT产业人才需求旺盛;二是国际化人才倍受青睐;三是有相关工作经验的中级人才占优势；四是企业不惜重金聘请高级人才。4月,成功举办大型专场人才交流会,73家IT和生物医药产业企业提供370个岗位,人才总需求达2000多名。除成都国腾实业集团有限公司、成都华为通信技术有限公司、成都恩威集团等区内成熟企业参加招聘会外,一大批新进区企业如英特尔产品(成都)有限公司、思爱普(北京)软件系统有限公司成都分公司、台塑网软件科技(成都)有限公司等也纷纷利用这一平台招募人才,取得较好效果。6月,举办高新技术企业专场人才交流会。此次交流会为进一步方便求职者,缓解周边地铁建设工程给求职者造成的交通困难，在招聘会当天开通免费求职直通车。7月,北京金山科技、奥泰医疗系统有限责任公司、成都索贝数码科技股份有限公司、成都康宁光缆股份有限公司等国内外知名企业共72家参加交流会,提供中、高级职位500余个,近2000个岗位。8月,人才交流会成功举办。参会单位65家,提供447个职位,1300多个岗位。9月,举办“智慧之光”大型人才交流会。62家企业提供500余个职位,2000余名人才参会。11月,举办“科技之光”大型人才交流会,75家企业参会。前期通过向800余家公司发送邀请函电子邮件;在成都高新区政务大厅、社保窗口放置宣传资料;将邀请函发送至创新中心、区内各街道经济部门等,充分保证人才交流会的知晓度。12月,吸引日电信息系统(中国)有限公司成都分公司、成都国腾实业集团有限公司、华为技术有限公司成都研究所等70家软件技术企业参会,取得良好效果。

【协助企业招聘】 中心积极协助新进企业开展招聘工作。在中心的全程协助下,新近落户成都高新区的NEC信息系统(中国)有限公司成都分公司顺利完成首批人员招聘工作,共招聘中、高级管理人才11名。开展委托招聘工作,协助NCS成都公司招聘BOP人才18人。向思爱普(北京)软件系统有限公司成都分公司推荐优秀高级人才14人、向英特尔产品(成都)有限公司、成都华诚信息产业有限公司等公司推荐各类人才100余名。

(本分目供稿人:陶宇翎)

高级人才·博士后

【概　况】 2006年，成都高新区博士后科研工作站立

图 109：全国优秀博士后科研工作站奖状
（成都高新区人事劳动和社会保障局　供稿）

足区内支柱产业发展，进一步完善管理制度，稳步扩大培养规模，始终把提高质量放在首位，力争造就一批创新人才，取得较好成绩。管理人员李岷雪获“四川省博士后管理工作先进个人”称号，1名博士后获“四川省优秀博士后”称号。

相关链接：成都高新区博士后科研工作站（以下简称工作站）成立于1999年12月，在国家人事部、博管办及省、市有关部门的关心和支持下，工作站各项工作进展顺利。截至2006年，共在10家高新技术企业开展博士后工作，累计招收企业博士后研究人员31人，其中在站博士后10人，已出站博士后21人，有7人出站后留在高新区企业工作，占总出站人数的33%。在运作模式上，一方面，发挥政策优势，提供优厚待遇，吸引并留住博士后；另一方面，规范工作制度，适应形势变化，不断提高管理水平。在人才培养上，一方面，注重研究工作质量；另一方面，注重提高人才培养效果。博士后在站期间取得丰硕成果，共发表研究报告及论文160余篇，2位博士后获得国家博士后基金会资助，1位博士后获得国家自然科学基金资助。共完成90余个研究项目，其中1项获得实用新型专利，8项获得发明专利，对企业产生的经济效益达人民币1.75亿元。2005年，被国家人事部评为“全国优秀博士后科研工作站”。

图 110：知名专家参加博士后出站考核报告会
（成都高新区人事劳动和社会保障局　供稿）

【博士后工作】 2006年，博士后工作站探索“产、学、研”的合作模式，充分发挥博士后在科技创新中的主体作用，大力提高企业和区域创新能力。一是围绕支柱产业，稳步扩大企业分站和博士后规模。依托高新区电子信息、生物医药两大支柱产业，新增四川虹微技术有限公司、四川金网通电子科技有限公司、民航总局第二研究所3家企业分站；新招收3名优秀博士入站。二是突出自主创新，严把博士后考核关。在博士后入站、中期和出站考核中，以项目自主创新为重点，进一步规范考核流程，有6位博士后研究的项目得到企业和专家的一致好评，顺利通过考核。有1个项目获得发明专利，1个项目获得国家博士后基金会二等资助金。三是加强对外交流合作，扩大影响力。年初发布招生简章，北京大学、清华大学等50多所重点高校予以登载。10月，接待中组部“博士服务团”12名博士参观高新区，12名博士中有一名为高新区培养的博士后，并挂职担任四川省药监局局长助理；3月、9月分别参加四川省和成都市高校博士后工作研讨会。　（本分目供稿人：陶宇翎）

图 111：博士后在实验室做实验
（成都高新区人事劳动和社会保障局　供稿）

劳动保障

【概　况】 2006年，成都高新区在劳动和社会保障工作中规范行政行为，严格依法行政，做好劳动法制、劳动工资、劳动保障监察、劳动争议处理等工作；通过开展劳动保障监察网格化工作、劳动保障行政执法联动机制、建立劳动关系三方协调机制等，开展劳动保障监察工作；全年来信来访办结率、投诉举报案件和仲裁处理案件结案率分别达到97%以上；维护了劳动关系的和谐、稳定。全区劳动保障工作取得较好成绩，成都高新区人事劳动和社会保障局先后获得“2006年劳动保障目标考核先进单位”、“2006年成都市信访工作先进单位”、“2006年度职业介绍工作先进单位”、“2006年度完成劳动争议仲裁目标任务先进单位”、“2006年劳动保障信息工作先进集体二等奖”。

【劳动用工】 2006年，成都高新区主动监察企业515家，涉及劳动者33600余人，涉及建筑工地69处，涉及农民工10583人；对其中170户用人单位发出执法询问通知书，对存在违法违规行为的80户企业作出限期整改指令，对15户违法行为较为严重、整改不力的用人单位实施相应的行政处罚，处罚金额3.6万元。建立劳动保障行政执法联动机制，充分发挥执法效能：成都高新区建立并完善以横向联动（部门与部门之间）、内部联动（部门内岗位之间）、纵向联动（区、街道、社区之间）为运行模式的行政执法联动机制。联动机制很大程度上解决目前区内劳动保障行政执法力量不足的状况，最大限度地利用现有行政资源，使劳动保障年检、劳动保障监察、劳动力市场管理等工作取得良好效果。建立三方协调机制，有效避免群体性事件的发生。结合“建筑工程民工工资支付监管协议”制度，成立由成都高新区人事劳动和社会保障局、规划建设局、成都市总工会成都高新区办事处组成的“成都高新区建设领域劳动关系三方联席会议”，建立建设领域劳动关系三方协调机制，推行《成都高新区进一步加强建设领域劳动用工管理通知》管理标准，实行“劳动用工行为存在不良记录施工（劳务）企业监控及禁入机制”，有效地对区内各在建工地进行管理和监控，最大限度地保障农民工按时足额领取劳动报酬，预防恶性群体事件的发生。指导区内3户企业开展工资集体协商协议和集体合同签订。严格依法行政，全年开展劳动力市场集中整治、农民工工资支付情况等20多次专项监察；区及街道39名行政执法人员参加培训率和持证上岗率100%，保证执法质量。全年共年检企业466户，比2005年增加195户，涉及劳动者36311人，与2005年的271户相比增长72%；并组织51户年检不合格用人单位进行劳动保障法制培训，并全部限期整改。依法受理工伤认定申请102件，认定工伤102件；维护区内工伤职工的工伤医疗待遇等相关劳动权益。

【劳动关系协调】 2006年，成都高新区劳动部门共接待群众来人来电咨询3000余件，处理投诉举报299件，共为7346名劳动者追回工资、社保等待遇近2861万元，有力地保护劳动者的合法权益。处理顺江小区项目等突发讨薪群体性事件58件。劳动争议案件仲裁工作：受理76件，结案74件，结案率达97%，共涉及劳动者91人，涉案金额500余万元（不含社会保险费）；加大对劳动争议案件的调解力度，调解成功36件，降低了当事人的诉讼成本。

【劳动保障网格管理】 成都高新区劳动保障监察网格化工作全面开展并完成第一阶段工作任务，劳动保障监察网格调查和录入工作圆满结束，5个街道、15个网格共录入用人单位调查信息2783户，其中：调查企业1358户，从业人员67157人，劳动合同签订率90.24%，社会保险办理率80.57%；调查个体经济组织1333户，从业人员4955人。全年，成都市网格化工作方案下发后，成都高新区制定下发《成都高新区劳动保障监察网格化管理工作方案》，成立“成都高新区劳动保障监察网格化管理工作办公室”牵头负责此项工作；区、街道分别召开“成都高新区劳动保障监察网格化管理工作会议”，对成都高新区劳动保障监察网格化管理工作进行详细布置和充分动员。结合成都高新区实际，划分5个一级网络和15个二级网格；合理调配劳动保障工作人员，初期每个街道劳动保障所基本保证2名专职监察员，每个二级网格配备1名协管员，随着工作的不断推进，逐步配齐人员；除参加统一培训外，还组织所有网格化管理人员进行10余次专项培训，提升网格管理人员的工作能力。在开展网格化管理工作过程中，创新工作机制，确定“两个结合”的工作思路，将网格化管理工作与“用工统筹、促进就业相结合”，与“社会保险征缴扩面相结合”，实现劳动保障与充分就业、社会保险等工作的协调互动，统筹岗位1000余个，对200余户没有参保或者没有足额缴纳社保的企业要求整改，为4500多名员工补办社会保险。编印《劳动保障监察网格化政策问答》手册，针对企业和劳动者开展网格化工作的宣传，在成都市监察总

图112：成都高新区召开劳动保障监察网格化管理工作会

（成都高新区人事劳动和社会保障局 供稿）

队组织的检查中得到高度赞扬;《成都日报》等媒体以《成都高新区劳动监察网格化工作初见成效》为题进行专题宣传，全市网格化工作情况通报中多次对成都高新区工作给予肯定。（本分目供稿人:曾林）

充分就业

【新增就业】 截至2006年底，成都高新区城镇登记失业率2.8%(采用全市平均数)；农村劳动力转移率87.3%；有就业能力和就业愿望的登记失业人员10376人,9690人实现了再就业，再就业率93.4 %，其中:“4050”等就业困难人员1184人,1119人实现再就业,再就业率94.5%。全年城镇新增就业10249人,动态消除了“零就业”家庭,全区实现了“比较充分就业”。

【充分就业社区】 截至2006年底,成都高新区包括5个农转非社区在内,全区共有建成入住的社区17个,社区内有就业能力和就业愿望的失业人员再就业率达到97.3%,“4050”等就业困难人员就业率达到96.3 %,17个社区全部成功创建为“充分就业社区”。

【失地农民就业】 截至2006年底，成都高新区共有石羊街道新北、庆安、新光、新街以及桂溪街道和平等5个建成入住的农转非社区，入住失地农民劳动力16371人,就业率95.7 % ,其中,新北社区就业率94.6%,庆安社区就业率95.3%,新光社区就业率94.3%,新街社区就业率95.8 %,和平社区就业率98.0 %。

【再就业培训】 成都高新区根据辖区劳动力和产业实际,创造性地采取了“培训内容层次化、培训机构市场化、培训主体多元化、培训效果目标化”的“四化并举”再就业培训模式。全年开展再就业培训5283人,其中,农劳技能培训5157人;开展创业培训479人,其中:农劳创业培训448人。

【就业政策及资金使用】 成都高新区结合实际，在执行国家、省市优惠政策的基础上,先后出台了一系列补充优惠政策:一是企业见习培训补助政策,二是培训学员个人生活补助政策，三是企业安置失业人员奖励金政策，四是鼓励农村居民按照城镇个体身份参加社会保险的补贴政策，五是西区失地农民整合过渡社保政策。政策体系从培训到用工、从劳动者到企业,基本实现了全覆盖。全年兑现岗位补贴、培训补贴、灵活就业社保补贴、就业奖励金等各项再就业政策专项资金1514万元。

【人力资源市场】 成都高新区人力资源市场（就业服务中心）是由高新区人事劳动和社会保障局主办的全开放、全免费的公共职业介绍服务机构,为用人单位和求职者提供劳动保障政策咨询、用工登记、用人单位招录用备案、人力资源供求信息发布、失业登记、求职登记、职业指导、职业介绍、职业培训与技能鉴定申请和失业人员小额担保贷款申办等多项就业服务，并开设有“就业援助962110”窗口,为就业困难群体提供重点帮助。市场通过“新三化”建设,实现了市、区、街道、社区(村)四级联网。2006年,高新区人力资源市场发布各类岗位信息15248个,为各类求职人员提供免费职介登记4257人,为企业办理招用人员备案1277户、录用人员备案776户；“就业援助962110”受理求援104人,成功推荐上岗95人,成功率93.3 %;通过“招聘会进社区”等活动,共组织招聘会75场,320家企业提供了7800个岗位,3000人达成就业意向。（本分目供稿人:欧佳）

社会保险

【概　况】 2006年,成都高新区的社会保障工作取得可喜成绩，有2000多家企业的9万多人参加各项社会保险,累计征缴各项社会保险基金16亿多元,累计拨付各项社会保险待遇3亿多元,各项社会保险基金平均征集率达98%,全面超额完成各项社会保险目标任务,为成都高新区的经济建设和社会稳定作出贡献。

【养老保险】 2006年，成都高新区基本养老保险参保人数达6.27万人，其中新增扩面16905人。征收基金34692万元(含征地农转非一次性缴费),征集率达98%,清欠81万元。年内,成都高新区人事劳动和社会保障局下发《关于事业单位参加基本养老保险和失业保险的通知》,机关养老保险参保人数达1560人,其中新增扩面1123人,征收基金645万元,征集率达100%。全年养老保险征收总额35337万元。

【失业保险】 2006年，成都高新区失业保险参保人数达4.2万人,新增扩面8238人,征收基金1483万元,征集率达98%。年内，共为303名失业人员发放失业救济金

108.86万元，代成都市社保局发放失业救济金448人、175.58万元。

【医疗保险】 2006年，成都高新区基本医疗保险参保人数达7.84万人，新增扩面21782人，征收基金11738万元(含征地农转非一次性缴费),征集率达98%。共为2577名住院人员拨付医疗保险待遇1014.23万元。全区共有46220人参加新型农村医疗保障，政府划拨资金240万元；共为1525人拨付住院医疗费148万元，为73038人次拨付门诊医疗费90万元。

【工伤保险】 2006年，成都高新区工伤保险参保人数42018人，新增扩面10188人，征收基金460万元，征集率达98%。共为57名伤残人员拨付工伤保险待遇230万元。

【生育保险】 2006年，成都高新区生育保险参保人数达64215人，征收基金451万元，征集率98%。全年共为369名职工拨付生育保险金343万元。

【综合保险】 2006年，成都高新区综合保险参保人数达15150人，新增扩面5250人，非城镇户籍从业人员参加综合保险增长率达52%，征集率98%。

【农转非人员社会保险】 2006年，成都高新区共有33156名农转非人员参加社会保险，其中：一类人员12389人，二类人员8203人，三类人员12564人。已征地农转非人员应参保人数19981人，实际参保人数19781人，参保率99%。参保人数中，一类人员7462人，占参保人数的38%，二类人员4905人，占参保人数的25%，三类人员7414人，占参保人数的37%，二、三类人员续保率达90%以上；新征地农转非人员应参保人数13375人，实际参保人数13375人，参保率100%，其中：一类人员4927人，占参保人数的37%，二类人员3298人，占参保人数的24%，三类人员5150人，占参保人数的39%。二、三类人员续保率达90%以上。为11865名一类人员发放养老金共计4330.8万元。农转非政府补贴到位资金3000万元。

【少儿住院医疗互助金】 2006年，根据成都高新区学校秋季开学统计数据和街道办对在园儿童人数摸底数据，全区有中小学生实际数27448人（不含国际学校外籍学生），其中户口在大成都范围内的21282人。全区在校学生实际缴纳少儿住院互助金81.108万元，缴纳人数20277人，实际缴纳比例达到95％。根据成都市公安局按户籍统计的数据，全年，成都高新区散居儿童为4774人，区内散居儿童（含民办幼儿园）实际缴纳少儿住院互助金金额为17.812万元，缴纳人数4453人，实际缴纳比例达到93％。成都高新区共24730人参加少儿住院互助金，征收基金98.92万元，参加率82％，完成目标24217人的102％。

【企业退休人员社会化管理】 2006年，成都高新区确保离退休人员养老金发放不拖一日、不少一人、不欠一分，加强养老金社会化发放管理，确保离退休人员老有所养。全年共向13377名退休职工发放养老金4954.69万元，为95名机关事业单位退休职工拨付养老金90.6万元，代发直属学校离退休费119.4万元。同期，审核做好离退休人员养老金待遇调整，落实养老保险待遇，审核新增离退休人员养老金待遇，做好死亡离退休人员丧抚费审核工作；推进企业退休人员社会化管理服务工作，摸清底数，指导各街道对企业离退休人员进行全面调查摸底，建立个人信息档案，实行动态管理。养老金社会化发放率和退休人员的社会化管理率始终保持100%。

图 113：成都高新区社保业务下放街道

（成都高新区人事劳动和社会保障局 供稿）

【社会保险投入】 2006年，成都高新区已有18家企业的2009人享受社会保险政府补贴基金，共补贴基金572万余元。为保证已征地农转非人员社会保险政府补贴资金及时到位，成都高新区人事劳动局制定工作计划，纳入当年成都高新区财政预算。6月、9月分两次由财政部门划转农转非政府补贴资金3000万元到社保基金财政专户，全面超额完成2006年度成都市下达给成都高新区2710万元的目标任务。截至年底，成都高新区筹集落实已征地农转非人员社会保险政府补贴资金8000万元，并按照已征地农转非人员社会保险政府补贴资金管理要求，纳入社会保险基金专户管理，实行封闭运行，保证专款专用，确保已征地农转非工作顺利进行。

【社会保险创新】 为方便成都高新区内参保企业、特别是农转非人员和个体参保人员就近办理各项社会保险，成都高新区率先将社保业务经办下放街道，为参保企业和个人提供优质、高效、便捷的社会保险服务。2006年初，成都高新区结合全区实际，通过深入调研、充分评估和精心组织，在全市率先将各项社会保险业务经办工作下放延伸至各街道，在全区的五个街道办事处建立社会保险业务办理点，凡在区内参保的企业及农转非人员和个体参保人员可就近在各街道办事处的政务服务中心办理各项社会保险业务，方便区内企业和参保人员就近办理各项社会保险业务，缓解政务大厅的压力。此举在全市范围内属首创，在全国成都高新区的作法也是创新之举。年内，各街道办事处办理各项社会保险事务达30000余人次，5个街道业务办理量平均达业务总量的33%。成都高新区率先开放定点医疗机构，方便区内参保企业和参保个人就近刷卡就医。成都高新区对已取得成都市劳动部门认定的定点医疗机构和定点零售药店资格的医院和药店敞开大门，实行零障碍联网。（本分目供稿人：王　红）

老年人权益保护

【老年人社会保障】 2006年，成都高新区始终把落实救助帮困措施作为老年人社会保障的一项主要工作来抓，一是构建弱势老年群体救助帮扶体系，二是量体裁衣，为老年人提供全方位的个性化服务，三是建立机关单位定点联系帮扶社区（村）困难老年人的工作机制，四是充分发挥社会力量帮扶老年人，五是建立社区养老志愿者组织，开展爱心助老服务活动，建立起政府救助与社会帮扶、资金救助与服务帮扶、应急救助与日常帮扶相结合的多渠道、多层次的社会养老救助帮扶体系，落实救助帮扶经费，并不断创新措施，开展专项救助、分类帮扶等工作，确保全区老年人，特别是残疾老年人、“空巢老人”、低保老年人等弱势老年群体得到及时有效的救助帮扶。（顾　蓉）

【老年人文化活动】 2006年5月12日，紫荆广场举行成都高新区第四届老年游艺活动，来自各社区、村的老年人代表近千人参加此次活动。重阳节期间，各街道、社区都开展各种形式的庆祝宣传活动。与成都电视台、成都市康骨医院联合在肖家河举办“庆重阳构建健康和谐社区——‘我爱我家’健康之家”文艺汇演；在桂溪街道举行“携手共建和谐桂溪双创”文艺晚会等，丰富老年人的精神文化生活，深受广大老年人的欢迎。全区共

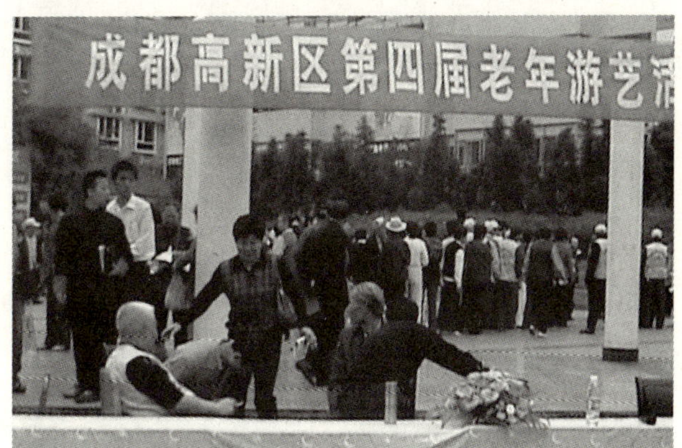

图 114：2006年5月成都高新区第四届老年游艺活动

（成都高新区社会事业局　供稿）

组织舞蹈、广场舞、时装、独唱、合唱等16个节目参加成都市第五届老年艺术节，经过初选、预赛、决赛，成都高新区的广场舞《波尔卡》获一等奖、舞蹈《踩青》、独唱《认识西部》获二等奖、舞蹈《水月歌》获三等奖，其余均获优秀奖，高新区获组织奖。9月，组织60多人的老年文艺骨干参加成都市老龄办组织的赴西安、延安两地文化交流活动。10月区老年吉祥腰鼓队在四川省老龄办等19个部委共同主办的以“权益、和谐、共享”为主题纪念老年法颁布十周年暨四川省2006重阳敬老节活动周中，荣获四川省纪念《中华人民共和国老年人权益保障法》颁布十周年暨2006重阳敬老节活动周优秀节目表演贡献奖。11月，由成都市老龄办主办、区老龄办协办在紫竹广场举行老年文化下社区专场演出和大型宣传活动。（顾　蓉）

【为老年人办实事】 成都高新区构建弱势老年群体救助帮扶体系。全年，把特困老年人纳入最低生活保障范围，并将70岁以上的老年人的低保标准上浮20%，为特困残疾老年人发放每人每月100元“家庭专项补助”。向社区弱势老年群体发放医疗救助“爱心卡”，为特困残

图 115：成都高新区为老年人提供健康咨询服务

（成都高新区社会事业局　供稿）

疾老年人发放每人每年500元"医疗爱心卡"等，为老年人建立绿色医疗通道，方便老年人体检、就医、取药。对低保、残疾、高龄老年人实行免费建立健康档案、免费体检、减免挂号费、治疗检查费优惠等措施。优惠金额达17万元。举办重阳节的各种庆祝活动，召开重阳节老龄老协座谈会，给全区每位百岁老人发放价值275元的慰问品。（顾　蓉）

2006年成都高新区100岁以上老年人名册

表79

姓名	性别	民族	出生时间	户籍所在地
罗云清	男	汉	1902.8	肖家河街道办事处
蔡清泽	女	汉	1904.8	芳草街道办事处
徐凤茹	女	汉	1904.11	芳草街道办事处
王森山	男	汉	1906.12	芳草街道办事处
刘玉山	男	汉	1902.9	石羊街道办事处
张光华	男	汉	1903.2	石羊街道办事处
汤家华	男	汉	1906.6	石羊街道办事处
汪吴氏	女	汉	1906.3	桂溪街道办事处
钟刘氏	女	汉	1900.6	合作街道办事处
王正琼	女	汉	1906.8	合作街道办事处

（顾　蓉）

【桂溪敬老院】 成都高新区桂溪敬老院颇具特色，位于黄龙溪古镇，硬件设施、生活配套、管理体制达到四川省敬老院规范化建设的一级标准。2000年6月，桂溪乡党委、政府为解决辖区内鳏寡孤独、五保老人的生活问题，斥资128万元购买坐落于黄龙溪古镇的瑞苑宾馆，改建为"成都高新区桂溪乡敬老院"（2002年改名为"成都高新区桂溪街道敬老院"）。敬老院占地面积2000余平方米，建筑面积1717平方米，有床位70张，最大饱和床位数110张，硬件设施齐备，有食堂、厕所、浴室、会议室、医务室、康复室、阅览室、健身房等。有36名五保老人入住。2006年2月，为更新敬老院硬件设施和提高服务质量，桂溪街道办事处投入161万元对其进行改造装修。2006年，敬老院住有五保老人23人。敬老院配备1名专职院长、1名炊事员、2名护理员，1名兼职财务人员。成立院务管理委员会，建立健全院长负责制。（刘伯飞）

残疾人保护

【概　况】 成都高新区现有残疾人2531人，其中肢体残疾1489人、听力言语残疾229人、视力残疾326人、智力残疾291人、精神残疾196人。成都高新区在经济快速发展的同时，高度重视残疾人事业，制定多项救助帮扶措施，很好地将弱势群体扶助工作与社区建设、社区服务、救助帮扶以及残疾人就业等工作有机结合起来。

【扶残人助学就业】 成都高新区十分重视扶残助学就业工作。一是将符合条件的特困残疾人全部纳入低保范围，重度残疾人的低保标准上浮20%，为贫困残疾人本人和贫困残疾人家庭子女提供助学金；二是每月为特困残疾人发放100元的特困残疾人家庭专项补助，三是在五个街道社区卫生服务中心建立一流的残疾人康复活动中心，为区内所有残疾人全面建立康复训练档案，开展康复服务；四是为解决特困残疾人就医难的问题，为特困残疾人每人发放价值500元的"医疗爱心卡"；五是大力发展社区服务业，为社区从事灵活就业

图 116：成都高新区残疾人就业招聘会

（成都高新区社会事业局　供稿）

的残疾人提供70%的社保补贴；六是建立针对企业招聘残疾人的就业推介工作机制，根据用人单位需求举办残疾人专场招聘会；七是将残疾人"量体裁衣"式个性化服务工作与社区建设有机结合起来，为残疾人提供一个无障碍的社会环境。2006年，成都高新区残联在成都市残联取消帮困助学金的情况下，破例为两名贫困残疾人家庭子女提供2000元的帮困助学金，成都市残联恢复残疾人助学金政策，区残联将和高新慈善会一起

图 117：残疾人助学帮扶　（成都高新区社会事业局　供稿）

开展此项工作，将贫困残疾人本人和贫困残疾人家庭子女全部纳入帮助范围。

【残疾人献爱心】 合作街道办帮助辖区内残疾人钟德洪、曾秀冬、王连兵等人实现就业。2006年初，他们每人每月从自己有限的工资中定期拿出50元，资助眉山市彭山县江口镇白蜡小学因贫困面临辍学的袁润奎，宋清秀，宋华明三名儿童，表示将长期资助，直至三名儿童大学毕业。他们还四次不顾山高路远，拖着残疾的身躯，前往异乡的那所山村学校进行"雪中送炭"。他们的感人事迹不仅多次在报纸、电视等媒体上宣传，而且在群众中被广为传颂。不少同样具有爱心的人被他们的善举所感染，纷纷加入到他们这个爱心团队中，团队已发展到112人。 （本分目供稿人：黄　珊　许智翔）

社区建设

【概　况】 2006年，成都高新区共有23个社区，其中6个社区正在筹备建设。有社区工作者238名，其中：社区党支部干部58名，社区居委会干部78名，社区工作站工作人员124名。

【社区组织建设】 成都高新区按照《中华人民共和国城市居民委员会组织法》，建立健全社区党支部、居委会、居民代表会议和协商议事委员会，指导社区居民委员会健全与法律法规相配套的"自治章程"、"居民公约"、"共建公约"等制度。

【居委会建设】 社区每年定期召开社区居民代表大会和居民协商议事会，对涉及社区的重大事务都由居民代表会议或协商议事委员会讨论决定。对涉及居民切身利益的重要事项，如对《成都高新区管委会关于进一步推进社区建设工作的实施意见》征求意见稿、安装社区健身器材等事项通过召开决策咨询会、听证会，广泛听取社区居民群众的意见建议。建立落实社区"准入制"，明确行政部门不得随意在社区挂牌，对确需社区居委会协助的工作，坚持"费随事转"的原则，由相关部门将办公经费划拨到社区居委会开展工作。2006年，创新构建社区居委会与社区工作站"议行分设、选聘分离"模式，居委会按《中华人民共和国居民委员会组织法》相关规定行使职责，社区工作站承担区、街道办事处在社区开展的公共行政性服务工作。不断强化居务公开工作，健全居务公开制度，统一制作居务公开栏，规范社区居务公开的形式、时间、程序和内容。

【环境综合整治】 2006年，成都高新区强化社区基础设施建设，完善社区各类服务设施设备。各社区服务设施使用面积均达到200平方米以上，农转非安置社区服务设施使用面积达到1000平方米以上。完善和平社区、新北社区、新街社区的办公服务设施，新建3个社区便民服务大厅、3个劳动就业培训中心、3个多功能活动中心、5个慈善爱心便民店、2个社区广场、8条体育健身路径等。按照功能齐、形象美的思路，集中改造一批社区基础配套服务设施，对正街社区、紫竹社区、紫薇社区等院落存在的乱搭乱建，违章占道等脏、乱、差现象彻底整治，共改造社区院落环境42个，创建集"温馨驿站"、"阳光绿洲"、"心灵港湾"谈心室于一体的"高新阳光家园"，打造芳草林荫街、餐饮文化街、正街"河源绿色长廊"，并新设置法律、卫生、文教、廉政文化、科普和残疾人宣传栏等，使社区管理和服务设施得到全面提升。

图 118：成都高新区社区建设决策咨询会
（成都高新区社会事业局　供稿）

【社区管理】 成都高新区探索社区管理机制，率先在西部地区出台《社区建设管理规范》，从社区管理、社区服务、社区文化、社区工作者队伍建设以及管理规范的实施等6个方面制定翔实的操作规则和质量标准，实现社区建设工作体系化、规范化、标准化。致力于建立以星级院落和星级社区创建为载体的保障体系。2006年，各街道、社区结合实际，通过社区环境综合整治以及社区管理与服务规范化建设，使大批社区及其楼院达到星级标准。全年，芳华社区、正街社区、兴蓉社区、永丰社区、新北社区、庆安社区被评为四星级社区。积极探索数字化社区创建工作，初步构建"一个中心、三大体

图 119：成都高新区开展社区技术培训

(成都高新区社会事业局 供稿)

图 120：成都高新区 2006 年关爱救助

(成都高新区社会事业局 供稿)

系、四个面向”(即以区、街道社区服务中心和社区终端信息站为一个中心；以管理体系、求助体系和服务体系为“三大体系”；以面向老年人、儿童、残疾人、贫困户、优抚对象的社会救助和福利服务，面向居民的便民利民服务，面向社区单位的社会化服务，面向失业人员的再就业服务为“四个面向”)的社区管理服务模式。街道、社区均创建社区管理服务信息平台，并建立各类党务、政务、居务和专业数据库。

【社区服务】 2006年，成都高新区创新社区服务机制，建立政府救助、社会救助和慈善救助紧密结合的

图 121：成都高新区社区志愿者帮扶活动

(成都高新区社会事业局 供稿)

工作体系，形成全覆盖、多层次的救助帮扶网络。建立以社区社会救助信息网络体系，形成共享救助信息的规范工作体系；全面实施分类施保和重点施保，做到应保尽保；建立医疗救助、应急救助和慈善救助制度，设立相应的救助专项资金，实施低保、特困残疾人和重点优抚对象等专项救助。全年，全区向238名特困残疾人发放价值13.8万元的爱心医疗救助卡；向2500名残疾人提供价值55万元的家庭康复药箱；向51名困难群众提供20.1万元的应急救助金；向1605人次社区贫困家庭提供19.59万元的医疗救助；开展“情暖万家”爱心帮扶工程、“关爱救助”大行动和帮困助学活动；实施“慈善三百工程”，向300名孤寡老人、优抚对象、低保户等发放6万元救助资金；建立5个慈善爱心便民店，50个爱心互助网点，发放慈善爱心互助卡201张；向32名低保家庭大学生发放助学金7.96万元；向23名非低保家庭的大学生发放助学金4.35万元。制定推

图 122：成都高新区社区健身场所

(成都高新区社会事业局 供稿)

介、培训等相应的工作措施，帮助社区失业人员寻找就业门路，提高再就业服务水平。全年共组织农劳引导性培训、职业技能培训、创业培训共计11793人次，安置社区失业人员9690人。开展充分就业社区创建工作，石羊街道通过成立“社区服务社”民办非企业、设立残疾人就业扶持点等方式，建立编织带加工、儿童围裙加工、编织中国结、绢花制作等手工业作坊；肖家河街道引入“爱心钟点工”社区公益性项目；芳草街道组织开展“十字绣”等项目；合作街道整合辖区劳动力资源，成立就业服务公司，动态消除“零就业”家庭。肖家河兴蓉社区被评为省级充分就业示范社区。创新工业园区社区管理服务方式，石羊街道办事处在劳动密集型工业园成立社区，专门对口服务辖区的企事业单位。肖家河街道建立工业园社区管理服务站，通过设立“服务信箱”和“服务卡”加强与园区企业联系，切实为园区各企事业单位及其员工提供全方位多层

图 123：成都高新区新社区面貌

（成都高新区社会事业局　供稿）

次的优质服务。

【社区志愿者活动】 2006年，成都高新区建立健全社区志愿者组织，强化社区志愿者服务活动。全区共有25支社区志愿者队伍，共3145人，开展形式多样的多层次社区志愿者服务活动。社区志愿者和辖区弱势群体“结对子”，每月定期为他们提供各种家政服务。开展共驻共建活动，各社区积极与驻区单位联系，共同举办丰富多彩、形式多样的各类文艺活动，红天鹅宾馆、人人乐超市、宜必思酒店等单位还为社区贫困家庭提供“一助一”帮扶活动，为贫困家庭提供就业服务。

【新社区建设】 全年，成都高新区新建立三元社区、新园社区、双源社区、顺江社区、檬梓社区、独柏社区等6个社区。在5个街道办事处积极开展社区筹备工作，不断完善社区的办公服务设施，强化筹备工作人员的岗位培训，为新入住的居民提供福利服务和便民利民服务。区内有省级文明社区1个、市级文明社区6个、区级文明社区6个。（本分目供稿人：彭泽良）

民政事业

【概　况】 2006年，成都高新区建立政府救助、社会救助和慈善救助紧密结合的工作体系，形成全覆盖、多层面的救助帮扶网络；对残疾人、重点优抚对象、老年人实施分类施保和重点施保；规范婚姻登记工作，采取措施提高工作效率和服务质量；根据实际情况，提高优抚安置人员的生活补贴。加大对辖区内贫困少数民族群众帮扶力度，加强对宗教场所的管理。

【社会事务】 成都高新区全面实施分类施保和重点施保。对低保家庭中的重度残疾人、“三无人员”、重点优抚对象、70岁以上老年人等，按照低保标准上浮20%核发低保金。全年为801户、1584人发放低保金194万元，补差水平人均103元/月。免费为9户低保户安装天然气，为32名低保家庭大学生发放助学金7.96万元。建立社会救助信息网络体系，形成一口上下、网上审批的规范工作体系。年内，成都高新区规范管理婚姻登记工作，开通婚姻登记热线，开展节假日预约服务和工作日延时服务，对婚姻登记工作人员进行集中培训。全年共办理婚姻登记3964对，其中结婚2595对、离婚828对、补领结婚证511对、补领离婚证9人，补办结婚登记21对，全年共有49个节假日为97对新人提供预约服务，确保办证正确率达100%。贯彻落实民政部《灾害应急救助工作规程》，制定救灾工作应急预案，组织各街道办事处把灾害预防作为减灾工作的中心环节和主要任务，运用信息化手段，使测、报、防、抗、救、援六个环节紧密衔接，提高对自然灾害发生发展全过程的紧急处置能力。各街道办事处把低保户、五保户、优抚对象的住房安全作为防汛、防灾工作重点，进行一次清查，坚决杜绝危房。按照“两级管理、三级网络”的体制，实行“分级管理、按级负责”。除全区性特大、特殊自然灾害外，一般性自然灾害由所在街道办事处负责组织处置，有效开展应急救援和善后处理工作。（胡　斌）

图 124：成都高新区慈善会成立

（成都高新区社会事业局　供稿）

【社会福利】 成都高新区设立慈善募捐箱，多渠道开展慈善募捐活动，全年募集慈善资金245万元。开展慈善帮困助学、慈善“三百工程”和慈善超市建设等慈善

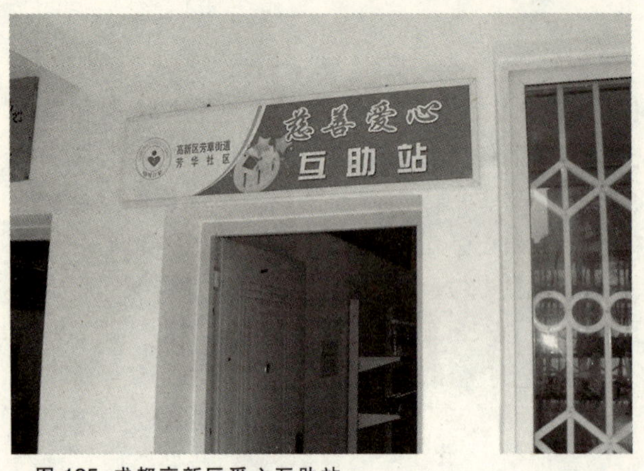

图 125:成都高新区爱心互助站

(成都高新区社会事业局 供稿)

救助活动。建立城乡一体化医疗救助制度,在西部地区率先提出事前医疗救助,全方位切实解决贫困群众就医难问题。全年实施医疗救助1605人次,发放医疗救助金19.59万元。创新建立应急救助制度。对困难群众在享受常规救助后仍然困难的,建立医疗救助、帮困助学、生活救助和救灾救济等多位一体的应急救助体系。全年实施应急救助51人次,发放应急救助金20余万元。对生活水平高于低保标准但低于最低工资标准的贫困家庭学生也实行帮困助学,全年为23名非低保家庭的大学生发放助学金4.35万元。启动"情暖万家"爱心帮扶工作。开展社区"慈善爱心便民店"、"医疗爱心工程"、"爱心钟点工"、"一助一"帮困助残助老等服务工作。推行社区志愿者服务计划。动员社区居民和企事业单位开展"一对一"、"众帮一"、"结对子"等帮扶活动,为困难家庭提供经常性服务,全区有社区志愿者2108名,对167名社区残疾人、优抚对象、"空巢老人"进行生活照料,形成政府与社会共同救助帮扶的互动局面。对享受低保的残疾人每月发放100元生活补助和每年500元的爱心医疗卡。免费为残疾人实施"助听"、"助行"和"助明""三助"工程。实施残疾人就业帮扶工程,安置200多名残疾人就业。成都高新区有2所敬老院,全年敬老院建设投入资金161万元,有福利床位数160张,其中石羊敬老院50张,桂溪敬老院110张。集中供养五保户46人、散居五保户8人。 (本分目供稿人:胡 斌)

表80

成都高新区2006年新建城市道路命名统计表(42条)

道路名称	起点	止 点	所属区域	所属街道办事处	备注
百草街 BCJ	东起百草路	西止新创街	高新西区		
大源北二街 DYBEJ	东起城市干道	西止规划道路	高新南区	桂溪街道办事处	
大源北一街 DYBYJ	东起城市干道	西止规划道路	高新南区	桂溪街道办事处	
大源东街 DYDJ	北起大源中街	南接大源南二街	高新南区	桂溪街道办事处	
大源街 DYJ	北起大源南二街	南止城市干道	高新南区	桂溪街道办事处	
大源南二街 DYNEJ	东起大源东街	西止规划道路	高新南区	桂溪街道办事处	
大源南一街 DYNYJ	东起城市干道	西止大源西街	高新南区	桂溪街道办事处	
大源西街 DYXJ	北起大源北一街	南止大源南二街	高新南区	桂溪街道办事处	
大源中街 DYZJ	东起城市干道	西止规划道路	高新南区	桂溪街道办事处	
独柏北巷 DBBX	北起 317 国道	南止独柏环街	高新西区	合作街道办事处	
独柏环街 DBHJ	北起天勤路	南止在建道路	高新西区	合作街道办事处	
独柏街 DBJ	东起天勤路	西止独柏环街	高新西区	合作街道办事处	
独柏西巷 DBXX	东接独柏环街	西止在建道路	高新西区	合作街道办事处	
独柏中巷 DBZX	北起独柏环街	南止在建道路	高新西区	合作街道办事处	
科晶路 KJL	东起天健路	西止郫县南北大道	高新西区	合作街道办事处	

续表

道路名称	起点	止 点	所属区域	所属街道办事处	备注
科园大道 KYDD	东起成雅高速路高架桥西侧	西经成都高新区起步工业园，止于武阳大道三段	高新南区	合作街道办事处	
檬梓东巷 MZDX	北起 317 国道	南止檬梓环街	高新西区	合作街道办事处	
檬梓环街 MZHJ	北起天勤路	南止在建道路	高新西区	合作街道办事处	
檬梓街 MZJ	东起檬梓环街	西止天勤路	高新西区	合作街道办事处	
檬梓中巷 MZZX	北起 317 国道	南止在建道路	高新西区	合作街道办事处	
清源北巷 QYBX	东起顺清街	西接清源环街	高新西区	合作街道办事处	
清源环街 QYHJ	北起西源大道	南止顺清街	高新西区	合作街道办事处	
清源南巷 QYNX	北接清源环街	南止清水河	高新西区	合作街道办事处	
清源西巷 QYXX	东接清源环街	西止规划道路	高新西区	合作街道办事处	
仁和北街 RHBJ	北起成雅大件公路	南止仁和街	高新南区	石羊街道办事处	
仁和街 RHJ	东起新园大道	西止成雅大件公路	高新南区	石羊街道办事处	
仁和南街 RHNJ	北起仁和街	南止在建道路	高新南区	石羊街道办事处	
世纪城路 SJCL	起止于天府大道中段上。起点对接新世纪西路	世纪城新国际会展中心外侧，呈“U”型	高新南区	桂溪街道办事处	
双柏路 SBL	东起 317 国道	西止在建道路	高新西区	合作街道办事处	
顺清街 SQJ	北起西源大道	南止清水河	高新西区	合作街道办事处	
顺源北巷 SYBX	东接顺源环街	西止顺清街	高新西区	合作街道办事处	
顺源东巷 SYDX	东起规划道路	西接顺源环街	高新西区	合作街道办事处	
顺源环街 SYHJ	北起西源大道	南止顺清街	高新西区	合作街道办事处	
顺源南二巷 SYNEX	北接顺源环街	南止清水河	高新西区	合作街道办事处	
顺源南一巷 SYNYX	北接顺源环街	南止清水河	高新西区	合作街道办事处	
天健路 TJL	北起成灌公路	南止科新路	高新西区	合作街道办事处	
天勤路 TQL	北起成灌公路	南止科新路	高新西区	合作街道办事处	
天润路 TRL	北起西区大道	向南跨成灌高速公路，止于清水河	高新西区	合作街道办事处	
肖家河东四巷 XJHDSX	北起肖家河东一巷	南止肖家河东三巷	高新南区	肖家河街道办事处	
紫瑞大道 ZRDD	东起机场高速路	西经神仙树南路，止于成雅高速路高架桥东侧	高新南区	石羊街道办事处	

（本分目供稿人：胡　斌）

民族宗教

【概　况】 成都高新区的民族宗教事务工作，由区社会事业局民政司法处负责。民族宗教工作的职责是贯彻执行党和政府的民族宗教工作方针、政策、法律、法规；处理民族宗教方面的突发事件及全区民族成分更改的初审上报；依法保护公民宗教信仰自由，保护宗教团体和宗教活动场所的合法权益；指导街道做好民族宗教工作，协助处理民族宗教方面的重要问题。2006年，成都高新区民族工作平稳，保留下来的固定宗教场所有2个，分别是始建于明朝万历年间的近慈寺和建有中国众尼佛学院的铁像寺。

【民族事务】 2006年，成都高新区民族工作平稳。各街道办事处加大对贫困少数民族的帮扶力度，对符合低保的全部纳入低保。全年为18名符合条件的居民办理民族成分更改。

【宗教事务】 截至2006年，成都高新区有宗教场所2个，分别位于石羊街道办事处的铁像寺和近慈精舍。有宗教院校1所，位于铁像寺内的四川尼众学院。成都高新区初步确定对铁像寺的扩建项目。正在西部园区规划建设1所基督教堂，以满足外籍投资者宗教生活的需要。

(本分目供稿人：杨绍洪)

图 126：成都高新区舞狮表演　　(成都高新区地方志办公室　供稿)

政法·军事

POLITICS AND LAWS, AND MILITARY AFFAIRS

政法工作

【概　况】 成都高新区政法委办公室和成都高新区社会治安综合治理领导组办公室（简称区综合治理办公室），均设在成都高新区党工委、管委会办公室。2006年5月，对政法委办公室和综合治理办公室机构进行人员调整，调整后由蔡本刚兼任主任，卢哲平兼任副主任。社会治安综合治理委员会办公室主任，由卢哲平兼任。成都高新区政法委的工作职责是：根据党的路线、方针、政策和党工委的决策，统一政法各部门的思想和行动；对一定时期内的全区政法工作作出全局性部署，并督促贯彻落实。检查、指导政法各部门严格执行法律法规和党的方针政策，结合实际研究制定严肃执法、落实党的方针和政策的具体措施；监督和支持政法各部门依法行使职权，加强执法监督，切实解决执法活动中的违法问题；指导和协调政法各部门履行职责时相互制约、密切配合；督促、推动大案要案的查处工作，组织讨论、研究和协调有重大影响的案件和政策性强或有重大争议的疑难案件。组织、指导、协调和推动全区维护社会稳定工作，了解掌握维护社会稳定工作情况，提出工作对策及建议措施；指导、督促各辖区贯彻落实党工委、管委会对维护稳定工作的重大部署；检查维护稳定工作领导责任的落实情况。组织推动、指导协调全区社会治安综合治理及见义勇为表彰奖励工作；及时分析研究社会治安的形势和对策，制定全区综合治理工作的规划和实施方案；监督、指导、协调和促进社会治安综合治理和见义勇为表彰奖励各项措施的落实。组织推动政法战线的调查研究工作，总结新经验，解决新问题，探索政法工作及政法管理体制改革途径。研究加强政法队伍建设和领导班子建设的措施，协助党工委和党工委组织部考察、管理政法部门领导干部；指导政法干警的教育培训工作和政法部门查处干警违纪案件，检查全区政法队伍建设领导责任制落实情况。指导下级社会治安综合治理委员会的工作；协助党工委处理全区有关政法工作的重大问题。完成党工委交办的其他事项。

【创省级“平安区县”活动】 2006年，成都高新区政法工作以“平安高新”创建活动为抓手，通过促进“天网”工程、社会治安整体联动防控网络的建设，努力提升社会治安的掌控能力。成都高新区的平安创建工作受到四川省委、四川省政府表彰，“平安街道”的创建工作实现“保二争三”的工作目标，取得令人瞩目的成绩。通过不懈努力，社会治安综合治理工作得到更多的重视，人员更加充实，保障更加得力，群众的创建认同感和治安满意度明显提高。禁毒工作、“警校共育”得到扎实推进。

【政法队伍建设】 2006年，成都高新区开展政法系统的“争创一流”、“规范执法行为、促进执法公正”、“社会主义法治理念教育”以及“纪律作风整顿”等活动，先后组织政法系统案件质量评查、社会主义法治理念研讨会和专题讲座等，有力地促进政法队伍正规化、规范化建设。积极组织和推进政法部门对三年“争创一流”工作的总结，展示创建成绩，树立成都高新区政法队伍的良好精神风貌。（本分目供稿人：翁思军）

审　判

【概　况】 2006年，成都高新区法院围绕成都高新区工作会议和全市法院院长会议精神，坚持党为法院工作指明的政治方向，以“公正司法、一心为民”为根本指针，以“严格管理年”为工作主线，以落实产业发展年工作部署为中心任务，围绕成都高新区发展大局和争创全国一流法院目标，扎实推进社会主义法治理念教育活动，全力提升审判质量和效率，严格实施法院管理，积极深化法院改革，实现司法保障能力明显增强，法院改革扎实推进，法院队伍长足进步，创建一流法院目标全面实现的既定工作目标。2006年，成都高新区法院获四川省法院“十五”计划期间信息化建设工作先进单位，四川省法院教育培训工作先进集体，四川省首届优秀民商事裁判文书二等奖、“四五”普法先进单位、消费者权益保护工作先进单位，在为期三年的四川省政法系统“争创全国一

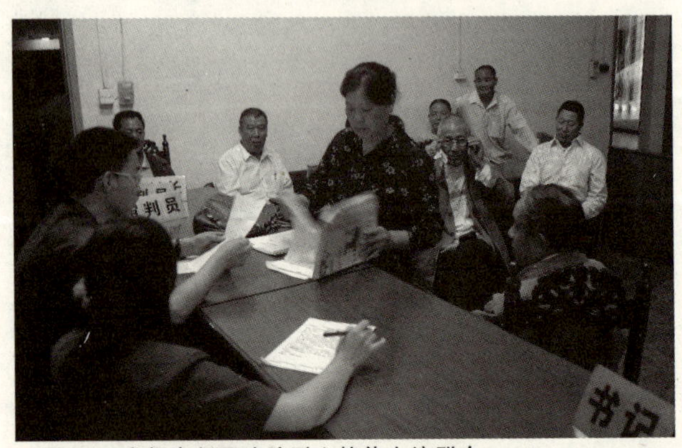

图 127：成都高新区法院耐心接待上访群众

（成都高新区法院　供稿）

流政法工作活动”结束之年，被成都市委授予“争创全国一流政法工作十佳先进单位”称号，是成都市法院系统获此殊荣的两家法院之一。

【刑事审判】 2006年，成都高新区法院共审结刑事案件333件，结案率为97%。其中，侵犯财产罪234件367人，侵犯公民人身权利、民主权利罪30件39人，危害公共安全罪21件22人，妨害社会管理秩序罪40件56人，贪污贿赂罪6件8人。坚持“严打”刑事政策，依法从重从快审判严重危害社会治安的刑事犯罪分子，审结盗窃罪143件214人，抢劫罪47件100人，抢夺罪5件6人；依法惩治贪污、贿赂、挪用资金等职务犯罪，审结贪污罪2件3人，受贿罪3件3人，行贿罪1件2人，职务侵占罪4件4人，挪用资金罪6件7人；依法惩治危害公共安全和社会管理秩序犯罪，审结非法持有、私藏枪支、弹药罪10件10人，交通肇事罪10件10人，妨害公务罪5件7人，窝藏、转移、收购、销售赃物罪6件6人，走私、贩卖、运输、制造毒品罪18件26人，引诱、容留、介绍卖淫罪5件6人。审结诈骗罪21件25人，敲诈勒索罪6件8人，故意伤害罪19件24人，强奸罪3件3人，非法拘禁罪2件6人。依法惩治万群英等10余名以虚假出生证等骗取国家安置补偿费的诈骗犯，为成都高新区挽回多支付的拆迁安置款数10万元。对未成年被告人案件的审判注重教育挽救，共审结未成年人犯罪31件33人，其中19人适用缓刑，缓刑适用率为58%。制定《常见类型犯罪量刑指导意见》。

【民事审判】 2006年，共受理民事案件1338件，旧存27件，审结1335件。审结的民、商案件中，婚姻家庭案件403件，占30%；合同纠纷案件613件，占46%；权属纠纷案件319件，占24%。适用简易程序审理的共1160件，占87%；适用普通程序审理的175件，占13%。全年，民事案件调解结案716件，调解率达54%，其中，6个调解案件入选成都市中级人民法院评选的优秀民商调解案例，居成都市基层法院之首。加强民事审判的规范，制定民事案件法律条文引用的相关规则，从确立引用原则、指明引用对象、规范引用内容三个方面对民事审判中常见类型案件作出裁定、判决时的法律条文引用作规定，从形式上确保法律适用的统一。规范财产保全等强制措施的适用，对现行有关财产保全的法律规定进行归纳、汇总、细化，制定统一的保全申请书格式、明确审查标准、不同类型财产保全方式、程序，并在合法前提下对现行有关财产保全的法律规定进行创新，实行保全风险告知、诉后财产保全等新举措。探索多元化纠纷解决机制，创设由全区工商、交管、街道、律师事务所等多个机构和组织参与配合的纠纷解决机制，被作为“平安高新”建设的龙头措施，其社会价值、法律价值受到成都高新区党工委、管委会领导及上级法院的肯定。加强对新类型疑难案件的示范审理，发挥典型案件的价值导向作用。如涉及“同命同价”问题的郛世荣交通事故人身损害赔偿纠纷案件。遵循保护人权、公正平等原则，从正确对待现有城乡户籍制度的角度出发，法院认为本案受害人虽属农村人口，但在成都市区已连续居住生活数年，并购置房产，经商多年，其固定收入以非农收入为主，生活消费已等同于城市。据此，判决被告按城镇居民标准赔偿原告死亡赔偿金16万余元，比按照农村户口计算的赔偿金增加11万余元。此案判决以司法形式支持本市的户籍新政，对今后处理类似案件产生积极的示范作用，众多国家级和本地媒体报道此案审理结果并予以肯定评价。

【行政审判】 2006年，成都高新区法院受理行政案件17件，其中涉及拆迁安置3件，行政土地2件、行政公安5件、劳动社会保障1件、行政工商1件、行政资源1件、行政城建2件、行政其他2件。全年审结的24件案件中(包括旧存9件)，15件经法院协调后由原告撤诉结案，占结案率的62%；有5件因诉讼期限已过或不属于法院受案范围而裁定驳回起诉，占结案的20%；有4件已判决结案。

【执行工作】 2006年，成都高新区法院共受理执行案件957件，旧存134件，审结955件，结案率达到88%。对执行积案进行清理和集中执行。以集团诉讼案件为切入点加大执行力度，妥善执结王先明等102人劳动仲裁案件、李林等476人申请执行四达公司产权纠纷案、刘杨勇等60人劳动仲裁案和黄显峰等36人申请执行外商活动中心劳动仲裁案等，兑付标的总额260余万元。兑付成都奇力新峰有限公司返还借款案最后一批执行款197万元，通过对公司大楼进行强制托管的方式，完成历时5年共450名申请人、标的额1520万元的执行大案。组织课题组专门研究执行案件流程管理信息系统，以加强执行案件监管和增强执行透明为目的，将执行案件从立案、查证到结案的全过程以11个信息管理窗口、5个流程控制节点、1个信息公示系统进行全程管理、监控，使执行案件的全程动态向当事人公开、向执行法官公开、向管理者和监督者分层次、分内容公开，最大限度地满足当事人对执行信息的查询需求，满足本院和部门对执行案件加大管理力度的需要。制定实施《特困群体执行案件救助基金管理办法》，切实落实司法救助精神；制定实施《督查督办案件管理办法》对上级法院交办案件进行规范化管理;制定实施《执行案款管理办法》,加强执行案款和执行费收支结算管理,杜绝执行乱和执行违法行为的发生,从根本上保证当事人权利顺利兑现。

【审判监督工作】 2006年,成都高新区法院共受理申诉案件7件,其中1件经院长发现确有错误提请审判委员会讨论后进入再审,5件裁定予以驳回。对集体上访、越级上访等涉法上访案件实行领导包案制度,完善处置重大信访事件的联动机制、应急机制和紧急预案。全年,共接待来信来访53件668人次。全年,批准请求劳动报酬、交通和工伤赔偿等49案当事人缓交诉讼费共计17万余元。实施执行救助金制度,通过帮助申请执行人渡过难关,解脱弱势被执行人的执行债务,成都高新区批准每年财政拨款不低于100万元的救助专款。面向社会公开选任6名人民陪审员。全年,陪审员参加合议庭审理案件75件,其中刑事案件71次,民事案件4件。

图 128:成都高新区法院聘用法官助理、法警工作会
(成都高新区法院　供稿)

【司法服务】 2006年,成都高新区法院开展对成都高新区知识产权的司法保护工作。法院充实审判力量,建立专业化合议庭,促进法官与人民陪审员、知识产权专业技术人员、行政管理人员多渠道的知识产权学习交流。完成《对成都高新区知识产权司法保护的调查和建议》一文,被成都高新区制定的知识产权保护政策所借鉴。在法院知识产权类案件数量不多的情况下,延伸审判职能作用加强服务功能,选择典型的保护知识产权案例,适时邀请相关企业职工旁听庭审,扩大审判效应。加强同区公安、检察、知识产权管理部门的联络与互动,共同打击侵害知识产权的行为。开展对区内优势企业的司法服务。向有关党政机关、企业发放调查问卷,组织审判部门负责人和部分专、兼职调研人员赴成都出口加工区,与英特尔(成都)公司、中芯国际公司等区内优势企业代表进行座谈,充分了解企业对法院司法服务的具体需求。对最近三年涉及区内优势企业的民商事诉讼案件进行统计和抽样分析。开展对政府决策的服务,针对区内可能发生不稳定事件的因素,与成都高新区政法委共同完成公共政策社会稳定风险评估机制重点调研课题。提出在全区建立稳定风险评估的指标体系和评估机制,该项调研成果转化后将极大地推动政府决策的科学化、民主化程度,实现政府从被动保稳定向主动创稳定的工作局面的转变。

【"争创全国一流法院"活动】 2006年,成都高新区法院基本完成成都市中级人民法院下达的各项创建指标,实现法院自定的"建立机制优化、人才辈出、管理先进、运作规范,并以思想见长、以创新争先,出成果、出经验,各项工作跃居前列和争创极具活力的先进基层法院的目标。被成都市委授予"争创全国一流政法工作十佳先进单位"称号,是成都市法院系统获此殊荣的两家法院之一。（本分目供稿人:曲　艺）

检　察

【概　况】 成都高新区的检察工作由成都高新区人民检察院负责。成都高新区检察院驻成都市神仙树西路4号,设工作机构7个,有干部职工41人,研究生学历5人,大学本科学历26人;副处级以上领导干部21人,科长15人;聘请临时人员5人。2006年,成都高新区检察院全面落实科学发展观,突出"强化法律监督,维护公平正义"主题,围绕成都高新区"1223"发展战略目标,以"创一流业绩、建一流班子、带一流队伍"的争创活动认真依法履职,在拓展检察工作思路、增强法律监督效果、突出职能服务成效、提升队伍素质能力、探索改革创新机

图 129:2006 年 6 月,成都高新区检察院接受社会主义法治理念教育情况检查　（成都高新区检察院　供稿）

图 130:2006年10月,成都高新人民监督员评议案件会议现场

（成都高新区检察院 供稿）

制、完善后勤保障建设上下工夫,各项工作全面开展,为促进新区建设、维护新区稳定作出积极贡献,基本实现巩固全市先进单位成果,引领开发区检察院之先,创立高新检察品牌效应,跻身社会综合评价前列”的三年“争创一流”奋斗目标！公诉、职务犯罪预防、反渎职侵权、控告申诉、法律政策研究、政治部、办公室、信息化、计划财务等工作在年度考核中进入成都市检察系统先进行列,职务犯罪预防、法律政策研究、计划财务装备工作获得“争创一流”单项工作先进奖。（麦 苗）

【刑事检察】 2006年，成都高新区检察院在刑事检察方面所做的工作和取得的成效集中体现在审查批捕和审查起诉工作上。全年,受理公安机关提请批捕308件488人，经审查批准逮捕297件464人，批准逮捕率为95%,经审查认为不具备逮捕条件,不批准逮捕27人。共受理公安机关移送起诉325件529人,经审查,决定起诉310件461人、不起诉1件5人,起诉率87%。退回公安机关补充侦查112件211人,无公安机关撤回案件。法院判处刑罚的占判决总数的100%。有罪判决率达到100%。区检察院派员出庭支持公诉207件,发表公诉词207篇,出庭率达到64%。立案监督要求公安机关说明不立案理由2件,促使公安机关主动立案1件,对不立案理由不成立的，通知公安机关立案1件，纠正不应当立案而立案4件。对公安机关侦查程序中的违法情况提出书面纠正意见6件(次)。（宁 玄 文 婧）

【职务犯罪预防与查处】 2006年，成都高新区检察院结合查办成都高新区国土管理部门以及国家投资道路工程等行业部门发生的5个案件开展制度建设、法制教育、预防调研等个案预防工作,向发案单位、涉案单位

图 131:成都高新区检察院调研案情工作会

（成都高新区检察院 供稿）

发出5份预防对策建议,围绕个案组织3次法制教育,提出4份修订规章制度的意见,取得办理一案、教育一片、治理一方的预防效果。发表《标本兼治注重预防营造良

好法治环境》、《开展预防职务犯罪工作为社会主义新农村建设服务》等6篇预防职务犯罪调研文章，提出若干对策被有关单位采纳，其中2篇分别被国家级刊物《中国西部大开发》转发，6篇被《四川法制报〈理论月刊〉》等省级刊物采用。有7篇宣传稿件被《华西都市报》等省级媒体采用，4篇稿件被《检察日报》等国家级媒体采用。预防处《成都高新区人民检察院职务犯罪预防工作情况报告》获成都市人大副主任王体乾肯定性批示。2006年，成都高新区人民检察院受理贪污贿赂职务犯罪线索13件，其中贪污7件、受贿3件、挪用公款1件，初查率达84.6%。对涉嫌构成犯罪的2件3人依法立案侦查，其中大要案1件。决定起诉2件3人，法院判处有期徒刑以上刑罚的案犯2人，案件审结率66.7%，有罪判决率100%。依法追回赃款64万元。受理渎职侵权案件线索2件，初查2件，初查率100%，立案侦查2件3人。

（曾利民　詹姗姗　麦　苗　宁　玄　彭育波）

【诉讼监督】 2006年，成都高新区检察院共受理民事、行政申诉案件4件，提出再审检察建议1件，再审检察建议接受率100%。对人民法院正确的判决、裁定，息诉8件。受理群众来信来访来电47件、重复访1件，处理率达100%，其中：检察院直接答复42件、占89%；转有关部门处理5件，占11%。检察长接待来访群众130人次，下访7人次，给群众提供法律咨询服务60人次。全年，控告申诉部门通过处理群众信访中控告、检举案件，累计为各检察业务部门提供案源线索19件，为公安机关提供案源线索4件。控告申诉检察部门自行查办性质不明、难于归口和情况紧急案件8件，其中立案2件。

（宁　玄　王　玲）

【监所检察】 2006年，成都高新区监所检察工作提出口头纠正意见6件、书面纠正意见3件，发出《纠正违法通知书》2份，纠正率达100%。检查减刑、假释、保外就医犯人的审批、裁定，纠正违法1件。受理犯人提出的申诉案件3件，自行复查2件，转有关部门查处1件。共纠正错案1件，其中无罪释放1人。监所检察发现和纠正违法乱纪行为1件次，发出口头意见1件，纠正率达到100%。

（陈文军）

公　安

【概　况】 2006年，成都高新区的公安工作以争创“全国一流”公安工作为目标，以“三基”（抓基层、打基础、苦练基本功）工程建设和队伍正规化建设为主线，实现争创“全国一流公安工作”的预期目标。全年共破获各类刑事案件872起，比上年增长37.1%，打击546人，增长17.7%。破案率46.9%，比上年增长16.8个百分点。破获毒品案件25起，缴获海洛因655.7克，“K粉”33356克。破获经济犯罪案件34起，比上年增长25.9%，为受害者挽回经济损失1244万元。共查处治安案件1356起，比上年增长1.1%，治安拘留322人，比上年增长61%。全年共立刑事案件1857起，比上年减少12.1%。其中，“两抢”发案257起，比上年减少18.7%；入室盗窃发案307起，比上年减少12.8%；汽车被盗案发案85起，比上年减少24.8%。经成都市统计局城调队调查统计，2006年，公众对成都高新区社会治安满意率和基本满意率居成都市之首。在“省级平安区”的检查验收中，成都高新区在成都市各区（市）县中位列第二名。荣获成都市政府颁发的打击非法广告先进单位及成都高新区党工委、管委会颁发的创建全国文明城市工作先进单位、防范和处理邪教先进单位等多项荣誉。

图132：成都高新区公安分局民警开展警容警姿大练兵活动现场

（成都高新区公安分局　供稿）

图133：成都高新区公安分局参加会展中心治安执勤工作

（成都高新区公安分局　供稿）

【维护稳定】 2006年，成都高新区围绕因征地拆迁安置、集体资产处置、办理社保、灵活就业、拆迁安置房屋质量等问题引发的不安定因素，加强情报信息的搜集与研判。全年，共搜集各类情报信息852条，采用并上报429条。成都高新区分局完善《处置各类重大突发事件预案》，确保群体性事件"处早、处小"。妥善处置石羊辖区庆云村及灯塔村部分村民因拆迁安置问题前往锦江大礼堂聚集，恒通铝业公司部分职工因股权分配和补偿问题在公司大规模聚集等各类群体性事件115起。

【打击犯罪】 2006年，成都高新区摧毁以殴打、敲诈为手段强行收取"保护费"的涉恶犯罪集团，抓获以林振国为首的集团成员6人。打掉以高祝军、高中永为首的敲诈勒索成都农产品中心批发市场商家的恶势力集团，抓获犯罪嫌疑人6名。破获2006年"3·14"抢劫杀人案、2006年"4·18"中海名城入室抢劫强奸案、2006年"12·2"抢劫杀人焚尸案。查破以向红海、岳翔为首作案17起的特大蒙面持枪抢劫集团。破获以孙前中为首的贩卖、运输海洛因团伙，缴获毒品海洛因520克。成功打掉以郑东南、周学华等人组成的制造和贩卖新型毒品的犯罪集团，缴获毒品氯胺酮32580克。成功追回英格尔非法集资款1400万元。破获以高息返利一年退本为诱饵，骗取钱财的绿野山珍特大合同诈骗案。

【治安防控】 2006年，成都高新区开展治安防范宣传，有效提升辖区整体防范水平。开辟治安防范宣传主战场，开展社区民警、刑侦民警、巡逻民警、交通管理民警等多警种联勤，加强人防、物防、技防设施建设等举措，进一步提升各个辖区的整体防范能力。严密各项治安行政管理，加强社会面治安管控力度。针对大世界商业广场及紫荆电影城公共娱乐场所集中的特点，高新分局以《中华人民共和国治安处罚法》和《娱乐场所管理条例》实施为契机，采取着装公开检查及便装秘密抽查相结合的方式重点打击"黄、毒、赌"等违法犯罪活动，督促娱乐场所落实安全防范措施，确保区内公共娱乐场所经营健康有序。加强治安热点部位整治，实现热点降温。通过对治安、交通秩序不良的石羊客运站的整治，该处治安热点全年刑事案件发案3起，同比8起下降62.5%。加大街面治安巡逻防控力度，有效震慑各类违法犯罪活动。成都高新区巡警大队严格执行"在二环路以内区域5分钟赶到现场、在二环路以外区域10分钟赶到现场"的规定，有警必接，反应迅速。全年采取设卡检查、逢疑必查、网上比对、便衣设伏等措施，共挡获各类嫌疑人1400余人，查获各类枪支11支、子弹131发，缴获被盗机动车26辆，查缴海洛因185.54克、"K粉"1577.04克、摇头丸233粒、"麻古"201.5克。强化消防监督，有效减少火灾发生。消防大队大力强化消防安全监督管理，构建"以道德为支撑、单位自律为基础、法律为保障"的消防安全信用体系，有效减少火灾的发生。全年区内未发生致人死亡等恶性火灾事故，受理并处置一般火灾142起，经济损失14万元。

【科技强警】 2006年，成都高新区分局与成都市公安局行动技术处、电子科技大学等单位联合研发目前国内唯一能够实现360度全景立体显示的"公安基础信息应用平台"，并在肖家河派出所试点。该成果在全国尚属首创，已通过四川省公安厅厅级项目鉴定，公安部对此给予高度关注和评价。持续推进"天网工程"建设，526个视频监控点已经开通，两级监控平台业已建成，89名监控员均上岗到位，进一步提升高新辖区的整体防范水平。承担的"警用地理信息系统建设"试点工作继续深入推进，该项目已进入原形系统运用调试阶段。结合执法基础建设需要，研发网络执法监督系统并投入试运行。

【"三基"工程】 2006年，根据上级公安机关开展以抓基层、打基础、苦练基本功为核心的"三基"工程建设的统一部署，成都高新区分局结合自身实际研究制定加强基层基础建设的49条措施，做到"钱往基层花，人往基层走，工作往基层抓"，确保为期三年的"三基"工程建设开局良好。2006年，成都高新区分局各派出所全部通过公安部一、二级派出所标准验收。肖家河派出所被成都市公安局确定为全市"三基"工程建设先进典型示范派出所；分局刑事技术室被评为"成都市刑事技术建设示范单位"；政经文保署经济犯罪侦查大队被评为四川省公安机关"三基"工程建设示范单位。为加强出租房和流动人口服务管理工作，探索新形势下人口管理工作复合式模式的新途径。10月，成都市公安机关人口管理工作现场会在成都高新区分局召开，在全成都市范围内推广这一管理模式。

【典型刑事案件】 "2006·4·17"杀人案。2006年4月17日，家住成都高新区石羊辖区的曾长春(男)在成都高新区桂溪辖区永安村一建筑工地被人杀害。案侦民警对过往的群众展开调查访问，家住成都高新区新北小区五期的陈古全(男)有重大作案嫌疑。4月25日，案侦民警对陈古全进行突审，在强大的证据面前，陈古全交代持刀杀害曾长春的犯罪事实。"2006·12·2"抢劫杀人焚尸案。2006年12月2日，石羊辖区丰收村3组发生一起抢劫汽车并杀人焚尸的恶件案件。案侦民警通过被遗弃的汽车全面开展摸底工作，排查出罗坤伟(男)有重大作案嫌疑。12月3日,案侦民警赶赴四川省珙县将嫌疑人罗坤伟抓捕归案。

【典型经济案件】 高原职务侵占案。2005年12月,成都中西投资有限公司报案称:该公司董事高原利用职务之便将3900万元股权占为己有并转卖获利。经侦大队于2006年10月破获此案,查实嫌疑人高原采用隐匿收入、虚列开支、转移公司资金等手法侵吞公司资金1000余万元的犯罪事实,并为公司挽回经济损失200余万元。吴成虚开运输业专用发票案。2006年8月,成都新财印务有限公司报案称:该公司营销部经理张冰于2006年上半年先后多次在该公司报销涉嫌虚开的运输业发票共计38万余元。经侦大队迅速查证该发票是张冰以支付票面金额4.2%的手续费而购买的虚开专用发票,案侦民警据此挡获成都市瑞松运输有限公司法人代表吴成,查实其在并没有真实业务的情况下虚开专用发票的犯罪事实。 (本分目供稿人:周 炯 张小毛)

司法行政

【概 况】 2006年,成都高新区司法行政工作,结合实际,开拓创新,扎实工作,重点抓好法制宣传、法律援助、人民调解和安置帮教工作,圆满超额完成各项工作目标任务。获得成都市委、市政府表彰的"四五"普法先进单位、依法治理先进单位、基层学法用法先进单位、法律援助工作先进集体等称号;律师工作获得成都市司法局"律师维护社会稳定单位"称号。

【人民调解】 2006年,成都高新区完善人民调解组织,对人民调解员进行两次集中法律知识培训。各调解组织还多次采取以会代训和座谈会的方式培训、交流调解技巧。结合平安创建工作,进一步规范调解程序、记录和档案。坚持把创建安全文明小区和加强人民调解工作结合起来,将各种社会矛盾控制和化解在萌芽状态,有效地防止民间纠纷激化。各类调解组织共受理民调纠纷305件,调解成功286起,防止纠纷激化15余起,调解成功率94%。

【律师和公证服务】 2006年,成都高新区有律师事务所4个、基层法律服务所5个。按照成都市司法局的要求,加强律师事务所和法律服务所的规范化建设,狠抓法律服务工作者队伍建设,建立健全重大案件申报制度、目标管理责任制度和当事人投诉监督制度,并充分发挥他们在法律服务、法制宣传和法律援助中的作用,取得明显成效。全区办理公证3485件,其中涉外公证77件,国内民事公证2886件,国内经济公证522件。拒办不真实、不合法公证事项30余件,结合办证解答法律咨询4000余人次。

【普法基础教育】 2006年,成都高新区将机关干部学法用法纳入年度干部培训工作计划,定期邀请专家学者举办《中华人民共和国公务员法》、行政执法、WTO法律知识以及《中华人民共和国行政许可法》和《中华人民共和国行政处罚法》等各类法制讲座,建立健全年度学法制度。共举办法律相关知识讲座2期,参训1600人次。为每个机关干部购买各种法律知识读本予以自学,进行各种法律知识考试,做到集中培训学习和自我学习的有机结合。购买1200本《"五五"普法教育读本》,组织机关事业单位干部开展《中华人民共和国公务员法》知识竞赛,共668人参加竞赛。积极参加上级相关部门组织的普法培训班和法律知识竞赛活动,使各级领导干部年度学法时间均达到80小时以上,参学率达到100%。全区各单位、部门加强司法和行政执法人员的法律知识培训,采取以会代训、集中讲座和考察学习交流等方式进行各种专业法律知识学习,极大地提高依法行政水平。开展严打、禁毒、劳动保障、综合治理、计划生育、税法宣传、社区建设、安全生产、交通安全、最佳旅游城市和文明城市创建、平安成都创建等各项法制宣传教育活动,充分利用法定法制宣传日,开展"12·4法制宣传""三八妇女维权周"、"社会治安综合治理宣传月"、"3·15"消费者权益保护、"6·25"世界土地日宣传、"6·26"国际禁毒日等法制宣传活动,收到明显的效果。结合社区建设,围绕法律进社区工作要求,进一步强化社区法律服务和法制宣传等方面的载体建设。在全区19个社区均建立法律服务工作站或联系点,对每一个社区统一制作固定的法制宣传栏。各街道、社区、村分别开展2次集中业务培训。开展送法到社区(村)和居民院落活动。依托街道、社区(村)的文体骨干队伍,以社区文体活动场所为载体,开展老百姓喜闻乐见的法制文艺调演。实行"谁主管、谁用工、谁负责"的法制宣传教育责任制,加大流动人口法制宣传教育力度。居民、村民和流动人口受教育面均达到98%以上。

【青少年法制教育】 2006年,成都高新区深化青少年法制宣传教育活动,成都高新区各中小学校成立以校长为组长,法制副校长或法制辅导员为副组长,学校各部门负责人为成员的普法工作领导小组。按照全区教师人数，人手一本，组织、发放新的《中华人民共和国义务教育法》读本、《五五普法教育读本》、学校卫生法律法规标准、文件汇编、《未成年人思想道德建设意见》读本、《中华人民共和国未成年人保护法》读本、《公民道德建设纲要》、《中华人民共和国环境保护法》读本、《中华人民共和国道路交通安全法》读本，编辑并发放《成都高新区教育系统突发公共事件应急预案》，内含《中小学幼儿园安全管理办法》、《学生伤害事故处理办法》等法律法规。坚持做到计划、课时、教材、师资"四落实"，与学校的"思品课、班队活动课、朝会课"等教育教学工作相结合。开展普法宣传教育，充分利用学校广播电视台、升旗仪式、宣传橱窗、板报、校园网等宣传工具开展普法宣传活动。通过各种活动进行普法宣传学习，进行新的《中华人民共和国义务教育法》解读知识竞赛，开展"平安高新"征文比赛、"我当小交警"体验活动等。在校学生法制受教育面达到100%。全年，全区在校学生无一犯罪。

【职工法制教育】 2006年，成都高新区针对企业职工，特别是经营管理人员的实际需求，开展送法到企业活动，组织法律专家、学者和律师，通过举办法制座谈会和法制讲座的形式，为他们讲解、咨询知识产权、专利保护、公司法、合同法和劳动法等。大力实施"产业年"法律服务工作，在出口加工区、留学人员创业园和孵化器设立法律服务联系点，开展多种形式的法制宣传活动，举办"劳动法基础讲座"、"工伤保险条例讲座"、"养老、生育、综合保险新政策讲座"等数期免费专题法制培训班，培训企业管理人员440余名，发放宣传资料1500余份。开展农民工法律知识宣传，开展送法进工地活动。专门编写、印制1万多本《农民工法律知识手册》，在各社区专门开辟法律援助宣传栏，针对各建筑工地分散情况，积极依托各街道、社区，就近开展"送法进工地"活动5次。其中在石羊庆安农贸市场建筑工地的普法宣传，受到农民工的热烈欢迎，发放手册3000份、法律援助宣传单1000多份，基层法律服务所的工作人员现场为农民工提供法律咨询10人次。

【法律援助】 2006年，成都高新区初步建立城乡一体化法律援助社会救助体系，各社区法律援助工作站受理法律援助申请，网上传送援助申请，实行网上审批，简化工作程序，使农民工少跑路，提高援助效率。建立法律援助工作机制，成立农民工法律援助应急队，对受援人的经济状况放宽条件。全年，共办理法律援助案件14件，为河南省来蓉打工的农民工张晓玲挽回经济损失2.5万元，为四川省德阳市来蓉的农民工刘继成挽回经济损失5.3万元，为四川省米易县来蓉的农民工王开珍挽回经济损失2万元。 （本分目供稿人：胡　斌）

拥军优属·拥政爱民

【概　况】 2006年，成都高新区认真贯彻落实全国拥军优属、拥政爱民工作精神，以服务"城乡一体化"和"创建文明城市"等中心工作为重点，拓展"双拥"工作新领域、新内容。全区共有优抚对象2500余人。"双拥"工作形成"三个纳入"、"四个到位"的运行机制；各街道都建立由党工委一把手任组长，驻区部队参加的"双拥"工作领导小组，除街道办事处、社区（村）和部队建立"双拥"领导机构外，还建立有拥军优属、拥政爱民组织。全区有"双拥"组织机构21个，双拥工作兼职人员100余人，形成全方位多层次的服务网络体系；先后制定和完善一系列"双拥"工作配套政策，建立《拥军优属、拥政爱民规范》、《优抚对象抚恤补助自然增长机制》，使双拥工作有章可循；建立例会制度、走访慰问制度、地方党政领导习武活动制度。全年，成都高新区、街道财政支出的"双拥"工作经费50多万元。

【"双拥"活动】 2006年，成都高新区"双拥"工作与社区建设有机结合，充分利用军地双方在人才、装备、场地等方面的优势，开展形式多样的进社区、进军营活动。武警成都支队派出官兵对社区治保人员进行体能、技能训练，使他们的各项技能明显增强，社区治安明显好转。每逢节假日，有驻军的社区都要到驻区部队送慰问品，军民同乐，共度佳节。将双拥工作与扶贫帮困助老紧密结合，军地双方都把为困难群众、贫困优抚对象排忧解难视为己任，形成救助帮扶长效机制；各街道办事处还建立"爱心慈善超市"，部队官兵奉献爱心，积极捐款捐物。不断深化科技拥军活动，充分发挥全区科技人才密集的优势，组织开展"科技进军营"活动，深入部队、深入基层，为官兵进行高科技知识辅导，帮助驻区部队解决教育、训练、战备、科研中遇到的问题。开展学习型军营共建活动，动员各组织机关、社区等多方力量，与驻地部队基层连队结对，为军营图书室捐书捐物。全区向4个部队基层单位援建4个图书室，援助图书2000余册，组织学习型军营创建活动3场，参与驻军官兵和群众达5000人，掀起一轮读书成才热潮。实施统筹军民文体计划,全区文体活动和文体资源纳入军地一体化，地方为驻区部队、干休所等单位安装健身设施、健身路径,驻区部队积极参与地方文体比赛。举办军地文艺汇演,成功举办军地篮球比赛,进一步加强军民鱼水之情。

【优抚安置】 2006年，成都高新区按照优抚对象定期生活补助自然增长的惯例,提高伤残军人、"三属"、老复员军人的定期生活补助,平均增幅20%以上,补助及增长幅度均位居成都市前列。城镇义务兵1050元/年,农村义务兵优待金达到4200元/年。全区共接收复员退伍军人102人,按现行政策,安置68名,安置率99%。全年发放城镇退役士兵一次性经济补助110余万元，退伍军人自谋职业率70%以上。全年接收安置军队离退休干部13名,无军籍职工7名,接收安置率100%。全面落实军休干部"两个待遇",对离退休干部、无军籍职工进行大幅度的工资调整。完成军休干部医疗改革,退休干部全部纳入社会医疗保险,享受机关公务员医疗补助。投资近15万元修建老干部活动中心。2006年,成都高新区荣获成都市"双拥先进单位",受到成都市委、市政府、成都警备区的表彰;荣获成都市"征兵工作先进单位",受到成都市政府、成都警备区的表彰。 (本分目供稿人:杨绍洪)

表81

2006年成都高新区优抚对象类别统计表

街道	优抚对象类别					
	在乡老复员军人	带病回乡退伍军人	三属	革命伤残军人	军队离退休老干部	无军籍职工
肖家河	8	0	3	22	20	38
芳　草	14	0	6	38	32	22
桂　溪	39	10	6	16	0	1
石　羊	71	4	0	11	0	2
合　作	109	22	6	14	0	1
合　计	241	36	21	101	52	64

(杨绍洪)

武装·兵役

【概　况】 成都高新区的民兵预备役和兵役工作由中国人民解放军成都市武侯区人民武装部负责。2006年,成都高新区民兵预备役建设和兵役工作，按照"举旗帜、听指挥、打基础、强素质、树形象、争一流"工作思路,党管武装工作规范有力,思想政治教育扎实有效,武装系统自身建设不断加强，军事斗争准备工作成绩突出,民兵和驻区部队参建参治成效明显,军政军民团结不断巩固,全民国防意识进一步增强,安全管理工作扎实有效,后勤保障能力有新的提升,圆满完成年度工作任务。成都高新区被成都市政府、成都警备区评为征兵工作先进单位。成都市武侯区人武部被成都军区政治部评为民兵刊授教育先进单位，被成都警备区评为先进人武部和安全稳定工作先进单位。

【民兵组织建设】 2006年，成都高新区认真贯彻落实中央9号文件精神,抓好城市民兵调整改革工作。1月~3月,组织力量对成都高新区作战、应急维稳、抗洪抢险预案进行修订和完善,认真进行民兵组织整顿,加大民兵编组范围,将街道、社区和辖区内新型企业的从业流动人员编入民兵组织。全年,调整出入队民兵占民兵总数的12.7%,优化民兵组织结构。抓好国防动员潜力储备工作，完成18周岁至35周岁男性公民兵役预备役登(统)记工作,退伍军人全部转服士兵预备役,转业干部和自主择业干部,全部办理转服预备役军官登(统)记手续。

【民兵军事训练】 2006年4月,年度民兵军事训练顺利完成。全区抽调参训民兵在四川省崇州市街子镇某部队,采取集中驻训的方式，进行为期2周的封闭式军事训练,在参加成都警备区组织的集中考核比武中，总评成绩和全部科目均达到优秀标准，总评成绩91.47分，名列全市第二,被成都警备区表彰为军事训练先进单位。成都高新区受领民兵专业分队规范化建设试点工作任务，在四川省军区、成都警备区和成都高新区党工委、管委会领导的关心和帮助下,试点工作顺利完成。10月~11月,成都高新区民兵专业分队规范化建设试点工作陆续接受总部、大军区、省军区和警备区的检查验收,得到各级领导机关的充分肯定。

【民兵武器装备管理】 2006年，贯彻落实《民兵武器装备管理条例》和《民兵武器装备安全管理规定》，加强区民兵武器装备仓库和高射炮存放点的安全管理工作。加强武器装备经常性的安全检查，坚持做到部领导每月、科长和分管参谋每周一次检查仓库，节假日和战备时间重点检查。落实“三铁一器”、“双人双锁”、“人员、物资出入库登记”和擦拭保养等制度，确保武器弹药安全和装备性能完好率达到规定标准。

【预备役部队调整】 2006年，根据《关于进一步加强预备役部队建设的意见》和《关于四川省军区陆军预备役部队体制编制调整改革命令》，原某陆军预备役步兵师防化连、汽车连合并调整改编为某陆军预备役高射炮兵师汽车营，在成都高新区所辖各街道和驻区单位组建。汽车营政治教导员由两委办副主任兼任。7月，汽车营成立大会在成都高新区召开，某陆军预备役高射炮兵师师长、某陆军预备役高射炮兵师政治委员、成都警备区首长、中共成都市委办公厅领导、成都高新区管委会领导出席成立大会。

【民兵参建参治】 按照成都警备区政治部和成都市综治委指示精神，4月，由成都市武侯区人武部和成都高新区综治委牵头，成立由区公、检、法、社会事业局和驻区团级以上部队为成员单位的“军地预防犯罪共建平安工作中心”，制定实施意见。6月，组织协调应急民兵

图 134：成都高新区抗洪抢险演练现场

（成都市武侯区人武部 供稿）

与驻区部队进行联合防洪应急演练。《解放军报》、《中国国防报》、《战旗报》、《四川日报》和四川电视台、成都电视台等10多家新闻媒体对此进行专题报道，并给予高度评价，在社会上引起强烈反响。全年多批次出动民兵，配合公安、工商、城管等执法部门，在集中整治、处置突发事件、打击违法犯罪等活动中发挥重要作用，完成各项大型活动的警戒执勤任务，有效地维护社会治安秩序，为创建平安和谐社会作出贡献。

【兵役工作】 2006年，成都高新区管委会和成都市武侯区人武部严格按照征兵命令，以确保新兵质量为核心，以廉洁征兵为重点，强化组织领导，规范征兵工作程序，狠抓各阶段工作落实，顺利完成成都市政府和成都警备

图 135：成都高新区征兵宣传活动现场

（成都市武侯区人武部 供稿）

区下达成都高新区的新兵征集任务。成都高新区被成都市人民政府、成都警备区评为征兵工作先进单位。成都高新区党工委管委会加强征兵工作的组织领导，确保征集质量的重要保证，以高度的政治责任感抓好征兵工作。调整成立以成都高新区党工委委员、管委会副主任任组长，区人武部和社会事业局主要领导任副组长，两委办、监察局、人事劳动和社会保障局、公安分局负责人为成员的区征兵工作领导小组，把征兵办公室设在成都高新区人武部军事科，区人武部副部长兼军事科科长担任办公室主任。11月，成都高新区举行征兵首日宣传活动，发放各种宣传资料3000余份，大批适龄青年现场咨询，适龄青年踊跃报名。四川省人民政府领导、四川省军区政委和成都警备区首长和成都市政府领导检查成都高新区征兵宣传工作给予高度评价。征兵期间，区征办先后在《战旗报》、《国防时报》、《成都市征兵工作简报》、《成都日报》和四川电视台、成都电视台等新闻媒体发表征兵工作稿件(图片)21篇(幅)，办墙(板)报40期，悬挂标语80幅，设立咨询点12个，出征兵简报6期，接待咨询群众2000余人。按照成都市人民政府、成都警备区关于2006年冬季征兵工作的各项指示和要求，成都高新区重点加强在校

大学生的征集工作,深入辖区各大专院校广泛开展宣传,激发在校大学生的参军入伍热情。为确保兵员质量,区征办严把体检关、政审关和定兵关,制定严格并行之有效的廉洁措施,树好征兵工作形象,圆满完成年度新兵征集任务。大专以上学历占应征入伍青年总数的18.2%,比上年增加6.4%;87.6%的应征入伍青年具有高中(普、职高)以上学历。 (本分目供稿人:冉 冉)

人民防空·国防教育

【国防教育活动】 2006年,成都高新区坚持做到国防教育“四个纳入”(坚持纳入党工委、管委会重要议事日程,坚持领导干部过“军事日”制度,坚持把国防教育经费列入财政预算,坚持把国防教育工作纳入街道、机关各部门、企事业单位的目标考核)。辖区各街道、机关各部门、大专院校、企事业单位利用全民国防教育日、征兵宣传月、建军节等有利时机,采取灵活多样的方式方法,开展全民国防教育活动。全年,共开办国防教育课10余场次,开展领导干部习武日活动8次,组织大型户外宣传6次,举办2期国防宣传图片展和1期国防知识竞赛,对辖区各大中小学校进行军训,全区接受《中华人民共和国国防教育法》宣传教育面达到90%以上,极大

图 136:成都市委常委、成都高新区党工委书记李昆学参加国防教育活动 (成都市武侯区人武部 供稿)

地激发全区干部群众的爱国主义热情,强化全民国防意识。2名同志被评为成都市国防教育先进个人,受到成都市委、市政府的通报表彰。9月,成都高新区举行第六个全民国防教育日宣传活动。各街道在辖区繁华地段、居民小区等显要位置设立宣传站(点)5个,出动宣传车、文艺队,深入街道、社区进行巡回广播,组织辖区民兵预备役人员、街道社区群众和大中专学生300余人参加宣传活动。成都高新区党工委委员、区人武部政委罗放带队对各街道宣传情况进行抽查,保证宣传教育活动质量。11月,成都高新区开展2006年领导干部国防习武活动。成都市委常委、党工委书记李昆学,市长助理、党工委副书记、管委会主任敬刚等两委领导以及各部门、各街道主要负责人共50余人参加活动,在驻蓉某特种部队进行军地座谈,参观“猎人”表演和现代化武器装备,操作新式枪械,进行实弹射击等。全年共组织地方党政部门局以上领导干部和各街道负责人到部队开展“军事日”活动8次。 (冉 冉)

【人防工程管理与建设】 成都高新区人民防空办公室为成都高新区人民防空工作管理机构,设在成都高新区规划建设局,岗位设置一人,根据准军事化建设标准,按照职责、任务定编、定员。2006年,成都高新区人防工程共有数十处,建有一支人防治安维护专业队伍。按时完成修订《成都高新区人民防空预案》。新建5台警报器,按要求实施警报末端控制系统改造。日常管理实行警报点所在单位或社区、辖区的街道办事处、区人防办的三级管理。区人防办每季度组织街道办事处、警报点所在单位对警报进行检查、维护,街道办事处与警报点所在单位的专人每月对警报进行保养。保证成都高新区警报鸣响率为100%。依据《四川省〈中华人民共和国人民防空法〉实施办法》和《成都市人民防空工程管理规定》,凡新建民用建筑达到规定要求的,区人防办在项目总评方案会审阶段、初设评审阶段严格把关,对项目须建人防工程以及应建规模在两个阶段中明确,依法加强人防工程建设的管理。全年,新建人防工程面积占已往全部竣工验收面积的87.5%,达到以建为主,以收促建的目的。在人防异地建设费的收取上,严格按照收费标准核取收费,由成都高新区财政局统一集中管理,专款专用。成都高新区南部园区4个街道办事处的疏散基地在四川省某县的4个乡镇,针对疏散基地地理位置较为偏僻,经济欠发达的现状,街道与疏散基地的双方领导本着“因地制宜,互惠互利,共同发展”的原则,发挥各自的优势,共同探索疏散基地建设之路。 (赖 维)

【人防教育】 2006年,成都高新区在成都市玉林中学西校区、顺江中学、高新实验中学、和平中学和美视国际学校,对初二在校学生开展人防知识教育,增强青少年的国防观念,培养青少年热爱祖国、遵纪守法、奋发向上的优良品质,发扬居安思危、忧国忧民、积极进取精神。将人防教学内容报人防部门备案。全区各道街办事处在各辖区进行人防知识宣传。 (赖 维)

街道

SUB-DISTRICTS

肖家河街道

【概　况】 肖家河辖区位于成都高新区南部园区，北起一环路南四段，南至132厂专用铁路线，东起高新大道，西止高升桥东路。辖区内有大型企事业单位700余家，主要从事物流、医药、电子等行业。有汽车装饰美容一条街，崇德园茶艺书画一条街，集体育、文化、娱乐、休闲、健身于一体的体育健身步行一条街。成都市一环路、二环路、永丰路、高升桥东路、高朋大道、创业路穿过辖区。有大小街、道、路、巷共41条。辖区内肖家河长1048.65米、二斗渠长657.6米。肖家河辖区农贸市场占地面积57000平方米，建筑面积12545平方米。辖区面积2.75平方公里。2006年，总人口31646人。下设4个社区、一个工业园社区管理服务站。办事处设在肖家河沿街7号。2006年获得成都市委市政府授予肖家河街道办事处的“农村扶贫开发先进单位”、“双拥工作先进单位”、“促进充分就业街道”、“文明单位”、城市爱国卫生“十佳街道办事处”。

成都高新区肖家河街道社区党支部、居委会主要负责人任职表
(1996年~2006年)

表82

机构名称	职　务	姓　名	任职时间	备　注
联谊社区二环路南四段居民委员会	党支部书记	何正友	1996.3~2000.10	
	居委会主任	何正友	1996.3~2000.10	
		付龙琴	2000.10~2001.10	
联谊社区沿街社区居民委员会	党支部书记	陈光瑾	2002.1~2003.2	
		王忠军	2003.3~2003.12	
	居委会主任	陈世蓉	2002.1~2003.12	
联谊社区居民委员会	党支部书记	吴成志	2002.1~2006.12	
	居委会主任	王松彬	2002.1~2003.12	
		王忠军	2004.1~至今	
兴蓉社区新蓉村居民委员会	党支部书记			
	居委会主任	张利芳	1994.5~2001.11	
兴蓉社区兴蓉南三巷居民委员会	党支部书记	沈桂珍	1995.3~2001.11	
		张　静	1999.1~2001.12	
兴蓉社区兴蓉西巷社区居民委员会	党支部书记	唐金丽	2003.3~2003.8	
	居委会主任	张　静	2003.3~2003.8	
兴蓉东巷社区居民委员会	党支部书记	王亚西	2003.3~2003.12	
	居委会主任	王亚西	2003.3~2003.12	
兴蓉社区居民委员会	党支部书记	王亚西	2004.1~至今	
	居委会主任	王亚西	2004.1~至今	
永丰社区东二巷居民委员会	党支部书记	孙启荣	1995.9~2001.12	
	居委会主任	何新明	1996.11~1998.12	
永丰社区居民委员会	党支部书记	龚素芳	2002.1~2003.7	
		卢志元	2003.3~2006.12	
	居委会主任	李常佩	2002.1~2003.2	
		张　静	2004.1~2006.12	
正街社区中街居民委员会	党支部书记	杨光琼	1996~2001.10	
	居委会主任	杨光琼	1996~2001.10	
正街社区第一居民委员会	党支部书记	郑锡友	1996~2001.10	
	居委会主任	郑锡友	1996~2001.10	

续表

名　称	职　务	姓　名	任职时间	备　注
正街社区环巷居民委员会	党支部书记	冯浩然	1996~1997	
		周翠花	1997~2001.10	
	居委会主任	何新明	1996~2001.10	
正街居民委员会	党支部书记	董惠蓉	1996~2001.10	
	居委会主任	陈素清	1996~2001.10	
肖家河居民委员会	党支部书记	李嘉成	1996~2001.10	
	居委会主任	李洋华	1996~2001.10	
正街社区居民委员会	党支部书记	周翠花	2001.10~2003.12	
		郑锡友	2003.12~2006.12	
	居委会主任	何新明	2001.10~2006.12	
中街社区居民委员会	党支部书记	杨光琼	2001.10~2003.6	
	居委会主任	郑锡友	2001.10~2003.12	
工业园社区管理服务站	居委会主任	王尚军	2005.11~2006.12.31	

【经济快速增长】 2006年，肖家河街道完成全口径财政收入14354万元，比上年增长42%。引进企业493家，注册资金11.9亿元，同比增长54%。其中引进1000万元以上的企业34家，从事高新技术产品研发、应用、生产和销售的企业16家，房地产企业8家。全年实现工业增加值12817万元，固定资产投资69961万元，引进市外资金127966万元，引进合同外资1200万美元，出口创汇2000万美元，分别完成目标值的128%、233%、320%、240%、111%。

1996年~2006年肖家河街道办事处经济发展情况一览表

表83

年份	招商户数（户）	引进资金（亿元）	完成全口径财政收入	
			完成数（万元）	同比增长(%)
1996	25	0.27	45	
1997	103	0.65	336	646.66
1998	165	0.87	802	138.69
2000	223	1.25	2365	129.39
2001	219	1.15	3575	51.16
2002	347	2.96	4517	26.35
2003	427	6.78	6520	44.34
2004	438	7.05	7647	17.29
2005	539	2.95	10130	32.47
2006	493	12.79	14354	42.0

【实现充分就业】 2006年，肖家河街道开展劳动力实名制调查，总户数16571户，适龄劳动力总人数17058人。其中城镇就业人数16612人，占劳动力的89.1%；城镇失业人数446人，占劳动力的2.6%；在校学生人数1084人，占劳动力的6.4%；非经济活动人口325人，占劳动力的1.9%，全辖区就业率97.4%。建立失业人员数据库和台账，实行"一图一表四册六本台账"，做到"六个清"。全年共受理713人次的失业和求职登记，安置失业人员701人就业，再就业率98%。其中安置"4050"援助对象300人，援助对象再就业率98%；就业援助热线接警28人，推荐就业27人，上岗成功率96.4%；动态消除"零就业"家庭。开展寻岗工作，提供岗位2484个，举办40场专场招聘会，为各类下岗失业人员提供免费职介1121人次。实行创业培训，开班4期，培训32人，创业成功率100%。技能培训开班4期，培训375人，培训后再就业率73%，全辖区实现充分就业。其中兴蓉社区被上级机关授予"四川省促进充分就业示范社区"称号。

【城市建设管理】 2006年，肖家河街道办事处完成肖家河正街22幢楼立面和铝材厂宿舍楼立面改造，完成肖家河派出所宿舍楼、肖家河街86号楼、东三巷1号院房屋、东二巷临街院房屋外立面改造。完成高升桥东路19号院、肖家河沿街10号院、肖家河正街43和45号院、稻城驻成都办事处共5个院落环境改造。完成肖家河北街、肖家河街、环一巷、兴蓉街、肖家河东一巷、东三巷等7条街巷人行道及街面改造。完成肖家河二斗渠覆盖及景观绿化工程，变污水横流、蚊虫滋生的臭水沟为河源文化长廊。全年在成都市区城市日常管理检查中,连续两次荣获城市日常管理城区第一名。

【正街社区】 正街社区东起肖家河街,西至高升桥东路,北接肖家河北街,南临肖家河沿街,社区有32个居民院落,68幢楼房,3515户居民,总人口1万余人。驻区单位7个,有西藏中学、玉林中学附小。社区设党支部和居委会。社区固定资产约113万元,年固定收入约22万元。社区有67平方米办公室,电脑2台。设立有社区警务室。社区内有:肖家河街道办事处、办证服务中心、社区卫生服务中心、社区文化中心;全民健身一条街、图书室、室内健身房、康复室、谈心室、常年捐赠室、电教室、党员活动室、三个老年活动中心和一个多功能活动厅。社区创办有:一所市民学校,一个由舞蹈队、健身队、霸王鞭队、时装队组成的社区"银杏艺术团",一支老年骑游队,开设有通向全社区32幢楼院的"社区小广播"。设有便民利民综合服务部开展家电维修、修车配锁、房屋租赁等服务项目。

【永丰社区】 永丰社区东临永丰路,西至肖家河街,南与肖家河沿街相邻,北与兴蓉社区接壤。有32个院落(包括4个高档住宅小区),98幢楼房,10个驻社区单位(包括二所干休所,中学、小学、幼儿园各一所)。总人数12043人,其中常住人口10555人、暂住人口1488人。城市拆迁户占86%,外来户占14%。社区设有党支部、居委会、社区工作站。社区成立新家丰有限服务公司,组建一支文化体育骨干队伍、一支老年健身队伍、一支老年骑游队和一支社区志愿者服务队伍(群防群治、卫生保洁、夜巡)。建立一间40多平方米的社区图书室,藏有各类书籍一千余册。

【联谊社区】 联谊社区东起永丰路,西至高升桥东路,南临二环路南四段,北接肖家河沿街。辖区内主要街道

图 137:肖家河辖区文艺演出

(成都高新区肖家河街道办事处　供稿)

图 138:肖家河正街社区创建活动

(成都高新区肖家河街道办事处　供稿)

有永丰路、肖家河沿街、肖家河沿巷、肖家河街、肖家河沿街43号、45号延伸段、高升桥东路及二环路南四段。社区共有18个居民楼院、73幢楼房,有居民住户3464户,总人口10017人,其中常住人口6668人、暂住人口3349人。社区内有中央单位1个(电子30所)、省级单位1个(省邮政储汇局)、肖家河街道办事处、肖家河派出所、物业公司。社区设立党支部和居委会,社区居民代表86名,社区议事协商委员会由社区驻区单位参加。成立有社区志愿者服务队、老年协会、残疾人协会、计划生育协会等组织。建立社区劳动保障工作站和社区便民利民服务站,成立成都联谊助帮管理服务有限公司,使社区管理与服务逐步向社会化、公司化发展。联谊社区党支部、居委会开展房屋中介、清洁疏管、水电安装等。家政服务有保姆、钟点工、保洁服务、专业红白喜事服务等。有计划生育、健康、法律、企业退休人员社会化管理服务等咨询服务。有电脑安装、维修、代购电脑耗材、办公用品等多项便民服务。社区以"文明市民学校"为平台,组建社区腰鼓队、社区舞蹈队、社区旱船队、社区秧歌队、社区时装表演队。

【兴蓉社区】 兴蓉社区北起一环路南四段,东、西分别与永丰路、高升桥东路相邻,南至肖家河北街、兴蓉街、兴蓉东巷,与肖家河正街社区、永丰社区相邻。人口5762户,约13937人。居民院落25个,单位宿舍、物管院落23个。社区内有国美电器、百货大楼高升桥店等大小商家店铺300余家。西藏军区驻川办事处、总参通信干休所等单位12家。共有大小街道14条。社区设党支部,成立社区居委会和社区工作站。社区现有办公用房280平方米,电话机2部、电脑3台、数码相机1部。社区内有肖家河兴蓉社区卫生服务站,服务项目包括家政服务、礼仪服务、红白喜事服务、房屋装修、维修、屋面处理、清洁疏掏、空调移机、保险咨询、保险代理等。社区共驻共建的内容包括利用维信置业有限公司的维信花苑、网球场向社区居民开

放；利用成都市玉林中学附属小学（低小部）学校空闲时间，向社区居民开放。社区创办有一所市民学校，一支由中老年人组成的舞蹈、健身队，一支老年合唱队，一支老年骑游队，一支腰鼓队。有专职文娱队员21名。

【工业园社区服务站】 工业园区社区管理服务站办公室面积133平方米，单位大院65座，在园区上班的员工约2万余人，户口在创业路18号（区人才交流中心）的人口3925人。管理服务站的宗旨是：为企业服务及协助有关部门搞好园区各单位的综治工作，消防工作，安全生产工作，城市管理工作，卫生工作，计划生育工作，社区服务工作，调解工作，再就业工作，文体活动等。

（本分目供稿人：高德文　李江萍）

芳草街街道

【概　况】 芳草街街道辖区位于成都高新区南部园区东北部，东起玉林北路、玉林中路、玉林南路、新光路；西止高新大道；北起一环路南三段，南止成双机场路。辖区有红杏、大蓉和、皇城老妈、家乐福、满庭芳、私房菜、故乡缘、紫荆电影城在内的餐饮娱乐企业1040户。其中纳税额50万元以上的纳税大户34户，纳税额10万元以上的大小餐饮娱乐企业294家。有商业店铺4010家、农贸市场3座、大型卖场2座。中央、省、市、区属驻辖区企事业单位170个。有中、小学校5（6）所，幼儿园11所。休闲绿地、游园13处，体育公园1座。各类可供办公的写字楼20幢，总面积20万平方米；辖区有芳草小区、元通小区、紫荆小区3个住宅开发区中高档商品房楼盘69个、杂居院落45个、农转非居民院落11个、单位宿舍60个。辖区面积3.90平方公里，常住人口59391人，下设7个社区，有大小街巷63条。街道办事处设在芳草街8号。2006年芳草街街道党工委、办事处先后荣获中共成都市委、成都市人民政府授予的成都市“双拥”工作先进单位、全市同法轮功邪教组织斗争先进集体、依法治市工作先进单位、“四五”普法先进单位，成都市人民政府授予的城市环境综合整治先进单位、全国经济普查工作先进单位、打击非法张贴书写广告工作先进单位、成都市爱国卫生十佳街道办事处，以及四川省劳动和社会保障厅授予的全省劳动保障系统优质服务窗口称号。芳草街道蓓蕾街社区荣获“全国敬老模范社区”称号。

（吴木兰　胡小竹）

成都高新区芳草街街道社区党支部、居委会主要负责人任职表（1995年~2006年）

表84

支部名称	职务	姓名	任职时间	备注
蓓蕾街居委会	党支部书记	杨智信	1996.4~1997.7	
		汪　壮	1997.7~2002.7	
	居委会主任	杨智信	1996.4~1997.7	
		袁果操	1997.7~2001.1	
		何春全	2001.1~2002.7	
蓓蕾街社区	党支部书记	赵志群	2002.7~2004.11	
		邵益云	2004.11 至今	
	居委会主任	赵志群	2002.7 至今	
新能巷居委会	党支部书记	姜秀芬	1996.4~1999.6	
		张定茂	1999.6~2002.7	
	居委会主任	姜秀芬	1996.1~1998.5	
		陈晓娟	1998.5~2002.7	
新能巷社区	党支部书记	孙龙元	2002.7 至今	
	居委会主任	陈晓娟	2002.7~2004.11	
		孙龙元	2004.11 至今	
芳华横街居委会	党支部书记	薛农弟	1998.12~2002.7	
	居委会主任	向树成	1998.12~2002.7	
芳华街社区	党支部书记	赖晓峰	2002.7~2003.12	
		游世速	2004.11 至今	

续表

支部名称	职务	姓名	任职时间	备注
芳华街社区	居委会主任	赖晓峰	2002.7~2003.12	
		游世速	2004.11 至今	
元通社区	党支部副书记	何春全	2002.7~2004.7	主持工作
	党支部书记	张华君	2004.7~2004.11	
		胡晓篱	2004.11 至今	
	居委会主任	张良爱	2002.7 至今	
紫荆北路居委会	党支部书记	王家其	1999.6~2002.7	
	居委会主任	余志根	1998.12~1999.1	
		彭根久	1999.1~1999.6	
		王家其	1999.6~2002.7	
紫荆北路社区	党支部书记	王家其	2002.7~2004.11	
		董玉戎	2004.11 至今	
	居委会主任	王家其	2002.7~2005.3	
		董玉戎	2005.3 至今	
紫竹北街居委会	党支部书记	马忠义	1999.6~2002.7	
	居委会主任	马忠义	1999.1~2000.7	
		张华君	2000.7~2002.7	
紫竹北街社区	党支部书记	张华君	2002.7~2004.7	
		何春全	2004.7 至今	
	居委会主任	张华君	2002.7~2004.7	
		徐美兰	2004.11~至今	
桐梓林居委会	党支部书记	曹德新	2001.3~2002.7	
	居委会主任	李照贵	2000.6~2002.1	
紫薇(桐梓林)社区	党支部书记	曹德新	2002.7 至今	
	居委会主任	曹德新	2002.1 至今	
彩虹街、沙子堰居委会	党支部书记	李发贵	1996.5~1999.6	
		徐秀明	1999.6~2002.7	
彩虹街居委会	居委会主任	吴志芳	1996.1~1999.8	
	居委会副主任	包益蓉	1998.12~2000.12	主持工作(2000.5 前)
	居委会主任	赵志群	2000.5~2002.7	
沙子堰居委会	居委会主任	董永泉	1996.1~1998.5	
		董玉戎	1998.11~2002.7	
祥和巷居委会	党支部书记	谢素琼	1996.5~1999.6	
		晏世平	1999.6~2002.7	
	居委会主任	董绍先	1996.1~1999.1	
		周苏琼	1999.1~1999.7	
		梁文芳	1999.7~2002.1	
		张良爱	2002.1~2002.7	
芳草正街居委会	党支部书记			
	居委会主任	张克贤	1996.1~1998.12	

【经济持续发展】 2006年，芳草街道完成全口径财政收入15765万元，同比增长48%，其中国税收入4753万元，同比增长65%；地税收入10938万元，同比增长46%；其他收入完成74万元，同比增长23%。工业总产值达到28700万元，产业增加值10351万元，完成中、小单位投资32000万元，实现外贸出口300万美元。新引进企业400

家，同比增长16%；累计注册资金59600万元，同比增长22%；其中商贸221家、服务业145家、餐饮娱乐13家、工业17家、房地产3家、投资1家；按注册资金规模划分，100万～500万元的企业149家，500万～1000万元的企业12家，1000万元以上的企业14家，共完成合同外资700万美元，市以外到位内资45719万元。（左　勇）

表85

芳草街街道经济发展情况一览表（1996年~2006年）

年度	引进企业		引进资金（万元）	全口径财政收入	
	当年（户）	累计（户）		完成数（万元）	同比增长（%）
1996	86	86	6012	35	
1997	116	202	32712	294	740
1998	103	305	27855	801	172
1999	41	346	16284	2082	160
2000	45	391	13363	2445	17
2001	114	505	32412	3822	56
2002	73	578	25981	4478	17
2003	83	661	4569	7328	64
2004	168	829	18936	8141	11
2005	360	1189	37384	10634	31
2006	400	1589	71617	15765	48

【拓展社会事业】 2006年，芳草街道办事处加强社区建设，建立每月1次社区书记、主任例会制；加大社区经费投入，完善社区人员待遇调整方案；完成紫竹社区办公用房改建；完成辖区7个社区党务、居务工作专业数据库建立；完成蓓蕾、紫竹、元通、紫荆社区办公、文体设施配置；全年投入128万元开展平安社区创建工作，创建四星级社区1个、“星级院落”35个、“文明家庭”210个，示范社区率达90%。辖区成立社区自愿者服务队7支，志愿者服务小分队21支。全年组织大型文体活动2次，社会公益性活动3次，开展社区工作人员拓展训练1次。全面启动为期三年的“情暖百家”系列活动，以“情暖百家”系列主题活动为载体，加大扶贫助困力度。办事处财政每年投入200万元，3年共投入600万元，社会募集资金1000万元，旨在集中财力、物力，切实帮助辖区居民解决生活中的具体困难。在紫荆、新能巷、芳华、紫薇社区建立爱心超市，为220户困难户发放慈善爱心互助卡，建立“爱心互助网点”40个，“手拉手”结对帮扶特困户28户，“空巢老人”结对子帮扶40余对，发放“医疗救助卡”394张，城市居民最低生活保障覆盖率100%；核发997名失地农民、1131名进城务工人员子女义务教育费；免费建立健康档案1808份，免费测量高血压8957人次，免费健康教育讲座31次，为社区居民发放就医优惠卡2821张，并为378位残疾人开展个性化服务。（张祥明）

【实现充分就业】 在不断拓宽就业渠道，挖掘开发就业岗位的基础上，2006年街道办事处针对辖区实际情况，储备就业岗位700余个，主要集中在餐饮、娱乐、家政、清扫、个体工商户为主的第三产业。对实名制调查后出现的1229名失业人员进行分类管理，为有就业愿望的失业人员寻找适合岗位。组织再就业培训417人，培训后再就业达70%；组织30人参加创业培训，创业成功率达50%。新增就业883人，其中“4050”人员实现就业254人，再就业率达95.13%。同时，街道建立寻岗量化考核制度，每周举办1次小型招聘会，利用网络实现用工信息共享，全年向成都高新区就业服务中心提供岗位2000多个，动态消除“零就业”家庭。2006年芳草辖区新增失业人员912人，已推荐就业883人，就业率96.8%。1229名失业人员中已经实现就业918人。芳草街道7个社区全部建成“充分就业社区”。蓓蕾、芳华社区被评为四川省、成都市充分就业示范社区。（王　丁）

【市容市貌整治】 2006年，街道办事处投入资金740万元，对辖区24个院落，13条街道进行改造整治。完成对玉林西路4号院容貌整治改造，对玉林南路36号院、芳草东街1号院1000米的外墙整治，对彩虹街、白云巷、蓝天路片区1545米的墙体绿化，对芳华街、元通一巷、元通二巷、大世界旁1900余平方米围墙的改墙透绿，对9156平方米绿化带的改造，对30908平方米外墙的粉刷；辖区绿化管养实行社会化、绿化管护面积55743平方米。完成大世界家乐福商业广场周边环境整治；纠正各类违章21117件(次),拆除违章建筑2231平方米,查处上级交(督)办案件130件,受理群众举报56件,受理成都高新区执法局指挥中心转接举报312件,处置率100%。街道办事处参与打造的蓝草路、华姿路片区800米芳草林荫街景观工程年底全面竣工,芳草林荫街成为成都市十大特色景观街区之一。 (马玉良)

【新能巷社区】 新能巷社区位于芳草街道北部,东起玉林北路,西邻永丰路,南与玉林西路接壤,北至一环路南三段。社区有大小街道12条、各类院落47个,总计楼房80幢,居民6249户,实有人口14505人,其中常住居民3229户,9351人。社区商家店铺316家,学校1个,驻社区企事业单位30个。公共休闲场所——衣冠庙小游园、王府花园广场。社区设党支部、居委会、工作站,办公地址在沙子堰东巷2号,办公用房160平方米,电脑等办公设备齐备。社区有劳动就业、拥军优抚、扶贫助残、计生咨询、房屋中介、家政家教、礼仪殡葬、治安防范等服务项目。有4支群众性业余文体队伍常年开展活动。 (孙龙元)

【蓓蕾街社区】 蓓蕾街社区位于芳草街道中部偏北,辖区东起玉林中路,南至火烧堰、芳草西二街,西邻永丰路,北接玉林西路。社区有大小街道19条,居民院落23个,单位宿舍19个,物管院落7个,总计楼房157幢;居民4553户,实有人口13994人,常住居民3081户、7836人。社区有商业店铺310余家,公共休闲场所——翠园广场、芳草林荫街兰草苑。社区设党支部、居委会、工作站,办公地址在蓓蕾街中巷5号,办公用房110平方米,电脑等办公设备齐备。社区设就业服务站和社区服务站,常年开展志愿者服务、再就业服务、社区保洁、图书借阅、钟点工、演出服租赁等服务,其中小兰志愿者服务是该社区的服务亮点。有9支文体队伍,其中老年合唱团、威风锣鼓队多次参加市、区演出活动受到好评。2006年荣获“全国敬老模范社区”称号。 (邵逸云 赵志群)

【芳华社区】 芳华社区位于芳草街道中部,辖区东起玉林南路,南至二环路南三段,西邻永丰路,北接火烧堰、芳草西二街。社区有大小街道7条,各类院落33个,总计楼房115幢;居民6130户,实有人口15106人,常住居民3251户,人口8140人。社区有商业店铺710家、学校1个、企事业单位4个。公共休闲场所——华姿乐园、瑞名步行街、芳华苑。社区设党支部、居委会、工作站,办公地址在芳华街28号,办公用房400平方米,电脑等办公设备齐备。居委会开展劳动就业、拥军优属、扶贫助残、计生咨询、治安防范等服务项目,在2006年芳草街道办事处“情暖百家”活动中建立首个“社区爱心互助站”。芳华老年艺术团等6支群众性业余文体队伍常年开展活动并参加市、区演出。2006年获首批“四川省充分就业社区”、“成都高新区‘四星级社区’”称号,芳华社区党支部被成都高新区党工委评为“2005~2006年度先进基层党组织”。 (游世速)

【元通社区】 元通社区位于芳草街道西南部,辖区东起神仙树北路、南路,南接132厂铁路专线,西邻创业大道,北靠二环路南三段。有大小街道9条、商业经营户150户、企事业单位8个、居民院落12个、单位院落11个,共有楼房170幢。居民6913户,实有人口19420人,常住居民3181户、人口9294人。公共休闲场所——永丰立交桥小游园、神仙树公园。社区设党支部、居委会、工作站,办公地址在元通一巷5号,办公用房100平方米,电脑等办公设备齐备。社区设就业服务站和社区服务站,开展再就业服务、社区保洁、绿化、废品回收、打字复印等项服务。有合唱队、舞蹈队、腰鼓队、民乐队、太极拳队等群众性文体队伍,常年开展丰富多彩的群众性文体活动。 (胡晓篱 张良爱)

【紫竹北街社区】 紫竹北街社区位于芳草街道中部偏东,辖区东起新光路转紫竹东街、中街,南至紫荆东路,西邻紫荆北路,北接二环路南三段。有大小街道7条、居民院落2个,商品住宅房2个,总计楼房74幢;居民3082户,实有人口14566人,常住居民1844户、人口4735人;社区有企事业单位7个,4个物业管理公司,商业店铺115家。公共休闲场所——紫竹广场、大世界广场。社区设党支部、居委会、工作站,办公地址在紫竹北街27号。办公用房160平方米,电脑等办公设备齐备。社区有劳动就业、拥军优抚、扶贫助残、计生咨询、房屋中介、家政家教、法律咨询、司法调解、治安防范等服务项目。社区有群众活动中心1个,在6支业余文体队伍中,中老年象棋队有较强的战斗实力。 (何春全 徐美兰)

【紫荆北路社区】 紫荆北路社区位于芳草街道中部偏南,辖区东起紫荆北路,南至紫荆西路,西邻神仙树北路,北接二环路南三段。有大小街道7条,居民院落2个,单位宿舍2个,商品住宅房10个,总计楼房99幢;居民3985户,实有人口14269人,常住居民2298户、6018人。商业店铺303家。社区设党支部、居委会、工作站,办公地址在紫荆北路58号,办公用房200平方米,电脑等办公设备齐备。社区开展便民超市、便民小饭桌、劳动就业、扶贫助残、计生咨询、房屋中介、托管服务、家政家教等服务项目,特色服务项目手工艺坊“紫荆

绣坊”受到市、区重点关注。在2支业余文体队伍中，紫荆社区老年艺术团舞蹈队多次获市、区奖励。　（董玉戎）

【紫薇社区】 紫薇社区位于芳草街道东南部，辖区东起新光路，南至机场路，西邻神仙树南路，北接紫竹东街，有主街道7条，支线道路6条，居民住宅区22个，单位宿舍6个，总计楼房157幢；居民8059户，实有人口24873人，常住居民4660户、人口11516人。社区有单位29家，商家店铺329家。公共休闲场所——自由新城小广场。社区设党支部、居委会、工作站，办公地址在新光路60号，办公用房200平方米，电脑等办公设备齐备。社区开展劳动就业、拥军优抚、扶贫助残、计生咨询、社区卫生服务、房屋中介、家政家教、礼仪殡葬、治安防范等服务项目。4支群众性业余文体队伍常年开展活动，具有特色的紫薇社区老年腰鼓队多次在市、区获奖。2006年被成都高新区评为“2005年度创建‘无毒社区’先进集体”。　（曹德新）

石羊街道

【概　况】 石羊街道辖区地处成都市南郊，位于成都高新区南区腹心地带，东和南与桂溪街道相邻，西与双流县白家镇和武侯区簇桥街道接壤，北与芳草、肖家河街道相连。北纬30° 35'，东经104° 02'。年平均气温17℃，年平均降水量1000毫米左右。辖区总面积20.79平方公里，东西最宽4.8公里，南北最长6.8公里。地形北高南低，有岷江水系之龙爪支渠，栏杆支渠自北向南穿越全境，沿龙爪支渠侧的元华公路为一大龙背，两边地势低下，且相对高低差较大，海拔最高点——丰收村境内铁路处（成昆线）498米，最低点——栏杆支渠双河村段486米。辖新北、新光、庆安、新街、三元、新园6个社区（共322幢，1091个单元，实际入住17761户），殷家林、新光、丰收、庆云、三元、石桥、双河、花荫、灯塔、裕民、清河、仁和12个自治村；其中庆云、仁和、殷家林、新光、丰收6个村属空壳村（村民的户口已全部农转非，住房大部分已安置，土地已全部征用，村、组、个体企业已大部分拆迁，但村、组建制尚未撤销）；石桥村有村民小组1个，双河村有村民小组2个，裕民村有3个村民小组尚有部分村民和一个中心村，三元村、灯塔村、清河村各有一个中心村还未拆除。2006年末有常住人口40844人，流动人口11400人左右。人口出生率6.48‰；人口自然增长率2.98‰；人口密度为每平方公里2378人。街道办事处驻成都市府城大道旁的成都高新区教育科技园内（租房办公）。

成都高新区石羊（场）街道（乡）社区、村党支部、居委会、村委会主要负责人任职表
（1996年~2006年）

表86

机构名	职务	姓名	任职时间	备注
丰收村	党支部书记	余联春	1996.3 至今	
	村委会主任	李治全	1996.4~1999.4	
		程明安	1999.4 至今	
庆云村	党支部书记	徐　林	1996.3 至今	
	村委会主任	周乾忠	1996.4 至今	
三元村	党支部书记	游功宝	1996.3~1999.3	
		王友金	1999.3 至今	
	村委会主任	王伯根	1996.4~1999.4	
		叶久全	1999.4 至今	
石桥村	党支部书记	李德双	1996.3~1999.3	
		李元根	1999.3 至今	
	村委会主任	李元根	1996.4~1999.4	
		李德双	1999.4~2002.4	
		黄治辉	2002.4~2005.4	
		叶长旺	2005.4 至今	

续表

机构名称	职　务	姓　名	任职时间	备　注
双河村	党支部书记	裴志华	1996.3~2004.11	
		王　翔	2004.11 至今	
	村委会主任	陈兴才	1996.4~2002.4	
		王　翔	2002.4~2005.4	
		汤志成	2005.4 至今	
花荫村	党支部书记	叶绍彬	1996.3~1999.3	
		徐言贵	1999.3~2004.11	
		黄体伟	2004.11 至今	
	村委会主任	白福德	1996.4 至今	
灯塔村	党支部书记	张成德	1996.3~2001.11	
		颜帮宾	2001.11 至今	
	村委会主任	颜帮宾	1996.4~2002.2	
		李永林	2002.2 至今	
裕民村	党支部书记	王光富	1996.3~2001.11	
		李治荣	2001.11 至今	
	村委会主任	岳炳义	1996.4~2002.4	
		曾林彬	2002.4~2005.3	
		程　刚	2005.3 至今	
清和村	党支部书记	王明贵	1996.3~2001.11	
		张成德	2001.11~2005.3	
		陈　林	2005.3 至今	
	村委会主任	林世贵	1996.4~1999.3	
		高世贵	1999.3~2002.3	
		陈　林	2002.3~2005.3	
		柯贤玉	2005.3 至今	
仁和村	党支部书记	李正春	1996.3~1999.3	
		李治荣	1999.3~2001.11	
		王光富	2001.11~2003.6	
		王　云	2003.6 至今	
	村委会主任	李治荣	1996.4~1999.4	
		唐佳发	1999.4~2005.3	
		郑勇军	2005.3 至今	
殷家林村	党支部书记	李炳英	1996.3~1999.3	
		刘成根	1999.3 至今	
	村委会主任	刘成根	1996.4~1999.4	
		王　云	1999.4~2003.6	
新光村	党支部书记	李德富	1996.3~1999.1	
		江正良	1999.3 至今	
	村委会主任	江正良	1996.4~1999.4	
		廖顺龙	1999.4 至今	
南郊村	党支部书记	周道三	1996.3~2004.1	
	村委会主任	刁云广	1996.4~2004.1	

续表

<table>
<tr><th>机构名称</th><th>职 务</th><th>姓 名</th><th>任职时间</th><th>备 注</th></tr>
<tr><td rowspan="2">新蓉村</td><td>党支部书记</td><td>陈征富</td><td>1996.4~2004.1</td><td></td></tr>
<tr><td>村委会主任</td><td>吴清兰</td><td>1996.4~2004.1</td><td></td></tr>
<tr><td rowspan="2">元通村</td><td>党支部书记</td><td>邓长寿</td><td>1996.4~1998.5</td><td></td></tr>
<tr><td>村委会主任</td><td>代必成</td><td>1996.4~1998.5</td><td></td></tr>
<tr><td rowspan="2">新街社区</td><td>党支部书记</td><td>孙春茂
雷琼秀</td><td>2002.9~2006.3
2006.3 至今</td><td></td></tr>
<tr><td>居委会主任</td><td>苏显忠
朱洪涛</td><td>2002.10~2005.3
2005.3 至今</td><td></td></tr>
<tr><td rowspan="4">新北社区</td><td>党支部副书记</td><td rowspan="2">雷琼秀</td><td>2002.10~2004.10</td><td></td></tr>
<tr><td>党支部书记</td><td>2004.10~2005.9</td><td></td></tr>
<tr><td>党支部书记</td><td>何晓勇</td><td>2005.9 至今</td><td></td></tr>
<tr><td>居委会主任</td><td>林世良
何晓勇</td><td>2002.10~2005.2
2005.3 至今</td><td></td></tr>
<tr><td rowspan="2">庆安社区</td><td>党支部书记</td><td>雷琼秀
曾大蓉</td><td>2005.9~2006.3
2006.3 至今</td><td></td></tr>
<tr><td>居委会主任</td><td>邹自平</td><td>2005.10 至今</td><td></td></tr>
<tr><td rowspan="2">新光社区</td><td>党支部书记</td><td>吴正文</td><td>2005.9 至今</td><td></td></tr>
<tr><td>居委会主任</td><td>张 敏</td><td>2005.10 至今</td><td></td></tr>
<tr><td rowspan="2">新园社区</td><td>筹备组组长</td><td>王 翔</td><td>2006.11 至今</td><td></td></tr>
<tr><td>筹备组副组长</td><td>李 霞</td><td>2006.11 至今</td><td></td></tr>
<tr><td rowspan="2">三元社区</td><td>筹备组组长</td><td>陈 林</td><td>2006.3 至今</td><td></td></tr>
<tr><td>筹备组副组长</td><td>赵庆英</td><td>2006.3 至今</td><td></td></tr>
</table>

【经济工作】 2006年，实现全口径财政收入25398万元，完成目标任务的111.52%，同比增长33.83%。农民人均纯收入10080元，同比增长35.08%。辖区内有和记黄埔等各类企业共2089家，完成国内生产总值（GDP）24.3亿元，同比增长20.5%。引进内资企业261家，引进资金8.34亿元，500万元以上企业27家（其中市外资金5.5亿元）；引进合同外资820万美元，完成目标任务的164%；市外到位内资5.5亿元，完成目标任务的137.5%；实现规模以上工业增加值1.96亿元，完成目标任务的196%；完成固定资产投资5.45亿元，其中工业投资4.25亿元；实现外贸出口1032万美元。形成以机场路沿线的汽车4S店销售服务产业带为支撑，以九洲迪飞、硅宝实业等一批高科技企业为重点和以华人房产、瑞升房产等各类企业共同发展的经济新格局。石羊劳动密集型工业园位于南三环路、大件路、成雅高速公路与机场高速公路交汇处，占地27000余平方米，建筑面积54000平方米，入园企业24家。

石羊场街道办事处1996年~2006年经济发展情况一览表

表87

年 份	招商户数(家)	引进资金(亿元)	完成全口径财政收入		人均纯收入(元)
			完成数(万元)	同比增长(%)	
1996	30	0.56	2098	74.69	2353
1997	48	1.04	3001	43.04	2373
1998	42	1.31	3513	17.06	2830
1999	62	1.18	4503	28.18	3130

续表

年 份	招商户数(家)	引进资金(亿元)	完成全口径财政收入		人均纯收入(元)
			完成数(万元)	同比增长(%)	
2000	93	1.29	5640	25.24	3290
2001	91	1.25	6514	15.49	3450
2002	76	1.67	7722	18.54	3632
2003	129	1.89	10939	41.66	3805
2004	208	5.11	13734	25.55	5866
2005	230	6.72	18978	33.10	7050
2006	261	8.34	25398	33.83	10080

【促进充分就业】 石羊街道办事处对失业人员开展实名制调查工作，调查与促进就业相结合，共上门21284户，调查填表13800户，劳动力25830人，失业人员2663名。将庆安、新北、新光、新街4个社区划为24个网格，每个网格配备1名劳动保障协管员。针对"4050"(女40岁、男50岁)人员就业困难，失地农民自身没有合适项目等，把家庭手工业引入社区，灵活就业。先后引进手工艺花制作、童装加工、川剧脸谱表面上色、儿童围裙加工、鞋类加工、鞋面穿花、编织袋加工、中国结制作等手工业项目共13项，解决361人就业。邀请企业112家在庆安社区举办"家庭手工业展示暨失地农民再就业现场招聘会"。有101人加入手工业制作，有113人解决就业。在庆安社区、新街社区建立手工作坊，可同时容纳近200人进行手工制作。对141名失业人员开展创业培训，其中有60人自主创业。建立18家自主创业和再就业示范点。先后在新街、新北、庆安社区和灯塔、裕民村举办招聘会33次，共邀请到场企业334家，提供岗位6426个，共有1511人在招聘会上达成意向性协议，已有526人解决就业。园区企业有24个项目，已解决区内就业人员200多人。开通就业服务热线，受理就业电话31起，已为31人解决就业。2006年，石羊街道城镇登记失业人员就业率达96.4%，农村劳动力从事非农业比例达87.71%，"4050"就业困难人员再就业率达97.6%，就业援助"962110"援助成功率100%。动态消除零就业家庭。农民集中居住区就业率达93.4%。街道引进家庭手工业进社区、探索就业新途径，中央电视台4套、成都电视台1套和2套、《四川日报》、《成都日报》均进行采访和报道。

【创建"疏堵结合"城管新模式】 石羊街道辖区幅员面积大、农迁房小区多、失地农民数量大，新入住的拆迁安置小区配套设施尚未完善，出摊占道、沿街叫卖、随地扔垃圾的现象严重，成雅立交桥下和新街社区的路边，临时搭建的茶铺、小饭馆、录像厅和流动小商小贩混乱。为化解城管与小商小贩之间的矛盾，采取"疏堵结合"的办法，利用新北社区和成雅高架桥下的空地，分别建立失地农民再就业市场——新北市场和新园市场，在两市场内为小商小贩提供经营地点。两个市场共有摊位530个，解决失地农民再就业600余人。市场内预留出一些空地，供流动小商小贩进入市场经营。2006年11月10日，成都市城市管理工作研讨暨城市管理疏堵结合现场会在石羊街道办事处召开，成都市政府有关局、办负责人，重庆、绵阳、乐山市的代表，成都市各区、市、县市容局、执法局的主要负责人共110人参加会议。与会领导和代表参观石羊辖区新园农贸市场疏堵结合示范点。《四川日报》、《成都日报》、成都电视台"城市新闻"栏目作专题报道。

【新街社区】 新街社区西临石羊客运中心站并与三元社区接壤，东靠成都国防乐园，北与三元小学相邻，总面积716256平方米。社区内有楼房39幢、153个单元，居民1742户，总人口9724人，常住人口6524人。入住的居民主要是拆迁安置的石羊街道的丰收、仁和、裕民、清和、石桥、灯塔、花荫、三元8个村，桂溪街道的石墙、五岔子、民乐、建设、铜牌、勤俭、双土7个村的农民；另有少部分安置的是石羊场镇及"小城镇户口"的拆迁居民。2006年社区成立党支部委员会、居民委员会，建立共青团支部，选举出居民代表46人，成立协商议事委员会、理财小组、低保评议小组、工会、残疾人协会等组织。社区配城管工作协管员、治保巡逻队员、计划生育信息员、水电维修工，有"空巢老人"志愿者服务队，组建老年秧歌队、腰鼓队、连箫队和民间传统文艺牛儿灯队。设有社区卫生服务站。有银行网点和天然气收费点各1处，大型家电超市2家，大型餐馆一处。新园农贸市场介于新街、三元社区之间。

【新北社区】 新北社区东邻成都高新区网球中心，西与新光社区相邻，南靠机场高速公路，北和芳草街道办事处接壤，总面积422208平方米，由成都高新区推进城乡一体化拆迁安置小区、购房居住的安信花园居民小区和电子30所职工用房三大板块组成。拆迁安置小区有57幢楼房、2598套，常住人口3738户6610人；安信花园有8幢楼房；电子30所有3幢楼房。社区内已建成的街、路、巷有新乐中街、新乐北街、新乐南街、新北街、新义东街、新义西街、新乐路、新义路、新乐北巷。因其位置在原石羊场乡境内的新加坡工业园以北，故名新北社区。小区内安置有石羊街办的庆云、三元、石桥、丰收、仁和、清和、新光、裕民9个村，桂溪街道的永安、和平2个村的拆迁农民。社区成立党支部委员会和居民委员会，建立共青团支部，选举出居民代表57名，成立协商议事委员会、理财小组、低保评议小组，残疾人协会、老年协会等组织。组建有1个老年骑游队、2个老年文艺队、1个老年合唱团。成立有1个老年治安巡逻队和1个互助小组。组建有高跷队、腰鼓队、彩莲船等民间文艺表演队。社区办公大楼总面积1843平方米。设有服务大厅、办公区、会议室、电脑技能培训室、青少年绿色网吧、“高新阳光家园”。修建有2000平方米的大型停车场。新乐北街建有休闲广场；新义路1号院内建有880平方米的小游园和音乐广场。小游园空墙上开辟有一条文化艺术长廊。拆迁安置小区二期内的广场安装有各类健身器材35套(件)，小区院内休闲处均安装有休闲椅。石羊失地农民再就业市场介于新北、新光社区之间。设有公交站，经过社区的公交车有11、84、114、502A路。

【庆安社区】 庆安社区北靠成都市三环路，东临成新大件路，南邻机场高速公路，西与武侯区簇桥街道办事处接壤，总面积2129120平方米，由成都高新区推进城乡一体化拆迁安置小区、购房居住的美洲花园居民小区和冯家湾工业园、石羊劳动密集型工业园四大板块组成。拆迁安置小区有10个院落、103幢楼房、321个单元、5232套房，常住人口3677户8002人；美洲花园有院落4个、45幢楼房、182个单元、1652套房，入住居民1198户。社区内已建成的街道有新雅街、新雅中街、新雅正街、新雅东街、新雅横街。因其农迁房安置小区位置在原石羊街道庆云村境内，又因原石羊街道庆云村和桂溪街道永安村的大部分村民均安置于此，则在两村名中各取1字，合为庆安，故名庆安社区。小区内安置有石羊街道办的庆云、丰收、仁和、三元、殷家林、石桥6个村，桂溪街道办的永安、和平、石墙3个村的拆迁安置农民。社区成立党支部委员会、居民委员会，建立共青团支部。办公大楼占地1507平方米，设有办公区，多功能文体活动室，青少年绿色网络空间，图书阅览室，及多功能会议厅。社区服务工作站设有家政服务、维修报障、便民服务、老年证办理、残疾人救助、就业指导、房屋中介等。劳动保障服务中心设有就业服务、技能培训室、电脑培训教室，形成技能培训、就业、安置一条龙服务。有电子监控系统摄像点32个，电子巡更点108个。建有社区卫生服务中心，专设有278平方米的残疾人康复室。社区内建有1300平方米的小广场和1100平方米的户外健身走廊，安装有24套(件)各类健身器材。有由16幢25854平方米铺面构成的商业一条街，设有水、电、气收费点和农业银行网点各一处。建有7800余平方米临时农贸市场。成立社区老年协会、院委会、志愿者服务队、红色激情艺术团、狮灯队和鱼灯队。340路公交车进入社区，美洲花园小区有11路公交车的终点站。2006年12月，社区被成都市环保局、精神文明建设办公室、民政局评为“成都市绿色社区”。

【新光社区】 新光社区南临成都市三环路，东靠机场高速路，西界成雅高速公路，北与新北社区接壤，总面积431064平方米。由成都高新区推进城乡一体化拆迁安置小区和购房居住的润新花园两大板块组成。拆迁安置小区有楼房48幢，178个单元，居民2560户，其中常住户1980户，暂住户580户；润新花园有楼房25幢，96个单元，居民1798户。社区内已建成的街、路、巷有新义东街、新义西街、新乐南街、新义路、新乐路、新乐南街一巷、新乐南街二巷。因其位置在石羊街道新光村境内，

图 139：石羊街道新光社区群众文艺活动扇子舞

（成都高新区石羊街道办事处　供稿）

且新光村的拆迁农民大部分安置在该小区内，为沿袭老地名，故名新光小区。拆迁安置小区内安置有石羊街办的新光、殷家林、裕民、丰收、庆云、仁和6个村和桂溪街道的永安、石墙、和平3个村的农民。润新花园居住的主要是原石羊街道喜家小区和成都东大街拆迁后货币化安置的居民。2006年4月建立社区党支部和居民委员会。先后组建舞蹈队、腰鼓队、秧歌队，多次参加市、区、街道举办的文艺演出活动，其舞蹈队参加成都市第四届老年艺术节广场舞比赛并获得三等奖。建有市民学校1所，组建一支科教队伍。有新北中西医诊所、吕奉平诊所；有中国工商银行网点1处；有仁孚、明友汽车销售4S店；有明珠、阳阳超市。石羊街道的再就业农贸市场在其与新北社区之间。设公交站的公交线路有11、84、114、340、502A路。

【新园社区】 新园社区西北紧邻府城大道和成雅高速公路匝道，北靠成都市三环路和机场高速公路，东临成昆铁路，西与新街社区接壤。由成都高新区推进城乡一体化拆迁安置小区和原石羊场乡境内的新加坡工业园区两大板块组成，拆迁安置小区占地面积84200平方米，共有20幢楼房、74个单元、1396套房，常住人口1830人，暂住人口900余人。因境内有贯穿全境的新园大道而得名新园社区。小区内有4幢楼房于1994年建成，安置的是原石羊街道的庆云、三元、石桥、丰收4个村的拆迁农民共244户，其余16幢楼房于2006年建成，同年11月开始入住，其中有11幢安置的是石羊街办的清和、裕民、仁和、石桥、丰收、三元、灯塔7个村和桂溪街办石墙、勤俭、五岔子、建设5个村共876户拆迁农民；另外5幢为城市居民返迁房，主要安置从大学路、致民路、玉林巷、小南街、菊乐路拆迁的城市居民共276户。2006年11月，组建新园社区筹备领导小组。社区有84路、93路公交车经过并设站。

【三元社区】 三元社区北与石羊客运中心站相邻，东靠成雅高速公路，西临成新大件路，南与三元村接壤。总面积228600平方米。社区内有楼房53幢、168个单元、3074套房，常住人口8531人。已建成的街道有仁和街、仁和南街、仁和北街。因地处石羊街道三元村境内，为沿袭老地名，故名三元社区。入住的居民主要是成都高新区推进城乡一体化拆迁安置的石羊街办的丰收、仁和、三元、石桥、花荫、灯塔、裕民、清和8个村，桂溪街办的石墙、双土、五岔子、民乐、建设、铜牌、勤俭7个村的农民。2006年3月15日，建立社区工作筹备领导小组。社区办公大楼内设有便民服务大厅、多功能会议室、电教室和文娱活动室，还在成雅高速公路下建有和谐文化广场。社区组建的威风锣鼓队和老年艺术团由116人组成。社区内有红旗连锁、便民服务、明珠、好实惠超市。新园农贸市场介于三元、新街社区之间。成都国防乐园紧临其东侧。

（本分目供稿人：谢炳成　罗树林　丁雅林）

桂溪街道

【概　况】 桂溪街道辖区位于成都高新区南部园区，北起成昆铁路火车(南)站段，南与双流县接壤，东依锦江，西邻石羊街道办事处。辖区有和平、永安、石墙、红光、双土、五岔子、建设、勤俭、民乐、铜牌、大源11个行政村和三瓦窑、和平、双源3个社区。幅员面积19.56平方公里。辖区总人口35201人。桂溪街道办事处设在五岔子村。

成都高新区桂溪(乡)街道社区、村党支部、居委会、村委会主要负责人任职表
(1996年~2006年)

表88

支部名称	职务	姓名	任职时间	备注
五岔子村	党支部书记	刘俊华	1996.6~1998.11	
		乔志刚	1998.12~2006.3	
	村委会主任	程照琼	1996.6~1998.11	
		廖永忠	1998.12~2005.3	
		付冬林	2005.3 至今	
永安村	党支部书记	陈古锡	1996.6 至今	
	村委会主任	康纪林	1996.6~2001.11	
		王开惠	2001.12 至今	

续表

支部名称	职务	姓名	任职时间	备注
石墙村	党支部书记	袁德昌	1996.6~至今	
	村委会主任	李世荣	1996.6~1998.11	
		廖泗河	1998.12 至今	
勤俭村	党支部书记	张维华	1996.6~1999.5	
		陈华永	1999.6 至今	
	村委会主任	叶素华	1999.6~2001.12	
		陈志平	2002.1 至今	
红光村	党支部书记	彭建国	1996.6 至今	
	村委会主任	徐正根	1998.10 至今	
大源村	党支部书记	余联山	1996.6~1998.11	
		樊光辉	1998.12~2000.8	
		王书义	2000.8 至今	
	村委会主任	林美良	1996.6~1998.11	
		高世成	1998.12 至今	
双土村	党支部书记	秦大友	1996.6~1998.10	
		田春贵	1998.11 至今	
	村委会主任	胡华英	1996.6 至今	
建设村	党支部书记	李康明	1996.6~1998.8	
		刘朝阳	1998.8~1999.5	
		张维华	1999.6~2002.3	
		张基勇	2002.4 至今	
	村委会主任	李厚军	1996.6~1998.8	
		周德军	1998.8~2002.3	
		李后全	2005.2 至今	
和平村	党支部书记	杨人瑞	1996.6 至今	
	村委会主任	乔志刚	1996.6~1998.11	
		符顺福	1998.12 至今	
铜牌村	党支部书记	李忠根	1996.6 至今	
	村委会主任	田春贵	1996.6~1998.11	
		田春树	2002.1~2004.10	
		高　冬	2004.10 至今	
民乐村	党支部书记	陈华永	1996.6~1999.6	
		廖德猛	1999.7 至今	
	村委会主任	廖德猛	1996.6~1999.6	
		高兴贵	2002 至今	
三瓦窑	党支部书记	陈小平	2000.9~2002	
		宋克基	2002 至今	
	居委会主任	陈古今	1996.6~2002	
和平社区	党支部书记	严雨坤	2004 至今	
	居委会主任	张　庆	2004 至今	

【超额完成经济目标】 2006年，桂溪街道实现全口径财政收入22037万元，完成年初目标任务（19505万元）的113%，完成追加任务（20642.6万元）的106.75%，实现国税收入11570.6万元，同比增长25.9%；实现地税收入9421万元，同比增长33.4%。新引进企业298家，其中有外资企业5家、1亿元以上企业5家。 （王有兴 李雪琴）

桂溪街道办事处1996年~2006年经济发展情况一览表

表89

年 份	招商户数(户)	完成全口径财政收入	
		完成数(万元)	同比增长(%)
1996	8	494	
1997	13	841	70.24
1998	25	1186	41.02
1999	49	3145	165.18
2000	65	4004	27.31
2001	151	5040	25.87
2002	285	6031	19.66
2003	266	9000	49.22
2004	424	12859	42.88
2005	319	16254	26.40
2006	298	22036	35.57

【推进城市化进程】 桂溪街道办事处为推进城市化进程，进一步加大征地拆迁和“农转非”住房安置步伐，在辖区内建成两个大型失地农民集中居住区社区，为促进辖区“三个集中”和全面实现城市化奠定坚实基础。街道7个村已全面完成征地拆迁任务，累计拆迁村民小组99个，28565人，土地1333.34公顷。其中2006年拆迁农户1033户，拆迁土地131.62公顷，完成农迁安置房抽签分房3948套，完成“农转非”人员安置4777人，促进失地农民向城市社区集中。辖区留守农业人口仅存3911人，耕地不足133.33公顷，辖区城市化水平达90%以上。

【民工生活服务区】 2006年，桂溪街道成立成都市第一个施工工地民工生活服务区。辖区内大量建设项目开工建设，为改善辖区民工生活质量，桂溪办事处在施工工地较为集中的世纪城新国际会展中心成立民工生活服务区，该服务区占地约0.33公顷，投资近30万元，建有功能服务区4处、临时摊区两处、作为配套工地民工生活服务的场所，解决民工就餐、购买日常生活必需品和文化生活等需求。服务区依次划分为“餐饮区”、“文化生活区”、“生活购物区”、“临时摊位区”四大功能区。在餐饮区内，排列着数十家有固定铺面的餐馆。文化生活区内，以录像厅和茶馆为主。购物区内，商品的价格和超市的价格一样。临时摊位区主要提供水饺、面条、包子等食物。做到一站式解决“吃住行”。

【举办烹饪大赛】 2006年11月，桂溪街道办事处与成都食圣餐饮连锁管理有限公司联合举办“食圣杯”桂溪辖区和谐家庭烹饪大赛。大赛在和平、三瓦窑、双源三个分赛区举行，每个分赛区各6个家庭的12名代表参加比赛。三场比赛吸引数千群众到场观看。总决赛在桂溪街道双源社区广场举行。成都市美食家协会、巴蜀笑星应邀出席。彭建军和彭建两兄弟凭借原创菜品“火爆鲜鹅肠”和“香辣炽泥鳅”获得冠军。活动形式新颖、气氛热烈，四川省、成都市各大新闻媒体均对大赛进行全程报道。

【新会展中心】 成都“世纪城”新国际会展中心占地逾100公顷，总建筑面积约173万平方米，总投资50亿元，展馆面积20万平方米。9个展馆呈银杏叶状向锦江展开，展馆结合德国展馆务实和日本展馆精制美观的特点，展厅采用无柱单层结构，最高处净高21米、最低处12米、堪称艺术与科技的完美结晶，被称为“西部第一馆”，成为中国五大展馆之一。“世纪城”新国际会展中心位于成都市城南新区，整个项目分为展馆区、国际会

图140：位于成都高新区的"世纪城"新国际会展中心
（成都高新区桂溪街道办事处　供稿）

议区、酒店及文化设施区、商务办公区、商业住宅区五大部分。"世纪城"分为五大功能区，东侧为展览馆区，展览馆呈扇形向府南河展开。西北部为酒店及文化设施区，酒店呈一个三棱形眺望世纪公园；海洋乐园像一朵莲花漂在水上宛如海外仙城；紧邻的是国际会议区，拥有世界一流的会议场馆和设施；中部为商业水城——美食天堂（暂名），是一个具有锦江文化特色的商业小镇；中部还有一个大型的公共广场，壮观的喷泉是其中的一大景观。西南部为商务办公区和商业住宅区，建造有独具特色的水上住宅小区和高级写字楼。锦江河自东边流过；北侧为世纪公园和高尔夫球场；东部及西部为河滨绿地。"世纪城"建有停10000辆汽车的地上、地下停车场。西为成都市天府大道，北邻成都市主要干道外环线，红星路南延线直达世纪城，交通条件非常优越。中心是目前中国西部建筑规模最大、功能配套最完备、设施最先进的多功能会议会展中心。全新的一流展馆必将给展会带来更好的贸易平台。

图141：位于成都高新区的"世纪城"新国际会展中心远景
（成都高新区桂溪街道办事处　供稿）

【和平社区】 和平社区地处成都市火车南站以南，天府大道以东，三环路以北，红星路南延线以西，约1.2平方公里。社区住宅分为一、二、三、四期，有42幢居民住宅楼，157个单元，2628套住房，占地面积18.10万平方米，绿地面积3万平方米，居民为原桂溪乡永安村、红光村、和平村、石墙村农转非人员。常住人口5580人，暂住及本地过渡人口4800人，残疾人102人，60岁以上老年人792人。成立有社区党支部和居委会，选举产生居民代表61人，居民小组长42人，协商议事委员会7人，理财小组6人。成立社区团支部、妇代会、老协会。建立社区警务室治保会、安全领导小组、计生协会、民间艺术团、志愿者服务队等。社区办公大楼500平方米，设办公室、市民学校、多功能活动室、图书室、档案室、警务室、信访室、民间艺术团、服务大厅（计生、劳动就业、民政、法律咨询、服务热线、物业公司、人民调解委员会、社会捐赠接收工作点、法律服务工作点、劳动保障工作站）。有便民超市2处，有幼儿园2所，有医疗服务站、室内健身房、家电维修部、治安室。有对讲机20部、办公电脑7台、电话5部，背投电视、音响一套。2006年，荣获成都高新区社区建设指导委员会"先进社区"称号，荣获成都市妇联、成都市教育局"成都市社区家庭教育示范点"称号，荣获中共成都高新区工委组织部"2006年度基础党建、基层民主政治建设'三联'工作先进单位"称号。

【三瓦窑社区】 三瓦窑社区位于成昆铁路以南，成都市三环路以北、红星路南延线以东，府河以西。辖区总面积约1.5平方公里。社区内共有4个居民院落、17幢楼房。总人口9871人，暂住人口110户。现社区内居民主要以原桂溪乡和平村、永安村、红光村、建设村的农转非居民和成都造纸四厂等国有企业下岗职工为主，并有驻辖区的省级单位1个（成都纺织高等专科学校）。建立社区党支部和居委会，选举产生居民代表23人，居民小组长6人，协商议事委员会5人，理财小组6人。成立社区团支部、妇代会、老协会。建立社区警务室治保会、安全领导小组、计生协会、民间艺术团、志愿者服务队等。社区办公大楼200平方米，设办公室、市民学校、多功能活动室、图书室、警务室、信访室、服务大厅（计生、劳动就业、民政、残协、安全、综治、法律咨询、服务热线、人民调解委员会、社会捐赠接收工作点、法律服务工作点、劳动保障工作站）。便民超市1处、幼儿园1所，医疗服务站、治安室、网吧各一个。对讲机4部、办公电脑9台、电话4部。2006年1月，荣获"成都市人民调解委员会先进集体"。11月，荣获成都高新区"平安社区先进单位"。

【大源村】 桂溪街道大源村位于成都高新区南区南端，桂溪街道的西南部，东与桂溪街道铜牌村相连，南与白家镇临江村相连，西连白家镇的高碑村，北靠石羊街道的双河村。面积1.8平方公里，设8个村民小组，已转非安置5、6组，农业组有6个，现常住人口达1800多人，500余户，暂住人口达160多人，残疾人43人，60岁以上老年人272人。村党支部共有党小组6个，党员49人。依法选举产生村委会，选举产生村民小组组长6名，村民代表61人，村级理财小组及村务公开监督成员6人。成立团支部、妇代会、老协会。建立村联防治保会、安全领导小组、计生协会、老年文艺队、志愿者服务队等。村委会办公室占地600平方米，设各部门办公室、多功能活动室、警务室、图书室、信访室等。大源村领导班子始终坚持以经济建设为中心，物质文明、政治文明、精神文明协调发展为思路，壮大村集体经济、增加农民收入为目的，带领广大干部群众解放思想、实事求是、与时俱进、开拓创新，确保辖区经济和社会事业保持良好的发展势头。村属18家企业2006年税收超过900万元。2006年，大源村党支部荣获桂溪街道年度“先进基层党组织”。2006年度被桂溪街道党工委、办事处评为引资、民政、党建、动物防疫、劳动就业工作先进单位，被评为“平安村”，2007年被中共成都高新区党工委评为“先进基层党组织”。

【铜牌村】 桂溪街道铜牌村位于成都高新区最南端，桂溪街道的西南部，东与石羊街道的花荫村、华阳镇的骑龙村、南与华阳镇的红瓦村、河池村，西连白家镇的向阳村，北靠石羊街道的双河村。面积达2.3平方公里，下设9个村民小组，常住人口达2400人，900余户，暂住人口达500人，残疾人40人;60岁以上老年人386人。村党支部共有党小组9个，党员55人。依法选举产生村委会，选举产生村民小组组长9名，村民代表62人，村级理财小组及村务公开监督成员10人。成立团支部、妇代会、老协会。建立村联防治保会、安全领导小组、计生协会、老年文艺队、志愿者服务队等。村委会办公室占地1300平方米，设各部门办公室、多功能活动室、警务室、图书室、信访室等。铜牌村领导班子始终坚持以经济建设为中心，物质文明、政治文明、精神文明协调发展的思路，带领广大干部群众解放思想、实事求是、与时俱进、开拓创新，确保辖区经济和社会事业保持良好的发展势头，村属企业，全年税收超过800万元。2006年度被桂溪街道党工委、办事处评为安全生产、计划生育、综合治理、招商引资、民政、党建、动物防疫、劳动就业工作先进单位，荣获武侯区第五届人民代表换届选举工作“二等奖”，被评为2006年度“平安村”，被中共成都高新区党工委评为“先进基层党组织”。

(本分目供稿人：王有兴　李雪琴)

合作街道

【概　况】 合作街道辖区位于成都市西郊，东与金牛区、青羊区接壤，南隔清水河与温江区永宁镇、郫县德源镇相望，西隔南北大道与郫县郫筒镇毗邻，北与郫县犀浦镇、红光镇连接，辖区最东端距市中心约6公里。辖区为高新区西部园区范围，实行街道管理农村体制，街道党工委、办事处负责街道辖区内的党务、政务、社会事务、经济管理、企业服务等。街道党工委、办事处内设机构8个：党政办公室、财政所、社会事务与计划生育科、城乡建设科、经济发展科、劳动与社会保障所、城管中队、社区管理服务中心。辖区内道路、交通、通讯、供水、供电、供气、排污等基础设施日趋完备。辖区内有220千伏变电站两座，35千伏变电站多处。供水能力达日供水5万立方米，供气能力达日供气20万立方米。辖区内程控电话装机容量4万门，且余量充足。无线通讯机站，城市IC卡电话覆盖全区。辖区内建有一座日处理量4万吨的污水处理厂。辖区内建有连接中心城区的“七纵三横”快速通道。辖区内现有企业304家，其中包括全球知名的成都国腾实业集团有限公司、英特尔公司、中芯国际集成电路制造有限公司、友尼森集团公司等高新企业。合作街道辖区以“电子信息、生物医药、精密机械制造”为三大支柱产业。辖区面积35.5平方公里。常住人口为42661人。2006年，合作街道办事处荣获中共成都市委、成都市人民政府授予的“人感染猪链球菌病疫情防控工作先进集体”，成都市人民政府授予的“第一次全国经济普查工作先进集体”等荣誉称号。

成都高新区合作街道村党支部、村委会主要负责人任职表（2004年~2006年）

表90

支部名称	职务	姓名	任职时间	备注
安埠村	党支部书记	陶发根	2004.11 至今	
	村委会主任	范成春	2004.11 至今	
八圣村	党支部书记	李万成 肖玉培	2004.11~2005.12 2006.1 至今	
	村委会主任	宋远兴	2004.11 至今	
晨风村	党支部书记	游忠礼	2004.11 至今	
	村委会主任	游忠礼	2004.11 至今	
独柏村	党支部书记	朱兴云	2004.11 至今	
	村委会主任	吴先林	2004.11 至今	
古楠村	党支部书记	何生富	2004.11 至今	
	村委会主任	何生富	2004.11 至今	
光明村	党支部书记	曾杰成	2005.9 至今	
	村委会主任	吴　静	2005.9 至今	代
合作村	党支部书记	车舟良	2004.11 至今	
	村委会主任	吴永超	2004.11 至今	
红光村	党支部书记	兰之云	2004.11 至今	
	村委会主任	钟建成	2004.11 至今	
金凤村	党支部书记	王祥成	2004.11 至今	
	村委会主任	李云霞	2004.11 至今	
檬梓村	党支部书记	刘廷富	2004.11 至今	
	村委会主任	李昌全	2004.11 至今	
前锋村	党支部书记	刘君武 黄　成	2004.11~2005.4 2005.11 至今	
	村委会主任	宿昭品	2004.11 至今	
清平村	党支部书记	郑天福 耿忠福	2004.11~2005.4 2005.5 至今	
	村委会主任	王勇全	2004.11 至今	
清水村	党支部书记	郭良洪	2004.11 至今	
	村委会主任	钟家兴	2004.11 至今	
三合村	党支部书记	秦寿昌	2004.11 至今	
	村委会主任	叶乃钱	2004.11 至今	
石院村	党支部书记	尹昌林	2004.11 至今	
	村委会主任	张家英	2004.11 至今	
顺江村	党支部书记	袁泽勇	2004.11 至今	
	村委会主任	张清玉	2004.11 至今	
西华村	党支部书记	钟成祥	2004.11 至今	
	村委会主任	钟成祥	2004.11 至今	
杨柳村	党支部书记	曾文彬	2004.11 至今	
	村委会主任	曾文彬	2004.11 至今	
玉泉村	党支部书记	方先琼	2004.11 至今	
	村委会主任	江家明	2005.9 至今	

【经济效益显著】 2006年合作街道本级财政收入达3917万元,比上年同期增长67.17%;招商引资完成合同外资500万美元,完成市外资金招商引资5.366亿元;完成规模以上增加值1.8亿元,完成固定资产投资4.3亿元,其中工业投资2亿元;完成外贸出口540万美元。农民人均年纯收入达8181元,增长38%。

【充分解决失地农民就业】 合作街道办事处随着拆迁进度,加大促进充分就业工作力度,使89.43%的农转非劳力、86.65%的过渡劳动力和80.08%的农业劳动力在二、三产业中找到新的就业岗位;建立起街道党工委成员联系村党支部,村党支部书记、委员联系党小组,党员联系群众的"三联"制度体系。辖区内的19个村党支部都制定有"党员联系卡",建立有"三联"体系数据库,使辖区内每个群众都有党员联系。辖区党员通过"三联"制度共联系群众8852户,解决群众就业达553人。街道采取各种切实措施建立"就业惠民"的机制和体系。创新开展作为促进失地无业农民就业培训之始的引导性培训,全辖区农民群众参加引导性培训的人数达到2867人。开展"领导寻岗"工作,把辖区内的工业建成区划分为13个片区,确定由办事处领导和科室负责人分片负责,定期了解企业的用工需求,"拉网式"地搜寻适合本辖区失地农民的就业岗位。每周寻岗情况都要在周末印发的《合作街道促进充分就业工作简报》上公布。2006年办事处领导和各科室负责人共走访企业684家/次,寻得就业岗位5533个,通过考核有2586个失地农民进入企业就业。辖区内占农转非、过渡、农业等各类劳动力总数的85 .39 %的劳动力都得到新的工作岗位,动态消除"零就业"家庭。为使征地拆迁后"失地不失种",合作街道为辖区的优势支柱种植业找到一条不因征地拆迁而影响食用菌种植和发展的成功之路——转移到毗邻的区县农村继续发展。通过比选,街道办事处最后确定在条件、环境等俱佳的郫县安德镇珍稀食用菌种植基地租地,让合作辖区的优势食用菌种植在此。借地生财,继续发展。2006年,合作辖区34户食用菌种植户在街道办事处优惠政策的帮助下,在郫县租地87333平方米,从业人员达262人,使辖区失地农民实现就业和增收的双赢。

【拆迁安置】 2006年,合作街道办事处完成辖区内10.8万平方米,涉及523户1642人的农房拆迁的目标任务。已累计拆迁出建设用地1800公顷,占到应拆迁土地的82%,保证辖区内重点设施和重点工程的用地需要。

图142:合作街道辖区农民成为了现代企业的员工
(成都高新区合作街道办事处 供稿)

2006年,为征地拆迁农民修建的"顺江小区"(一期)、"滨河春天小区"(一期)两大集中居住区建成。两小区共占地108.8公顷、建筑面积达1504150平方米、总套数16219套。两小区第一期工程建成的8590套住房于8月底悉数进行分配。小区设施齐备、功能配套、物业管理规范科学,入住群众十分满意。

【合作村】 合作村于2004年3月由四川省郫县成建制划入成都高新区时批准成立,现村名沿用旧名。村设立有村党支部委员会和村民委员会,辖9个村民小组。村有土地154.07公顷、1912人。东邻玉泉村、南接金凤村、西连光明村、北靠古楠、八圣村。2006年,生产总值为874.86万元,同比增长30%,农民人均纯收入8635元,同比增长30%。

【玉泉村】 玉泉村于2004年3月由四川省郫县成建制划入成都高新区时批准成立,现村名沿用旧名。玉泉村得名于村境内曾有一座叫"玉泉寺"的古寺。村设立有村党支部委员会和村民委员会,辖6个村民小组。村有土地144公顷、620人。东接杨柳村、南靠清平村、西邻古楠村、北与郫县犀浦镇接壤。2006年,生产总值344万元,同比增长15%;农民人平均纯收入6300元,同比增长30%。

【顺江村】 顺江村于2004年3月由四川省郫县成建制划入成都高新区时批准成立,现村名沿用旧名。村设立有村党支部委员会和村民委员会,辖12个村民小组。村有土地234.87公顷、人口2720人。东邻杨柳村、南接成都市青羊区、西连石院村、北靠玉泉村。2006年,生产总值2203万元,同比增长40%;农民人平均纯收入8100元,同比增长37%。

【前锋村】 前锋村于2004年3月由四川省郫县成建制划入成都高新区时批准成立，现村名沿用旧名。村设立有村党支部委员会和村民委员会，辖10个村民小组。该村面积165.33公顷、2024人。东邻安埠村、南接清水村、西连西华村、北与三合村接壤。2006年，生产总值1358万元，同比增长30%；农民人平均纯收入7416元，同比增长35%。

【西华村】 西华村于2004年3月由四川省郫县以剖界村、组的形式划入成都高新区并经整合后批准成立，村名为新名。设立有村党支部委员会和村民委员会，辖7个村民小组。村有土地57.87公顷、人口816人。东临前锋村、南接清水村、西北方与郫县现代工业港接壤。2006年，生产总值826万元，同比增长27%；农民人平均纯收入7965元，同比增长35%。

【石院村】 石院村于2004年3月由四川省郫县成建制划入成都高新区时批准成立，现村名沿用旧名。石院村因原村境内有三处石院坝而得名。村设立有村党支部委员会和村民委员会，辖7个村民小组。村有土地121.6公顷、1202人。东临顺江村、南临清水河、西接清平村、北连郫县犀浦镇。2006年，生产总值874万元，同比增长88%；农民人均纯收入8100元，同比增长64%。

【安埠村】 安埠村于2004年3月由四川省郫县成建制划入成都高新区时批准成立，村名沿用旧名，村设立有村党支部委员会和村民委员会，辖9个村民小组。该村土地面积124.53公顷、1757人。东邻合作村、南接光明村、西连前锋村、北靠城灌高速公路。2006年，生产总值760万元，同比增长10.95%；农民人均年纯收入9318元，同比增长30%。

【清水村】 清水村于2004年3月由四川省郫县成建制划入成都高新区时批准成立，村名沿用旧名。村设立有村党支部委员会和村民委员会，辖11个村民小组。村有土地267.09公顷、2237人。东邻金凤村、西南隔清水河与郫县德源镇相望、北连前锋、安埠、光明等村。该村注重开展文化体育活动，开展丰富多彩的村农民运动会。2006年，生产总值2970万元，同比增长28.6%；农民人均纯收入9677元，同比增长35%。

【清平村】 清平村于2004年3月由四川省郫县成建制划入成都高新区时批准成立，村名沿用旧名。村设立有村党支部委员会和村民委员会，辖11个村民小组。村有土地面积204.27公顷、人口1994人。东临石院村、南隔清水河与温江区永宁镇相望，西与合作村接壤、北紧靠成灌高速公路。2006年，生产总值1318万元，同比增长38%；农民人均纯收入7927元，同比增长63%。

【晨风村】 晨风村于2003年3月在整合四川省郫县犀浦镇两河村3个剖界组的基础上，由郫县划入成都高新西区，2004年3月成都高新区整合成都高新西区后，划人成都高新区时批准成立，村名沿用旧名。村设立有村党支部委员会和村民委员会，辖8个村民小组。村有土地面积98公顷，人口2054人。东邻成都市金牛区何家村、南接杨柳村、西北与四川省郫县犀浦镇接壤。村老年活动开展得异常活跃，组织有秧歌队、骑游队、合唱队等。2006年，生产总值1467万元，同比增长18%；农民人均纯收入7829元，同比增长21%。

【金凤村】 金凤村于2004年3月由四川省郫县成建制划入成都高新区时批准成立，村名沿用旧名。村设立有村党支部委员会和村民委员会，辖11个村。村有土地171.33公顷、1982人。东与清平村相邻，南与成都市温江区永宁镇接壤，西与清水村、光明村相连、北与合作村交界。2006年，生产总值2015万元，同比增长25%；农民人均年收入8250元，同比增长27.6%。

【光明村】 光明村于2004年3月由四川省郫县成建制划入成都高新区时批准成立，村名沿用旧名。村设立有村党支部委员会和村民委员会，辖6个村民小组。村有土地74.27公顷、1074人。东邻合作村、南接金凤村、西连清平村、北与安埠村接壤。2006年，举办丰富多彩的村农民运动会。2006年，生产总值1296.8万元，同比增长28%；农民人均年收入7988元，同比增长35%。

【杨柳村】 杨柳村于2004年3月由四川省郫县成建制划入成都高新区时批准成立，村名沿用旧名。村设立有村党支部委员会和村民委员会，辖7个村民小组。村有土地110公顷、2011人。东邻成都市金牛区、南接成都市青羊区、西与顺江村接壤、北靠羊西线。2006年，村生产总值1640万元，同比增长15%；农民人均年收入8160元，同比增长15%。

【红光村】 红光村于2004年3月由四川省郫县成建制

划入成都高新区时批准成立。6月，经整合又并入相邻村的5个社，共辖15个村民小组。村名沿用旧名。村设立有村党支部委员会和村民委员会。村有土地55公顷、人口2531人。东邻郫县红光镇、南接八圣村和古楠村、西连安埠村、北与檬梓村接壤。2006年，生产总值1705万元，同比增长35%；农民人均年收入7720元，同比增长35%。

【八圣村】 八圣村于2004年3月由四川省郫县成建制划入成都高新区时批准成立，村名沿用旧名。八圣村因村境内原有一座“八圣庙”而得名。村设立有村党支部委员会和村民委员会，辖8个村民小组。村有土地146.67公顷、1362人。东邻古楠村、南接合作村、西连安埠村、北与红光村接壤。2006年，生产总值1021.5万元，同比增长20%；农民人均纯收入7500元，同比增长30%。

【独柏村】 独柏村于2004年3月由四川省郫县以剖界村的形式划入成都高新区时批准成立。村名沿用旧名，其得名于原村境内有一株植于明代、高30米、胸径1米的古柏树。村设立有村党支部委员会和村民委员会，辖7个村民小组。村有土地182公顷、1058人。东临红光村、南接檬梓村、西与三合村接壤、北与国道317线为界。2006年，生产总值4126万元，同比增长20%；农民人均年纯收入7800元，同比增长30%。

【檬梓村】 檬梓村于2004年3月由四川省郫县成建制划入成都高新区时批准成立，村名沿用旧名，其名源于村境内原有一株硕大的古檬梓树。村设立有村党支部委员会和村民委员会，辖9个村民小组。村有土地164.8公顷、1663人。东邻国道317线、南与红光村相接、西接三合村、北与独柏村接壤。2006年，生产总值3998万元，同比增长30%；农民人均年纯收入7216元，同比增长30%。

图143：合作街道办事处引入“小作坊”项目

（成都高新区合作街道办事处 供稿）

图144：合作街道辖区群众载歌载舞

（成都高新区合作街道办事处 供稿）

【三合村】 三合村于2004年3月由四川省郫县郫筒镇的双柏村、凉水村和德源镇的王桥村的10个整组和剖界组划入成都高新区后，经整合而成。村名源于由三个村的部分组合而成，故名“三合村”。村有土地92.73公顷、人口1143人。村设立有村党支部委员会和村民委员会，辖9个村民小组。东邻檬梓村、南接前锋村、西隔南北大道与郫县相望，北与独柏村接壤。2006年，生产总值3008万元，同比增长25%；农民人均年收入7896元，同比增长30%。

【古楠村】 古楠村2004年3月由四川省郫县犀浦镇的古楠村与红光镇合兴村4个组组成，划入成都高新区时，批准成立。村名沿用古楠村名。村设立有村党支部委员会和村民委员会，辖8个村民小组。村有土地140公顷、1796人。东与四川省郫县犀浦镇交界、南邻玉泉村、西接合作村、北与红光村接壤。2006年，生产总值1399万元，同比增长40%；农民人均年收入7795元，同比增长40%。

（本分目供稿人：谢定春 杨永鑫 杨珍祥）

人物

PEOPLE IN NEWS

省级以上优秀人物表

表91

姓名	性别	民族	籍贯	获奖情况
李伯刚	男	汉	四川省沐川县	国家科技进步三等奖,中科院科技进步一、二等奖,四川省科技进步一等奖,中国科学院有突出贡献的中青年专家,中国科学院"七五"重大科研任务先进工作者,国务院特殊津贴获得者,四川省有杰出贡献科技工作,四川省有重大贡献的科技工作者,全国"五一"劳动奖章,全国科技实业家创业奖金奖,全国先进工作者,全国十大发明企业家,全国十大科技工作者,四川省优秀企业家,何梁何利基金委员会2006年度科学与技术创新奖
曹世如	女	汉	四川省成都市	全国"三八"红旗手、全国商业服务业十佳经营者、中国优秀企业家、中国"杰出创业女性"、中国"华夏巾帼爱心使者"、四川十大创业之星,2006年获得中国经济十大新闻人物、2006中国连锁年度人物、四川省杰出创业女性、四川省优秀党务工作者荣誉称号
花　欣	男	汉	四川省宜宾市	中国爱迪生杯发明金奖、中国第二届优秀青年科技创业奖、第七届四川省"十大杰出青年"、四川省科技进步一等奖、四川省优秀民营企业家、四川省关爱员工优秀民营企业家、第四届成都市"十大杰出青年"、成都市跨世纪中青年拔尖人才、成都市科技杰出贡献奖、成都市科技进步一等奖等荣誉称号、2003年四川省十大财经风云人物、2003年中国IT财富人物奖。2004年当选全国信息产业系统劳动模范,同年获成都市劳动模范称号和中国优秀民营科技企业家称号,年底荣获优秀中国特色社会主义事业建设者荣誉称号。2005年获得四川杰出创新人才奖。2006年当选为全国关爱员工优秀民营企业家
李为民	男	汉	四川省成都市	2006年获四川省劳动模范称号
张苏蓉	女	汉	江苏省太兴市	2006年获四川省委、省政府授予的"法制宣传先进个人"称号
沈　燕	女	汉	重庆市涪陵区	2006年获四川省特级教师称号

市级优秀人物表

表92

姓名	性别	民族	籍贯	获奖情况
李岷雪	男	汉	四川成都	2006年7月被四川省委组织部、四川省人事厅授予"四川省优秀博士后管理者"称号
蒋　平	男	汉	四川内江	2006年12月被四川省清欠办评为"四川省清欠工作先进个人"
赖　维	男	汉	四川中江	被成都市政府授予"2006年人防工作先进个人"称号
何军华	女	汉	安　徽	2006年4月被中共成都市委、成都市政府评为"'十五'时期人口与计划生育先进个人"
祖修亮	男	汉	河南柘城	2006年被中共成都市委、成都市人民政府评为"成都市信访工作先进工作者"
马　杰	男	汉	四川成都	2006年10月被四川省公安厅评为"全省公安机关金盾工程一期建设先进个人"
王　翔	男	汉	四川成都	2006年6月被中共成都市委授予"成都市优秀村(社区)党组织书记"称号
谢炳成	男	汉	四川成都	2006年4月被成都市政府评为"2003~2005年度成都市爱国卫生先进工作者"
陈光前	男	汉	四川省峨眉山市	2006年2月被《中国教育报》评为全国最具人气的十大中小学校长;5月被中央教科所等6家单位评为首届中国教育管理科学人物

(刘伯飞)

统计资料

STATISTICAL DATA

2006年成都高新区人口、劳动力及土地面积统计表

表93

指标名称	计量单位	序号	全区本年	全增减%
人口、劳动力及土地面积	—		0	0
年末总人口	万人	001	21.91	6.205
其中:非农业人口	万人	002	19.26	48.382
年平均人口	万人	003	0	0
常住人口	万人	004	28.08	~0.39
暂住人口(一个月以上)	万人	005	0	0
年出生人口	人	006	1524	0
年死亡人口	人	007	585	0
年末总户数	万户	008	74278	0
年末单位从业人员数	万人	009	4.28	6.203
其中:长期职工	万人	010	3.94	0
行政区域土地面积	平方公里	035	82.5	0

2006年成都高新区生产总值(当年价格)统计表

表94

指标名称	计量单位	序 号	全区本年	全增减%
综合经济	—		0	0
地区生产总值(当年价格)	万元	041	1821530	29.259
第一产业增加值	万元	042	2608	~69.158
第二产业增加值	万元	043	1218907	36.389
其中:工业增加值	万元	044	949967	42.96
第三产业增加值	万元	045	600015	16.19
其中:交通运输仓储及邮政业	万元	046	59330	12.566
信息传输、计算机服务和软件业	万元	047	92719	20.648
金融业	万元	048	36486	15.174
房地产业	万元	049	84215	24.713
科学研究、综合技术服务和地质勘查	万元	050	61201	13.04
地区生产总值(2000年价格)	万元	051	1789045	38.659
人均地区生产总值	元	052	83400	22.108
地区生产总值增长率	%	053	27	~6.897

2006年成都高新区财政、金融、保险统计表

表95

指标名称	计量单位	序 号	全区本年	全增减%
财政、金融、保险	—		0	0
地方财政一般预算内收入	万元	054	132023	29.064
其中:各项税收	万元	055	286687	1941.639
其中:企业所得税	万元	056	0	0
个人所得税	万元	057	0	0
地方财政一般预算内支出	万元	058	146089	16.358
其中:基本建设支出	万元	059	0	0

续表

指标名称	计量单位	序　号	全区本年	全增减%
企业挖潜改造资金	万元	060	0	0
科技三项费用	万元	061	4039	0
城市维护费	万元	062	0	0
科学支出	万元	063	95	0
教育支出	万元	064	8692	0
医疗卫生支出	万元	065	0	0
抚恤和社会福利救济	万元	066	0	0
社会保障补助支出	万元	067	0	0
政策性补贴支出	万元	068	0	0
年末金融机构存款余额	万元	069	1760000	37.061
其中:城乡居民储蓄年末余额	万元	070	0	0
年末金融机构各项贷款余额	万元	071	1180000	57.649

2006年成都高新区农业统计表

表96

指标名称	计量单位	序号	全区本年	全增减%
农业	—		0	0
年末耕地总资源	千公顷	078	0.04	~99.521
蔬菜产量	吨	079	7899	~27.339
水果产量	吨	080	0	0
肉类总产量	吨	081	1739	~74.472
奶类产量	吨	082	726	~77.71
水产品产量	吨	083	0	0

2006年成都高新区工业统计表

表97

指标名称	计量单位	序号	全区本年	全增减%
工业	—		0	0
国有及年销售收入500万元以上非国有	—		0	0
工业企业数	个	084	272	~2.509
工业总产值(当年价)	万元	092	2386500	47.293
流动资产年平均余额	万元	101	1793239	21.864
固定资产净值年平均余额	万元	102	949581	62.181
主营业务收入	万元	103	2254714	50.763
主营业务税金及附加	万元	104	2234403	22381.17
本年应交增值税	万元	105	83995	42.386
利润总额	万元	106	173225	43.162

2006年成都高新区内外贸易、外经、旅游统计表

表98

指标名称	计量单位	序号	全区本年	全增减%
内外贸易、外经、旅游	—		0	0
限额以上批发和零售业商品销售总额	万元	132	1306021	~2.433
社会消费品零售总额	万元	133	474411.7	20.055
限额以上批发零售企业数(法人数)	个	134	21	~51.163
其中:零售业	个	135	11	~50

续表

指标名称	计量单位	序号	全区本年	全增减%
货物出口额(海关数)	万美元	137	7.01	82.078
外商直接投资:	—		0	0
当年新签项目(合同)个数	个	138	363	560
当年合同外资金额	万美元	139	454681	1158.424
当年实际使用外资金额	万美元	140	2479.24	~87.806

2006年成都高新区固定资产投资统计表

表99

指标名称	计量单位	序号	全区本年	全增减%
固定资产投资	—		0	0
全社会固定资产投资总额	万元	146	1754000	50.12
其中:城镇固定资产投资额	万元	147	0	0
其中:房地产开发投资额	万元	148	647300	110.747
其中:住宅	万元	149	607000	101.379
全年新增固定资产	万元	150	0	0
商品房屋销售面积	万平方米	151	160.95	132.318
其中:住宅	万平方米	152	153.19	129.121
其中:别墅、高档公寓	万平方米	153	0	0
商品房屋销售额	万元	154	700700	132.411
其中:住宅	万元	155	664000	120.295
其中:别墅、高档公寓	万元	156	0	0

2006年成都高新区人民生活、社会保障统计表

表100

指标名称	计量单位	序号	全区本年	全增减%
人民生活、社会保障	—		0	0
在岗职工平均人数	万人	189	4.16	28.793
在岗职工工资总额	万元	190	112758.9	98.135
城镇居民人均可支配收入	元	191	13181.47	0
城镇居民人均消费支出	元	192	7467.72	0
其中:(1)食品	元	193	3609.46	0
(2)衣着用品	元	194	1051.14	0
(3)家庭设备、用品及服务	元	195	344.75	0
(4)医疗保健	元	196	149.73	0
(5)交通和通讯	元	197	920.16	0
(6)娱乐、教育、文化服务	元	198	515.44	0
(7)居住	元	199	662.78	0
每百户居民家庭拥有:	—		0	0
(1)家用汽车	辆	200	23.33	0
(2)家用电脑	台	201	43.33	0
人均住房使用面积	平方米	202	29.61	0
居民消费价格指数(上年为100)	%	203	0	0

(以上资料由经发局统计处提供)

2006年国家高新区企业主要经济指标(一)

表101

单位:家、人、千元、千美元

高新区	企业数	年末从业人员	职工	总收入	工业总产值	工业增加值	出口创汇总额
北　京	18096	791273	631780	674405084	34490303	61520000	13727573
天　津	3058	190533	166040	96601054	78135747	14841874	3076827
石家庄	517	75368	65285	50747032	40865180	10852906	268207
保　定	136	39867	34625	22244499	21446795	3998270	595582
太　原	659	87846	77889	63800868	60884298	15796245	134559
包　头	427	95810	84451	42153796	43094358	13872589	452672
沈　阳	871	89648	83534	90020566	75118588	13835536	805970
大　连	1732	168323	140857	88125562	70129019	19786294	2147269
鞍　山	432	84285	73195	36259676	31253723	8628856	113514
长　春	831	93501	84271	110619451	106065492	30030306	317622
吉　林	607	83822	76528	65249964	61372638	18727165	179396
哈尔滨	420	104230	97385	63403486	53516916	12809900	341259
大　庆	311	74000	52191	43028962	41286758	10774967	67348
上　海	755	212826	180212	305585668	243005391	57139796	17333195
南　京	224	124614	95882	178402310	167060928	20372909	6442668
常　州	601	96464	88265	57794973	58031535	13344105	1478786
无　锡	608	198099	149038	164991350	164392794	63929881	44007192
苏　州	625	227153	208643	178779686	150514445	36075531	20352038
杭　州	675	91363	78363	104699905	80486243	11162480	6228052
合　肥	274	78326	68699	58698042	53797577	19204407	507193
福　州	179	51097	38311	26152215	27172795	6343134	874710
厦　门	180	56972	44819	73297130	73558885	17969016	4129179
南　昌	283	83479	59366	38745611	35844843	11350566	332765
济　南	380	85209	80044	66588487	58745025	15088836	814108
青　岛	186	69255	64130	66864277	63636466	17508731	1674367
淄　博	209	63898	88300	62809165	60300966	16399989	911163
潍　坊	299	91428	80966	62086709	58640951	15392137	797857
威　海	187	59239	54509	49129797	47646133	13739088	2848794
郑　州	474	73825	71431	49975331	43044891	13761509	225034
洛　阳	319	59047	54318	37320850	31400386	6051298	405507
武　汉	1066	162303	147941	100407208	88941560	30249691	430554
襄　樊	141	50402	47430	33785591	31723859	8897305	85065
长　沙	701	120828	107735	79087903	69001517	18409166	648952
株　洲	169	45888	42811	27541708	26302512	7716589	254777
广　州	1293	139421	109986	127113496	98792000	20199909	3903625
深　圳	348	173975	160946	164334127	160192888	32627359	7507153
珠　海	427	136361	107144	79322201	79197868	15493883	5931618
惠　州	168	96342	76896	64309686	64070811	44872426	5656115

续表

高新区	企业数	年末从业人员	职工	总收入	工业总产值	工业增加值	出口创汇总额
中山	394	72902	60364	70639684	67509803	15267592	4590999
佛山	98	64266	50772	43611480	44499556	8413564	2927937
南宁	329	59824	52710	32541027	22701059	7126386	126630
桂林	247	65457	58496	22000296	22037796	7063807	287512
海南	125	22415	20818	16324327	16941493	3330987	157553
成都	828	175494	160988	105308660	84130320	28839210	870374
重庆	425	117782	96523	52235657	40042666	11364869	714352
绵阳	112	47153	22991	26103045	24675677	4610128	429538
贵阳	115	59305	51464	17666707	17386514	4873232	217163
昆明	97	39172	33136	39290221	37233049	5881704	643472
西安	3200	211154	177540	137997120	95769095	29256398	1460251
宝鸡	246	66974	60941	27731293	27705477	8114840	285226
杨凌	104	13588	11304	3971418	2700468	819521	69994
兰州	463	45399	39388	20193621	17910765	3913608	55654
乌鲁木齐	177	19798	116280	11725317	5043081	1338905	546337
合计	45828	5737003	4887931	4331990599	3589896903	852052370	136088257

摘自科技部火炬高技术产业开发中心《火炬中心 2006 统计资料》

2006年国家高新区企业主要经济指标(二)

表102 单位:千元

高新区	净利润	实际上缴税额	年末资产	年末负债
北京	39612697	24225473	958543861	482532530
天津	6859442	4637012	117767689	61019013
石家庄	1479187	2293122	52119992	33546773
保定	1563236	748222	26251756	12634140
太原	2610406	3911956	59726880	35493388
包头	1680997	1373017	51342159	3273733
沈阳	433068	5798634	102037599	56687031
大连	4276252	3683439	116357112	32833252
鞍山	1498332	1901616	27222988	18007378
长春	3535880	11540005	74841317	34254172
吉林	2420967	3509848	54688024	21829959
哈尔滨	2674637	2698554	105558242	66549639
大庆	2298421	2434637	42870229	22225849
上海	18025704	10568583	271203379	121626130
南京	7385332	5695879	106770033	53379641
常州	2885357	2387543	52234273	31512535
无锡	8816257	4609275	12343988	70255266
苏州	5564965	3813032	107840666	62983044

续表

高新区	净利润	实际上缴税额	年末资产	年末负债
杭　州	4336991	3716534	87078941	51729062
合　肥	3871324	9405780	68021002	33454607
福　州	788547	1056449	27210514	15081208
厦　门	4375485	3931634	40721757	30076371
南　昌	1800957	4072466	47310450	22567066
济　南	868101	5160677	60328109	32584518
青　岛	1844763	2789220	53101982	29823058
淄　博	4578339	4381945	60777652	28575849
潍　坊	3111113	2940002	47842388	29430068
威　海	2402841	2488376	28471651	16021122
郑　州	3948634	3519554	50629726	26643529
洛　阳	1321910	1978761	39906753	24901555
武　汉	5601927	5025545	126773846	71038520
襄　樊	1979745	2713044	31564588	15965499
长　沙	3366435	3342641	97346155	53326986
株　洲	1639403	1331329	29836301	16503937
广　州	5245610	3614229	122860790	74514501
深　圳	7073148	6876299	121357725	71903595
珠　海	3527370	1223332	63139487	38611207
惠　州	1517490	1002514	17309072	20110630
中　山	2199836	1371343	44708916	26722766
佛　山	1527779	1313331	28711078	19584745
南　宁	1846317	1556801	21764868	13299249
桂　林	1170375	1528021	24711515	13830125
海　南	123652	1307572	16098040	9103607
成　都	8671743	4969611	105563163	56000282
重　庆	2359361	2787937	61547746	36471508
绵　阳	532883	789779	22431601	10743753
贵　阳	510583	1017435	23682253	12397377
昆　明	2340424	1679658	36958108	23236551
西　安	6542583	9032398	231598062	125410684
宝　鸡	1905148	2280585	32258180	17856940
杨　凌	117374	90637	10104580	5005819
兰　州	1067447	1139837	40639020	26345270
乌鲁木齐	384072	386268	15061618	8092253
合　计	212850847	197711391	4398447824	2384207290

摘自科技部火炬高技术产业开发中心《火炬中心 2006 统计资料》

国家高新区名录

表103

1	中关村科技区	28	潍坊高新技术产业开发区
2	天津新技术产业园区	29	威海火炬高新技术产业开发区
3	石家庄高新技术产业开发区	30	郑州高新技术产业开发区
4	保定高新技术产业开发区	31	洛阳高新技术产业开发区
5	太原高新技术产业开发区	32	武汉东湖高新技术开发区
6	包头高新技术产业开发区	33	襄樊高新技术产业开发区
7	沈阳高新技术产业开发区	34	长沙高新技术产业开发区
8	大连高新技术产业开发区	35	株洲高新技术产业开发区
9	鞍山高新技术产业开发区	36	广州高新技术产业开发区
10	长春高新技术产业开发区	37	深圳高新技术产业开发区
11	吉林高新技术产业开发区	38	珠海高新技术产业开发区
12	哈尔滨高新技术产业开发区	39	惠州高新技术产业开发区
13	大庆高新技术产业开发区	40	中山火炬高新技术产业开发区
14	上海高新技术产业开发区	41	佛山高新技术产业开发区
15	南京高新技术产业开发区	42	南宁高新技术产业开发区
16	常州高新技术产业开发区	43	桂林高新技术产业开发区
17	无锡高新技术产业开发区	44	海口高新技术产业开发区
18	苏州高新技术产业开发区	45	成都高新技术产业开发区
19	杭州高新技术产业开发区	46	重庆高新技术产业开发区
20	宁波高新技术产业开发区	47	绵阳高新技术产业开发区
21	合肥高新技术产业开发区	48	贵阳高新技术产业开发区
22	福州高新技术产业开发区	49	昆明高新技术产业开发区
23	厦门高新技术产业开发区	50	西安高新技术产业开发区
24	南昌高新技术产业开发区	51	宝鸡高新技术产业开发区
25	济南高新技术产业开发区	52	杨凌农业高新技术产业开发区示范区
26	青岛高新技术产业开发区	53	兰州高新技术产业开发区
27	淄博高新技术产业开发区	54	乌鲁木齐高新技术产业开发区

（区地方志办公室）

文件存目

SELECTIED DOCUMENTS

2006年中共成都高新区工委文件目录

时间	文件号	文件名
2.6	成高委发(2006)1 号	中共成都高新区工委关于印发李昆学同志在高新区党工委、管委会工作会议上的重要讲话的通知
1.26	成高委发(2006)2 号	中共成都高新区工委、成都高新区管委会关于印发成都高新区党工委、管委会工作会议报告的通知
3.6	成高委发(2006)3 号	中共成都高新区工委、成都高新区管委会关于表彰 2005 年度安全生产先进单位和先进个人的通知
3.6	成高委发(2006)4 号	中共成都高新区工委、成都高新区管委会关于表彰 2005 年度城市管理先进单位和先进个人的通知
3.6	成高委发(2006)5 号	中共成都高新区工委、成都高新区管委会关于印发 2006 年度高新区农村集体资产处置工作实施方案的通知
3.7	成高委发(2006)6 号	中共成都高新区工委、成都高新区管委会关于表彰 2005 年度十强企业、纳税大户、优秀高新技术企业、出口创汇重点企业、优秀创业企业、优秀服务型企业、优秀慈善企业的决定
3.13	成高委发(2006)7 号	中共成都高新区工委、中共成都市武侯区人民武装部委员会 关于表彰 2005 年度民兵预备役工作先进单位及个人的通报
4.10	成高委发(2006)8 号	中共成都高新区工委、成都高新区管委会关于印发《成都高新区 2006 年度党风廉政建设和反腐败任务分工》的通知
4.13	成高委发(2006)9 号	中共成都高新区工委、成都高新区管委会关于表彰 2005 年度维稳、综治、防邪、信访工作先进集体(单位)和先进个人的决定
4.29	成高委发(2006)10 号	中共成都高新区工委、成都高新区管委会关于推进城乡一体化对农村居民和失地农民子女实施免费高中教育的决定
5.8	成高委发(2006)11 号	中共成都高新区工委关于进一步加强和改进新时期工会工作的意见
5.30	成高委发(2006)12 号	中共成都高新区工委、成都高新区管委会关于命名 2005 年度区级文明单位的通知
6.5	成高委发(2006)13 号	中共成都高新区工委、成都高新区管委会关于印发 2006 年度成都高新区党工委、管委会各单位工作目标的通知
6.14	成高委发(2006)14 号	中共成都高新区工委、成都高新区管委会关于表彰高新区创建全国文明城市工作先进单位和先进个人的决定
6.19	成高委发(2006)15 号	中共成都高新区工委、成都高新区管委会关于加快产业发展年工作的实施意见
6.29	成高委发(2006)16 号	中共成都高新区工委关于表彰先进企业党组织、优秀村(社区)党支部书记的决定
9.11	成高委发(2006)17 号	中共成都高新区工委、成都高新区管委会关于冯亚曦同志分工的通知
10.10	成高委发(2006)18 号	中共成都高新区工委关于成立成都市武侯区第五届、成都市郫县第十六届人大代表选举工作高新区领导小组的通知
11.1	成高委发(2006)19 号	中共成都高新区工委、成都高新区管委会关于命名平安村社区(村)、单位和学校的决定
12.28	成高委发(2006)20 号	中共成都高新区工委、成都高新区管委会关于印发《成都高新区全民法制宣传教育第五个五年规划》的通知

(朱　静)

2006年成都高新区管委会文件目录

时间	文件号	文件名
1.18	成高管发(2006)1号	成都高新区管委会关于印发《2006年成雅高速路两侧容貌改造实施意见》的通知
1.25	成高管发(2006)2号	成都高新区管委会关于协助成都市地籍数据库建设调查工作的报告
1.26	成高管发(2006)3号	成都高新区管委会关于成都高新技术产业开发区西部园区公共设施建设项目向国家开发银行贷款有关问题的通知
2.5	成高管发(2006)4号	成都高新区管委会关于新北小区四、五期居民生活用电电费缴解有关工作的通知
2.21	成高管发(2006)5号	成都高新区管委会关于印发成都高新区就业实名制工作实施方案及成都高新区劳动力资源调查工作方案的通知
3.6	成高管发(2006)6号	成都高新区管委会关于印发《成都高新区鼓励农转非小区配套经营场所用于促进充分就业的暂行办法》的通知
3.7	成高管发(2006)7号	成都高新区管委会关于授予李伯刚等197名同志2005年度企业经营发展优秀奖的决定
3.13	成高管发(2006)8号	成都高新区管委会关于印发2006年城市容貌整治工作实施意见的通知
3.16	成高管发(2006)9号	成都高新区管委会关于"成都高新技术开发区西部园区公共设施"建设项目向国家开发银行贷款有关问题的通知
3.21	成高管发(2006)10号	成都高新区管委会关于印发高新区2006年防汛抢险预案的通知
4.7	成高管发(2006)11号	成都高新区管委会关于印发《高新区农业普查领导小组成员单位工作职责细则》的通知
4.7	成高管发(2006)12号	成都高新区管委会关于开展第二次全国农业普查的通知
4.17	成高管发(2006)13号	成都高新区管委会关于印发2006年人口和计划生育工作要点的通知
4.20	成高管发(2006)14号	成都高新区管委会关于加强食品生产加工业质量安全整治工作的意见
5.11	成高管发(2006)15号	成都高新区管委会、国家开发银行四川省分行关于成立开发性金融合作领导小组及开发性金融合作办公室的通知
5.29	成高管发(2006)16号	成都高新区管委会转发经贸发展局雨污水分流工作实施意见的通知
6.12	成高管发(2006)17号	成都高新区管委会关于调整新型农村医疗保障标准的通知
6.21	成高管发(2006)18号	成都高新区管委会关于授予何镜如等同志2006年度"成都高新区再就业之星"称号的决定
6.21	成高管发(2006)19号	成都高新区管委会关于开展2006年南部园区农转非人员安置工作的通知
6.22	成高管发(2006)20号	成都高新区管委会关于印发成都高新区"禁宰"工作实施方案的通知
7.11	成高管发(2006)21号	成都高新区管委会关于成立成都高新区政务服务工作领导小组的通知
7.14	成高管发(2006)22号	成都高新区管委会关于成都高新区西部园区高新技术产业配套平台公共设施建设项目融资建设有关问题的通知
8.2	成高管发(2006)23号	成都高新区管委会关于成立成都高新顺江学校和成都高新大源学校的通知
8.11	成高管发(2006)24号	成都高新区管委会关于印发《高新区乡村公路养护和建设管理办法》的通知
8.11	成高管发(2006)25号	成都高新区管委会关于印发《成都高新区关于创建国家知识产权示范城市工作的实施意见》的通知
8.25	成高管发(2006)26号	成都高新区管委会关于开展财政专项资金管理使用情况和私设"小金库"清理检查工作的通知
8.30	成高管发(2006)27号	成都高新区管委会关于印发贫困群众医疗救助暂行办法的通知
9.5	成高管发(2006)28号	成都高新区管委会关于印发成都高新区农转居示范点建设实施意见的通知
9.9	成高管发(2006)29号	成都高新区管委会关于认定四川正东制药有限责任公司制药厂项目为停工工程的通告
9.14	成高管发(2006)30号	成都高新区管委会关于印发《成都高新区建筑施工企业安全生产、文明施工业绩考评暂行办法》的通知
9.17	成高管发(2006)31号	成都高新区管委会关于成都高新区西部园区高新技术产业配套平台公共设施建设项目建设和融资有关问题的通知
10.27	成高管发(2006)32号	成都高新区管委会、成都市武侯区人民武装部关于表彰2005年度征兵工作先进单位和个人的决定
11.6	成高管发(2006)33号	成都高新区管委会关于开展2006年西部园区农转非人员安置工作的通知

续表

时间	文件号	文件名
11.6	成高管发(2006)34 号	成都高新区管委会关于开展 2006 年南部园区农转非人员安置工作的通知
11.7	成高管发(2006)35 号	成都高新区管委会关于转发《成都市人民政府贯彻国务院关于解决农民工问题若干意见的实施意见》的通知
11.13	成高管发(2006)36 号	成都高新区管委会关于印发《成都高新区促进中小型产业化项目加快建设、投产管理暂行办法》的通知
11.21	成高管发(2006)38 号	成都高新区管委会关于成立成都高新区"建设世界一流高科技园区"工作领导小组的通知
11.22	成高管发(2006)39 号	成都高新区管委会关于印发《成都高新区鼓励企业新技术研发和成果产业化扶持政策操作规程》和《成都高新区担保机构奖励资金审批操作规程》的通知
12.23	成高管发(2006)40 号	成都高新区管委会关于加强综合治税工作的通知

（朱　静）

2006年中共成都高新区工委办公室文件目录

时间	文件号	文件名
1.19	成高委办(2006)1 号	中共成都高新区工委办公室、成都高新区管委会办公室关于报送机关事业单位工作人员 2005 年度考核工作总结的报告
2.9	成高委办(2006)2 号	中共成都高新区工委办公室、成都高新区管委会办公室关于近期对有关工作进行专题督查调研的通知
2.20	成高委办(2006)3 号	中共成都高新区工委办公室、成都高新区管委会办公室关于成立高新区水环境综合整治工作领导小组的通知
2.27	成高委办(2006)4 号	中共成都高新区工委办公室、成都高新区管委会办公室关于开展机关干部分片定责促进充分就业工作的通知
3.1	成高委办(2006)5 号	中共成都高新区工委办公室关于对市委办公厅《关于对市公安局<关于推进城乡一体化进一步调整现行户口政策的报告>的通知》的调研论证报告
3.1	成高委办(2006)6 号	中共成都高新区工委办公室、成都高新区管委会办公室关于印发李昆学同志在两委办工作人员座谈会上讲话的通知
3.10	成高委办(2006)7 号	中共成都高新区工委办公室关于中芯国际集成电路制造(成都)有限公司开业庆典仪式有关情况的报告
3.13	成高委办(2006)8 号	中共成都高新区工委办公室关于印发《成都高新区决策咨询和听政制度试行办法》的通知
3.22	成高委办(2006)9 号	中共成都高新区工委办公室、成都高新区管委会办公室关于印发邓川同志 3 月 8 日在高新区调研城乡一体化工作时的讲话的通知
3.24	成高委办(2006)10 号	中共成都高新区工委办公室、成都高新区管委会办公室关于印发《成都高新区 2006 年就业工作要点》的通知
3.28	成高委办(2006)11 号	中共成都高新区工委办公室、成都高新区管委会办公室关于成立高新区大气环境综合整治工作领导小组的通知
3.31	成高委办(2006)12 号	中共成都高新区工委办公室、成都高新区管委会办公室关于配合成都市城市经济调查队做好政府公共服务调查的通知
4.4	成高委办(2006)13 号	中共成都高新区工委办公室、成都高新区管委会办公室关于进一步加强项目促建工作的通知
4.10	成高委办(2006)14 号	中共成都高新区工委办公室、成都高新区管委会办公室关于调整成都高新区地方志编纂委员会成员的通知
4.10	成高委办(2006)15 号	中共成都高新区工委办公室关于调整党工委政法委员会、社会治安综合治理委员会等机构组成人员的通知
4.10	成高委办(2006)16 号	中共成都高新区工委办公室、成都高新区管委会办公室关于调整党工委、管委会领导分工的通知
4.13	成高委办(2006)17 号	中共成都高新区工委办公室、成都高新区管委会办公室关于转发《领导干部在维护社会稳定工作中失职渎职的责任追究办法(试行)》的通知

续表

时间	文件号	文件名
4.14	成高委办(2006)19号	中共成都高新区工委办公室、成都高新区管委会办公室关于表彰2005年信息工作先进单位和先进个人的决定
4.14	成高委办(2006)20号	中共成都高新区工委办公室、成都高新区管委会办公室关于下达2006年信息工作目标任务的通知
5.9	成高委办(2006)21号	中共成都高新区工委办公室、成都高新区管委会办公室关于印发《高新区国家工作人员因私事出国(境)审批暂行办法》的通知
5.10	成高委办(2006)22号	中共成都高新区工委办公室、成都高新区管委会关于贯彻《成都市市级部门公务用车管理暂行规定》的通知
5.11	成高委办(2006)23号	中共成都高新区工委办公室、成都高新区管委会办公室关于印发《成都市人民政府关于认真贯彻执行〈四川省政务服务监督管理办法〉的通知》的通知
5.15	成高委办(2006)25号	中共成都高新区工委办公室关于成立成都高新区职工维权工作领导小组的通知
5.15	成高委办(2006)26号	中共成都高新区工委办公室关于要求对《成都商报》记者孙鹏进行严肃处理的报告
5.25	成高委办(2006)27号	中共成都高新区工委办公室、成都高新区管委会办公室关于印发《〈成都高新技术产业开发区志(1990~2005年)〉篇目》的通知
6.1	成高委办(2006)28号	中共成都高新区工委办公室、成都高新区管委会办公室关于组织开展"学郫县精神，促高新发展"大讨论活动的通知
6.2	成高委办(2006)29号	中共成都高新区工委办公室、成都高新区管委会办公室关于政务服务大厅执行纪律情况的通报(一)
6.3	成高委办(2006)30号	中共成都高新区工委办公室、成都高新区管委会办公室关于印发《新闻发布会实施细则》的通知
6.12	成高委办(2006)31号	中共成都高新区工委办公室、成都高新区管委会办公室关于报送2006年上半年工作总结和下半年工作安排的通知
6.19	成高委办(2006)32号	中共成都高新区工委办公室、成都高新区管委会办公室关于印发李昆学、敬刚同志在高新区加快产业发展座谈会上的讲话的通知
6.19	成高委办(2006)33号	中共成都高新区工委办公室、成都高新区管委会办公室关于政务服务大厅建设和运行情况的通报(二)
6.20	成高委办(2006)34号	中共成都高新区工委办公室、成都高新区管委会办公室关于进一步加强信息工作的意见
7.4	成高委办(2006)35号	中共成都高新区工委办公室、成都高新区管委会办公室关于报送2006年上半年党风廉政建设和反腐败总结暨下半年工作思路的报告
7.10	成高委办(2006)36号	中共成都高新区工委办公室、成都高新区管委会办公室关于印发李昆学同志在庆祝建党八十五周年暨保持共产党先进性教育活动总结大会上的重要讲话的通知
7.14	成高委办(2006)37号	中共成都高新区工委办公室、成都高新区管委会办公室关于印发2006年"扫黄打非"工作方案的通知
7.14	成高委办(2006)38号	中共成都高新区工委办公室关于要求对《成都晚报》见习记者何秀进行严肃处理的报告
7.14	成高委办(2006)39号	中共成都高新区工委办公室、成都高新区管委会办公室关于赴大连经济开发区、青岛高新区考察学习的请示
7.18	成高委办(2006)40号	中共成都高新区工委办公室、成都高新区管委会办公室关于进一步规范使用高新区形象标志的通知
7.25	成高委办(2006)41号	中共成都高新区工委办公室、成都高新区管委会办公室关于成立高新区创建国家森林城市领导小组的通知
8.11	成高委办(2006)42号	中共成都高新区工委办公室、成都高新区管委会办公室关于各部门落实市级管理权限情况的报告
8.29	成高委办(2006)43号	中共成都高新区工委办公室、成都高新区管委会办公室关于转发市政府目督办《加强制度建设，增添工作措施，创新工作方法，取得整治成效——高新区努力开创城管工作新局面》的通知
8.30	成高委办(2006)44号	中共成都高新区工委办公室、成都高新区管委会办公室关于启用新印章的通知
9.14	成高委办(2006)45号	中共成都高新区工委办公室、成都高新区管委会办公室关于文件管理工作的自查报告

续表

时间	文件号	文件名
9.28	成高委办(2006)46 号	中共成都高新区工委办公室关于调整成都高新区职工维权工作领导小组的通知
10.10	成高委办(2006)47 号	中共成都高新区工委办公室、成都高新区管委会办公室关于 2006 年度领导班子民主生活会的情况报告
8.31	成高委办(2006)48 号	中共成都高新区工委办公室、成都高新区管委会办公室关于调整高新区中小学生、婴幼儿住院医疗互助金管理委员会成员名单的通知
10.17	成高委办(2006)49 号	中共成都高新区工委办公室、成都高新区管委会办公室关于拟调整南部园区街道办事处行政管理范围有关情况的报告
10.17	成高委办(2006)50 号	中共成都高新区工委办公室、成都高新区管委会办公室转发《成都市依法治市领导小组办公室 成都市档案局关于印发<成都市档案系统法制宣传教育第五个五年规划>(2006 年~2010 年)通知》的通知
11.8	成高委办(2006)51 号	中共成都高新区工委办公室关于转发《中共成都市委办公厅转发<市纪委关于宁佐福同志违纪情况的通报>的通知》的通知
11.8	成高委办(2006)52 号	中共成都高新区工委办公室关于转发《中共成都市委办公厅成都市人民政府办公厅关于对双流九龙工业港违法用地情况的通报》的通知
11.8	成高委办(2006)53 号	中共成都高新区工委办公室、成都高新区管委会办公室关于对政府投资项目实行审计结果通报的意见
11.21	成高委办(2006)54 号	中共成都高新区工委办公室、成都高新区管委会办公室关于进一步加强基层信访工作队伍建设的请示
11.21	成高委办(2006)55 号	中共成都高新区工委办公室、中共成都高新区工委组织部、中共成都高新区工委目标管理督查办公室、成都高新区管委会目标管理督查办公室,关于下达 2007 年度党报党刊征订发行目标任务的通知
11.22	成高委办(2006)56 号	中共成都高新区工委办公室、成都高新区管委会办公室关于报送 2006 年工作总结和 2007 年工作思路的通知
11.28	成高委办(2006)57 号	中共成都高新区工委办公室、成都高新区管委会办公室关于开展“送温暖、献爱心”慈善捐助活动的通知
11.28	成高委办(2006)58 号	中共成都高新区工委办公室、成都高新区管委会办公室关于认真做好“2006 年下半年市委、市政府部分工作目标抽样调查”的通知
12.1	成高委办(2006)60 号	中共成都高新区工委办公室关于报送高新区统战工作经验交流材料的报告
12.1	成高委办(2006)61 号	中共成都高新区工委办公室、成都高新区管委会办公室关于设立高新区地方志总编辑室的通知
12.19	成高委办(2006)62 号	中共成都高新区工委办公室、成都高新区管委会办公室关于报送 2006 年对台工作总结及 2007 年工作思路的报告
12.27	成高委办(2006)63 号	中共成都高新区工委办公室关于暂缓报道 SCTV-4《新闻现场》栏目有关负面报道的报告

(朱 静)

2006年成都高新区管委会办公室文件目录

时间	文件号	文件名
1.13	成高管办(2006)1 号	成都高新区管委会办公室关于国际商务广场 A 座物业管理招标相关事宜的请示
1.17	成高管办(2006)2 号	关于成都高新区管委会办公室申请城市管理执法局购置工作用车请示的批复
1.19	成高管办(2006)3 号	
1.27	成高管办(2006)4 号	成都高新区管委会办公室关于申请发展策划局购置办公车辆所需编制的请示
1.27	成高管办(2006)5 号	成都高新区管委会办公室关于申请城市管理执法局购置办公车辆所需编制的请示
2.8	成高管办(2006)6 号	成都高新区管委会办公室关于成立中小型企业融资及担保工作领导小组的通知
2.23	成高管办(2006)7 号	成都高新区管委会办公室关于变更成都高新区财政收入目标考核领导小组名称的通知
3.1	成高管办(2006)8 号	成都高新区管委会办公室关于申请购置城市管理执法局用车的请示
3.8	成高管办(2006)9 号	成都高新区管委会办公室关于报送成都高新区政务服务中心基本情况的报告

续表

时间	文件号	文件名
3.9	成高管办(2006)10 号	成都高新区管委会办公室关于申请城市管理执法局购置办公用车的请示
3.9	成高管办(2006)11 号	成都高新区管委会办公室关于申请中国国际贸易促进委员会申请办公用车的请示
3.13	成高管办(2006)12 号	成都高新区管委会办公室关于转发城市管理执法局加强城市日常管理工作实施意见的通知
3.28	成高管办(2006)13 号	成都高新区管委会办公室关于转发科技局关于成都高新区 2006 年水环境综合整治工作实施意见的通知
3.21	成高管办(2006)14 号	成都高新区管委会办公室关于申请拨付西区政务服务中心房屋租赁相关费用的请示
3.28	成高管办(2006)15 号	成都高新区管委会办公室关于转发科技局关于成都高新区 2006 年大气环境综合整治工作实施意见的通知
3.29	成高管办(2006)16 号	成都高新区管委会办公室关于成立高新区管委会应急管理办公室的请示
4.28	成高管办(2006)17 号	成都高新区管委会办公室关于印发成都高新区 2006 年规范化服务型政府建设工作要点的通知
4.28	成高管办(2006)18 号	成都高新区管委会办公室关于转发《四川省人民政府关于印发<四川省行政机关信访听政暂行办法>的通知》的通知
5.10	成高管办(2006)19 号	成都高新区管委会办公室关于调整招生委员会组成人员的通知
5.12	成高管办(2006)20 号	成都高新区管委会办公室关于支持编制《中国名城建设新貌—成都》多媒体光盘的通知
5.25	成高管办(2006)21 号	成都高新区管委会办公室关于调整爱国卫生运动委员会领导小组成员的通知
5.25	成高管办(2006)22 号	成都高新区管委会办公室关于成立国家卫生城市复查迎检工作领导小组的通知
5.26	成高管办(2006)23 号	成都高新区管委会办公室关于进一步深入开展“就业援助 962110”工作的通知
6.12	成高管办(2006)24 号	成都高新区管委会办公室关于印发定点联系帮扶社区(村)弱势群体方案的通知
6.19	成高管办(2006)25 号	成都高新区管委会办公室关于调整高新区防火安全委员会成员的通知
6.20	成高管办(2006)26 号	成都高新区管委会办公室关于切实做好城乡一体化社会救助信息化工作的通知
6.21	成高管办(2006)27 号	成都高新区管委会办公室关于进一步做好失地农民集中居住区就业工作的通知
6.28	成高管办(2006)28 号	成都高新区管委会办公室关于开展食品生产加工业质量安全监管工作自查的通知
6.30	成高管办(2006)29 号	成都高新区管委会办公室关于政务服务中心窗口试运行的通知
7.3	成高管办(2006)30 号	成都高新区管委会办公室关于检察院等单位购置工作用车的请示
7.5	成高管办(2006)31 号	成都高新区管委会办公室关于申请人事劳动和社会保障局购置办公车辆所需编制的请示
7.5	成高管办(2006)32 号	成都高新区管委会办公室关于申请人事劳动和社会保障局购置办公车辆所需编制的请示
7.5	成高管办(2006)33 号	成都高新区管委会办公室关于申请成都出口加工区管理办公室购置办公车辆所需编制的请示
7.10	成高管办(2006)34 号	成都高新区管委会办公室关于印发成都高新区创建中国最佳旅游城市 2006 年宣传工作方案的通知
7.21	成高管办(2006)35 号	成都高新区管委会办公室关于申请办理车辆过户的请示
7.21	成高管办(2006)36 号	成都高新区管委会办公室关于申请办理车辆过户的请示
7.21	成高管办(2006)37 号	成都高新区管委会办公室关于申请办理车辆过户的请示
7.24	成高管办(2006)38 号	成都高新区管委会办公室关于印发自然灾害民政应急处置预案的通知
7.25	成高管办(2006)39 号	成都高新区管委会办公室关于申请政务服务中心整改经费的请示
7.28	成高管办(2006)40 号	成都高新区管委会办公室关于转发城市管理执法局《成都高新区“门前五包”责任制管理实施意见》的通知
8.8	成高管办(2006)41 号	成都高新区管委会办公室关于两委办公室等单位购置工作用车的请示
8.11	成高管办(2006)42 号	成都高新区管委会办公室关于成立成都高新区创建国家知识产权示范城市工作领导小组的通知
8.15	成高管办(2006)43 号	成都高新区管委会办公室转发高新公安消防大队关于进一步加强消防工作的意见
8.17	成高管办(2006)44 号	成都高新区管委会办公室关于申请高新区外事工作办公室购置办公车辆所需编制的请示
	成高管办(2006)45 号	成都高新区管委会办公室关于申请政协工作联络处购置办公车辆所需编制的请示
8.23	成高管办(2006)46 号	成都高新区管委会办公室关于申请高新区人民检察院购置办公车辆所需编制的请示

续表

时间	文件号	文件名
8.24	成高管办(2006)47 号	成都高新区管委会办公室关于申请企业服务中心购置办公车辆所需编制的请示
8.24	成高管办(2006)48 号	成都高新区管委会办公室关于两委办公室购置工作用车的请示
8.28	成高管办(2006)49 号	成都高新区管委会办公室关于申请高新区外事工作办公室购置工作用车的请示
8.30	成高管办(2006)50 号	成都高新区管委会办公室关于《成都市食品添加剂管理办法(代拟稿)》的征求意见函的复函
9.1	成高管办(2006)51 号	成都高新区管委会办公室关于申请环境保护局购置工作用车的请示
9.12	成高管办(2006)52 号	成都高新区管委会办公室关于妥协解决成都化工二厂改革遗留债务有关问题的报告
9.13	成高管办(2006)53 号	成都高新区管委会办公室关于申请成都高新区建设工程施工安全监督站购置工作用车的请示
9.14	成高管办(2006)54 号	成都高新区管委会办公室关于申请高新区物价局购置工作用车的请示
9.15	成高管办(2006)55 号	成都高新区管委会办公室关于高新实验中学等单位购置工作用车的请示
9.29	成高管办(2006)56 号	成都高新区管委会办公室关于成立成都高新区食品安全委员会的通知
10.25	成高管办(2006)57 号	成都高新区管委会办公室关于申请成都高新顺江学校购置工作用车的请示
10.25	成高管办(2006)58 号	成都高新区管委会办公室关于申请成都高新和平学校购置工作用车的请示
10.25	成高管办(2006)59 号	成都高新区管委会办公室关于申请四川省成都高新实验学校购置工作用车的请示
10.25	成高管办(2006)60 号	成都高新区管委会办公室关于申请四川省成都市玉林中学购置工作用车的请示
10.25	成高管办(2006)61 号	成都高新区管委会办公室关于申请四川省成都高新区实验小学购置工作用车的请示
10.25	成高管办(2006)62 号	成都高新区管委会办公室关于申请成都高新区芳草小学购置工作用车的请示
10.25	成高管办(2006)63 号	成都高新区管委会办公室关于申请玉林中学附属小学购置工作用车的请示
10.25	成高管办(2006)64 号	成都高新区管委会办公室关于申请成都高新大源学校购置工作用车的请示
10.25	成高管办(2006)65 号	成都高新区管委会办公室关于申请拨付西区政务服务中心(南剑大楼)房租等费用的请示
10.25	成高管办(2006)66 号	成都高新区管委会办公室关于进一步加强突发公共事件信息报送工作的通知
10.26	成高管办(2006)67 号	成都高新区管委会办公室关于成都高新区西部园区拆迁安置指挥部分工作人员调整的通知
10.27	成高管办(2006)68 号	成都高新区管委会办公室关于调整征兵工作领导小组成员的通知
10.31	成高管办(2006)69 号	成都高新区管委会办公室关于中央投资农村项目有关情况的自查报告
10.31	成高管办(2006)70 号	成都高新区管委会办公室关于转发《成都市人民政府办公厅关于印发<成都市各级政府及行政主管部门负责人安全生产“一岗双责”制度实施办法(试行)>的通知》的通知
11.1	成高管办(2006)71 号	成都高新区管委会办公室关于调整成都高新区食品安全委员会的通知
11.7	成高管办(2006)72 号	成都高新区管委会办公室关于调整高新区财政局办公用房及对办公用房进行装修的请示
11.16	成高管办(2006)73 号	成都高新区管委会办公室关于配合做好市政府和市城管局组织进行满意度测评的通知
11.16	成高管办(2006)74 号	成都高新区管委会办公室关于《关于做好清理领导干部及其配偶、子女经商办企业情况工作的通知》的情况报告
11.20	成高管办(2006)75 号	成都高新区管委会办公室关于成立基督教堂建设协调小组的通知
11.23	成高管办(2006)76 号	成都高新区管委会办公室、成都市武侯区人民武装部关于成都高新区开展国防动员潜力调查的实施意见
11.30	成高管办(2006)78 号	成都高新区管委会办公室关于报送 2006 年度政务服务工作总结和 2007 年工作思路的通知
12.4	成高管办(2006)79 号	成都高新区管委会办公室关于报送 2006 年政务公开自查总结的报告
12.7	成高管办(2006)80 号	成都高新区管委会办公室关于签订高新西区政务中心委托物业管理合同的请示
12.19	成高管办(2006)81 号	成都高新区管委会办公室关于国际商务广场 A 座、B 座地下机动车停车场相关情况的请示
12.21	成高管办(2006)82 号	成都高新区管委会办公室关于开展 2006 年度政务服务工作年度检查有关事项的通知
12.25	成高管办(2006)83 号	成都高新区管委会办公室关于报送成都高新区规范化服务型政府建设 2006 年度工作目标自查总结的报告
12.25	成高管办(2006)84 号	成都高新区管委会办公室关于申请办理车辆调拨的请示
12.25	成高管办(2006)85 号	成都高新区管委会办公室关于申请办理车辆调拨的请示

(朱　静)

附录

APPENDIX

2006年成都高新区党工委管委会领导名录

成都市委常委、成都高新区党工委书记	李昆学
成都市市长助理、成都高新区党工委副书记、管委会主任	敬　刚
成都高新区党工委副书记、管委会副主任	冯亚曦(8月任职)
成都高新区党工委委员、管委会副主任	刘　勇
成都高新区党工委委员、管委会副主任	韩春林
成都高新区党工委委员、管委会副主任	王　琳
成都高新区党工委委员、纪工委书记	高　峰
成都高新区党工委委员、管委会副主任	杜必强
成都高新区党工委委员、组织部部长、人事劳动和社会保障局局长	李岷雪
成都高新区党工委委员、管委会副主任	陆超英
成都高新区党工委委员、管委会副主任	傅学坤(11月任职)
成都高新区党工委委员、党工委管委会办公室主任	宋　辉(11月离任)
成都高新区党工委委员、经贸发展局局长	袁宗勇(11月任党工委委员)
成都高新区党工委委员、成都市武侯区人武部政委	罗　放
成都高新区管委会顾问	张学果
成都高新区党工委巡视员	罗友仁(4月免职)

2006年成都高新区机构及领导名录

党工委管委会办公室
主　任:宋　辉(11月离任)
　　　蔡本刚(12月任职)
副主任:尹　刚　卢哲平

纪工委、监察局
书　记:高　峰
副书记、局长:郑洪华

工委组织部、人事劳动和社会保障局
组织部长、局长:李岷雪(兼)
副局长:马烈红(5月离任)
　　　杨　俊

人大工作联络处
主　任:郭来宝

政协工作联络处
主　任:何静蓉

高新区法院
院　长:王　平
副院长:杜玉成
　　　刘　旭
　　　李陈抒

高新区检察院
检察长:初和平
副检察长:刘盛枝
　　　　王奇志

机关党委
书　记:罗炽星
副书记:张义薇

发展策划局
局　长:侯智龙(8月离职)
副局长:汤继强(10月任职)

地方志办公室
主　任:侯智龙(8月离职)
副主任:谭伯祥

经贸发展局
局　长:袁宗勇
副局长:汤继强(10月离任)
　　　姜　平
　　　熊　平

科技局
局　长:杨　东
副局长:张　敏
　　　郑晋原

投资服务局
局　长:郑　莉
副局长:李　岗

规划建设局
副局长:郑小明
　　　张海涛
　　　王　锋

国土分局
局　长:官　旭(8月任职)
副局长:涂昌毅
　　　成　宁
　　　王普德

财政局
局　长:王晋成
副局长:丛艳萍

社会事业局
局　长:王　冰(1月离任)
　　　吕　毅(2月任职)
副局长:何广全
　　　唐　亮

城市管理执法局
局　长:陆　军
副局长:施华仓
　　　黄永祥(11月离任)
　　　熊　虹(7月任职)

四川成都出口加工区管理办公室
主　任:邱旭东
副主任:苏　昶

高新区国税局
局　长:邓　勇
副局长:何波涛
　　　喻　路

高新区地税局
局　长:李泽民
副局长:向忠穗
　　　董　江
纪检组长:吕　静(2月任职)

高新工商局
局　长:张春林
副局长:李跃新

郭应洪

纪检组长:赵本纪

质量技术监督分局

局　长:李新亚

副局长:张德文

纪检组长:刘友文

公安分局

局　长:何龙成(3月离任)

张绍文(3月任职)

政　委:王启炳(3月离任)

副政委:谢　勇(1月任职)

副局长:白小丁

何安兴

梁鸿测(1月任职)

肖家河街道

党工委书记:易仕礼

办事处主任:王　平

芳草街街道

党工委书记:丁桓仁

办事处主任:樊喜越

石羊街道

党工委书记:蒋天泉

办事处主任:孙　波

桂溪街道

党工委书记:樊晓峰

办事处主任:洪艳享

合作街道

党工委书记:佘　宣

办事处主任:张怀名

创新服务中心

主　任:林　涛

副主任:周　智

高投集团

董事长:平　兴

总经理:何良明

2006年成都高新区表彰单位和个人

十强企业

1. 成都地奥集团
2. 国腾集团
3. 三零集团
4. 国电大渡河流域水电开发有限公司
5. TCL王牌电器(成都)有限公司
6. 成都蓉生药业有限责任公司
7. 英特尔产品(成都)有限公司
8. 成都普天电缆股份有限公司
9. 成都索贝数码科技股份有限公司
10. 海特集团

纳税大户

1. 成都世纪城新国际会展中心有限公司
2. 四川移动通信有限责任公司成都分公司
3. 成都地奥九泓制药厂
4. 成都蓉生药业有限责任公司
5. 成都地奥制药集团有限公司
6. 成都电业高新供电公司
7. 中海兴业(成都)发展有限公司
8. 成都和骏投资有限公司
9. 成都人居置业有限公司
10. 中国联通有限公司成都分公司
11. 中海信和(成都)物业发展有限公司
12. 国电大渡河流域水电开发有限公司
13. 四川汉龙高新技术开发有限公司
14. 成都百施特金刚石钻头有限公司
15. 上海绿地集团成都置业有限公司
16. 成都高新置业有限公司
17. 成都吉锐触摸电脑有限公司
18. 成都新东方置业有限责任公司
19. 成都倍特建设开发有限公司
20. 成都家乐福超市有限公司
21. 迈普(四川)通信技术有限公司
22. 成都普天电缆股份有限公司
23. 亚信科技(成都)有限公司
24. TCL王牌电器(成都)有限公司
25. 成都深长城地产有限公司
26. 四川成发航空科技股份有限公司
27. 成都棠湖屋业发展有限公司
28. 四川大进汽车有限公司
29. 四川川石·克锐达金刚石钻头有限公司
30. 四川华宏国际经济技术投资有限公司
31. 成都倍特药业有限公司
32. 四川通信建设工程有限公司
33. 成都建工混凝土工程有限公司

34. 中国网络通信集团公司四川省分公司
35. 成都卫士通信息产业股份有限公司
36. 成都中冠汽车贸易有限公司
37. 成都住矿电子有限公司
38. 四川三联卷烟材料有限公司
39. 成都红旗连锁有限公司
40. 四川润新投资有限公司
41. 成都宝钢西部贸易有限公司
42. 四川美大康佳乐药业有限公司
43. 成都前锋电子有限责任公司
44. 四川启明星蜀达电气有限公司
45. 成都四威高科技产业园有限公司
46. 成都奥格光学玻璃有限公司
47. 成都新亚通讯技术有限公司
48. 成都科星电力电器有限公司
49. 成都华人房地产开发有限责任公司
50. 成都三瓦窑热电有限公司
51. 成都明昌建设有限公司
52. 成都市任我行软件发展有限责任公司
53. 四川电力建设公司
54. 四川中达成宝汽车有限公司
55. 四川天一科技股份有限公司
56. 四川三精升和制药有限公司
57. 成都兴元房地产开发有限公司兴元丽都项目分公司
58. 成都鹏博士科技股份有限公司
59. 成都索贝数码科技股份有限公司
60. 四川成飞集成科技股份有限公司
61. 四川三和汽车贸易有限责任公司
62. 成都硅宝科技实业有限责任公司
63. 大唐电信科技股份有限公司光通信分公司
64. 四川汇源电力光缆有限公司
65. 成都倍特建筑安装工程有限公司
66. 成都阿尔卡特通信系统有限公司
67. 福建恒安集团厦门商贸有限公司成都分公司
68. 成都贝尔通讯实业有限公司
69. 四川港藤汽车服务有限公司
70. 成都恒瑞制药有限公司
71. 成都九洲迪飞科技有限责任公司
72. 中国农业银行成都市高新技术开发区支行
73. 成都华为通信技术有限公司
74. 成都黄金洲房地产开发有限公司
75. 地奥集团成都药业股份有限公司
76. 赫比(成都)精密塑胶制品有限公司
77. 成都工投资产经营有限公司
78. 成都南星实业有限责任公司
79. 成都新蓉企业公司
80. 四川奥特附件维修有限责任公司
81. 四川通惠房地产开发有限责任公司
82. 成都市商业银行股份有限公司高新支行
83. 成都锦江电子系统工程有限公司
84. 成都青山利康药业有限公司
85. 成都红杏酒家有限责任公司紫荆店
86. 成都能特科技发展有限公司
87. 成都中医药大学华神药业有限责任公司
88. 成都宏基商品混凝土有限公司高新分公司
89. 成都云铜营销有限责任公司
90. 安利捷(成都)汽车技术有限公司
91. 成都金山数字娱乐科技有限公司
92. 成都和德实业有限公司
93. 四川省互惠商业有限责任公司
94. 成都璐佳星电缆有限责任公司
95. 四川南星电力工程有限公司
96. 四川公用信息产业有限责任公司
97. 成都安利捷丰田汽车销售服务有限公司
98. 中国工商银行股份有限公司成都高新技术产业开发区支行
99. 布鲁克(成都)工程有限公司
100. 四川三和汽车服务有限公司
101. 四川圣达集团有限公司
102. 四川通达电器有限公司
103. 成都大旺食品有限公司
104. 成都东盛包装材料有限公司
105. 四川通信科研规划设计有限责任公司
106. 成都赛来控制工程有限公司
107. 成都创新时代置业有限公司
108. 四川港宏西物时代汽车销售有限公司
109. 宝利根(成都)精密模塑有限公司
110. 成都天齐机械五矿进出口有限责任公司
111. 成都旺旺食品有限公司
112. 四川银海软件有限责任公司
113. 四川汇源钢建科技股份有限公司
114. 四川蓝光和骏实业股份有限公司
115. 四川新兴格力电器销售有限责任公司
116. 成都仁孚汽车服务有限公司
117. 成都建国哈飞汽车销售服务有限公司
118. 成都有线电视网络发展有限责任公司
119. 成都市泛林房地产开发有限公司
120. 成都中住光纤有限公司

121. 成都三零盛安信息系统有限公司
122. 中国联合通信有限公司成都分公司
123. 成都荣辉天天渔港餐饮有限公司
124. 四川港宏风神汽车技术服务有限公司
125. 成都好主人宠物食品有限公司
126. 成都银河磁体股份有限公司
127. 成都康宁光缆有限公司
128. 四川光恒通信技术有限公司
129. 麦克奥迪(成都)仪器有限公司
130. 成都威凯高技术有限公司
131. 恒安(四川)家庭用品有限公司
132. 成都瑞升房地产开发(集团)有限公司
133. 四川新通瑞工程技术有限责任公司
134. 成都泰格微电子研究所
135. 四川华雁信息产业股份有限公司
136. 四川士达贸易有限公司
137. 成都天立化工科技有限公司
138. 交通银行股份有限公司成都高新区支行
139. 成都兴业雷安电子有限公司
140. 成都菊乐制药有限公司
141. 成都得道实业有限公司
142. 成都三和汽车技术有限公司
143. 四川永信汽车贸易有限公司
144. 四川天麒医药有限公司
145. 成都新达房地产开发有限公司
146. 飞博创(成都)科技有限公司
147. 成都市第三建筑工程公司
148. 成都市城南佳琳实业有限公司
149. 成都华诚信息产业有限公司
150. 成都旺旺食品有限公司
151. 成都瑞拓科技实业有限责任公司
152. 美施威尔(上海)有限公司
153. 成都紫荆大蓉和餐饮有限公司
154. 成都迈普产业集团有限公司
155. 成都恩威医疗用品有限公司
156. 成都岩锋科技发展有限公司
157. 成都富凯飞机工程服务有限公司
158. 成都维信电子科大新技术有限公司
159. 成都顺康电子有限责任公司
160. 四川飞森房地产开发有限公司
161. 成都嘉隆利食品有限公司
162. 四川路桥桥梁工程有限责任公司
163. 黑龙江省第一建筑工程公司
164. 成都市皇城老妈酒店有限公司
165. 四川华神钢构有限责任公司
166. 中国银行股份有限公司成都高新技术产业开发区支行
167. 成都恒通铝业有限责任公司
168. 四川奇力制药有限公司
169. 成都天融信网络安全技术有限公司
170. 成都迪康中科生物医学材料有限公司
171. 成都四方信息技术有限公司
172. 四川金桥物流有限公司
173. 成都云克药业有限责任公司
174. 成都东银信息技术有限公司
175. 成都联动数码网络有限责任公司
176. 成都国星通信有限公司
177. 四川电信实业集团有限责任公司科技分公司
178. 成都天齐实业(集团)有限公司
179. 成都市棒棒娃实业有限公司
180. 成都星宇软件开发股份有限公司
181. 四川浩特通信有限公司
182. 成都宁江科技发展有限责任公司
183. 成都航利电气有限公司
184. 四川石达油气发展有限公司
185. 成都川大科鸿新技术研究所
186. 成都市雨田骏科技发展有限公司
187. 成都高新区石羊农村信用合作社
188. 成都齐力自动化系统有限责任公司
189. 成都建国车政汽车服务有限公司
190. 成都交大光芒实业有限公司
191. 四川中光高技术产业发展有限责任公司
192. 成都新成食品工业有限公司
193. 成都市第一建筑工程公司
194. 四川东方能源科技股份有限公司
195. 成都大一房地产开发有限公司
196. 成都通信建设工程有限责任公司
197. 成都银都发展有限公司
198. 四川南格尔生物医学股份有限公司
199. 四川远见实业有限公司
200. 四川优机实业有限责任公司
201. 音泰思计算机技术(成都)有限公司
202. 成都安德鲁森食品有限公司
203. 成都国腾实业集团有限公司
204. 成都西南民航通信网络有限公司
205. 弥荣(成都)实业有限公司
206. 赫比(成都)模架制造有限公司
207. 成都飞机工业集团电子科技有限公司
208. 成都新财印务有限公司

209. 成都岸宝纸制品有限公司
210. 四川川新电子系统有限公司
211. 爱发科东方真空(成都)有限公司
212. 爱立信(中国)通信有限公司成都分公司
213. 成都新光微波工程有限责任公司
214. 成都锐达自动控制有限公司
215. 成都倍特厨柜制造有限公司
216. 四川奥邦药业有限公司
217. 成都翔峰包装容器有限公司
218. 四川港宏风神汽车销售有限公司
219. 成都和贵实业有限公司
220. 成都新兴创业投资有限责任公司
221. 四川亚美动力技术有限公司
222. 成都恩威药业有限公司
223. 成都新大洋焊接材料有限责任公司
224. 恒安(四川)卫生用品有限公司
225. 成都宜必思酒店有限公司
226. 成都思摩纳米技术有限公司
227. 成都成田汽车配件有限责任公司
228. 华润食品饮料(成都)有限公司
229. 四川海特航空检测开发有限公司
230. 四川智腾实业股份有限公司
231. 招商局物流集团成都物流有限公司
232. 成都展翔科技实业有限公司
233. 四川亚联高科技有限责任公司
234. 四川峨眉电影频道管理有限公司
235. 成都天帅车业有限公司
236. 成都市第六建筑工程公司
237. 成都平泰制冷设备有限公司
238. 四川瑞格钻井机械有限公司
239. 成都飞泉泵业有限公司
240. 成都华微电子系统有限公司
241. 四川省擎天建筑工程有限公司
242. 信息产业电子第十一设计研究院有限公司
243. 四川华西集团有限公司
244. 成都府河电力自动化成套设备有限责任公司
245. 成都恒泰石化有限责任公司
246. 成都正和药用胶囊有限公司
247. 四川卫士通信息安全平台技术有限公司
248. 威斯通(成都)实业有限公司
249. 四川科成实业集团有限公司
250. 成都前锋机械电器有限责任公司
251. 成都高赛尔金银有限公司
252. 成都市屹邦电气有限公司
253. 四川托日信息工程有限责任公司成都分公司
254. 成都市龙恒化工有限公司
255. 成都府河电气集团有限公司
256. 成都石羊运业有限责任公司
257. 东方日立(成都)电控设备有限公司
258. 四川满庭芳酒楼有限公司
259. 四川华盛强制冷设备有限责任公司
260. 成都三九投资管理有限公司
261. 四川省天宇劳务服务有限公司
262. 四川依米康制冷设备有限公司
263. 成都天进仪器有限公司
264. 成都蜀能环保科技有限责任公司
265. 成都三和新元素汽车服务有限公司
266. 成都恩威保健制药有限公司
267. 成都齐达科技开发有限公司
268. 成都共同投资有限公司
269. 四川天亿电力自动化技术有限责任公司
270. 四川中达凌志汽车有限公司
271. 成都瑞琦科技实业有限责任公司
272. 四川亚东实业有限公司
273. 成都宏昊贸易有限公司
274. 成都恰安汽车贸易有限公司
275. 成都新欣神风电子科技有限公司
276. 四川省仁杰建设工程有限公司
277. 成都娇子实业发展有限公司
278. 四川日立电梯营销工程有限公司
279. 四川天翼网络服务有限公司
280. 四川广博汽车有限公司
281. 成都东方雷神标准电器有限公司
282. 北京奥瑞金种业股份有限公司成都分公司
283. 四川长城天讯数码技术有限公司
284. 四川沱牌药业有限责任公司成都制药厂
285. 成都共同管业有限公司
286. 成都安可信电子有限公司
287. 成都海能达生物医药有限责任公司
288. 成都高新区丰泰商贸有限公司
289. 成都新聚贤置业有限公司
290. 四川蜀厦实业有限公司
291. 成都天元模具技术有限责任公司
292. 英特尔产品(成都)有限公司
293. 成都福尔特贸易有限公司
294. 成都凯捷生物医药科技发展有限公司
295. 四川制药制剂有限公司
296. 成都和捷胜运输有限公司

297. 四川迪康科技药业股份有限公司成都迪康制药公司
298. 四川迪康科技药业股份有限公司
299. 四川金网通电子科技有限公司
300. 中国石油天然气股份有限公司西藏销售分公司成都采调处
301. 成都三和企业集团有限公司
302. 中国对外建设总公司西南分公司
303. 成都汇力兴业能源技术发展有限公司
304. 福建宏盛建设集团有限公司成都分公司
305. 成都市恰都实业有限责任公司
306. 成都平和产业有限公司
307. 四川德先科技有限公司
308. 成都红岩重型汽车物资有限公司
309. 四川先锋汽车维修服务有限公司
310. 成都天科石油化工设计所
311. 成都海宏建筑工程有限公司
312. 成都康特软件科技开发有限公司
313. 四川电力检修公司
314. 四川省蜀通建设总公司
315. 成都世纪投资有限公司
316. 成都贤成汽车贸易有限公司
317. 成都高新区红旗连锁有限公司
318. 成都天奥实业有限公司
319. 四川华新改性沥青有限公司
320. 成都新耀华食品有限公司
321. 成都海祥装饰工程有限公司
322. 成都城电电力工程设计有限公司
323. 成都成嘉运业有限公司
324. 成都绕城高速公路(西段)有限责任公司
325. 成都锐思环保技术有限责任公司
326. 中国电子系统工程第四建设有限公司驻成都办事处
327. 成都市产品质量监督检验所(国家包装产品质量监督检验中心(成都)、成都市质量检验技术研究所)
328. 成都市先进厨具有限公司
329. 成都林海电子有限责任公司
330. 成都衡泰工程管理有限责任公司
331. 四川九立微波有限公司
332. 成都启新汽车服务有限责任公司
333. 四川和平重型汽车车架有限公司
334. 成都五牛科技有限公司
335. 中国石化销售有限公司川渝三川分公司羊西北加油站
336. 成都市石磨豆花餐饮娱乐有限责任公司

优秀高新技术企业

1. 成都地奥九泓制药厂
2. 成都吉锐触摸电脑有限公司
3. 成都倍特药业有限公司
4. 四川中光高技术产业发展有限责任公司
5. 飞博创(成都)科技有限公司
6. 四川天一科技股份有限公司
7. 成都索贝数码科技股份有限公司
8. 成都硅宝科技实业有限责任公司
9. 四川东方能源科技股份有限公司
10. 成都阿尔卡特通信系统有限公司
11. 爱发科东方真空(成都)有限公司
12. 成都恒瑞制药有限公司
13. 赫比(成都)精密塑胶制品有限公司
14. 四川奥特附件维修有限责任公司
15. 成都九洲迪飞科技有限责任公司
16. 成都中医药大学华神药业有限责任公司
17. 迈普(四川)通信技术有限公司
18. 成都百施特金刚石钻头有限公司
19. 音泰思计算机技术(成都)有限公司
20. 四川银海软件有限责任公司
21. 成都卫士通信息产业股份有限公司
22. 成都银河磁体股份有限公司
23. 成都中住光纤有限公司
24. 成都迪康中科生物医学材料有限公司
25. 成都四威高科技产业园有限公司
26. 成都泰格微电子研究所
27. 四川成飞集成科技股份有限公司
28. 四川全网通电子科技有限公司
29. 成都国腾实业集团有限公司
30. 成都四方信息技术有限公司
31. 成都新光微波工程有限责任公司
32. 成都林海电子有限责任公司
33. 四川浩特通信有限公司
34. 成都交大许继电气有限公司
35. 成都岩锋科技发展有限公司

出口创汇重点企业

1. 英特尔产品(成都)有限公司
2. 成都芯源系统有限公司

3. 四川成发航空科技股份有限公司
4. 四川优机实业有限责任公司
5. 成都川投进出口有限公司
6. 成都高赛尔金银有限公司
7. 飞博创(成都)科技有限公司
8. 成都子午实业有限责任公司
9. 成都天齐机械五矿进出口有限责任公司
10. 成都吉锐触摸电脑有限公司
11. 成都柯迈克机械设备进出口有限公司
12. 中芯国际集成电路制造(成都)有限公司
13. 成都康宁光缆有限公司
14. 四川成飞集成科技股份有限公司
15. 成都华高药业有限公司

优秀创业企业

1. 成都梦工厂软件有限公司
2. 成都天星网络防伪技术有限公司
3. 成都锦天科技发展有限责任公司
4. 四川国晶科技有限公司
5. 成都凯恩恩环保科技有限公司
6. 成都金铠甲科技有限公司
7. 成都博宇科技有限公司
8. 成都荣耀科技有限公司
9. 利马高科(成都)有限公司
10. 成都迈思信息技术有限公司
11. 成都雅途生物科技有限公司
12. 四川艾普特信息产业有限公司
13. 成都禾力宝生物肥料有限责任公司
14. 成都泰格通信技术有限公司
15. 成都斯坦福基因信息工程有限公司
16. 成都西谷曙光数字技术有限公司
17. 成都杰良创新石油技术有限公司
18. 四川天阳环保产业有限责任公司
19. 成都时代方宇科技发展有限公司
20. 成都安特电子技术有限责任公司
21. 成都德企通信发展有限责任公司
22. 成都黄金地真空技术开发有限公司
23. 成都华汇实业有限公司
24. 四川瑞迪医疗科技有限公司
25. 成都伟卓环境科技有限公司
26. 成都措普科技有限公司

优秀服务型企业

1. 成都红旗连锁有限公司
2. 四川省互惠商业有限责任公司
3. 成都家乐福超市有限公司
4. 成都荣辉天天渔港餐饮有限公司
5. 成都市皇城老妈酒店有限公司
6. 成都红杏酒家有限责任公司
7. 中国联合通信有限公司成都分公司
8. 中国网络通信集团公司四川省分公司
9. 中国建设银行股份有限公司成都高新支行
10. 成都市商业银行高新支行
11. 成都高新区投资集团有限公司
12. 中海兴业(成都)发展有限公司
13. 成都电业局高新供电公司
14. 成都世纪城新国际会展中心有限公司
15. 四川大进汽车有限公司

优秀慈善企业

1. 成都世纪城新国际会展中心有限公司
2. 成都地奥制药集团有限公司
3. 成都华人房地产开发有限责任公司
4. 成都百施特金刚石钻头有限公司
5. 迈普(四川)通信技术有限公司
6. 成都硅宝科技实业有限责任公司
7. 成都潞佳星电缆有限责任公司
8. 和记黄埔地产(成都)有限公司

促进就业优秀企业

1. 莫仕连接器(成都)有限公司
2. 四川金网通电子科技有限公司
3. 成都璐佳星电缆有限责任公司
4. 成都市邮政局衣冠庙分局
5. 成都新国际会展中心有限公司
6. 成都宜必思酒店有限公司。
7. 成都高建环境卫生服务有限公司
8. 成都石羊环境卫生服务有限公司
9. 成都新城环境卫生服务有限公司
10. 成都高新区合作就业服务公司

中共成都高新区工委
2005~2007年度“七一”表彰名单

创“四好”领导班子先进集体(8个)

中共成都高新区人民法院党组
中共成都高新区人民检察院党组
中共成都高新区工商行政管理局党组
中共成都市公安局高新分局委员会
中共成都高新区地方税务局党组
中共成都市质量技术监督局高新分局党组
中共成都高新区肖家河街道工作委员会
中共成都高新区合作街道工作委员会

先进基层党组织(42个)

中共地奥集团成都药业股份有限公司委员会
中共四川怡和企业(集团)有限责任公司委员会
中共中海兴业(成都)发展有限公司委员会
中共四川禾嘉实业集团有限公司委员会
中共成都高新发展股份有限公司委员会
中共四川省成都市玉林中学委员会
中共成都国腾电子集团支部委员会
中共四川亚美动力技术有限公司支部委员会
中共成都中汇制药有限公司支部委员会
中共四川南格尔生物医学股份有限公司总支部委员会
中共成都哈工大科软信息有限责任公司支部委员会
中共成都颠峰软件有限公司支部委员会
中共成都中海物业管理有限公司支部委员会
中共成都倍特期货经纪有限公司支部委员会
中共成都硅宝科技实业有限责任公司支部委员会
中共成都高新区人力资源开发中心生物支部委员会
中共成都高新区党工委管委会办公室支部委员会
中共成都高新区人事劳动和社会保障局支部委员会
中共成都高新区投资服务局支部委员会
中共成都高新区社会事业局支部委员会
中共成都高新区城市管理执法局支部委员会
中共成都市公安局高新分局肖家河派出所支部委员会
中共成都市公安局高新分局石羊派出所支部委员会
中共成都高新区肖家河街道办事处机关支部委员会
中共成都高新区肖家河街道永丰社区支部委员会
中共成都高新区芳草街街道蓓蕾社区支部委员会
中共成都高新区芳草街街道芳华社区支部委员会
中共成都高新区芳草街街道紫荆社区支部委员会
中共成都高新区石羊街道庆安社区支部委员会
中共成都高新区石羊街道新北社区支部委员会
中共成都高新区石羊街道双河村支部委员会
中共成都高新区石羊街道清和村支部委员会
中共成都高新区桂溪街道办事处机关支部委员会
中共成都高新区桂溪街道和平社区支部委员会
中共成都高新区桂溪街道铜牌村支部委员会
中共成都高新区合作街道办事处机关支部委员会
中共成都高新区合作街道石院村支部委员会
中共成都高新区合作街道顺江村支部委员会
中共成都高新区合作街道安埠村支部委员会
中共四川省成都高新实验中学总支委员会
中共四川省成都市玉林中学第六支部委员会
中共成都高新和平学校支部委员会

优秀党务工作者(32名)

李继勤 薛建能 胡 俊 陈 普 宋相佑 黄秀玲
王有华 孟 艳 张义薇 冉光俊 何 佳 邹中正
郝静宇 邓志诚 曹维光 周 智 廉 朝 叶 波
汪周明 张学文 何新明 游世速 赵笑梅 王 云
陈 林 陈长贵 晏启顺 余 宣 方先琼 任保茂
胡 烨 杨 石

优秀共产党员(185名)

安川勇 张 结 许会元 蔡奇林 刘忠绵 杨 瞻
程 亮 王 斌 孟德颖 陈 刚 付成军 杨鹏飞
蒋跃生 羊 媛 陈鹏飞 王 伟 高永根 罗军波
杨 波 黄孝辉 杜 毅 林玉忠 肖东伟 杜兴明
郭 勇 王晓刚 梁昌荣 杨尚贵 李宇娟 付松龄
杨 春 刘定河 程桂芝 黄诗福 刘 梅 卢哲平
刘期茂 赵若雯 王 磊 朱宏寨 李 勇 徐永红
陈 刚 王 玲 玉 强 熊 宁 汤继强 费亚利
潘华刚 陈 蓓 熊 鹰 杨 君 尹文新 李 锐
方开勤 王亚萍 葛 凌 冯星灿 程晓华 朱红雁
陈 斓 邓玉强 陈 浩 黎 隽 李泽明 王志刚
王继良 王 鹏 宁 坚 焦险峰 方 波 邓海鹰
向 荣 裴源林 张建新 刘永浩 王子琦 赵凯文
刘 华 沈定干 周翠花 宁四清 王亚西 成国忠
张 静 雒小琴 段德云 彭 涌 左 勇 荣 菱
曹德新 邓成华 彭仲怀 杨俊儒 王甫信 罗润英

王祥云　李桂华　陈金权　张跃军　李筱淑　何仕明
刘学真　黄于久　魏柏生　杨秀伦　王素华　曾大蓉
邹自平　高　林　史连贵　尹开钦　郑大荣　王玉珍
雷琼秀　温长君　陈开龙　李修云　赵庆英　黄体伟
王　翔　汤志成　余联春　柯贤玉　陈忠富　陈昌泽
符本建　颜邦宾　李治荣　瞿蓉芳　白　波　徐爱武
李天福　张基勇　罗安松　林健英　汪玉先　林素香
高　冬　杨人瑞　付冬林　陈华永　杨利强　廖德猛
李久林　张怀名　张　蓉　卢德强　黄双全　钟家兴
刘延富　游忠礼　朱兴云　王祥成　肖玉培　秦寿昌
曾杰成　曾文彬　钟健成　杨洪全　王英俊　胡德芳
温传清　王勇全　付　松　唐方剑　李元辉　徐　淼
林华贤　辛　驺　黄仁松　张　海　廖思玉　尹长清
杨燕红　徐建国　李　征　梁　琪　黄本云　高小燕
吴家明　杨中亚　张　丽　李　寅　刘艳萍

2006年度成都高新区社区建设先进单位先进个人优秀社区工作者共驻共建先进单位优秀社区志愿者名单

社区建设先进单位

石羊街道办事处、芳草街街道办事处、肖家河街道办事处、桂溪街道办事处、合作街道办事处、社会事业局、地税局、经贸发展局、财政局、国税局、党工委管委会办公室、党工委、监察局、党工委组织部、人事劳动和社会保障局、规划建设局、国土分局、机关工委、发展策划局、城市管理执法局、创新中心、检察院、出口加工区管理办公室、法院、科技局、投资服务局、公安分局、质量技术监督分局、工商局

社区建设先进个人

孙　波　陈增贵　张远林　洪艳亨　陈　羽　林世良
勒文端　余新伟　王明娟　孟保华　洪　伟　车天祥
何军华　许毓芳　杨同芳　罗　舒　王　倩　邓换生
曾耀林　彭洪力　张义薇　刘智桁　费亚利　张　明
龚贝贝　郭盛良　潘　瑛　李　薇　彭泽良　杨开成
袁　军　赖顺建　龙孟才　张明雪　高晓玲　刘　宏
袁　峻

优秀社区工作者

游世速　何晓勇　王亚西　何新民　曹德新　吴正文
严雨坤　张　静　朱宏涛　宋克基　王志忠　胡万春
张潇潇　高　林　高幼云　韩开慧

共驻共建先进单位

红天鹅宾馆、四川武警森林总队、成都市消防八中队、成都永丰军队干部休养所、和平学校、成都高新实验小学新北校区

优秀社区志愿者

王敏波　陶利平　兰廷伍　文应友　李德荣　郑崇志
白美章　柏月红　黄亨元　彭　红

2006年度城市管理先进单位和先进个人名单

2006年度城市管理先进单位

城市管理执法局、肖家河街道办事处、芳草街街道办事处、石羊街道办事处、桂溪街道办事处、合作街道办事处

2006年度生活垃圾处置费征收先进单位

城市管理执法局、肖家河街道办事处、芳草街街道办事处、石羊街道办事处、桂溪街道办事处

2006年度市容市貌整治先进单位

肖家河街道办事处、芳草街街道办事处、石羊街道办事处

2006年度城市管理疏堵结合先进单位

石羊街道办事处、桂溪街道办事处

2006年度“门前五包”先进单位

肖家河街道办事处、桂溪街道办事处、党工委管委会办公室、成都市公安交警一分局、审计局、人事劳动和社会保障局、发展策划局、经贸发展局、科技局、规划建设局、国土分局、财政局、社会事业局、工商局、公安分局高新投资集团有限公司、兴南投资有限公司工程部

2006年度城市园林绿化管养优秀单位

成都高新区建管绿化工程有限公司、四川大一景观工程有限公司、成都锦苑生态园林工程有限公司

2006年度城市环境卫生管理优秀单位

成都高建环境卫生服务有限公司、成都洁犀保洁服务有限公司、成都高新桂溪环卫服务有限公司、成都石羊环境卫生服务有限公司、成都新城环境卫生服务有限公司、成都绿美佳环卫有限公司、成都鸿鑫景雅环保科技有限责任公司

城市管理先进个人

陆　军　易仕礼　丁桓仁　蒋天泉　樊晓峰　佘　宣
施华仓　黄永祥　熊　虹　王普德　张海涛　王　平
樊喜越　孙　波　洪艳亨　张怀名　王子琪　付真会
林世元　高　建　勒文瑞　唐永贵　钟　立　孟保华
刘　虹　廖礼祥　马玉良　陈　虹　白　波　廖宗儒
周德军　卢哲平　华　蓉　李瑜鹏　彭钰茸　王魏娜
刘大勇　郭盛良　李　锐　刘　辉　彭继咸　赵希岭
陶斯祥　袁　钢　许小东　黄　明　彭　隽　董　兵
宋　刚　何　凯　李燕虹　林鹏飞　曾　林　李标德
李　俊　杨　巍　刘　宏　李　伟　余　静　胡春光
樊　伟　刘　晖　张怀超　温善明　胡文祥　付常林
路　旭　彭　勇　吕建勇　刘　建　谷　颖　刘婷婷
朱红雁　贺从喜　何　明　杨开成　彭照元　张涌帅
陈良政　张　健　车　智

成都高新区2006年度环保先进单位(企业)和个人名单

先进单位(20个)

1. 党工委管委会办公室
2. 经贸发展局
3. 科技局
4. 建设工程施工安全监督站
5. 财政局
6. 社会事业局
7. 城市管理执法局
8. 投资服务局
9. 监察局
10. 工商局
11. 肖家河街道办事处
12. 芳草街街道办事处
13. 石羊街道办事处
14. 桂溪街道办事处
15. 合作街道办事处
16. 四川省成都市玉林中学
17. 高新实验小学新北校区
18. 石羊小学
19. 西源医院
20 . 石羊社区卫生服务中心

先进企业(20个)

1. 英特尔产品(成都)有限公司
2. 宇芯(成都)集成电路封装测试有限公司
3. 成都银河磁体股份有限公司
4. 成都地奥制药集团
5. 成都恩威投资(集团)有限公司
6. 成都康宁光缆有限公司
7. 吉泰安(四川)药业有限公司
8. 成都市高新区西区城市生活污水处理厂
9. 四川双兴建筑工程有限公司市政处
10. 成都高新区建管市政工程有限公司
11. 中建六局第三建筑工程公司
12. 成都市第六建筑工程公司
13. 四川华西集团第十二建筑工程公司

14. 成都市第一建筑工程公司
15. 华西集团四川省第三建筑工程公司
16. 成都皇城老妈酒店有限公司皇城分公司
17. 红杏酒家紫荆店
18. 成都紫荆大蓉和餐饮有限公司
19. 成都海霸王海上海餐饮有限公司
20. 成都宜必思酒店有限公司

先进个人（39名）

刘　强　胡成三　黄　铮　胡　萍　许小东　曾　军
曾　宇　廖　希　叶春云　陈良政　朱红雁　王　锋
冉光俊　李　建　胡桂华　王　平　孟保华　马玉良
汪　凌　孙　波　王明贵　洪艳亨　何明山　黎　献
王英俊　杨　文　陈　康　卢　畅　胡国军　白德波
文世平　沈嘉陵　李国伟　孔令龙　胡家敏　王建民
李书武　罗福平　阮思权

2006年度高新区
安全生产先进单位和个人名单

先进单位

实现安全生产目标先进单位

党工委管委会办公室、监察局、人事劳动和社会保障局经贸发展局、社会事业局、城市管理执法局、公安分局、肖家河街道办事处、芳草街街道办事处、石羊街道办事处、桂溪街道办事处、合作街道办事处

安全生产工作先进单位

工会办事处、科技局、投资服务局、规划建设局、国土局、财政局、出口加工区管理办公室、工商局、质量技术监督局、创新中心

先进生产经营单位（16个）

成都倍特建筑安装公司、成都高新区建管市政工程公司、英特尔（成都）有限公司、成都鑫新华石油液化气有限公司、成都倍特集团高新区科技工业园、四川紫荆影业有限公司、四川兰月科技开发公司、成都高新区教育科技产业园区有限公司、羊西北加油站、飞博创（成都）科技有限公司、成都长江电梯有限公司、成都五牛科技有限公司、四川海特高新技术股份有限公司、四川通达电器有限公司、成都高新和平学校、玉林中学附属小学

先进个人（40人）

郑洪华　罗炽星　王晋成　吕　毅　陆　军　张绍文
蔡本刚　王奇志　王　锋　汤继强　张春林　李新亚
何广全　严　闯　孙　波　王　平　樊喜越　张怀名
洪艳亨　贾树强　冉光俊　张　杰　张　翼　车　飞
余　东　戴　强　孙可欣　刘　嘉　谢　科　周　星
吴安树　宁　坚　魏　勇　左成福　苏宗强　沈定干
李绍杰　李　停　李　刚　何朝阳

2006年度党管武装工作、民兵预备役工作、
国防教育、民兵军事训练先进单位及
先进个人名单

党管武装工作先进单位及先进个人

先进单位（2个）

芳草街街道党工委、桂溪街道党工委

先进个人（3名）

易仕礼　蒋天泉　佘　宣

民兵预备役工作先进单位及先进个人

先进单位（6个）

党工委管委会办公室、纪工委、人事劳动和社会保障局财政局、肖家河街道办事处、石羊街道办事处

先进个人（3名）

樊喜越　洪艳亨　张怀名

国防教育先进单位及先进个人

先进单位（6个）

党工委管委会办公室、社会事业局、人事劳动和社会保障局、公安分局、芳草街街道办事处、石羊街道办事处

先进个人（5名）

刘晓东　杜尚科　周义斌　黄　涛　桂　勇

民兵军事训练先进单位及先进个人

先进单位(2个)

肖家河街道办事处、桂溪街道办事处

先进个人(4名)

付真会　张景山　唐政文　岳炳义

2006年度高新区维稳、防邪、综治、信访工作先进集体和先进个人名单

维护稳定工作先进集体(7个)

党工委管委会办公室、人事劳动和社会保障局、肖家河街道办事处、芳草街街道办事处、石羊街道办事处、桂溪街道办事处、合作街道办事处

防邪工作先进集体(5个)

财政局、社会事业局、城市管理执法局、石羊街道办事处、合作街道办事处

综治工作先进集体(7个)

机关工委、公安分局、肖家河街道办事处、芳草街街道办事处、石羊街道办事处、桂溪街道办事处、合作街道办事处

信访工作和先进集体(8个)

纪工委(监察局)、法院、检察院、经贸发展局、规划建设局、国土分局、石羊街道办事处、桂溪街道办事处

维稳工作先进个人(10名)

李瑜鹏　杨　俊　刘　旭　李　飞　姜　平　王　锋　陶斯祥　伍付全　张学文　舒　英

防邪工作先进个人(10名)

朱宏寨　唐　雅　包小静　杨绍洪　路　旭　梅萍萍　张厚坤　杜尚科　张景山　佘　宣

综治工作先进个人(10名)

白江生　冉启平　谭均录　黄　明　冯星灿　袁子胜　赖顺建　何国庆　杨文星　冉　冉

信访工作先进个人(10名)

刘大勇　唐正平　祖修亮　刘　建　高晓玲　赵凯文　张木军　冯玉明　陈长贵　张怀名

索 引

INDEX

说 明

一、本索引按汉语拼音字母(同音字按声调)顺序排列，内图和表格放入相应字母下按图表顺序排列。彩色插页、相关链接、特载、专文分别注明“彩”、“链”、“特”和“专”。

二、索引款目后的数字表示内容所在的页码，数字后的拉丁字母(a、b)表示栏别(即版面的1、2栏)。

三、以英文字母开头的内容按其对应的汉语拼音顺序排列。

A

安利捷(成都)汽车技术有限公司 137a

安全生产执法检查 164a

安埠村 271a

B

保密宣传教育 48a

保密监督检查 48a

保密技术 48b

保税物流中心工程 92b

保税物流管理 172a

办理出区征税货物流程 180a

办理出区废弃包装物流程 180a

办理出区无商业价值废弃保税物流程 180b

办理出区加工结转业务流程 181a

办理基建物资业务流程 181b

办学成绩 211a

八统一(链) 153b

八圣村 272a

北京奥瑞金种业股份有限公司成都分公司 118a

蓓蕾街社区 258a

标准化管理 188b

兵役工作 249b

博士后工作 227b

表1:成都高新区主要经济指标与各区市县对比表 30

表2:成都高新区地方志编委会及办公室人员变动情况表 60a

表3:2006年土地利用获批文批次表 68

表4:2006年南部园区征地拆迁情况表 71

表5:2006年西部园区征地拆迁情况表 73

表6:成都高新区2004年～2006年土地利用现状变更调查表 74

表7:成都高新区防汛指挥部各成员单位主要职责 78

表8:2006年堤防·险工险段·易淹易涝责任主体及处置方案 79

表9:2006年防汛抢险队伍责任范围 80
表10:防汛物质储备 81
表11:2006年各辖区人口分布表 84
表12:技术创新组团主要指标 93a
表13:1号楼主要技术经济指标 93a
表14:2号楼主要技术经济指标 93a
表15:3号楼主要技术经济指标 93b
表16:天府软件园A地块经济技术指标表 94b
表17:天府软件园B地块经济技术指标表 94b
表18:主要技术经济指标表 95b
表19:园区厂房建筑工程概况表 96a
表20:顺江小区建设规模表 97
表21:规模以上通信设备、计算机及其他电子设备制造企业名录 109b
表22:规模以上医药制造企业名录 114a
表23:规模以上电气机械及器材制造企业名录 116b
表24:规模以上仪器仪表及文化、办公用机械制造企业名录 116b
表25:规模以上种植企业名录 119a
表26:规模以上畜牧企业名录 120b
表27:规模以上食品和饮料制造企业名录 123a
表28:规模以上纸制品和印刷企业名录 124a
表29:规模以上化学原料及化学制品制造企业名录 125a
表30:规模以上橡胶和塑料制品企业名录 125b
表31:规模以上金属制品企业名录 126a
表32:规模以上通用设备制造企业名录 127a
表33:规模以上专用设备制造企业名录 128a
表34:规模以上交通运输设备制造企业名录 129a
表35:2006年限额以上批发零售企业名录 137b
表36:限额以上住宿餐饮企业名录 139a
表37:引进重大外资项目名录 146b
表38:签约重大内资项目名录 146
表39:2006年成都高新区财政收支简表 151b
表40:2006年成都高新区国家税收情况表 153
表41:2006年成都高新区国税年纳税额前30名企业 153
表42:2006年成都高新区地税局组织各类收入累计入库数 156a
表43:2006年成都高新区缴纳地方税收500万元以上企业名单 156b
表44:2006年成都高新区主要商品市场价格表 161
表45:成都高新区创建名牌产品·免检产品表 168
表46:2006年成都高新区“采标”目录 169
表47:专利申请量统计表 187
表48:专利授权量统计表 187
表49:成都高新区获得的中国驰名商标 188
表50:成都高新区获得的四川省著名商标 188
表51:成都高新区获得的成都市著名商标 188
表52:2006年高新技术企业审查项目表 191
表53:2006年创新基金项目 198
表54:2006年国家级火炬计划项目 198
表55:2006年创新基金创业项目 198
表56:2006年国家引智项目 198
表57:2006年科技部国家863计划项目 199
表58:2006年信产部国家电子发展基金项目 199
表59:2006年法国创新计划项目 199
表60:2006年四川省科技攻关项目 199
表61:2006年四川省科技进步奖项目 199
表62:2006年四川省专利实施专项补助资金项目 199
表63:2006年四川省重点技术创新项目 199
表64:2006年成都市科技计划项目 199
表65:2006年成都高新区国家重点新产品计划项目 200a
表66:2006年成都高新区基础教育学校基本情况表 208
表67:2006年成都高新区中小学招生计划完成情况表 208
表68:2006年成都高新区直属小学在校生数表 208
表69:2006年成都高新区直属中学在校生数表 209
表70:2006年成都高新区街道学校在校生数表 209
表71:2006年成都高新区小学在校生数表 210
表72:2006年成都高新区中学在校生数表 210
表73:2006年成都高新区合计在校生数表 210
表74:2006年成都高新区中小学专任教师数表 210
表75:2006年成都高新区自来水及排污水处理费价格表 225b
表76:2006年成都高新区天然气价格表 225
表77:2006年成都高新区电力销售(部分)价格表 225
表78:2006年成都高新区义务教育“一费制”收费价格表 226
表79:2006年成都高新区100岁以上老年人名册 232

表80：成都高新区2006年新建城市道路命名统计表　236
表81：2006年成都高新区优抚对象类别统计表　248
表82：成都高新区肖家河街道社区党支部、居委会主要负责人任职表　252
表83：1996年～2006年肖家河街道办事处经济发展情况一览表　253
表84：成都高新区芳草街街道社区党支部、居委会主要负责人任职表　255
表85：芳草街街道经济发展情况一览表（1996年～2006年）　257
表86：成都高新区石羊（场）街道（乡）社区、村党支部、居委会、村委会主要负责人任职表　259
表87：石羊场街道办事处1996年～2006年　261
表88：成都高新区桂溪（乡街道社区、村党支部、居委会、村委会）主要负责人任职表　264
表89：桂溪街道办事处1996年～2006年经济发展情况一览表　265
表90：成都高新区合作街道村党支部、村委会主要负责人任职表　269
表91：省级以上优秀人物表　274
表92：市级优秀人物表　274
表93：2006年成都高新区人口、劳动力及土地面积统计表　276
表94：2006年成都高新区生产总值(当年价格)统计表　276
表95：2006年成都高新区财政、金融、保险统计表　276
表96：2006年成都高新区农业统计表　277
表97：2006年成都高新区工业统计表　277
表98：2006年成都高新区内外贸易、外经、旅游统计表　277
表99：2006年成都高新区固定资产投资统计表　278
表100：2006年成都高新区人民生活、社会保障统计表　278
表101：2006年国家高新区企业主要经济指标(一)　279
表102：2006年国家高新区企业主要经济指标(二)　280
表103：国家高新区名录　282

C

CMMI（链）　193b
财政管理体制改革　150a
财政预算执行审计调查　157b
残疾人献爱心　233a
产业投资　172a
拆迁安置　270a
常住人口管理　84a
超额完成经济目标　265a
成都高新区党工委管委会办公室（彩）　27
成都高新区人大工作联络处（彩）　30
成都高新区政协工作联络处（彩）　31
成都高新区法院（彩）　32
成都高新区检察院（彩）　33
成都高新区机关党委（彩）　34
成都高新区发展策划局（彩）　35
成都高新区经贸发展局（彩）　36
成都高新区科技局（彩）　37
成都高新区投资服务局（彩）　38
成都高新区规划建设局（彩）　39
成都市国土局高新分局（彩）　40
成都高新区财政局（彩）　41
成都高新区社会事业局（彩）　42
成都高新区城市管理执法局（彩）　43
成都高新区国税局（彩）　45
成都高新区地税局（彩）　46
成都高新区工商局（彩）　47
成都市质量技术监督局高新分局（彩）　48
成都市公安局高新分局（彩）　49
成都高新区地方志编纂委员会办公室（彩）　50
成都市武侯区人民武装部（彩）　51
成都高新区肖家河街道办事处（彩）　52
成都高新区芳草街街道办事处（彩）　53
成都高新区石羊街道办事处（彩）　54
成都高新区桂溪街道办事处（彩）　55
成都高新区合作街道办事处（彩）　56
成都高新区创新中心（彩）　57
成都高新投资集团有限公司（彩）　58
成都高新区党工委　32a
成都高新区管委会　32b
成都高新区党工委办公室　32b
成都高新区党工委组织部　33a

成都高新区肖家河街道党工委 33b
成都高新区芳草街街道党工委 33b
成都高新区石羊街道党工委 34a
成都高新区桂溪街道党工委 34a
成都高新区合作街道党工委 34b
成都高新区发展策划局 35b
成都高新区管委会办公室 35a
成都高新区监察局(审计局) 35b
成都高新区人事劳动和社会保障局 35a
成都高新区投资服务局 36a
成都高新区科技局 36a
成都高新区经济发展局 35b
成都高新区规划建设局 36a
成都市国土局高新分局 36b
成都高新区财政局 36b
成都高新区社会事业局 36b
成都高新区肖家河街道办事处 37a
成都高新区城管执法局 37a
成都高新区芳草街街道办事处 37b
成都高新区石羊街道办事处 37b
成都高新区桂溪街道办事处 37b
成都高新区合作街道办事处 38a
成都高新区人大工作联络处 38a
成都高新区政协工作联络处 38b
成都高新区法院 38b
成都高新区检察院 38b
成都高新区国税局 39a
成都高新区地税局 39a
成都高新区工商局 39b
成都市质监局高新分局 39b
成都高新区创新中心 40a
成都市公安局高新区分局 40a
成都高投集团 40b
成都高新区地方志办公室建制沿革(链) 59b
成都国腾实业集团有限公司 100b
成都三零盛安信息系统有限公司 101a
成都普天电缆股份有限公司 101b
成都索贝数码科技股份有限公司 101b
成都科星科力电器有限公司 102a
成都吉锐触摸电脑有限公司 102a
成都泰格微波技术有限责任公司 102b
成都兴业雷安电子有限公司 102b
成都九洲迪飞科技有限责任公司 103a
成都锦江电子系统工程有限公司 103a
成都川大科鸿新技术研究所 103b
成都康宁光缆有限公司 104a
成都卫士通信息产业股份有限公司 104b
成都贝尔通讯实业有限公司 105a
成都中住光纤有限公司 105b
成都雷思特电子科技有限责任公司 105b
成都西南民航通信网络有限公司 106a
成都天奥集团有限公司 106a
成都华为通信技术有限公司 106a
成都市雨田骏科技发展有限公司 106b
成都中菱无线通信电缆有限公司 106b
成都阿尔卡特通信系统有限公司 107a
成都华诚信息产业有限公司 107a
成都东银信息技术有限公司 107b
成都天奥实业有限公司 108a
成都地奥制药集团有限公司 110b
成都容生药业有限责任公司 111a
成都倍特药业有限公司 111b
成都恩威投资(集团)有限公司 111a
成都菊乐制药有限公司 113a
成都云克药业有限责任公司 113a
成都前锋电子电器集团股份有限责任公司 115a
成都普瑞斯数控机床有限公司 115b
成都科奥达光电技术有限公司 116a
成都宁江科技发展有限责任公司 116a
成都五牛科技有限公司 116a
成都好主人宠物食品有限公司 119b
成都新成食品工业有限公司 122a
成都嘉隆利食品有限公司 122a
成都旺旺食品有限公司 122b
成都市棒棒娃实业有限公司 122b
成都岸宝纸制品有限公司 123b
成都九兴印刷包装有限公司 123b
成都硅宝科技实业有限责任公司 124a
成都思摩纳米技术有限公司 124b
成都东盛包装材料有限公司 125a

成都彩虹塑胶有限公司 125b
成都大中华焊接材料有限公司 125b
成都恒通铝业有限责任公司 126a
成都市南郊锅炉附件厂 126a
成都平和粉末冶金有限公司 126b
成都奥格光学玻璃有限公司 127b
成都百施特金刚石钻头有限公司 127b
成都能特科技发展有限公司 128a
成都新亚通讯技术有限公司 130a
成都电业局高新供电局 130b
成都倍特建筑安装工程有限公司 131a
成都高新区建管市政工程有限公司 131b
成都新高建设经济技术咨询有限公司 132a
成都海宏建筑工程有限公司 132a
成都海祥装饰工程有限公司 132b
成都石羊运业有限责任公司 134a
成都仁孚汽车服务有限公司 135a
成都蚂蚁物流有限公司 135b
成都家乐福超市有限公司 136a
成都红旗连锁有限公司 136a
成都安利捷丰田汽车销售服务有限公司 137a
成都巨新实业有限公司 137b
成都宝钢西部贸易有限公司 137b
成都荣辉天天渔港餐饮有限公司 138a
成都市皇城老妈酒店有限公司 138b
成都红杏酒家有限责任公司紫荆店 138b
成都高新区石羊农村信用合作社 140a
成都倍特建设开发有限公司 140b
成都市深长城地产有限公司 141a
成都南星实业有限责任公司 141a
成都高新投资集团有限公司 141b
成都高新创新投资有限公司 142a
成都新兴创业投资有限责任公司 142b
成都盈泰投资管理有限公司 142b
成都高新投资集团有限公司参股控股企业情况 174
成都高新创新投资有限公司参股企业情况 175
成都高新建设开发有限公司控股企业情况 175
成都高新发展股份有限公司控股参股企业情况 176
成都职业技术学院简介 211a
成都高新区防疫站(链) 220a
晨风村 271b
城市调查 160a
城乡义务教育均衡发展 204b
城市建设管理 253b
充分就业社区 229a
充分解决失地农民就业 269a
从抓源头防腐败 50b
出摊占道整治 88b
出口加工区标准厂房 92b
除“四害”活动 222b
传染病防治 221a
窗口启用部门公章 57a
创省级“平安区县”活动 240a
创建中国最佳旅游城市 217b
创建“疏堵结合”城管新模式 262a
创新政务服务 56a
“创建国家卫生城市”活动 222a
促进充分就业 262a

D

打假治劣工作 169b
打击犯罪 245a
大气污染治理 77a
大源双河小区 96b
大唐电信科技股份有限公司光通信分公司 107b
大蓉和瓦缸酒楼 139a
大源村 268a
代码条码管理 169a
担保服务 172b
党的建设 42a
党员先进性教育 42b
党风廉政建设和反腐败工作会议 49a
党内监督工作 49b
档案法制化建设 170a
档案信息化建设 170b
档案中心建设 170b
德农正成种业有限公司 118a
地籍数据库建设 74a

地税基础管理 154b
地税依法治税 155a
地税队伍建设 155b
地税税收服务 155b
典型刑事案件 245b
典型经济案件 246a
东创建国汽车集团 134b
多党合作和政治协商 46a
督办督察 53b
独柏村 272a
对台对侨事务 46a
对外宣传 45b 178b
对外管理服务 58b

F

法律援助 247a
芳华社区 258a
反腐倡廉宣传教育 49a
防洪抢险预案 78b
防疫工作 221b
分级负责制 78b
妇幼保健 222a
孵化成果 197b
扶残助学就业 232b

G

概况 44a 45b 46a 48a 48b 52b 55b 58a 59a 59b 47a 64a 64b 65a 68a 76a 76b 78a 84a 84b 87b 90a 90b 96a 98a 100a 110b 114b 118a 119a 122a 123a 124a 125a 125b 126a 127a 128b 129b 130a 131a 134a 135a 136a 138a 139b 140b 141b 144a 144b 150a 151b 154a 157a 160a 163a 165a 167b 170a 170b 178a 182b 183b 186a 186b 187a 190a 200a 205b 211a 214a 215a 216a 216b 217b 220a 221b 222a 225a 226a 226b 227b 229b 232a 233a 235a 238a 240a 240b 242b 244a 246a 247b 248a 252a 255a 259a 264b
干部队伍培训 43a
高科技投资项目 171a
高新技术企业认定 190a
高新技术企业认定(链) 193a
高新国际广场 91a
高考 206b
公车管理 62a
工会组织建设 64a
工业污染防治 76b
工商登记 165b
工商行政执法 166a
工商服务规范化建设 167b
工伤保险 230a
工业园社区服务站 255a
共青团·少先队活动 65b
古楠村 272b
关注民生助推和谐构建产业发展与充分就业的双赢格局(专) 20
贯彻实施公务员法 54b
贯彻地方志工作条例 60b
光明村 271b
广告监管 166b
规划实施管理 90b
规划编制 90a
规划监管 90b
桂溪敬老院 232a
国有土地回收回购 74a
国电大渡河流域水电开发有限公司 130b
国有资产管理 150b
国税基础管理 152a
国税依法治税 152b
国税队伍建设 152b
国税税收服务 153a
国际贸易资金管理 173a
国际交流与合作 196a
国防教育活动 250a

H

海特集团 114b
河道管理 76a
和平社区 267b
和记黄埔地产(成都)有限公司 141a
合作村 270b
恒安(四川)卫生用品有限公司 123b
户外广告管理 86b
环保宣传 76b
环境管理体系 78a
环境综合整治 233b

J

基层党组织建设 42b
机关党建 42b
机关食堂 62b
纪检监察信访工作 49b
纪检专业培训 50b
计划人口生育 224a
计划生育服务 224b
计划生育家庭奖励 224b
计量管理 168b
技术平台 194b
技术平台(链) 194b
技术创新组团工程 92b
加工贸易审批流程 179b
价格管理 161a
监所检察 244a
检验检疫监管 184a
检验检疫成果 184b
建设成就 178a
建立长效机制 61b
健康文化教育 222b
交通银行成都分行高新支行 139b
教育管理体制改革 204a
教学管理 206a
街道中层干部交流 55a
节约用水·农村饮用水 76a
经济合作项目 58b
经济快速增长 253a
经济持续发展 256a
经济工作 261a
经济效益显著 269a
金威啤酒(成都)有限公司 123a
金凤村 271b
禁宰工作 166b
就业政策及资金使用 229a
纠正不正之风 50a
举办烹饪大赛 266b
居委会建设 233a

K

科技产业服务中心(政务中心)工程 93b
科技知识产权保护 186b
科技计划管理 190a
科技三项费管理 194a
科技三项费(链) 194a
科技顾问团活动 194a
科技强警 245b
课程改革 205b

L

老干部管理 43b
老年体育活动 216a
老年人社会保障 231a
老年人文化活动 231a
劳动关系协调 64b 228a
劳动用工 228a
劳动保障网格管理 228b
联谊社区 254a
粮食直补 151a

领导关怀(彩) 3
领导班子建设 42a
领导干部队伍建设 42a
领导干部廉洁自律 49a
领导干部经济责任审计 158a
领导和友人临莅区指导 58a
六进(链) 49b
流动人口管理 84a
落实审批权限 57a
落实信访“领导责任制” 61a
律师和公证服务 246a

M

檬梓村 272a
民主政治建设 43b
民俗文化 214a
民事审判 241a
民兵组织建设 248a
民兵军事训练 248b
民兵武器装备管理 249a
民兵参建参治 249a
民族事务 258b
民工生活服务区 265a
模具工业园工程 95b
目标管理 53a

N

农民工子女教育 204a
农民实用技术教育 211a
农转非人员社会保险 230a

P

培训与咨询 196a
普法基础教育 246b

Q

企业风范(彩) 16
企业调查 160b
企业年检 165b
企业培育 195a
前锋村 270b
亲临指导(彩) 8
青少年体育活动 216b
青少年竞技体育比赛 217a
青少年法制教育 246b
清水村 271a
清平村 271a
庆安小区 96b
庆安社区 263a
庆祝活动 200a
区法院综合楼 91b
区人民检察院综合楼 91b
全区教育事业发展 204a
群众来信来访 61a
企业退休人员社会化管理 230b

R

人大联络工作 50b
人大代表活动 51a
人大代表名单 51a
人口增长 224a
人力资源市场 229b
人民调解 246a
人防工程管理与建设 250b
人防教育 250b
任我行软件发展有限责任公司 108a
软件产业调研 46b 201b
软件企业认定 193a
软件产业推进 196b

S

三荐一考一选(链) 44a
三无社区 263b
三瓦窑社区 267b
三合村 272b
“三基”工程 245b
“三位一体”审批体系57b
商标违法案件查处 187b
上海绿地集团成都置业有限公司 140b
少儿住院医疗互助金 230a
涉案物品价格鉴定 161b
社会剪影(彩) 21
社会事务服务中心 58a
社区教育 212a
社区文化 214a
社区体育活动 216a
社区医疗卫生 221b
社会保险投入 230b
社会保险创新 230b
社区组织建设 233a
社区管理 233b
社区服务 234a
社区志愿者活动 235a
社会事务 235b
社会福利 235b
生育保险 230a
审计工作改革 158a
审计制度建设 158b
审计队伍建设 158b
审批流程再造 57a
实现充分就业 253a
实现充分就业 257a
失地农民就业 229a
石院村 271a
市场监管 165b
市容市貌整治 257b
市容市貌综合整治 87b
示范教育 66b
事业单位人事制度改革 54a
收集资料 60a
收费管理 161a 206a
数字高新(彩) 25
树三心,强三力(链) 44a
“双拥”活动 247b
顺江小区 97a
顺江村 270b
思想政治宣传 45a
四位一体(链) 53b
四川成都出口加工区(西区)工程 92b
四川通达电器有限公司 103a
四川银海软件有限责任公司 104a
四川汇源电力光缆有限公司 104b
四川华雁信息产业股份有限公司 105a
四川通信科研规划设计有限责任公司 105b
四川创意科技有限公司 106a
四川天亿电力自动化技术有限责任公司 106b
四川公用信息产业有限责任公司 108b
四川迪康科技药业股份有限公司 112a
四川奇力制药有限公司 112a
四川美大康佳乐药业股份有限公司 112b
四川南格尔生物医学股份有限公司 113b
四川启明星蜀达电气有限公司 115a
四川依米康制冷设备有限公司 116a
四川亚美动力技术有限公司 116a
四川金利成通江银耳保健品有限责任公司 118b
四川种都种业有限公司 118b
四川禾嘉股份有限公司 122a
四川华西乳业有限公司 122b
四川天一科技股份有限公司 124a
四川华盛强制冷设备有限责任公司 126b
四川希望深蓝空调制造有限公司 126b
四川成发航空科技股份有限公司 128b
四川海特高新技术股份有限公司 128b
四川高建园林建设有限公司 131b
四川三和汽车服务有限责任公司 134a
四川港宏风神汽车销售有限公司 134b
四川港宏风神汽车技术服务有限公司 134b

四川金城物流实业有限公司 135b
四川省互惠商业(集团)公司 137a
四川省老邻居商贸连锁有限责任公司 137b
四川明友汽车服务有限公司 137b
四川满庭芳酒楼有限公司 138b
四川成都出口加工区(链) 182a
四川成都出口加工区海关业务操作流程图 183
司法服务 242a
诉讼监督 244a

T

TCL王牌电器(成都)有限公司 129b
特色街区 218a
特种设备安全监察 169a
体育设施建设 214a
投融资环境调研 41b
投融资体系建设 151a
投资服务管理 178b
通威股份有限公司 120a
通关服务 183a
铜牌村 268a
统计设计 160a
突出招商引资加速产业聚集(专) 17
土地利用规划编修 68a
土地报征 68b
土地供应 70a
土地登记 74a
土地年度变更调查 74b
土地执法监督 75a
土地档案管理 75b
推进城市化进程 265a
拓展社会事业 257a
图1:成都高新区高新国际广场 8
图2:成都世纪城新国际会展中心 12
图3:成都世纪城新国际会展中心外景 19
图4:成都高新区管委会原址 22
图5:成都高新区标准件通道窗口一览 56a
图6:成都高新区社保窗口一角 56a
图7:成都市政务服务中心领导参观考察高新区政务服务中心(南区) 56b
图8:民革中央副主任、四川省人大常委副主任钮小明参观考察高新区政务服务中心 56b
图9:成都高新应急演练现场 59b
图10:在成都高新区桂溪街道辖区收集志书资料 60b
图11:成都高新区机关食堂一角 62b
图12:成都高新区石羊街道总工会 64b
图13:2006年10月,成都高新区共青团工作座谈会 64a
图14:成都高新区青少年暑期活动 65b
图15:成都高新区“三八”妇女节健康知识 66a
图16:成都高新区妇女权益保障法宣讲会现场 66b
图17:成都高新区垃圾压缩站全貌 86a
图18:整治后的二斗渠一角 86b
图19:容貌整治后的神仙树公园一览 87
图20:四川成都出口加工区大门 88
图21:高新国际广场鸟瞰 91b
图 22:高新国际广场一角 91b
图23:成都高新区人民法院综合楼效果图 91b
图24:成都高新区人民检察院综合楼效果图 92a
图25:成都高新区西区政务中心全貌 93
图26:成都高新区天府软件园A地块鸟瞰 94b
图27:成都高新区天府软件园B地块鸟瞰 95b
图28:成都高新区模具工业园一览 95b
图29:成都高新区西部园区道路一景(一) 98b
图30:成都高新区西部园区道路一景(二) 98b
图31:英特尔产品(成都)有限公司厂房一角 101a
图32:成都吉锐触摸电脑有限公司厂房一角 102a
图33:成都锦江电子系统工程有限公司研制的双偏振全相参多普勒天气雷达 103b
图34:四川银海软件有限责任公司厂房一角 104a
图35:成都康宁光缆有限公司厂房一角 104a
图36:四川汇源电力光缆有限公司光缆绞缆机生产线 104b
图37:成都卫士通信息产业股份有限公司研制的中华卫士防火墙 105a
图38:大唐电信科技股份有限公司光通信分公司厂房一角 107b
图39:四川公用信息产业有限责任公司拥有“中国电信钻石五星级数据中心”的IDC数据中心 108b

图40:宇芯(成都)集成电路封装测试有限公司开业庆典 109a
图41:中芯国际集成电路制造(成都)有限公司厂房一角 109b
图42:成都蓉生药业有限责任公司厂房一角 111a
图43:成都倍特药业有限公司厂房一角 111b
图44:成都恩威投资(集团)有限公司大楼外景 112a
图45:四川迪康科技药业股份有限公司厂房一角 112a
图46:四川奇力制药有限公司厂房一角 112b
图47:四川美大康佳乐药业有限公司厂房一角 113a
图48:成都菊乐制药有限公司厂房一角 113a
图49:成都云克药业有限责任公司产品 113b
图50:四川启明星蜀达电气有限公司厂房一角 115b
图51:四川种都种业有限公司总部办公楼一角 118b
图52:位于成都高新区西部园区的油菜籽种植地一角 119
图53:成都高新区大棚种植的瓜果蔬菜 120
图54:四川禾嘉股份有限公司外景 122a
图55:成都旺旺食品有限公司厂房一览 122b
图56:成都思摩纳米技术有限公司外景 124b
图57:四川希望深蓝空调制造有限公司研制的希望深蓝蒸汽型溴机 126b
图58:位于成都市商业中心的成都红旗连锁商场 136b
图59:位于成都市二环路南三段的满庭芳酒楼 139a
图60:成都高新投资集团有限公司融资创建的国家级成都高新区技术创新服务中心 141b
图61:成都高新区科技工业园一角 142
图62:位于成都高新区西区的四川成都出口加工区一角 145
图63:成都高新区软件孵化园一角 148
图64:2006年成都高新区财政支出简图 151b
图65:成都高新区地税服务窗口 156a
图66:高新工商局“3?15”消费者权益活动现场 165a
图67:高新工商局促进就业活动现场 167a
图68:“安好精工”项目合作签字仪式 171b
图69:成都保税物流中心一角 172b
图70:2006年6月28日,四川省委常委、成都市委书记李春城视察保税物流中心 173a
图71:成都保税物流中心鸟瞰(效果图) 173a
图72:四川成都出口加工区西区一览 182b
图73:2006年芳草街街道办事处组织到居民小区进行“科技伴你健康行”宣传活动 193b
图74:位于天府大道中段的成都高新区孵化园全貌 194
图75:位于成都高新区高朋大道起步区的孵化园门户 195a
图76:国家软件产业基地(成都)软件公共技术平台外景 195b
图77:西区集中孵化 195b
图78:2006年4月14日,香港软件外包合作论坛在香港会议展览中心召开 197a
图79:台塑网软件科技公司落户软件园 197a
图80:成都高新区党工委副书记、管委会副主任冯亚曦带队调研 202
图81:2006年1月,成都国际学校迁址高新西区中海国际社区 204b
图82:2006年9月,成都美视国际学校美洲花园新址开校庆典 205a
图83:2006年11月9日,成都高新区“中小学管理现场会”在和平学校举行 205a
图84:2006年9月1日,新建九年一贯制学校大源学校举行开校庆典 206a
图85:四川省第21届青少年科技创新大赛在高新实验小学新北校区举行 207a
图86:2006年11月,成都高新区第五届中小学生运动会在高新实验中学新北校区举行 207a
图87:成都高新区组织名优教师和校长赴华东师范大学学习 207a
图88:全国首届中小学主题班(团、队)会课大赛在玉林中学举行 207b
图89:成都职业技术学院学生白丽娜荣获“2006西部旅游形象大使冠军 211a
图90:2006年4月肖家河街道举行“和谐社区文化健康行”活动 212
图91:社区群众在和谐广场自发开展活动 214a
图92:成都高新区文化执法检查 215b
图93:肖家河社区文化活动 216b
图94:亚足联青少部发展官考察成都高新区小学生足球训练 216b
图95:2006年鸿星尔克国际女子网球系列赛 217
图96:芳草街街道办事处辖区街道一角 218a

图97:紫荆娱乐休闲街区 218
图98:戒烟防癌健康进社区活动 220a
图99:成都高新区卫生监督执法工作 220a
图100:成都高新区医疗防疫工作 220a
图101:成都高新区防疫站建设 220a
图102:成都高新区义务献血活动 221a
图103:成都高新区妇幼保健服务活动 221b
图104:成都高新区召开会议安排部署“爱国卫生运动”工作 222b
图105:除“四害”宣传活动 222b
图106:成都高新区计划生育宣传活动 224a
图107:计划生育入户宣传 224b
图108:石羊街道开展优生优育知识讲座 224b
图109:全国优秀博士后科研工作站奖状 227a
图110:知名专家参加博士后出站考核报告会 227a
图111:博士后在实验室做实验 227b
图112:成都高新区召开劳动保障监察网格化管理工作会 228b
图113:成都高新区社保业务下放街道 230b
图114:2006年5月成都高新区第四届老年游艺活动 231b
图115:成都高新区为老年人提供健康咨询服务 231b
图116:成都高新区残疾人就业招聘会 232b
图117:残疾人助学帮扶 232b
图118:成都高新区社区建设决策咨询会 233b
图119:成都高新区开展社区技术培训 234a
图120:成都高新区2006年关爱救助 234a
图121:成都高新区社区志愿者帮扶活动 234a
图122:成都高新区社区健身场所 234b
图123:成都高新区新社区面貌 235a
图124:成都高新区慈善会成立 235b
图125:成都高新区爱心互助站 236a
图126:成都高新区舞狮表演 238
图127:成都高新区法院耐心接待上访群众 240b
图128:成都高新区法院聘用法官助理、法警工作会 242a
图129:2006年6月,成都高新区检察院接受社会主义法治理念教育情况检查 242b
图130:2006年10月,成都高新人民监督员评议案件会议现场 243
图131:成都高新区检察院调研案情工作会 243b
图132:成都高新区公安分局民警开展警容警姿大练兵活动现场 244b
图133:成都高新公安分局参加会展中心治安执勤工作 244b
图134:成都高新区抗洪抢险演练现场 249a
图135:成都高新区征兵宣传活动现场 249b
图136:成都市委常委、成都高新区党工委书记李昆学参加国防教育活动 250a
图137:肖家河辖区文艺演出 254a
图138:肖家河正街社区创建活动 254b
图139:石羊街道新光社区群众文艺活动扇子舞 263
图140:位于成都高新区的“世纪城”新国际会展中心 267a
图141:位于成都高新区的“世纪城”新国际会展中心远景 267a
图142:合作街道辖区农民成为了现代企业的员工 270b
图143:合作街道办事处引入“小作坊”项目 271a
图144:合作街道辖区群众载歌载舞 272b

W

外贸出口 144a
外商增资 144b
外事交往及活动 58b
外资企业建会 64b
网吧管理 215b
网球赛事 216b
文稿起草 47b
维护稳定 244b
维权活动 66b
违章建筑查处 88b
为民办实事 53b
为老年人办实事 234b
文化站 214a
文化市场专项整治 215b
文化娱乐场所管理 216a
物业管理 62a
物价·酒类执法 161b
无照经营整治 88a
无照经营清理整治 166a

X

西部园区消防站 94a
西部园区基础设施建设 98a
西华村 271a
小流域治理 76a
小学学龄儿童入学率 207b
校园文化 215a
献血管理 221a
协助企业招聘 226b
新版居民身份证办理 71b
新闻管理 45b
新南小区 96b
新北小区 97a
新增就业 229a
新社区建设 235a
新能巷社区 258a
新街社区 262b
新北社区 263a
新光社区 263b
新园社区 264a
新会展中心 266b
新增外资企业 144b
兴蓉社区 254b
行政审判 241b
刑事审判 241a
刑事检察 243a
宣传理论研究 44a
宣传贯彻《信访条例》 61b
宣传教育 163a
学籍管理 206a

Y

亚信科技(中国)有限公司 109a
阳光家园(链) 42b
扬尘污染治理 77b
杨柳村 271b
养老保险 229b
医疗卫生服务 220a
医疗防疫保障网络 221a
1998年～2006年外贸出口额示意图 144a
义务教育 206b
应急管理机构 59a
应急演练 59b
英特尔产品(成都)有限公司 101a
引进中介机构 57b
饮食文化 215a
优化创新服务体系发展高新技术产业(专) 14
优化工作环境 62b
优抚安置 248a
永丰社区 254a
友好往来(彩) 12
雨污分流 76a
宇芯(成都)集成电路封装测试有限公司 109a
玉泉村 270b
园区建设调研 42a
园区设施与配套 98a
园区入驻企业 201b
元通社区 258b

Z

在成都高新区党工委管委会会议上的工作报告(特) 9
再就业培训 229a
招商成果 178b
招商局物流集团有限公司 136a
招商引资调研 50a 202a
招生管理 206b
振奋精神开拓创新奋力开创成都高新区产业发展的新局面(特) 2
政协联络工作 51b
政协委员活动 52a
政协委员名单 62a
政府采购 65b
政务服务中心·政务服务处 55b

政务服务中心运行模式 56a
政策措施(链) 200b
政法队伍建设 240b
“争创全国一流法院”活动 242b
征地拆迁和农转非人员安置 70b
正街社区 254a
职工教育 211a
职工法制教育 247a
职务犯罪预防与查处 243b
质量监督管理 167b
知识产权宣传 186a
知识产权司法保护 186a
执法监察 50b
执行工作 241b
治安防控 245a
治理商业贿赂 50a
制定发展规划 178a
中储成都物流中心 135b
中海地产成都公司 141a
中共成都高新区纪工委、成都高新区监察局(审计局)(彩) 28
中共成都高新区组织部、成都高新区人事劳动局和社会保障局(彩) 29
中共成都高新区纪工委(监察局) 32b
中共成都高新区组织部 33a
中共成都高新区机关党委 33a
中国移动通信集团四川有限公司成都分公司 108a
中国网络通信集团四川省分公司 129b
中国联通有限公司成都分公司 130a
中国核工业第二四建设公司 131b
中国农业银行成都高新区支行 140a
中国农业银行成都高新区支行 140a
中考 206b
中铁现代物流科技股份有限公司成都分公司 135b
中外合资与合作项目 145a
中芯国际集成电路制造(成都)有限公司 109a
中小学升学率 207b
重大宣传活动 45a
重大项目财政投入 150b
重大招商活动 201b
重点投资项目 171b
重要招聘活动 226a
专志队伍建设 60b
专项资金审计 157b
专项检查 164b
专利申请和授权 187a
专利资助 187b
转关运输 183a
紫荆电影院 214a
紫荆北路社区 258b
紫薇社区 259a
紫竹北街社区 258b
自主知识产权保护 186b
综合保险 230a
宗教事务 238a
组织建设 65a

星级服务

部门服务剪影 / 成都高新区党工委管委会办公室

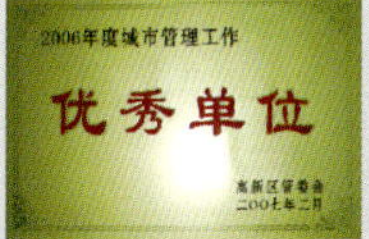

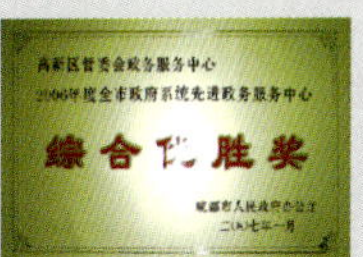

1 成都高新区政务服务中心（西区）

2 办公室领导慰问困难群众

3 成都高新区政务服务中心

4 铭记入党誓言

5 2006年部分获奖

星级服务 部门服务剪影/中共成都高新区纪工委、成都市高新区监察局（审计局）

1 纪工委同志到和平社区了解帮贫助困情况

2 审计工作人员查看基建工程现场

3 高峰同志主持2006年信访工作培训会

4 2006年3月10日，成都高新区召开党风廉政建设和反腐败工作会

星级服务

部门服务剪影／

中共成都高新区组织部、成都高新区人事劳动和社会保障局

1 2006年4月26日，李岷雪同志主持召开成都高新区促进充分就业工作联席会议

2 成都高新区社区建设决策咨询会

3 成都高新区周末培训讲座现场

4 成都高新区举行再就业之星表彰会

5 成都高新区开展大型人才招聘会现场

6 成都高新区在全市率先将社保业务下沉到社区，图为延伸到社区的社保办理窗口

7 成都高新区劳动保障法制培训

星级服务

部门服务剪影 / 成都高新区地税局

1 2006年6月22日，成都市地税局党组书记、局长石恩祥在高新区地税局上完党课后，与局领导班子成员合影

2 2006年3月31日，成都高新区地税局与芳草街道办事处签订个体税收委托代征协议

3 成都高新区地税局第一直属分局局领导深入企业了解税收情况

4 2006年10月24日，成都高新区地税局举办涉外企业个人所得税全员全额扣缴培训会

5 2006年3月30日，成都高新区地税局组织党员干部参观建川博物馆，接受爱国主义教育

星级服务 部门服务剪影／中共成都高新区组织部、成都高新区人事劳动和社会保障局

1 2006年4月26日，李岷雪同志主持召开成都高新区促进充分就业工作联席会议

2 成都高新区社区建设决策咨询会

3 成都高新区周末培训讲座现场

4 成都高新区举行再就业之星表彰会

5 成都高新区开展大型人才招聘会现场

6 成都高新区在全市率先将社保业务下沉到社区，图为延伸到社区的社保办理窗口

7 成都高新区劳动保障法制培训

星级服务

部门服务剪影 / 成都高新区人大工作联络处

1 2006年11月21日，成都市人大副主任叶学东由党工委副书记冯亚曦陪同在石羊街道庆安社区检查人大代表选举准备工作

2 区人大工作联络处主任郭来宝在办公室研究工作

3 成都高新区人大代表培训会现场

4 2006年12月25日，人大代表出席武侯区第五届人民代表大会第一次会议

5 2006年11月28日，成都高新区桂溪街道第三选区管委会机关选民小组选举武侯区第五届人大代表投票现场

6 2006年11月28日，石羊街道新街社区选民投票选举武侯区第五届人大代表现场

星级服务

部门服务剪影 / 成都高新区政协工作联络处

1 2006年12月20日，成都高新区政协委员出席武侯区政协第五届一次会议

2 政协工作联络处主任何静蓉在研究工作

3 2006年6月19日，联络处领导率队在绵阳高新区调研

4 政协委员捐资帮助蒲江县大塘镇洪福村贫困农户修建沼气池

5 政协委员在石羊街道新光社区了解失地农民就业情况

6 召开政协委员视察座谈会

星级服务

部门服务剪影 / 成都高新区法院

1 最高法院副院长黄松有（左一）与区法院党组成员交流

2 召开“立足全面进步 梳理发展思路 谋划新年工作”主题展望会

3 公民为成都高新区法院送锦旗

4 开庭审判现场

5 审判综合大楼破土动工

星级服务

部门服务剪影 / 成都高新区检察院

1 党员干警在红军纪念馆前向党旗宣誓

2 人大代表视察职务犯罪预防工作

3 院党组成员上门看望上访群众

4 公诉人出庭支持公诉

5 院领导看望社区住院群众

6 共同学习

7 成都高新区检察院检察官谢嘉接受中央电视台采访

8 2006年部分获奖

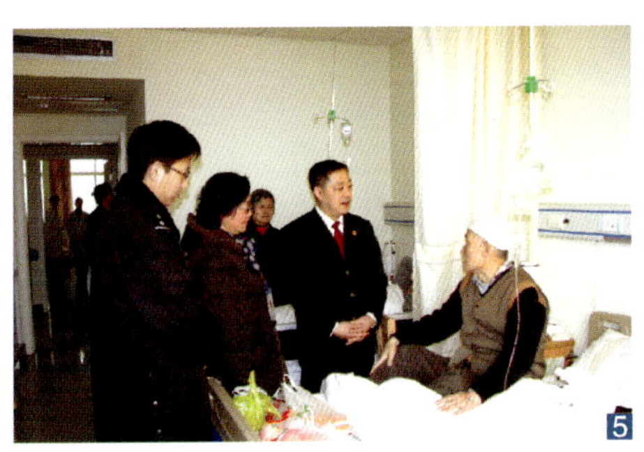

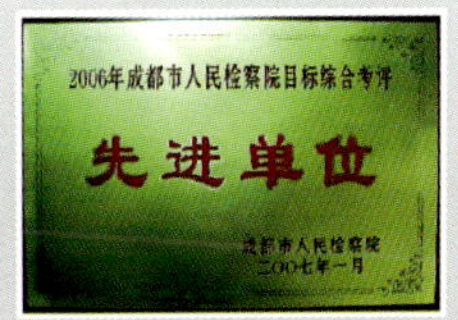

星级服务

部门服务剪影 / 成都高新区机关党委

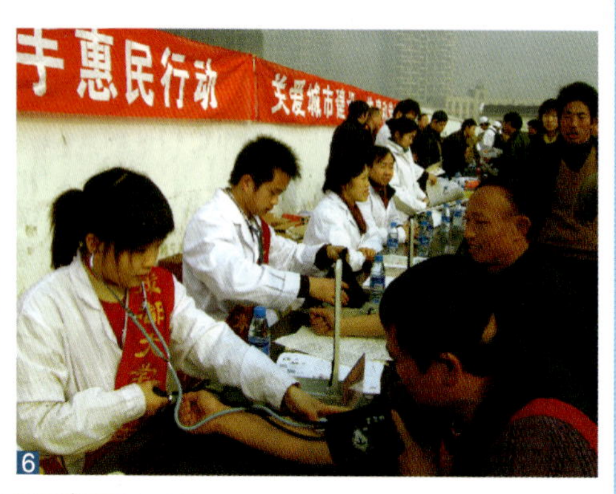

1 机关党委领导深入支部讲党课

2 开展慰问困难妇女活动

3 开展生动的党员思想教育活动

4 组织青少年开展活动

5 推进新建企业组建工会

6 开展丰富多彩的志愿服务活动

星级服务

部门服务剪影 / 成都高新区发展策划局

1 发展策划局局长汤继强

2 与麦肯锡公司代表讨论成都高新区发展课题

3 管委会领导与发展策划局讨论研究课题

4 俄罗斯媒体采访团在成都高新区采访

5 局领导接受上海东方卫视采访

6 局领导看望结对社区困难居民

星级服务

部门服务剪影 / 成都高新区经贸发展局

1 局领导陪同商务部领导参观成都高新区创新中心

2 袁宗勇同志在成都高新区肖家河街道检查河道整治工程情况

3 局领导检查验收河道整治工程

4 局领导在工地现场检查安全生产情况

5 局领导参加社区公交汽车通车仪式

6 2006年部分奖牌

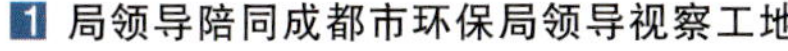

1 局领导陪同成都市环保局领导视察工地

2 成都高新区科技局局长杨东

3 开展科普活动提高全民素质

4 科技局深入企业调研

5 知识产权优势企业培训会现场

6 2006年部分奖牌

星级服务

部门服务剪影 / 成都高新区投资服务局

1 成都高新区在上海“2006半导体产业年会”上参展

2 成都高新区投资服务局局长郑莉

3 2006年1月，世界知名企业SAP与成都高新区签定投资合作协议

4 2006年部分奖牌

星级服务

部门服务剪影 / 成都高新区规划建设局

1 中共四川省省委常委、成都市市委书记李春城视察成都高新区建设工地

2 创业路街区夜景

3 成都高新区建筑施工安全生产管理分析会现场

4 局业务工作会议

5 重点建设项目现场办公

6 社区帮扶慰问

7 参加2006年成都高新区冬季拔河比赛

星级服务

部门服务剪影 / 成都市国土局高新分局

1 局领导与大家一起研讨工作

2 每年一次的土地日宣传

3 成都高新区举行成都市工业用地招拍挂活动现场

4 2006年4月8日，农迁安置房分房现场

5 2006年1月23日，在成都高新区西部园区实施强制拆除违章建筑现场

1 2006年11月28日，成都高新区举行会计知识竞赛

2 局领导组织全局干部职工进行理论学习

3 2006年12月，举办行政事业单位财会人员继续教育培训

4 参加成都高新区机关运动会

星级服务

部门服务剪影 / 成都高新区社会事业局

1 陆超英等领导同志与新评选出的特级教师在第二十二个教师节大会上的合影

2 成都美国学校（QSI）在美洲花园新校址举行开校庆典

3 成都高新区垒球队获得四川省第十届运动会垒球项目冠军后的合影照

4 成都高新区第三届社区文艺汇演剧照

5 省级社区卫生服务示范中心肖家河社区卫生服务中心

星级服务

部门服务剪影 / 成都高新区城市管理执法局

1 局领导到街道调研城市管理工作

2 容貌整治后的二斗渠

3 环卫清扫作业

4 2006年度部分获奖

5 在成都高新区召开成都市城市管理工作研讨暨城市管理疏堵结合现场会

6 举行"依法行政、文明执法"培训会现场

星级服务

部门服务剪影 / 四川成都出口加工区办公室

1 四川省工业会代表视察英特尔产品（成都）有限公司

2 江苏镇江市考察团参观四川成都出口加工区

3 四川出入境检验检疫局与成都高新区管委会召开工作座谈会

4 宇芯（成都）集成电路封装测试有限公司开业庆典现场

星级服务

1 2006年3月3日，在街头开展税收宣传进社区活动

2 2006年3月16日，举行企业所得税汇算清缴培训会

3 2006年4月20日，开展税收促进就业活动

4 2006年7月10日，集中接访日现场

5 成都高新区国税局获“省级最佳文明单位”荣誉称号奖牌

6 办税服务厅工作现场

星级服务

部门服务剪影 / 成都高新区地税局

1 2006年6月22日，成都市地税局党组书记、局长石恩祥在高新区地税局上完党课后，与局领导班子成员合影

2 2006年3月31日，成都高新区地税局与芳草街道办事处签订个体税收委托代征协议

3 成都高新区地税局第一直属分局局领导深入企业了解税收情况

4 2006年10月24日，成都高新区地税局举办涉外企业个人所得税全员全额扣缴培训会

5 2006年3月30日，成都高新区地税局组织党员干部参观建川博物馆，接受爱国主义教育

1 局党组中心组学习会现场

2 局领导带队检查节日市场食品安全

3 工商促就业服务活动现场

4 政务服务中心工商办照窗口

5 "3·15"消费者维权日活动现场服务群众

6 工商局执法人员在酒吧检查

7 工商所工作人员在现场开展巡查

8 2006年部分获奖

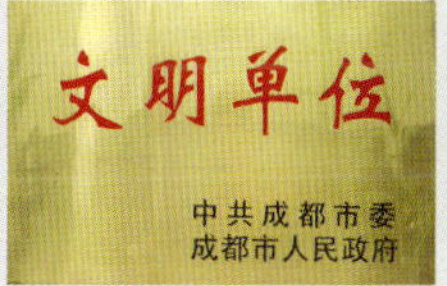

星级服务

部门服务剪影／成都市质量技术监督局高新分局

1 举办加强生产企业产品质量和食品安全教育培训

2 成都市质监局领导在高新技术企业成都硅宝公司指导创名牌和标准化战略工作

3 工作人员实施规范化服务

4 进行消防宣传

5 进行特种设备安全宣传

6 计量工作人员正在集贸市场检查计量器具

1 分局领导现场部署会展安全保卫工作

2 社区民警向外资企业负责人征求工作意见

3 训练现场

4 社区民警深入企业开展治安防范宣传

5 表彰在争创“全国一流公安工作”中涌现出的先进单位和个人现场

星级服务

部门服务剪影 / 成都高新区地方志办公室

1 2006年12月20日，成都高新区召开《成都高新区志篇目》专家评审会

2 2006年8月7日，举行《成都市志经济卷成都高新区分目》初稿评审验收会

3 2006年7月14日，成都高新区地方志办公室召开地方志第六次培训会

4 2006年12月12日，区地方志办公室召开2006年度成都高新区地方志工作总结表彰会

1 成都高新区召开2006年武装工作会议

2 抗洪抢险实战演练协调会

3 抗洪抢险演练现场

4 征兵工作会

星级服务

街道办事处服务活动 / 成都高新区肖家河街道办事处

1 2006年10月26日，中共成都市委常委、统战部长何绍华（左一）一行在肖家河街道检查、指导“创佳”工作

2 2006年8月1日，成都市政协副主席贺大经（右二）视察肖家河书画一条街

3 肖家河街道党工委办事处领导班子合影

4 崇德园书画一条街

5 阳光家园基地外景

6 体育健身步行街

星级服务

街道办事处服务活动 / 成都高新区芳草街街道办事处

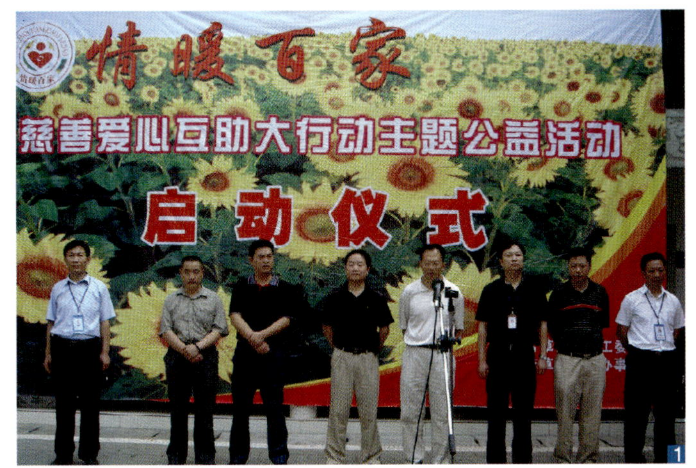

1 2006年7月28日，街道党工委、办事处“情暖百家”启动仪式

2 2006年1月5日，街道办事处社区事务服务中心工作现场

3 2006年6月30日，芳草街街道庆“七一”文艺演出

4 2006年12月23日，芳草街街道举行首届社区建设工作论坛

5 2006年4月1日，蓓蕾社区工作人员祝孤寡老人生日快乐

6 2006年改建后的芳草街街道新景观

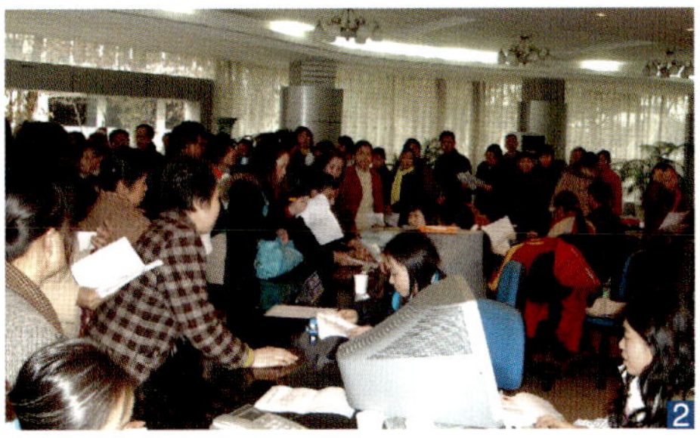

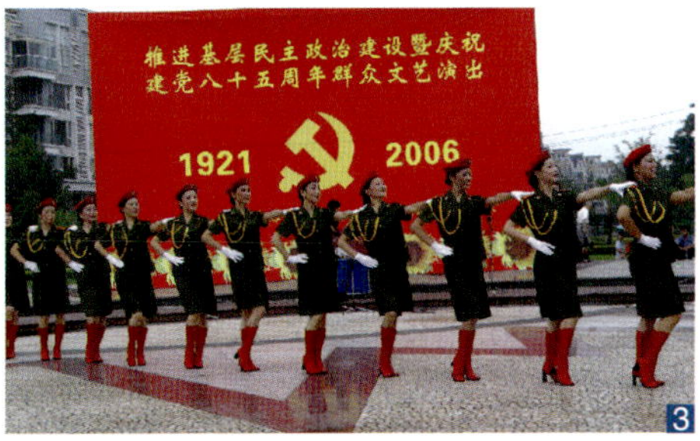

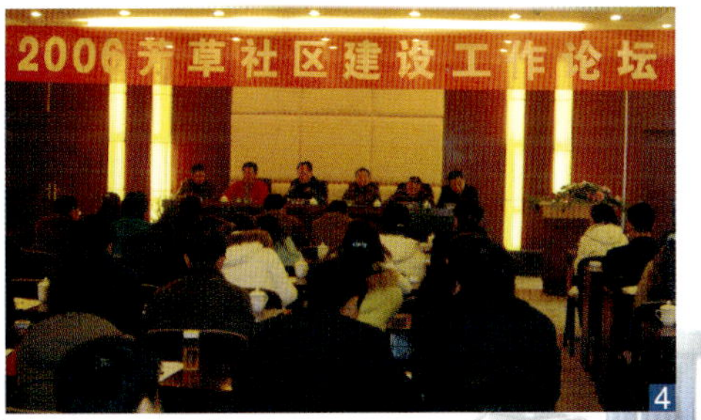

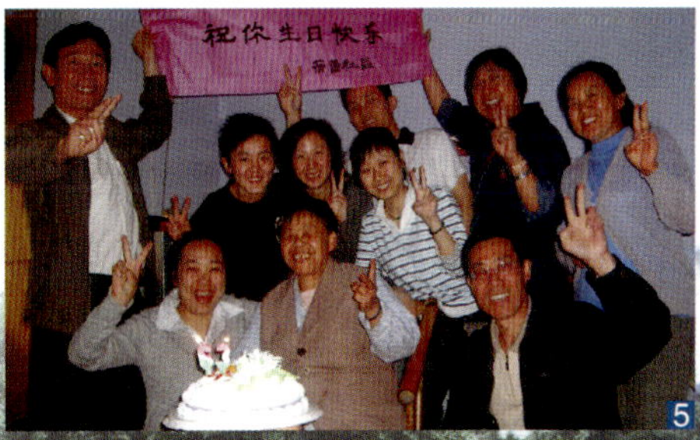

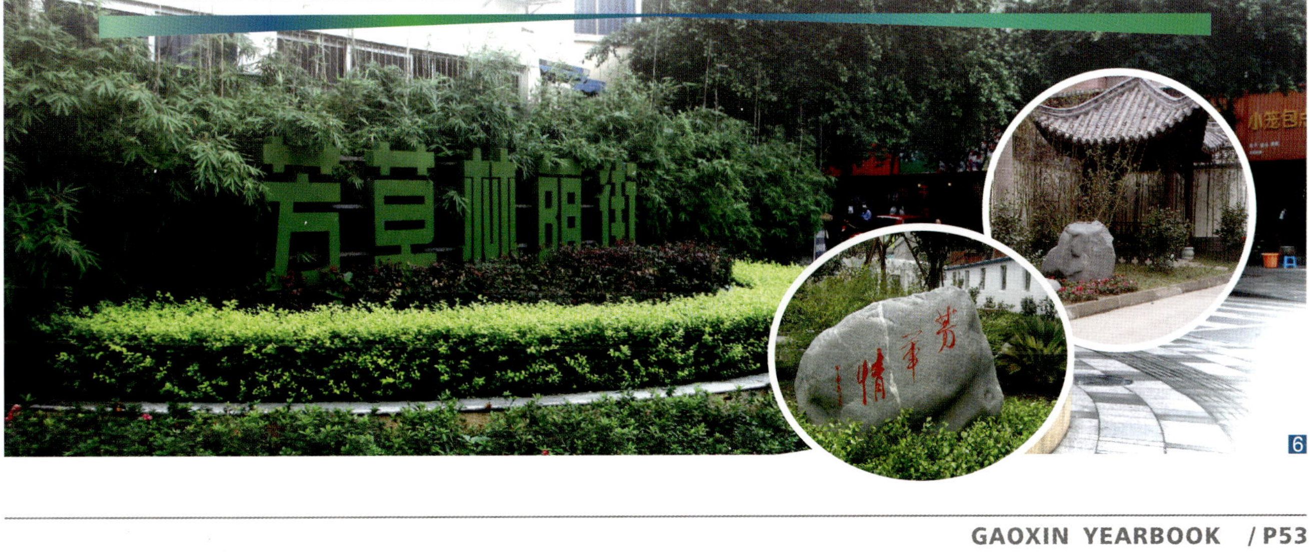

星级服务

街道办事处服务活动 / 成都高新区石羊街道办事处

1 敬刚同志在石羊街道调研

2 中央党校常务副校长虞云耀（后排中）在石羊调研“三个集中”工作

3 办事处领导向前来检查的各级领导介绍街道促进充分就业工作情况

4 办事处领导检查劳动密集型工业园建设情况

5 社区民俗文化表演

6 街道风采艺术团演出

7 失地农民在劳动密集型工业园制鞋加工生产线劳动

8 2006年部分获奖

星级服务

街道办事处服务活动 / 成都高新区桂溪街道办事处

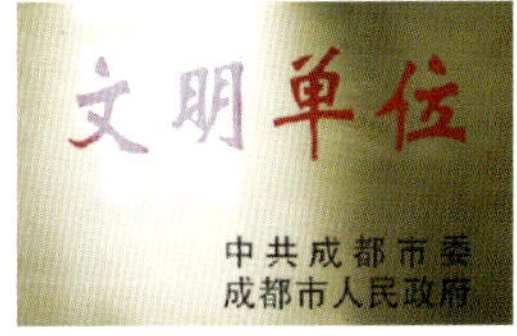

1 2006年夏天，办事处领导现场指导抗洪抢险

2 桂溪街道办事处举行创建全国文明城市文艺演出

3 桂溪街道办事处开展“民意直通车、服务直通车、监督直通车惠民便民”活动

4 桂溪街道办事处举行“政府奖学金”发放仪式

5 桂溪街道民工生活服务区启动仪式现场

星级服务

街道办事处服务活动 / 成都高新区合作街道办事处

1 办事处领导陪同冯亚曦同志对合作农转居小区建设情况进行调研

2 合作街道顺江小区一瞥

3 失地农民作为高新产业工人在生产线上的工作情况

4 失地农民领取就业通知书现场

5 合作街道社会治安巡逻队正在巡逻

6 街道群众在新修建的现代化新居前载歌载舞

1 2006年6月24日，创新中心承办的“中高协创业中心专委会工作会议”在成都高新区孵化园举行

2 2006年9月19日，意大利皮埃蒙特大区议员、文教与发展部部长贝拉蒂先生一行参观成都高新区孵化园

3 2006年11月8日，“欧盟成都中小企业项目孵化合作洽谈会”启动暨“欧盟项目孵化中心(成都)”揭牌仪式在成都高新区孵化园举行

4 2006年11月17日，“创新中心10周年庆祝会”在成都高新区孵化园举行

5 成都高新区孵化园外景

星级服务

直属企事业单位新影／成都高新投资集团有限公司

城乡一体化新社区　保税物流中心
成芯半导体项目　西部园区西南片区道路

1 天府软件园侧面图

2 2006年9月7日，李昆学、杜必强等委领导带队视察政务中心对外服务工作

3 2006年9月4日，集团领导研究服务企业新举措

4 2006年部分重点投资项目